여러분의 합격을 응원

해커스공무원의 특별 혜택

FREE 공무원 국제법 **동영상강의**

해커스공무원(gosi.Hackers.com) 접속 후 로그인 ▶ 상단의 [무료강좌] 클릭 ▶
[교재 무료특강] 클릭

 해커스공무원 온라인 단과강의 **20% 할인쿠폰**

24FFDC77A6F76B24

해커스공무원(gosi.Hackers.com) 접속 후 로그인 ▶ 상단의 [나의 강의실] 클릭 ▶
좌측의 [쿠폰등록] 클릭 ▶ 위 쿠폰번호 입력 후 이용

* 등록 후 7일간 사용 가능(ID당 1회에 한해 등록 가능)

🗂 합격예측 **모의고사 응시권 + 해설강의 수강권**

ACFA259734E5FBVR

해커스공무원(gosi.Hackers.com) 접속 후 로그인 ▶ 상단의 [나의 강의실] 클릭 ▶
좌측의 [쿠폰등록] 클릭 ▶ 위 쿠폰번호 입력 후 이용

* ID당 1회에 한해 등록 가능

쿠폰 이용 관련 문의 1588-4055

단기 합격을 위한
해커스 커리큘럼

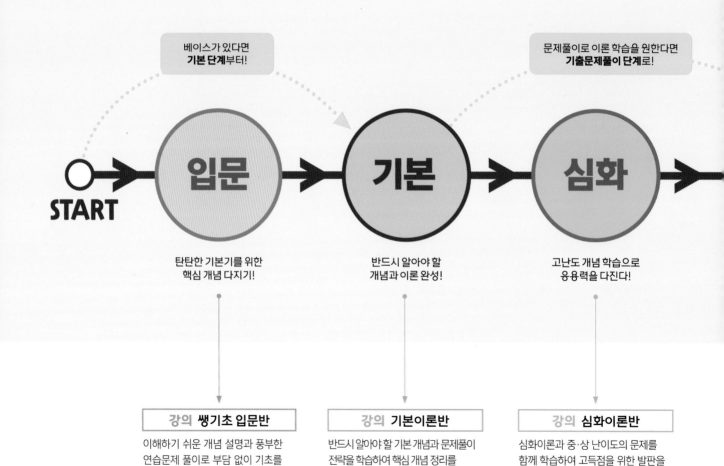

베이스가 있다면
기본 단계부터!

문제풀이로 이론 학습을 원한다면
기출문제풀이 단계로!

START → **입문** → **기본** → **심화** →

탄탄한 기본기를 위한
핵심 개념 다지기!

반드시 알아야 할
개념과 이론 완성!

고난도 개념 학습으로
응용력을 다진다!

강의 **쌩기초 입문반**

이해하기 쉬운 개념 설명과 풍부한
연습문제 풀이로 부담 없이 기초를
다질 수 있는 강의

강의 **기본이론반**

반드시 알아야 할 기본 개념과 문제풀이
전략을 학습하여 핵심 개념 정리를
완성하는 강의

강의 **심화이론반**

심화이론과 중·상 난이도의 문제를
함께 학습하여 고득점을 위한 발판을
마련하는 강의

단계별 교재 확인 및
수강신청은 여기서!

gosi.Hackers.com

* 커리큘럼은 과목별·선생님별로 상이할 수 있으며, 자세한 내용은 해커스공무원 사이트에서 확인하세요.

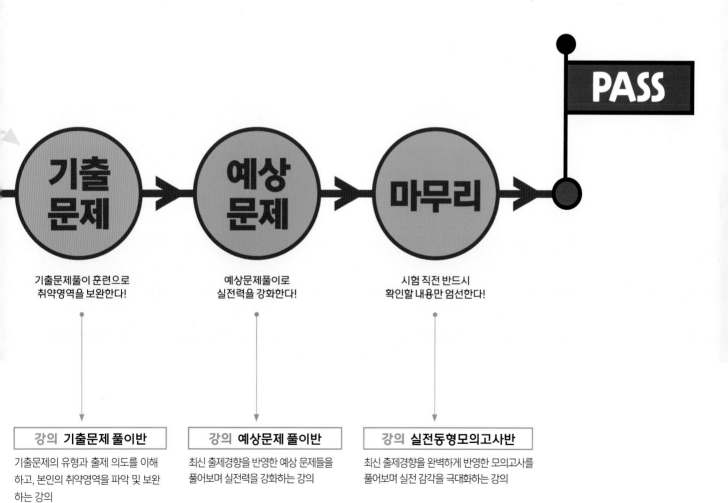

PASS

**기출
문제**

기출문제풀이 훈련으로
취약영역을 보완한다!

**예상
문제**

예상문제풀이로
실전력을 강화한다!

마무리

시험 직전 반드시
확인할 내용만 엄선한다!

강의 **기출문제 풀이반**

기출문제의 유형과 출제 의도를 이해
하고, 본인의 취약영역을 파악 및 보완
하는 강의

강의 **예상문제 풀이반**

최신 출제경향을 반영한 예상 문제들을
풀어보며 실전력을 강화하는 강의

강의 **실전동형모의고사반**

최신 출제경향을 완벽하게 반영한 모의고사를
풀어보며 실전 감각을 극대화하는 강의

강의 **봉투모의고사반**

시험 직전에 실제 시험과 동일한 형태의
모의고사를 풀어보며 실전력을 완성하는 강의

해커스공무원

패권

국제법 판례집

이상구

약력

성균관대학교 졸업
서울대학교 대학원 졸업

현 | 해커스공무원 국제법·국제정치학 강의
현 | 해커스 국립외교원 대비 국제법·국제정치학 강의
현 | 해커스 변호사시험 대비 국제법 강의
전 | 베리타스법학원 국제법·국제정치학 강의
전 | 합격의 법학원 국제법 강의

저서

해커스공무원 패권 국제법 기본서 일반국제법
해커스공무원 패권 국제법 기본서 국제경제법
해커스공무원 패권 국제법 조약집
해커스공무원 패권 국제법 판례집
해커스공무원 패권 국제법 핵심요약집
해커스공무원 패권 국제법 단원별 핵심지문 OX
해커스공무원 패권 국제법 단원별 기출문제집
해커스공무원 패권 국제법 단원별 적중 1000제
해커스공무원 패권 국제법 실전동형모의고사
해커스공무원 패권 국제법개론 실전동형모의고사
해커스공무원 패권 국제정치학 기본서 사상 및 이론
해커스공무원 패권 국제정치학 기본서 외교사
해커스공무원 패권 국제정치학 기본서 이슈
해커스공무원 패권 국제정치학 핵심요약집
해커스공무원 패권 국제정치학 단원별 핵심지문 OX
해커스공무원 패권 국제정치학 기출 + 적중 1900제
해커스공무원 패권 국제정치학 실전동형모의고사

공무원 시험
합격을 위한 필수 판례집!

공무원 공부, 어떻게 시작해야 할까?

최근 공무원 국제법 시험 중 판례 부분의 출제경향을 보면 크게 세 가지 특징이 있습니다.

첫째, 판례는 사실관계, 법적 쟁점, 당사국의 주장, 법원의 판단 등으로 구성됩니다. 현행 시험에서는 법적 쟁점 위주로 문제가 출제되고 있지만, 판례 문제가 본격적으로 출제될 경우 사실관계, 법원의 판단 등에 대해서도 출제될 수 있으므로 학습 범위를 넓혀 판례의 전반적인 내용을 학습해야 합니다.

둘째, 최신 판례들이 출제되기 시작했습니다. 2013년까지만 하더라도 대체로 1990년 이전 판례가 출제되었으나, 2014년부터는 국제사법재판소의 2012년 판례뿐 아니라, 해양법법원 판례도 출제가 되고 있습니다.

셋째, 2014년의 'US-Shrimp 사건'이 문제로 출제된 것과 같이 국제경제법 관련 판례가 출제되었다는 점도 주목해야 합니다. 이 외에도 2007년 브라질 타이어 사건, 2013년 유럽연합(EU) 물개 사건, 2018년의 경우 유럽공동체(EC) 유전자변형식품(GMO) 사건등 다수의 국제경제법 판례가 출제되었습니다.

이에 『해커스공무원 패권 국제법 판례집』은 최신 출제경향에 적극 대비할 수 있도록 다음과 같은 특징을 가지고 있습니다.

첫째, 사실관계, 법적 쟁점 및 각 쟁점에 대한 재판부의 판단을 명확하고 간결하게 수록하여 차근차근 이해하며 따라갈 수 있도록 구성하였습니다.

둘째, 최근까지의 판례들을 모두 수록하고자 하였습니다.

셋째, 일반국제법 및 국제경제법의 주요 판례를 수록하였습니다. Leading Case뿐 아니라 출제가 예상되는 판례는 가능한 한 모두 수록하고자 하였습니다.

더불어, 공무원 시험 전문 사이트 해커스공무원(gosi.Hackers.com)에서 교재 학습 중 궁금한 점을 나누고 다양한 무료학습 자료를 함께 이용하여 학습 효과를 극대화할 수 있습니다.

『해커스공무원 패권 국제법 판례집』을 통해 시험을 준비하시는 모든 분들께 합격의 영광이 있기를 소망합니다.

저자 **이상구**

목차

Ⅰ | 일반국제법

목차

이 책의 **구성 및 학습방법**

『해커스공무원 패권 국제법 판례집』은 수험생 여러분들이 국제법 판례를 효율적으로 정확하게 학습하실 수 있도록 상세한 내용과 다양한 학습장치를 수록·구성하였습니다. 아래 내용을 참고하여 본인의 학습 과정에 맞게 체계적으로 학습 전략을 세워 학습하기 바랍니다.

01 판례의 내용을 정확하게 이해하기

case 097 | 기니 공화국 국민에 대한 난민 인정 사례[1]

1 판시사항

[1] 난민 인정의 요건인 박해를 받을 '충분한 근거 있는 공포'가 있다는 점에 관한 증명책임의 소재(=난민 인정 신청 외국인) 및 그 증명의 정도

[2] 난민 인정 요건인 '박해에 관한 충분한 근거가 있는 공포'의 증명과 관련하여, 박해경험에 관한 난민신청인 진술의 신빙성을 판단하는 방법

2 판결이유

1. 난민법 제1조, 제2조 제1호, 「난민의 지위에 관한 1951년 협약」(이하 '난민협약'이라고 한다) 제1조, 「난민의 지위에 관한 1967년 의정서」 제1조의 규정을 종합하여 보면, 법무부장관은 인종, 종교, 국적, 특정 사회집단의 구성원 신분 또는 정치적 견해를 이유로 박해를 받을 충분한 근거 있는 공포로 인해 국적국의 보호를 받을 수 없거나 국적국의 보호를 원하지 않는 외국인 또는 그러한 공포로 인하여 대한민국에 입국하기 전에 거주한 국가로 돌아갈 수 없거나 돌아가기를 원하지 아니하는 무국적자인 외국인에 대하여 신청이 있는 경우 난민협약이 정하는 난민으로 인정하여야 한다.
위와 같은 난민 인정의 요건인 박해를 받을 '충분한 근거 있는 공포'가 있다는 점은

최신 출제경향 및 판례 반영

1. 최신 출제경향 반영

철저한 기출분석으로 도출한 최신 출제경향을 바탕으로 자주 출제되었거나 출제가 예상되는 판례를 엄선하여 수록하였습니다. 이를 통해 공무원 국제법 시험과 관련된 모든 판례들을 효과적으로 학습할 수 있습니다.

2. 최신 판례 반영

국제법의 최신 판례까지 학습할 수 있도록 충실히 수록하였습니다. 판례는 판례의 명칭, 사실관계, 법적쟁점, 법원의 판단 등의 내용이 단독으로도 또는 유기적으로 엮여서도 출제되므로, 체계적인 구성을 통해 확실하게 판례 문제에 대비할 수 있습니다.

02 학습장치를 활용하여 학습하기

3 ICJ 판결

1. 제네바협약 제6조가 이 사건에 적용되는가?

(1) 독일이 당사자가 아니지만 독일이 제6조상의 원칙에 동의한 것으로 간주할 수 있는가?

덴마크와 네덜란드는 독일이 당사자가 아니지만 서독은 자신의 행위, 공적 성명 및 선언 등의 방법에 의해 협약의 의무를 일방적으로 수락하였으므로 제네바협약 제6조상의 '등거리원칙'의 적용을 받는다고 주장했다. 그러나 재판소는 이러한 주장을 받아들이지 않았다. 만약 독일이 동 조항의 의무를 수락할 의사가 있었다면 동 조약에 가입하여 비준을 했을 것이나, 독일이 가입하지 않았으므로 명백하게 동 조항상의 의무를 받아들인 것이라고 간주할 수 없다고 하였다. 또한 재판부는 덴마크나 네덜란드의 주장이 의미가 있기 위해서는 '금반언'에 해당하는 상황이 존재해야 한다고 보았으나 그러한 증거가 존재하지 않는다고 판시하였다. 즉, 서독이 대륙붕 제도의 수락을 명백하고 일관되게 나타낼 뿐 아니라 덴마크와 네덜란드가 그 행위를 신뢰하여 만약 서독이 대륙붕 제도를 부인하는 경우 네덜란드와 덴마크에게 손해를 야기하게 되는 상황이 존재해야 한다는 것이다. 요컨대, 재판소는 제네바협약에 가입하지 않은 독일이 다른 방식으로 조약상의 의무를 부담하는 것으로 볼 수 없다고 판시하였다.

체계적인 학습을 위한 학습장치

광범위한 판례의 내용 중 출제 가능성이 높거나 중요한 부분에는 밑줄로 강조하여 학습에 강약을 조절할 수 있도록 하였습니다. 이를 적극적으로 활용한다면 더 중점을 두어 학습하여야 할 부분을 쉽게 파악하여 효율적으로 학습할 수 있습니다.

📝 커리큘럼

기본이론
2개월

심화이론
2개월

문제풀이
2개월

실전동형
2개월

* 학습 기간은 개인의 학습 수준과 상황 및 시험 일정에 따라 조절하기 바랍니다.

탄탄한 기본 다지기

국제법의 기초를 잡고 큰 골격을 세운다는 느낌으로 접근하여, 국제법 이론의 주요 개념들과 익숙해지면서 탄탄하게 기본기를 다지는 단계입니다.

💎 **TIP** 모든 개념을 암기하려고 하기보다는 국제법의 전체적인 흐름을 파악하고 이해하는 것을 목표로 삼고 학습하는 것이 좋습니다.

깊이 있는 이론 정립

탄탄한 기본기를 토대로 한층 깊이 있는 심화이론을 학습하여 고득점을 위한 발판을 마련하고, 이론에 대한 이해도를 높임으로써 실력을 확장시키는 단계입니다.

💎 **TIP** 기본이 되는 주요 개념의 복습과 함께 조약집·판례집까지 연계하여 학습해보고 기본서를 단권화하는 등 스스로 정리하며 효과적인 회독을 통해 반복 학습하는 것이 좋습니다.

단원별 기출문제 및 예상문제 풀이

이론을 응용하여 문제를 푸는 방법을 학습하는 단계입니다. 다양한 형태의 기출·예상문제들을 풀어봄으로써 취약한 단원을 집중적으로 보완하고, 기본 및 심화이론 단계에서 다루었던 문제들보다 더 복잡하고 까다로운 문제들을 통해 응용력과 이해력을 높이는 연습이 필요합니다.

💎 **TIP** 학습한 이론이 어떻게 문제화되는지 확인하고, 부족한 부분과 자주 출제되는 부분을 확인하여 확실하게 정리하는 것이 좋습니다.

실전과 동일한 형태의 전 범위 모의고사 풀이

출제 가능성이 높은 개념과 유형의 문제만을 엄선한 예상문제를 실제와 가장 유사한 형태로 풀어보고, 마지막까지 부족한 부분을 점검하고 확인하여 효율적으로 실전감각을 기르는 단계입니다.

💎 **TIP** 전 범위 기출문제와 유사한 형태의 문제로 빠르게 점검하고, 실전처럼 시간 배분까지 연습합니다. 모의고사를 통해 본인의 실력을 마지막까지 확인하여, 자주 틀리거나 취약한 부분은 기본서와 조약집·판례집으로 보충하여 대비하는 것이 좋습니다.

학습 플랜

효율적인 학습을 위하여 DAY별로 권장 학습 분량을 제시하였으며, 이를 바탕으로 본인의 학습 진도나 수준에 따라 조절하여 학습하기 바랍니다. 또한 학습한 날은 표 우측의 각 회독 부분에 형광펜이나 색연필 등으로 표시하며 채워나가기 바랍니다.

* 1, 2회독 때에는 60일 학습 플랜을, 3회독 때에는 30일 학습 플랜을 활용하면 좋습니다.

60일 플랜	30일 플랜	학습 플랜		1회독	2회독	3회독
DAY 1	DAY 1		case 001 ~ 004	DAY 1	DAY 1	DAY 1
DAY 2			case 005 ~ 009	DAY 2	DAY 2	
DAY 3	DAY2		case 010 ~ 013	DAY 3	DAY 3	DAY2
DAY 4			case 014 ~ 016	DAY 4	DAY 4	
DAY 5	DAY 3		case 017 ~ 021	DAY 5	DAY 5	DAY 3
DAY 6			case 022 ~ 026	DAY 6	DAY 6	
DAY 7	DAY 4		case 027 ~ 029	DAY 7	DAY 7	DAY 4
DAY 8			case 030 ~ 032	DAY 8	DAY 8	
DAY 9	DAY 5		case 033 ~ 038	DAY 9	DAY 9	DAY 5
DAY 10			case 039 ~ 042	DAY 10	DAY 10	
DAY 11	DAY 6		case 043 ~ 045	DAY 11	DAY 11	DAY 6
DAY 12			case 046 ~ 051	DAY 12	DAY 12	
DAY 13	DAY 7		case 052 ~ 056	DAY 13	DAY 13	DAY 7
DAY 14			case 001 ~ 056 복습	DAY 14	DAY 14	
DAY 15	DAY 8	Ⅰ 일반국제법	case 057 ~ 059	DAY 15	DAY 15	DAY 8
DAY 16			case 060	DAY 16	DAY 16	
DAY 17	DAY 9		case 061	DAY 17	DAY 17	DAY 9
DAY 18			case 062 ~ 065	DAY 18	DAY 18	
DAY 19	DAY 10		case 066 ~ 070	DAY 19	DAY 19	DAY 10
DAY 20			case 071 ~ 073	DAY 20	DAY 20	
DAY 21	DAY 11		case 074 ~ 076	DAY 21	DAY 21	DAY 11
DAY 22			case 077 ~ 079	DAY 22	DAY 22	
DAY 23	DAY 12		case 080 ~ 082	DAY 23	DAY 23	DAY 12
DAY 24			case 083 ~ 084	DAY 24	DAY 24	
DAY 25	DAY 13		case 085 ~ 088	DAY 25	DAY 25	DAY 13
DAY 26			case 089	DAY 26	DAY 26	
DAY 27	DAY 14		case 090 ~ 092	DAY 27	DAY 27	DAY 14
DAY 28			case 093 ~ 095	DAY 28	DAY 28	
DAY 29	DAY 15		case 096 ~ 100	DAY 29	DAY 29	DAY 15
DAY 30			case 101 ~ 104	DAY 30	DAY 30	

● 1회독 때에는 처음부터 완벽하게 학습하려고 욕심을 내는 것보다는 전체적인 내용을 가볍게 익힌다는 생각으로 교재를 읽는 것이 좋습니다.

● 2회독 때에는 1회독 때 확실히 학습하지 못한 부분을 정독하면서 꼼꼼히 교재의 내용을 익힙니다.

● 3회독 때에는 기출 또는 예상 문제를 함께 풀어보며 본인의 취약점을 찾아 보완하면 좋습니다.

60일 플랜	30일 플랜	학습 플랜		1회독	2회독	3회독
DAY 31	DAY 16	I 일반국제법	case 105 ~ 108	DAY 31	DAY 31	DAY 16
DAY 32			case 057 ~ 108 복습	DAY 32	DAY 32	
DAY 33	DAY 17		case 109 ~ 110	DAY 33	DAY 33	DAY 17
DAY 34			case 111 ~ 114	DAY 34	DAY 34	
DAY 35	DAY 18		case 115 ~ 117	DAY 35	DAY 35	DAY 18
DAY 36			case 118 ~ 121	DAY 36	DAY 36	
DAY 37	DAY 19		case 122 ~ 124	DAY 37	DAY 37	DAY 19
DAY 38			case 125 ~ 130	DAY 38	DAY 38	
DAY 39	DAY 20		case 131 ~ 132	DAY 39	DAY 39	DAY 20
DAY 40			case 133 ~ 134	DAY 40	DAY 40	
DAY 41	DAY 21		case 135 ~ 137	DAY 41	DAY 41	DAY 21
DAY 42			case 138 ~ 142	DAY 42	DAY 42	
DAY 43	DAY 22		case 143 ~ 145	DAY 43	DAY 43	DAY 22
DAY 44			case 146 ~ 149	DAY 44	DAY 44	
DAY 45	DAY 23		case 150 ~ 153	DAY 45	DAY 45	DAY 23
DAY 46			case 154 ~ 156	DAY 46	DAY 46	
DAY 47	DAY 24		case 157 ~ 159	DAY 47	DAY 47	DAY 24
DAY 48			case 160 ~ 161	DAY 48	DAY 48	
DAY 49	DAY 25	II 국제경제법	case 109 ~ 161 복습	DAY 49	DAY 49	DAY 25
DAY 50			case 162 ~ 165	DAY 50	DAY 50	
DAY 51	DAY 26		case 166 ~ 167	DAY 51	DAY 51	DAY 26
DAY 52			case 168 ~ 170	DAY 52	DAY 52	
DAY 53	DAY 27		case 171 ~ 173	DAY 53	DAY 53	DAY 27
DAY 54			case 174 ~ 175	DAY 54	DAY 54	
DAY 55	DAY 28		case 176 ~ 178	DAY 55	DAY 55	DAY 28
DAY 56			case 179 ~ 180	DAY 56	DAY 56	
DAY 57	DAY 29		case 181 ~ 183	DAY 57	DAY 57	DAY 29
DAY 58			case 162 ~ 183 복습	DAY 58	DAY 58	
DAY 59	DAY 30	총 복습		DAY 59	DAY 59	DAY 30
DAY 60		총 복습		DAY 60	DAY 60	

I

일반국제법

01 | 국제법의 연원

case 001 | 북해대륙붕 경계획정 사건[1]

1 사실관계

1. 북해는 노르웨이와 영국 사이에 있는 대서양의 얕은 바다로서 대부분 수심 200m 이내의 대륙붕으로 되어 있는데, 연안국들은 일련의 협약을 체결하여 경계획정을 하였다. 이때 마주보는 국가들 사이의 경계획정은 중간선방법을 따랐다. 서독과 덴마크는 1965년에, 서독과 네덜란드는 1964년에 각각 협정을 체결하여 이들 사이 대륙붕 일부에 대한 경계를 획정하였다.

2. 등거리원칙을 적용한 이들 국가들 간 경계획정은 각각의 연안에 가까운 지역에만 국한되었기 때문에 북해의 중심지역까지 경계획정의 필요성이 대두되었고, 이러한 상황에서 덴마크와 네덜란드는 1966년 등거리원칙을 근거로 경계획정 협정을 체결하였다.

3. 협정에 따르게 되면 서독은 자국의 대륙붕을 북해의 중심부에 있는 영국의 대륙붕 경계에까지 확대하지 못하게 되었다. 서독은 오목하게 들어가 있는 자국해안선의 형태로 인해 경계획정에 등거리원칙을 적용하게 되면 자국에 배분되어야 할 대륙붕의 면적이 부당하게 축소된다는 이유로 덴마크와 네덜란드 사이의 경계선의 무효를 주장하였다. 이에 대륙붕의 경계획정과 관련된 분쟁이 발생하게 되었다.

4. 독일과 네덜란드, 독일과 덴마크는 각각 특별협정을 체결하여 '북해 대륙붕 지역에서 기존에 당사자들 사이에 결정되어 있는 일부 경계선 밖의 경계획정에 적용될 국제법의 원칙과 규칙'에 대해 결정해 줄 것을 요청하며 사안을 ICJ에 부탁하였다.

2 법적쟁점

1. 제네바협약 제6조[2]가 이 사건에 적용되는가?

(1) 독일이 당사자가 아니지만 독일이 제6조상의 원칙에 동의한 것으로 간주할 수 있는가?

---

1) North Sea Continental Shelf Case, 서독 v. 덴마크, 서독 v. 네덜란드, ICJ, 1969년.
2) 제1항: 동일한 대륙붕이 연안을 서로 마주보고 있는 2개국 이상의 영토에 인접하고 있는 경우에는 당해 국가에 속하는 대륙붕의 경계는 당해 국가들 간의 합의에 의해 결정된다. 합의가 없고 특별한 사정에 의해 다른 경계선이 정당화되지 않는 경우에는 경계는 각국의 영해 기준선으로부터 최단거리에 있는 각점으로부터 동일한 거리에 있는 등거리선으로 한다.
제2항: 동일한 대륙붕이 인접하는 2개국 이상의 영토에 접하고 있는 경우에는 대륙붕의 경계는 당해 국가들 간의 합의에 의해 결정된다. 합의가 없고 특별한 사정에 의해 다른 경계선이 정당화되지 않는 경우에는 경계는 각국의 영해기준선으로부터 최단거리에 있는 각점으로부터 등거리원칙을 적용하여 결정된다.

(2) 동 조항은 기존 관습법의 확인인가?

(3) 동 조항은 조약 체결 이후 국제관습법으로 성립했는가?

2. 동 조항이 적용되지 않는 경우 경계획정원칙은 무엇인가?

3 ICJ 판결

1. 제네바협약 제6조가 이 사건에 적용되는가?

(1) 독일이 당사자가 아니지만 독일이 제6조상의 원칙에 동의한 것으로 간주할 수 있는가?

덴마크와 네덜란드는 독일이 당사자가 아니지만 서독은 자신의 행위, 공적 성명 및 선언 등의 방법에 의해 협약의 의무를 일방적으로 수락하였으므로 제네바협약 제6조상의 '등거리원칙'의 적용을 받는다고 주장했다. 그러나 재판소는 이러한 주장을 받아들이지 않았다. 만약 독일이 동 조항의 의무를 수락할 의사가 있었다면 동 조약에 가입하여 비준을 했을 것이나, 독일이 가입하지 않았으므로 명백하게 동 조항상의 의무를 받아들인 것이라고 간주할 수 없다고 하였다. 또한 재판부는 덴마크나 네덜란드의 주장이 의미가 있기 위해서는 '금반언'에 해당하는 상황이 존재해야 한다고 보았으나 그러한 증거가 존재하지 않는다고 판시하였다. 즉, 서독이 대륙붕 제도의 수락을 명백하고 일관되게 나타낼 뿐 아니라 덴마크와 네덜란드가 그 행위를 신뢰하여 만약 서독이 대륙붕 제도를 부인하는 경우 네덜란드와 덴마크에게 손해를 야기하게 되는 상황이 존재했어야 한다는 것이다. 요컨대, 재판소는 제네바협약에 가입하지 않은 독일이 다른 방식으로 조약상의 의무를 부담하는 것으로 볼 수 없다고 판시하였다.

(2) 동 조항은 기존 관습법의 확인인가?

재판소는 동 조항의 적용 여부를 결정하기 위해 우선 동 조항이 기존 관습법을 확인한 것인지 여부를 검토하였으나 그렇지 아니하다고 하였다. 그 이유는 다음과 같다.

① 등거리원칙은 협약 제6조의 규정에서 볼 수 있듯 de lege lata(있는 법) 혹은 형성되고 있는 국제관습법으로서가 아니라 실험적으로 상당히 주저하면서 국제법위원회에 의해 제안된 것이다. 이것으로 볼 때 등거리원칙은 국제관습법 규칙을 반영하거나 결정화하지 못한다.

② 경계획정 규정이 관습법이 되지 않았다는 결론은 협약의 유보조항에 의해 유보가 허용되고 있다는 사실에 의해서도 확인된다. 즉, 일방적인 유보를 할 수 있다는 것은 그것이 단순히 협약상의 규칙과 의무의 성격을 갖는다는 것을 나타낸다. 동 협약 제12조에서는 제1조에서 제3조를 제외한 모든 조항에 대한 유보를 허용하고 있는데, 유보가 허용되지 않는 이들 조항들은 대륙붕에 관한 국제관습법으로 수락되었거나 형성되고 있는 규칙을 반영하거나 결정화하는 것으로 간주되었던 것이 분명하다.

(3) 동 조항은 조약 체결 이후 국제관습법으로 성립했는가?

덴마크와 네덜란드는 등거리선원칙은 제네바조약을 체결하기 위한 해양법회의 전에는 형성단계에 있었고 국가들의 관행이 일관성이 없었으나 국제법위원회의 작업과 이에 대한 국가들의 반응 및 해양법회의 진행을 통해 국제관습법으로 성립하였으므로 서독에 대해서도 적용된다고 주장하였다. 그러나 국제사법재판소는 이러한 주장을 받아들이지 않았다. 재판소는 어떤 규칙이 관습법이 되기 위해서는 관련규정이 법의 일반적인 규칙의 기초를 형성하는 것으로 간주될 수 있는 근본적으로 규범 창조적 성격을 가져야 하고, 또한 상당한 시간이 경과하지 않았다고 하더라도 이해관계가 특별히 영향을 받는 국가의 참가를 포함하여 매우 광범위하고 대표적인 국가의 참여가 있어야 한다고 하였다. 또한 특별히 영향을 받는 국가를 포함한 국가의 관행이 광범위하고 실질적으로 획일적이어야 하고 국가들에게 법적 확신이 존재해야 한다고 하였다. 그러나 제네바협약 제6조상의 경계획정원칙에 대해서는 비준 또는 가입한 국가의 수가 충분하지 못하며, 법적확신의 증거 역시 충분하지 아니하므로 관습법으로 성립된 것으로 볼 수 없다고 판시하였다.

2. 동 조항이 적용되지 않는 경우 경계획정원칙은 무엇인가?

재판소는 경계획정에 적용될 국제법과 규칙은 다음과 같다고 판시하였다. ① 경계획정은 형평의 원칙과 모든 관련사항을 고려하여 타국 영토의 자연연장을 침해하지 않고 자국영토의 자연연장을 구성하는 대륙붕의 모든 부분을 가장 많이 부여하도록 합의에 의해 행해져야 한다. ② 위의 방법을 적용하여 경계획정이 당사자에게 중복되는 구역이 발생하는 경우에는 당사자들 사이의 합의된 비율로, 합의가 되지 않는 경우에는 동일하게 배분되어야 한다. ③ 중복된 지역이나 그 일부에 대해 당사자들이 공동관할, 사용 혹은 개발을 결정하는 경우 동일하게 배분되지 않을 수 있다. 재판소는 경계획정을 위한 교섭과정에서는 첫째, 당사국 해안의 특수하거나 예외적인 형태뿐만 아니라 일반적인 형세, 둘째, 관련 대륙붕 지역의 물리적·지질학적 구조와 천연자원, 셋째, 형평의 원칙에 따른 경계획정으로 연안국에게 돌아가는 대륙붕의 범위와 해안의 일반적인 방향으로 측정된 연안의 길이 사이의 합리적인 비례성의 정도 등을 고려할 것을 제안하였다.

case 002 | 인도령 통행권 사건[1]

1 사실관계

1. 인도의 서부 연안에 위치한 Daman 및 그에 근접한 내륙 고립영토(enclave) Dadra와 Nagar-Aveli는 1947년 인도가 독립한 이후에도 포르투갈령 식민지로 남아 있었다.

---

1) Case Concerning Rights of Passage over Indian Territory, 포르투갈 v. 인도, ICJ, 1957년(관할권)·1960년(본안).

2. 1950년 인도는 이들 영토의 통합을 요구하였으나 교섭을 거부하는 포르투갈과 대립이 격화되었고 인도는 1953년 이후 Daman과 두 개의 고립영토 간의 통행을 제한하였다. 1954년 7월 Dadra와 Nagar-Aveli는 친인도집단에 의해 점령되었고 인도는 모든 포르투갈 정부관계자의 고립영토에서의 통행을 금지하였다.

3. 포르투갈은 1955년 12월 19일 선택조항 수락선언을 UN 사무총장에게 기탁하고, 같은 달 22일 사건을 재판소에 일방적으로 부탁하였다.

2 법적쟁점

1. 인도의 선결적 항변 인용 여부
2. 양자 간 관습법의 성립 여부
3. 인도와 포르투갈 간 고립영토 통행 관습의 성부
4. 인도의 통행금지조치의 적법성

3 판결요지

1. 인도의 선결적 항변 인용 여부 - 소극

인도는 몇 가지 선결적 항변을 제기하였다.

(1) 포르투갈의 제소는 수락선언 부탁 후 사무총장이 규정 제36조 제4항에 따라 그 등본을 다른 당사국에게 송부하기 전에 행한 것이므로 국가의 평등과 상호주의를 무시한 것이다.

(2) 포르투갈은 제소 전에 외교 교섭에 최선을 다하지 않았다.

(3) 포르투갈의 제소는 인도가 상호주의에 의해 유보를 원용할 기회를 박탈하였고, 선택조항의 남용이다. 이에 대해 재판소는 인도의 선결적 항변을 모두 기각하고 재판관할권을 확인하였다.

2. 양자 간 관습법의 성립 여부 - 적극

인도는 단지 두 국가 사이에서만 성립될 수 있는 지역적 관습 제도는 없다고 주장하였다. 이에 대해 재판소는 두 국가 사이에 그들의 관계를 규율하는 것으로 승인된 오래 계속된 관행이 그들 사이에 상호 권리와 의무의 기초를 형성해서는 안 된다는 주장을 인정할 수 없다고 하였다.

3. 인도와 포르투갈 간 고립영토 통행 관습의 성부 - 적극

재판소는 민간인 등의 통항과 무장한 군대 등의 통항을 분리하여 판단하였다.

(1) 재판소는 민간인과 공무원 및 화물에 관해서는 영국의 인도지배 시기 및 인도가 독립한 이후 시기에도 고립영토 사이에 자유로운 통행을 허용한 계속적이고 획일적인 관행이 존재하였다고 판단하였다. 따라서 그러한 통행관행은 당사국들 사이에 법으로서 승인되고 권리 및 의무를 발생하게 하였다고 판시하였다.

(2) 그러나 무장한 군대, 무장한 경찰, 무기와 군수품의 경우 포르투갈의 권리 내지 인도의 의무가 관습법으로 성립하지 않았다고 판단하였다. 이러한 종류의 통행은 영국당국의 허가에 의해서만 시행되었기 때문이다.

4. 인도의 통행금지조치의 적법성 - 적극

재판소는 1954년 인도가 포르투갈 고립영토에 대한 통행을 금지한 조치가 인도와 포르투갈 간에 확립된 관습법에 위반되지 아니한다고 판단하였다. 1954년 인도에 의한 통행의 거절은 당시 사태의 긴급성과 포르투갈의 통행이 인도의 주권의 완전한 승인과 행사에 따르는 것을 전제로 함을 고려하면 민간인, 관리 및 일반물자에 관한 포르투갈의 통행권에 대하여 인도가 부담하는 의무에 반하는 것은 아니라고 하였다.

case 003 | 영국 - 노르웨이 어업 사건[1]

1 사실관계

1. 17세기 초부터 노르웨이는 연안해역에서 외국 어선의 조업을 금지하는 조치를 취해왔다. 20세기 들어서면서 영국어선은 노르웨이 근해에 진출하여 어로 활동을 개시하였고 이에 대해 노르웨이는 자국 어민을 보호하기 위해 1906년 6월 2일 법률에 의하여 어업금지수역을 설정하고 이를 위반하는 영국어선을 나포하였다. 1932년에도 노르웨이 정부가 영국어선에 대해 경고와 나포를 반복하였고 영국은 노르웨이가 영해의 획정에 있어서 부당한 기선을 사용하였다고 강력히 항의하였다.

2. 1935년 7월 12일 노르웨이가 어업수역을 설정하는 칙령을 공포함으로써 양국 분쟁은 더욱 격화되었다. 노르웨이는 연안의 본토, 섬 및 암초상의 48개 기점을 연결하는 직선기선을 사용하였으며 4해리의 어업수역 폭을 갖게 되었던 것이다. 양국은 교섭을 진행하였으나 1948년에 이르기까지 결실을 맺지 못하자 노르웨이는 다시 영국어선을 나포하여 처벌하기 시작하였다.

3. 1949년 9월 28일 양국은 분쟁을 국제사법법원에 부탁하였는데, 그 내용은 1935년의 칙령에 의해 수역획정의 기준인 기선을 설정하는 데 있어서의 방법 및 구체적인 적용이 국제법에 위반되는지의 여부에 대한 판결을 구하는 것이었다.

2 법적쟁점

1. 어업수역 획정방법의 유효성 - 직선기선 자체 인정 문제
2. 직선기선의 국제법적 합치성
3. 만구 10해리 규칙의 관습법성

---

1) Anglo-Norwegian Fisheries Case, 영국 v. 노르웨이, ICJ, 1951년.

3 판례요지

1. 어업수역 획정방법의 유효성 - 직선기선 자체 인정 문제

기선설정에 있어서 노르웨이가 직선기선방식을 도입한 것에 대해 법원은 그 조치의 적법성을 인정하였다. ICJ는 이미 많은 국가들이 도서와 암초가 산재해 있고 피오르드식으로 굴곡이 심한 해안에서 직선기선방식을 아무런 이의 없이 적용함으로써 직선기선설정방식은 국제관습법으로 확립되었다고 판시하였다. 또한 영국 정부를 포함한 다른 나라들이 60년 이상 노르웨이의 실행을 일반적으로 묵인해 왔다는 점도 노르웨이가 직선기선을 채택한 것이 적법하다는 근거로 제시하였다.

2. 직선기선의 국제법적 합치성

재판소는 직선기선의 '적용'에 있어서 준수해야 할 국제법적 원칙 세 가지를 제시하고 노르웨이의 직선기선을 평가한 다음, 노르웨이의 기선 설정방식은 국제법원칙을 준수하고 있으므로 국제법에 합치된다고 판시하였다. ICJ가 제시한 국제법 기준은 다음과 같다.

(1) 기선설정에 있어서 연안의 일반적 방향으로부터 크게 벗어나면 안 된다. 연안국으로 하여금 연안수역에 대한 권리를 부여하는 근거는 육지이기 때문이다.

(2) 기선의 선택에 있어서 기선의 내측 수역이 내수제도에 종속될 정도로 충분하고도 밀접하게 육지와 관련되어 있어야 한다.

(3) 장기간의 관행에 의해 현실성과 중요성이 명백하게 확증되어 있는 그 지역의 고유한 경제적 이익이 고려되어야 한다.

3. 만구 10해리 규칙의 관습법성

영국은 이른바 만의 10마일 봉쇄선 원칙(10 mile closing line for bays)을 주장하였다. 즉, 만의 경우 일반적으로 10해리를 넘지 않는 입구 가장 가까운 곳에 직선기선이 그어져야 하며, 또한 국제법상 만은 내륙으로의 만입이 그 폭에 대하여 적당한 비율관계에 있는 굴곡이어야 한다는 것이다. ICJ는 영국의 주장을 받아들이지 않았다. 그 이유는 다음과 같다.

(1) 동 원칙이 관습법으로 성립되었는지 여부에 대해 영국이 입증하지 못했다고 판단하였기 때문이다.

(2) 만약 동 원칙이 국제관습법상 규칙이라고 해도 노르웨이에 대해서는 적용될 수 없다. 노르웨이는 동 원칙을 자국 연안에 적용하고자 하는 모든 시도에 항상 반대해 왔기 때문이다.

case 004 | 스코티아호 사건[1]

1 사실관계

1. 1867년 4월 8일 밤, 영국 기선(汽船) 스코티아호(The Scotia)와 미국 범선(帆船) 버크셔호(The Berkshire)의 충돌로 버크셔호가 침몰하여 재산상의 손해를 입게 되었다.

2. 사건 당시 버크셔호는 백색등은 달고 있었으나, 우현과 좌현에는 어떠한 등화(燈火)도 달고 있지 않았다.

3. 사건이 발생하기 이전인 1863년 1월 9일 영국은 '해상충돌예방규칙'을 제정하여 대형 범선도 다른 해양선박과 마찬가지로 선박의 우현에 녹색등, 좌현에 적색등을 달도록 했다. 이러한 규칙은 1864년 말까지 미국을 포함하여 세계의 거의 모든 해양국가(33개)에 의해 채택되었다.

4. 버크셔호 측이 스코티아호 측을 상대로 미국 법원에 제소하였으나 1심과 2심에서 패소하고 대법원에 상고되었다.

2 법적쟁점

1. 공해상에서 선박충돌 시 적용법규
2. 등화에 관한 신관습의 성립 여부
3. 스코티아호 측의 손해배상책임 여부

3 대법원 판결

1. 공해상에서 선박충돌 시 적용법규

공해상에서 발생한 선박충돌에 대해 대법원은 법정지 국내법이 아닌 국제법이 적용된다고 판시하였다. 대법원은 충돌이 발생한 장소 및 그 시점에서의 법을 선택해야 한다고 판단하였다.

2. 등화에 관한 신관습의 성립 여부

버크셔호는 변경되기 이전의 국제해양법에 따른 등화를 갖추긴 하였으므로 등화에 관한 새로운 규칙이 국제해양법으로 성립되었는지가 문제되었다. 대법원은 영국을 필두로 하여 채택된 새로운 규칙이 국제관습법으로 성립하였다고 확인하고 신관습법에 따라 재판하였다. 대법원은 1863년 1월 9일의 영국 칙령 및 1864년의 미국의 법률이 정하는 항행에 관한 규칙이 대서양에서 해운에 종사하고 있는 거의 모든 국가를 포함하는 30개 이상의 주요 상업국가에 의해 의무적 규칙으로 수락되고 있다는 것을 인정할 때 새로운 규칙이 해양법으로 성립했다고 판단하였다.

---

1) The Scotia Case, 미국연방대법원, 1872년 3월 25일.

3. 스코티아호 측의 손해배상책임 여부

대법원은 스코티아호 측에 손해배상책임이 없다고 판시하였다. 새롭게 형성된 항행규칙을 위반한 버크셔호 측의 과실에 의해 손해가 발생하였다고 판단하였기 때문이다. 스코티아호가 버크셔호를 범선이 아닌 '기선'으로 판단한 것은 정당하며, 그러한 과정에 오류가 있다고 볼 수 없다고 하였다.

case 005 | 올랜드 섬(Aaland Islands) 사건[1]

1 사실관계

스웨덴 주권하의 올랜드 섬이 1809년 조약에 의해 러시아에 양도되었다. 크리미아 전쟁에서 패한 러시아는 1856년 영국, 프랑스 등과 동 섬을 요새화 하지 않기로 합의하였다. 1917년 핀란드는 러시아로부터 독립하였고 자국영토로 편입된 올랜드섬의 비무장화 의무가 없음을 주장하였다. 이에 대해 스웨덴이 문제를 제기하였고 이 사건은 LN국제법률가위원회에 회부되었다.

2 법적쟁점

1. 비당사국의 파리조약 원용문제
2. 핀란드의 비무장의무 존부

3 판단

1. 비당사국의 파리조약 원용문제

1856년 조약의 당사국이 아닌 스웨덴이 핀란드의 비무장화 파기에 대해 문제를 제기할 자격이 있는지가 문제되었다. 이에 대해 위원회는 1856년 조약은 유럽의 이해관계를 위해 하나의 객관적 법체제를 창설한 것으로서, 조약의 당사국이 아닌 국가도 그 조약의 유지에 이해관계를 갖는 경우 조약 준수를 주장할 권리를 갖는다고 판단하였다.

2. 핀란드의 비무장의무 존부

핀란드는 1856년 조약의 의무에 구속되어 비무장의무를 부담하는지가 문제되었다. 이에 대해 위원회는 1856년 조약은 올랜드섬을 주권하에 두는 여하한 국가에 의해서든지 준수되어야 하므로 핀란드는 올랜드섬의 비무장의무를 부담해야 한다고 판단하였다.

---

1) 국제연맹 '국제법률가위원회(International Committee of Jurists)', 1920년.

case 006 | 제노사이드협약의 유보에 관한 사건[1]

1 사실관계

1. 1948년 UN총회에서 만장일치로 채택된 '집단살해의 방지 및 처벌에 관한 협약'(이하 '제노사이드협약')은 1949년 12월 31일까지 서명을 위해 개방됨과 아울러 이에 대한 비준을 받았고, 1950년 1월 1일 이후로 가입을 위해 개방되었다.

2. 그러나 동 협약은 다음과 같은 법적 문제에 직면하게 되었다. 제13조에서는 20번째의 비준 또는 가입서가 기탁된 날로부터 90일째 되는 날 협약이 발효한다고 규정할 뿐 유보에 관해서는 전혀 규정하고 있지 않다. 그런데 필리핀과 불가리아가 동 협약에 대한 비준 또는 가입서를 제출하면서 유보를 첨부하였는데, 이것을 20개의 비준 또는 가입서에 포함시켜야 할지 여부가 문제된 것이다. 그러나 곧 유보를 첨부하지 않은 5개 국의 비준 또는 가입서가 일시에 기탁됨으로써 유보를 첨부한 비준 또는 가입서에 관계없이 동 협약의 발효일자가 결정되었다.

3. 이에 UN총회는 결의 478(Ⅴ)을 채택함으로써 제노사이드협약에 대한 유보와 관련하여 ICJ에 권고적 의견을 요청하였다.

2 법적쟁점

1. 유보국의 협약 당사자 인정 여부

2. 유보의 효력

3. 비준 또는 서명하지 않은 국가의 유보 반대의 효과

3 법원의 판단

1. 유보국의 협약 당사자 인정 여부

동 협약에 대한 유보에 대해 협약 당사자 중 하나 이상이 반대하지만 다른 당사자들은 이에 반대하지 않는 경우, 당해 유보국은 유보를 유지하면서 동 협약의 당사자로 간주될 수 있는가? 동 협약의 당사자 중 하나 이상으로부터 반대가 제기되었으나 다른 당사자들로부터 반대가 제기되지 않은 유보를 행하여 유지하는 국가는 그 유보가 동 협약의 대상 및 목적과 양립하는 경우 동 협약의 당사자로 간주될 수 있지만, 그렇지 않은 경우에는 당해 국가는 동 협약의 당사자로 간주될 수 없다. 동 사건 이전의 전통적 개념에 따르면,

---

1) Reservation to the Convention on Genocide 사건, Advisory Opinion, ICJ, 1951년.

유보는 모든 체약 당사자에 의해 예외 없이 수락되지 아니하는 한 효력이 없다. 그러나 제노사이드는 모든 인류집단의 생존권을 부인하는 것으로 인류의 양심을 마비시키고 인도주의의 크나큰 상실을 초래할 뿐 아니라 도덕률과 UN의 정신 및 목적에 반하는 '국제법상의 범죄'로 처벌받아야 한다는 것이 UN의 의도이다. 따라서 동 협약은 가능한 한 많은 국가의 참여를 유도하는 것이 중요하다. 즉 조약의 목적 자체를 희생하지 않는 범위 내에서 보편성을 의도하기 위해 '유보의 당해 협약의 대상 및 목적과의 양립 여부'를 유보 허용 여부 판단 기준으로 삼아야 한다.

2. 유보의 효력

① 동 협약 당사자가 동 협약의 대상 및 목적과 양립하지 않는다고 간주하여 유보에 반대한 경우에 당해 당사자는 사실상 유보국을 협약의 당사자로 간주하지 않을 수 있으며, ② 반면에 당사자가 유보를 동 협약의 대상 및 목적과 양립하는 것으로 수락한 경우 당해 당사자는 사실상 유보국을 협약의 당사자로 간주할 수 있다. 제노사이드협약의 당사자인 각 국가는 유보의 효력을 평가할 권한이 있을 뿐 아니라 각기 자신의 관점에서 개별적으로 그러한 권리를 행사하게 된다. 즉, 어느 국가도 자신이 동의하지 않은 유보에 의해 구속받지 않기 때문에, 유보에 반대하는 국가는 '대상과 목적' 기준의 범위 내에서 자신의 개별적인 평가를 기초로 유보국이 제노사이드협약의 당사자가 될 수 있는지의 여부를 판단하게 된다. 통상적인 경우 그러한 결정은 유보국과 유보에 반대한 국가 간의 관계에 대해서만 영향을 미치게 된다.

3. 비준 또는 서명하지 않은 국가의 유보 반대의 효과

① 아직 협약을 비준하지 않은 서명국에 의한 유보에 대한 반대는 당해 서명국이 협약에 비준한 때에만 질문1에 대한 답변에서 언급한 법적 효과를 가질 수 있다. 따라서 그때까지는 그러한 유보에 대한 반대는 단지 당해 서명국의 궁극적인 입장을 다른 국가에 통지한 것으로서의 의미만을 가지며, ② 서명 또는 가입할 자격을 가지고 있으나 아직 그렇게 하지 않은 국가에 의한 유보에 대한 반대는 아무런 법적 효과도 없다. ICJ는 협약의 당사자가 될 권리가 어떤 명확한 개념을 표현한 것이 아님을 지적하였다. 따라서 어느 국가가 제노사이드협약의 준비에 참여하였다 하더라도 동 협약의 당사자가 되기 위해서는 서명에 이은 비준이나 가입을 거쳐야 하며, 둘 중 어느 하나의 조치를 취하기 이전에는 다른 국가를 동 협약에서 배제시킬 권리를 갖지 않는다. 한편 서명국의 경우, ICJ는 서명이 제노사이드협약에의 참여를 위한 첫 번째 조치에 해당된다고 보고 동 협약에 서명도 가입도 하지 않은 국가들에 비해 유리한 지위를 부여하였다. 즉, 비준하기 이전이라도 서명으로 부여받은 잠정적 지위는 당해 서명국에게 예방적 조치로서 그 자체가 잠정적 성격을 갖는 '유보에 대한 반대를 형성할 권리'를 부여하게 된다. 단, 이는 서명에 이어 비준이 수반되지 않을 경우 소멸되고, 비준했을 경우에만 비로소 효력을 갖게 된다. 요컨대, 비준 이전에는 서명국의 반대가 유보국에 대해 직접적인 법적 효과를 가지지 못하며, 단지 당해 서명국이 제노사이드협약의 당사자가 되는 경우 자신의 궁극적인 입장을 미리 표명하여 선언한 것에 불과한 것이다.

case 007 | Belilos v. Switzerland(1988)[1][2]

1 사실관계

1. 국내절차

스위스 국적의 Marléne Belilos는 사건 당시 로잔에 거주하는 학생이었다. 스위스의 로잔 경찰위원회는 1981년 4월 16일의 보고서에서 그녀가 4월 4일 도심 거리에서 사전에 허가를 구하지 않은 시위에 참여함으로써 시의 일반경찰규정을 위반하였음을 언급하고, 5월 29일 그녀가 부재한 가운데 열린 위원회에서 200 스위스 프랑의 벌금을 부과하는 결정을 내렸다. 이에 Belilos는 경찰위원회에 그 결정을 취소해 달라고 청원을 제기하였는데 거부당하였다. 대신 경찰위원회는 그녀가 시위에서 적극적 역할을 하지 않은 한편, 이번이 첫 번째 위반은 아니므로 벌금을 120 스위스 프랑으로 낮춘다고 결정하였다. Belilos는 Vaud 주법원에 자신이 참여하지도 않은 불법시위에 가담하였다고 판단한 경찰당국의 해당 결정은 당연무효임을 선언하도록 소송을 제기하였다. 그녀는 특히 자신이 유럽인권협약 제6조 제1항의 공정한 재판을 받을 권리를 침해당하였다고 주장하였다. 1981년 11월 25일, 주법원은 스위스가 1974년 11월 28일 유럽인권협약에 가입할 당시 이루어진 해석선언에 의해 형사 사건에 관한 행정당국에서의 절차는 동 협약 제6조 제1항의 의무에서 면제된다고 결정하였다. Belilos는 이 결정에 대해 연방법원에 상소를 제기하며, 스위스의 해석선언은 결코 경찰위원회와 같은 행정당국에 형사 사건의 본안을 판단할 권한을 부여한다는 의미는 아니라고 주장하였지만, 1982년 11월 2일 연방법원 역시 그녀의 상소를 기각하는 판결을 내렸다.

2. 유럽인권위원회 절차

국내구제를 완료한 Belilos는 1983년 3월 24일 유럽인권협약 제25조에 따라 유럽인권위원회에 자신은 동 협약 제6조 제1항의 의미 내에서 독립적이고 공정한 재판소에 의해 심리를 받지 않았다고 주장하며, 개인청원을 제기하였다. 1985년 7월 8일 유럽인권위원회는 해당 청원이 청구 가능하다고 선언하고, 1986년 5월 7일 만장일치로 동 협약 제6조 제1항의 위반이 존재한다고 판단하였다.

3. 유럽인권법원 절차 및 스위스의 입장

1986년 7월 18일과 9월 22일에 각각 유럽인권위원회와 스위스 정부는 동 청원을 유럽인권재판소에 회부하였는데, 특히 스위스 정부는 다음과 같이 주장하였다. 첫째, 청구의 수리가능성과 관련하여 선결적 항변을 제기하였는데, 즉 Belilos의 청원은 스위스의 해석선언에 합치되지 않으므로 유럽인권재판소는 동 사건을 판단할 관할권이 없다. 둘째, 본안과 관련하여 스위스의 해석석언은 합법적으로 채택된 유보의 법적 효력을 가지며, 따라서 스위스에 적용되는 해당 조항에 대한 침해가 존재하지 않는다.

---

1) 유럽인권법원, 1988년.
2) 김정건 외 2인, 국제법 주요 판례집, 연세대학교 대학출판문화원, 25~28쪽.

2 법적쟁점

1. 스위스의 선언이 유보에 해당하는지 여부
2. 스위스의 선언과 유럽인권협약 제64조의 합치성

3 유럽인권법원 판결

1. 해석선언의 성격

유럽인권위원회는 스위스의 해석선언이 유럽인권협약의 법적 효력을 배제하거나 수정하려는 목적이 아닌 제6조 제1항의 목적과 범위에 대한 스위스 정부의 견해 또는 해석, 즉 단순한 해석선언에 불과하다고 판단하였으나, 유럽인권재판소는 해석선언의 프랑스어 원문 문구가 완전히 명확하지는 않지만 유보로 이해될 수 있음을 인정하였다.

2. 해석선언의 유효성

재판소는 유보에 대해 규정한 유럽인권협약 제64조에 따라 그 유효성을 판단하였다. 재판소는 유보에 관한 제64조의 요건을 충족하지 않는 제한이 유럽인권협약에 따라 발생하는 의무에 적용되지 않도록 해야 한다면서, 문제의 해석선언에 대해 유보의 경우와 마찬가지로 제64조에 따라 그 합법성을 검토하였다. 재판소는 스위스의 해석선언 중 사법부의 궁극적 통제의 의미는 광범위하고 명확하지 않아 유럽인권협약 제64조 제1항에 규정된 일방적 성격의 유보에 해당해서는 안 된다는 요건에 위반됨을 확인하였다. 또한 스위스의 해석석언은 관련 법률에 대한 간략한 설명을 동반하지 않았으며 정부가 제기한 해당 작업의 실체적 어려움이 제64조 제2항의 비준수를 정당화하지 못하므로 결국 동 선언은 무효가 된다고 하였다.

3. 유럽인권협약상 스위스의 지위

스위스는 선언의 유효성에 상관없이 계속해서 협약의 구속을 받으며, 당사국으로 간주된다고 하였다. 이러한 판결은 무효인 유보는 마치 문제의 유보가 비준서나 가입서에 당초부터 첨부되지 않았던 것처럼 법적 효력이 없으며, 유보국은 계속해서 조약 전체의 구속을 받는다는 분리이론을 채택한 것으로 평가된다.

4. 유럽인권협약 위반 여부

유럽인권협약 제6조 제1항과 관련하여, 경찰당국에 소속되어 있는 경찰위원회는 독립적이고 공평한 법원이 아니며, 주법원과 연방법원 역시 순수한 행정기관인 경찰위원회의 사실판정을 재검토할 수 없었으므로 사법부의 궁극적 통제를 충분히 제공하지 못하였고, 결국 제6조 제1항의 위반이 존재한다고 하였다. 스위스는 1988년 4월 29일 선언의 내용을 일부 개정하였다가 2000년 8월 29일에 자국의 유보와 선언을 모두 철회하였다.

case 008 | 폴란드령 상부 실레지아지역에서의 독일인 이권에 관한 사건[1]

1 사실관계

제1차 세계대전의 패전국인 독일은 1922년 폴란드와 상부 실레지아에 대한 양국 관계를 정한 제네바조약을 체결하고, 동 조약의 해석과 적용에 대한 분쟁에 대해서는 PCIJ 관할권을 인정하기로 합의하였다. 폴란드는 1920년 자국 내 소재 독일인 재산을 취득하는 법률을 제정하였다. 1921년 상부 실레지아는 폴란드령이 되었고, 폴란드는 1920년 법을 적용하여 독일인 소유의 질소공장을 국유화하였다. 독일은 폴란드의 국유화 조치가 제네바조약 위반이므로 질소공장을 반환할 것을 청구하는 소송을 PCIJ에 제기하였다.

2 법적쟁점

1. 폴란드의 국유화의 위법성

2. 폴란드의 베르사유조약 원용가능성

3. 권리남용에 의한 조약 위반의 성립 여부

4. 법원이 배상의 형식과 금액을 정할 수 있는지 여부

3 PCIJ 판단

1. 폴란드의 국유화의 위법성

PCIJ는 폴란드가 국내법을 적용하여 상부 실레지아의 독일인 소유 공장을 국유화한 것은 제네바협약을 위반한 것이라고 판시하였다. 즉, 폴란드의 국유화 조치는 독일인의 사적재산·권리 및 이익에 관한 제네바협약을 위반한 것이다.

2. 폴란드의 베르사유조약 원용가능성

폴란드는 자국의 조치가 베르사유조약 및 1918년 휴전조약에 의해 자국이 획득한 권리를 확보하기 위한 조치라고 항변하였다. 그러나 PCIJ는 폴란드가 휴전조약 체결 당시 독일에 의해 교전국으로 간주되지 않았기 때문에 상기 조약의 당사국이 아니며 따라서 폴란드는 그 조약으로부터 권리를 취득할 수 없다고 판시하였다. 즉, 폴란드는 베르사유조약이나 휴전조약의 당사국이 아닌 제3국이므로 조약상대성의 원칙상 조약상의 권리나 이익을 향유할 수 없다고 판시한 것이다.

---

1) 독일 v. 폴란드, 상설국제사법재판소(PCIJ), 1925년(관할권)·1926년(본안).

3. 권리남용에 의한 조약 위반의 성립 여부

국제법에서도 권리남용에 의한 조약 위반이 성립할 수 있다. 그러나 그 입증책임은 주장 국가에 있다. 폴란드는 독일이 권리를 남용하여 당해 지역에 있는 재산을 그 지역의 주권 양도 전에 이전하였으므로 독일이 제네바조약을 위반하였다고 주장하였다. 이에 대해 PCIJ는 권리남용에 의한 조약 위반을 인정하면서도 독일의 조치는 조약을 위반하지 않았으므로 권리남용이 아니라고 판시하였다.

4. 법원이 배상의 형식과 금액을 정할 수 있는지 여부

국제의무 위반의 존재를 결정한 PCIJ는 이에 관한 배상의 형식과 금액을 결정할 권한이 있다고 판시하였다.

case 009 | 프레아 비헤아 사원 사건[1]

1 사실관계

1. 고대 사원인 프레아 비헤아는 태국과 캄보디아의 국경을 이루고 있는 Dangrek 산의 돌기에 위치하였고, 고고학적인 가치를 지닌 종교인들의 순례의 장소로 알려져 있는 곳이다. 이 사건은 동 사원의 귀속에 관한 것이다.

2. 1904년 당시 태국의 옛 명칭인 샴과 캄보디아의 보호국이었던 프랑스는 조약을 체결하여 양국의 국경선을 산의 분수령을 따라 정하기로 합의하였다. 이에 따라 실제 경계획정을 위하여 합동위원회를 구성하였으나 1907년까지 경계획정이 되지 않자, 샴 정부는 프랑스 조사단에게 이 지역의 지도작성을 위임하였다. 1907년에 정식으로 발행되어 샴 정부에게도 전달된 프랑스 당국에 의해 작성된 지도에는 프레아 비헤아 사원이 캄보디아 측에 위치한 것으로 되어 있었다.

3. 그 후 이 지역을 직접 답사한 샴 정부는 문제의 사원이 실제로 자국 측 분수령에 위치하였다는 것을 알게 되었고, 자국의 경비대를 동 사원에 배치하였다. 이에 프랑스와 캄보디아는 이에 대하여 몇 차례의 항의를 하였다.

4. 1953년 캄보디아가 독립한 후, 이 사원에 대한 관할권을 회복하려 하였으나 이루어지지 않았고 문제 해결을 위한 외교협상도 실패하자, 캄보디아는 국제사법재판소에 해결을 부탁하였다.

---

1) Case Concerning the Temple of Preah Vihear, 캄보디아 v. 태국, ICJ, 1962년(본안).

2 법적쟁점

1. 1908년에 작성된 지도의 효력
2. 태국이 착오의 법리를 원용할 수 있는지 여부
3. 묵인의 법리에 의한 취득 당시의 위법성 치유 여부

3 판례요지

1. 1908년에 작성된 지도의 효력

1908년 당시 합동위원회 및 조사단이 작성한 지도에 확정적 효력은 부여되지 않았다. 따라서 이후 국가의 행동이 지도의 효력을 인정하였는지가 문제된다. 태국 당국이 지도의 교부를 받고 지도를 광범하게 배포하였으며, 합리적인 기간 내에 어떠한 대응도 하지 않았다. 또한 지도의 복제를 프랑스에 요구하기도 하였다. 이러한 사실은 태국이 지도에 구속력을 부여한 것으로 인정된다.

2. 태국이 착오의 법리를 원용할 수 있는지 여부

태국은 지도의 무효 사유로 '착오'를 원용할 수 없다. 태국은 지도가 합동위원회가 작성한 것이 아니고 더군다나 실질적인 착오에 의해 작성된 것이므로 무효라고 주장하였으나, 재판부는 당해 지도가 합동위원회의 작업에 기초하여 작성된 것으로, 작성상 착오가 있다고 하더라도 이는 태국이 지명한 조사단에 의해 작성되었고 태국이 이를 묵인하였으므로 무효를 주장할 수 없다고 판시하였다.

3. 묵인의 법리에 의한 취득 당시의 위법성 치유 여부

지도작성이 끝난 이후에도 태국은 지도상의 국경을 인정하였다는 추정이 가능한 행동을 하였다. 1958년까지 지도에 대해 의문을 제기한 적이 없으며, 1934년 이후에는 동 지도를 공식적으로 사용해 오고 있다. 1937년에는 프랑스와 당시 국경을 재확인하기도 하였다. 또한 1930년 태국의 Darmong 왕은 동 사원을 공식 방문하여 프랑스 국기하에서 캄보디아 주재 프랑스 대표의 공식 접대를 받았다.

4. 판결

태국은 지도를 받은 시점에서 동 지도가 국경 획정 작업의 결과를 가리키는 것으로서 그것을 수락하였고, 그 후의 행위도 이 수락을 인정한 것으로 판단할 수 있다. 따라서 분쟁지역의 국경은 지도상의 국경선에 의한다. 태국은 사원과 그 주변지역에서 군대, 경비대 등을 철수 시켜야 하며, 동 사원에서 가지고 나온 고미술품 등을 캄보디아에 반환할 의무를 진다.

case 010 | Interpretation of Preah Vihear Temple 사건[1][2]

1 사실관계

이 사건은 1962년 6월 15일 내려진 Preah Vihear 사원 사건 판결문의 의미와 범위에 대해 분쟁 당사국이었던 캄보디아와 태국의 이견이 발생하자 캄보디아가 ICJ에 보다 명료한 해석을 청구한 사건이다. 캄보디아와 태국 국경에 위치한 이 사원의 영유권에 관해 ICJ는 1962년 6월 15일 Preah Vihear 사원은 캄보디아의 주권하에 있는 영토 내에 위치하고 있고, 태국은 사원 또는 캄보디아 영토 내의 사원 주변에 주둔시킨 군, 경찰, 경비 또는 관리인을 철수해야 할 의무가 있다고 판결하였다. 2007년 캄보디아는 Preah Vihear 사원을 UNESCO 세계 문화 유산으로 등재할 것을 신청하였고 관련 규정에 따라 사원과 사원을 보호하기 위한 주변의 보호 지대를 표시한 지도를 첨부하여 제출하였다. 이 지도는 사원이 위치한 지역 전체와 서쪽 지대 일부를 보호 지대로 표시하고 있었다. 태국은 2007년 5월 17일 이에 항의하였고, 이후 양국이 서로 자국령이라고 주장하는 구역에서 수 차례 무력 충돌이 발생하여 긴장이 고조된 가운데 2011년 4월 28일 캄보디아는 판결에 대한 해석 청구를 규정한 ICJ헌장 제60조를 근거로 1962년 6월 15일자 판결문에 대한 해석을 청구하였다.

2 법적 쟁점

1. 관할권의 존부

2. 1962년 판결의 의미

3. 1962년 판결에 따른 태국군의 철수 범위

3 ICJ 판결

1. 관할권의 존부

태국은 ICJ헌장 제60조가 의미하는 분쟁 자체가 존재하지 않는다고 항변하였다. 태국이 1962년 판결을 이행하기 위해 각료회의 경계선대로 철군한 데 대해 캄보디아가 이의를 제기하지 않았고 UNESCO와 관련된 문제는 이미 진행 중이었던 양국 간의 국경획정에 관한 것이며 이는 1962년 판결의 대상이 아니었다는 것이다. 캄보디아는 1962년 태국이 일방적으로 경계선을 정하고 철군 범위 지역을 획정한 데 대해 항의했었다고 반박하였으며 이후 캄보디아의 오랜 내전 기간 중 이 문제를 제기하지 못했다가 UNESCO 등재 과정에서 다시 불거진 것이라고 주장하였다. 재판부는 제60조의 해석 청구는 판결의 '의미와 범위에 관한 분쟁(dispute as to the meaning or scope)'이 있어야 하며 이 조항상의 분쟁이란 당사자 간의 의견이나 견해의 차이를 의미한다고 하였다. 또한 분쟁은 반드시

---

1) Cambodia v. Thailand, 2013.11.11. 판결. 국제사법재판소.
2) 산업통상자원부 홈페이지(https://disputecase.kr) 게시 내용 요약 정리.

형식을 갖추어 제출되어야 성립하는 것이 아니라 당사국이 판결의 의미나 범위에 대한 상반되는 입장을 갖고 있다는 점을 표시하면 충분하되, 문제된 판결의 주문에 관한 것이어야지 판결의 이유에 관한 것은 분쟁이 될 수 없다고 하였다. 재판부는 1962년 판결이 사원 주변(vicinity of temple)에서 철수하라고 하였으나 주변의 경계에 대해서는 구체적으로 지정하지 않았으며 태국이 이를 일방적으로 획정하였다는 점은 인정하였다. 또한, 캄보디아가 이를 수용하였다는 태국의 주장과 달리 재판부는 캄보디아 외교부가 1962년 11월 태국이 철조망으로 설정한 경계가 ICJ 판결과 합치되지 않는다고 문서로 항의하였음을 확인하였다. 결론적으로 재판부는 제60조 해석 청구는 기존 판결의 의미와 범위를 명확히 하려는 것이고 판결의 수정이나 결정되지 않은 문제에 대한 해답을 구하는 절차가 아니라고 전제하면서 1962년 판결 주문 제2항(철군 지역의 범위)과 Annex I 지도선의 법적 효과에 대해 해석할 필요성이 있다고 인정하였다. 이에 따라 재판부는 제60조상의 분쟁이 존재하고 해석 청구를 심리할 관할권이 있다고 판시하였다.

2. 1962년 판결의 의미

분쟁의 쟁점은 태국이 철군해야 할 지역의 범위였다. 1962년 판결 주문 제2항은 태국이 사원과 캄보디아 영토 내 사원 주변 지역에서 철수하라고 결정하였으나 주변의 구체적 범위에 대해서는 언급하지 않았다. 재판부는 1962년 재판부 판결의 3가지 특징 사항을 제시하였다. ① 당시 재판부는 사원 소재 지역의 영유권을 판단한 것이지 국경 획정에 개입하지는 않았다고 확인하였다. ② Annex I 지도나 국경선의 위치가 판결 주문에 언급되지 않았고 아무 지도도 판결문에 첨부되지는 않았으나 Annex I 지도가 1962년 재판부의 판결 논리 수립에 중심적인 역할을 하였다고 보았다. ③ 재판부는 1962년 재판부가 자신이 다루는 사건이 사원 지역의 영유권 분쟁임을 분명히 밝혔다고 보았다.

3. 1962년 판결에 따른 태국군의 철수 범위

재판부는 사원 주변이란 사원이 위치한 Preah Vihear 곶 전체를 의미하며 곶의 경계는 북쪽은 Annex I 지도선, 동쪽 및 남쪽은 절벽선, 서쪽 경계는 Phnum Trap 언덕과의 계곡선이라고 보고 이 범위 내에서 태국은 군, 경찰, 경비 등을 철수해야 할 의무가 있다는 의미라고 해석하였다. 재판부는 이를 토대로 1962년 판결 주문 제1항은 위에 규정한대로의 영토에 대해 캄보디아가 주권을 보유하고 있으며, 따라서 판결 주문 제2항은 이 영토 내에서 군, 경찰, 기타 경비 및 관리인을 철수할 것을 태국에게 요구하는 것이라고 결론내렸다.

case 011 | 서남아프리카(나미비아)에서의 남아연방의 법적지위에 관한 문제[1]

1 사실관계

1. 1950년의 권고적 의견 이후에도 남아연방이 계속해서 서남아프리카에 대한 통치를 UN의 감독하에 두지 않자, UN총회는 결의 2145를 채택하여 남아연방이 위임통치규정과 헌장에 따라 서남아프리카를 통치하지 않았으며 위임통치는 이미 종료하였고, 따라서 남아연방은 서남아프리카를 통치할 어떠한 권한도 갖지 않는다고 선언하였다. 안전보장이사회 역시 결의 276을 채택하여 총회 결의를 재확인하였다.

2. UN의 이러한 행동에도 불구하고 남아연방이 UN 결의를 계속해서 무시하자 안전보장이사회는 ICJ에 권고적 의견을 요청하였다.

2 권고적 의견 요청 사항

1. 남아연방의 나미비아에 대한 지속적 지배의 법적 문제

2. 남아연방의 나미비아에서의 지속적 지배에 대하여 안전보장이사회 결의 276이 다른 국가에게 미치는 법적 결과

3 권고적 의견 요지

1. 남아연방의 나미비아에 대한 지속적 지배의 법적 문제

재판소는 UN총회가 남아연방이 위임장상의 의무를 위반함으로써 위임통치는 종료되었다고 결의하였고 이를 안전보장이사회가 확인하였음에도 불구하고 계속해서 나미비아를 통치하는 것은 불법이며 즉각 나미비아로부터 철수해야 한다는 의견을 부여하였다. 재판소는 위임통치협정은 조약법에 관한 비엔나협약상의 조약이나 협약과 동등한 지위를 갖는 국제협정이며, 동 협정에 대한 실질적 위반(material breach) 시 동 협정은 종료된다고 하였다. 이러한 법원칙은 조약법에 관한 비엔나협약 제60조에 규정되어 있으며, 동 조항은 국제관습법을 확인한 것이라고 하였다. 재판소는 UN총회가 남아연방의 위임통치협정의 실질적 위반을 확인하였으므로 남아연방의 나미비아에 대한 위임통치는 종료되었다고 판단하였다. 위임통치협정이 종료되었으므로 안전보장이사회 역시 나미비아로부터 남아연방의 철수를 위한 조치를 취할 권한이 있다고 판시하였다.

---

[1] Legal Consequences for States of the Continued Presence of South Africa in Namibia (Southwest Africa), notwithstanding Security Council Resolution 276, ICJ 권고적 의견, 1971년.

2. 남아연방의 나미비아에서의 지속적 지배에 대한 안전보장이사회 결의 276이 다른 국가에게 미치는 법적 결과

재판소는 UN 회원국은 남아연방의 나미비아 지배의 불법성 및 남아연방이 나미비아를 대신하여 또는 나미비아와 관련하여 취하는 조치의 무효(invalidity)를 승인해야 한다고 하였다. 또한, 남아연방의 불법지배를 승인하거나 그러한 지배를 지지하거나 지원하는 것을 암시하는 어떠한 행동도 삼가야 한다고 하였다. 또한 UN 회원국이 아닌 국가도 나미비아와 관련하여 취해지는 UN의 조치에 대해 불승인, 불원조 등의 조치에 협력해야 한다고 판시하였다.

case 012 | 상부 사보이 및 젝스 자유지대 사건[1]

1 사실관계

1. 1815년 11월 20일 파리조약에 의해 상부 사보이와 젝스 지역이 프랑스에서 스위스에 할양되고 동 지역에 자유지대가 설정되었다.

2. 1919년 베르사유조약 제435조는 1815년 파리조약 규정이 현상에 적합하지 않음을 인정하고 자유지대에 관해 스위스와 프랑스가 새롭게 지위를 결정하기로 합의한 내용을 규정하고 있다.

3. 스위스는 '자유지대에 관한 규정이 현상에 적합하지 않다'고 하는 부분에 유보를 하고 서명을 하였으나 국민투표 결과 비준하지 않았다.

4. 프랑스는 1923년 2월 자유지대 폐지에 관한 법률을 채택하고, 그해 11월 10일부터 시행할 것을 스위스에 통고하였다.

5. 양국의 합의하에 PCIJ에 소송이 제기되었다.

2 법적쟁점

1. 베르사유조약 제435조에 의해 자유지대가 폐지되는 것인가?
2. 베르사유조약이 당사국이 아닌 스위스에 효력이 있는가? (조약의 제3자효)

3 판결요지

1. 베르사유조약 제435조에 의해 자유지대가 폐지되는 것인가?

베르사유조약 제435조는 자유지대의 폐지의무를 부과한 조항이 아니다. 동 조 제2항이 1815년 파리조약 규정이 현상에 적합하지 않음을 인정하였으나 그것이 곧 현상 부적합으로 인한 폐지를 규정한 것은 아니다.

---

[1] Free Zones of Upper Savoy and the District of Gex, 스위스 v. 프랑스, PCIJ, 1932년.

2. 베르사유조약이 당사국이 아닌 스위스에 효력이 있는가? (조약의 제3자효)

설령 동 조항이 폐지의무를 부과하였다고 하더라도, 동 조약에 가입하지 않은 스위스는 제3국이므로 동 조약상의 의무를 부담하지 않는다. 스위스는 명백히 자유지대에서의 관세제도 변경에는 반대하였기 때문이다.

3. 판결

프랑스는 1815년 파리조약상의 의무를 준수해야 하며, 동 조약에 위반하여 설치한 관세선을 철폐해야 한다.

case 013 | 어업관할권 사건[1]

1 사실관계

1. 아이슬란드의 배타적 어업수역 설정

아이슬란드는 연근해의 어업에 전적으로 의존하는 어업 국가로서 연근해의 어장 확보와 어족 자원의 보호는 국가적인 과제였다. 이에 대한 아이슬란드의 국가적인 관심은 20세기 들어 어선과 어획 장비의 발전으로 인해 영국, 독일 등 주변 국가의 어선이 아이슬란드 연근해까지 진출하여 활발한 어획 활동을 전개하게 되자 더욱 고조되었다. 아이슬란드의 관심은 구체적으로 외국 어선의 조업을 금지하고 자국 어선이 배타적으로 어획 활동을 할 수 있도록 영해 범위를 확장하는 한편 영해에 접속한 해역에 배타적인 어업권을 설정하려는 시도로 실행되었다. 1951년 Fisheries 사건에서 ICJ가 노르웨이의 직선 형태의 영해 기선을 적법하다고 판결하자 아이슬란드도 최단(最端) 도서나 암초를 연결하는 직선 기선을 설정하고 이로부터 폭 4해리의 배타적 어업수역을 선포하였다(당시 영해 폭은 3해리). 이후 아이슬란드는 1958년 6월 30일 영해 기선 기준 폭 12해리의 배타적 어업수역을 설정하고 동 구역내 외국 어선의 어로 활동을 금지하는 규정을 발표하였다.

2. 독일 및 영국과 양자합의 성립

1958년 규정에 대해 독일과 영국이 반대하자 아이슬란드는 이들과 교섭을 하고 1961년 몇 가지 합의에 도달했다. 내용은 아이슬란드의 12해리 배타적 어업수역 인정, 1958년 규정상의 직선 영해 기선 인정, 경과 기간(3년) 동안 영국, 독일 어선의 배타적 어업수역 내 조업 용인. 또한 아이슬란드는 어업수역의 추가 확장에 대해 계속 강구할 수 있으나 확장 6개월 전에 독일, 영국에게 사전 통지하여야 하고 어업수역 확장과 관련하여 분쟁이 발생할 경우 일방 당사국의 요청에 의해 국제사법재판소에 회부한다는 조항이 포함되었다.

---

1) West Germany v. Iceland, 1974. 7. 25. 판결

3. 아이슬란드의 합의 위반과 제소

1972년 2월 15일 아이슬란드 의회는 어업수역을 1972년 9월 1일부로 영해 기선 기준 50 해리로 확장한다는 결의를 채택하였고 이는 즉시 영국과 독일에 외교 경로를 통해 통보되었다. 영국과 독일은 1972년 확장 조치에 반대하고 아이슬란드에 협의를 요청하였으나 진전이 없자 영국은 1972년 4월 14일, 독일은 같은 해 5월 26일 1961년 합의의 분쟁 해결 조항을 근거로 ICJ에 각각 재판을 청구하였다. 청구요지는 1972년 확장 조치가 국제법 근거가 없으며 독일과 영국에 적용할 수 없다는 것과 아이슬란드의 어족 보호 조치는 관련국과의 양자 또는 다자간 합의를 통해 시행되어야 한다고 판결하여 달라는 것이었다.

4. 아이슬란드의 입장 통보와 불출정

아이슬란드는 1972년 6월 27일 외교 장관 명의의 ICJ 앞 서한을 통해 1961년 합의는 1972년 확장 조치로 인해 종료되었으므로 ICJ는 관할권이 없으며, 아이슬란드 연근해에서의 남획으로 인해 상황이 변경되었고, 아이슬란드의 어획 문제에 관한 핵심적인 이해 관계상 ICJ에게 관할권을 부여할 의사가 없다고 통지하고 이후의 재판 절차에 일체 출석하지 않았다.

2 법적 쟁점

1. 관할권의 존부

재판부는 1961년 합의의 분쟁 해결 조항의 문안과 이전의 협상 경위에 비추어 볼 때 영국과 독일이 제기하는 분쟁은 1961년 합의상의 분쟁에 해당하고 따라서 ICJ가 관할권을 갖는다고 확인하였다. 아이슬란드의 1972년 6월 27일자 서한에는 사법적인 해결 의무가 영구적인 것은 아니라는 구절이 있었다. 재판부는 이는 1961년 합의의 분쟁 해결 조항에 종료 조항이 포함되어 있지 않다하여 영구적인 것으로 볼 수 없으며 적절한 통지를 통해 종료할 수 있다는 주장인 것으로 이해하였다. 그러나 재판부는 설사 분쟁 해결 조항이 당사국을 영원히 구속하는 영구적인 것으로 볼 수 없을 수 있다 하더라도 독일과 영국이 아이슬란드의 어업수역 확장에 대해 항의하고 ICJ로의 제소권을 행사할 수 있는 특별한 시한을 두지 않았다고 환기하고 독일과 영국의 이러한 권리는 아이슬란드가 어업수역을 확장하려는 한 지속된다고 확인하였다. 1971년 아이슬란드의 어업수역 확장 조치가 ICJ에 제소할 수 있는 독일과 영국의 권리를 자동적으로 작동시켰다고 재판부는 정리하였다. 1961년 합의의 분쟁 해결 조항은 일정 종류의 분쟁을 당사국이 일방적으로 ICJ에 회부할 수 있다는 합의이며 ICJ에 회부할 수 있는 권리의 작동은 기정의된 미래의 사건이 발생할 때까지 지연되는 것이라고 설명하였다.

2. 사정변경에 의한 61년 합의 종료 여부

이와 관련하여 첫째, 재판부는 배타적 어업수역에 관한 법의 변화가 조약 종료 등을 주장할 수 있는 상황의 변경에 해당할 수 있는지 검토하였다. 1961년 합의 당시 12해리 어업수역이 이제는 보편화되었다는 것이 아이슬란드가 의미하는 법의 변화라고 이해하였다. 재판부는 법의 변화가 조약의 유효 기간에 영향을 미칠 수 있는 상황의 변동 가능성이 될 수 있다는 점은 인정하더라도 이 사건에는 적합하지 않다고 하였다. 재판부는 아이슬란드가 1961년 합의를 체결한 동기는 12해리 배타적 어업수역을 신속히 인정받으려던 것이었으나 이제는 다른 국가들도 이를 설정하고 있으므로 원래의 체결 동기는 현재는 사라졌을 수도 있으나 1961년 합의의 대상과 목적 그리고 당사국 합의의 핵심적 기반이 되었던 상황은 12해리 인정보다 훨씬 광범위하였다고 지적하였다. 아이슬란드는 1961년 합의를 통해 12해리 배타적 어업수역 인정, 직선 영해 기선 인정, 영국과 독일의 어업 제한 등의 혜택을 보았으며 이에 상응하게 동 합의 중 자신이 부담해야 할 의무를 수용해야 하며 이는 추가 확장 조치에 대한 ICJ의 관할권을 수용하는 것이라고 설시하였다. 둘째, 재판부는 어선과 어로 장비의 선진화 및 그로 인한 아이슬란드 연근해 어족 자원의 남획이 상황의 변경에 해당할 수 있는지도 살펴보았다. 재판부는 조약 당사국들이 동 조약을 체결하기로 결정한 상황이 심각하게 변동되어 조약상의 의무 범위가 급격히 변형되었을 경우 일정 조건하에서 조약을 종료하거나 중단할 수 있는 것이 국제법 원칙이라는 점은 인정하였다. 그러나, 재판부는 어로 기술의 발전으로 인한 아이슬란드의 핵심 이익 위협론은 ICJ의 관할권을 성립시킨 1961년 분쟁 해결 조항의 존부나 유효 여부에 관한 상황의 심각한 변화는 될 수 없다고 판단하였다.

3. 아이슬란드 1972년 어업수역 확대 조치의 국제법적 근거

아이슬란드가 1972년 어업수역을 기선으로부터 최대 50해리까지 확대할 수 있는 법적 근거가 있는지, 그리고 동 수역에서 배타적 어업권을 가져 타국 어선의 조업을 금지할 수 있는지가 쟁점이 되었다. 재판부는 우선 1958년 채택된 공해에 관한 제네바협정은 영해 이원의 공해에서 모든 국가의 어업의 자유가 있다고 확인하였으며, 1958년 영해 및 접속수역에 관한 협약은 영해범위를 확정하지는 않고 기선으로부터 12해리 접속수역을 설정하고 있음을 확인하였다. 재판부는 연안국의 배타적 어업수역 확대 문제는 최근 더욱 더 중심적인 문제가 되고 있으며 이를 성문화해야 한다는 열망이 국제적으로 확인되고 있으나 재판부가 입법을 예상하여 판결할 수는 없다고 신중한 태도를 취했다. 결국, 재판부는 아이슬란드의 1972년 어업수역 확장 조치는 국제적으로 인정된 연안국의 어업 특혜권의 범위를 일탈하고 있다고 지적하였다. 연안국의 특혜권이란 일종의 우선권이지 관련 국가의 상응한 어업 권리를 소멸시키는 것이 아니라는 것이다. 연안국은 관련되는 국가, 특히 문제된 해역에서 오랫 동안 어업 활동을 하여 온 영국과 독일과 같은 이해 당사국의 입장을 고려하여야 하므로 아이슬란드가 특혜적인 어업 권리를 주장할 수 있다는 것이 곧 독일과 영국의 어선을 1961년 합의에 의해 어업 활동이 보장된 해역 밖으로 일방적으로 퇴거시키는 조치를 정당화하는 것은 아니라고 재판부는 확인하였다.

4. 당사국간 이해관계의 절충

재판부는 이 사건을 공정하게 해결하기 위해서는 연안 어업에 절대적으로 의존하고 있는 국가로서 아이슬란드가 향유할 수 있는 특혜적인 어업권과 영국과 독일의 전통적인 어업권을 절충해야 한다고 언급하고 그러한 타협이 영국과 독일의 조업권을 부정하는 방식으로 이루어질 수는 없다고 하였다. 연안국의 특혜적인 권리는 어업에 대한 예외적인 의존도와 어족 자원의 보존 필요성의 범위에서 인정되며 타 국가의 어업권을 고려해야 할 의무에 의해 제한되는 한편 타 국가의 기수립된 어업권은 연안국의 특별한 사정과 어족 자원 보존 필요성에 의해 역시 제한된다고 부연하였다. 재판부는 이 사건 분쟁 수역(아이슬란드 영해 기선 기준 12해리~50해리 사이 수역)에서의 어업과 관련하여 영국과 독일이 아이슬란드에 대해 아무런 의무도 없다는 것은 아니라고 강조하였다. 오히려 영국과 독일은 아이슬란드의 연안국으로서의 특별한 권리와 그 필요성이 입증된 어족 자원 보호 조치를 충분히 고려해야 하는 의무가 있다고 강조하고 영국, 독일, 아이슬란드는 공히 분쟁 수역의 어족 자원 상황을 과학적으로 조사하고 어족 보존과 공평한 어획 방법을 개발할 공동의 의무가 있다고 충고하였다.

case 014 | 카타르 - 바레인 해양경계획정 사건[1][2]

1 사실관계

이 사건은 카타르와 바레인 간의 도서 및 해양 경계에 관한 다툼에서 비롯되었다. 양국 외무장관 사이에 1990년 12월 서명·교환된 공문(이하 의사록)에 따르면 이 사건을 우선 사우디아라비아 국왕의 주선에 맡기되 1991년 5월 말까지 해결되지 않으면 최종적으로는 ICJ에 회부하기로 동의하였다. 정해진 시한 내에 분쟁이 해결되지 않자 카타르는 이 사건을 ICJ에 제소하였다.

2 선결적 항변

1. 관할권 항변

바레인은 1990년 의사록은 외교장관 간의 협의 내용을 기록한 것일 뿐 구속력을 갖는 문건은 아니라고 주장하고 따라서 이 문서는 ICJ의 관할권의 근거가 될 수 없다고 항변하였다. 또한 1990년 의사록 문안상 당사국 모두의 명의로 ICJ에 회부할 수 있다는 것이므로 카타르가 일방적으로 재판을 청구할 수 없다는 주장도 제기하였다. 이에 대해 재판부는 1990년 의사록은 1987년 합의 재확인, 사우디 조정 시한 설정, 바레인 방식 수용 등의 권리 및 의무 사항을 규정하고 있어 바레인의 주장처럼 단순한 회의 기록이라고 볼 수는 없고 국제법상의 권리와 의무 관계를 창설한 국제적인 합의에 해당한다고 판단하였다. 한편, 바레인은 자신은 물론 카타르도 1990년 의사록을 UN 및 아랍연맹 사무국에 조약으로 등록하지 않은 점을 들어 당사국도 이를 국제법상의 조약으로 인정하지 않은

---

1) Maritime Delimitation and Territorial Questions 사건(Qatar v. Bahrain, ICJ, 2001년).
2) 산업통상자원부 홈페이지(https://disputecase.kr) 게재 내용 요약 정리.

것이라는 주장도 제기하였으나 재판부는 UN헌장 제102조 규정상 UN 사무국에 등록되지 않은 조약은 UN에서 조약으로 원용하지 못한다는 것일 뿐 당사국 간 합의는 당사국을 구속한다고 확인하고 1990년 의사록은 1987년 합의와 마찬가지로 당사국 간 권리 의무를 창설하는 국제적 합의에 해당한다고 결론 내렸다.

2. 카타르가 일방적으로 제소할 수 있는지 여부

카타르는 ICJ 관할권 판결에 따라 1994년 11월 30일 바레인 방식에 기재된 모든 분쟁사안에 대해 판결하여 줄 것을 요청하는 청구서를 다시 제출하였다. 바레인은 재판부가국제적 합의라고 확인한 1990년 의사록은 당사국이 공동으로 ICJ에 재판을 청구하도록규정되어 있다고 주장하고 카타르가 이를 위반하여 단독으로 재판을 청구하였으므로 재판부는 이 사건에 관해 관할권이 없거나 카타르의 재판 청구를 수리할 수 없다고 항변하였다. 이에 대해 재판부는 양국 간 합의 문서에 의하면 두 당사국 모두의 합의에 의한 재판 청구를 요구하고 있지 않으며 오히려 일방적인 재판 청구를 허락하고 있다고 해석하였다. 재판부는 이상의 심리를 토대로 카타르의 재판 청구를 수리할 수 있으며, 이 사건을 재결할 수 있는 관할권이 있다고 판시하였다.

3 본안판단

1. Zubarah 지역 영유권

Zubarah 지역은 카타르 반도 북서부 일대 지역이다. 바레인은 Al Khalifah 부족이 18세기 중엽 카타르 반도에서 바레인으로 이동한 이후에도 이 지역에 거주하는 Naim 부족과의 정치적 연대 관계를 통해 이 지역에 대한 주권을 유지하고 있었다고 주장하였다. 그러나 재판부는 1868년 이후 Al Thani 가문이 Zubarah 지역을 포함하여 카타르 전역에서 지배권을 확보하였으며 이는 1913년 영국과 오토만제국이 체결한 협정에 Al Thani 가 카타르 반도를 통치하고 있다고 언급한 사실에서도 확인이 된다고 보았다. 재판부는 Zubarah의 영유권은 카타르에 속한다고 판정하였다.

2. Hawar 제도

Hawar 제도는 카타르에 매우 인접해 있는 여러 섬들로 구성되어 있었다. 간조 시에는걸어서 갈 수 있을 정도였다. 카타르는 자국 본토와의 인접성을 근거로 이 사건 제소 이전부터 Hawar 제도가 자국령이라는 주장을 제기하였으나 바레인과 달리 실질적으로 지배, 관리하였다는 근거는 제시하지 못하였다. 재판부는 1938년 영국 결정이 Dubai와 Sharjah 결정처럼 중재 판정이 아니라는 점은 재판부도 인정하였으나 카타르도 영국이바레인과의 경계를 획정하는 것에 동의하였고, 그 과정에 영국 당국에게 이의를 제기하는 등 관련 절차에 참가하였다고 보았다. 1939년 4월 22일 영국 총독은 카타르 부족장은지리적 인접성 외에는 자신의 영유권 주장을 입증할 증거를 제출하지 못한 반면, 바레인은 Hawar섬의 Dawasir 부족이 바레인의 허가를 받고 거주하게 된 사실, 바레인 관리가 Hawar섬을 주기적으로 방문하고 민사 분쟁을 재결한 사실, Dawasir 부족의 어선이 바레인에 등록되어 있고 석고 채굴 허가를 발행한 사실, 바레인이 경찰서와 회교 사원을건설한 사실, Dawasir 부족이 150년 이상 연중 거주한 사실 등에 관한 자료를 제출한점에 비추어 Hawar섬은 바레인령으로 판단된다는 요지의 보고서를 제출하였다. 1939년

7월 1일 영국 외무성은 Hawar섬은 바레인령이라고 결정하였으며 이 결정은 7월 11일 카타르와 바레인 측에 통지되었다. 재판부는 위와 같은 사실 관계를 토대로 카타르와 바레인은 영국의 Hawar섬 영유권 문제 결정에 동의하였으며 1939년 영국 결정이 중재 판정은 아니나 당사국이 동의한 만큼 이 문제를 결정할 수 있는 정당한 관할권을 갖고 있고 당사국을 구속한다고 판단하였다. 결론적으로 재판부는 1939년 결정은 카타르와 바레인을 구속하며 Howar섬의 영유권은 바레인에 있다고 확인하였다.

3. 해양 경계

(1) 적용법규

재판부는 두 당사국 모두 1958년 해양법에 관련된 일련의 제네바협정에 서명하지 않았고 1982년 UN 해양법협약은 카타르만 서명하였으나 아직 비준하지 않았으므로 이러한 성문 법전을 직접 이 사건에 적용할 수는 없고 국제관습법에 따라 양국 간 경계를 획정하겠다고 밝혔다. 그러나 두 당사국 모두 국제관습법이 1982년 해양법협약에 반영되어 있다는 점은 인정하였으므로 큰 차이는 없었다.

(2) 양국이 마주보는 해역의 경계획정

재판부는 양국이 마주 보는 해역의 폭은 24해리 이내로 영해 경계선만 설정하면 충분하다고 보았다. 이 경우 적용될 국제관습법상의 규범은 등거리선을 적용하지 못할 특수한 사정이 없는 한 등거리선을 적용하는 것이었다. 양국 모두 영해 기선을 설정하지도 않았고 영해 기준점 설정의 근거가 되는 공식적인 해도도 발행하지 않은 상태였다. 카타르는 본토 간의 등거리선을 주장하였고, 바레인은 자신이 군도 국가이므로 1982년 해양법협약에서 인정하고 있는 군도의 외곽 도서를 연결하는 직선을 기준으로 영해를 획정해야 한다고 주장하였다. 재판부는 직선 기준을 적용할 수 있을 정도로 바레인이 군도 국가인지 여부와 바레인의 해안선이 굴곡이 심하거나 다수의 섬이 존재하는지에 대해 의문을 표하고 직선 기준론을 수용하지 않았다. 재판부는 결과적으로 등거리원칙을 적용하여 경계를 획정하였다.

(3) 양국이 마주 보지 않는 해역의 경계획정

바레인과 카타르가 마주 보지 않는 북부 해역의 경계는 결국 대륙붕 및 배타적 경제수역의 경계설정 문제였다. 재판부는 이전의 판례가 일단 잠정적으로 등거리선을 설정한 후 특수한 사정의 존부와 정도를 반영하여 등거리선을 조정하는 방식으로 해양 경계를 설정하여 왔다고 환기하고 이 사건에도 이 방식을 적용할 수 있다고 보았다. 재판부는 북부 해역에서 양국의 해안선은 마주보는 대향국이 아니라 인접국의 형태와 유사하다고 보고 특수한 사정이 없는 한 국제관습법 및 관행에 따라 등거리선으로 경계를 획정하는 것이 타당하다고 판단하였다. 재판부는 여러 사정을 평가할 때 양국 간 등거리선을 조정해야 할 특수한 사정이 존재한다고 볼 수 없다고 결론짓고 양국 간 북부 해역의 경계는 등거리선으로 획정하였다.

case 015 | 항행 및 이와 관련된 권리에 관한 사건[1][2]

1 사실관계

이 사건은 코스타리카와 접하고 있으나 니카라과령인 양국 국경 지대의 San Juan강을 코스타리카가 자유 항행할 수 있는 권리의 범위와 니카라과의 규제 권한의 범위에 대한 것이다. 니카라과와 코스타리카는 1821년 스페인에서 독립한 후 국경 문제 등을 둘러싸고 반목하다가 1858년 4월 15일 조약을 체결하여 양국 국경을 확정하였다(1858년 조약). 중부에서 카리브해 연안에 이르는 동부 지역의 국경은 San Juan강으로 하였으나 통상의 경우처럼 강 중간선이나 항행 가능 최심선을 기준으로 분할하지 않고 코스타리카 쪽 제방을 국경선으로 정하였다. 따라서 강 자체는 니카라과 영토가 되었으며 다만 1858년 조약 제6조에 코스타리카의 상업 항행에 대해서는 항행의 자유를 부여한다고 명기하였다. 이후 1980년대 반군 활동 등 정정이 불안해지자 니카라과는 코스타리카 선박의 San Juan강 항행을 제한하는 조치들을 취하기 시작하였으며 통항료 징수, 임검 초소 의무 정박 등의 조치에 이어 1998년 7월에는 코스타리카 경찰의 승선 금지를 요구하는 등 코스타리카의 Saun Juan 자유 항행권과 니카라과의 합법적인 규제 권한의 범위를 둘러싼 양국의 다툼이 고조되었다. 코스타리카는 2005년 9월 29일 ICJ에 재판을 청구하여 니카라과가 코스타리카의 자유 항행권 보장 의무를 위반하고 있으며 수수료 징수, 여권 및 비자 발급, 의무 기항, 운항 시간 통제 등 각종 과도한 규제 조치의 중단과 보상, 재발 방지 판결을 요구하였다.

2 쟁점 및 판결

1. 상업 목적의 항행의 범위

(1) 1858년 조약 제6조는 니카라과가 San Juan강에 대해 배타적인 소유권과 지배권을 보유하고 있으며 코스타리카는 동 수로에 대해 상업 목적의 항구적인 자유 항행권을 갖는다고 규정하고 있었다. 코스타리카가 상업을 목적으로 한 항행, 상업과 관련되는 항행의 의미로 넓게 해석해야 하며 상품 수송뿐 아니라 여객 수송, 관광 등도 포함한다고 주장한 반면, 니카라과는 상품을 적재한 항행, 즉 판매하려거나 구매한 상품을 적재한 선박의 자유 항행을 의미하는 것이라고 주장하였다. 아울러 코스타리카의 자유 항행권은 니카라과의 San Juan강에 대한 영유권을 제한할 수도 있으므로 협소하게 해석해야 한다고 강조하였다.

---

1) Navigational and Related Rights 사건(Costa Rica v. Nicaragua, 2009.7.13. 판결).
2) 산업통상자원부 홈페이지(https://disputecase.kr) 게재 내용 요약.

(2) 재판부는 국가의 영유권 제한은 쉽게 추정해서는 안 되는 것이기는 하나 1858년 조약 제6조와 같이 영유권을 제한하는 조항을 처음부터 제한적으로 해석해야 한다는 것을 의미하지 않으며, 영유권 제한 조항은 여느 조항과 마찬가지로 조약 문안에 나타난 체결자의 의도와 여타 조약 해석과 관련된 요건에 따라 해석해야 한다고 언급하고 영유권을 제한하였으므로 항행권을 좁게 해석해야 한다는 니카라과 주장을 수용하지 않았다. 재판부는 니카라과의 영유권은 코스타리카의 자유 항행권을 침해하지 않는 범위 내에서 보장되는 것이며 자유 항행권은 비록 항구적이기는 하나 영토 주권을 침해하지 않는 조건으로 부여된 것이라고 해석하였다. 결국, 재판부는 코스타리카의 해석을 지지하였다. 즉, 상업을 목적으로 한 항행, 상업과 관련되는 항행의 의미로 넓게 해석해야 하며 상품 수송뿐 아니라 여객 수송, 관광 등도 포함한다고 판시하였다.

2. 상업의 범위

니카라과는 상업의 의미를 물리적인 형체가 있는 상품의 매매라고 해석해야 한다고 주장하였으나 코스타리카는 상업적인 목적을 수행하는 모든 행위로서 상품뿐 아니라 여객 수송, 관광도 의미할 뿐 아니라 San Juan강 코스타리카 연안 부락 주민 간의 이동과 접촉 및 대 주민에게 필수 행정 서비스 제공도 상업의 범주에 속한다고 주장하였다. 재판부는 1858년 당시 경제 사회 발전 정도상 금융, 서비스 등 무형의 상업 발전 정도가 미미하여 통상적으로 상업이란 상품의 매매로 이해되었다는 점은 인정하였다. 쟁점은 반드시 조약 상의 단어나 표현의 의미를 체결 당시의 의미에 구속되어 해석해야 하는지 여부였다. 재판부는 조약법에 관한 비엔나협약 제31(3)(b)조에 의거하여 당사국은 조약 체결 후의 후속 관행을 통해 묵시적인 합의의 형식으로 조약의 원래 의도에서 일탈할 수 있다는 점을 지적하였다. 또한, 조약 체결 당사자가 의도적으로 조약 체결 당시 사용된 용어에 영원히 고착된 것이 아니라 시대의 변화에 따라 변할 수 있는 의미와 내용을 부여했을 상황도 있다고 재판부는 언급하였다. 이러한 경우에는 조약 체결 당사자의 조약 체결 시의 공동의 의사를 존중하기 위해서는 해당 조약이 적용되는 상황에서 동 용어의 의미에 대해 적절한 주의를 기울여야 한다고 보았다. 재판부는 조약 체결 당사국은 보편적인 용어를 사용할 때 동 용어의 의미가 보편성으로 인해 시대에 따라 변할 수 있으며 특히 오랜 기간 동안 발효 중인 조약이거나 장기간 지속이 예상되는 조약의 경우 보편적인 용어의 의미가 변천할 수 있음을 조약 체결 당사국은 인지하였다고 추론하는 것이 합당하다고 언급하였다. 재판부는 이 사건 경우 commerce는 매우 보편적인 용어이고 1858년 조약은 무기한으로서 체결 당시부터 영속성이라는 법적인 속성을 갖고 있었으며 조약 자체가 영토 분쟁의 영속적인 해결을 추구하고 있으므로 이 조약에서 commerce의 의미는 체결 당시 상황의 의미가 아니라 이 조약을 적용해야 할 개별 상황에서의 의미로 해석해야 한다고 확인하였다. 이에 따라 재판부는 자유 항행권은 상품 수송뿐만 아니라 수송 요금을 선박 운영자가 징수하는 한 여객 수송에도 적용된다고 설명하였다. 반면에 매매용이 아닌 상품의 수송이나 요금을 징수하지 않는 여객 수송은 상업이라고 볼 수 없으며 특히 정부 기능 수행과 공공 서비스 제공을 위한 선박의 항행은 상업을 목적으로 한다고 볼 수 없다고 판시하였다.

3. 니카라과의 규제권

재판부는 니카라과가 강의 유지, 보전, 사용 등에 관해 광범위한 규제 권한를 행사할 수 있으나 이 규제는 코스타리카의 자유 항행권을 금지하거나 실질적으로 방해해서는 안되며 비차별적, 합법적, 합리적이어야 한다고 보았다. 새로운 규제를 취할 경우 사전에 코스타리카에 통지해야 할 의무가 있는지 여부에 대해 재판부는 1858년 조약에는 모든 경우에 적용되는 일반적인 사전 통지 의무는 규정하고 있지 않다고 인정하면서도 1956년 1월 9일 양국이 체결한 San Juan강 통항 촉진 및 국경 보호를 내용으로 하는 조약을 실효적으로 이행하기 위해서는 도입 예정 규제의 사전 통지는 불가피하며 특정 규제를 실효적으로 집행하기 위해서는 규제 대상자에게 사전에 통지하는 것이 규제 실행을 위해서도 불가피하다고 지적하고 니카라과는 San Juan강 항행과 관련한 규제를 사전에 통지해야 할 의무가 있다고 확인하였다. 한편, 재판부는 정선 및 임검, 신분 증명서 휴대 요구는 입국자 확인을 위한 국가의 정당한 규제 권한이라고 보았으며 출항 전 니카라과 당국으로부터 증명서를 발급받게 하는 것은 항행 안전 점검, 환경 보호, 치안 등의 목적을 위해 행하는 것이고 증명서 발급이 항행에 중대한 장애가 되지는 않는다고 판단하였다.

4. 강안 주민의 어로권과 보상 및 재발 방지 보장

코스타리카는 재판 청구서에는 명기하지 않았으나 심리 과정 중 강안(江岸) 주민들의 생계를 위한 어로 행위는 니카라과에 의해 제한받을 수 없다는 주장을 제기하였다. 니카라과는 대상 분쟁은 신청서에 언급해야 한다는 ICJ 규정 제40(1)조와 어긋나며 신청서 상의 주 심리 대상이 되는 문제로부터 직접적으로 발생한 것도 아니므로 수리할 수 없다고 반박하였다. 재판부는 강안 주민과 강과의 밀접한 관계를 감안할 때 생계 어로와 신청서 상의 주 심리 대상과는 충분할 정도의 긴밀한 관계가 인정된다고 보고 코스타리카의 주장을 심리하였다. 그 결과 강안 주민의 생계 어로는 매우 오랜 기간 동안 방해 받지 않고 시행된 관행이므로 관습권으로서 존중되어야 한다고 보았다. 그러나 어족 보호나 환경 등 타당한 목적을 위해 채택된 니카라과의 규제 조치를 준수해야 한다고 판시하였다.

03 | 국제법과 국내법의 관계

case 016 | Mortensen v. Peters 사건[1]

1 사실관계

모르텐슨(Mortensen)은 덴마크 국민으로서 영국에 거주하며 노르웨이 선적 어선의 선장이었다. 그는 스코틀랜드 연안인 Moray Firth로부터 3해리 밖의 지점에서 저인망 어업을 하던 중 영국 경찰에 체포되었다. 당시 스코틀랜드 국내법에 따르면 Moray Firth 전역에서 저인망 어업이 금지되었기 때문이다. Moray Firth는 입구의 양 곳을 잇는 직선거리가 73~76해리에 이르는 거대한 만이다. 당시 국제관습법상 영해는 기선으로부터 3해리로 간주되고 있었다.

2 당사자 주장

1. 모르텐슨의 주장

모르텐슨은 자신이 외국인이므로 스코틀랜드법의 적용을 받지 않는다고 항변하였다. 또한 자신이 조업하던 지점은 국제법상 영국의 영역이 아닌 곳이므로 동 법은 영국 영토 밖의 외국인에게 적용되어서는 안 된다고 주장하였다.

2. 영국 검찰의 주장

그러나 영국 검찰은 국제법상 당해 지점은 영국 영해 내에 속하는 수역이며, 설령 당해 지점이 영국의 영해가 아니라 하더라도 그 곳에서의 어업보호를 위한 조치는 주권자에 의한 보호행위로 인정된다고 반박하였다.

3 법적쟁점

1. 동 법이 영국인에게 한하여 적용되며 외국인인 모르텐슨에게는 적용되지 않는가?

2. 문제의 수역은 국제법상 영국 영역 밖의 수역이므로 영국 법이 적용되지 않는가?

3. 영국법원은 국제법에 위배되는 국내법의 구속을 받지 않는가?

---

1) High Court of Judiciary of Scotland, 1906년.

4 판례요지

1. 동 법의 외국인에 대한 적용 가능 여부 - 적극

영국 법원은 동 법이 외국인에게도 적용된다고 판시하였다.

(1) 입법기관이 장소를 기준으로 위법행위를 규정한 경우 '모든 사람'에게 동 법을 적용할 의사를 가진 것으로 추정할 수 있다.

(2) 동 법의 입법목적 달성을 위해서는 동 법이 외국인에게도 적용된다고 해석해야 한다. 저인망 어업이 영국인에게만 금지되고 외국인에게는 허용되지 아니한다면 동 법의 목적을 달성할 수 없을 것이다.

2. 영국 영역 밖의 수역에 대한 영국법의 적용 가능 여부 - 적극

영국법원은 설령 모르텐슨의 조업 수역이 영국 영역 밖이라 할지라도 반드시 영국법의 적용에서 배제된다고 볼 수 없다고 하였다. 3해리 밖에서도 육지에 둘러싸인 수역에 규제를 인정한 다수 판례가 있다.

3. 국제법에 위반되는 국내법에 대한 법원의 기속 여부 - 적극

설령 동 법이 국제관습법에 위반되는 내용을 규정하고 있다고 하더라도 영국법원은 동 법을 적용해야 한다. 상원과 하원에서 적법하게 통과되고 왕의 재가를 얻은 의회법률은 최고법으로서 법원은 동 법의 유효성을 인정해야 할 의무가 있다.

case 017 | Paquete Habana호 사건[1]

1 사실관계

파케트 하바나호(Paquete Habana)는 스페인 선적으로서 스페인 국민이 소유하였으며 쿠바해역에서 연안어업에 종사하고 있었다. 1898년 미국 - 스페인 간 전쟁이 발발하였고 동 선박은 조업을 중단하고 귀항하던 중 쿠바 인근 해역에서 미국 군함에 나포되었다. 동 선박은 해역에서 잡은 어물을 선적하고 있었으며 봉쇄함대에 의해 정선명령을 받을 때까지 전쟁이나 해상봉쇄에 대해 알지 못하였다. 또한 무기나 탄약을 적재하지 않았으며 도주하거나 항거하지도 않았다. 하급법원 판결을 통해 동 선박과 적하물은 몰수되었다.

2 법적쟁점

1. 미국 법원은 국제관습법을 적용해야 하는가?

2. 국제관습법상 어업에 종사하는 교전국 선박을 몰수할 수 있는가?

---

1) 미국연방최고재판소, 1900년.

1. 국제관습법의 미국 국내법적 지위

미국 대법원은 국제법의 미국 국내법 체계에 대한 '수용'을 확인하였다. 국제관습법은 미국법의 일부이다. 다만, 국제관습법이 의회제정법보다는 우선 적용될 수 없다고 판시하였다.

2. 국제관습법상 적국 어선의 몰수 인정 여부 - 소극

대법원은 국제관습법상 교전국의 선박이라 할지라도 평화롭게 어업에 종사하는 선박에 대해서는 몰수할 수 없음을 확인하였다. 대법원은 이러한 내용을 규정하고 있는 다양한 조약이나 국내법을 확인하였으며 그러한 관행이 국제관습법으로 확립되어 있다고 판시하였다. 요컨대, 비무장 상태에서 어업 및 운송에 평화적으로 종사하는 연안어선은 어구·생활용품·적하물·선원과 함께 포획에서 면제된다는 국제법 규칙이 세계 문명 제국의 일반적 동의에 기초하여 확립되어 있다. 이러한 규칙은 가난하고 근면한 사람들에 대한 인도상의 고려와 교전국 상호 간의 편익에 기초한다. 따라서 미국 군함의 파케트 하바나호 나포는 위법이므로 어선 및 그 적하물 매각 대금을 반환하고 손해를 배상해야 한다.

case 018 | Sei Fujii 사건[1]

1 사실관계

외국인(일본인)인 원고는 1948년에 매수한 특정 토지가 주에 복귀되었다고 선고한 판결에 항변하여 상소하였다. 미국과 일본 사이에는 원고에게 토지소유권을 부여하는 조약은 없었다. 상소에서 제시된 유일한 문제점은 캘리포니아주 외국인토지법의 유효성에 관한 것이었다. 원고는 토지법이 UN 회원국으로 하여금 인종차별 없이 인권과 기본적인 자유의 준수를 촉진시킬 것을 굳게 맹세케 한 UN 헌장의 서문과 제1조, 제55조 및 제56조의 규정에 의하여 무효라고 주장하였다.

2 법적쟁점

본 건에서 쟁점이 된 사항은 캘리포니아주법이 UN 헌장에 위반되어 무효가 되는가 하는 문제였다. 이와 관련하여 주대법원은 UN 헌장상 관련규정이 자기집행성을 갖는지의 관점에서 검토하였다.

---

1) 캘리포니아주 대법원, 1952년.

3 판결요지

1. 판결

대법원은 원고의 청구를 인정하지 않았다. 즉, 원고가 의거한 헌장규정들은 현재의 미국 국내법을 변경하고자 하는 의도가 있다고 볼 수 없으므로 관련 규정들이 외국인토지법을 무효하는 작용을 한다고 볼 수 없기 때문이다.

2. 조약(규정)의 자기집행성 판단 기준

대법원은 조약규정이 자기집행적인 것이 아니면 그것과 모순되는 국내법을 자동적으로 폐기할 수 없다고 전제하였다. 조약이 자기집행적인지를 결정하기 위해서는 조약의 용어에 의해 명시된 서명당사국들의 의도를 주의 깊게 살펴보아야 하고, 만약 그 조약이 불확실한 경우에는 그 실시를 둘러싼 상황에 의존해야 한다고 하였다. 또한 조약규정이 별도의 입법조치 없이 효력을 발생하고 강제력을 가지며, 제정법의 효력을 갖기 위해서는 조약체결국들이 독자적으로 법원에서 집행될 수 있는 법규를 규정하려고 의도한 것이 명백해야 한다고 하였다.

3. UN헌장 관련 규정의 자기집행성

자기집행성 판단 기준에 비추어 볼 때, 대법원은 UN 헌장 서문 및 관련 규정은 자기집행성이 없다고 판단하였다. 우선 헌장의 서문과 제1조 규정은 UN의 일반적인 목적을 기술한 것이지 개별 회원국에 법적 의무를 부과하거나 사인에게 권리를 창설해 주려는 취지가 아니라고 하였다. 또한 UN 회원국들이 인권의 존중과 준수를 촉진시킴에 있어서 국제기구와 협력하기 위하여 그들 스스로 의무를 부과하는 헌장 제55조 및 제56조의 규정 역시 국내 입법활동을 전제로 하는 것임이 명백하다고 판시하였다. 즉, 헌장 제55조 및 제56조에서 사용된 용어는 자기집행적 효력을 발생하여 사인 간에 권리와 의무를 갖게하는 조약으로 채택된 것이 아니라고 하였다. 요컨대, UN 헌장의 관련 규정은 입법자들이 자기집행성을 갖도록 의도한 것이 아니기 때문에 별도의 입법조치가 없는 한 그것과 모순되는 국내법을 자동적으로 폐지한다고 할 수 없다.

case 019 | 알라바마호 중재 사건[1]

1 사실관계

미국의 남북전쟁 당시 북군에 의해 항구가 봉쇄되고 물자 및 노동자가 부족하게 되자 남군은 군함건조에 어려움을 겪게 되었다. 이에 따라 남군은 당시 남군을 교전단체로 승인하여 중립국의 지위에 있었던 영국의 민간 조선소에 군함건조를 발주하였다. 알라바마호는 영국에서 건조된 배 중 한 척이었다. 1862년에 영국에서 건조된 알라바마호는 포르투갈령 Azores까지 항행한 다음 Azores군도에서 별도로 영국에서 도착한 선박으로부터 탄약, 무기 및 병력을 공급받았다. 알라바마호는 1864년 침몰될 때까지 북군 소속 상선의 포획에 종사하였으며 북군에 대해 상당한 손해를 끼쳤다. 남북전쟁이 끝난 이후 북군은 알라바마호가 해상 포획에 종사하여 끼친 손해에 대한 배상을 영국에 대해 청구하였다. 1871년 동 사건을 중재재판에 회부하기 위한 워싱턴조약이 체결되었다. 중재재판준칙(워싱턴3원칙)은 세 가지로 확정되었다.

1. 중립국 정부는 자국과 평화관계에 있는 국가를 상대로 순찰용 또는 전투용 선박이 될 수 있는 상당한 근거가 있는 일체의 선박이 관할권하의 영토에서 건조되거나 무장되는 것을 방지하기 위해 상당한 주의를 기울여야 한다.

2. 중립국 정부는 자국의 항만이나 영해가 일방교전국의 적국에 대한 해군작전 근거지로서 또는 무기나 군수품의 보충 등을 위해 이용되는 것을 허용해서는 안 된다.

3. 중립국 정부는 이상과 같은 의무 위반을 방지하기 위해 자국의 항만 및 영해 내의 사람에 대하여 상당한 주의를 기울여야 한다.

2 법적쟁점

1. 영국의 중립의무 위반 여부
2. 국내법의 불비와 국가책임 회피가능성

3 판결요지

1. 영국의 중립의무 위반 여부 - 적극

영국은 중립국의 의무를 다하기 위해 상당한 주의를 기울이지 않았다. 특히 영국은 선박의 건조 중에 미국으로부터 경고와 항의를 받았음에도 불구하고 상당한 기간 내에 효과적인 조치를 취하지 않았다. '상당한 주의'는 중립국의 의무 위반에 의해 발생하는 교전국의 위험 정도와 비례해서 판단해야 한다. 영국은 선박의 추적과 나포를 위해 일련의 조치를 취했으나 조치가 불완전하여 어떠한 성과도 올리지 못했다. 또한 알라바마호는 영국의 식민지 항구에도 자유로이 입항을 허가받기도 하였다. 중재재판정은 영국이 중립국으로서의 의무를 태만히 하여 미국측에 발생한 손해에 대해 1,550만 달러를 지불하도록 판정하였다.

---

[1] Alabama Claims Arbitration, Mixed Claims Commission, US v. United Kingdom, 1872년.

2. 국내법의 불비와 국가책임 회피가능성 - 소극

영국 정부는 영국 국내법상 선박의 건조를 금지할 법률이 없어 이를 막을 수 없었다고 항변하였다. 그러나 중재재판정은 국내법이 미비하다는 이유로 중립의무 위반을 정당화할 수는 없다고 반박하였다.

case 020 | 급식조례 사건[1]

1 사실관계

전북의회는 2003년 10월 30일 전북급식조례안을 의결하였다. 본 조례안은 전라북도에서 생산되는 우수 농수축산물과 이를 재료로 사용하는 가공식품을 전라북도의 초·중·고등학교에서 실시하는 학교급식에 사용하도록 지도·지원하는 것을 골자로 하고 있다. 이는 학생의 건전한 심신의 발달과 전통식문화에 대한 이해증진 및 전라북도 지역 농산물의 소비촉진과 안정된 수급조절에 이바지함을 목표로 하고 있다(조례안 제1조). 전북의회는 2003년 10월 30일 동 조례안을 전북 교육청에 이송하고 전북 교육청은 같은 해 11월 14일 동 조례안이 GATT 제3조에 위반된다는 이유로 전북의회에 재의를 요구하였으나 전북의회는 같은 해 12월 16일 조례안을 원안대로 재의결하여 해당 조례안을 확정하였다. 재의결이 내려지자 전북교육감은 지방자치법상의 기관소송을 통하여 문제된 조례안은 GATT 제3조 위반이므로 효력이 없다는 취지의 소를 대법원에 제기하게 된 것이다.

2 법적쟁점

1. 본안전 항변 - 재판권 흠결

2. GATT 제3조 제1항[2], 제4항[3]에 위반되는지 여부

3. GATT 제3조 제8항(a)[4]에서의 예외사항에 해당하는지 여부

---

1) 대법원 2005.9.9. 선고 2004추10 판결
2) 체약국은 상품의 국내판매, 판매를 위한 제공, 구매, 수송, 분배 또는 사용에 영향을 주는 법률, 규칙 및 요건과, 특정수량 또는 비율로 상품을 혼합하거나 가공 또는 사용하도록 요구하는 내국의 수량적 규정이 국내생산을 보호하기 위하여 수입상품 또는 국내상품에 대하여 적용하여서는 아니된다는 것을 인정한다(1994 GATT 제3조 제1항).
3) 다른 체약 당사자의 영토 내로 수입되는 체약당사자 영토의 상품은 그 국내판매, 판매를 위한 제공, 구매, 운송, 유통 또는 사용에 영향을 주는 모든 법률, 규정, 요건에 관하여 국내원산의 동종 상품에 부여되는 대우보다 불리하지 않은 대우를 부여받아야 한다(1994 GATT 제3조 제4항).
4) 이 조의 규정은 상업적 재판매 또는 상업적 판매를 위한 재화의 생산에 사용할 목적이 아닌, 정부기관에 의하여 정부의 목적을 위하여 구매되는 상품의 조달을 규율하는 법률, 규정, 또는 요건에는 적용되지 아니한다[1994 GATT 제3조 제8항(a)호].

1. GATT·WTO협정의 국내적 효력

GATT는 1994년 12월 16일 국회의 동의를 얻고 같은 달 23일 대통령의 비준을 거쳐 같은 달 30일 공포되고 1995년 1월 1일 시행된 조약인 WTO협정의 부속협정은 헌법 제6조 제1항에 의하여 국내법령과 동일한 효력을 가지므로 지방자치단체가 제정한 조례가 GATT나 정부조달에 관한 협정에 위반되는 경우에는 그 효력이 없다고 할 것이다.

2. 동 조례안이 GATT 제3조에 위반되는지 여부

동 조례안의 각 조항은 학교급식을 위해 전라북도에서 생산되는 우수농산물을 우선적으로 사용하게 하면서 식재료 구입비의 일부를 지원하게 하고 있다. 이는 결국 국내산품의 생산보호를 위하여 수입산품에 대해 국내산품보다 불리한 대우를 하는 것으로서 내국민대우원칙을 규정한 GATT 제3조 제1항·제4항에 위반된다고 할 것이다.

3. GATT 제3조 제8항(a)에서의 예외사항에 해당하는지 여부

전북의회는 전라북도가 음식재료를 현물로 조달하거나 음식재료 구입비를 지원하는 것을 내용으로 한 전북급식조례안의 규정들은 GATT 제3조 제8항(a)에서의 예외사항으로 규정하고 있는 정부기관이 정부용으로 구매하는 물품에 해당하기 때문에 내국민대우원칙을 규정한 GATT 제3조 제1항·제4항에 위반되지 않는다고 항변하였다. GATT 제3조 제8항은 정부용으로 산품을 구매하는 경우에 그 구매에 관하여는 내국민대우원칙을 적용하지 않겠다는 취지에 불과하므로 이 사건과 같이 정부가 국내산품을 구매하는 자를 선별하여 지원하는 경우에 적용될 수 있는 것이 아니다. 또한 정부구매협정에서는 20만 SDR 이상의 물품계약에 한하도록 규정되어 있는데 조례안에서는 구매하거나 지원하는 금액에 대하여 아무런 제한을 두고 있지 않아 이 경우 정부구매협정 제3조 소정의 내국민대우원칙에 위반한다.

case 021 │ 반덤핑관세부과처분취소 사건[1][2]

1 사실관계

1. 원고

이 사건에서 원고 Shanghai ASA Ceramic Co.Ltd(상하이 아사)는 중국 법에 의하여 설립된 회사로서 중국 소재 관계회사인 Shanghai Fortune Ceramic Co.Ltd를 통하여 한국에 도자기질 타일을 수출하고 있었고, 원고 주식회사 옥타인터네셔날(옥타)은 국내에서 원고 상하이 아사의 도자기질 타일을 독점 수입·판매하고 있었다.

2. 한국의 반덤핑관세 부과

국내 도자기질 타일 생산·판매업체들은 2005년 4월 29일 무역위원회에 중국으로부터 도자기질 타일이 정상가격 이하로 수입되어 국내산업이 실질적인 피해를 받거나 받을 우려가 있으므로 관세법의 관련 규정에 따라 위 물품에 대한 덤핑방지관세부과에 필요한 조사를 하여 줄 것을 신청하였다. 이에 따라 무역위원회는 2005년 6월 22일 조사개시를 결정하고, 조사대상물품의 덤핑수입으로 인하여 동종 물품을 생산하는 국내산업에 실질적인 피해가 있다고 판정하고, 국내산업의 피해를 구제하기 위하여 원고 상하이 아사가 공급하는 물품에 대하여 29.41%, 기타 중국 11개 업체가 공급하는 물품에 대하여 2.76% 내지 29.41%의 덤핑방지관세를 향후 5년간 부과할 것을 재정경제부 장관(피고)에게 건의하기로 결정하였다. 피고는 위 건의에 따라 2006년 5월 30일 원고 상하이 아사가 공급하는 물품에 대하여 2005년 12월 30일부터 2010년 12월 29일까지 29.41%의 덤핑방지관세를 부과하기로 하였다.

3. 원고의 제소

원고들(상하이 아사, 옥타)은 이 사건 반덤핑관세부과처분의 취소를 구하는 소를 서울행정법원에 제기하였는데, 특히 중국 회사인 상하이 아사는 이 사건 처분이 WTO 반덤핑협정에 위반되므로 취소되어야 한다고 주장하였다.

4. 소송경과

제1심법원(서울행정법원)은 원고 옥타가 원고적격이 없다는 이유로 원고 옥타의 이 사건 소를 각하하고, 원고 상하이 아사의 이 사건 청구는 기각하였다. 이에 대해 원고들은 제1심 판결의 취소와 함께 이 사건 처분의 취소를 구하는 항소를 서울고등법원(원심)에 제기하였고, 원심은 상하이 아사의 청구에 대해 기각 판결하였고, 옥타에 대해서는 원고적격을 인정하면서도 본안판단에서는 청구를 기각하는 판결을 내렸다. 원고들은 원심 판단에 불복해 상고하였다.

---

1) 대법원 2009.1.30. 선고 2008두17936 판결
2) 주진열(2009), 한국 대법원의 WTO협정 직접효력 부인, 서울국제법연구, 제16권 1호.

2 법적쟁점

1. WTO협정에 대해 원고들이 원용할 수 있는지 여부(WTO협정의 직접효력성)
2. 피고(재정경제부 장관)의 처분이 WTO협정에 위반되어 취소되어야 하는지 여부

3 법원 판결

원고들의 WTO협정 위반 주장에 대하여 대법원은 다음과 같이 판단하였다. "원고들의 상고이유 중에는 우리나라가 1994년 12월 16일 국회의 비준동의를 얻어 1995년 1월 1일 발효된 '1994년 국제무역기구 설립을 위한 마라케쉬 협정'(Marrakesh Agreement Establishing the World Trade Organization, WTO협정)의 일부인 '1994년 관세 및 무역에 관한 일반협정 제6조의 이행에 관한 협정' 중 그 판시 덤핑규제 관련 규정을 근거로 이 사건 규칙의 적법 여부를 다투는 주장도 포함되어 있으나, <u>위 협정은 국가와 국가 사이의 권리·의무 관계를 설정하는 국제협정으로, 그 내용 및 성질에 비추어 이와 관련한 법적 분쟁은 위 WTO 분쟁해결기구에서 해결하는 원칙이고, 사인(私人)에 대하여는 위 협정의 직접 효력이 미치지 아니한다고 보아야 할 것이므로, 위 협정에 따른 회원국 정부의 반덤핑부과처분이 WTO협정 위반이라는 이유만으로 사인이 직접 국내 법원에 회원국 정부를 상대로 그 처분의 취소를 구하는 소를 제기하거나 위 협정 위반을 처분의 독립된 취소사유로 주장하는 수는 없다고 할 것이어서</u>, 이 점에 관한 상고이유의 주장도 부적법하여 이유 없다."

case 022 | 반겐드엔로스 사건[1]

1 사실관계

반겐드엔로스는 네덜란드의 화공(化工)품 수입상이다. 당시 네덜란드법상 요소포름알데히드에 대한 관세율은 3%였다. 그런데 1958년 베네룩스 국가 간에 체결된 브뤼셀 조약을 실행하기 위한 1960년 네덜란드 관세령이 관세율에 변경을 가져온 결과 문제의 수입품에 대하여 8%의 종가세가 부과되었다. 유럽공동체조약 제12조에 의해 공동체 회원국은 그들 간에 새로운 수출입관세를 도입하거나 기존의 관세를 인상하지 않기로 약속하였고 동 조약은 1958년 1월 1일 네덜란드와 독일 간에 발효하였다. 이 공동체 조약상의 규정에 근거하여 문제의 수입상들은 추가된 5%의 관세 지불을 거절하였다. <u>이 분쟁을 다루던 암스테르담의 관세위원회(행정법원으로 최종심)는 유럽사법법원(이하 '법원')에 과연 유럽공동체조약 제12조가 회원국 내에서 직접효력을 갖고 국민은 동 조항을 근거로 회원국 법원이 보호해야 하는 권리를 주장할 수 있는가를 물었다. 이와 함께 만일 그렇다면 동 건에서 8%의 수입관세를 허용함은 제12조의 불법관세율 인상에 해당되어 금지되는가 아니면 비록 산술적으로는 인상에 해당하지만 합리적 변경이기 때문에 동 조항에 의해 금지되지 않는 것인가를 물었다.</u> 본 사건에서는 소송당사자 이외에 벨기에, 네덜란드, 독일 정부와 공동체위원회가 유럽공동체사법법원규정에 의거하여 의견을 제출하였다.

---

1) Van Gend en Loos 사건, Case 26/62, ECJ, 1963년.

2 법적쟁점

1. 법원의 관할권 인정 여부

2. 동 국제조약이 과연 언급된 직접효력을 갖는가?

3. 동 사건에서 8%의 수입관세를 허용함은 금지되는가?

3 ECJ의 판결

1. 법원의 관할권 인정 여부

유럽사법법원(ECJ)은 자신은 단지 공동체법적 견지에서 본건을 결정하는 것이지 네덜란드 법원칙에 의거해서 공동체조약의 적용을 결정하는 것이 아니라는 이유로 법원의 관할권을 인정하였다.

2. 동 국제조약이 과연 언급된 직접효력을 갖는가?

법원은 어떤 국제조약이 과연 언급된 직접효력을 갖는지 여부를 결정하기 위해서는 조약의 정신, 전반적 구도, 문제 조항의 문언을 고려하는 것이 필요하다고 상기하며, 다음과 같이 설시(說示)하였다.

(1) 조약의 정신과 관련하여, 유럽공동체조약의 목적은 이 조약이 조약국 간의 상호의무를 창설하는데 불과한 통상의 조약 이상의 것이라고 보았다. 이런 견해는 회원국 정부뿐만 아니라 국민들까지도 언급하고 있는 공동체 조약의 전문에서 확인된다고 보았다.

(2) 조약의 전반적 구도와 관련하여, 조약 제9조는 회원국 간 관세와 이에 동등한 효과를 갖는 모든 과징금 부과를 금하는 규정을 포함하고 있다. 이 규정은 조약 중 '공동체의 기초'를 정하는 부(部)의 첫머리에 있으며 제12조에서 상세히 적용되고 있다.

(3) 제12조의 문언은 명백하고 무조건적 금지이며 이는 적극적 의무가 아니고 소극적 의무이다. 따라서 제12조의 실행은 국가의 입법적 개입을 필요로 하지 않으며 본 규정상 의무의 수범자가 회원국이라는 사실이 개인은 이로부터 아무 혜택도 받지 못한다는 것을 의미하지는 않는다고 보았다. 요컨대, 이러한 금지규정은 성질상 회원국과 그 국민 간의 법적 관계에서 직접효력을 갖기에 적합하다고 인정했다.

3. 동 사건에서 8%의 수입관세를 허용함은 금지되는가?

법원은 과연 동 사건에서 관세 혹은 이에 동등한 효과가 있는 부과금의 인상이 있었는지를 판단하기 위해서는 공동체조약 발효 시 실제로 네덜란드 당국이 부과하던 관세율을 비교하여야 하며, 이러한 인상에는 관세율표의 변경에 의해 수입품이 종전보다 높은 관세가 부과되는 상품군으로 재분류되는 것도 포함한다고 판시하였다. 어떻게 관세율의 인상이 초래되었는가는 중요하지 않지만, 이러한 원칙에 의거한 조약 제12조의 구체적인 사건관계에의 적용은 국내법원의 역할이라고 판시하였다.

case 023 | UN 본부협정 문제[1][2]

1 사실관계

1. 미국의 PLO 사무소 폐쇄 조치

팔레스타인 민족해방기구(PLO)는 1974년 이후 국제연합의 옵서버 자격을 인정받고 뉴욕에 대표부를 설치·유지하여 왔다. 그러나 1985년 지중해에서 라우로호 사건이 발생하여 미국인 승객 한 명이 살해되자, PLO가 이 사건과 관련되었다고 하여 미국의회는 1987년 PLO를 미국에서 추방하는 것을 겨냥한 「反테러리즘법(Anti-Terrorism Act of 1987)」을 제정하였다. 동 법률은 미국 내에 PLO 사무소 및 기타 시설을 설치하거나 또는 유지하는 것을, 다른 법률에 관계없이 위법으로 규정하였다. 이에 UN 사무총장 및 총회는 PLO 대표부가 폐쇄된 것에 유감을 표시하고, 미국 정부와 협의에 나섰다.

2. UN과 미국의 협의

(1) UN은 반테러리즘법은 1947년 UN이 미국과 체결한 국제연합본부협정 제11조, 제12조 (대표부원의 통과와 자유) 및 제13조(입국 관할권의 제한)에 반한다고 주장하였다. 이에 대해 미국의 주 UN 대표 역시 동 법률이 시행될 경우 본부협정에 반하게 됨을 인정하고, 문제의 해결을 위해 의회와 협의할 것임을 통지하였다.

(2) 그러나 동 법률의 발효가 임박해지자 UN은 본부협정 제21조가 설정한 분쟁해결절차를 개시하였다. 동 조는 "본 협정의 해석 또는 적용에 관한 UN과 미국 간의 분쟁은, 교섭 또는 다른 합의에 의한 해결방법으로 해결되지 않을 때에는, 최종결정을 위해 세 명의 중재인으로 구성되는 재판소에 부탁하여야 한다."라고 규정하고 있다. UN은 동 규정에 따라 중재인을 지명하였으나, 미국은 이에 대해 전혀 답변을 하지 않았다.

3. UN총회의 권고적 의견 요청

UN총회는 1988년 3월 2일에 찬성 143, 반대·기권 0(미국은 투표에 불참)으로 결의를 채택하고, 미국은 본부협정 제21조에 따라 중재절차에 참가할 의무가 있는지에 대해 ICJ에 권고적 의견을 요청하였다.

---

1) ICJ, 권고적 의견, 1988년.
2) 장신, 국제법판례요약집, 전남대학교 출판부, 35~37p 요약.

2 권고적 의견 요지

1. 판단 대상

본 사건에 관한 법원의 판단 대상은 PLO 대표부에 대한 미국 조치의 UN 본부협정 위반 여부가 아니라, 동 협정 제21조에 따라 중재를 요구하는 UN의 권리와 미국이 중재절차에 참가할 의무의 존부이다. 따라서 법원은 먼저 국제연합과 미국 간에 '분쟁'이 존재하는가, 동 분쟁은 본부협정의 '해석 또는 적용'에 관한 것인가, 동 분쟁은 '교섭 또는 다른 합의에 의한 해결방법으로 해결되지 않았는가'에 대해서 검토하여야 한다.

2. 분쟁의 존부

미국은 당초 법률이 집행되지 않아 분쟁이 발생하지 않았으며, 국내에서 소송이 진행되는 중에 중재하는 것은 적절하지 않다고 주장하였다. 그러나 무엇이 '적당'한가에 대한 고려를 본부협정 제21조에서 발생하는 의무보다 우선시킬 수는 없다. 또한 분쟁의 존재는 일방당사자의 결정에 대해 반대청구가 개시하는 것을 전제로 하지만, 동 결정이 이미 실시되어야만 하는 것은 아니다. 아울러 UN과 미국 간의 대립 양상은 양 당사자 간에 분쟁이 발생하였음을 보여준다.

3. 분쟁의 내용

UN과 미국 간의 제1단계 논의는 본부협정의 해석에 관한 것으로, 미국은 PLO 대표부에 대한 본부협정의 적용을 인정하였다. 그러나 제2단계 논의에서 미국은 본부협정보다 자국의 반테러리즘법이 우선한다고 주장하였고 사무총장은 이 점을 다투었던 것으로, UN과 미국 간에는 본부협정 제21조의 적용에 관한 분쟁이 존재한다.

4. 미국이 중재절차에 참여할 의무가 있는가?

UN과 미국 간의 협의에서 UN 사무총장은 가능한 모든 교섭을 다하였다고 판단하였다. 그리고 '다른 합의에 의한 해결방법'은 전혀 존재하지 않았다. 아울러 미 법무장관이 국내에서 제기한 소송은, 본부협정 제21조에서 말하는 '합의에 의한 해결방법'이라고 할 수 없다. 결국 법원은 미국이 본부협정 제21조에 의거하여, UN과의 분쟁을 해결하기 위하여 중재절차에 참가할 의무가 있다고 결정하였다.

case 024 | 베르나돗테 백작 사건[1]

1 사실관계

스웨덴 국적의 베르나돗테 백작이 UN 특사로서 이스라엘 영토 내에서 직무를 수행하던 중 살해되었다. UN은 이스라엘에 대해 국제청구를 제기하고자 하였으나, UN에 그러한 국제법적 자격이 있는지 여부가 문제되었다. 또한 이스라엘이 당시 UN 비회원국이었으므로 비회원국을 상대로 국제청구를 제기할 수 있는지가 문제되었다.

2 법적쟁점

1. UN이 국제청구를 제기할 법적 자격이 있는가?

2. UN이 비회원국을 상대로 국제청구를 제기할 수 있는가?

3. 직무 보호권과 외교적 보호권이 경합하는 경우 어떻게 조정되어야 하는가?

3 ICJ 판단

1. UN은 국제청구를 제기할 법적 자격이 있는가?

UN은 국제청구를 제기할 국제법인격을 갖는다. 그것이 헌장에 명시되지 않았으나, UN의 설립목적을 고려할 때 그러한 법인격이 전제되어 있다고 판단할 수 있다. 다만, 그러한 법인격은 UN의 직무수행을 위해 필요한 한도 내에서 인정된다. UN이 회원국의 국제의무 위반으로 입은 손해에 대해 당해 국가에게 청구할 권한을 갖는 것은 명백하다. 회원국이 UN 창설을 승인한 것은 UN에 그러한 청구권을 준 것으로 이해할 수 있기 때문이다. UN은 직무 보호권을 갖는다. 즉, 직원이 직무수행 시 입은 손해에 대해 배상을 청구할 수 있는 권한이 있다. 이것이 UN헌장에 명시되지는 않았으나 이것이 전제되지 않는다면 UN은 직원을 통해 그 직무를 원활하게 수행하기가 어려울 것이다. 따라서 UN은 기능수행의 원활화를 위해 직원을 보호할 '기능적 보호권'(functional protection right)을 갖는다.

---

1) Reparation for Injuries Suffered in the Service of the UN, Advisory Opinion, ICJ, 1949년.

2. UN이 비회원국을 상대로 국제청구를 제기할 수 있는가?

UN은 비회원국에 대해서도 직무 보호권을 갖는다. 즉, 비회원국에 대해서도 국제청구를 제기할 법적 자격이 있다는 것이다. UN은 50개국이라는 압도적 다수에 의해 창설된 법적 실체이므로 단지 회원국에 의해서만 인정되는 법인격체가 아니다. UN은 국제사회의 객관적 국제법인격체이므로 UN 비회원국에 대해서도 국제청구를 제기할 수 있다.

3. 직무 보호권과 외교적 보호권의 경합하는 경우 어떻게 조정되어야 하는가?

직무 보호권과 외교적 보호권이 경합할 수 있다. 그러나 경합을 조정할 수 있는 국제법 규칙은 존재하지 않는다. 경합관계는 조약을 체결함으로써 해결될 수 있을 것이다.

---

case 025 | Mavromatis Palestine Concessions 사건[1]

1 사실관계

그리스 국적의 마브로마티스는 1914년 이후 오토만제국과 양허계약을 체결하여 팔레스타인의 전력 및 수도 사업에 관한 권리를 획득하였으며, 제1차 세계대전 이후 쉘브르조약 및 로잔조약에 의해 사업권이 유지되었다. 그러나 팔레스타인 당국 및 그 위임통치국인 영국이 1921년 이후 마브로마티스의 권리를 인정하지 않자 그리스는 영국을 상대로 배상금 지불을 요청하였다. PCIJ는 양허계약의 유효성을 인정하였으나, '손해'가 발생하지 않았으므로 그리스의 배상청구를 기각하였다.

2 법적쟁점

1. PCIJ 관할권의 인정 여부

영국은 동 사안의 PCIJ 관할권을 부정하였는바, 팔레스타인 위임장 제26조의 해석이 문제되었다. 동 조항에서는 "위임장의 해석 또는 적용에 대해서 수임국과 연맹국과의 사이에 발생하는 어떤 분쟁도 교섭에 의해 해결될 수 없는 때에는 PCIJ에 부탁된다."라고 규정되어 있다. 따라서 사인(私人) 마브로마티스와 영국 간 분쟁에 대해 PCIJ 관할권이 인정되는지가 문제된 것이다.

2. 정본이 2개 이상인 경우 관련 조항의 해석 문제

위임장 제11조에 규정된 '공공사업의 공적 관리'에 대한 해석이 문제되었다. 영어본과 불어본이 존재하였으나, 문언상 불어본이 더 넓게 해석이 되었다. 이와 같이 정본이 2개 이상이고 해석이 달라질 수 있는 경우 해석방식이 문제되었다.

---

1) The Mavromatis Palestine Concessions Case, Greece v. United Kingdom, PCIJ, 1924년.

3. 팔레스타인과 영국이 로잔조약을 위반하였는지 여부

로잔조약에 의하면 1914년 10월 29일 이전에 오토만제국과 타 체약국 국민과의 사이에 체결된 양허계약은 효력을 유지한다. 따라서 양허계약의 파기가 동 조약을 위반하였는지 가 문제되었다.

3 판결요지

1. PCIJ 관할권의 인정 여부

PCIJ는 위임장의 해석상 그리스와 영국의 분쟁에 대해 관할권을 가진다고 판시하였다. 양허계약 위반으로 분쟁은 영국과 마브로마티스 간에 시작되었으나, 마브로마티스의 국적국인 그리스는 외교적 보호권에 기초하여 분쟁에 개입할 수 있다. 따라서 재판소에 제소되는 경우 당사국은 수임국(영국)과 연맹국(그리스)이므로 위임장 제26조에 따라 PCIJ 의 관할권이 성립한다.

2. 정본이 2개 이상인 경우 관련 조항의 해석 문제

같은 권위를 가지는 두 개 언어의 본문이 있고 일방이 타방보다 넓은 의미를 갖는 경우 재판소는 두 개의 본문을 조화시킬 수 있는 그리고 그 한도 내에서 의문의 여지없이 당사국의 공통된 의사에 일치하는 제한적 의사를 채용해야 한다.

3. 팔레스타인과 영국이 로잔조약을 위반하였는지 여부

영국과 팔레스타인은 로잔조약을 위반하였다. 즉, 로잔조약에 의하면 1914년 10월 19일 이전에 체결된 양허계약은 효력을 유지한다고 규정하고 있으나, 영국이 이를 일방적으로 폐기하였기 때문이다. 다만, 양허는 유효하나 양허계약의 폐기로 인해서 마브로마티스가 손해를 입은 사실은 인정되지 않기 때문에 배상청구는 기각한다.

05 | 국가의 기본적 권리 및 의무

case 026 | Wimbledon호 사건[1]

1 사실관계

베르사유조약 제380조는 독일이 자국과 평화관계에 있는 모든 국가의 상선과 군함에 대해 키일(Kiel) 운하를 자유 개방할 것을 규정하였다. 1921년 러시아 - 폴란드전쟁이 발발하자 독일은 중립을 선언하였다. 영국 선적이면서 프랑스 해운회사가 용선하고 있었던 윔블던호가 무기를 적재하고 단찌히의 폴란드 기지를 향해 항행하던 중 키일 운하에 들어섰다. 이에 대해 독일은 중립국의 의무를 들어 윔블던호의 키일 운하 통항을 거절하였다. 윔블던호는 덴마크 해협을 우회하여 목적항에 도착하였으나 항로 변경으로 13일이 지연되어 금전적 손해를 입었다. 이에 대해 1923년 영국·프랑스·이탈리아·일본이 독일을 상대로 PCIJ에 제소하였다.

2 법적쟁점

1. 독일과 평화관계에 있는 국가 간 전쟁이 운하 통항 조건을 변경하는가?
2. 국제운하의 자유통항 보장 의무 설정은 독일의 주권에 대한 과도한 제약인가?
3. 전시금제품 수송선박의 운하 통항은 중립국의 의무와 양립하는가?
4. 전시에도 키일 운하는 개방되어야 하는가?

3 판례요지

1. 독일과 평화관계에 있는 국가 간 전쟁이 운하 통항조건을 변경하는가?

변경하지 않는다. 따라서 독일은 키일 운하 개방의무를 준수해야 한다. 독일이 교전국이 되는 경우에는 적대국에 대해 키일 운하를 폐쇄할 수는 있으나, 독일이 중립국인 경우에는 전쟁에 참여하고 있는 국가들에 대해 운하를 개방해야 한다.

2. 국제운하의 자유통항 보장의무 설정은 독일의 주권에 대한 과도한 제약인가?

키일 운하에 대한 자유통항 보장의무는 지역권으로서 독일의 주권을 제한한다. 그러나 그러한 제한은 독일의 조약체결권에 기초하여 체결된 베르사유조약에 근거한 것이다. 따라서 주권의 제한이 독일의 의사로부터 비롯되었기 때문에 독일의 주권에 대한 제한이라고 볼 수 없다.

---

1) The S.S Wimbledon Case, Great Britain, Italy and Japan v. Germany, PCIJ, 1923년.

3. 전시금제품 수송선박의 운하 통항은 중립국의 의무와 양립하는가?

양립한다. 수에즈 운하 및 파나마 운하에 관한 규칙 및 선례에 의하면 주요 국제운하의 경우 교전국의 군함 또는 전시금제품을 수송하는 교전국이나 중립국 선박의 통항은 연안 국의 중립의무와 양립한다.

4. 전시에도 키일 운하는 개방되어야 하는가?

베르사유조약 제380조의 해석상 타국 간 전쟁 시에도 키일 운하는 개방되어야 한다. 독일의 중립국으로서의 의무와 양립하기 때문이다.

5. 결론적 의견

독일은 베르사유조약 제380조를 위반하여 손해를 야기하였으므로 프랑스에 대해 손해를 배상할 의무가 있다.

case 027 | 튀니지 - 모로코 국적법에 관한 권고적 의견[1]

1 사실관계

1921년 프랑스의 보호령 튀니지의 총독은 국적에 관한 포고를 제정·반포하였다. 프랑스 국민을 제외하고 튀니지에서 태어난 자로서 그 부모 중 한 명이라도 튀니지 출생이면 튀니지 정부에 구속력을 가지는 조약에 따를 것을 조건으로 튀니지 국민이 된다는 내용을 담고 있었다. 유사한 입법조치가 모로코에서도 행해졌다. 프랑스 주재 영국대사는 즉각 이의를 제기하고 영국 국적을 가진 자에 대해서는 동 포고령이 적용될 수 없다고 주장하였다. 영국은 이 문제를 국제 연맹에 부탁하였으나 프랑스는 이 문제가 LN규약 제15조 제8항상 '오로지 국내관할권에 속하는 문제'라고 주장하며 LN의 관할권 배척을 주장하였다. 양국의 합의로 연맹이사회는 튀니지와 모로코의 국적포고로 인한 영국·프랑스 간 분쟁이 연맹규약 제15조 제8항의 '오로지 국내관할권' 내에 속하는 문제인가를 판단하여 주도록 PCIJ에 권고적 의견을 요청하였다.

2 법적쟁점

1. 국적의 결정이 국내 문제인가?
2. 일국의 국적에 관한 결정에 있어서 국제적 합의는 준수되어야 하는가?
3. 이 사안에서 영국과 프랑스 간에 적용되는 조약이 있는가?

---

1) Nationality Decrees Issued in Tunis and Morocco, Advisory Opinion, PCIJ, 1923년.

3 권고적 의견 요지

1. LN규약 제15조 제8항의 해석

규약 제15조 제8항에서 말하는 '오로지 국내관할권에 속하는 사항'이란 복수 국가의 이익과 매우 밀접한 관련이 없거나 원칙적으로 국제법에 의해 규율되지 않은 사항을 말한다.

2. 국내 문제의 상대성·동태성

어떤 사항이 오로지 국내 관할권에 속하는지의 문제는 상대적인 것으로 국제관계 발전에 의존하는 것이며 국적문제도 이 범주에 해당한다. 또한 원칙적으로 국제법의 규율을 받지 않는 문제라도 타국과의 조약 등에 의해 국가의 권리가 제한될 수 있다.

3. 프랑스의 국적 부여에 대한 국제법적 제한의 존부

보호국이 보호령의 영토 내에서 가지는 권한의 범위는 ① 보호관계를 설립한 조약, ② 보호관계가 제3국에 의해 승인된 당시의 제 조건에 의해 결정된다. 따라서 보호국이 자국 영토 내에서 갖는 배타적 관할권이 보호령의 영토에서도 미치는가는 국제법적 관점에서 검토해야 한다. 따라서 보호권의 범위에 관한 문제는 국내관할권의 문제가 아니다.

4. 영국·프랑스 간 분쟁의 존부와 국적문제의 국제적 성격

PCIJ는 튀니지와 모로코에서 영국 국민에 대해 프랑스의 관할권이 배제되는가에 대해 영국과 프랑스의 의견대립이 있으므로 프랑스의 국적 부여문제가 국내적 관할사항이라고 볼 수 없다는 의견을 제시하였다. 양국 간에는 1883년 6월 20일 각서에서 영국이 튀니지에서 영사재판권을 포기하였는지 여부에 대해 입장을 달리하였다.

5. 결론적 의견

이러한 논거에 기초하여 PCIJ는 프랑스의 국적령에 관한 문제가 LN규약 제15조 제8항상의 국내관할권에 관한 문제가 아니므로 연맹이사회에서 토의할 수 있다고 하였다.

case 028 | 니카라과 사건[1]

1 사실관계

1. 1979년 니카라과에서 반정부조직인 Sandinista 국민해방전선이 소모사 대통령 일가의 43년에 걸친 독재체제를 전복시키고 좌익혁명정권을 수립하였다. 주변의 엘살바도르, 온두라스, 코스타리카 등지에서도 반정부 게릴라의 활동이 거세졌다.

---

1) Case Concerning Military and Paramilitary Activities in and against Nicaragua, Nicaragua v. United States, ICJ, 1986년.

2. 미국 정부는 당초 니카라과의 신정부를 지원하였으나 1981년 1월에 출범한 레이건 정부는 엘살바도르의 반정부세력에 대한 니카라과 정부의 군사적 지원 등을 이유로 같은 12월 이후, 니카라과의 반정부조직인 Contras를 적극 지원하였다. Contras는 소모사정권의 지지자 및 신정부의 적대자를 중심으로 결성된 군사조직으로 온두라스와 코스타리카의 국경 부근에서 활동하였다.

3. 미국은 1983년 9월부터 다음 해 4월에 걸쳐 Contras에 대한 군사적 지원을 강화하였다. 한편 중앙정보국(CIA)의 지령과 지원을 받은 한 단체가 니카라과의 항만에 설치한 기뢰 때문에 다수의 니카라과인 사상자가 발생하였으며 제3국의 선박도 피해를 입었다.

4. 니카라과 정부는 1984년 3월에 미국의 자국에 대한 침략행위가 본격화되고 있다고 하여 UN 안전보장이사회에 문제의 심의를 요청하였다. 4월 4일 안전보장이사회에서는 니카라과 수역에서 기뢰의 부설은 국제법 위반이라는 내용의 결의안이 상정되었지만 미국의 거부권 행사로 부결되었다.

5. 4월 9일 니카라과 정부는 자국에 대한 미국의 군사적·준군사적 활동의 책임을 추궁하기 위해 ICJ에 소송을 제기하였다.

6. 니카라과는 자국과 미국이 ICJ규정 제36조 제2항[1]과 제5항[2]에 따라서 각각 관할권 수락선언을 했고 그에 따른 재판소 강제관할권의 존재를 근거로 1984년 4월 9일 미국을 제소하면서 재판소가 '니카라과 영토 내와 니카라과에 대한 미국 측의 군사적 및 준군사적 행위'는 일단의 국제법규상 의무 위반이라는 것을 선언하고 나아가 미국의 행위로 인해 자국이 입은 손해배상액을 재판소가 결정해줄 것을 요구하였다. 이와 더불어 니카라과는 재판소가 미국으로 하여금 중미지역에서 군사적·준군사적 활동을 즉시 금지하는 임시조치를 지시(indication)할 것을 요청하였다.

2 법적쟁점

1. 관할권

국제사법재판소(ICJ, 이하 '재판소')가 사건에 대한 관할권을 가지는지의 여부와 관련하여, 사건의 양 당사자인 니카라과와 미국이 ICJ규정 제36조 제2항의 선택조항을 수락했는지 여부 및 니카라과가 제소하기 직전에 미국이 행한 선택조항에 대한 조건과 유보의 변경이 유효한 것인지의 여부가 문제되었다.

---

1) ICJ규정 제36조 제2항: 재판소규정의 당사국은 다음 사항에 관한 모든 법률적 분쟁에 대하여 재판소의 관할을, 동일한 의무를 수락하는 모든 다른 국가와의 관계에 있어서 당연히 또한 특별한 합의 없이도, 강제적인 것으로 인정한다는 것을 언제든지 선언할 수 있다.
　가. 조약의 해석
　나. 국제법상의 문제
　다. 확인되는 경우, 국제의무의 위반에 해당하는 사실의 존재
　라. 국제의무의 위반에 대하여 이루어지는 배상의 성질 또는 범위
2) ICJ규정 제36조 제5항: 상설국제사법재판소규정 제36조에 의하여 이어진 선언으로서 계속 효력을 가지는 것은, 재판소규정의 당사국 사이에서는, 이 선언이 금후 존속하여야 할 기간 동안 그리고 이 선언의 조건에 따라 재판소의 강제적 관할을 수락한 것으로 본다.

2. 심리가능성

무력사용과 관련한 법적 분쟁의 경우 국제평화와 안전의 유지를 위해 안전보장이사회에 '1차적 책임'을 부여하고 있는 UN헌장 제24조에도 불구하고 재판소가 그러한 분쟁에 대해 심리하는 것이 가능한지의 여부가 문제되었다.

3. 미국의 국가책임 성립 여부 및 집단적 자위권 원용 가능성

본안판결과 관련하여, 미국이 구체적으로 어떤 국제법상의 의무를 위반했는지 그리고 자신의 행위가 집단적 자위권의 행사이므로 정당화된다는 미국이 주장이 타당한 것인지의 여부가 문제되었다.

3 ICJ 관할권의 존재 여부

1. 니카라과의 주장 - 관할권 존재

니카라과는 자국과 미국이 각각 ICJ규정 제36조 제2항 선택조항에 대하여 수락선언을 한 사실을 들어 재판소의 강제관할권을 제소의 근거로 삼았다. 니카라과는 자국이 1929년 9월 29일 국제상설재판소규정에 서명하였고 동시에 무조건적으로 상설재판소 관할권을 수락하는 선언을 하였으며, 또한 미국은 1946년 트루먼 정부 때 현 재판소의 관할권을 수락하는 선언을 하였다고 주장하였다. 그 외에도 니카라과는 1956년 니카라과 - 미국 간 우호통상항해조약을 관할권의 기초로서 원용하였다.

2. 미국의 주장 - 관할권 부존재

미국은 원래 수락선언의 내용을 변경[1]하기 위하여 니카라과의 제소 3일 전인 1984년 4월 6일에 이른바 '슐츠 선언(Schultz Letter)'을 통하여 UN 사무총장에게 자국의 선언은 중남미 분쟁에는 적용되지 않으며 이는 즉시 실시되어 2년간 그 효력을 가진다고 통고하였다. 덧붙여서 미국은 니카라과가 국내 비준절차의 결과물인 비준서를 당시 연맹 사무총장에게 기탁한 사실이 실제로 없었으므로[2] 1929년 니카라과의 수락선언은 무효이고 따라서 동 국가는 수락선언을 하지 않은 것과 같으며, 결과적으로 니카라과가 주장하는 ICJ규정 제36조 제5항도 당연히 적용될 여지가 없다고 주장하였다. 또한 미국은 자국이 선택조항 수락선언에서 다자조약에 대해 유보를 하였음에도 불구하고, 니카라과가 UN 헌장 및 미주기구헌장 등과 같은 다자조약을 원용하고 있다고 주장하였다.

---

1) 잠정조치 심리절차와 관련하여 미국은 ICJ규정 제36조 제2항상 수락선언 행위는 조약법의 적용을 받지 않는 사실행위이므로 선언국은 타방국으로부터 피소되기 전까지는, 당연히 그 내용을 일방적으로 변경하거나 수락선언 자체를 철회할 무제한의 권리를 향유한다고 주장하였다.
2) 상설재판소규정의 당사국이 되기 위해서는 서명뿐만 아니라 서명국의 비준이라는 국내절차를 밟아야만 했지만 실제 그러한 기록이 당시 연맹과 현 UN 사무총장 누구에게도 접수되지 않았던 것이 사실이다.

3. 재판소의 판결

(1) 1984년 미국의 통고의 효과

미국의 통고 효과에 관한 가장 중요한 쟁점은 '미국이 1946년의 선언에서 첨부한 6개월의 통고조항을 일방적으로 변경할 자유가 있는가' 하는 것이다. 미국은 자국의 선언을 수정하거나 종료시킬 권한을 가지고 있지만, 어떠한 변경도 통고일로부터 6개월 후에 효과를 가진다고 이미 선언하였기 때문에 선택조항을 수락한 타국에 대해서는 대항할 수 없다. 따라서 재판소는 미국의 1984년 통고가 재판소의 강제관할권에 따라야 할 미국의 의무를 해제하지 못한다고 보았다.

(2) 니카라과의 선택조항 수락 여부

재판소는 ICJ규정과 관련하여 니카라과의 선언이 유효하다는 점에 주목하였다. 그러나 니카라과는 PCIJ규정 서명의정서의 비준서를 기탁하지 않아 그 수락선언은 구속력이 없다. 하지만 ICJ규정 발효 때까지 니카라과의 선언은 무조건이었기 때문에 그 선언은 잠재적 효력을 가지고 있었다. ICJ규정 기초자의 주된 관심 사항은 PCIJ와의 계속성을 확보하는 것이었다. 니카라과는 재판소의 연례보고서 등에서 강제관할권의 수락국으로 간주되었으며, 니카라과의 침묵은 이를 수용한 것으로 해석할 수 있다. 즉, 1929년의 선언 이후 니카라과의 계속적인 침묵은 ICJ규정 제36조 제2항에 기초하는 강제관할권을 묵인하는 것이었으며, 따라서 재판소는 니카라과를 미국과의 관계에서 '동일한 의무를 수락한 국가'로 결론내리는 것이 정당하다고 보았다.

(3) 미국의 다자조약 유보의 문제

재판소는 미국 측이 제시한 다자조약 유보의 목적과 내용의 불분명성을 지적하면서, 니카라과의 청구 중 국제관습법을 근거로 한 청구는 그러한 유보로 인하여 배척될 수 없다고 하였다. 이상의 이유로 재판소는 11:5의 다수결로 재판소는 ICJ규정 제36조를 근거로 관할권이 있고, 14:2의 다수결로 1956년 우호통상 및 항해조약을 근거로 한 재판소의 관할권도 인정하였다.

4 재판적격성 문제

1. 미국 측의 주장

미국은 우선 본 사건과 같은 분쟁당사자가 3 이상 다수인 경우에 미국과 니카라과를 제외한 제3자인 국가의 이해가 본 재판의 결과에 따라 좌우되므로 그들의 소송참가 없이는 본 사건은 재판소가 심리할 수 없으며, 두 번째로 니카라과는 전적으로 UN 안전보장이사회가 마땅히 다루어야 할 문제를 재판소에 제소하였고, 마지막으로 중미지역 분쟁해결 절차를 사전에 거치지 않았다는 사실을 이유로 니카라과의 제소는 재판소가 당연히 각하해야 한다고 주장하였다.

2. 재판소의 판결

재판소는 첫 번째 미국 측 논거에 대해서는 재판소 규정 및 규칙은 제3자의 소송참가를 완전하게 보장하고 있으므로 본 사건과 관련된 제3자가 반드시 소송당사자로 참여해야 한다는 미국 측 주장은 받아들일 수 없다고 보았다. 두 번째 미국 측 논거에 대해서는 분쟁이 안전보장이사회에 계류 중이라는 이유만으로 재판의 수행이 방해받지 않으며, 안전보장이사회와 ICJ의 분쟁해결절차는 서로 병행하여 수행될 수 있다고 하였다. 즉, UN헌장 제24조는 국제평화와 안전의 유지에 대해 안전보장이사회에 단지 '1차적' 책임을 부여한 것이지 '배타적' 책임을 부여한 것이 아니며, 단지 정치 분야에서 활동하는 안전보장이사회와 법의 분야에서 행동하는 ICJ는 '동일 사건에 대해 그들의 별개의 그러나 보충적인 기능'을 수행할 수 있다고 보았다. 미국 측의 세 번째 논거, 즉 니카라과는 제소하기 위한 선결요건으로 지역적 교섭절차를 사전에 완료해야 한다는 요건은 재판소가 받아들일 수 없으며 따라서 이른바 콘타도라 조정절차의 존재가 니카라과의 제소행위에 방해물로서 작용할 수 없다고 하였다. 이상의 이유로 재판소는 만장일치로 니카라과의 제소는 재판소에 의하여 '수리가 가능(admissible)'하다고 결정했다.

5 본안 판결

1. 니카라과의 청구사항

니카라과는 우선, 미국이 국제법상 각종 의무를 위반하였고 지금도 그런 상황이 계속된다는 사실을 재판소가 확인하고, 두 번째, 그러한 국제법 위반행위의 종료에 대한 미국 측 의무를 명확히 언급하며, 세 번째, 그런 미국 측의 국제법 위반사실을 기초로 하여 재판소가 가해자인 미국으로 하여금 니카라과에 대하여 정당한 손해배상을 하도록 결정해 줄 것을 청구하였다.

2. 사실 확정

재판소는 니카라과의 주장 중에 미국에게 직접 책임이 발생하는 사실이 일부 입증되었다고 인정하였다. 즉, 1983년 말부터 다음 해 초에 미국 대통령이 CIA로 하여금 니카라과 항만에 기뢰부설을 허가하였고 그 지령을 받은 자가 기뢰를 부설하였으며, 미국은 부설한 기뢰에 대해 아무런 경고조치도 하지 않았으며, 그 기뢰 폭발로 인해 니카라과는 인적·물적 손해를 입었으며 보험료도 증가되었다. 재판소는 미국 정부가 콘트라의 군사적·준군사적 활동에 재정지원을 한 것은 명백히 입증된 사실이라고 하였으며, 기타 반군의 훈련 및 장비 제공한 사실과 미국 CIA가 1983년에 니카라과 시민을 상대로 한 '게릴라전의 심리작전' 등의 문서를 작성하여 콘트라에게 제공하고 미국 대통령이 1985년 5월 행정명령에서 니카라과와의 수출입 금지 및 니카라과 선박의 미국 입항 금지, 니카라과 항공기의 미국 공항폐쇄 등의 전면적인 금수 조치를 선언한 사실 등을 인정하였다.

3. 미국의 자위권 행사 인정 여부

미국은 선결적 항변절차에서 자신의 행동은 개별 및 집단적 자위권의 행사이며 엘살바도르 등의 원조요청에 따른 것이므로 집단적 자위에 해당되어 위법성이 조각된다고 주장하였다. 재판소는 이러한 미국의 주장을 배척하였다. 재판소는 1979년 7월부터 1981년 초까지 니카라과의 영토를 경유하여 엘살바도르의 반정부 무장 세력에 계속적인 무기의 유입이 있었음을 인정하였으나 그 이후의 군사지원이나 무기 유입에 대해서 니카라과 정부의 책임을 인정하기에는 증거가 불충분하다고 보았다. 그리고 엘살바도르의 반정부세력에 대한 니카라과의 무기공여는 무력공격과 동일시할 수 없으며 이러한 활동은 무력행사 금지의 원칙 위반을 구성하는 위법한 내정간섭이지만 무력공격에 해당할 만큼 중대하지는 않았다고 보았다. 그에 미치지 않는 무력행사는 무력을 포함하는 집단적 대항조치를 취할 수 있는 권리를 부여하지 못한다고 판시하였다.

4. 최종판결

(1) 미국은 자금공여 및 기타 훈련, 무기 등 콘트라에 대한 군사적·준군사적 활동을 지원하고 니카라과의 영공비행을 지시 또는 허가함으로써 국제관습법을 위반하였다.

(2) 미국이 니카라과의 영수에 기뢰를 부설함으로써 무력행사 금지원칙과 국내문제 불간섭원칙 및 외국 선박의 항만 이용권을 침해하여 교통 및 해상통항, 통상 자유의 원칙을 위반하였고, 그 결과, 1956년의 우호통상항해조약 제19조의 의무에 위반하였다.

(3) 미국이 기뢰에 대한 통고를 하지 않음으로써 국제관습법을 위반하였으며, 미국이 '게릴라전에서의 심리작전'이라는 문서를 작성·배포하여 콘트라로 하여금 국제인도법의 일반원칙에 대한 위반을 조장하였다.

(4) 따라서 미국은 모든 행위를 즉각 중단해야 하며, 국제관습법 및 우호통상항해조약 위반으로 니카라과에게 가한 손해에 대해 배상할 의무가 있으며 손해배상의 방식과 액수에 대하여는 앞으로 당사자들 간의 합의에 의하여 결정되어야 한다.

(5) 양 당사자는 국제법에 따라서 평화적 방법에 의한 분쟁 해결을 추구할 의무가 있음을 상기시킨다.

case 029 | 팔레스타인 점령지역에서의 이스라엘의 장벽 건설에 관한 권고적 의견[1][2]

1 사실관계

1. 팔레스타인과 이스라엘의 관계

오토만제국의 일부였던 팔레스타인지역은 제1차 세계대전 이후 국제연맹에 의해 영국이 위임통치를 맡고 있었다. 1947년 영국의 위임통치가 종식된 이후 UN총회는 결의 181을 채택하여 팔레스타인을 2개의 독립국, 아랍국가와 유대국가로 분할하며, 예루살렘을 특별국제체제로 두었다. 1948년 이스라엘과 주변 아랍국 간 제1차 중동전쟁이 발발하였으며 이후 UN의 중개로 이스라엘과 요르단의 전면적 휴전협정이 체결되고 동 협정에 의해 휴전선(Green Line)이 획정되었다. <u>1967년 제3차 중동전쟁 이후 이스라엘은 요르단 서안지대(West Bank)와 가자지구(Gaza Strips), 골란고원, 시나이반도 등 본토의 5배에 달하는 광활한 지역을 점령하였다.</u> 이로써 이스라엘은 영국위임령상의 모든 팔레스타인 지역을 점령하게 되었으며 이 지역은 국제관습법상 이스라엘이 점령국의 지위를 가진 피점령지역이 되었다. 1967년 이래 이스라엘은 예루살렘시의 지위 변경을 목적으로 하는 일련의 조치들을 취하였으며 1980년 7월 30일 예루살렘을 이스라엘의 완전하고 통일된(complete and united) 수도로 규정하는 이스라엘헌법을 채택하였다. 이러한 일련의 조치들에 대해 안전보장이사회는 결의 제298호와 제478호를 통해 무력점령에 의한 영토취득의 불허성 원칙과 예루살렘의 지위와 성격을 변경시키려는 목적으로 취해진 일련의 이스라엘 조치들의 무효성을 선언하였다.

2. 이스라엘의 장벽 건설

<u>이스라엘은 2002년 6월부터 중앙 및 북 서안지대로부터의 팔레스타인의 테러리스트들의 침입을 저지한다는 명분으로 동 예루살렘을 포함한 서안지대에서 장벽(wall) 건설을 추진하였다.</u> 2005년 완공될 예정이었던 동 장벽은 총 길이가 720km에 이른다. 이 장벽으로 장벽과 그린 라인 사이에 폐쇄지역(close area) 및 위요지(enclave)가 생겨나게 되었다. <u>장벽 내 출입은 짧은 기간동안 드물게 개방되는 출입문을 통해서만 가능하며 팔레스타인 주민들은 이스라엘 당국의 허가 또는 신분증 없이 그 지역에 거주하거나 출입할 수 없었다. 반면, 이스라엘 시민과 영구 거주민 및 이스라엘 이민 가능자는 이스라엘 당국의 허가 없이 폐쇄지역에서 자유롭게 거주하고 출입할 수 있었다.</u>

---

1) Legal Consequences of the Construction of a Wall in the Occupied Palestine Territory(advisory opinion), ICJ, 2004년.
2) 오인미(2004), 팔레스타인 점령지역에서의 이스라엘의 장벽 건설에 관한 ICJ의 권고적 의견에 대한 고찰, 충남대학교 법학연구 제15권 제1호.

3. UN총회의 권고적 의견 요청

UN총회는 결의 ES - 10/13을 채택하여 이스라엘의 장벽 건설은 1949년 휴전선으로부터 벗어나 있으며 관련 국제법규정에 상반되는 동예루살렘 및 그 주변을 포함한 팔레스타인 점령지역에서의 장벽 건설의 중지를 요청했다. 또한 2003년 12월 8일 제10차 긴급특별회기(Tenth Emergency Special Session)를 재개하여 동월 10일에 채택된 결의 ES - 10/14에 근거하여 ICJ에 권고적 의견을 요청하였다.

4. 권고적 의견 요청 문제

1949년 제네바 제4협약(전시 민간인 보호)과 안전보장이사회 및 총회 결의를 포함하여 국제법의 제규칙과 원칙을 고려하여 동예루살렘을 포함하는 팔레스타인 점령지에서 점령국인 이스라엘의 장벽 건설로부터 야기되는 법적 결과는 무엇인가?

2 법적쟁점

1. 장벽 건설조치의 위법성
2. 위법성 조각사유
3. 이스라엘의 국제법 위반의 법적 결과

3 권고적 의견

1. 장벽 건설조치의 위법성

(1) 무력사용금지의무 및 민족자결권 침해 여부 - 적극

ICJ는 이스라엘의 장벽 건설조치는 사실상 병합과 동등한 조치이며, 팔레스타인 민족의 자결권을 침해한다고 판단하였다. ICJ는 이스라엘의 계획이 팔레스타인 점령지역 주민의 80%가 거주하는 서안지대의 16% 이상을 병합시키며, 약 16만 명의 팔레스타인 주민들이 거의 완벽하게 고립된 지역에서 거주하게 될 것으로 보았다. ICJ는 이러한 장벽 건설은 팔레스타인 민족의 자결권 행사를 심각하게 침해하며, 따라서 이스라엘은 그러한 권리를 존중할 의무를 위반한 것이라고 판단하였다.

(2) 국제인도법 및 국제인권법 위반 여부 - 적극

재판소는 장벽 건설과 그 관련 체제가 시민적·정치적 권리에 관한 국제협약 제12조 제1항에서 보장하는 팔레스타인 점령지역에서의 거주민의 이동의 자유와 아동의 권리에 관한 UN협약 및 경제적·사회적·문화적 권리에 관한 국제규약에 규정된 노동, 보건, 교육 및 적절한 생활수준을 향유할 권리를 침해한다고 판단하였다. 또한, 장벽 건설은 팔레스타인 점령 지역 내의 인구 구성 변화를 초래함으로써 제네바 제4협약 제49조 제6항 및 관련 안보리 결의를 위반한 것이라고 판시하였다.

2. 위법성 조각사유

(1) 자위권

이스라엘은 장벽건설은 테러리스트의 위협에 대응한 조치로서 자위권 발동에 해당한다고 주장하였다. 그러나 재판소는 이스라엘에 대한 공격이 '외국'에 의한 것이 아니며, 또한 이스라엘 영토 '밖에서의' 공격에 대한 것도 아니므로 UN헌장 제51조와는 관련이 없다고 판시하였다. 이스라엘은 자신에 대한 공격이 '외국'에 의한 것이라고 주장하지도 않았다는 점을 고려하였으며, 또한 팔레스타인 점령지역은 이스라엘이 통제권을 행사하고 있으므로 이스라엘이 주장하는 위협이 이스라엘 영토 밖이 아니라 내부에서 발생된다는 점을 고려하였다.

(2) 긴급피난

이스라엘은 자국의 조치가 긴급피난에 해당한다고 하였으나 재판부는 이를 인정하지 않았다. 재판소는 Gabcikovo - Nagymaros Project 사건을 인용하여 긴급피난은 문제의 행위가 중대하고 급박한 위험에 대해 본질적 이익을 보호하기 위해 필요한 유일한 방법으로, 엄격하게 정의된 특정 상황에서만 원용할 수 있다고 하였다. 그러나 재판소는 장벽 건설이 이러한 건설의 정당화를 위해 원용한 위험에 대하여 이스라엘의 이익을 보존하기 위한 유일한 방법이라는 주장은 설득력이 없다고 판단하였다.

3. 이스라엘의 국제법 위반의 법적 결과

(1) 이스라엘

① 이스라엘은 팔레스타인 점령지역에서의 장벽 건설로 인해 위반한 국제 의무를 준수해야 한다.

② 의무에 위반되는 조치를 종식시켜야 하며 이를 위해서는 건설 중인 장벽의 설치작업을 즉시 중단하고, 장벽 건설 및 그 관련 체제 성립을 위해 채택된 모든 입법이나 법규는 즉시 폐지 또는 무효화해야 한다.

③ 본 건과 관련하여 모든 자연인 또는 법인에 끼치는 피해에 대해 보상할 의무가 있다.

(2) 기타 국가

이스라엘은 대세적 의무인 민족자결권 존중의무와 국제인도법상의 의무를 위반하였다. 따라서 모든 국가는 동 예루살렘과 그 주변을 포함한 팔레스타인 점령지역에서의 장벽 건설로 야기된 모든 불법 사태를 승인하지 않으며 그러한 사태를 유지시키는 데 원조를 제공하지 않을 의무가 있다.

(3) UN

UN, 특히 총회와 안전보장이사회는 본 건의 권고적 의견을 고려하여 장벽 건설과 그 관련 체제로 야기된 모든 불법 상황을 종식시키기 위한 조치를 검토해야 한다.

case 030 | 서남아프리카(나미비아)의 국제적 지위에 관한 문제[1][2]

1 사실관계

서남아프리카(나미비아)는 제1차 세계대전 이후 국제연맹이 설치한 위임통치제도[3]하에서 남아프리카 연방을 수임국으로 하는 위임통치지역이 되었다. 제2차 세계대전 이후 UN에 의해 신탁통치제도가 도입되었으나 남아연방은 서남아프리카를 신탁통치지역으로 전환하지 않았다. UN은 위임통치지역의 국제적 지위는 수임국의 일방적 의사로 변경할 수 없다고 보고 서남아프리카를 신탁통치하에 두기 위해 남아연방에 권고함과 아울러 그 조치가 받아들여지기까지 국제연맹이 수행하던 감독기능을 계속해서 수행하고자 하였다. 그러나 남아연방은 위임통치제도에 기초한 의무는 국제연맹의 해산과 함께 소멸하였으며 서남아프리카의 장래에 대한 문제는 자국이 결정권한을 갖는다고 주장하면서 UN의 권고를 거부하고 1949년 서남아프리카를 병합하였다. 이에 대해 UN총회는 서남아프리카의 법적 지위 등에 관한 권고적 의견을 ICJ에 요청하였다.

2 총회의 질문사항

1. 서남아프리카의 국제적 지위 및 남아연방의 의무

2. 서남아프리카 관련 보고 및 청원 문제는 중요문제에 해당하는가?

3. 서남아프리카위원회는 청원인에게 구두청문을 허용할 수 있는가?

4. 남아연방의 서남아프리카 지배조치의 법적 평가 및 UN 회원국의 의무

---

1) 이 문제에 관한 ICJ의 권고적 의견은 1950년, 1955년, 1956년 세 차례에 걸쳐 부여되었다.
2) 장신, 국제법판례요약집, 49 ~ 54p.
3) 제1차 세계대전 이후 전승국인 영국·프랑스·일본 등이 독일·터키의 식민지 및 여기에 준하는 영토에 대해서 국제연맹의 위임을 받아 행한 통치형태. 통치의 임무를 지는 수임국은 선진국으로 구성되며, 통치의 방법과 정도는 원주민의 문화수준이나 영토의 지리적 조건, 경제상태 및 기타 유사한 사정을 기준으로 하여 대략 3가지 종류로 구분할 수 있다. 첫 번째의 방법은 독립국으로서 가(假)승인 상태의 발달된 나라로 구(舊)터키령의 아라비아지역에 적용된 통치방식이다. 이 지방 국민들의 의식수준은 다른 위임통치지역의 국민수준에 비하여 높기 때문에 어느 정도의 자치를 인정받게 되었고 수임국은 그 자립에 이르기까지 조언과 협조를 해주는 형태이다. 두 번째의 방법은 독일 식민지였던 중앙아프리카의 카메룬(Cameroon)·토골란드(Togoland)·탕가니카(Tanganyca) 등에 적용된 통치방식으로 수임국이 시정(施政)의 책임을 지는 것이다. 세 번째는 수임국이 위탁통치지역을 자국영토의 일부분으로 통치하는 방식으로 서남아프리카의 나미비아(Namibia)와 남태평양제도의 뉴기니(New Guinea)·나우루(Nauru) 등이 이에 속한다. 이것은 위의 두 경우보다는 발달이 늦은 지역에 적용된 것으로 수임국이 입법·사법·행정의 전권을 가지고 통치하는 형태이다. 수임국은 위임통치지역에 군사기지를 설치할 수 없도록 금지되어 있다. 또한 1885년 콩고조약 이래 중앙아메리카의 식민지에 적용된 원칙에 따라서 원주민 보호를 위하여 수임국은 공공의 질서 및 선량한 풍속에 저해되지 않는 한 양심과 선교의 자유를 인정하였다. 위임통치방식은 어느 것이나 수임국과 국제연맹 사이에 위임통치협정이 체결되어 연맹의 감독하에 수임국이 통치하게 되어 있으며, 수임국은 이사회에 위탁지역에 관한 연보를 제출할 의무가 있다. 수임국에 대한 연맹의 감독은 이사회와 그 부속기관으로서의 상설위임통치위원회(Permanent Mandates Commission)에 의하여 행하여졌다. 위탁지역 중에서 첫 번째 통치방식에 속하던 국가는 제2차 세계대전 당시 또는 그 이후에 대부분 독립하였고, 두 번째 통치방식에 속하던 국가도 1962년까지는 모두 독립국가가 되었다(위임통치제도, 「두산백과」, 두산동아).

3 권고적 의견 요지

1. 서남아프리카의 국제적 지위 및 남아연방의 의무

남아연방은 국제연맹의 해산과 함께 위임장도 소멸하였다고 주장하였다. 그러나 국제사법재판소는 국제연맹의 위임통치제도는 국제적 목적을 가진 국제제도로서 창설된 것이므로 만일 위임장이 소멸되었다면 남아연방의 권한도 소멸한다고 판시하였다. 그러나 헌장 제80조 제1항의 규정 및 남아연방정부가 스스로 의무를 인정한 성명 등을 고려해 볼 때 위임장은 소멸되지 않았으며 따라서 남아공은 위임장에 규정된 의무를 준수해야 한다고 하였다. 또한 위임통치지역에 대한 국제연맹의 감독기능은 명시적 이관이 없어도 UN이 계속 보유한다고 하였으며 헌장 제19조에 의해 UN총회가 감독기능을 담당한다고 판시하였다. 재판소는 아울러 UN 헌장 제12장의 신탁통치관련규정은 서남아프리카에 적용된다고 하였다. 또한 서남아프리카의 국제적 지위는 국제연맹규약 제22조 및 위임장에 따라 결정되며, 위임장 제7조 제1항에 의하면 남아연방이 서남아프리카의 국제적 지위를 일방적으로 변경할 권한을 갖고 있지 않다고 판단하였다.

2. 서남아프리카 관련 보고 및 청원 문제는 중요문제에 해당하는가?

UN총회는 1950년 ICJ의 권고적 의견에 기초하여 서남아프리카위원회를 설치하고 연례보고와 청원심사를 위한 규칙을 작성하였다. 동 규칙상 표결에 관한 규정에서 2/3 다수결 원칙을 채용하였는 바 이는 국제연맹 당시의 만장일치제에 비해 수임국을 지나치게 엄격한 감독하에 두게 된다는 의문이 제기되었다. 즉, "총회가 수행하는 감독의 정도는 위임통치하에 적용된 정도를 넘어서는 안 되며, 또 가능한 한 연맹이사회가 사용한 절차에 따라야 한다."라는 1950년 ICJ의 권고적 의견을 절차규칙이 위반하는지가 문제된 것이다. 이에 대해 ICJ는 동 절차규칙이 1950년 ICJ의 권고적 의견을 위반하지 아니한다는 의견을 부여하였다. '감독의 정도'는 표결절차에 관한 것이 아니라 감독의 실질에 관한 것이므로 반드시 국제연맹의 표결규칙을 도입할 것을 요구한 것이 아니라고 하였다. 또한 총회의 감독기능이 UN 헌장에 기초하고 있으므로 총회의 의사결정은 헌장 제18조에 합치해야 한다고 하였다.

3. 서남아프리카위원회는 청원인에게 구두청문을 허용할 수 있는가?

남아연방이 UN에 계속해서 협력을 하지 않고 서남아프리카에 관한 보고서를 제출하지 않자 청원인에게 구술의 기회를 부여하고 직접 그 설명을 청취할 필요가 발생하였으나 이러한 조치가 국제연맹에서는 존재하지 않아 이를 인정할 수 있는지에 대해 의문이 제기되었다. 재판소는 구두청문제도도 허용될 수 있다는 의견을 제시하였다. 총회는 위임통치지역의 시정을 유효하고 적절하게 감독할 권한을 가지고 있으며, 청문제도는 그러한 감독기능을 보다 효과적으로 수행하기 위한 것이므로 감독권한의 한계를 일탈한 것으로 볼 수 없다고 하였다.

4. 남아연방의 서남아프리카 지배조치의 법적 평가 및 UN 회원국의 의무

재판소는 남아연방의 계속적인 서남아프리카 지배는 불법이므로 남아연방은 행정기구를 즉각 철수하고 영토점령을 종식할 의무가 있다고 하였다. 또한 UN 회원국은 남아연방의 불법성을 인정해야 하며, 동 국가의 적법성을 인정하거나 묵인하는 행위를 자제할 의무가 있다고 하였다.

---

case 031 | 코소보의 일방적 독립선언의 국제법상 허용가능성에 관한 ICJ 권고적 의견

1 사실관계

1. UN총회의 권고적 의견 요청

UN총회는 2008년 10월 8일 결의 63/3을 채택하였다. 총회는 결의에서 2008년 2월 17일 코소보 자치정부 잠정기구들이 세르비아로부터 독립을 선언하자 그러한 독립선언이 지금의 국제법 질서와 양립하는 것인가에 대하여 UN 회원국들의 다양한 반응이 존재하는 것을 인식하고, UN헌장 제96조[1])와 국제사법재판소규정 제65조[2])에 따라 "코소보 자치정부 잠정기구들의 일방적인 독립선언은 국제법에 따른 것인가?"라는 질문에 대한 권고적 의견을 요청하였다.

2. 코소보사태 전개 과정

(1) 구유고연방 내에서 코소보의 지위

코소보는 수세기 동안 인종적으로 알바니아계 회교도들로 구성된 공동체였다. 1990년대에는 주민의 90% 이상이 회교도이고 나머지가 세르비아 계통이었다. 1946년 티토(Tito) 장군이 유고슬라비아를 여섯 개의 공화국과 세르비아 지역 내에 두 개의 자치단위(코소보, 보보디나)로 구성된 새로운 연방공화국으로 구성하는 신헌법을 채택하였고, 1974년에는 헌법 개정으로 코소보와 같은 자치구는 연방구성공화국과 동일한 지위를 갖게 되었다.

---

1) UN헌장 제96조 제1항: "총회 또는 안전보장이사회는 어떠한 법적 문제에 관하여도 권고적 의견을 줄 것을 국제사법재판소에 요청할 수 있다."
2) ICJ규정 제65조 제1항: "재판소는 국제연합 헌장에 의하여 또는 이 헌장에 따라 권고적 의견을 요청하는 것을 허용 받은 기관이 그러한 요청을 하는 경우에 어떠한 법률문제에 관하여도 권고적 의견을 부여할 수 있다."

(2) 탈냉전기 세르비아와 코소보의 갈등

1989년 유고슬라비아에서의 치열한 인종분규로 인해 세르비아공화국 의회는 코소보의 자치권을 극도로 제한하는 헌법 개정을 준비하였다. 이에 코소보인들은 그에 항의하였고 그러한 항의에 대하여 세르비아는 코소보에 군대를 파견하였으며, 1989년 2월에는 비상사태를 선언하였다. 1990년 세르비아공화국은 신헌법을 채택하여 코소보의 독립적인 지위를 박탈하였는데, 이에 코소보 의회는 7월에 유고슬라비아 연방 공화국(FRY) 틀 내에서 코소보가 다른 구성단위로부터 독립적이고 그들의 대등한 단위라고 하는 헌법적 선언을 행한 후, 동년 9월에는 코소보가 유고슬라비아 공동체의 대등한 구성원이라고 선언하는 결의를 채택하였다. 이에 대한 반응으로 세르비아 당국은 코소보 의회를 폐쇄하였다. 1997년에 밀로세비치가 FRY의 대통령으로 선출된 후, 코소보에서는 대규모의 적대행위들이 발생하였다.

(3) 국제사회의 개입

1998년 광범위한 투쟁이 발발하자 안전보장이사회(이하 '안보리')가 코소보를 포함하는 FRY에 무기 등의 판매나 공급을 금지하는 결의 1160을 채택하였는데, 세르비아 보안부대와 코소보 해방군 간의 과도하고 무차별적인 전투행위 등으로 인하여 코소보의 상태가 악화되자 안보리는 UN헌장 제7장에 근거하여 이러한 악화된 코소보의 상태가 그 지역에서의 국제평화와 안전을 위협하고 있음을 확인하는 결의 1199를 채택한다. 1999년 FRY가 대규모의 군대를 코소보 국경과 역내로 파견하고 심각한 공격을 감행하여 코소보에서의 인권상황이 더 악화되자 3월 24일 NATO의 군사적 행동이 개시되었다. 이어 5월에는 유고슬라비아 국제형사재판소(ICTY)는 FRY의 고위 관료들을 전쟁범죄 및 반인도적범죄 혐의로 기소하였다. 그리고 1999년 6월 코소보의 장래 지위에 관한 안전보장이사회 결의 1244가 채택되었다. 이 결의는 헌장 제7장에 따라 채택된 것으로 안보리는 코소보에서의 심각한 인도적 상황의 해결 및 코소보에서 이루어지고 있는 무력충돌을 종료시키기 위하여 UN 사무총장에게 국제 문민기구를 설치하고 그 업무를 통합할 특별대표를 안보리와 협의하여 임명할 수 있는 권한을 부여하였다. 이 기구는 코소보에 실질적인 자치 및 자치 정부 수립을 도모하는 것을 주 목적으로 하였다.

또한 UN 사무총장은 안보리에 UN 코소보 과도통치기구(UNMIK)라고 알려진 기구를 제안하였는데, 코소보 영역과 인민에 대한 사법권을 포함한 모든 입법권 및 집행권을 UNMIK에 귀속시키는 것이었다. UNMIK의 책임 및 권한은 2001년 5월의 '잠정 자치 정부를 위한 헌법적 틀에 관한 UNMIK 규칙 2001/9'(이하 'Constitutional Framework')에 더욱 자세히 구현된다. 이 규칙은 특히 코소보 통치와 관련한 국제 문민기구 특별대표와 코소보 자치 정부 잠정기구 간의 책임 분배를 정하고 있다. 2002년 UN 사무총장은 안보리에 UNMIK이 코소보에 무한정 존재할 수 없음을 주지시키고 정치적인 수순을 밟아야 할 것을 주장하였다. 이에 안보리는 UN 사무총장의 제안을 받아들여 소위 'standards before status' 정책을 승인한다.

(4) 코소보 갈등 재발

2004년 코소보에서 또다시 인종 간 폭력 충돌이 발생하였고, UN 사무총장은 코소보와 FRY 모두 장래의 지위에 대한 논의 절차의 개시를 희망하고 있음을 들어 이러한 절차를 수행할 특별사절의 임명을 추진하였고, 안보리가 이에 동의하여 2005년 11월 특별사절이 안보리에 의해 임명되었다. 안보리는 임명을 승인할 때, 안보리가 여전히 코소보 문제에 적극적으로 관여되어 있으며, 코소보의 지위에 대한 최종적인 결정은 안보리의 승인을 받아야할 것이라는 점을 적시하였다. 특별사절은 양 당사자 간 협의를 마련하는 등 분쟁해결을 위해 노력하였지만 어느 일방도 주권 문제에 대하여서는 양보할 의사가 전혀 없음을 확인하고, 2007년에 제출된 보고서를 통해 앞으로의 추가적인 대화는 어떠한 형태가 되었던 이러한 교착상태를 해결할 수 없다고 결론지었다. 하지만 동시에 코소보의 지위를 해결할 시점은 도래하였다고 판단하면서, 특별사절의 입장에서 볼 때 유일한 가능한 해결방법은 초기 시점에는 국제사회에 의하여 감시되는 코소보의 독립이라고 결론지었다. 이러한 특별사절의 권고에 대하여 UN 사무총장은 완전한 지지를 표명하였지만, 안보리는 스스로 별도의 임무를 수행하기로 결정한 것 이외에 코소보의 최종 지위에 대한 결정을 하지는 못했다.

(5) 코소보의 독립국가 선언

2007년 11월에 코소보 의회, 30개 지방 의회 구성 및 시장 선출을 위한 선거가 실시되었으며, 코소보 대통령, 수상, 109명의 의원 등이 참석한 2008년 2월 17일 개최된 코소보 의회의 긴급 특별 회기에서 코소보는 독립을 선언하였다. 세르비아 대통령은 이 독립선언은 불법적인 것이라고 주장하면서, 세르비아 공화국으로부터 일방적, 불법적으로 코소보를 분리하는 것은 무효임을 선언하고 결의 1244에 반하는 행위를 한 코소보 의회의 해산을 선언하라는 지시를 UN 사무총장이 내릴 것을 요청하였다. 하지만 이러한 선언은 이루어지지 않았다.

2 법적쟁점

1. 일방적 독립선언의 국제법적 합법성
2. 안전보장이사회 결의 1244 등과의 관계

3 ICJ 판정

1. 일방적 독립선언의 국제법적 합법성

(1) ICJ는 18·19·20세기 초에 행해진 독립선언은 그 당시의 관행들을 고려할 때 국제법에 반하는 것으로 여겨지지 않았고, 오히려 그 당시의 일반 국제법에는 독립선언을 금지하는 규범이 포함되어 있지 않았다고 결론지었다. 이어서 20세기 중반에 오면서 비자치지역 인민, 외국의 점령하에 있는 인민들에게 독립권을 부여하는 방향으로 자결권이 발달하였고 그에 근거하여 많은 국가들이 새로이 성립하였으며, 더 나아가 자결권의 맥락과는 관계없는 차원에서도 독립이 이루어졌음을 지적하였다. 이러한 관행들을 통하여 볼 때 자결권을 행사하는 경우나 그렇지 않은 후자의 경우에 독립선언을 행하는 것을 금하는 국제법 규칙이 성립하였다고 볼 수 없다고 판단하였다.

(2) 이 밖에 ICJ는 일방적인 독립선언의 금지는 영토의 일체성원칙(principle of territorial integrity)에 내재하는 것이라는 주장을 받아들이지 않았다. UN헌장 제2조 제4항, 1970년 우호관계선언 및 1975년 헬싱키 최종의정서 등에 비추어 볼 때 영토 일체성 원칙의 적용 범위는 국가 간의 관계에 한정되는 것이기 때문이다. 또한 독립선언에 대한 안보리의 비난 결의에 근거하여 위법성을 주장하는 일부 견해에 대하여서도 ICJ는 안보리의 비난결의 대상이었던 문제의 독립선언들이 위법하다고 판단한 이유 는 선언의 일방성 때문이 아니라 그러한 선언들이 불법적인 무력사용 혹은 강행규범 과 같은 국제법의 일반 규범들을 심각하게 위반하는 상황하에서 이루어졌기 때문이 라고 판단하며, 코소보와 관련하여서는 안보리가 이러한 결의를 행한바 없음을 지적 하였다. 따라서 안보리의 관행으로부터 일방적인 독립선언의 금지를 추론할 수는 없 다고 판단하였다.

(3) 이와 같이 ICJ는 일반 국제법상 일방적인 독립선언을 금지하고 있는 규범이 없고 따 라서 코소보의 독립선언은 국제법에 반하지 않는다고 결론적으로 판단하였다. 그렇 지만 코소보 인민들이 자결권 혹은 교정적 분리권(right of remedial secession)에 근거하여 독립국가를 창설할 권한이 있다는 일부 주장에 대하여서는 총회가 독립선 언이 국제법에 따른 것인지에 대하여만 질문하였으므로, 이에 대한 판단은 총회 질 문의 범위를 넘어서는 것으로 본 사건에서 다룰 필요성이 없다고 판단하였다.

2. 안전보장이사회 결의 1244와의 관계

ICJ는 일반 국제법에 비추어 코소보의 일방적 독립선언이 일반 국제법을 위반한 것이 아 님을 확인하고 이어서 코소보 사태에 특별법으로 적용될 수 있는 안보리 결의 1244와 그에 따라 취하여진 조치에 입각하여 일방적 독립선언의 적법성 여부를 평가하였다. 결 의 1244가 권고적 의견을 발하기 위하여 고려해야 할 국제법의 일부분이라고 평가한 것 이다. ICJ는 결의 1244는 본질적으로 코소보에 잠정적 체제를 창설할 의도의 것이라고 판단하면서, 하지만 코소보의 최종적 지위 또는 최종적 지위를 확보하는 조건 등에 대하 여는 어떠한 규정도 갖고 있지 않다고 확인하였다. 독립선언은 코소보의 지위를 최종적 으로 결정하는 시도이기 때문에 양 문서는 다른 차원에서 작동하는 것으로 결의 1244가 독립선언을 막을 수는 없다고 판단하였다. 또한 ICJ는 결의 1244의 수범자가 누구인가를 확인하면서 독립선언을 행한 주체가 결의의 수범자라는 표식은 없다고도 판단하였다. 이 러한 이유 등에 기초하여 ICJ는 최종적으로 결의 1244가 독립선언을 금지하는 것이 아 니라고 판단하였다.

case 032 | 퀘벡주 분리독립 사건[1][2]

1 사실관계

1. 퀘벡주

퀘벡주는 1763년 파리조약에 따라 프랑스의 지배지역에서 영국의 영역이 되었고, 캐나다에서 소수자가 거주하는 격리된 영토로서 프랑스 전통을 중심으로 한 독자적인 문화와 종교 및 경제적 정체성을 유지해 왔으며, 주민투표 등을 통해 지속적으로 분리독립을 추구해 왔다.

2. 추밀원의 연방대법원에 대한 법률적 의견 요청

1995년 퀘벡주는 분리독립에 대한 주민투표를 실시하였으며, 이를 계기로 캐나다 정부는 퀘벡주 분리독립의 합법성에 대한 판단을 사법기관에 요구하기로 하였다. 캐나다 정부는 다음과 같은 문제에 대한 법률적 입장을 연방대법원에 요청하였다.

(1) 캐나다 헌법상 퀘벡주의 국민의회 등은 퀘벡주를 캐나다로부터 일방적으로 분리독립시킬 수 있는가?

(2) 국제법은 캐나다로부터 퀘벡주를 일방적으로 분리독립시킬 권리를 퀘벡주 국민의회 등에 부여하고 있는가?

(3) 분리독립에 관하여 국내법과 국제법이 충돌하는 경우 캐나다에서 어느 법이 우선하는가?

2 의견요지

1. 헌법상 일방적 분리독립이 인정되는가?

연방대법원은 캐나다 헌법상 퀘벡주의 분리독립은 퀘벡주의 국민의회 등에 의해 일방적으로 달성될 수 없다고 하였다. 명확한 주민투표 결과가 있다고 하더라도 퀘벡주는 자결권을 원용하여 연방 이외의 구성원에게 자신의 분리독립을 강요할 수 없다는 것이다.

2. 국제법상 일방적 분리독립의 지위

연방대법원은 퀘벡주는 민족자결권에 기초한 일방적 분리독립을 할 수 있는 권리가 없다고 하였다. 법원은 민족자결권은 원칙적으로 일방적 분리독립을 지지하지 않고, 예외적인 사정하에서만 인정된다고 하였다. 예외적 사정이란 억압을 받는 민족 또는 식민지 국민인 경우 및 내적 자결이 완전히 거부된 민족을 말한다고 하였다. 법원은 자결권에 관한 국제법 원칙은 기존국가의 영토보전에 대한 존중의 구조 내에서 발전해 왔다고 하였다. 결국, 퀘벡주는 이러한 예외적 사정에 해당하지 않으므로 캐나다로부터 일방적 분리독립을 할 권리를 갖지 않는다고 하였다.

---

1) 캐나다 연방 대법원, 1998.8.20.
2) 박덕영·오미영 역(2014), 국제법기본판례50, 34 - 37p.

3. 사실상의 분리독립 문제

연방대법원은 일방적 분리독립권이 헌법이나 국제법상 존재하지 않지만, 사실상의 분리독립이 발생할 수 있다는 사실을 지적하였다. 사실상의 분리독립이 인정되기 위해서는 영역에 대한 실효적 지배 및 국제사회의 승인을 요한다고 하였다.

case 033 | 티노코(Tinoco) 사건[1]

1 사실관계

1917년 쿠데타로 집권한 티노코는 신헌법을 제정하였다. 그러나 1919년 티노코는 실각하고 바르케르의 과도정부가 조직되었다. 의회는 구헌법을 부활시키고 법률 제41호를 제정하여 티노코 집권기에 행정기관이 개인과 체결한 모든 계약을 무효로 하고, 티노코 정부가 통화발행을 위해 제정한 법령도 무효화하였다. 이 법령으로 영국계 자본과 체결한 석유채굴 이권계약, Royal Bank of Canada에 대한 티노코 정부의 부채가 문제되었다. 영국은 동 법률이 이권계약과 부채에 적용되지 않도록 요구했으나 코스타리카가 거부하였고 이로써 중재에 부탁하기로 합의하였다.

2 법적쟁점

1. 티노코 정부는 코스타리카의 사실상·법률상 정부로 성립하였는가?
2. 신정부는 티노코 정부가 체결한 양허계약을 무효로 할 수 있는가?
3. 신정부는 티노코 정부의 캐나다은행에 대한 부채에 대해 지불을 거부할 수 있는가?
4. 정부승인을 부여하지 않았던 정부의 행위에 대해 영국은 신정부의 승계를 주장할 수 있는가?

3 코스타리카의 주장

1. 국제법에 따르면 티노코 정부는 사실상의 혹은 법률상의 정부가 아니다.
2. 티노코 정부 및 동 정부의 행위는 1871년 헌법에 반하므로 그 정부의 부채나 당시 체결된 계약은 구속력이 없다.
3. 영국은 티노코 정부를 승인하지 않았기 때문에 금반언의 법리에 따라 티노코 정부의 영국 국민에 대한 행위가 그 후임 정부를 구속한다고 주장할 수 없다.
4. 문제의 영국민의 청구는 당해 권리계약 규정 내지 코스타리카 국내법 규정에 따라 코스타리카의 국내법정에 제소되어야 하고 이에 대한 본국 정부의 간섭을 구해서는 안 된다.

---

1) The Tinoco Concessions, Great Britain v. Costa Rica, 중재재판, 1923년.

4 재정요지

1. 티노코 정부의 성립 여부 - 적극

티노코 정부는 정부의 요건을 갖추고 있었다. 국가 구성원의 동의를 얻어 어느 정도의 영속성을 보이며 대내외적으로 의무를 이행하는 정부는 사실상의 정부이다. 정부의 기원이나 구성은 국내문제이며 위헌적 방법으로 집권하였는지는 국제법적 관점에서 문제되지 않는다.

2. 정부승인과 정부성립의 관계

정부승인은 정부성립에 영향을 주지 않는다. 정부가 사실상의 정부로서의 요건을 갖추고 있다면 정부로서 성립하기 때문이다. 영국 정부가 티노코 정부를 승인하지 않았으나 티노코 정부의 성립 여부에는 하등의 영향을 주지 않는다.

3. 영국 정부의 불승인과 손해배상청구 가능 여부 - 적극

Taft 중재관은 영국 정부가 티노코 정부를 승인하지 않았으나 손해배상을 청구할 수 있다고 판단하였다. 우선, 영국은 티노코 정부를 명시적으로는 승인하지 않았으나 사실상의 정부로서 대우하고 있었다. 또한, 금반언의 원칙도 적용되지 않는다. 이미 영국은 티노코 정부에 대해 사실상의 정부로 승인하고 있었으므로 사실상의 정부의 행위에 대해 신정부에 손해배상을 청구하는 것은 금반언의 원칙에 반하는 것이 아니다.

4. 칼보조항의 문제

코스타리카는 계약상 분쟁이 발생하는 경우 코스타리카 국내사법절차에만 제소할 수 있을 뿐 본국은 개입할 수 없다고 주장하였다. 이에 대해 중재관은 두 가지 이유에서 영국의 외교적 보호권 발동을 인정하였다.

(1) 이권계약 규정이 외교적 보호 요청을 금지하고 있는지 명확하지 않다.

(2) 법률 제41호가 제정되어 코스타리카의 국내법정이 헌법상의 제약을 받음으로써 사정이 현저하게 변하였기 때문에 코스타리카 신정부는 외교적 보호요청의 금지를 원용할 권리를 포기한 것으로 간주되어야 한다.

5. 양허계약의 승계 여부 - 소극

신정부는 양허계약을 승계하지 않는다. 일반적으로 양허계약은 신정부에 승계된다. 국내정권의 교체에도 불구하고 당해 국가의 정부로서의 동일성은 계속 유지되기 때문이다. 다만, 양허계약은 당초부터 헌법을 위반하여 체결되었으므로 신정부 역시 동 계약을 승계할 의무가 없다.

6. 티노코 정부의 캐나다은행 부채의 신정부 승계 여부 - 소극

신정부가 부채승계를 거부함으로써 영국에 대해 국가책임을 지는가에 대해 중재관은 부정적으로 판단하였다. 무엇보다 캐나다은행은 티노코의 월권행위가 '명백'하였음에도 불구하고 대출을 실행하였으므로 코스타리카 국가로의 '귀속성'을 부인하였다. 즉, 캐나다은행은 티노코가 개인용도로 자금을 대출하는 것을 알았음에도 불구하고 대출을 하였으므로 티노코의 행위는 코스타리카 정부로 귀속되지 않았다고 판단하였다.

case 034 | The Aarantzazu Mendi호 사건[1)

1 사실관계

1936년 스페인에서 프랑코의 국민파에 의한 반란이 발생하였다. 프랑코가 1937년 바스크 지역의 빌바오 항을 점령하자 공화파 정부는 동 항만청에 등록되어 있는 모든 선박에 대한 징발령을 발령하였다. 아란짜주 멘디호도 그 중 하나였으며 당시 공해를 항행하고 있었고, 런던으로 입항하자 선주는 소유권 반환절차를 개시하였고 영국법원은 동 선박을 그 관할하에 두고 있었다. 1938년 프랑코 역시 아란짜주 멘디호를 포함한 선박의 징발명령을 내렸고, 선주도 이에 동의하였다. 공화파 정부는 이에 대해 당해 선박을 피고로 하여 그 출두 및 억류를 청구하는 조치를 취하였고, 국민파 정부는 이 조치가 외국의 주권자를 제소한 것이므로 공화파 정부의 청구는 각하되어야 한다고 항의하였다. 제1심법원은 영국 외무부의 답변에 기초하여 국민파 정부가 주권국가이므로 공화파의 청구를 기각하였다.

2 법적쟁점

1. 국민파 정부가 스페인을 대표하는 정부인가?
2. 국민파 정부에 대한 소추는 국가의 면제 법리상 인정될 수 없는가?
3. 아란짜주 멘디호의 소유권은 국민파 정부에 귀속되는가?

---

1) The Arantzazu Mendi Case, 영국 대법원, 1939년.

3 판결요지

1. 국민파 정부의 국제법적 지위

법원은 외무부의 답변서에 기초하여 국민파 정부가 바스크 지역의 주권자임을 인정하였다. 외무부 답변서에서 영국 정부는 스페인을 주권국가로 인정하고 있고 공화파 정부를 법적 정부로서 인정하고 있으나, 현재 국민파 정부가 스페인 영역의 절반에 대하여 사실상의 통치를 행하고 있고 바스크 지역을 실효적으로 통제하고 있다고 밝혔다. 이에 따라 대법원은 바스크 지역에서의 유일한 주권자는 국민파 정부라고 인정하였다.

2. 국민파 정부에 대한 주권면제의 인정 여부 - 적극

대법원은 국민파 정부에 대한 주권면제를 인정하였다. 본 사건에서 문제가 되고 있는 것은 '바스크 주의 빌바오 항에 등록되어 있던 선박에 관한 법령'에 기초를 둔 청구이며, 이 법령이 당해 지역의 주권자에 의해 제정된 것은 명확하다. 영국 정부는 국민파 정부의 동 지역에 대한 사실상의 정부로서 승인하였다. 따라서 국민파 정부는 영국법정에서 이 사건과 관련하여 소추를 받지 않는다. 즉, 면제를 향유한다.

3. 국민파 정부의 아란짜주 멘디호 소유 여부 - 적극

국민파 정부는 아란짜주 멘디호의 소유권을 가진다. 동 정부가 1938년에 내린 징발령에 따라서 선주는 당해 선박을 동 정부에 제공하는 것에 동의하였으며, 선장도 멘디호를 국민파 정부를 위해 보유하고 있음을 확약하였기 때문이다.

case 035 | Luther v. Sagor 사건[1]

1 사실관계

1898년 제정된 러시아법에 의해 설립된 루더주식회사 소유의 목재가 소련에 의해 몰수된 후 1920년 8월 런던의 소련무역대리인에 의해 사고르에게 판매되어 영국으로 운반되었다. 루더는 영국이 소련을 승인하지 않았으므로 영국법원이 소련의 몰수법령을 유효한 것으로 인정할 수 없다고 주장하면서 사고르가 그 목재를 판매하지 못하도록 하는 금지명령을 청구하였다. 1심은 1920년 12월에 종결되었고, 2심은 1921년 5월에 개시되었다. 1921년 3월 영국은 소련과 통상조약을 체결함으로써 사실상의 정부로 승인하였다.

---

1) 영국항소법원, 1921년.

2 법적쟁점

1. 영국이 승인하지 아니한 정부의 법령이 영국법정에서 유효한가?

2. 승인의 소급효가 인정되는가?

3 판결요지

1. 1심법원

1심법원은 루더의 청구를 받아들여 영국이 소련정부를 승인하지 않았다는 이유로 원고인 루더회사에게 유리한 판결을 내렸다.

2. 2심법원

그러나, 2심법원은 2심개시 전에 영국이 소련을 사실상의 정부로 승인하였으므로 소련정부에 의한 국유화 및 매각의 효력을 인정하였다.

case 036 | 북한에서 성립한 혼인의 유효성에 관한 사건[1]

1 사실관계

북한에서 혼인한 원고(부인)는 북한을 탈출하여 자녀와 함께 한국에 입국하였다. 탈출과정에서 피고(남편)는 중국공안에게 체포되어 북한으로 강제송환되었다. 원고는 이혼 및 친권자 지정을 위한 소를 제기하였다. 한국 민법 제810조는 중혼을 금지하고 있고, 형법 제241조는 배우자 있는 자의 간통을 범죄로 규정하고 있다. 한국은 북한을 국가나 정부로 승인하지 않았다.

2 법적쟁점

1. 북한에서의 혼인의 유효성

2. 남한에서의 이혼판결 가능성

---

1) 대한민국 가정법원 2004.2.6. 선고 2003드단58877 판결

3 판결요지

1. 북한에서의 혼인의 유효성 여부 - 적극

법원은 북한에서의 혼인이 유효하다고 인정하였다. <u>재판소는 북한에서의 혼인의 유효성을 인정하는 근거로 헌법 제3조에 따라 북한 주민은 대한민국 국민이고 헌법 제36조 제1항은 "혼인과 가족생활은 ⋯ 국가가 이를 보장한다."라고 규정함을 들었다.</u>

2. 이혼인정 여부 - 적극

법원은 생사를 확인하기 어렵게 된 지 3년이 지난 남편을 상대로 한 이혼청구는 민법 제840조 제5호의 이혼사유에 해당한다고 보아 이혼을 허락하고, 원고를 아이에 대한 친권자로 지정하였다.

case 037 | Lotus호 사건[1]

1 사실관계

공해상에서 프랑스 우편선 로터스(Lotus)호와 터키 석탄선 보즈코트호가 충돌하여 보즈코트호가 침몰하고 선원 8명이 사망하였다. 로터스호가 터키의 콘스탄티노플항에 도착하자 터키가 조사, 체포하고 벌금형을 선고하였다.

2 프랑스의 주장

1. 터키가 충돌 당시 경계책임자였던 프랑스인 데몬스에 대해 관할권을 행사하기 위해서는 국제법이 터키에게 그러한 관할권을 인정하고 있음을 입증해야 한다.

2. 국제법상 외국인의 외국에서 범죄에 대해서는 희생자의 국적을 근거로 관할권을 행사할 수 없다.

3. 공해상의 선박충돌에 대한 관할권은 가해선의 국적국이 행사하는 것이 국제관습법이다.

3 판결요지

1. 터키의 관할권 행사의 적법성

국가의 역외 관할권 행사는 일반적 금지원칙에 따르나, 역내에서의 관할권 행사는 속지주의 원칙상 일반적 허용원칙에 따른다. 따라서, 터키가 프랑스인 데몬스에 대해 관할권을 행사하는 것은 국제법에 위반되지 않는다.

2. 수동적 속인주의의 문제

수동적 속인주의에 대한 프랑스의 주장은 검토하지 않았다. 타국 영토에서 발생한 사건이 아니라 공해상에서 발생한 사건이기 때문이다.

3. 공해상에서의 선박충돌 사건에 대해 '객관적 속지주의'에 따른 관할권 행사를 금지하는 국제법은 존재하지 아니한다. 따라서 터키의 관할권 행사의 법적 기초는 정당하다.

---

1) The Lotus Case, France v. Turkey, PCIJ, 1927년.

4. 선박충돌 시 관할권

선박충돌 사건에 대해 '가해국이 관할권을 행사한다'라는 관행은 일관적이지도 않고 법적확신이 있다고 보기도 어렵다. 따라서, 국제관습법으로 성립해 있다고 볼 수 없다.

case 038 | 아이히만 사건[1]

1 사실관계

아이히만(Eichmann)은 제2차 세계대전 당시 나치 독일의 비밀경찰 책임자로서 유대인 박해와 학살을 직접 지휘하였다. 제2차 대전 후 국가로 성립한 이스라엘은 1950년 '나치 및 나치 협력자의 처벌에 관한 법률'을 제정하여 유대인 학살에 참가 또는 협력한 자를 처벌하기로 하였다. 1960년 5월 이스라엘 요원은 아르헨티나 당국의 허가 없이 아이히만을 납치하여 이스라엘로 연행하였다. 이스라엘 대법원은 사형을 확정하였고 1962년 5월 31일 아이히만은 교수형에 처해졌다.

2 법적쟁점

1. 이스라엘이 아이히만의 행위에 대해 관할권을 갖는가?

이와 관련하여 아이히만의 범죄가 이스라엘이 건국되기 전에 이스라엘 밖에서 행해진 범죄이므로 이스라엘이 관할권을 갖지 않는가 하는 점이 문제되었다.

2. 강제 연행을 통해 관할권을 행사할 수 있는가?

아이히만은 아르헨티나의 주권을 침해하여 강제로 연행되었으므로 그를 재판하는 것이 국제법에 저촉되고 법원이 관할권을 가질 수 없다는 주장이 아이히만 측 변호사로부터 제기되었다.

3 판결요지

1. 피고의 죄목과 보편관할권

아이히만의 범죄는 '인도에 대한 죄'에 해당한다. 인도에 대한 죄는 개인의 국제범죄로서 보편적 성질을 가지며 따라서 보편관할권의 대상범죄이다. 따라서 동 범죄가 이스라엘 영토 밖에서 이스라엘 국민이 아닌 자에 의해 자행되었더라도 이스라엘의 관할권은 성립한다.

---

1) 이스라엘 대법원, 1961년.

2. 소급입법에 의한 처벌의 문제

아이히만의 행위는 행위 시 국제법상 개인의 국제범죄로 인정되고 있지 않았으므로 소급입법 금지 원칙에 의해 관할권이 부정되는지가 문제되었다. 이에 대해 법원은 외국인의 범죄에 대한 국가의 형사관할권은 국제법 원칙에 저촉되지 않는 한 소급효 금지 원칙의 제한을 받지 않는다고 판시하였다. 또한 대량학살과 같은 인도에 대한 죄에는 소급효 금지원칙이 적용되지 않는다는 것이 뉘른베르크 재판 및 유럽 제국가의 입법에 의해서도 확인된다고 판시하였다.

3. 국가행위이론의 적용 여부

아이히만은 자신의 행위를 국가행위로 주장하면서 자신의 책임을 부정하였다. 그러나, 법원은 뉘른베르크 법원의 입장을 거론하며 국제법상 범죄로 비난받는 행위에 대해서는 국가행위이론이 적용되지 않는다고 판시하였다. 독일이 그 행위에 대해 책임을 지더라도 그로 인해 피고 개인의 책임이 면제되지 않는다고 하였다.

4. 범죄행위와 이스라엘의 관련성

피고의 범행은 '인도에 대한 죄'임과 동시에 '유대인에 대한 범죄'이다. 유대인의 일부를 말살하려고 한 범죄는 유대인과 중대한 관계를 가지며 이스라엘은 유대인 국가이다. 범행 당시 이스라엘이 국가로서 존재하지 않은 사정은 주권국가로서 성립한 후에 그러한 범죄를 처벌하는 것을 방해하는 것은 아니다.

5. 영토주권 위반과 피고에 대한 관할권의 문제

일국의 법률을 위반하여 재판에 회부된 자는 그 체포 및 연행의 위법성을 이유로 재판을 거부할 수 없는 것은 법원칙이며 미국 및 이스라엘의 판례에 의해서도 확인된다. 또한 아르헨티나 주권 침해에 관한 문제는 이스라엘과 아르헨티나의 양자 간의 외교상의 문제이며 피고가 주장할 수 있는 성질의 문제는 아니다. 또한 이 문제는 1960년 8월 3일 양국 정부의 공동 성명에 의해 해결되었으므로 더 이상의 국제법 위반을 이유로 하는 재판관할권에 대한 이의제기는 인정될 수 없다.

case 039 | 시베리아 송유관 사건

1 사실관계

서유럽국가들은 소련과 계약을 체결하여 시베리아산 천연가스를 서유럽에 공급하기 위한 송유관을 부설하는 사업에 참가하여 연료의 대중동의존도를 낮추고자 하였다. 송유관 부설기계 및 가스터빈은 미국기업의 기술원조 또는 특허실시허락을 얻어 설치하였다. 미국은 소련의 아프가니스탄 침공을 이유로 소련에 대해 경제제재조치를 취하기로 하였고, 1982년 '미국수출관리법(Export Administration Act)'을 개정하여 해외의 미국계 자회사 및 미국기술의 특허실시권자가 외국에서 제조하는 제품에도 금수조치를 적용하였다. 이는 소련에 대한 금수조치의 실효성을 위해 수출관리법을 역외적용하여 서유럽의 특허실시권자에 의한 재수출을 규제하는 것이었다. 동 법은 기존계약에 대해서도 소급적용을 규정하였다.

2 서유럽국가들의 입장

서유럽국가들은 미국 수출관리법의 역외적용은 '국제법상 위법한 주권침해'라고 주장하고 회사에 대해 기존계약의 실시를 요구하는 대응조치를 취하였다. 한편, EC위원회는 미국에 대해 미국의 역외적용은 속지주의원칙에 반하며, 동 역외적용은 미국의 안전보장을 이유로 한 것이 아니라 외교정책을 수행하기 위한 것이므로 '보호주의'에 의해 정당화될 수 없고 재수출은 미국법이 금지하고 있는 효과를 미국 영역 내에서 발생시키고자 의도한 것도 아니며, 또한 그러한 효과가 실질적인 규모로 직접 발생할 것이 예견되지도 않으므로 '효과주의'에 의해서도 정당화 될 수 없다고 항의하였다.

3 분쟁해결

미국과 서유럽국가들 간 분쟁은 교섭에 의해 해결되었다. 교섭을 통해 기존 계약은 계약대로 이행하고 신규계약을 체결하지 않기로 하였다.

case 040 | 국제체포영장 사건[1)

1 사실관계

2000년, 벨기에 1심법원의 Vandermeersch 판사는 당시 콩고의 외무부장관이었던 Yerodia Ndombasi에 대해 국제체포영장을 발부하였다. 동 영장에서 언급된 혐의는 그가 외무부장관직에 있기 전인 1998년에 행한 연설에서 주민들에게 Tutsi족을 살해하라고 선동한 것이 1949년 제네바협약 및 추가의정서의 심각한 위반과 인도에 반하는 죄를 구성한다는 것이다. 벨기에 국내법은 국제전쟁법과 인도법 위반인 경우 그 범죄 행위지, 가해자의 국적 또는 희생자의 국적이나 지위에 관계없이 벨기에의 법원이 보편적 관할권을 갖는다고 규정하고 있는데, 동 영장은 이에 따라 발부된 것이었다. 영장은 콩고 당국뿐 아니라 국제형사사법경찰조직(Interpol)에 전달되어 국제적으로 유포되었다. 이에 콩고는 벨기에를 ICJ에 제소하였으며 동시에 잠정조치를 요청하였다. 잠정조치에 대한 심리 중 콩고에서 개각이 단행되어 Yerodia 전 장관은 외무부장관을 사임하고 교육부장관직에 취임하였다. 벨기에는 동 소송의 소익이 상실되었다며(mootness) 본 사건을 목록에서 삭제할 것을 요청하였다.

2 법적쟁점

1. 외교적 보호권 - 국내구제완료의 원칙

벨기에는 동 사건이 외교적 보호권의 성격을 보이는데, 동 권리는 보호받는 개인이 국내구제절차를 완료한 후에 주장할 수 있는 것이므로 ICJ의 관할권이 없으며 제소는 기각되어야 한다고 주장하였다. 반면, 콩고는 당해 제소가 외교적 보호권의 실행이라는 사실을 부인하면서, 동 제소는 외무부장관의 면제의 위반으로 발생한 콩고의 권리침해에 대한 것이라고 주장하였다.

2. 외무장관에 대한 면제의 본질과 성격

콩고는 주권국가의 현직 외무부장관이 절대적으로 완전하며 예외없는 형사절차로부터의 면제와 불가침성을 부여받았다고 하였다. 즉, 그가 지위를 가지고 있는 한 외국에서의 어떠한 형사소추도 외무부장관에게 이루어져서는 안 되며, 외국의 국내법원에 의한 형사책임의 어떠한 판결이나 수사행위도 관할권으로부터의 면제의 원칙을 위반한다는 것이다. 콩고는 또한 외무부장관의 재직 중에 부여된 면제는 그가 재직 전에 수행한 것을 포함한 모든 행위에 적용되는 것이라고 주장하였다. 이에 대해 벨기에는 재임 중인 외무부장관은 일반적으로 외국법원의 관할권으로부터 면제를 향유하는 반면에, 이러한 면제는 그의 공무수행 중에 일어난 행동에만 적용되며 사적행위나 공적인 기능의 수행이 아닌 다른 행위에 대해서는 부여될 수 없다는 입장을 고수하였다.

---

1) Case Concerning the Arrest Warrant of 11 April 2000, Democratic Republic of Congo v. Belgium, ICJ, 2004년.

3. 범죄행위, 인도에 반한 범죄와 면제

벨기에는 답변서에서 현직 외무부장관에게 허용되는 면제는 그가 전쟁범죄 혹은 인도에 반한 범죄를 범한 경우에는 적용되지 않는다고 주장하였다. 그러나 콩고는 현행 국제법은 국제법상의 범죄에 대한 혐의를 받고 있는 현직 외무부장관에 대한 형사절차로부터의 절대적 면제원칙에 대해 어떠한 예외도 규정하고 있지 않다고 언급하였다.

4. 체포영장의 적법성

콩고는 벨기에의 체포영장이 콩고의 면제와 주권을 위반하는 강제적 법률행위를 나타내는 것으로, 동 영장이 집행되지 않았다 할지라도 Yerodia 전 장관의 개인에 대해 취해진 강제적 조치를 구성한다고 주장하였다. 그러나 벨기에는 동 영장의 발부는 콩고에 대한 주권침해도 아니며, 콩고에 대한 어떠한 의무도 부여하지 않았다고 반박하였다.

3 법원의 판단

1. 외교적 보호권 - 국내구제완료의 원칙

ICJ는 콩고가 Yerodia 전 장관의 개인적 권리를 위해 법원에 제소한 것이 아니라고 판단하였다. 즉, 그의 직업적 상황의 변화에도 불구하고 분쟁은 아직도 콩고의 당시 외무부장관인 자에게 발부된 2000년 4월 11일 영장에 대한 적법성의 문제로서, 벨기에는 국내구제완료 원칙에 의존할 수 없다고 판결하였다.

2. 외무장관에 대한 면제의 본질과 성격

ICJ는 먼저 국제법상 국가원수, 정부수반, 외무부장관과 같은 고위직 관리들은 물론 외교관과 영사관도 민사·형사사건에 있어서 타국의 관할권으로부터 면제를 향유한다는 원칙이 확고히 설립되어 있다고 언급하였다. 특히 국제관습법에서 외무부장관에게 주어진 면제는 그들의 개인적 이익을 위한 것이 아니라 자국을 위한 외교적 기능의 효과적인 수행을 보장하기 위한 것이다. 따라서 외무부장관은 재임기간 동안 그가 외국에 있을 때 형사적 관할권으로부터의 완전한 면제와 불가침을 향유한다고 판결하였다. 이러한 면제와 불가침은 그의 의무수행을 방해하려는 타국 당국의 행위로부터 관련 개인을 보호하는 것이다. 이러한 관점에서, 외무부장관이 공적 자격으로 행한 행위와 사적 자격으로 행한 행위, 그리고 외무부장관에 재임하기 전에 이루어진 행위와 재임기간동안 이루어진 행위 사이에 어떠한 구별도 할 필요가 없으며, 만일 외무부장관이 형사상 목적으로 타국에서 체포되었다면 이로 인해 그는 직무기능의 수행을 명백히 방해받은 것이라고 법원은 판시하였다.

3. 범죄행위, 인도에 반한 범죄와 면제

ICJ는 국가들의 관행으로부터 전쟁범죄 또는 인도에 반한 범죄를 저질렀다고 의심되는 경우, 현직 외무부장관의 형사관할권 면제와 불가침에 관해서 어떠한 형태의 예외가 국제관습법으로 존재한다고 하는 관행을 추론할 수 없었다고 판결하였다. 그러나 현직 외무부장관에 의해 향유되는 관할권으로부터의 면제는 심각성에 관계없이 그들이 저지른 범죄에 관해서 무차별적인 면제의 향유를 의미하지는 않는다고 강조하였다. 따라서 다음의 경우에는 현직 또는 전직 외무부장관도 형사기소를 할 수 있다고 예시하였다.

(1) 자국 내에서는 국제법상 형사적 면제를 향유하지 않으므로 자국의 관련법규에 의하여 자국 법원에 소추될 수 있다.

(2) 자국이 면제를 포기하기로 결정하면 외국의 관할권으로부터 면제가 정지된다.

(3) 외무부장관을 사임한 후에는 다른 국가에서 국제법상의 모든 면제를 더 이상 향유하지 않는다.

(4) 현직 또는 전직 외무부장관은 관할권이 있는 특정의 국제형사법원의 형사절차에 구속될 수 있다. 그 예로 구유고슬라비아 형사법원, 르완다 형사법원, ICC를 들 수 있다.

4. 체포영장의 적법성

ICJ는 영장이 벨기에 Yerodia 전 장관이 공식적으로 방문하는 경우에 대한 예외를 분명히 하고 있으며, 그가 벨기에에서 체포당하지 않았다는 사실을 언급하고는 있으나, 영장의 주어진 본질과 목적에 비추어 발부 자체가 장관의 면제를 존중하지 못하였다고 지적하였다. 즉, 외무부장관이 국제법상 향유하는 형사관할권으로부터의 면제와 불가침성을 침해하였으므로 벨기에의 국제의무 위반을 구성한다는 것이다.

case 041 | Achile Lauro호 사건

1 사실관계

팔레스타인 해방전선을 자칭하는 무장집단이 이탈리아 선적의 라우로호를 납치하여 승객을 인질로 잡고 이스라엘에 잡혀 있는 게릴라의 석방을 요구하였으며 인질 중 한명을 사살하였다. 이집트가 중개에 나섰고 이집트가 신변 안전과 국외탈출보장을 제안하자 무장집단은 이를 받아들여 이집트가 제공한 비행기를 타고 튀니지로 향하고 있었다. 미국 전투기는 공해상에서 이들을 나포하여 이탈리아 시실리아섬의 NATO공군기지에 강제착륙시켰고, 이탈리아는 신병을 구속하였다. 미국은 이탈리아에 대해 범죄인인도를 요구하였으나 이탈리아는 거부하고 자국에서 소추·처벌하였다.

2 법적쟁점

1. 미국과 이탈리아의 관할권의 기초 및 경합

2. 강제나포에 기초하여 이탈리아가 관할권을 행사할 수 있는가?

3 당사국의 주장

1. 미국

미국은 '수동적 속인주의'와 '보편주의'에 기초하여 관할권을 주장하였다. 즉, 납치된 승객 중에 미국인이 있으므로 자국민의 외국에서의 피해에 기초하여 관할권을 행사하는 수동적 속인주의를 주장하였다. 한편, 범인들의 행위가 '해적행위'에 해당한다고 보고 보편관할권을 갖는다고 주장한 것이다.

2. 이탈리아

이탈리아는 동 사건에서의 선박납치는 미국 국내법상의 해적행위에는 해당되나 국제법상의 해적행위를 구성하지 못하며, 수동적 속인주의에 의한 관할권 주장은 아직 국제법상 확립되지 않았다고 주장하면서 범죄자가 이탈리아에 소재한 것을 관할권의 근거로 두었다. 한편, 범죄자가 이탈리아에 소재하게 된 경위에 대해서는 문제삼지 않았다.

case 042 | 흑연전극봉 사건

1 사실관계

흑연전극봉 국제카르텔은 흑연전극봉을 생산하는 주요 업체인 미국, 독일, 일본 국적의 업체들이 1992년 5월 21일 런던소재 스카이라인 호텔에서 소위 공동행위의 기본원칙(principle of London)을 합의한 것을 포함하여 1998년 2월까지 런던, 도쿄 등에서 Top Guy Meeting과 Working Level Meeting 등을 개최하여 판매가격 등을 합의하고 이를 실행한 사건이다. 이들은 생산자가 있는 국가에서는 해당국에 소재한 생산자가 가격을 올릴 경우 다른 생산자들도 이에 따라 가격을 올리기로 합의(이른바 Respect for 'Home Market')하고 생산자가 없는 국가(이른바 'Non Home Market', 주로 일본을 제외한 아시아 지역)에서는 구체적인 판매가격을 합의하였다. 또한 합의된 가격에서 할인을 하지 않을 것을 합의하였으며, 아시아 지역을 중심으로 한 판매량의 지역할당에 대하여 논의하였다. 또한 흑연전극봉의 수출량 제한, 대형(28 ~ 30인치) 흑연전극봉의 판매가격에 대한 할증금(premium)부과 및 다른 카르텔 참여업체들이 소재하는 국가로의 수출자제에도 합의하였다. 한편, 신규진입을 방해하기 위하여 카르텔 참여업체 외에는 특정 흑연전극봉 제조기술의 공여를 제한하기로 합의하였다. 동 카르텔은 전 세계 시장의 약 80% 이상을 차지하는 것으로 추정되는 업체들에 의해 1992년 5월부터 1998년 2월까지 약 6년에 걸쳐 이루어진 카르텔로서, 이로 인하여 전 세계시장에서의 흑연전극봉

가격은 50% 이상 인상되었다. 우리나라의 경우에는 국내에 흑연전극봉 생산업체가 없어 우리나라의 철강생산업체들은 전량을 수입에 의존할 수밖에 없고 우리나라가 수요하는 흑연전극봉의 90% 이상을 이들 카르텔 참여업체로부터의 수입에 의존하고 있기 때문에 이 카르텔로 인하여 막대한 피해를 입은 것으로 밝혀졌다. 즉, 이들은 자신들이 합의한 가격대로 우리나라 전기로 업체들에게 카르텔 행위기간 동안 553백만 불 상당의 흑연전극봉을 판매하였고, 이들의 우리나라에 대한 판매가격은 1992년 톤당 2,255불에서 1997년 톤당 3,356불로 약 50%가 인상되어 우리나라 전기로 업체들은 약 139백만 불(1,837억 원)의 피해를 입었던 것으로 추산되며 우리나라의 주력산업이면서 철을 많이 사용하는 조선 및 자동차 등도 영향을 받았다.

2 법적쟁점

1. 국제카르텔 제재를 위한 관할권

경쟁법의 역외적용과 관련하여 미국, 캐나다, 독일의 경우 경쟁법에 명문의 규정을 두고 있으며, EU와 일본의 경우 명문의 규정을 두고 있지 않다. 현재 경쟁법의 역외적용과 관련하여 전개되는 관할권의 이론으로서 주요한 것은 효과주의이론(영향이론), 경제적 단일체 이론, 실행지이론, 관할권에 관한 합리의 원칙 등이 있다. 그러나 현재로서는 어떠한 이론을 취하더라도 결국 자국의 소비자 및 기업들이 피해를 입었는가가 중요하게 고려될 뿐 실무적으로는 큰 차이가 없는 것이라 할 것이다. 이는 EU 법원과 EU 경쟁당국이 관할권에 대한 이론은 달리하면서도 그 결론이 항상 동일한 것으로 감안할 때 분명해진다. 특히 현재의 세계각국의 경쟁당국은 국제카르텔에 대한 역외적용과 관련하여 실체법적인 관할권(입법관할권)의 근거 등에 대하여는 문제삼지 않는 경향이 있다.

2. 관할권과 관련한 공정거래위원회(이하 '공정위')의 입장

금번 흑연전극봉 사건에서 공정위는 미국 대법원이 취하고 있는 영향이론과 유럽사법재판소가 취하고 있는 실행지이론(집행이론)을 모두 수용하여 관할권을 인정하였다. 즉, 외국법에 의해 설립된 사업자들 간의 합의가 비록 외국에서 이루어졌더라도, 합의의 실행이 대한민국에서 이루어지고 대한민국시장에 영향을 미칠 경우에 공정거래법이 적용될 수 있다고 전제하였다. 피심인들이 비록 외국법에 의해 설립된 사업자들이고 외국에서 판매가격 등을 합의하였지만, 1992년 5월부터 1998년 2월까지 약 553백만 불의 흑연전극봉을 피심인 자신 또는 여타 판매망을 통하여 대한민국시장에 합의된 가격으로 판매하여 부당한 공동행위의 실행행위가 대한민국에서 이루어졌고, 피심인들이 생산한 흑연전극봉의 가격이 1992년 톤당 평균 2,255불에서 1997년 톤당 평균 3,356불로 약 50% 상승하는 등 피심인들의 합의 및 실행행위에 따른 영향이 대한민국시장에 미쳤으므로 피심인들에 대해서는 공정위의 관할권이 있다고 판단하였다.

3. 공정위의 국제카르텔에 대한 조사방법

흑연전극봉 생산업체들이 국내에 영업거점을 두고 있지 않았기 때문에 이들 업체들에 대하여 직접 조사표를 발송하여 정보의 제공을 요구하였다. 동 요구는 공정거래법 제50조에 따라 이루어진 것이 아니라 순수한 자발적인 협력을 전제로 한 조사였다. 공정거래법 제50조에 따라 조사자료의 제공을 요구하는 것은, 외국사업자들이 이에 따르지 않을 경우, 과태료를 부과할 수 있다는 것을 의미하는 바, 이는 상대국의 주권을 침해할 우려가 있기 때문이다. 문제는 향후 국제카르텔 조사 시에도 우리나라와 같은 비선진국에서는 카르텔 참여업체들의 국내영업거점이 존재하지 않는 경우가 많을 것으로 예상된다는 점이다. 따라서 공정위로서는 조사대상업체들의 조사협력을 최대한 유인할 수 있는 방안을 강구하고 국제협력을 통해 외국경쟁당국으로부터 조사자료를 입수할 수 있는 방안을 강구할 필요가 있다.

4. 심결절차상의 역외문서송달의 어려움

외국사업자에 대한 문서송달은 중요하고 논쟁이 많은 부분 중의 하나이다. 공정위는 행정절차법에 따라 심사보고서에 대한 의견요구 및 회의개최통지서를 외국본사에 등기우편으로 직접 송달함과 동시에 영문홈페이지 및 청사게시판을 통하여 공시송달하는 방안을 취하였다. 이는 행정절차법상의 송달규정이 외국으로의 송달에도 적용될 수 있다는 판단에 따른 것으로 원칙적으로 우편에 의한 송달방식을 채택하되, 동 송달이 적법하지 않을 것으로 판단될 경우를 대비하기 위하여 행정절차법 제14조 제4항의 규정을 확대해석하여 공시송달도 병행했다. 공정위는 기본적으로 EU 집행위원회가 취하고 있는 문서 송달에서의 실용주의적 입장을 취한 것이며, 독일 경쟁제한방지법상의 송달규정도 참고한 것이다.

5. 과징금 산정 및 집행

외국사업자에 대한 과징금 부과는 국내사업자와 원칙적으로 동일한 기준에 의하여 부과되어야 할 것이다. 공정위는 공정거래법을 기초로 하여 과징금을 산정하였다. 과징금의 집행 역시 국내에서 이루어질 수밖에 없다. 따라서 국내에 재산이 존재한다면 효율적으로 집행이 되겠지만 만일 국내에 재산이 없다면 전적으로 자발적인 납부에 의존할 수밖에 없다. 현재 외국경쟁당국으로부터 벌금을 부여받은 업체들은 대부분 자발적으로 벌금을 납부하는 것으로 파악되고 있다. 흑연전극봉 사건과 관련하여 공정위로부터 과징금을 부과 받은 업체들 중 법원에 과징금 납부명령의 효력정치를 신청한 Showa Denko, SGL Carbon을 제외한 모든 업체들이 과징금을 자발적으로 납부한 바 있다. 과징금을 자발적으로 납부하지 않을 경우 외국사업자들이 국내에 수출하는 물품 또는 국내수입업체들의 납품대금에 대하여 강제집행이 가능할 것이나, 실무적으로 많은 어려움이 발생할 수도 있을 것이다.

3 결정요지

1. 공정위의 조사 및 심결절차

이 카르텔에 대해서는 조사 착수 당시 미국, 캐나다, 일본 경쟁당국이 이미 제재를 하였으므로, 이들 경쟁당국에 발표한 법위반 내용 입증자료의 수집과 우리나라시장에 미친 영향의 입증에 조사의 초점을 맞추었다. 이를 위해 우선, 6개 사업자에 대하여 2차례에 걸쳐 서면조사표를 발송하여 자료를 요구하였는바, 요구한 자료는 사업자들의 흑연전극봉 판매량, 점유율, 판매가격 및 그 변동요인, 각국 경쟁당국의 조사결과에 대한 소명자료, 회사 개황자료 등이었다. 조사대상 사업자들은 공정위의 요구에 따라 자료를 제출하였으며, 특히 미국의 UCAR International은 카르텔 입증에 필요한 여러 자료를 제출하는 등 조사 과정에 적극 협조하였다. 또한 우리나라 전기로 업체들을 대상으로 흑연전극봉 수입 가격 추이에 대한 조사도 병행하였다.

2. 심결절차

공정위는 조사과정 및 조사를 완결한 후 피심인들에게 각각 2차례에 걸쳐 국내 대리인 지정을 요청하였다. 그러나 이들 업체들은 국내대리인 지정을 유보하거나 공정거래위원회 전원회의 상정 시까지 국내 대리인을 선임하지 않았다. 따라서 공정위는 이들 업체들의 본사로 심사보고서에 대한 의견요구 및 회의개최통지서를 등기우편으로 직접 송달함과 동시에 영문홈페이지 및 청사게시판을 통하여 공시송달하였다. 전원회의 당일(3월 20일) 6개 업체 중 4개 업체는 참석하였으나 2개 업체는 불참하였다. 회의에 참석한 4개 업체는 전원회의에 한국 내 변호인 또는 회사관계자가 직접 참석하여 이건 회의개최 통지의 법적효력 및 공정위의 이 사건에 대한 관할권과 관련하여 의견을 개진하고 업계불황, 조사협조 등의 이유를 들어 선처를 호소하였다. 나머지 2개 일본 업체들은 회의 개최 통지가 부적법하며, 이 사건에 대한 공정위의 관할권이 없다는 이유로 회의에 불참하겠다는 내용의 서한을 공정위에 통보하였다. 한편 의결서도 이견요구 및 회의개최통지와 같은 방식으로 통지하였으며, 국내 대리인을 선임한 업체를 위하여 국내 대리인에게도 병행하여 통지하였다.

3. 심의결과

공정위 전원회의에서 심의한 결과 카르텔 참여업체들은 우리나라를 포함한 전 세계 시장을 대상으로 가격합의 등을 하였으며, 합의한 가격대로 우리나라 수요업체들에게 흑연전극봉을 판매하는 등 우리나라시장에 직접적으로 영향이 미친 사실이 밝혀졌다. 따라서 이들 업체에 대해서는 판매가격 합의를 다시는 하지 말라는 취지의 시정명령과 함께 합계 112억 원의 과징금을 부과하였다. 한편 조사에 적극 협력한 UCAR International Inc.에 대해서는 조사협조를 이유로 과징금을 대폭 감경하였다.

case 043 | 유니스 사건[1][2]

1 사실관계

레바논인 유니스는 1985년 중동에서 발생한 요르단 민간항공기의 납치와 관련하여 혐의를 받고 있었다. 동 항공기는 요르단에 등록되고 요르단 국기를 게양하였으나, 미국에 착륙하거나 미국 상공을 비행한 적은 없었다. 그러나 항공기가 납치될 당시 미국인이 탑승하고 있었다. 결국 피고인은 1987년 9월 미 연방수사국에 의해 키프러스 인근의 공해에서 체포되어, 미국으로 강제 압송되었다.

2 유니스 측 주장

피고는 다음과 같은 이유로 기소 취하를 요구하였다.

1. 국제법상 미국 법원은 외국인이 외국에서 행한 범죄에 대하여 물적·인적 관할권이 없으며, 연방법도 별도의 재판관할권 근거를 제공하지 못하고 있다.

2. 자국민과 관련된 범죄에 대해 영토 외적 관할권을 주장할 수 있는 근거가 되는 속인주의 원칙과 수동적 속인주의 원칙은 본 사건에서 적용되지 않는다.

3. 인질억류나 항공기납치는 보편주의 원칙이 적용되는 범죄에 해당하지 않는다.

4. 미국은 그동안 관할권의 합법적 연원으로서의 수동적 속인주의 원칙을 인정하지 않았다.

3 미국 정부 입장

미국 정부는 자국이 보편주의 원칙과 수동적 속인주의를 인정하고 있었다고 주장하며, 동 원칙에 따라 관할권을 행사할 수 있다고 하였다.

4 판결

법원은 본 사건에 관한 관할권의 근거로서, 미국 정부가 주장하는 보편주의 원칙과 수동적 속인주의 원칙에 기초하여 판단하였다. 법원은 항공기 납치와 인질억류는 국제협약의 규제 내용이고, 이는 동 범죄가 어디서 발생하였는지에 상관없이, 이러한 범죄를 처벌하려는 국제 공동체의 강한 의지를 보여주는 것이라고 하였다. 그리고 국제법학자들 역시 만장일치로 이들 범죄를 보편주의 관할권의 대상이 되는 중대한 반인도적 범죄의 범주에 포함시키는데 동의하였다고 덧붙였다. 그리고 비록 영토 외적 관할권의 연원 중 수동적 속인주의가 논란의 여지가 없지는 않지만 법원은 국제공동체가 그 합법성을 인정하고 있으며, 실제로 국제공동체는 인질억류에 대한 협약에서 수동적 속인주의 원칙을 인질억류 범죄에 대한 관할권 주장의 근거로서 명백하게 인정하고 있다고 하였다.

---

1) 미국 국내법원, 1989년.
2) 장신, 국제법관례요약집, 전남대학교출판부, 166 ~ 168p 요약.

법원은 미국시민에 대한 불명확한 형사책임이 초래되지 않도록 미국이(수동적 속인주의 원칙에 따른) 관할권의 주장을 반대화 왔다는 사실을 인정하면서도, 근래에는 테러리즘 과 동등한 정도로 비난받는 일정 범죄에 대해 수동적 속인주의를 적용하고 있음도 인정 하였다. 그리고 법원은 사건이 외국에서 미국인을 납치하여 인질로 억류한 범인에 대해 수동적 속인주의 원칙을 인용하여 관할권 행사를 인정하는 최초의 사례는 아니라고 판시 하였다. 따라서 보편주의와 수동적 속인주의 원칙은 법원이 피고에 대해 관할권을 주장 하는 충분한 근거가 된다. 법원은 미국은 국제공동체를 위해 국제질서의 근간을 위협하 는 범죄행위자를 처벌해야 할 의무와, 자국민을 보호해야 하는 자신의 권익을 갖고 있다 고 판시하였다. 또한 연방법인 1986년의 인질억류범죄의 방지와 처벌에 관한 법과 항공 기 공격금지법 제32조(a)는 항공기 납치 혐의를 받고 있는 피고에게 적용할 수 있다고 하였다.

case 044 | Obligation to Prosecute or Extradite 사건[1][2]

1 사실관계

1. 차드 전 대통령에 대한 세네갈의 기소 및 기소 중단

이 사건은 세네갈이 자국에 망명 중인 전 차드 대통령 Hissene Habré를 고문 등 인권 유린 혐의로 기소하거나 기소 의사가 있는 타국에 인도하지 않은 것이 1984년 고문방지 협약 위반에 해당한다고 벨기에가 제소한 사건이다. Hissene Habré는 1982년 6월 반란 으로 정권을 장악한 후 1990년 12월 쿠데타로 축출될 때까지 8년간 대통령으로 집권하 면서 반대파에 대한 대규모의 처형과 고문, 감금 등 인권 유린 행위를 자행하였다. 권좌 에서 축출된 후 그는 세네갈로 망명하였다. 2000년 1월 차드인 피해자들이 세네갈 당국 에 Habré를 인권 유린 혐의로 고소하였고 세네갈 검찰은 그를 일단 가택에 연금하고 수 사를 진행하였다. 2000년 2월 Habré는 세네갈 법원에 자신에 대한 수사 중단 소송을 제기하여 세네갈은 자신을 심리, 처벌할 관할권이 없다고 주장하였다. 세네갈 법원은 그 의 항변을 수용하여 2000년 7월 세네갈 검찰의 수사를 중단시켰다. 세네갈 국내법상 세 네갈 영토 외에서 발생한 외국인의 외국인에 대한 범죄는 세네갈 형법의 관할 대상이 아 니기 때문이었다. 이 판결은 2001년 3월 세네갈 대법원에서 다시 확인되었다.

---

1) Belgium v. Senegal, 2012.7.20. 판결, 국제사법재판소.
2) 산업통상자원부 홈페이지(https://disputecase.kr) 게시 내용 요약 정리.

2. 차드 전 대통령에 대한 벨기에의 기소

2000년 11월부터 2001년 12월까지 벨기에 국적의 차드인 20명이 Habré를 살인, 집단 살해(genocide), 고문 및 동 교사 혐의로 벨기에 검찰에 고발하였다. 벨기에 형법은 인도주의에 반한 범죄에 대해서는 발생 장소, 범인의 국적을 불문하고 벨기에가 사법 처리할 수 있다고 규정하고 있었다. 벨기에 검찰은 고발된 Habré의 행위가 인도주의에 반한 범죄에 해당한다고 판단하고 세네갈에 사법 공조 요청서를 발송하여 당시 진행 중이던 세네갈 검찰의 수사 기록을 제공하여 줄 것을 요청하였고 차드에는 현장 방문 및 피해자 증언 청취 등의 협조를 요청하였다. 2005년까지 벨기에는 세네갈과 차드가 제공한 각종 자료 분석, 피해자 심문, 고발 접수 등 Habré에 대한 수사를 진행한 후 2005년 9월 인터폴을 통해 국제 체포 영장을 발부하고 고문, 집단 살해 등 인도주의에 반한 죄명으로 기소하였다.

3. 벨기에의 범죄인인도 청구

벨기에는 2005년 9월 22일 세네갈에 대해 Habré의 신병을 인도하여 줄 것을 요청하였으나 세네갈 법원은 2005년 11월 25일 국가 원수의 권한 행사 행위에 대해서는 세네갈 법원이 관할권이 없고 Habré는 또한 전직 대통령으로서 사법적인 면제권을 향유한다는 이유로 벨기에의 인도 요청을 거부하였다.

4. 세네갈의 국내법 개정과 보편주의 규정

세네갈은 2007년 형법을 개정하여 고문, 집단 살해 등의 반 인류 범죄에 대해서는 행위 지와 행위자의 국적 및 당시 행위지 법규의 위반 여부를 불문하고 세네갈이 보편적인 형사 관할권을 행사할 수 있도록 하였으며 2008년에는 헌법을 개정하여 동 범죄에 한해서는 소급 처벌이 가능하도록 하였다. 세네갈은 Habré의 기소 및 사법 처리를 독촉하는 벨기에에 대해 법규 개정 사항을 전달하고 관련 사법 절차를 진행할 의사가 있음을 밝혔으나 진전이 없었다.

5. 벨기에의 제소

벨기에는 신속한 처리를 요청하였으나 진전이 없자 2009년 2월 19일 세네갈을 고문방지협약 위반 혐의로 ICJ에 재판을 청구하였다. 청구 근거는 동 협약 해석 및 적용에 관한 분쟁은 ICJ에 회부한다는 협약 제30조였다. 세네갈은 벨기에와는 협약 제30조상의 분쟁이 존재하지 않으며 벨기에가 세네갈의 책임을 추궁할 당사자 적격이 없다는 요지로 재판부의 관할권을 부인하였다.

2 법적쟁점

1. 관할권

2. 고문방지협약 위반 여부

3 국제사법재판소의 판단

1. 관할권

(1) 분쟁의 존재 여부

벨기에는 세네갈이 Habré를 사법 처리할 수 있는 체제를 갖추지 않은 것은 고문방지협약 제5(2)조 위반이며 그를 기소하거나 벨기에로 인도하지 않는 것은 동 협약 제6(1)조 및 제7(1)조 위반이라고 주장하였으나 세네갈은 형법과 헌법을 개정하여 그를 처벌할 수 있는 국내법을 갖추었고 재정상의 문제로 기소 및 심리가 지연되고 있을 뿐 사법 처리 의사가 있으므로 벨기에와는 동 조항 등에 관한 분쟁 자체가 존재하지 않는다고 반박하였다. 벨기에는 법제 정비, 기소 등이 적시에 이루어지지 않은 것도 동 조항 위반이라고 주장하였다. 재판부는 분쟁은 재판 청구서 제출 시점에 존재해야 한다고 환기하고 2009년 2월 19일 당시 세네갈은 이미 형법과 헌법을 개정하여 반인륜 범죄에 대해 보편적인 관할권을 행사할 수 있는 체제를 갖추었으므로 협약 제5(2)조 위반 여부에 대한 분쟁은 청구서 제출일 당시에는 존재하지 않는다고 언급하고 이 부분에 관해서는 관할권이 없음을 확인하였다. 제6(1)조 및 제7조 위반 여부에 관한 분쟁의 존부에 대해 재판부는 벨기에는 적시 불이행이 위반에 해당한다고 주장하고 있고 세네갈은 동 조항은 시한에 대해 언급하고 있지 않다고 반박하고 있으므로 조항의 해석에 관해 양측의 입장이 충돌하는 것이므로 분쟁이 존재하는 것이라고 판단하고 이 부분에 대해서는 관할권을 보유하고 있다고 결론지었다.

(2) 고문방지협약상 재판 회부 조건 충족 여부

고문방지협약 제30조는 ICJ 회부 전에 교섭 및 중재를 시도할 것을 규정하고 있었다. 재판부는 Convention on Racial Discrimination 사건 판례를 원용하여 교섭은 분쟁을 해결하기 위하여 상대방과 협의하려는 진지한 시도를 갖추어야 하며 전제 조건으로서의 교섭 완료의 충족 기준은 교섭이 실패하거나 무의미 또는 교착되어야 하는 것이라고 언급하고 이론적인 합의 불가능성으로 충족되는 것은 아니라고 지적하였다. 실제 교섭이 시행되고 성과가 없는 것이 확인되어야 교섭을 수행했다는 전제 조건이 충족된다는 것이다. 이러한 기준으로 봤을 때, 재판부는 기소 및 인도 여부를 둘러싸고 양국간에 수 차례의 외교 공한이 교환되었으며 세네갈도 공한 교환이 교섭에 해당한다는 데 대해서는 이의를 제기하지 않고 있는 한편, 공한 교환 기간 동안 양측의 기본적인 입장에 변함이 없어 교섭이 분쟁을 해결하지 못한 것은 사실로 확인되므로 교섭에 의한 분쟁 해결 실패라는 제30조의 조건이 충족되었다고 판단하였다. 중재 시도와 관련하여 재판부는 벨기에가 2006년 5월 4일자 공한에서 중재 개시를 제의한 바 있고 재판 청구 시점까지 중재 판정부 구성이 되지 않은 것은 명백한 사실이므로 중재 판정부 구성 시도 후 6개월 경과라는 제30조의 ICJ 회부 조건 역시 충족되었다고 판단하였다.

(3) Habré의 행위로 인한 희생자 중에 벨기에인이 존재하지 않는 것의 문제

세네갈은 Habré의 행위로 인한 희생자 중에 벨기에인이 없으므로 벨기에는 세네갈의 Habré 기소 또는 인도 의무 위반에 대해 국제적 책임을 추궁할 권한이 없다고 주장하였다. 벨기에는 고문방지협약 당사국으로서 타 당사국의 협약 위반행위에 대해 시비할 수 있다고 반박하였다. 재판부는 고문방지협약의 대상과 목적상 협약 당사국은 고문 방지와 책임자 처벌이라는 공동의 이해를 공유하고 있으며 고문 혐의자에 대한 예비 조사를 시행하고 기소를 위해 관련 당국에 송치해야 하는 당사국의 의무는 혐의자나 희생자의 국적 또는 발생지에 관계없이 동 혐의자가 자국 영토 안에 소재하는 사실만으로 발생하는 것이며 혐의자가 자국 영토 내에 소재하는 당사국의 이와 같은 의무 준수는 여타 당사국 모두의 공동의 이해에 해당한다고 보았다. 고문방지협약 모든 당사국은 자신이 관계된 권리를 보호할 법적인 의무를 보유하고 있으며 이 의무는 모든 국가가 준수해야 한다는 점에서 보편적(erga omnes partes)인 것이라고 재판부는 설명하였다.

고문방지협약상의 의무 준수에 대한 모든 당사국의 공통적인 이해 관계는 각 당사국 타국의 의무 불이행을 시비할 수 있는 자격을 부여한 것이며 만일 특별한 이해 당사국만 시비를 제기할 수 있다면 대다수의 경우 시비를 제기할 국가가 없을 것이라고 재판부는 언급하고 벨기에는 세네갈의 예비 조사 불실시(제6(2)조), 불기소(제7(1)조)를 ICJ에 시비할 수 있는 자격이 있다고 판시하였다.

2. 고문혐의자에 대한 예비 조사 실시 의무 위반 여부

(1) 예비조사의 세부 내용 및 위반 여부

고문방지협약 제6(2)조는 고문혐의자에 대한 예비 조사 실시 의무를 규정하고 있다. 벨기에는 동 조항의 예비 조사는 사법 당국에 기소하기 위해 수행되는 것으로서 증거 수집, 심문 등을 수반하며 제6(4)조에 의거, 관련 당사국에 조사 결과를 통보해야 하나 세네갈이 이러한 의미의 예비 조사를 수행하였다는 증거가 재판부에 제출되지 않았으므로 세네갈은 제6(2)조를 위반한 것이라고 주장하였다. 세네갈은 제6(2)조의 예비 조사는 사실 관계를 수립하기 위한 것일 뿐 반드시 기소를 전제로 하지 않는다고 주장하고 최초 고발시 세네갈은 아브레의 신원을 확인하고 고문 혐의로 고발되었음을 통지한 것으로 이러한 의미의 예비 조사는 시행한 것으로 인정해야 한다고 반박하였다. 재판부는 제6(2)조의 예비 조사는 사실과 증거를 수집하고 사건 기록을 작성을 직무로 하는 당국에 의해 수행되는 것이며 수집해야 하는 사실과 증거는 문제가 되는 사건과 혐의자의 가담 정도에 관련된 문서나 증언 등으로 구성되므로 예비 조사 의무 수행은 해당 사건 발생국(이 사건 경우 차드)과 관련 시비가 제기된 국가의 협조를 구하려는 노력을 수반한다고 보았다. 나아가 고문 혐의자가 자국 영토 내에 있다는 이유로 조사, 기소, 인도 등의 조치 의무를 안게된 국가는 관련 증거 수집에 있어 고문 혐의자나 희생자가 자국민이거나 자국 내에서 고문이 발생하여 관할권을 행사하게 된 국가가 증거 수집시에 적용하는 정도의 엄격한 수준을 적용해야 한다고 고문방지협약 제7(2)조356에 규정되어 있음을 환기하고 재판부는 세네갈이 이러한 수준의 예비 조사를 수행했다는 자료를 제출하지 않았다고 지적하였다.

(2) 예비조사 시한

재판부는 예비 조사의 시한에 대해 제6(2)조는 특별한 언급이 없으나 혐의자의 자국 영토 내 소재가 확인된 즉시 관련 절차가 개시되어야 한다고 보았다. 제6(2)조는 고문방지협약의 대상과 목적에 따라 해석해야 할 것인바 문제가 되는 사실 관계의 수립은 기소, 처벌 등 관련 절차의 핵심적인 단계로서 시급히 시행해야 하는 것으로 해석하였다. 재판부는 세네갈이 자국 영토 내에 있는 아브레의 고문 혐의를 의심하자마자 예비 조사를 즉시 개시하지 않았다고 판단하고 세네갈은 협약 제6(2)조의 의무를 위반하였다고 결론지었다.

3. 인도 아니면 소추 의무 위반 여부

(1) 인도 아니면 소추 의무의 성질

협약 제7(1)조는 자국 영토 내에 있는 고문 혐의자를 타국에 인도하지 않는 한 기소해야 한다고 규정하고 있다. 벨기에는 동 조항상 인도하지 않을 경우 기소해야 하는 것은 의무이며 해당 국가가 이유가 있어 기소하지 않고 있을 때 인도 요청을 받을 경우 동 조항에 위배되지 않기 위해서는 반드시 인도해야 한다고 주장하였다. 재판부는 제7(1)조는 고문 혐의자가 자국 영토 내에 소재하는 국가로 하여금, 타국의 인도 요청 여부와 상관없이, 기소를 위해 관련 당국에 송치할 것을 요구하고 있으며 관련 당국이 실제 기소할지 여부는 제6(2)조 예비 조사를 통해 수집된 증거의 정도에 따라 결정될 것이라고 보았다. 재판부는 만일 타국으로부터 인도 요청을 받았을 경우 조사 국가는 인도 요청을 수용함으로써 송치 의무에서 벗어날 수 있기는 하나 송치와 인도 중의 택일은 두 방안의 중요도나 성격이 동등하다는 것을 의미하지는 않는다고 설명하였다. 인도는 협약에 의해 조사 국가에게 제안된 선택인 반면, 기소를 위한 송치는 협약상의 국제적 의무로서 그 위반은 국가의 책임이 수반되는 불법 행위라고 구분하였다.

(2) 인도 아니면 소추 의무의 적용 범위

재판부는 제7(1)조에 의한 세네갈의 기소 의무는 고문방지협약이 세네갈에게 발효한 1987년 6월 26일 이전에 발생한 사건에 대해서는 적용되지 않는다고 판단하였다. 비록 고문 방지가 국제 관습법의 일부이며 강행 규범(jus cogens)라고 인정하기는 하지만 조약법에 관한 비엔나협약 제28조의 규정상 소급 적용할 수 없다고 확인하였다. 벨기에는 제7(1)조에 기소 시한이 명기되어 있지는 않지만 자국 영토 내에 소재한 고문 혐의자를 기소를 위해 관계 당국에 송치하는 의무는 무기한 지연할 수 없다고 주장하고 수 년간 아브레를 기소하지 않은 세네갈은 동 조항을 위반하였다고 시비하였다. 세네갈은 기소하지 않기로 결정한 것이 아니라 Africa Union의 재판 위임 결정과 이를 실행하기 위한 소요 재원 마련에 시간이 걸렸을 뿐이라고 반박하였다. 재판부는 재원 조달상의 어려움은 아브레에 대한 기소 절차 개시 해태를 정당화하지 못하며 동 건을 Africa Union에 회부한 사실도 고문방지협약 의무 이행 지연을 정당화하지 못한다고 지적하였다.

(3) 인도 아니면 소추 의무의 이행 시기

재판부는 고문 혐의자도 공정한 재판을 받을 권리가 있다고 협약 제7(3)조에 명기되어 있으며 관련 절차를 신속히 진행하는 것도 공정한 재판의 일환이라고 지적하였다. 아브레를 처벌할 수 있는 국내법상의 근거가 마련된 것이 2007년 이후이고, 따라서 2000년 ~ 2001년 세네갈 법원이 동인 심리를 위한 관할권이 없다고 판결하였기 때문에, 기소를 신속히 진행할 수 없었다는 세네갈의 항변에 대해 재판부는 국내법의 규정을 이유로 국제 책임을 면탈할 수 없다는 조약법에 관한 비엔나협약 제27조를 언급하며 이를 기각하였다. 재판부는 제7(1)조에 시한이 적시되어 있지는 않으나 협약의 대상과 목적에 합치되는 방식으로 합리적인 기간 내에 수행되어야 한다는 의미가 내포되어 있다고 밝혔다. 제7(1)조의 기소 의무는 고문 방지를 위한 국제적인 투쟁을 실효화하려는 협약의 대상과 목적을 수행하려고 의도하고 있으며 따라서 기소 절차는 지체 없이 수행되어야 한다고 언급하고 재판부는 2000년 최초 고발 접수 후 세네갈이 Habré에 대한 기소 절차를 개시하지 않은 것은 제7(1)조 의무 위반에 해당한다고 판시하였다.

case 045 | United States v. Alvarez - Machain

1 사실관계

1. 사건 발생

1985년 미국 마약단속국의 특수요원인 Enrique Camarena - Salazar와 그의 파트너였던 멕시코 조종사인 Alfredo Zavala - Avelar가 멕시코의 마약 판매상에게 납치된 후 고문 끝에 살해되는 사건이 발생하였다. 이 사건에서 범죄의 희생자는 미국 시민이었지만, 범죄 관련 행위는 모두 멕시코에서 행해졌다.

2. 미국의 가해자 납치

1990년 4월 2일, 미국 마약단속국의 특수요원들은 상기 요원 고문살해행위에 가담한 혐의가 있는 멕시코인인 Humberto Alvarez - Machain이라는 의사를 멕시코에서 체포하여 강제로 민간항공기에 태워 미국으로 데려 왔다. 그 당시, 미국과 멕시코 양국 간에 1978년 5월 4일자로 범죄인 인도조약을 체결한 상태였다. 멕시코 정부는 미국 마약단속국의 멕시코인 의사의 납치행위는 범죄인 인도조약의 규정 및 관습법상의 일반원칙을 위반한 것이라고 주장하면서, 미국에 대해 수차례 항의를 하였다.

3. 미국 하급심 판결

지방법원의 기소적부심 절차에서, 피고는 자신의 납치는 범죄인 인도조약상 요구되는 멕시코 정부의 동의 없이 자행되었기 때문에, 미국 법원에는 자신에 대한 인적 관할권이 인정될 수 없다고 주장하였다. 본 조약에서는 조약상의 국제의무 위반 시에는 해당 정부의 소추행위를 금지하고 있었다. 지방법원은 이러한 주장을 받아들여 피고의 석방과 송환을 명령하였다. 미국 정부는 항소하였으나 다시 항소법원은 피고 측에 유리한 판결을 하였고, 결국 미국 연방대법원에 상고하였다.

2 법적쟁점

타국에서 체포되어 재판에 회부된 피고에 대한 관할권 존부

3 연방대법원 판결

연방대법원은 피고에 대한 강제납치 사실이 피고의 미국 형법 위반 혐의에 대한 미국 법원의 심판을 배제하지 않는다는 논지하에 항소법원의 판결을 파기하였다. 미국 연방대법원은 법원에 제소된 절차가 관련 당사국 사이의 조약 규정을 위반한 것이 아니라면, 미국 법원이 피고에 대해 심판할 관할권이 있다고 판결하였다. 그리고 범죄인 인도조약에서 납치를 금지하고 있는지를 판단하기 위해서 조약을 면밀히 분석하였는바, 조약에는 명시적인 금지조항이 없었기 때문에 본 문제가 묵시적 금지에 관한 것인지를 심사하였다. 연방대법원은 범죄인 인도조약의 목적이 도망자를 보호할 국가의 권리를 제한하는 것에 있을 뿐, 그러한 권리를 확대하기 위한 것이 아니라는 이유로 묵시적 금지를 인정하는 판결을 거부하였다. 결국, 연방대법원은 범죄인 인도조약에 의할지라도 미국 정부의 혐의자에 대한 소추를 금지한 것으로 볼 수 없다고 판단하였다.

---

case 046 | Filartiga v. Peña - Irala

1 사실관계

이 사건에서 원고(내과의사인 Filartiga와 그의 딸)는 파라과이 국민으로서 1978년 미국에 입국하여 미국 정부에 정치적 망명을 요청한 사람이며, 피고는 파라과이 국민으로서 파라과이의 아순시온에서 경찰대장으로 근무하였던 자이다. 원고는 피고가 미국에 불법 입국한 사실과 그의 소재를 알게 되자, 미국의 한 지방법원에 민사소송을 제기하였다. 원고는 파라과이의 사형에 대한 불법적인 규정들을 지적하면서, UN헌장, 세계인권선언, 인간의 권리와 의무에 관한 미주선언, 고문방지에 관한 UN선언 및 기타 선언, 문서, 관행 등 인권에 관한 국제관습법 및 국제법 위반 사실을 법적 근거로 제시하였다. 이에 대해 1심법원이 이 사건에 대한 관할권이 없다고 하며 청구를 기각하자, 원고는 항소하였다. 원고는 비록 이 사건의 당사자와 사건의 발생지가 외국이라 할지라도 미국 지방법원은 관할권을 가진다고 주장하였다.

2 법적쟁점

미국 법원이 외국에서 발생한 사건에 대해 관할권을 행사할 수 있는지 여부

3 판결

제2순회법원은 이 사건에 대한 관할권이 없음을 이유로 소를 각하시킨 지방법원의 판결을 뒤집었다. 법원은 지방법원의 판결을 파기하면서, 한 국가가 자국민에게 끼치는 피해행위가 국제법 위반이 되지 않는다는 주장은 현행 국제법의 적용이나 관행에 위반되는 것이라고 판결하였다. 조약이나 국제법은 모든 사람에게 정부의 위법행위에서 구제받을 기본적 권리를 부여하고 있으며, 고문으로부터 해방될 권리는 지금도 그 범위 내에 포함되어 있다고 판시하였다. 법원은 고문에 대한 금지는 명확하고 분명한 사실이며, 외국인과 자국민의 어떠한 차별대우도 인정되어서는 안 된다고 결론지었다.

case 047 | 피노체트 사건[1]

1 사실관계

칠레국적의 피노체트는 대통령으로 재직 시 고문, 고문공모, 인질감금, 인질감금공모, 살인공모 등의 죄를 범하였다. 퇴임 이후 신병치료를 위해 영국에 입국하자 스페인은 영국과의 범죄인 인도조약에 기초하여 피노체트의 인도를 요청하였고, 영국은 임시영장을 발부하였다. 이에 대항하여 피노체트의 변호인단은 인신보호영장을 신청하고 법원에 인도청구에 대한 사법심사를 요청하였다. 인도영장과 체포영장의 심사를 통해 원심법원은 모두 기각하였다. 인도영장의 경우 인도청구영장에서 밝힌 피노체트의 범죄가 영국의 범죄인 인도법상 인도대상범죄에 속하지 아니한다는 점에 기초하였다. 한편, 체포영장도 기각되었는데, 이는 피노체트가 국가원수로서 행한 공무상 행위는 타국의 재판관할권으로부터 면제된다는 주권면제 원칙에 기초하였다.

2 법적쟁점

1. 핵심쟁점

국제법상 국제범죄를 저지른 개인이 전직 대통령인 경우 주권면제를 향유하는가?

2. 부수적 쟁점

영국 국내법상 쌍방가벌성의 성립시기, 보편관할권의 법적 성질 등

3 영국 대법원의 판단

1. 주권면제의 문제

대법원은 원심판결을 파기하고 전직 국가원수는 재직 중에 행한 고문범죄, 인질감금 및 인도에 반한 죄에 대하여 주권면제를 주장할 수 없다고 판결하였다. 그 이유로서 다음 사항들을 제시하였다.

(1) 고문 및 인질감금 행위는 국가원수에 행위에 포함될 수 없다.

(2) 국가원수라는 자격이 개인의 이와 같은 범죄를 정당화시키는 것은 아니다.

---

1) 영국대법원, 1999년.

(3) 국제관습법상 전직 국가원수에 대해서 재판관할권 면제가 인정되는지는 확실하지 않다. 그러나, 전직국가원수에 면제가 인정되더라도 피노체트의 행위는 국가원수의 공적 행위에 포함될 수 없으므로 면제를 향유할 수 없다.

(4) 전직 국가원수가 고문범죄에 대해 주권면제를 항변사유로 제기한다면 고문방지협약은 유명무실해질 것이다.

2. 쌍방가벌성의 문제

범죄인 인도법은 쌍방가벌성의 원칙을 규정하고 있었는바, 문제는 피노체트의 범죄가 영국과 스페인 모두에서 범죄로 성립한 시기를 언제로 봐야 하는가였다. 즉, 문제된 범죄가 '실제로 행해진 일자'를 결정시기로 보아야 하는가, 아니면 '인도청구가 행해진 일자'에 양국 모두 범죄로 성립되어 있어야 하는가 하는 것이다. 인도시기로 본다면 피노체트 인도의 근거가 되는 범죄의 범위를 상당부분 축소시키기 때문에 논쟁이 되었다. 원심법원과 대법원은 피노체트는 영국 형사사법법(Criminal Justice Act) 제134조가 효력을 발생하게 된 1988년 이후의 고문범죄만을 근거로 인도된다고 판단하였다. 이는 1988년 이전에 행해진 범죄는 영국법상 역외관할권을 행사할 수 있는 인도대상 범죄를 구성하지 않아 쌍방가벌성의 원칙을 충족할 수 없기 때문이다.

case 048 | The Schooner Exchange v. McFaddon[1]

1 사실관계

미국인 McFaddon이 소유한 범선 Exchange호는 1810년 프랑스 관헌에 의해 공해상에서 나포되어 포획심판소의 판정을 거치지 않고 프랑스 해군에 편입되었다. 1811년 동 선박이 해난 때문에 필라델피아항에 입항하자 McFaddon은 동 선박의 소유권을 주장하고 연방지방법원에 소송을 제기하였다. Exchange호 측에서 아무도 출두하지 않자 미국 정부를 대신하여 펜실베니아주 연방검사는 청구각하를 요청하였다. 지방법원에서는 원고 청구가 각하되었으나, 항소법원이 원판결을 번복하고 항소인의 청구를 인정하자 미국 정부는 대법원에 상고하였다. 대법원은 다시 2심판결을 파기하고 1심판결을 확인하였다.

2 법적쟁점

주권국가인 프랑스는 미국 법원의 관할권으로부터 면제되는가?

---

1) 미국대법원, 1812년.

3 판결요지

대법원은 자국 영역 내에서의 국가관할권은 '배타적이고 절대적(exclusive and absolute)' 이며 그러한 지위와 권한의 행사는 타국에서도 재판관할권의 면제로 인정되어야 한다고 하였다. 즉, 소송은 관할권 부재를 이유로 각하되었다. 대법원은 국가의 영역관할권은 절대적이고 배타적이지만, 이러한 완전한 절대적 관할권의 예외는 국가의 '동의(consent)' 를 전제로 가능하다고 보았다. 다시 말하면 국가의 배타적 관할권은 자신의 동의에 의해서만 제한될 수 있다는 것이다. 따라서 프랑스가 미국 내에서 미국의 관할권 행사에 동의하지 않는 한 미국은 프랑스에 대해 관할권을 행사할 수 없다. 주권국가가 평시에 우호국 군함의 자국 입항을 허용한다면, 영역관할권 배제에 동의한 것으로 간주되어야 하며, 우호국과 그의 군함 역시 적대행위를 하지 않는 한 자신의 특권적 지위가 묵시적으로 보장받고 있다는 신뢰를 가지는 것이 국제법의 원칙이다. 따라서 미국과 우호관계를 유지하고 있는 프랑스 군함이 미국의 내수인 필라델피아 항에 입항할 때는 관할권으로부터 배제될 것이라는 약속이 존재하였다고 볼 수 있으므로 미국 법원이 관할권을 행사할 수 없다.

case 049 | 대림기업 사건[1]

1 사실관계

원고는 미 육군 계약담당부서 공무원들과 내자호텔 일정 건물부분에 관하여 음향 및 비디오기기 판매점 운영에 관한 계약(임대차계약)을 체결하였다. 계약체결 시 피고 공무원들은 한미행정협정을 근거로 위 상점에서 판매되는 물품에 대해 면세가 된다고 하였고, 이를 계약서에도 명시하였다. 원고에게 전자기기를 납품하기로 한 회사는 계약서를 신뢰하고 면세가 될 것으로 판단하고 조세가 면제된 저렴한 가격으로 납품하였다. 그러나 한국 세무당국은 조세면제가 되지 않는다고 판단하고 회사에 대해 세금납부를 명령하였다. 이 회사는 원고에게 조세부 과시의 가격과 조세면 제시의 차액의 배상을 요청하였고, 원고는 이를 지급해 주었다. 원고는 미군계약소청심사위원회를 경유하여 한국법원에 제소하였다.

2 법적쟁점

1. 대한민국 법원은 위 사안에 대해 재판관할권을 가지는가?

2. 피고 공무원들에게 과실로 인한 위법행위에 대한 손해배상책임이 인정되는가?

---

1) 대한민국 지방법원(90가합4223), 서울고등법원(94나27450, 1995.5.19).

3 판결요지

1. 재판관할권

외국 또는 외국 국가기관의 행위는 그 행위의 성질이 주권적·공법적 행위가 아닌 사경제적 또는 상업활동적 행위인 경우에는 국내법원의 재판권으로부터 면제되지 아니한다. 1976년 미국의 외국주권면제법에 의하면 미국 법원에서 미국 이외의 외국 국가를 상대로 민사소송을 제기할 수 있고, 국제법상 상업활동에 관한 한 국가는 외국법원의 재판권으로부터 면제되지 않는다고 규정하고 있다. 또한 미국 내에서 동법에 기초하여 한국을 상대로 한 민사소송에 대해 재판권이 인정된 예가 있다. 원고의 이 사건청구가 원고·피고 사이의 부동산임대차계약을 둘러싼 피고의 불법행위 혹은 계약상 과실을 원인으로 한 금원지급청구로서 그 행위가 사경제적 또는 상업활동적 성질을 가지고 있는 이 사건에 있어 피고는 국내법원의 재판권으로부터 면제되지 아니한다.

2. 미국의 손해배상책임

피고 공무원들에게는 대한민국 세법 등 관계법령을 검토하지 아니하고 대한민국의 세법상 면세가 된다고 하여 이를 계약 내용의 일부로 포함시켰으며, 계약 이후에도 피고는 적극적으로 원고 경영의 상점이 면세점이라고 광고하는 등의 과실이 인정된다. 이러한 과실로 인한 위법행위로 원고에게 손해를 가하였다 할 것이므로 피고는 이로 인하여 원고가 입은 손해를 배상할 책임이 있다.

case 050 | 주한미군에 의한 해고 사건[1]

1 사실관계

원고는, 원고가 피고 국방성 산하의 비세출 자금기관인 육군 및 공군교역처(The United States Army and Air Force Exchange Service)의 동두천시 미군 2사단 소재 캠프 케이시(Camp Cacey)내의 버거킹(Burger King)에서 근무하다가 1992년 11월 8일 정당한 이유 없이 해고되었다고 주장하면서 피고를 상대로 위 해고의 무효확인과 위 해고된 날로부터 원고를 복직시킬 때까지의 임금의 지급을 구하였다. 이에 대해 제1심법원과 제2심법원은 피고의 관할권 면제를 인정하여 소를 각하하였다.[2]

---

1) 대한민국 대법원 1998.12.17. 선고 97다39216 전원합의체 판결
2) "원래 국가는 국제법과 국제관례상 외국의 재판권에 복종하지 않게 되어 있으므로, 특히 조약에 의하여 예외로 된 경우나 스스로 외교상 특권을 포기하는 경우를 제외하고는 외국 국가를 피고로 하여 당원이 재판권을 행사할 수는 없다고 할 것인데, 미합중국이 우리나라 법원의 재판권에 복종하기로 하는 내용의 조약이 있다거나 미합중국이 위와 같은 외교상의 특권을 포기하였다고 인정할 만한 아무런 증거가 없으므로, 이 사건 소는 우리나라의 법원에 재판권이 없어 부적법하다고 할 것이고, 같은 취지의 피고의 본안전 항변은 이유 있다."

2 법적쟁점

1. 외국 국가에 대한 재판권에 관한 국제관습법
2. 우리나라 법원의 외국 국가에 대한 재판권의 유무 및 그 범위

3 대법원 판결요지

1. 외국 국가에 대한 재판권에 관한 국제관습법

국제관습법에 의하면 국가의 주권적 행위는 다른 국가의 재판권으로부터 면제되는 것이 원칙이라 할 것이나, 국가의 사법적(私法的) 행위까지 다른 국가의 재판권으로부터 면제된다는 것이 오늘날의 국제법이나 국제관례라고 할 수 없다. 따라서 우리나라의 영토 내에서 행하여진 외국의 사법적 행위가 주권적 활동에 속하는 것이거나 이와 밀접한 관련이 있어서 이에 대한 재판권의 행사가 외국의 주권적 활동에 대한 부당한 간섭이 될 우려가 있다는 등의 특별한 사정이 없는 한, 외국의 사법적 행위에 대하여는 당해 국가를 피고로 하여 우리 나라의 법원이 재판권을 행사할 수 있다고 할 것이다. 이와 견해를 달리한 대법원 1975년 5월 23일자 74마281 결정은 이를 변경하기로 한다.

2. 원심법원의 판단 오류

원심으로서는 원고가 근무한 미합중국 산하 기관인 '육군 및 공군 교역처'의 임무 및 활동 내용, 원고의 지위 및 담당업무의 내용, 미합중국의 주권적 활동과 원고의 업무의 관련성 정도 등 제반 사정을 종합적으로 고려하여 이 사건 고용계약 및 해고행위의 법적 성질 및 주권적 활동과의 관련성 등을 살펴 본 다음에 이를 바탕으로 이 사건 고용계약 및 해고행위에 대하여 우리나라의 법원이 재판권을 행사할 수 있는지 여부를 판단하였어야 할 것이다. 그럼에도 불구하고 이 사건 고용계약 및 해고행위의 법적 성질 등을 제대로 살펴보지 아니한 채, 그 판시와 같은 이유만으로 재판권이 없다고 단정하여 이 사건 소가 부적법하다고 판단한 원심판결에는 외국에 대한 재판권의 행사에 관한 법리를 오해하고 심리를 다하지 아니한 위법이 있다고 할 것이다. 상고이유 중 이 점을 지적하는 부분은 이유 있다. 그러므로 원심판결을 파기하고, 사건을 다시 심리·판단케 하기 위하여 원심법원에 환송하기로 관여 대법관의 의견이 일치되어 주문과 같이 판결한다.

case 051 | 국가면제 사건[1][2]

1 사실관계

본 사건은 제2차 세계대전 당시에 이탈리아를 점령하고 있던 나치 독일의 행위에 대하여 당시의 이탈리아인 피해자들[3]이 제기한 이탈리아 국내법원에서의 소송 및 유사한 사실관계하에서 그리스에서 발생한 소송에서 그리스 법원이 내린 판결을 이탈리아 법원이 집행판결을 부여한 사건 등과 관련하여 발생하였다. 독일과 동맹관계에 있던 이탈리아에서 무솔리니가 실각하고 독일과 동맹관계를 종료한 1943년 9월 이후 독일 점령하에서 발생한 피해에 대하여 피해자들이 금전적인 보상을 이탈리아 법원에 제기하였다. 이러한 일련의 소송에 대해 이탈리아 법원은 이탈리아에 소재한 독일의 부동산에 대해 압류처분을 하였고, 독일에 대해 관할권 면제를 부인하고 이탈리아 법원의 관할권이 있다고 판단하였다. 독일은 이러한 이탈리아 법원의 태도는 국가면제와 관련한 국제법 규범에 반한다는 의사를 이탈리아 정부에 반복적으로 전달하였으나 아무런 해결이 되지 않자 ICJ에 이탈리아를 제소하였다.

2 당사국 주장

1. 독일

독일은 제2차 세계대전 중인 1943년 9월부터 1945년 5월까지 독일 제국에 의하여 자행된 국제인도법 위반을 근거로 독일에게 제기된 민사청구를 이탈리아 법원이 허용함으로써 이탈리아는 국제법상 독일이 향유하는 관할권 면제를 존중할 국제법상의 의무를 위반하였고, 독일 정부가 비상업적 용도로 사용하는 국가재산에 대한 강제집행을 허용함으로써 독일의 집행권으로부터의 면제를 침해하였으며, 이탈리아에서 발생한 사례들과 유사한 사례와 관련하여 내려진 그리스 판결들을 이탈리아에서 집행판결을 부여함으로써 또한 독일의 관할권 면제를 침해하였다고 주장하였다.

2. 이탈리아

이탈리아는 독일에 대해 국가면제가 배제되어야 한다고 주장하였다. 이탈리아는 무력충돌 시 적용되는 국제법 원칙을 심각하게 위반하는 것은 전쟁범죄 및 반인도적 범죄에 해당하는 것이며, 이러한 행위로 위반한 규범은 국제법상 강행규범으로 인정되는 것이고, 이탈리아 법원에서 소송을 제기한 원고는 여타의 모든 구제방법으로부터 배제되었기 때문에 이탈리아 법원이 제공하는 구제책이 마지막 구제수단이므로 이러한 행위에 대해서는 국가면제가 배제되어 법정지 법원이 타국에 대하여 관할권을 행사할 수 있다고 반박하였다.

---

1) Jurisdictional Immunities of the State, Germany v. Italy: Greece Intervening), ICJ, 2012년.
2) 이성덕(2012), 강행규범과 국가면제: 2012년 ICJ 관할권 면제 사건을 중심으로, 중앙법학 제14집 4호.
3) 이탈리아 피해자들은 세 부류로 나눌 수 있다. 첫째, 이탈리아 영토에서 체포되어 독일로 강제노역을 위하여 송출된 자들. 둘째, 1943년 9월 이후 이탈리아가 연합국에 가담함으로써 독일과 적대관계에 놓이게 된 이후 독일군에 의하여 체포된 이탈리아 군인들로서 포로지위를 인정받지 못한 자들. 셋째, 제2차 세계대전이 끝나기 직전 달에 독일군에 의하여 자행된 살육의 피해자들이다.

3 ICJ 판결

1. 강행규범 위반행위에 대해 국가면제를 부인하는 관습법의 성립 여부

(1) ICJ는 국제인권법이나 무력충돌에 관한 국제규범을 심각하게 위반한 경우 국가면제를 부정하는 국제관습법이 성립하였는지에 대해 소극적으로 판단하였다. ICJ는 이탈리아 국내법원의 경우를 제외하고는 그러한 국가 실행을 찾아볼 수 없다고 하였다. 그리스는 Voiotia 사건에서는 이탈리아와 유사한 입장을 취하였으나 2년 후 Margellos 사건에서는 특별최고재판소가 입장을 변경하였다. 캐나다, 프랑스, 슬로베니아, 뉴질랜드, 폴란드, 영국도 유사한 사례에서 국가면제를 인정하였음을 확인하였다.

(2) 국가면제와 관련한 국제문서인 1972년 국가면제에 관한 유럽협정, 2004년 UN 관할권면제 협정 및 미주기구의 미주간 관할권 위원회에 의하여 작성된 1983년 국가의 관할권 면제에 관한 미주간협정 초안도 강행규범적 성질을 갖는 규범의 심각한 위반행위에 대하여 국가면제를 배제하는 규정을 가지지 않는다는 점도 확인하였다.

(3) ICJ는 이러한 점을 고려하여 국가기관인 자연인이 형사소송에서 면제권을 향유하는지, 향유한다면 어느 정도까지 향유하는지의 문제와는 별론으로 국제인권법이나 무력충돌과 관련한 국제법의 심각한 위반이 있었다는 사실이 국가에게 부여되는 민사소송에 있어서의 관할권 면제를 박탈하지 않는 것이 현재의 국제관습법이라고 확인하였다.

2. 강행규범과 국가면제와 관련한 국제법의 충돌 문제

(1) 이탈리아는 강행규범에 반하는 조약과 관습법은 강행규범의 하위효력을 가지므로 충돌 시 조약이나 관습의 효력이 부인되듯이 강행규범으로서의 성질을 가지지 않은 국제관습법으로서의 국가면제와 관련한 규범은 강행규범의 내용에 양보하여야 한다고 주장하였다.

(2) ICJ는 점령지에서의 민간인 살해나 강제이주 및 강제노역에 종사하도록 하는 것이 강행규범에 위반되는 것이기는 하나, 그것이 국가면제의 규범과 직접 충돌하는 것은 아니라고 판단하였다. 국가면제 규범은 한 국가의 법원이 타국가에 대하여 관할권을 행사할 수 있는지 여부에 대하여 규율하는 성질상 절차적인 규범으로 절차 개시의 원인이 된 행위의 적법성 여부에 대해서는 관심을 기울이지 않기 때문에 양 규범은 서로 다른 문제를 규율하는 규범이라고 하였다. 또한, ICJ는 강행규범 위반행위에 대해 국가면제를 인정한다고 해서 강행규범 위반에 의하여 야기된 상황을 적법한 것이라고 인정하거나 그러한 상황을 유지하는데 지원하는 것도 아니므로 국가책임법 초안 제41조를 위반하는 것도 아니라고 하였다.

(3) ICJ는 강행규범 위반이 연계되어 있더라도 국가면제에 관한 국제관습법의 적용은 영향을 받지 않는다고 결론지었다.

3. 피해자들의 최후 구제책이 국내소송이므로 국가면제를 부인해야 하는가?

ICJ는 이탈리아인 피해자에 대한 독일의 배상 규정의 흠결이 관할권 면제를 박탈할 사유가 될 수 없으며, 구제를 확보할 수 있는 실효적인 대체수단이 존재하는가의 문제는 관할권 면제 인정 여부에 관한 문제에 영향을 주지 않는다고 판단하고, 그러한 문제는 국가 간에 포괄적인 배상에 의해 해결할 수도 있다고 하였다.

case 052 | Warmbier v. Democratic People's Republic of korea(웜비어 사건)

1 사실관계

미국 시민이자 버지니아대학교 학생인 오토 웜비어는 2015년 12월 29일 북한의 평양으로 여행을 떠났다가, 돌아오는 2016년 1월 2일 호텔에서 북한의 선전 포스터를 훔치려 했다는 혐의를 공항에서 체포되다. 2016년 3월 16일 북한 최고 재판소는 국가전복죄로 그에게 15년의 노동교화형을 선고하였다. 2017년 6월 13일 웜비어는 건강상태가 극도로 나빠져서 거의 식물인간 상태로 미국으로 송환되었다. 며칠 뒤인 6월 19일에 22세의 나이로 사망하였다. 북한은 그의 죽음은 미스터리이며 이를 식중독과 미국 정부의 탓으로 돌리고 여하한 책임을 부인하였다. 이에 2018년 4월 26일 오토 웜비어의 부모는 북한을 상대로 워싱턴DC 연방지방법원에 민사소송을 제기하였다. 그러나 북한은 이 소송에 결코 출두하지도, 방어권을 행사하지도 않았으므로 원고는 북한이 오토와 그 부모에 끼친 손해에 대한 궐석재판을 신청하였다. 2018년 12월 24일 미국 워싱턴DC 연방지방법원은 북한이 오토 웜비어에게 가한 고문과 인질억류, 비사법적 처형과 함께 웜비어의 부모가 입은 피해에 대해 책임이 있다고 보고, 약 5억 달러(한화로 약 5,900억)를 배상하라고 판결하였다.

2 법적쟁점

1. 북한의 행위는 미국의 외국주권면제법의 테러행위에 해당하는지 여부

2. 원고 청구의 타당성

3 판결

1. 궐석재판의 가능성

법원은 FSIA 사건에서 궐석재판은 다음의 경우에 가능하다고 보았다.

(1) 법원이 해당 청구에 대해 물적 관할권을 가질 때

(2) 인적 관할권이 피고에 대해 적절히 행사될 때

(3) 원고가 피고에 대한 청구를 입증하기 위해 충분한 증거를 제시할 때

(4) 원고가 자신이 입은 금전적 피해에 대해 배상을 받을 자격이 있음을 충분히 증명하였을 때

2. 국가 테러 예외 해당 여부

(1) 예외 인정요건

물적 관할권과 관련하여, 법원은 외국 정부에 대한 소송은 FSIA 예외가 적용되지 않는 한 일반적으로 면제된다고 보았지만, 원고의 주장처럼 FSIA의 테러행위 예외에 해당하는지를 검토하였다. 외국 정부 행위에 대해 물적 관할권을 행사하기 위해서 원고는 다음 4가지 요건을 입증해야 한다. 첫째, 외국, 즉 북한이 그 행위 당시나 그 행위의 결과로서 테러지원국으로 지정되고 소송이 제기될 당시 그 지위를 계속 유지하여야 한다. 둘째, 원고 또는 희생자가 미국의 국민이어야 한다. 셋째, 가해국에 그 청구를 중재하기 위한 합리적인 기회가 부여되어야 한다. 넷째, 원고가 외국 공무원, 직원 또는 대리인에 의해 고문, 비사법적 처형, 항공기 파괴행위, 인질억류 또는 그러한 행위에 대한 물질적 지원이나 지원의 제공으로 인해 피해를 보거나 사망한 경우에 해당되어야 한다.

(2) 예외 인정 여부

북한은 1988년에 미 국무부에 의해 처음으로 테러지원국으로 지정되었다가 2008년 철회되고 2017년 11월에 재지정되었는데, 이 사건의 결과 테러지원국으로 지정되고 소송이 제기되었으므로 첫째 요건을 충족하였다. 원고와 오토 웜비어 모두 미국인이므로 둘째 요건도 충족되었다. 원고는 소장 접수일에 중재요청서도 함께 제출하였으며, 그 번역본은 2018년 6월 19일에 북한에 전달되었다. 북한은 중재요청에 어떠한 연락도 취하지 않았으므로 셋째 요건도 만족하였다. 마지막으로 원고는 오토 웜비어가 고문, 인질억류 및 비사법적 처형을 포함한 야만적 학대행위로 인해 피해를 입었다는 충분한 증거를 제출함으로써 넷째 요건도 충족되었다. 특히, 비사법적 처형과 관련하여 문명인들에게 필수적인 것으로 인정되는 모든 사법적 보장을 제공하기 위해 구성된 법원이 아니라 비독립적인 사법부에 의해 오토는 재판을 받은 것이므로 그 판결은 불법이며 판결이 합법이라 할지라도 사형이 아닌 노동교화형인데 죽음에 이르렀으므로 비사법적 처형에 해당한다고 보았다.

3. 본안판단

법원은 궐석재판을 위한 요건들이 모두 인정되어 원고의 궐석재판 신청이 허용되며, 북한의 책임을 확인하고 원고에 손해배상금을 지급하도록 판결하였다. 이 사건은 북한이 상소하지 않았으므로 1심에서 종료되었다.

4. 집행

판결문은 2019년 1월 16일 북한 외무상 앞으로 발송되었는데. 북한은 이를 미국으로 반송하고 배상금 지급을 거부하였다. 3월 26일 원고는 판결이행요청서를 법원에 제출하여 4월 9일 법원의 승인을 받았다. 그러나 배상금과 관련하여, 북한이 이를 이행하도록 강제할 수단이 없었기 때문에 웜비어 부모는 해외에 억류된 북한 자산에 대한 소유권을 주장하였고, 2019년 7월 3일 뉴욕 남부 연방지방법원에 북한산 석탄을 불법으로 운송하였다는 이유로 미국령 사모아에 억류 중인 북한 선박 Wise Honest호에 대한 몰수 소송을 제기하였다. 뉴욕 남부 연방지방법원과 워싱턴DC 연방지방법원은 북한에서의 고문 희생자인 웜비어 가족에게 배상하기 위해 선박을 판매하도록 명령하였다.

case 053 | Underhill v. Hernandez[1]

1 사실관계

1892년 베네수엘라에서 혁명이 발생하였다. 혁명군은 크레스포에 의해 지도되었고, Hernandez 장군은 Crespo 휘하의 군지도자였다. Crespo는 혁명에 성공하였고, 미국은 Crespo 정부를 합법적 정부로 승인하였다. 혁명과정에서 Hernandez는 Bolivar시를 점령하고 통치권을 행사하였다. Underhill은 베네수엘라 정부와 계약을 체결하여 Bolivar시의 수도배수공사를 맡고 있었다. Underhill은 Hernandez가 Bolivar에 입성한 이후 도시를 떠나기 위해 여권발급을 신청하였으나 거절되었다가 상당기간 후에 발급되었다. Underhill은 Hernandez의 여권발급거부행위로 인한 손해, 자택거주제한조치, Hernandez 부하직원들에 의한 폭행과 고문을 이유로 소송을 미국 법원에 제기하였다. 소송 제기 당시 Hernandez는 실각하여 미국에 망명해 있었다.

2 법적쟁점

전직 국가원수를 상대로 하는 소송에서 국가기관의 면제가 인정되는가?

3 판결요지

1. 판결

미국 법원은 피고의 행동에 대해 미국이 판단할 권한을 가지고 있지 않다고 판시하였다.

2. 판결이유

(1) 주권존중의무

모든 주권국가들은 상호 간에 상대방의 독립성을 존중할 의무를 가지고 있으며, 법원은 상대방 국가가 그 영토 내에서 행한 일에 대하여 판단하지 않을 의무를 진다. 그러므로 국가에 의한 피해에 대한 구제요청도 당해국이 마련하는 구제책에 의존해야 한다.

---

1) 미국연방대법원, 1897년.

(2) 성공한 반란정부의 행위의 문제

반란정부가 반란에 성공하고 승인을 받은 경우 그 기간 동안 그 정부의 행위는 그 정부가 반란정부로 시작한 때까지 소급하여 하나의 독립국가의 행위로 인정받게 된다. 이 사건에서 피고가 취한 행동은 베네수엘라 정부가 취한 공적행위가 되므로 그 행위에 대해서 타국 법원이 판단할 수 없다.

case 054 | Sabbatino 사건[1]

1 사실관계

1959년 쿠바에 혁명이 발생하여 Fidel Castro가 이끄는 반란군이 정권 장악에 성공하였다. 카스트로는 정권 장악 이후 미국인 소유의 설탕회사에 대해 국유화 조치를 단행하였다. 이는 미국의 설탕 수입쿼터 축소에 대한 보복조치적 성격을 띠었다. 동 조치는 미국계 기업을 상대로 행해졌고 충분한 보상 조치도 주어지지 않았다. Farr and Whitlock은 설탕제조회사인 CAV사와 설탕매매계약을 체결하였다. 계약체결시점은 CAV사에 대한 국유화가 단행되기 전이었고, 국유화가 단행된 이후 Farr사는 다시 CAV의 새로운 소유주인 쿠바국영회사와 구매계약을 체결하였으나, 대금은 CAV사의 미국 내 파산관재인인 Sabbatino에게 지급하였다. 쿠바국립은행은 Farr사와 Sabbatino를 상대로 대금인도청구소송을 뉴욕법원에 제기하였다.

2 법적쟁점

국제법에 위반되는 국유화 조치의 유효성을 인정할 것인가? 즉, 미국 국내법상의 '국가행위이론'을 동 사건에 적용할 것인가?

3 판결요지

1. 지방법원 - 국가행위이론 비적용, 원고패소

국가행위이론은 당해 국가의 행위가 국제법 위반인 경우에는 적용되지 않는다. 쿠바의 국유화령은 미국의 쿠바 설탕 수입쿼터 축소에 대한 보복으로 공공목적을 갖지 않으며, 미국민만을 차별적으로 대우하며 충분한 보상을 규정하지 않았기 때문에 명백한 국제법 위반이고 따라서 미국 법원으로서는 쿠바의 국유화 법령의 효력을 인정할 수 없다. 따라서 원고의 청구는 이유없다.

---

1) 미국연방대법원, 1964년.

2. 고등법원 - 국가행위이론 비적용, 원고패소

두 가지 이유로 원고의 청구를 기각하였다.

(1) 쿠바의 국유화는 국제법에 위반되므로 국제법에 위반된 타국의 조치에 대해서는 국가행위이론을 적용하지 않는다.

(2) 국가행위이론은 미국 법원이 적용해 온 국제사법규칙의 하나로서 법원의 판결이 행정부의 대외관계의 행동을 방해해서는 안 된다는 고려에 기초하고 있다. 그런데, 국무성은 법원이 판결을 내리는 것에 반대하지 않는다는 의사를 분명히 하고 있기 때문에 국가행위이론은 적용되지 않는다. 따라서, 국가행위이론을 적용하지 않는다. 쿠바의 국유화는 국제법에 위반되므로 국유화의 유효성을 인정할 수 없으므로 원고의 청구는 이유 없다.

3. 대법원 - 국가행위이론 적용, 원고승소

대법원은 국가행위이론을 적용하여 쿠바 국유화 조치의 유효성을 심사하지 않았다. 이는 곧 쿠바의 조치의 유효성을 승인함을 의미하며, 따라서 원고의 청구는 인용되었다. 대법원이 국가행위이론을 적용한 것은 세 가지 이유 때문이다.

(1) 국가행위이론이 헌법에 명문규정을 두고 있지 않으나, 삼권분립의 정신을 반영한 것이므로 헌법적 근거를 갖고 있다.

(2) 국유화에 관한 전통적인 국제법규는 현재 공산주의 국가나 신생국가들에 의해 의문이 제기되고 있어 이러한 문제에 대해서 미국 법원이 판단을 내리는 것은 곤란하다.

(3) 국유화로 인한 손해의 구제방법은 외교적 교섭에 의하는 편이 유리하다. 법원이 일방적 판결을 내리는 경우 행정부의 외교교섭을 방해할 가능성이 있다. 고등법원이 원용한 국무성 관리의 서한은 행정부가 동 사건에 대한 논평을 거부한 것으로 해석해야 한다.

4. 파기환송심 - 국가행위이론 비적용, 원고패소

파기환송심 판결이 내려지기 전에 미국의회는 제2차 Hickenlooper 수정(Sabbatino Amendment)법을 제정하여 국제법에 위반한 국유화 조치에 대해서는 국가행위이론의 적용을 배제하였다. 연방지방재판소로 반송된 Sabbatino 판결은 동법에 의해 파기되고, 원고의 소송은 최종적으로 기각되었다.

case 055 | Bernstein 사건[1]

1 사실관계

원고 번스타인(Bernstein)는 유태인으로서 나치 정부로부터 해운회사 소유권을 박탈당하였고, 이 소유권은 벨기에 회사인 피고에게 양도되었다. 1947년 Bernstein은 뉴욕 지방법원에 피고를 상대로 소송을 제기하였다. 동 사건에서 뉴욕 지방법원과 항소법원은 원고의 청구를 기각하였다. 1949년 미국 국무부는 나치 정부의 강압행위에 대해서는 국가행위이론을 적용하는 것이 요구되지 않는다는 취지의 의견을 표명하였다. Bernstein은 자신의 선박을 구입한 네덜란드 회사를 상대로 새로운 소송을 제기하였다.

2 법적쟁점

1. 나치 정부의 행위의 유효성을 미국 법원이 심사할 수 있는가?
2. 행정부의 의견표명과 국가행위이론의 적용 배제

3 판결요지

1. 벨기에 회사를 상대로 한 소송

번스타인이 벨기에 회사를 상대로 한 소송에서 지방법원과 항소법원은 모두 국가행위이론을 적용하여 나치 정부 행위의 유효성을 심사하지 아니하였다. 이에 따라 원고는 패소하였다.

2. 네덜란드 회사를 상대로 한 소송

번스타인이 패소한 이후 번스타인의 변호사는 항소법원의 의견에 따라 미 국무부에 국가행위이론의 적용여부를 질의하였고, 국무부는 답변서에서 나치 정부의 강압적 행위에 대해서는 국가행위이론의 적용이 요구되지 않는다고 하였다. 이에 따라 법원은 국가행위이론을 적용하지 않고, 나치 정부 행위의 유효성을 심사하였다.

---

1) 미국항소법원(Court of Appeals), 1947년.

case 056 | 비호권 사건[1]

1 사실관계

페루에서 혁명이 발생하였고 실패하자 반군지도자 토레는 콜롬비아 대사관에 망명을 신청하였다. 콜롬비아는 토레에게 외교적 비호를 부여하고 페루에게 통행증(safe conduct) 발급을 요청하였으나, 페루는 이를 거부하고 오히려 토레의 자국에의 인도를 요청하였다.

2 법적쟁점

1. 콜롬비아는 토레에 대해 외교적 비호를 부여할 수 있는가?
2. 페루는 망명요청자인 토레가 안전하게 출국할 수 있도록 보증할 의무가 있는가?

3 판단

1. 외교적 비호 인정 여부

콜롬비아가 외교적 비호를 부여할 법적 근거가 명확하지 않다. 콜롬비아는 지역관습의 존재 및 페루가 그 관습에 적극적으로 참여하고 있음을 입증해야 하나 이를 입증하지 못하였다. 외교적 비호를 부여하는 지역관습이 존재한다고 하더라도 페루에 대해서는 적용되지 않는다. 페루는 외교적 비호를 인정한 제반조약(예컨대, 몬테비데오조약)을 비준하지 않음으로써 외교적 비호를 인정하는 데 반대해 왔다.

2. 출국보장의무

페루는 토레의 안전한 출국을 보장할 의무가 없다. 하바나조약상의 출국보장의무는 영토국이 피비호자의 국외송출을 요구한 경우에만 비호국은 영역국에게 안전보장을 요구할 수 있다. 그런데 페루는 토레의 퇴거를 요청한 바가 없으므로 안전한 출국을 보장할 의무 또한 존재하지 않는다.

---

1) Asylum Case, Colombia v. Peru, ICJ, 1950년.

case 057 | Haya de la Torre 사건[1)2)]

1 사실관계

주 페루 콜롬비아 대사관에 망명한 페루 정치인 Haya de la Torre와 관련하여 1950년 11월 20일 ICJ의 판결과 같은 해 11월 27일 해석 요청에 대한 ICJ의 추가 판결 이후 페루와 콜롬비아는 이 판결을 어떻게 이행해야 하는지, 특히 Haya de la Torre의 신병 인도 여부와 관련하여 합의를 볼 수 없었다. 페루 외교부 장관은 콜롬비아 앞 공한을 통해 불법으로 판결된 망명 보호상태를 중단하고 즉시 Haya de la Torre를 인도하여 줄 것을 요구하였으나, 콜롬비아는 하바나협정 제1(2)조에 의거, 일반 범죄자의 신병을 인도할 의무가 있을 뿐 일반 범죄로 고발되지 않은 Haya de la Torre의 신병을 인도할 의무는 없다는 것이 판결문의 결정이라고 반박하였다. 1950년 12월 13일 콜롬비아는 Haya de la Torre의 신병을 페루에게 인도해야 할 의무의 존부를 판결하여 줄 재판을 신청하였다. 페루도 답변서(counter memorial)를 통해 1950년 11월 20일 판결이 어떠한 방식으로 이행되어야 하는지와 페루 사법 당국이 동인에 대한 정상적인 사법절차를 재개할 수 있도록 부당하게 유지되고 있는 망명 보호상태를 종료하라고 판결하여 줄 것을 요청하였다.

2 법적쟁점

1. 원판결의 해석상 신병 인도의무 존부

2. 하바나협정상 신병 인도의무 존부

3. 망명 보호 종료 방안

3 국제사법재판소의 판결

1. 원판결의 해석상 신병 인도의무 존부

1950년 11월 20일 판결을 집행하는 데 있어 콜롬비아는 Haya de la Torre를 페루 당국에 인도할 의무가 없다고 판결하여 달라는 콜롬비아의 요청에 대해 재판부는 신병 인도 문제는 원 재판부에 제기되지도 않았고 따라서 원 재판부가 결정한 바도 없다고 확인하였다. 재판부는 따라서 원 판결문으로부터 Haya de la Torre의 신병 인도의무 존부에 관한 어떠한 결정도 도출할 수 없다고 언급하였으며 이러한 상황에서 재판부는 원 판결을 근거로 하여 콜롬비아가 Haya de la Torre의 신병을 페루 당국에 인도해야 하는지 여부에 관해 언급할 위치에 있지 않다고 판단하였다.

---

1) Columbia v. Peru, 1953.5.19. 판결, 국제사법재판소.
2) 산업통상자원부 홈페이지(https://disputecase.kr) 게시 내용 요약 정리.

2. 하바나협정상 신병 인도의무 존부

콜롬비아는 위 요청에 대해 판결할 수 없을 경우에는 재판부의 통상적인 권능을 행사하여 인도의무 존부 여부를 판결하여 달라고 재판 청구서에 명기하였다. 이에 대해 재판부는 하바나협정 제2(2)조를 인용하면서 하바나협정상의 외교적 망명은 정치범의 일시적 보호를 위한 잠정적인 조치로서 '망명 신청자가 다른 방법으로 자신의 안전을 확보하는 데 꼭 필요한 기간 동안만' 부여되는 것이라고 환기하였다. 재판부는 하바나협정은 망명이 종료되는 방식에 관한 문제에 대해서는 완전한 답변을 제시하지 않고 있다고 확인하였다. 하바나협정 제1조는 일반 범죄로 고발된 망명 신청자는 국적국 정부에 인도해야 한다고 규정하고 있고 정치범의 경우 망명이 적정하게 부여되었고 망명자 국적국 정부가 국외 송출을 요청하는 경우 안전 통행을 보장받아 망명 보호 상태를 종료하는 방안을 언급하고 있기는 하나 이 사건 경우처럼 망명 부여가 적정하게 부여되지 않았고 국적국 정부가 국외 송출을 요청하지도 않은 경우의 망명 종료 방안에 대해서는 규정된 바가 없다는 것이다.

재판부는 그러나 이러한 침묵을 하바나협정 제2조 규정과 합치되지 않게 망명이 부여된 피난자를 인도해야 할 의무가 있다고 해석할 수는 없다고 보았다. 재판부는 페루가 원사건에서 Haya de la Torre가 일반 범죄자임을 입증하지 못했고 콜롬비아의 망명 허용은 하바나협정 제2(2)조와 합치되지 않는다고 판결하였음을 환기하고 이 상황에서 신병 인도에 관한 한 피난자는 정치적 위반행위로 고발된 것으로 취급해야 한다고 보았다. 재판부는 콜롬비아는 Haya de la Torre를 페루 당국에 인도해야 할 어떤 의무도 없다고 결론내렸다.

3. 망명 보호 종료 방안

페루는 Haya de la Torre에 대한 콜롬비아의 망명 부여 및 유지 상태가 1950년 11월 20일 판결 즉시 중단되었어야 하였고 페루 사법 당국이 동인에 대한 정상적인 심리 절차를 진행할 수 있도록 중단되어야 한다고 판결하여 줄 것을 요청하였다. 재판부는 원판결에서 콜롬비아의 망명 허용결정은 하바나협정 제2(2)조와 합치되지 않는다고 판정되었으므로 불법적인 상황을 종료해야 하는 법적인 결과를 수반한다고 인정하였다. 재판부는 부적절하게 망명을 허용한 콜롬비아는 이를 종료해야 할 의무가 있으며 망명 보호상태가 계속 유지되고 있으므로 페루는 그 종료를 요구할 법적인 자격이 있다고 확인하였다. 다만 페루 사법절차를 계속하기 위하여 종료해야 한다는 주장은 간접적으로 Haya de la Torre의 신병 인도를 포함하는 것인데 신병 인도의무는 없다고 이미 판시하였으므로 이 부분에 대한 페루의 시비는 수용할 수 없다고 천명하였다. 결국 재판부는 망명 보호는 종료되어야 하나 콜롬비아는 Haya de la Torre의 신병을 인도함으로써 망명 보호를 종료해야 하는 의무가 있는 것은 아니라는 결론에 도달하였다고 밝혔다. 재판부는 망명상태를 종료하기 위한 방안에 대해서는 실용적인 조언을 할 수 없다고 확인하였다. 그리하는 것은 자신의 사법적인 권능을 초과하는 것이라는 이유를 밝혔다. 재판부는 당사국들이 국가 간 예양과 우호 관계 등을 고려하여 실용적이고 만족할 만한 방안을 찾을 수 있을 것으로 생각한다고 밝혔다.

case 058 | 테헤란 미 대사관 인질사건[1]

1 사실관계

1978년 9월, 미국의 전폭적 지지를 받고 있었던 팔래비 이란 국왕은 계엄령을 선포하고 반팔래비 시위군중들을 무차별 사살하였다. 당시의 반체제운동은 이란 국민의 90%를 차지하였던 시아파 이슬람교도들에 의해 이루어지고 있었는데, 이러한 무차별 사살로 시위가 가속화되었으며 1979년 1월 팔래비는 패배를 인정하고 미국으로 망명하였다. 이로써 이란의 호메이니가 귀국하고 이란회교공화국이 수립되었다. 그러나 이란에서의 반미감정은 수그러들지 않았고, 1979년 11월 테헤란 주재 미대사관은 수백명의 무장집단에 의해 점거되었다. 당시 이란 보안군 요원들은 미대사관 주변에서 철수한 것으로 알려졌으며, 시위대의 대사관 점거를 방지하기 위한 노력을 전혀 하지 않은 것으로 입증되었다. 그 이후 호메이니는 대사관 점거 및 인질 억류에 관한 정부승인을 명확히 선언하는 명령을 발표하여, 팔래비를 이란에 송환하고 그 재산을 반환할 때까지 현 상태를 유지해야 한다고 선언하였다. 안전보장이사회는 결의 457을 채택하여 외교관계에 관한 비엔나협약(이하 '비엔나협약')의 모든 당사자들의 의무를 재확인하고 테헤란 주재 미대사관 직원들의 즉각 석방과 보호제공 및 이란 출국허용을 긴급 요청하였다. 한편 미국의 카터 대통령은 미국 군대에 의한 인질구출작전을 개시하였으나, 그 직후 기술적 이유로 중단되었다. 이 작전은 UN헌장 제51조에 근거한 자위권의 행사라고 주장되었다. 이후 이 사건은 미국에 의해 국제사법재판소(이하 'ICJ')에 제소되었다. 그러나 이란 정부는 이 사건의 정치적 성격을 강조하면서 ICJ의 관할권을 부인하는 서한만을 보냈을 뿐 재판절차에는 불참하였다. 한편 미국 정부는 재판신청서와는 별도의 요청서에서 ICJ에 대해 임시보호조치를 지시해주도록 요청하였다.

2 법적쟁점

1. 이란의 국제위법행위

폭도들이 미국 대사관을 점거하고 인질을 억류한 동 사건이 이란 정부의 국제위법행위를 구성하는 것인지 문제되었다. 비엔나협약 제22조[2] 제1항은 공관으로 진입할 수 없는 주체를 '접수국의 관원'으로 명시하고 있을 뿐, 소위 '성난 시민들'의 진입에 대해서는 침묵하고 있기 때문이다.

---

1) United States Diplomatic and Consular Staff in Teran, U.S. v. Iran, ICJ, 1980년.
2) 외교협약 제22조
   1. 공관지역은 불가침이다. 접수국의 관헌은, 공관장의 동의 없이는 공관지역에 들어가지 못한다.
   2. 접수국은, 어떠한 침입이나 손해에 대하여도 공관지역을 보호하며, 공관의 안녕을 교란시키거나 품위의 손상을 방지하기 위하여 모든 적절한 조치를 취할 특별한 의무를 가진다.
   3. 공관지역과 동 지역 내에 있는 비품류 및 기타 재산과 공관의 수송수단은 수색, 징발, 차압 또는 강제집행으로부터 면제된다.

2. 미국 군대의 인질구출작전의 위법성 여부

미국 군대가 인질구출작전을 수행한 것은 이란의 영토를 침범한 행위이다. 이란은 이에 대해 정식으로 문제를 제기하지 않았으나, ICJ는 본안판단의 결론을 맺기 전에 이에 대한 언급을 하지 않을 수 없었다.

3 법원의 판단

1. 이란의 국제위법행위

ICJ는 사태를 두 시기로 나누어 이란 정부의 국제위법행위 여부를 판단하였다.

(1) 폭도들이 미대사관을 무력공격했을 때 그들은 이란 정부의 대리인 또는 기관으로 승인된 어떠한 형태의 공적 지위도 가지고 있지 않았다. 따라서 폭도들의 대사관 점거 행위와 외교관 체포 및 인질 억류 행위를 이란 정부의 책임으로 돌릴 수 없다. 그러나 이는 이란 정부에 전혀 책임이 없음을 의미하지는 않는다고 지적하였다. 이란 정부는 비엔나협약에 의한 접수국으로서 미국 대사관과 영사관, 그 요원 및 공문서와 통신수단의 보호와 외교관의 이동의 자유를 보장할 적절한 조치를 취할 절대적인 의무가 있기 때문이다. 그러나 이란 정부는 폭도들의 미대사관 공격으로부터 이를 보호하기 위한 '적절한 조치'를 취하지 않았던 것이다.

(2) 이란은 폭도들의 집요한 위반을 신속하게 종식시키고 원상회복과 피해배상에 관한 모든 노력 및 적절한 조치를 취하지 않고, 오히려 폭도들의 행위를 승인하였다. 호메이니의 사태 승인은 폭도들의 계속적인 대사관 점거와 인질억류 행위를 이란 정부행위로 전환시켰다. 이에 폭도들은 이제 이란 정부의 대리인이 되었으며, 따라서 ICJ는 국가 자체가 이 행위에 대해 국제책임을 져야 한다고 판시하였다.

2. 미국 군대의 인질구출작전의 위법성 여부

ICJ는 15개월 동안 계속된 인질억류사태에 대한 미국 정부의 감정을 이해하면서도, 법원이 판결주문을 준비 중이던 상황에서 군사작전을 실시하는 것은 그 동기에 관계 없이 국제관계에서의 사법절차에 대한 존중을 손상하는 것이라고 판시하였다. 그러나 이 작전의 합법성문제 및 이로부터 파생되는 책임문제가 ICJ에 정식으로 제기되지 않았으므로, ICJ의 판결은 이 구출작전의 영향을 받지 않는다고 하였다.

case 059 | Case concerning Avena and Other Mexican Nationals[1]

1 사실관계

멕시코와 미국은 영사관계에 관한 비엔나협약(이하 '비엔나협약')과 비엔나협약 관련 분쟁의 강제적 해결에 관한 선택의정서(이하 '선택의정서')의 당사국이다. 멕시코는 비엔나협약 제36조 규정에 근거하여 미국이 협약을 위반했다고 주장하였다. 즉, 동 조항에 따르면 파견국의 영사관할 구역 내에서 파견국의 국민이 체포, 구금, 유치, 또는 구속될 때 권한있는 당국은 관련자에게 그의 권리를 지체없이 고지해야 하는데, 52개의 사건에서 미국 당국이 이를 위반하였다는 것이다. 멕시코가 제소한 52개의 사건 중 49개의 사건은 연방 또는 주의 사법당국에 의해서 각각 소송이 진행 중이며, 3개의 사건은 미국 내의 모든 사법적 해결방법이 완료된 상태이다. 이에 ICJ는 각 사건들에 대한 미국 당국의 위법행위 여부를 검토하였다.

2 법적쟁점

1. 영사통지와 영사접견권의 고지의무

멕시코는 비엔나협약 제36조 제1항은 접수국이 외국인의 권리에 대해 잠정적으로 결정적인 어떠한 조치를 취하기 전에 영사권의 통지와 영사접견에 대한 합리적 기회를 제공할 의무를 규정하고 있다고 하면서, 미국은 이들 52명 각각에 대해 동 권리를 지체 없이 고지하지 못했다고 주장하였다.

2. '지체 없이'의 해석에 대한 문제

멕시코에 따르면 구금자에 대한 고지의 시간은 비엔나협약 제36조에서 제공된 권리를 행사하는 데 매우 중요하며, 따라서 '지체 없이'는 무조건적인 '즉시'를 의미한다고 보았다. 그러나 미국은 이를 '고의적인 지연 없이', '요구된 행위가 상황에 따라 합리적으로 가능한 한 빨리'로 해석된다고 보았다.

3. 위반의 법적 효과

멕시코는 자신이 입은 손해에 따라 원상회복의 형태로 모든 손해에 대한 완전한 배상을 받을 권한이 있으며, 이는 52명에 대한 유죄평결과 사형선고를 무효화하거나 그 집행력과 효력을 상실시킴으로써 이전의 상태로 되돌릴 의무를 구성한다고 주장하였다. 이에 미국은 이전상태로의 회복이 단지 각각의 사건에 대해 위반을 고려하는 재심리를 허용할 것을 요청하고 있을 뿐, 유죄평결과 형선고를 무효화하는 것을 의미하는 것은 아니라고 하였다.

---

[1] Mexico v. U.S., ICJ, 2004년.

4. 사면절차의 문제

멕시코는 사면절차는 재심리의 방법으로 볼 수 없으며, 이는 LaGrand 사건에서 법원이 판결한 적절한 구제를 제공할 의무에 정면으로 위배된다고 주장하였다. 그러나 미국은 행정적 사면절차를 통해 비엔나협약 제36조 제1항의 권리가 의도한 목적이 완전히 실행되었으며, 사면절차는 재심리로서 적합하다고 반박하였다.

3 법원의 판단

1. 영사통지와 영사접견권의 고지의무

ICJ는 비엔나협약 제36조 제1항(b)의 세 요소를 언급하였다.

(1) 관련자가 비엔나협약 제36조하의 그의 권리를 지체없이 고지받을 권리

(2) 그가 요구한다면 즉시 개인의 구금을 영사관에게 통지할 의무

(3) 구금자가 보내는 모든 통신을 즉시 영사관에게 통지할 의무

법원은 구금당국이 이에 따라 관련인에게 고지할 의무는 그 자가 외국인이라는 사실을 알았을 때 또는 알 수 있었을 때이며, 정확히 언제 발생하는가는 상황에 따라 다르다고 판시하였다. 그러나 많은 외국인이 미국에 산다는 점을 고려할 때, 구금 시 개인의 국적에 대해서 정기적으로 질문을 하는 것이 바람직하며 또 그렇게 함으로써 비엔나협약상 의무가 이행되는 것이라고 하였다.

2. '지체 없이'의 해석에 대한 문제

법원은 '지체 없이'의 정확한 의미가 협약에서 정의되고 있지 않으므로 이는 조약의 해석문제라고 하면서, 반드시 '체포 즉시'로 해석될 필요는 없다고 판시하였다. 즉, 동 규정은 이러한 고지가 반드시 심문에 우선하며 따라서 고지 전의 심문이 비엔나협약 제36조의 위반을 구성하는 것은 아니라는 것이다. 그러나 체포당국이 구금자가 외국인임을 알았거나 알 수 있었던 경우에는 즉시 고지의 의무가 발생한다고 볼 수 있다.

3. 위반의 법적 효과

ICJ는 미국의 위반에 대한 효과적인 구제방법은 미국이 각각의 사건에 대해 권한 있는 당국에 의한 비엔나협약 제36조의 위반이 형사정의체계의 운영과정에서 피고인에게 실질적 침해를 야기하였는가를 확인하기 위해 이들 국민들에 대해 미국 법원의 재심리를 허용하는 것이라고 결정하였다. 따라서 법원은 원상회복에 의한 완전한 손해배상을 요청한 멕시코의 주장을 기각하였다.

4. 사면절차의 문제

ICJ는 재심리의 절차에서 중요한 것은 재심리의 실질적 결과가 무엇이든 간에 비엔나협약에서 규정된 권리의 위반에 관심이 집중되어야 한다고 지적하였다. 즉, 사면절차가 협약상 권리의 위반을 고려하여 유죄판결과 형선고에 대한 효과적인 재심리를 수행하기 위한 적절한 방법으로서의 자격을 갖추었는지 판단해야 하는데, ICJ는 현재 미국의 형사정의체계에서 시행되고 있는 사면절차는 재심리로서의 요건을 충분히 만족하지 못한다고 보았다. 그럼에도 불구하고 사면절차는 사법적 절차가 비엔나협약상 권리 위반을 적절히 고려하지 못하는 경우에는 사법적 재심리를 보충할 수 있다고 판단하였다.

case 060 | Immunities and Criminal Proceedings 사건[1][2]

1 사실관계

이 사건은 공금을 횡령하여 프랑스 내에서 세탁하고 건물을 구매한 적도 기니의 부통령을 프랑스 사법 당국이 수사 및 기소한 행위가 UN 국제조직범죄방지협약과 외교관계에 관한 비엔나협약상의 의무 위반에 해당하는지 여부가 쟁점이 된 사건이다. 2010년 12월 프랑스 검찰은 적도 기니 대통령의 아들이자 당시 적도 기니 농림부 차관이었던 Teodoro Nguema Obiang Mangue가 횡령한 공금으로 프랑스 내에서 각종 사치품, 부동산을 구매한 혐의를 잡고 수사를 개시하였다. 프랑스 형법상 부당하게 전용·횡령한 외국 공금의 프랑스 내 은닉·사용은 범죄에 해당한다. 프랑스 검찰은 2011년 10월 해당 건물과 주차되어 있던 고급 승용차 수 대를 압류하였다. 주 프랑스 적도 기니 대사관은 다음 날 프랑스 외교부에 공한을 송부하여 적도 기니 대사관이 42번지 건물을 구매하였으며 현재 외교 용도로 사용 중에 있다고 통지하고 환부를 요구하였다. 프랑스 검찰은 다음 날 일단 건물 압류는 해제하였으나 프랑스 외교부는 10월 11일 회신 공한을 통해 42번지 건물은 외교 공관으로 인정되기 위한 소정의 절차를 거치지 않았으므로 외교 공관으로 인정할 수 없다고 통보하였다. 2012년 2월에 해당 건물에 대한 압수 수색이 재차 시행되었으며 프랑스는 해당 건물을 외교 공관으로 볼 수 없다는 입장을 견지하면서 적도 기니 대사관의 항의를 묵살하였다. 프랑스 법원은 해당 건물의 압류를 승인하였고 적도 기니는 항소하였으나 2심 법원 역시 2012년 7월 27일 압류를 승인하였다. 한편, 2012년 7월 31일 Mangue 부통령에 대한 체포 영장이 발부되었고 해당 법원은 그가 프랑스 내에서 개인 자격으로 행한 범법 행위에 대해서는 외국 정부의 고위 인사라는 이유로 형사관할권이 면제되지 않는다고 확인하였다. 7월 31일 Mangue 부통령은 외국 형사관할권이 면제되는 고위 인사라는 이유로 입건 취소 소청을 제기하였으나 기각되었고 2016년 5월 23일 프랑스 검찰은 그를 자금 세탁 혐의로 재판에 회부하였다. 2017년 10월 27일 프랑스 법원은 그가 1997년부터 2011년 기간 중 적도 기니의 공금을 프랑스 내에서 세탁한 점이 인정된다고 판단하고 집행 유예 3년 및 3천만 유로의 벌금형에 처했으며 Foch가 42번지 건물을 포함하여 수사 기간 중 압류된 자산의 몰수를 명령하였다. 이에 대해 기니가 프랑스를 제소했고, 프랑스는 선결적 항변을 제기했으나 기각되었고(2018년 6월) 본안판단이 진행되어 2020년 12월 최종 판단이 나왔다.

2 법적 쟁점

1. 선결적 항변

2. 본안판단: 기니(파견국)가 일방적으로 공관지역을 지정할 수 있는가?

---

1) Equatorial Guinea v. France, 선결적 항변-2018년 6월. 본안판단 2020년 12월. ICJ.
2) 산업통상자원부 홈페이지(https://disputecase.kr) 게재 내용 요약 및 관련 자료 정리.

3 선결적 항변에 대한 판단

1. 적도 기니 입장

프랑스 국내 재판이 진행 중이던 2016년 6월 13일 적도 기니는 프랑스가 Mangue 부통령에 대한 사법절차를 진행한 것과 자국 공관인 42번지 건물을 압류한 것은 외교관계에 관한 비엔나협약 등 국제법 위반에 해당한다고 주장하고 ICJ에 제소하였다. 제소 근거는 UN 국제조직범죄협약 제35(2)조와 외교관계에 관한 비엔나협약의 해석과 집행에 관한 분쟁은 ICJ에 회부한다는 동 협약 선택의정서 제1조였다.

2. 프랑스 입장

프랑스는 이 사건의 쟁점인 Mangue의 범죄는 UN 국제조직범죄협약과 무관하므로 동 협약 제35조는 ICJ의 관할권 근거가 될 수 없으며 양국이 다투고 있는 것은 42번지 건물의 법적 지위, 즉 외교 공관 해당 여부이고 이는 외교관계협약의 해석과 집행에 관한 분쟁이 아니므로 선택의정서 제1조 역시 ICJ의 관할권 근거가 될 수 없다고 반박하였다. 프랑스는 적도 기니가 Mangue의 개인 소유 건물을 보호하기 위해 갑자기 외교 공관으로 사용하는 등 외교관계에 관한 권리와 절차를 남용하고 있으므로 동 재판 청구를 수리할 수 없다고도 항변하였다.

3. 법원 판단

(1) UN 국제조직범죄협약상의 관할권 존부

적도 기니는 외국 고위 관리 및 외교 시설에 대한 주재국의 형사관할권 면제는 주권 평등과 내정 불간섭 존중 의무를 명시한 국제조직범죄방지협약 제4(1)조 위반에 해당하며 따라서 이 사건은 동 협약 제35(2)조에 의해 ICJ가 관할권을 행사할 수 있는 분쟁이라고 주장하였다. 협약 제4(1)조는 협약상의 각종 의무를 주권 평등, 영토 보존, 내정 불간섭의 원칙과 합치되는 방향으로 수행할 것을 규정하고 있다. 적도 기니는 동 조항은 주권 평등 등의 원칙을 규정하고 있는 국제관습법을 내포하는 것이므로 이 원칙을 준수할 의무가 동 조항에 의해 발생한다는 입장을 취하였다. 프랑스는 외교관, 외교 시설에 대한 면제는 조직범죄협약 관할 대상도 아니며 이 사건은 동 협약상의 의무 이행과 관련된 것도 아니라고 반박하였다. 협약 제4(1)조 역시 주권 평등 등의 국제법의 기본 원칙을 환기하는 일반적인 조항이고 별도의 의무를 규정하는 것이 아니라 협약의 목적과 대상을 천명한 것일 뿐이라고 주장하였다. 재판부는 조직범죄협약 제4(1)조는 국제관습법상의 관할권 면제의무를 내포하고 있지 않으며 따라서 Mangue 부통령 및 42번지 건물에 대한 면제 여부가 쟁점인 이 사건 분쟁은 국제조직범죄협약의 해석과 적용에 관한 것이라고 볼 수 없으므로 재판부는 동 협약상의 관할권을 보유하고 있지 않다고 판시하였다.

(2) 프랑스의 관할권 확장에 대한 관할권 존부

국제조직범죄방지협약 제6조는 자금 세탁을 범죄로 규정하는 국내법을 입법하도록 요구하고 있으며 제15조는 조직범죄와 관련된 위반행위에 대해 체약국이 관할권을 행사할 수 있는 조치를 수립할 의무를 부과하고 있었다. 자금 세탁은 세탁할 자금을 획득하는 선행 범죄(predicate offences)를 전제로 한다. 적도 기니는 선행 범죄에 대한 관할권은 동 범죄가 발생한 국가가 전속으로 행사한다고 보았다. 적도 기니는 설사 Mangue 부통령의 자금 세탁 행위가 프랑스에서 수행되었다고 가정하더라도 그 선행 범죄는 적도 기니의 전속적인 관할 사항인데 프랑스가 이들 행위에 대해 사법 절차를 개시한 것은 관할권을 부당하게 확장한 것이며 제4(1)조의 주권 평등과 내정 불간섭을 위반한 것이라는 주장도 제기하였다. 관할권 확대가 가능하도록 규정한 프랑스의 제6조, 제15조 이행 입법이 제4조의 주권 평등과 내정 불간섭 원칙에 부합하지 않는다는 것이다. <u>재판부는 관련 조항을 검토한 결과 프랑스가 관련 조항을 위반하지 않았으므로 동 조약에 따른 국제사법재판소의 재판관할권이 인정되지 않는다고 판시하였다.</u>

(3) 선택의정서에 의한 관할권 존부

외교관계에 관한 비엔나협약 제22조는 외교 공관의 불가침성, 접수국 관헌의 출입 금지, 접수국 당국의 보호 의무 및 수색, 압류 조치 면제의무 등을 규정하고 있다. 적도 기니는 자국이 외교 공관으로 사용하고 있는 Avenue Foch 42번지 건물을 프랑스 검찰이 무단 진입하여 수색하고 압류한 것은 동 조항을 정면으로 위반한 것이며 양국 모두 비엔나협약상의 분쟁은 ICJ에 회부한다는 선택의정서를 채택하였으므로 ICJ는 이 사건에 대해 관할권이 있다고 주장하였다. 프랑스는 해당 건물은 Mangue 부통령이 횡령한 공금으로 구매한 개인 재산이며 압류를 회피하기 위해 적도 기니가 외교 공관으로 가장한 것이고 외교 공관으로 인정받기 위해서는 사전에 외교 공한으로 프랑스 외교부에 통보해야 하나 적도 기니가 이를 통보한 것은 사건 발생 후인 2012년 7월 27일이므로 사건 발생 당시 동 건물은 외교 공관이 아니었다고 반박하였다. <u>재판부는 선택의정서에 의해 자신이 관할권을 갖는 분쟁은 비엔나협약의 해석과 적용에 관한 것인데 양국은 협약 제1(i)조의 해석에 대해 다투고 있으므로 이 사건은 재판부의 관할에 속한다고 판단하였다.</u> 프랑스가 주장하는 절차 준수 요건과 상관 없이 외교 공관의 목적에 사용되기만 하면 외교 공관에 해당하고 결과적으로 협약 제22조상의 권리를 향유할 수 있는지의 여부는 비엔나협약의 해석과 적용에 관련된 분쟁에 해당한다고 본 것이다.

(4) 권리 및 절차의 남용

프랑스는 42번지 건물의 구매 시기 및 용도에 대한 적도 기니의 설명이 일관성이 없고 적도 기니가 개인 재산을 느닷없이 외교 공관으로 전환하였으며 건물주를 사건 수사 진행 중에 갑자기 부통령이라는 고위직에 임명한 것은 동인과 동인 소유의 42번지 건물을 형사 절차에서 보호하려는 의도라고 비난하였다. <u>프랑스는 적도 기니의 재판 청구는 재판을 청구할 수 있는 권리와 절차를 남용한 것이므로 재판 청구를 수리해서는 안 된다고 주장하였다.</u> 이에 대해 재판부는 <u>권리의 남용은 본안 심리에서 당사국이 사실과 법률을 근거로 수립해야 할 문제로서 관할권 단계에서 재판 청구를 수리할 수 없는 근거가 될 수 없다고 일축하고 본안 심리 단계에서 살펴 보겠다고</u>

밝혔다. 절차의 남용과 관련하여 재판부는 적도 기니가 이 사건이 재판부의 관할 대상임을 정당하게 수립하였고 절차 남용에 관한 증거는 아직 제출되지도 않았으므로 절차 남용을 근거로 적도 기니의 재판 청구를 기각할 수 없다고 판시하였다.

4 본안판단: 공관지역의 파견국 일방적 지정 가능성(소극)

1. 조약 해석 방법

법원은 어떤 상황에서 어느 재산이 외교협약 제1조 (i)의 "공관지역"(premises of the mission)의 지위를 획득하는가를 먼저 결정해야 한다고 보았다. 그리고 법원은 조약법협약 제31조의 해석규칙에 따라서 외교협약을 조약문의 문맥 그리고 조약의 대상과 목적으로 보아 그 조약문에 부여되는 통상적 의미에 따라 성실하게 해석할 것이라고 확인하였다. 그리고 조약법협약 제32조에 따라서 조약의 교섭기록과 조약 체결시의 사정을 포함한 해석의 보충적 수단도 이용할 수 있다고 하였다.

2. 공관지역 획득에 대한 해석

법원은 기본적으로 외교협약 조항들의 통상적인 의미는 어느 재산이 "공관지역"의 지위를 획득하게 되는 상황을 결정하는 데 별로 도움이 되지 않는다고 보았다. 왜냐하면 외교협약 제1조 (i)는 "공관지역"을 정의할 뿐이지 어떻게 건물이 공관지역으로 지정되는지를 규정하지 않기 때문이다. 법원에 따르면, 제1조 (i)만으로는 어떻게 건물이 외교공관의 목적으로 사용되게 되는지, 그러한 사용에 필수적인 조건이 있는지 그리고 그러한 사용은 어떻게 확인되는지를 결정하는 데 도움이 되지 않는다. 공관의 불가침을 규정한 외교협약 제22조 역시 이 점에 대해서 아무런 지침을 제공하지 않는다. 그러므로 법원은 이 조항들의 문맥과 외교협약의 대상 및 목적을 살펴봐야 한다고 하였다. 조항들의 문맥과 관련하여, 법원은 "국가간의 외교관계의 수립 및 상설외교공관의 설치는 상호 합의에 의하여 이루어진다"는 외교협약 제2조를 언급하였다. 법원에 따르면, 접수국의 명시적 반대에도 불구하고 파견국의 일방적 지정으로 어느 건물이 공관의 지위를 얻을 수 있다고 외교협약을 해석한다면 그것은 상호 합의를 규정한 제2조와 조화되기 어렵다. 게다가 공관직원의 임명에 대해서 접수국의 사전승인이 일반적으로 요구되지 않으면서도 공관직원은 접수국에서 면제와 특권을 누린다. 하지만 이러한 면제와 특권에 상응해서 접수국은 외교직원을 비우호적 인물(persona non grata)로 선언할 수 있는 권한을 가진다. 이와는 달리 외교협약은 공관지역에 대해서는 비우호적 인물에 상응하는 장치를 가지고 있지 않다. 따라서 만약 접수국의 반대에도 불구하고 파견국이 일방적으로 공관지역을 지정할 수 있다면 접수국은 자기 의사에 반해서 그 재산을 보호하거나 또는 파견국과 외교관계를 단절하는 조치를 취하거나, 사실상 둘 중 하나를 선택해야 하는 상황에 직면하게 된다. 후자의 경우에도 접수국은 외교협약상 계속 보호의무를 가지므로 파견국의 일방적 선택이 계속 효과를 발휘하게 된다. 법원의 판단에 의하면, 이러한 상황은 접수국에게 불리한 불균형 상황을 초래할 뿐만 아니라 또한 외교공관 직무의 효율적 수행을 확보한다는 외교협약의 목표를 달성하는데 필요한 수준을 넘어서는 것이다.

3. 공관지역의 파견국 일방적 지정 불가

외교협약의 대상 및 목적과 관련하여, 법원은 협약의 전문(preamble)이 국가간의 우호관계의 증진에 기여하는 것을 목적으로 규정하고 있는 점에 주목하였다. 이러한 목적에 비추어 볼 때 외교협약은 접수국의 반대에도 불구하고 파견국이 공관지역 지정을 일방적으로 강요하는 것을 허용한다고 해석될 수 없다는 것이 법원의 판단이다. 파견국이 공관지역 선택을 일방적으로 강요하는 것은 국가간 우호관계 증진이라는 목적과 명백히 충돌하기 때문이다. 한편, 적도기니는 외교협약이 제12조의 경우처럼 접수국의 동의가 요구될 때에는 명시적으로 규정하는데 반해 공관지역지정에 대해서 그런 조항이 없다는 점은 접수국의 동의가 요구되지 않는다는 것을 의미한다고 주장하였다. 이에 대해 법원은 그러한 반대해석이 파견국의 공관지역 선택을 접수국에게 일방적으로 강요하도록 하는 반면 접수국은 자기 의사에 반해서 외교협약 제22조의 막중한 의무를 부담하도록 한다고 보았다. 이것은 국가간 우호관계 증진에 해로우며 따라서 법원은 그러한 반대해석이 외교협약의 대상 및 목적과 일치한다고 생각하지 않았다. 법원은 공관목적으로 건물을 취득 및 사용하기 전에 접수국의 동의를 요구하는 독일, 남아공, 브라질의 사례들도 원용하였다. 적도기니와 프랑스는 그러한 국가실행이 외교협약과 충돌한다고 주장하지는 않았다. 법원에 따르면, 어느 건물이 공관지역 지위를 얻기 위해서 접수국의 사전동의를 요구하는 국가실행이 있고 그런 실행에 대한 반대가 없다는 점은 외교협약상 파견국의 일방적인 공관지역 지정권을 부정하는 요소이다. 결론적으로 법원은 접수국이 파견국의 공관지역 지정에 반대할 수 있다고 보았다.

4. 공관지역 지정 반대 방법 및 반대 제한

법원은 접수국이 반대하는 방식도 선택할 수 있다고 보았다. 어떤 접수국은 승인이 부여되는 방식을 입법이나 공식지침을 통해서 미리 규정할 수도 있고 다른 접수국은 사건별로 대응할 수도 있다. 어느 방식을 선택하든 접수국의 반대권에는 영향이 없다. 다만, 법원은 파견국의 공관지역 지정에 대한 접수국의 반대권이 무제한적이지는 않다고 보았다. 법원에 따르면, 접수국의 반대는 적시에(timely), 자의적이지 않고(non-arbitrary), 비차별적으로(non-discriminatory) 행해져야 한다.

5. 사안에 대한 결론

제반 사정을 검토한 후 법원은 적도기니의 공관지역으로서 포슈가 42번지 건물에 대한 프랑스의 반대가 반대의 요건들을 충족하였다고 판단하였다. 이상과 같은 이유로 법원은 포슈가 42번지 건물이 외교협약 제1조 (i)의 "공관지역" 지위를 획득한 적이 없다고 9 대 7로 판결하였다. 그리고 법원은 프랑스가 외교협약상 의무를 위반하지 않았다고 12 대 4로 선언하였다.

1 사실관계

1. 파키스탄의 인도 국민 체포

이 사건은 파키스탄에 의해 체포된 인도인 Jadhav에 대한 영사접근권이 쟁점이 된 사건이다. 2016년 5월 3일 Kulbhushan Sudihir Jadhav라는 인도인이 파키스탄 당국에 의해 체포되었다. 인도에 따르면 그는 퇴역 해군 장교로서 당시 이란에 사업차 거주 중이었고 파키스탄 당국에 의해 납치되었다는 것이었으나 파키스탄은 그가 인도 정보부 요원으로서 사업가로 위장하여 이란에서 파키스탄으로 육로로 불법 잠입하려는 것을 체포하였다고 주장하였다. 체포 당시 그는 Hussein Patel이라는 이름으로 인도 여권을 소지 중이었다. 2016년 3월 25일 파키스탄은 이슬라마바드 소재 인도 대사관에 Jadhav의 체포 사실을 그가 간첩행위를 위해 잠입하였다고 자백하는 영상과 함께 통보하였다. 같은 날 인도 대사관은 파키스탄 외교부 앞 공한을 통해 동인에 대한 영사 접근권을 요청하였다. 이후 계속된 수 차례의 영사접근권 요청은 계속 기각되었으며 2016년 4월 8일 파키스탄은 Jadhav를 기소하였고 군사법 및 기밀보호법 위반 혐의로 군법회의에서 재판이 진행되었다.

2. 인도와 파키스탄의 갈등

2017년 1월 23일 파키스탄 외교부는 Jadhav에 관한 형사공조 요청 공한을 인도에 발송하여 증거 수집을 위한 수사 협조를 요청하였으나 인도는 이 요청이 법적 근거가 없고 믿을 만한 증거에 의해 뒷받침되지도 않았다고 일축하고 2017년 3월 21일 파키스탄 외교부는 인도가 요청한 영사접근권은 수사 협조 요청에 대한 인도의 반응에 따라 검토될 수 있을 것이라는 요지의 공한을 송부하였다. 인도는 영사접근권은 사실 관계 및 동인의 상태를 확인하기 위한 핵심적인 요건이지 거래 대상이 아니라고 반박하였다.

3. 파키스탄 국내 절차 진행

같은 해 4월 10일 Jadhav는 사형을 선고받았다. 파키스탄 법규에 의하면 군법회의 판결은 고등군법회의에 항소할 수 있었고 고등군법회의 판결은 군참모총장에게 사면 청원을 제기할 수 있으며 대통령에게 군참모총장의 결정에 대해 사면을 청구할 수 있었다. 파키스탄은 2017년 4월 26일 Jadhav는 고등군법회의에 항소하였으나 패소하였고 6월 22일 군참모총장에게 사면을 청원하였다고 통지하였으나 인도는 재판 자료 등에 대한 접근이 허락되지 않아 항소 및 사면 청원 등의 재판 진행 정황에 대해 자세히 알 수 없다고 시비하였다. 2017년 12월 5일 파키스탄은 Jadhav의 부인과 모친에게 인도적 견지에서 면회를 허락하였다.

---

1) India v. Pakistan, 2019.7.19. 판결, 국제사법재판소.
2) 산업통상자원부 홈페이지(https://disputecase.kr) 게시 내용 요약 정리.

4. 인도의 제소

인도는 Jadhav에 대한 파키스탄의 항소심이 진행 중이던 2017년 5월 8일 이 사건을 ICJ 에 제소하여 파키스탄이 Jadhav의 체포 사실을 즉시 인도에 통보하지 않고 영사접근권을 제공하지 않은 것은 영사관계에 관한 비엔나협약 제36(1)조 위반이며 상응한 배상 조치를 청구하였다. 인도와 파키스탄은 모두 이 협약의 분쟁 해결에 관한 선택의정서 채택 국이어서 동 협정의 해석과 적용에 관한 분쟁은 ICJ의 강제관할권을 수용한다는 선택의 정서 제1조에 의해 인도의 일방적인 재판 청구가 가능하였다. 인도는 재판 청구와 동시에 ICJ의 판결 시까지 Jadhav에 대한 사형 집행정지를 명령하여 달라는 잠정 명령 청구도 같이 제기하였다. 파키스탄은 ICJ의 관할권에는 시비하지 않았으나 인도가 ICJ의 재판 절차를 남용하고 선택의정서상의 여타 분쟁 해결 절차를 무시하였다는 등의 이유로 인도의 재판 청구를 수리할 수 없다는 주장을 제기하였으며 설사 수리 가능하다 할지라도 동 협약 제36조 영사접근권 등에 관한 규정은 간첩 사건에는 적용되지 않는다고 반박하였다.

2 법적쟁점

1. 재판의 수리가능성

2. 영사협약 제36조 적용가능성

3. 영사협약 제36조 위반 여부

4. 배상

3 ICJ의 판단

1. 재판의 수리가능성

(1) 파키스탄 국내절차가 진행 중이어서 인도의 제소가 재판절차를 남용한 것인지 여부

파키스탄은 자국 사면 청원절차 진행 중에 재판을 청구한 점이 인도가 재판절차를 남용한 것이므로 이 사건 재판 청구를 수리해서는 안 된다는 주장을 제기하였다. 청원과 관련하여 파키스탄은 자국법의 항소 및 사면 청원 절차상 군법회의 1차 판결 후 최대 150일 이내에 사면을 청구할 수 있으며 아직 판결 후 150일이 경과하지 않았고 항소 및 사면 청원절차가 파키스탄 내에서 진행 중에 있으므로 인도의 재판 청구, 특히 사형 집행 중단을 요구하는 잠정 명령 청구는 시기상조이고 재판절차상의 권리를 남용한 것이라고 역설하였다. 재판부는 잠정 판결에서 파키스탄의 항소 및 사면 청원 제도에 대해 언급하기는 하였으나, 그 결정이 언제 내려질지 알 수 없으며 사형 판결이 확정될 경우 언제 집행될지 알 수 없다는 점을 분명히 적시하였다고 환기하면서 인도가 재판을 청구하고 잠정명령을 청구한 것이 재판 절차상의 권리를 남용한 것이라고 볼 수 없다고 판결하였다.

(2) 선택의정서상의 중재나 조정절차를 선행해야 하는지 여부

파키스탄은 영사협약 선택의정서 제2조와 제3조에 각각 중재 및 조정 절차가 규정되어 있음에도, 인도가 이에 대해 정당한 주의를 기울이지 않았으며 제2조와 달리 분쟁의 존재를 파키스탄에게 통보하지도 않았으므로 재판을 수리할 수 없다는 주장도 제기하였다. 재판부는 이미 US Diplomatic Staff 사건에서 제2조와 제3조는 제1조에 정확하고 단정적으로 적시되어 있는 ICJ 강제관할권 적용의 전제 조건이 될 수 없으며 ICJ의 대체 수단으로 분쟁 당사국이 중재나 조정에 합의할 수 있다는 것을 규정하고 있는 것이라고 판결된 바 있음을 소개하고 파키스탄의 주장을 기각하였다.

(3) 인도의 영사접근권 요구가 권리 남용에 해당되는지 여부

파키스탄은 인도가 Jadhav의 국적에 관한 증거(그의 본명으로 발행된 인도 여권)를 제출하지 않았고 형사 공조 요청도 거부, 간첩 행위를 위해 파키스탄에 잠입시킨 것이라는 점을 들어 소송의 수리불가를 주장하였다. 이러한 인도가 영사협약상의 영사접근권을 요구하는 것은 권리의 남용에 해당한다는 것이다. 재판부는 본명이 기재된 여권 제출 문제는 결국 Jadhav의 인도 국적자 여부에 관한 것이므로 영사협약 제36조 위반 여부 심리 시 판단할 문제라고 보았다. 재판부는 형사공조 요청 거부 및 간첩 행위 주장은 결국 인도가 국제법상의 여러 의무를 먼저 준수하지 않았으므로 영사접근권을 요구할 수 없다는 것인데, 의무 위반과 영사접근권과의 관계가 분명하게 설명되지 않았으며 이는 본안 심리에서 살펴보아야 할 주장이라고 보고 파키스탄의 주장을 받아들이지 않았다.

(4) 불법행위는 권리를 발생시키지 않는다는 항변의 문제

파키스탄은 불법행위는 권리를 발생시키지 않는다(ex turpi causa non oritur actio)는 원칙을 근거로 인도의 재판 청구는 수리할 수 없다고 주장하였다. 가짜 여권 교부, 형사공조 요청 거절, 간첩행위 등의 불법행위를 한 인도는 영사 보호를 청구할 자격이 없다는 것이다. 인도는 파키스탄이 주장하는 불법행위 자체를 부인하면서 영사협약 제36조의 준수 의무는 체포된 개인의 불법행위 여부에 결부되는 것이 아니라고 일축하였다. 재판부는 제소국의 행위가 법적으로 제재할 수 있는 것이라 하더라도 그 이유 자체가 불법행위에 의한 권리 불발생 원칙에 근거한 상대국의 수리 불능 주장을 용인할 수 있을 정도로 충분한 것은 아니라고 판시한 판례를 제시하면서 파키스탄의 주장을 기각하였다.

2. 영사협약 제36조 적용가능성

(1) 영사협약 제36조는 간첩행위에 대해 적용을 배제하는지 여부

파키스탄은 이 사건에 대한 재판부의 관할권을 시비하지는 않았으나 영사협약 제36조의 적용 가능성에 대한 시비를 제기하였다. 파키스탄은 제36조는 간첩성이 농후한 사안에는 적용되지 않는다고 주장했다. 행동이나 소지품 등으로 볼 때 일견(prima facie) 간첩임이 분명해 보이는 자에게는 제36조의 권리가 적용되지 않는다는 것으로서 영사협약 성안 과정 시 간첩행위는 영사협약의 적용 대상에서 제외한다는 양해가 있었다는 주장을 근거로 제기하였다. 재판부는 제36조는 물론 영사협약의 그 어느 조항도 간첩행위를 언급하고 있지 않으며 맥락과 협약의 대상과 목적에 비추어 볼 때에도 제36조가 간첩행위를 적용 대상에서 제외하지 않는다고 보았다.

영사협약의 서문에 나타난 이 협약의 대상과 목적은 국가 간 우호관계 증진에 기여하는 것이고 제36조는 파견국 국민에 대한 영사 기능 행사의 촉진을 목적으로 적시하고 있는 점을 고려할 때 재판부는 영사는 모든 경우에 있어 협약에 규정된 대로 자국 국민에 대한 영사접근권을 행사할 수 있어야 하며 만일 접수국이 간첩 혐의자라고 주장하는 개인에 대해 영사접근권이 부인된다면 해당 조항의 목적과 정면으로 배치되는 것이라고 설명하였다. 재판부는 이에 따라 용어의 통상적인 의미나, 맥락, 대상과 목적에서 영사협약 제36조를 해석할 때 간첩행위가 적용 대상에서 제외되지 않는다고 확인하였다.

(2) 2008년 양자 간 영사접근권에 관한 약정상 간첩행위가 배제되는지 여부

파키스탄과 인도는 2008년 영사접근권에 관한 약정을 체결하였다. 이를 근거로 파키스탄은 이 사건에는 영사협약이 아니라 2008년 약정이 우선 적용되어야 하며 정치, 안보상의 이유로 체포, 구금된 경우에는 해당 국가가 본안을 우선 조사할 권리를 가진다는 제6조에 의거하여 파키스탄이 Jadhav의 영사접근권 문제를 심리할 권한이 있다고 주장하였다. 재판부는 2008년 약정 제6조의 문안과 체포, 구금, 투옥된 상대국 국민에 대한 인도적 대우 보장을 목적으로 규정하고 있는 2008년 약정 서문을 감안할 때 제6조가 정치, 안보상의 이유로 한 체포, 구금 시 영사접근권을 부인한다고 해석할 수는 없다고 보았다. 또한 정치, 안보적인 이유로 협약 제36조의 일탈을 허용하면 영사접근권이 무의미해지며 접수국에게 영사접근권을 부인할 수 있는 가능성을 부여하는 것이나 이미 협약 성안 과정에서 살펴본 바와 같이 제36조에는 어떠한 예외도 적용되지 않는다고 환기하였다. 재판부는 협약 제73(2)조는 영사협약 조항을 확인, 보충, 확대, 강화하는 후속 협정만을 용인하는 것이라고 언급하고 2008년 약정을 제73(2)조의 견지에서 살펴볼 때 이 약정은 본 협약을 확인, 보충, 확대, 강화하려는 후속 협정에 해당한다고 이해하였다. 따라서 약정 제6조는 파키스탄이 주장하는 것처럼 협약 제36조의 의무를 대체한다고 볼 수 없다고 판시하였다.

3. 영사협약 제36조 위반 여부

(1) 영사보호권의 고지 의무 위반 여부

영사협약 제36(1)조(b)는 접수국이 외국민을 구금할 경우, 지체 없이 자국 영사와 연락할 수 있는 권리를 고지해야 한다고 규정하고 있다. 인도는 파키스탄이 Jadhav에게 이를 고지하였는지는 알 수 없으나 파키스탄이 Jadhav는 영사접근권을 누릴 자격이 없다고 공개적으로 주장하였으므로 영사와의 연락권을 고지하지 않았음을 강력하게 시사한다고 논박하였다. 파키스탄은 영사연락권을 고지했다고 반박하지는 않았다. 재판부는 파키스탄이 인도의 주장을 반박하지 않았고 이 사건 심리 시 일관되게 간첩 혐의자에게는 영사협약이 적용되지 않는다고 주장한 점에 비추어 볼 때 제36(1)조(b)상의 권리를 고지하지 않은 것으로 추론되며 따라서 파키스탄은 고지 의무를 위반하였다고 결론지었다.

(2) 파키스탄이 당사자의 요구를 인도에 통지했는지 여부

영사협약 제36(1)조(b)는 외국민 체포, 구금시 당사자의 요구가 있으면 지체 없이 국적국 영사에게 통보하도록 규정하고 있다. 인도는 Jadhav가 체포된 것은 2016년 3월 3일이며 이 사실이 인도 대사관에 통보된 것은 2016년 3월 25일 이므로 파키스탄은 즉시 통보 의무를 위반하였다고 시비하였다. 재판부는 제36(1)조(b)는 접수국이 외국인의 체포, 구금 사실을 국적국에게 통보해야 하는 방식에 대해서는 특정하고 있지 않으며 통보에 포함된 내용이 국적국의 제36(1)조상 영사권 행사를 지원하는데 충분할 정도인지가 중요하다고 지적하였다. 파키스탄 통보 후 그날 당일 인도가 영사 접근권을 요청할 수 있었으므로 재판부는 파키스탄이 제36(1)조(b) 규정대로 인도에 Jadhav의 체포 및 구금 사실을 통보한 것이라고 인정하였다.

(3) 파키스탄이 인도에 지체 없이 통지했는지 여부

통보가 지체 없이 이루어졌는지 여부와 관련하여 파키스탄은 2016년 3월 3일 체포 당시 Jadhav는 가명의 인도 여권을 소지하고 있었으므로 실명을 확인하여 통보하기까지 일정 기간이 소요될 수 밖에 없었다고 항변하였으나 재판부는 여권 자체는 정식 여권이었으므로 파키스탄은 체포 즉시 해당자가 인도 국적자이거나 그럴 가능성이 농후하다는 점을 알 수 있었고 제36(1)조(b)상의 통보 의무가 개시되었다고 설명하였다. 재판부는 비록 '지체 없이'가 '즉시'를 의미하지 않고 지체 여부는 각 사안의 내용과 정황별로 판단해야 할 것이나 이 사건의 여러 정황을 고려할 때 체포 후 3주 이상이 경과한 3월 25일에야 통보한 것은 지체 없이 통보하라는 제36(1)조(b)에 위반된다고 판시하였다.

(4) 인도의 영사접근권에 파키스탄이 조건을 부가할 수 있는지 여부

인도의 영사접근권 요구에 대해 파키스탄은 자국이 요청한 형사공조 요청에 대한 인도의 반응에 따라 결정하겠다고 회신하였다. 인도는 협약 제36조상의 접수국의 의무는 파견국의 협조 정도에 결부되는 것이 아니라 예외가 없는 절대적인 의무라고 반박하였다. 이후 수 차례 거듭된 인도의 요구에도 불구하고 파키스탄은 Jadhav에 대한 인도의 영사접근을 허락하지 않았다. 파키스탄은 Jadhav가 파키스탄의 국선 변호인을 선임하였으므로 법적 준비를 위한 영사 방문도 필요하지 않다고 주장하였다. 재판부는 제36(1)조(a)와 (c)의 영사 접근권은 피구금자의 국적국에 의해 원용될 수 있는 조건부 권리가 아니라 독립적인 권리라고 설명하고 인도가 형사공조 요청에 협조하지 않았다고 해서 파키스탄의 영사접근권 부여 의무가 면제되는 것은 아니며 인도 영사의 접근 거부를 정당화하지 못한다고 확인하였다.

(5) 국선변호인 선임이 영사보호권을 대체할 수 있는지 여부

재판부는 제36(1)조(c)는 영사가 피구금자를 방문, 면담, 교신한 결과를 토대로 법적 대리를 주선하는 것을 상정하고 있다고 설명하고 Jadhav에게 변호사 선택권을 부여하여 국선 변호인을 스스로 선임하였다는 파키스탄의 주장은 영사의 법적 대리 주선권을 무산시키지 못한다고 지적하면서 결론적으로 파키스탄은 제36(1)조(a), (c)도 위반하였다고 확인하였다.

4. 배상

인도는 영사협약 제36조 위반에 대한 배상으로 Jadhav에 대한 군법회의의 사형 판결 취소, 집행정지, 석방 및 귀환 보장을 청구하였다. 인도는 LaGrand 사건과 Avena and others 사건에서는 판결에 대한 검토와 재고려가 적절한 배상 방식이라고 판결되었으나 이는 미국의 사법 제도가 정당한 절차를 준수하고 있었기 때문이라고 언급하고 파키스탄의 군법회의와 같은 사법 제도는 절차적 정당성의 최소 기준에도 미치지 못하므로 기존 판결에 대한 검토와 재고려를 통한 배상은 매우 부적절하다고 주장하였다. 재판부는 선택의정서 I조에 명시된 재판부의 관할권은 영사협약의 해석과 적용에 국한되며 이 사건의 피해 구제는 협약 제36조상의 의무 위반에 의해 초래된 피해 배상을 제공하는 것이고 제36조 위반에 해당하는 것은 Jahdav에 대한 판결이 아니라 판결에 앞서 행해진 영사 접근권에 관한 협약 위반행위라고 설명하였다. 재판부는 또한 판결 취소가 제36조 위반에 대한 필수적이고 유일한 구제 조치라고 볼 수 없다고 밝혔다. 재판부는 이 사건의 적절한 구제 수단은 이전의 영사협약 제36조 위반 사건에서 채택된 바와 같이 기존 판결에 대한 실효적인 검토와 재고려(effective review and reconsideration)라고 판단하였다. Jadhav에 대한 판결을 실효적으로 검토하고 재고려하기 위해서는 제36(1)조 권리 위반의 효과에 대해 충분히 고려하고 조사하는 것이며 통상 기존 판결의 검토와 재고려에 적합한 것은 사법 절차라고 재판부는 첨언하였다. 재판부는 실효적인 검토 및 재고려 의무는 다양한 방식에 의해 수행될 수 있으며 그 방식은 파키스탄이 선택할 문제라고 언급하였다. 그러나 방식 선택이 아무 조건이 없는 것은 아니며 실효적 검토 및 재고려 의무는 일정한 결과를 나타내야 하는 의무(obligation of result)로서 파키스탄은 실효적인 검토와 재고려를 제공하기 위한 모든 수단을, 필요한 경우 적절한 입법을 포함하여 강구해야 한다고 판시하였다.

case 062 | 코르푸 해협 사건[1]

1 사실관계

코르푸(Corfu) 해협은 알바니아 본토와 코르푸섬 사이에 위치한 해협으로서 알바니아의 영해에 해당하며 공해의 두 부분을 연결하고 있어 국제 해상 교통에 유용한 항로로 평가된다. 영국은 1946년 10월 2일 군함을 코르푸 해협에 파견하였다. 동 해협을 항행하던 중 기뢰가 폭발하여 군함에 심한 손상을 입었다. 3주 후, 영국은 소해선(掃海船)을 파견하여 코르푸 해협에서 기뢰제거 작업을 하여 22발의 기뢰선을 절단하였다.

2 법적쟁점

1. 영국과 알바니아 간에 ICJ 관할권이 성립하는가?
2. 알바니아는 기뢰가 존재하는 사실을 고지하지 않아 영국의 무해통항권을 침해했는가?
3. 영국이 코르푸 해협에서 기뢰제거작업을 한 것이 알바니아의 영토주권을 침해한 것인가?

3 판결요지

1. 관할권의 존부 - 적극

ICJ는 알바니아의 항변을 배척하고 관할권을 인정하였다. 영국과 알바니아 간 사전에 명시적 합의는 존재하지 않았으나, 알바니아가 1947년 7월 ICJ에 제출한 서한에 의하면, 알바니아는 분쟁을 ICJ에 부탁해야 한다는 안전보장이사회의 권고를 완전히 수락하는 취지의 선언을 하여 이 사건에서 재판소의 관할권을 수락하였으므로 알바니아는 ICJ의 재판관할권을 부인할 수 없다. 관할권의 수락이 당사국의 합의나 선택조항 수락선언에 의하지 않고 각각 별개의 연속된 두 행위에 의해 발생하는 것을 금하는 규정은 존재하지 않는다.

---

[1] UK/알바니아, ICJ, 1949년.

2. 코르푸 해협에서 군함의 무해통항권 존부 - 적극

ICJ는 코르푸 해협에서 군함이 무해통항권을 가진다고 판시하였다. 코르푸 해협은 공해의 두 부분을 연결하는 지리적 위치와 국제 통항에 이용되고 있는 사실에서 국제 해상교통의 유용한 항로이다. 따라서 타국이 그 군함을 연안국의 사전동의를 얻지 않고 통항시킬 권리를 갖는 해협이며 연안국은 조약에 특별한 규칙이 없으면 그러한 통항을 금지할 수 없다.

3. 코르푸 해협에서의 기뢰사고로 인한 알바니아의 책임 여부 - 적극

ICJ는 영해에서 위험사실이 존재하여 무해통항권을 침해할 우려가 있는 경우 이를 고지해야 할 의무가 있다고 보고, 알바니아가 그러한 위험을 알고도 영국 군함에 고지하지 않음으로써 영국 군함에 피해가 발생하였으므로 알바니아는 국가책임을 져야한다고 판시하였다. 알바니아는 기뢰를 알바니아가 직접 또는 제3국을 통해 설치한 증거가 없고, 기뢰 설치에 관한 알바니아의 원조에 관한 증거가 없다고 주장하였다. 그러나, ICJ는 국가가 타국의 영역 내에서 피해를 입은 경우 직접 증거를 확보하는 것이 곤란하기 때문에 정황증거에 의해 주장하는 것이 가능하다고 보고, 기뢰 폭발 전후 알바니아의 태도, 알바니아 연안에서 기뢰 부설작업을 할 수 있는 능력으로 보아 알바니아의 인지 없이는 기뢰부설이 불가능함이 인정된다고 판시하였다.

4. 알바니아 영해에서 영국의 소해작업이 알바니아의 영토주권을 침해한 것인가? - 적극

ICJ는 영국의 소해작업이 알바니아의 의사에 반하여 이루어졌고, 소해작업은 무해통항권의 행사로서 정당화되지 아니한다고 판시하였다. 영국은 증거물을 보전하기 위한 행동이었고, 자위 내지는 자력 구제의 방법이라고 항변하였으나 배척되었다. ICJ는 영국의 행위는 국제관계의 불가결한 기초인 주권존중원칙에 반하며, 허용되지 않는 위법한 간섭이라고 판단하였다.

case 063 | Rainbow Warrior호 사건[1]

1 사실관계

1985년 7월 10일 환경보호단체인 Greenpeace International 소속의 민간 선박인 Rainbow Warrior호가 뉴질랜드의 오클랜드 항구에서 프랑스 비밀경찰요원들이 설치한 폭발장치에 의해 침몰되었고, 이 사건으로 승선하고 있던 선원 Fernando Pereira가 사망하였다. 프랑스는 비밀경찰요원 Mafart 소령과 Prieur 대위의 인도를 요청하였으나 뉴질랜드는 거부하고 프랑스 측에 배상을 요구하였다. 이 사건은 UN 사무총장의 중개에 부탁되었고 프랑스가 7백만 불을 배상하고, 범죄인은 프랑스령 폴리네시아에 있는 Hao 섬 교도소에 3년간 수용하기로 하였다. 프랑스는 3년이 지나기 전에 이들을 일방적으로 본국으로 귀환시켰다. 프랑스는 Mafart는 아프다는 이유로, Prieur가 임신했고 아버지가 병에 걸렸다는 이유로 귀환시켰다. 프랑스와 뉴질랜드 간 분쟁이 재발하였고, 중재에 부탁되었다.

2 법적쟁점

1. 프랑스 측의 조약 위반 여부
2. 불가항력과 조난에 의한 위법성 조각 여부
3. 프랑스 측의 책임 이행 방안

3 판결요지

1. 프랑스 측의 조약 위반 여부 - 적극

중재재판소는 프랑스가 3년의 형기가 지나기 전에 자국민을 본국으로 귀환조치한 것은 뉴질랜드와의 합의 위반이라고 재정하였다.

2. 불가항력과 조난에 의한 위법성 조각 여부 - 소극

프랑스는 불가항력(force majeure)과 조난(distress)에 의해 위법성이 조각된다고 항변하였으나 배척되었다.

(1) 불가항력에 의한 면책은 피할 수 없는 사정의 발생으로 인해 야기된 비자발적이고 비의도적인 행위에만 적용되나, 두 명의 특수부대 요원에 대한 프랑스의 송환은 의도적이고 자발적이었다.

(2) 중재재판부는 조난에 의해 위법성을 조각하기 위해서는 긴급상황의 존재, 긴급상황이 중지된 후 원상회복, 이러한 조치 후 뉴질랜드의 동의를 얻기 위한 프랑스의 성실한 노력이 있어야 한다고 전제하였다. 그러나, 긴급상황이 존재하긴 하였으나, 나머지 두 가지 요건은 충족하지 못한다고 보아 프랑스의 항변을 기각하였다.

---

1) 뉴질랜드 v. 프랑스, 국제중재, 1990년.

3. 프랑스 측의 책임 이행 방안

중재재판부는 재판진행 중 3년의 형기가 도과하였으므로 프랑스는 더 이상 합의내용을 위반한 것으로 간주할 수 없다고 보아 뉴질랜드가 요청하는 프랑스의 불법적 행동에 대한 중단명령은 프랑스의 불법행위가 더 이상 존재하지 않기 때문에 실현이 불가능하고 판시하였다. 또한, 금전배상명령은 내리지 않기로 하고 프랑스와 뉴질랜드 양국 정부가 상호 간의 우호관계 개선을 위해 기금을 설립할 것과 프랑스 정부로 하여금 이 기금에 2백만 불을 우선 기부할 것을 권고하였다.

case 064 | Nuclear Test 사건[1]

1 사실관계

프랑스는 1945년 이래 대기, 지하 및 수중에서 여러 차례 핵실험을 실시하였는데 그 중 상당수가 남태평양에서 이루어졌으며 핵실험 부근지역은 '금지구역(Prohibited zones)' 과 '위험구역(Dangerous Zones)'으로 설정되어 선박과 항공기의 운항이 제한되었다. 이에 인접국가인 오스트레일리아와 뉴질랜드는 프랑스정부에 태평양상의 대기 중 핵실험을 중지할 것과 예정되어 있던 핵실험에 관한 정보를 제공할 것을 요구하였다. 그러나 프랑스는 계획된 핵실험을 강행할 것이며, 여하한 핵실험 프로그램도 통보할 수 없다는 입장을 고수하였다. 이에 따라 오스트레일리아와 뉴질랜드 양국은 1973년 국제사법법원 (ICJ)에 프랑스를 상대로 핵실험 중지를 요구하는 소송을 각각 제기하였다. 오스트레일리아와 뉴질랜드는 남태평양 연안에서 더 이상의 핵실험을 계속하는 것이 국제법에 위배되며 자국 영토와 국민 건강에 피해를 준다고 주장하면서, 프랑스가 차후에 핵실험을 계속해서는 안 된다는 판결을 내려주도록 법원에 요청하였다. 더불어 양 국가는 최종판결이 확정되기 전에 프랑스정부가 잠정적으로 핵실험을 중지해야 한다는 것을 내용으로 하는 잠정조치(provisional measure)를 내려줄 것을 요청하였다. 프랑스는 재판소가 이 사건을 심리할 권한을 가지고 있지 않으므로 재판소의 관할권을 수락할 수 없으며 따라서 소송대리인을 임명할 의사가 없다는 것을 밝히고 재판소에 대해서 본 사건을 각하해줄 것을 요청하였다. 그리고 프랑스는 재판소에 출두하지 않고 일체의 심리에 참가하지 않았다.

2 법적쟁점

1. 일방적 선언(unilateral statements)의 법적 의무 설정 여부

2. 일방적 선언에 의한 분쟁해결

---

1) Nuclear Tests 사건, Australia v.France, ICJ, 1974년; New Zealand v. France, ICJ, 1974년.

3 법원의 판단

1. 일방적 선언(unilateral statements)의 법적 의무 설정 여부

법률상 또는 사실상의 사태에 관해서 일방적 행위로서 이루어지는 선언이 법적 의무를 창설하는 효과를 가질 수 있는 것은 충분히 승인되고 있다. 선언에 따라서 구속되는 것이 선언국의 의사라면, 그 의사는 자국의 선언에 법적 성질을 부여하는 것이고, 그때부터 선언국은 법적으로 그 선언에 합치되는 행동을 할 것이 요구된다. 이러한 약속이 명시적으로 구속될 의사를 가지고 행하여졌다면 가령 국제 교섭의 과정에서 이루어지지 않아도 구속력을 가진다. 재판소에 제출되어 있는 프랑스 정부의 성명 가운데 가장 중요한 것은 단연 공화국 대통령에 의해 이루어진 것이다. 대통령 임무를 고려하여 구두 내지 서면에 의한 국가 원수로서의 명시적인 통고 또는 성명은 명백히 국가대표기관에 의한 프랑스 국가의 행위이다. 이러한 성명은 형식에 관계없이 그 의도에 비추어 당해 국가의 약속을 구성하는 것으로 간주되어야 한다.

2. 일방적 선언에 의한 분쟁해결

프랑스가 남태평양에서 더 이상 대기권 핵실험을 실시하지 않을 의무를 약속함으로써 사실상 원고의 목적은 달성되었다고 해도 과언이 아니다. 재판소는 사법재판소로서 국가 간에 현존하는 분쟁을 해결하도록 요구되며 분쟁의 존재는 재판소가 그 사법기능을 행사하기 위한 제 일차적 조건이다. 재판소에 제기된 분쟁은 재판소가 결정을 내릴 때에 존속하고 있어야 한다. 이제 피고가 실제로 핵실험 중단 의사를 밝혔으며 그것이 곧 의무의 이행이고 재판소로 하여금 어떠한 사법행동을 할 것도 요구되지 않는다. 즉, 분쟁은 이미 소멸하였기 때문에 오스트레일리아의 청구는 어떠한 목적도 가지지 않는다. 따라서 판결을 내릴 필요가 없다. 또한 잠정조치는 종결 판결이 있을 때까지 유효한 것으로서 그 명령은 본 판결의 선고와 동시에 실효된다.[1]

case 065 | Serbian Loans 사건[2]

1 사실관계

세르비아, 크로아티아, 슬로베니아는 프랑스 국내에서 공채를 모집하였다. 제1차 세계대전 이후 프랑화 가치가 하락하자 공채 소지자들은 지폐 프랑화에 의한 지불을 거부하고 금 프랑에 의한 지불을 요구하였다. 프랑스는 세르비아 등과 교섭을 벌였으나 결렬되자 합의에 의해 PCIJ에 부탁하였다.

---

1) 뉴질랜드에 대해서도 같은 취지의 판결이 내려졌다.
2) Case Concerning the Payment of Various Serbian Loans Issued in France, France v. Serbia, PCIJ, 1929년.

2 법적쟁점

1. 관할권 성립 여부

국가와 사인 간의 분쟁을 ICJ가 관할할 수 있는가의 문제, 분쟁의 대상이 사실과 국내법의 문제임에도 불구하고 ICJ가 관할권을 갖는가의 문제가 쟁점이 되었다.

2. 지불방법 및 수단에 대한 공채 관련 문언의 해석

공채소지자에 대한 지불방법 및 지불액이 관련 문서에서 특정되어 있는지, 그리고 그 가치가 얼마로 정해져 있었는지 등이 문제되었다.

3. 전쟁은 세르비아 등의 지불책임을 조각시키는가?

세르비아 등은 지불의무를 회피하기 위해 '불가항력'을 원용하였다.

3 판결요지

1. 관할권 성립 여부 - 적극

PCIJ는 자신의 관할권을 확인하였다. 애초의 분쟁은 세르비아 정부와 공채 소지자인 프랑스 국민과의 분쟁이었으나 부탁합의서에 의해 재판소에 부탁된 것은 프랑스와 세르비아 간 교섭결렬에 따른 제2의 분쟁 사건이다. 또한 PCIJ규정 제36조 제2항에서 '인정되면 국제의무의 위반으로 되는 사실의 존재'를 명시하고 있으므로 '사실'에 대해 PCIJ의 관할권이 배척되는 것은 아니다. 그리고 국내법상 문제라 할지라도 분쟁 당사국이 재판소에 부탁할 것에 합의한 경우 재판소 관할권이 방해받지 아니한다.

2. 공채에 대한 지불수단 및 가치

이는 공채에 관한 문서의 해석에 관한 문제이다. PCIJ는 이들 문서들의 해석을 통해 공채는 '금'에 의해 지불되도록 합의되었다고 결론지었다. 또한 PCIJ는 공채발행 당시 '금' 프랑의 가치가 공채계약에 특정되어 있었다고 보고 1000분의 900의 순도로 6.45161g 중량의 금괴의 20분의 1이라고 확정하였다.

3. 전쟁의 위법성 조각사유 인정 여부 - 소극

PCIJ는 세르비아에 의해 원용된 '불가항력'을 위법성 조각사유로 인정하지 않았다. 전쟁이 중대한 경제적 결과를 초래함에도 불구하고 세르비아 정부와 프랑스인 공채소지자들과의 계약의무에 영향을 미치지 않는다고 판시하였다.

case 066 | Mergé Claim[1]

1 사실관계

메르제는 1909년 미국에서 태어나 미국 국적을 취득하였으며 24세 때 로마에서 이탈리아인과 결혼하여 이탈리아 법에 따라 이탈리아 국적도 취득하였다. 1937년까지 이탈리아에 거주하다 남편이 일본주재 이탈리아 대사관 통번역가로 근무함에 따라 일본으로 건너가 미국인으로 등록하였으며, 1946년 이후 이탈리아로 돌아가 미국 국민으로 등록하였다. 1948년 미국은 이탈리아에 대해 1947년 평화조약에 근거하여 전쟁과정에서 메르제가 입은 손해에 대한 배상을 청구하였으나, 이탈리아는 메르제가 자국민이라는 이유로 배상을 거절하였다.

2 법적쟁점

메르제는 이중국적자로서 어느 국가의 외교적 보호를 받을 수 있는가?

3 판결요지

1. 미국의 외교적 보호권 인정 여부 - 소극

메르제는 미국인으로 볼 수 없기 때문에 미국은 이탈리아에 대해 메르제의 외교적 보호권을 행사할 수 없다.

2. 이중국적자에 대한 외교적 보호권과 국적의 실효성

미국은 미국과 이탈리아의 이중국적을 가진 자에 대해 외교적 보호권을 행사할 수 있으나 미국의 국적이 유효한 또는 지배적인 국적이어야 한다(the principle of effective or dominant nationality). 구체적 사건에서 미국의 국적이 우선한가를 결정함에 있어서 주소를 어디에 두고 있는지, 그리고 어느 국가와 더 밀접하고 유효한 관계를 유지하고 있는지, 그리고 그의 정치적·경제적·사회적·시민적 생활 및 가족생활의 범주를 고려해야 한다. 이러한 기준에 비춰볼 때 메르제의 미국 국적은 유효한 국적이 아니다. 왜냐하면 가족이 미국에 주소를 두고 있지 않을 뿐 아니라 가장의 이해관계나 직업생활이 미국에서 이루어지지도 않았고 결혼 후 미국에 거주하지도 않았다.

---

1) U.S. v. Italian Republic, 국제중재, 1955년.

case 067 | Interhandel 사건[1]

1 사실관계

1942년 미국은 자국에서 설립된 General Aniline and Film Corporation사 주식의 90%를 대적통상법을 근거로 몰수하였다. 주식은 적국 회사인 독일의 I.G.Farben사가 스위스의 I.G.Chemie사를 통해 보유하면서 General Aniline and Film Corporation사를 지배하고 있다고 판단했기 때문이다. 스위스는 I.G.Chemie사는 1940년에 독일 회사와의 관계를 끊고 인터한델사로 개칭하였다고 주장하면서 인터한델의 자산 반환을 미국 정부에 요구하였다. 그러나, 미국은 이를 거절하였다. 인터한델은 대적통상법에 기초하여 1·2심에서 패소하고 연방대법원에 상고하였으나 기각되었다. 이에 스위스는 선택조항 수락선언에 기초하여 ICJ에 제소하였다. 미국대법원은 스위스의 ICJ 제소 직후 인터한델사 소송의 재심을 허락하였다.

2 법적쟁점

1. 인터한델사의 국내적 구제 미완료 여부
2. 소송이 간접침해에 관한 것인지 여부

3 판결요지

1. 인터한델사의 국내적 구제 미완료 여부 - 적극

ICJ는 미국의 선결적 항변들 중 '국내적 구제 미완료'로 인해 소송의 수리가능성이 없다(inadmissible)는 항변을 인용하였다. 스위스의 제소 직후 미국 대법원이 재심의 필요성을 인정하여 지방법원으로 되돌려 보냈는데 이로 인해 국내적 구제가 완료되지 않았다고 판단한 것이다.

2. 직접침해 인정 여부 - 소극

스위스는 미국이 스위스 재심청의 결정을 이행하지 않음으로써 미국에 의해 스위스의 권리가 직접침해되었으므로 국내적 구제절차를 완료할 필요가 없다고 주장하였다. 1946년 스위스·미국·영국·프랑스는 워싱턴협정을 체결하여 스위스 내 독일 재산의 조사 및 청산절차를 합의하였는바 이견이 있는 경우 스위스 재심청의 결정을 최종적인 것으로 하기로 합의하였다. 이에 대해 ICJ는 스위스의 청구는 '인터한델사의 재미 자산의 반환'이 목적이므로 본 분쟁은 스위스가 자국민이 가지는 청구원인을 받아들여 시작한 것과 다름이 없기 때문에 당연히 국내적 구제원칙이 적용된다고 판단하였다. 즉, 간접침해에 관한 사안으로 본 것이다.

---

1) Swiss v. U.S, 선결적 항변, ICJ, 1959년.

case 068 | Ambatielos 중재 사건[1]

1 사실관계

1919년 그리스 국민인 Ambatielos는 영국 정부와 상당수의 선박구매계약을 체결하였다. Ambatielos는 영국 정부가 선박을 지정기일에 양도하지 않자 양도기한 경과로 손실을 입었다고 주장하며 2척의 구매계약을 취소해야 한다고 주장하였다. Ambatielos는 영국 정부를 상대로 영국 법원에 제소하였으나 영국 정부는 국가의 특권을 이유로 계약에 관련된 서류 제출을 거부했고 이에 따라 Ambatielos는 양도기한에 대한 약속이 있음을 입증할 수 없었다. 1심에서 패한 이후 Ambatielos는 항소하고 선박구매계약 협상을 했던 영국관리 Laing을 증인으로 신청하였으나 법원은 제1심법원에서 할 수 있었던 증인요청을 새로이 항소심에서 요청하는 것은 허용될 수 없다고 하면서 증인신청을 허락하지 않았다. 항소심에서 패한 Ambatielos는 대법원에 상고하지 않았다. 그리스는 외교적 보호권을 발동하였으며 영국과 중재재판에 합의하고 중재위원회를 구성하였다.

2 법적쟁점

1. 국내적 구제의 완료 여부
2. 구제수단의 비실효성 여부

3 판정요지

1. 국내적 구제의 완료 여부 - 소극

중재위원회는 Ambatielos가 영국 국내법상 국내구제를 완료하지 않았다고 판정하였다.

(1) 1922년 소송절차에서 Ambatielos는 그의 승소를 확정하는 데 필수적이었던 증인을 소환할 수 있었음에도 불구하고 소환하지 않았다. 영국법에 의하면 Ambatielos가 증인으로서 Laing 소령을 소환하는 것을 배제하지 않았다. 따라서 Ambatielos가 Hill 법관에게 Laing 소령을 증인으로 소환하지 않았다는 것은 소송절차에 있어서 그에게 가능한 국내적구제의 미완료에 해당하는 것이다.

(2) Ambatielos는 대법원에 대한 상고절차를 이용하지 않았다. 또한 그에 앞서 Ambatielos는 항소법원이 Laing 소령의 소환을 허용하지 않은 이후 항소절차를 계속하지 않았다. 상원에 대한 상고가 항소법원의 결정과 다를 것 같지는 않다고 하더라도 만약 그러한 상고가 명백히 소용없는 것이 아니라면 Ambatielos가 상원에 상소하지 않은 것은 국내구제를 완료하지 못한 것으로 간주되어야 한다.

---

[1] 그리스 v. 영국, 중재위원회, 1956년.

2. 구제수단의 비실효성 여부 - 소극

그리스는 구제수단의 비실효성을 이유로 영국의 항변에 대해 반박하였으나 중재위원회는 이를 받아들이지 않았다. 중재위원회는 항소심법원이 실제로 원심법원이 사실문제에 관하여 부여한 판결을 재심할 권한을 갖지 않아 재심사를 하지 못하여 구제가 얻어질 수 없을 때에 구제수단이 실효성이 없다고 볼 수 있다고 하였다. 이러한 경우 그러한 구제수단이 명백히 소용없는 것이라는 증명이 필요하다고 하였다. 그러나 이 사안의 경우는 영국법이 제공하고 있는 구제절차나 수단이 명백히 비실효적인 것으로 증명되지 않았다고 판정하였다.

---

case 069 | 트레일 제련소 사건[1]

1 사실관계

캐나다 영토 Trail에 민간 회사가 경영하는 제련소가 설립되어 납과 아연을 제련하였다. 1925년과 1927년에 제련소는 새로운 굴뚝을 건설하여 생산량은 증가하였으나 동시에 아황산가스 배출량도 증가하였다. 미국은 제련소에서 배출된 가스가 워싱턴 주의 농작물과 산림자원에 손해를 주었다고 주장하면 배상을 요구하였다. 국제합동위원회가 구성되어 1932년 1월 1일까지 발생한 손해에 대해 35만 달러의 지불을 권고하였으나 미국이 만족하지 못하고 거절하자, 양국은 국제중재 설치를 합의하였다.

2 법적쟁점

1. 국제법상 초국경적 오염에 대한 배상의무의 존부

2. 캐나다의 배상책임 범위와 추후방지조치를 취할 의무의 존부

3 재정요지

1. 국제법상 초국경적 오염에 대한 배상의무의 존부 - 적극

재판소는 국제법상 국가는 매연에 의해 타국의 영역이나 인체·재산에 손해를 가하는 방법으로 자국의 영토를 사용하거나 사용을 허가하는 권리를 갖지 못한다고 판시하였다. 캐나다 정부는 트레일 제련소가 매연에 의한 피해를 미국 내에 미치지 않도록 조치할 국제법상 의무를 진다.

---

1) Trail Smelter Case, US v. Canada, 국제중재, 1941년.

2. 캐나다의 배상책임 범위와 추후방지조치를 취할 의무의 존부

우선, 1932년 이후에도 워싱턴 주에 손해가 발생하고 있었는지 여부가 문제되었다. 이에 대해 재판소는 긍정적으로 판단하였으나 1937년까지 발생한 피해로 배상범위를 한정하였다. 또한 재판소는 캐나다는 장래의 손해 발생을 방지하기 위해 제련소의 운영에 대한 일정한 통제 조치를 취할 것을 명령하였다.

case 070 | 나울리아(Naulilaa) 사건[1]

1 사실관계

1. 베르사유조약 체결

제1차 세계대전 이후 영국·프랑스·포르투갈 등의 연합국과 독일 간 체결된 베르사유평화조약 제297조와 제298조에서 적국 내에 있는 사인의 재산 등의 처리 방법을 규정하였고, 또한 동 조약 부속서 제4조에서는 각 연합국이 자국령 내에 있는 독일 국민의 재산이나 그 매각 대금 등을 자국민에 대한 독일 국민의 배상액에 충당하는 것을 인정하였다. 청구액은 별도로 설치된 혼합중재재판소가 임명하는 중재인이 판정해야 한다고 규정하였다.

2. 포르투갈의 청구

동 조약에 따라 포르투갈이 청구를 제기하였다. 독일령 서남아프리카로부터 음료 수입 교섭을 위하여 포르투갈령 앙골라로 향하던 독일 공무원 1명과 군인 2명이 포르투갈 군 기지에서 사살되었다. 그러자 서남아프리카 주재 독일군은 이에 대해 복구(復仇)조치로서 해당 포르투갈군 기지 및 국경 부근에 있는 다른 포르투갈 군 기지를 공격·파괴하였다. 포르투갈은 이것이 중립국 영토에 대한 위법한 침입·공격으로서 배상을 요구하였다.

2 법적쟁점

1. 포르투갈의 독일에 대한 국가책임 성립 여부
2. 독일의 복구 조치의 적법성

---

1) 포르투갈 v. 독일, 중재재판, 1928년.

3 중재판정

1. 포르투갈의 독일에 대한 국가책임 성립 여부 - 소극

포르투갈은 국제법을 위반하지 않았다. 포르투갈령 기지에서의 독일인 살해사건은 통역의 실수에 의한 우발적인 사건으로 포르투갈 측에는 국제법에 위반되는 행동이 없었다.

2. 독일의 복구 조치의 적법성 - 소극

독일의 행위는 복구 조치로서 정당화될 수 없다.

(1) 포르투갈이 국제법을 위반한 바 없기 때문에 복구조치로 정당화될 수 없다. 복구 조치는 가해국의 위법행위의 존재를 전제로 하기 때문이다.

(2) 설령 포르투갈이 국제법을 위반하였다고 하더라도 독일은 복구 조치의 요건을 충족하지 않았다. 복구는 가해국에 대한 구제 요구가 충족되지 않은 경우에만 합법이나 독일은 포르투갈에 대해 구제 요구를 하지 않았다.

(3) 또한 독일의 조치는 비례성을 충족하지 못했다. 국제법은 복구와 가해행위가 엄격한 균형을 이룰 것을 요구하지는 않아도 완전히 균형을 잃은 복구행위는 과잉 조치로서 명백한 위법이다. 포르투갈령 기지에서 발생한 독일인 살해사건과 그 후 계속된 여섯 차례의 복구행위 간에는 명백히 불균형이 존재한다.

case 071 | 이란 - 미국 간 책임의 귀속에 관한 분쟁[1][2]

1 사실관계

미 국적을 소지하고 있는 원고는 이란에 소재하고 있는 BHI라는 미국계 회사에서 근무를 하고 있었다. 그런데 이란의 혁명 정부가 정권을 장악한 직후인 1979년 2월 13일 혁명수비대가 원고의 아파트로 와서 단 30분 동안 짐을 꾸릴 시간을 준 후에 테헤란 시내의 호텔로 데리고 가서 며칠 동안 감금을 하였다. 그 후 원고는 가까스로 이란을 빠져나올 수 있었다. 사건이 발생한 당시 이들 단체는 이란 정부의 공식 조직이 아니었으나, 후일(1979년 5월) 정부로부터 혁명수비대라는 명칭으로 공식적인 인정을 받았다. 원고는 이란의 혁명 수비대의 행위가 이란 정부의 행위로서 이란은 책임을 부담해야 한다고 주장하였다.

2 법적쟁점

국내법에 의해서 공식적으로 인정되지 않은 집단의 행위에 대한 책임을 국가의 책임으로 귀속시킬 수 있는가?

3 판결

정상적인 정부가 존재하지 않는 상황에서는 정부의 권한 일부를 행사하는 개인이나 집단의 행위는 국가의 행위로 볼 수 있다.

4 해설

이 사건은 혁명정부 등장과 같이 정상적인 정부가 기능하지 못하는 경우, 정부 기능을 행사하는 개인이나 집단의 행위에 대해서 국가가 책임을 지도록 하고 있다. 판결문에서 지적하고 있는 ILC 초안 제8조는 국가책임에 관한 2001년 ILC 최종 초안 제9조로 반영되었다. 즉, 공권력의 행사가 요구되는 상황이나 공공당국의 부재나 마비로 인하여 개인이나 집단이 사실상의 공권력을 행사하였다면, 이는 비록 형식상 사인의 행위라고 할지라도 국가의 행위로 간주된다. 만일 이러한 단체들의 행동이 단지 국내에서 이들의 합법성 내지 정부 권한 행사를 인정할 수 있는 법적 근거가 없다는 이유로 국제법상의 책임이 인정되지 않는다면, 정상적인 정부가 존재하지 않는 많은 경우에는 국가의 책임을 회피함으로써 국제법의 실효성을 잃게 되는 결과가 초래될 것이다.

---

1) 1987, Iran-U.S. Claims Tribunal.
2) 정인섭 외 2인, 국제법판례100선, 박영사, 162~164p 발췌 정리.

12 | 국가승계

case 072 | 구유고 국가승계 사건[1][2]

1 사실관계

1990년 12월에 유고슬라비아 사회주의 연방공화국(이하 '구유고')의 슬로베니아 공화국이 국민투표를 근거로 독립선언을 한 것에서부터 구유고의 붕괴과정이 시작되었고, 1992년 7월에는 신국가들이 UN에 가입하고 신유고가 결성되면서 그 붕괴가 거의 완료되었다. 국가붕괴과정에서 대립과 무력충돌이 수반됨에 따라 국가승계, 그 중에서도 특히 국가재산의 승계를 둘러싸고 격렬한 대립이 있었고, 이를 관련 국가와의 합의에 의하여 해결하는 것은 쉽지 않았다. 국가승계는 관련 국가들 간에 새로운 분쟁의 양상으로 나타났고, 이는 구유고 분쟁을 해결하기 위하여 창설된 구유고 국제평화회의에서 큰 과제가 되었다. 국가승계의 기본원칙을 확인할 필요성에 따라 국제평화회의는 의장 명의로 이 회의에서 설립된 중재위원회에 국가승계에 관한 일련의 문제를 부탁하고 자문의견을 요청하였다.

2 자문 요청 사안

국가재산의 승계에 대하여 자문된 일련의 내용은 다음과 같다.

1. 구유고로부터 발생한 국가들 간에 제기된 국가승계의 문제는 어떠한 근거에 기초하였으며, 어떠한 방법으로 해석되어야 하는가?

2. 국가승계일은 언제인가?

3. 당사국의 협력이 없는 상태에서 국가재산, 공문서 및 채무의 분할에 어떠한 법원칙이 적용되는가?

4. 당사국의 전쟁배상책임은 국가승계에 관련된 국가재산, 공문서 및 채무의 분배에 영향을 미치는가?

5. 어떠한 자산과 채무가 승계국 간에 분배되는가?

6. 구유고국립은행은 국가승계의 과정에서 승계국 간에 분배되어야 할 재산, 권리 및 이익에 영향을 주는 결정을 내릴 권한이 있는가?

7. 새롭게 탄생한 국가의 중앙은행은 구유고국립은행이 체결한 국제협정, 특히 1988년 외국상업은행과의 융자협정으로부터 발생하는 권리와 의무를 승계하는가?

---

1) 구유고슬라비아 중재위원회, 1992~1993.
2) 박덕영·오미영 옮김, 국제법기본판례50, 박영사, 38~41p 요약.

3 의견 요지

1. 승계 여부 및 적용 원칙

1978년 조약의 국가승계에 관한 비엔나협약 및 1983년 국가의 재산·공문서 및 채무의 국가승계에 관한 비엔나협약의 적용과 합의된 절차에 의한 형평한 결과의 달성을 인식하는 것이 중요하다. 따라서 구유고의 승계국은 합의에 따라 승계의 모든 문제를 해결하고, 교섭에서 상기의 1978년 및 1983년 협약에 포함된 원칙, 필요한 경우에는 일반국제법에 근거한 형평한 해결안의 달성에 노력하며, 국제법에서 국가 간의 권리의무평등의 원칙을 충분히 고려하여야 한다. 국제기구에서의 회원국의 지위에 관하여는 어떠한 승계국도 구유고가 향유하였던 회원국의 권리를 단독으로 주장해서는 아니된다. 또한 제3국에 있는 구유고의 재산은 승계국 간에 형평하게 배분되어야 한다. 아울러, 채무도 마찬가지로 승계국 간에 형평하게 분담되어야 한다. 관련국들은 합의에 의하여 해결하지 못한 경우, 모든 분쟁을 UN 헌장에서 규정하고 있는 원칙에 따라 평화적으로 해결하여야 한다.

2. 승계 시점

구유고의 붕괴는 합의가 아닌 붕괴가 진행되는 과정에서 이루어졌으며, 1992년 7월 4일에 종료되었다. 신국가의 개별적인 승계일은 각각 국가가 된 시점이다. 이 자체는 각 승계국이 독립을 달성한 상황에 비추어 판단된다.

3. 당사국의 협력 거부 문제

구유고의 국가재산, 공문서 및 채무의 형평한 분배에 대한 하나 또는 둘 이상의 당사국의 협력거부는 해당국가가 손해를 끼친 다른 당사국에 의한 대항조치의 대상이 되는 국제의무 위반에 해당하는 것이다. 한편, 이러한 거부가 국가승계에 적용되는 원칙을 변경시키는 것은 아니다. 다른 관련국은 협력을 거부한 국가의 권리를 보류하면서, 적용되는 원칙에 따라 합의를 할 수 있다. 다만, 이와 같은 합의는 그 체약국이 아닌 국가와 구유고에 귀속되었던 재산이 그 영역 내에 있는 타국을 구속하지 않는다.

4. 형평원칙의 적용 범위

1983년 국가의 재산·공문서 및 채무의 국가승계에 관한 비엔나협약은 모든 자산 또는 채무의 형평한 배분을 요구하고 있는 것이 아니라, 그 전체적인 결과의 형평만을 요구하고 있다. 국가승계와 국가책임에 적용되는 규칙은 다른 국제법 분야에 속한다. 별도의 합의 또는 국제기구의 결정이 없는 경우, 전쟁배상에 관한 문제는 구유고의 재산과 채무의 승계국 간 분배에 직접적인 영향을 미치지 않는다. 다만, 국가승계의 규칙으로부터 승계한 재산을 전쟁배상과 상계하는 것도 배제되지 않는다.

4 해설

1. 중재위원회의 성격과 의견의 의의

구유고국제평화회의하에 중재기관으로서 설립된 중재위원회는 통상적으로 이해되고 있는 중재판정의 형식과는 다르다. 분쟁 당사국의 합의에 기초하여 창설된 기관이 아니라, 유럽공동체(EC)를 중심으로 한 국제회의에 의하여 설립되었다. 이론적으로 이러한 기관을 종래 중재판정과의 관계에서 어떻게 정합적으로 이해할지는 어려운 문제로 남게 되었다. 실질적으로 구유고를 승계하였다고 스스로 인정하는 신유고는 자신의 동의를 얻지 않았다고 하면서 중재위원회의 권한에 대하여 강하게 이의를 제기하였다. 또한 중재위원회에 의한 의견도 이제까지의 국제재판 관행에서 흔히 볼 수 있는 것은 아니다. 그럼에도 불구하고, 중재위원회는 재판기관의 기능을 달성하고 있다. 그 의견을 ICJ의 권고적 의견에 해당하는 것으로 받아들인 견해도 있다. 중재위원회 자체도 관련사항에 적용되는 법규칙에 대한 의견을 표명하는 스스로의 권한을 확인하고 의견에 권고적 성격을 부여하였다.

2. 국가승계에 관한 두 협약의 적용

구유고에 관련한 국가승계에 대하여 국가승계에 관한 1978년과 1983년 협약의 적용을 반복하여 확인하였던 것은 큰 의의를 갖는다. 이 두 협약이 그 성립절차에서 식민지 지배로부터 독립한 국가들의 국가승계의 실행과 그 의의를 다수 반영한 것에 대하여, 선진국을 중심으로 강한 반대의견이 있었다. 실제로 중재위원회가 의견을 내놓을 당시, 두 협약은 모두 미발효 상태였다(조약의 국가승계에 관한 협약은 1996년에 발효되었다). EC 회원국을 중심으로 구성되었던 이 중재위원회가 협약의 적용, 특히 협약이 내포하고 있는 원칙들의 유용성을 확인하고, 승계일의 결정방법과 재산분배에 관한 원칙에 협약조문의 원용을 인정한 것은 국가승계에 관한 국제법 규칙에 대한 공통된 인식의 성립에 큰 의의가 있다고 평가할 수 있다.

3. 합의를 기초로 한 형평한 결과의 달성

합의에 의한 국가의 해체가 아니라, 무력충돌을 수반한 국가의 붕괴 이후에 탄생한 국가승계, 그중에서도 특히 국가재산의 승계를 두고 발생한 분쟁은 주로 국가독립을 위한 투쟁의 연장선상에서 전개되어 합의를 통한 해결이 매우 어려웠다. 구유고의 붕괴에서 전개된 국가승계의 대립구도는 특히 복잡하였다. 유고슬라비아의 국가계속성의 인정여부에는 국가승계에서 관련국의 이익에 관한 문제와 신국가의 독립을 판단하는 기준에 대한 대립에 그 논점이 있었다. 따라서 승계일에 관한 인정이 필요하였다. 중재위원회는 이러한 상황하에 국가재산 등의 승계에 적용되는 원칙에 대하여 기본적인 두 가지의 내용을 확인하였다. 하나는 합의를 존중한 분쟁해결이며, 다른 하나는 형평한 결과의 달성이다. 동산과 부동산의 분배는 기본적으로 1983년 협약상의 규칙에 따라야 하지만, 이는 승계의 결과가 현저하게 불공평한 경우에 보상이 지불되는 것도 배제하지 않는다. 이러한 배려는 구유고하에서 공업지대 및 농업지대였던 공화국에 치우친 경제발전에서의 부의 배분현황을 배경으로 한 것이다.

case 073 | Territorial Dispute (Libya/Chad) 사건[1][2]

1 사실관계

1. 리비아와 차드의 독립

이 사건은 ICJ가 동경 15°선 이동(以東) 지역의 리비아와 차드 간 국경을 식민 모국이었던 이탈리아, 프랑스, 영국이 합의했던 국경선을 근거로 획정한 사건이다. 리비아는 이탈리아의 식민 통치를 받아오다 제2차 세계대전에서 이탈리아가 패전한 이후 영, 불, 미, 소련의 공동 통치를 거쳐 1951년 12월 24일 독립하였다. 독립 당시 리비아 남부의 차드는 프랑스 식민 통치하에 있었고 1960년 8월 11일 독립하였다. 리비아와 차드 간의 국경 지대는 이탈리아, 영국, 프랑스의 세력권이 충돌하던 지역으로서 19세기 말 20세기 초에 걸쳐 이들 국가는 수 차례의 협정, 외교 공한 교환, 국제 회의 등을 통해 경계 획정에 관해 합의하였다.

2. 강대국 간 조약 체결

차드와의 국경 지대는 1935년 이탈리아와 프랑스 간의 협정에 의해 이탈리아령으로 인정되었으나 이 조약은 양국 의회의 비준을 받지 못해 발효되지는 못하였다. 영국과 프랑스는 문제의 국경 지대가 차드, 즉 당시 프랑스령에 속한다는 합의를 한 바 있어 서구 열강 간의 합의도 상호 상충되는 점이 있었다. 리비아 독립 이후 당시 차드를 식민 지배하고 있던 프랑스는 1955년 8월 10일 리비아와 우호친선조약을 체결하였다. 이 조약 3조는 이전 서구 열강 간에 합의된 국제적 문건상의 경계를 국경으로 인정한다고 규정하고 해당 문건을 나열하였으나 1935년 이탈리아 - 프랑스 간 협정은 포함되지 않았다.

3. 차드 내전

리비아와 차드 국경 지대는 원주민인 Senoussi 부족이 유목 생활을 하고 있었다. 이들은 이슬람교도들로서 같은 이슬람 국가인 리비아와 유대 관계를 형성하고 있었으며 리비아는 1968년 차드 내전이 발생하자 이들이 주축이 된 게릴라 부대인 차드해방전선을 지원하였다. 리비아는 이 지역을 자국령으로 인식하고 있었으며 차드에 친(親)리비아 정권을 수립하고 국경 지대 확보를 위해 수 차례 무력 개입을 시도하여 1978년 1월부터 1987년 9월까지 양국의 무력 충돌은 계속되었다.

4. 리비아 - 차드 기본조약 체결

차드군은 리비아군을 격퇴하고 국경 지대를 장악하였으며 1989년 8월 리비아와 차드는 영토 분쟁의 평화적 해결을 위한 기본 조약(이하 1989년 조약)을 체결하고 양국간 국경선 획정을 ICJ에 의뢰하기로 합의하였다. 1989년 조약에 의거하여 양국은 1990년 9월 3일 국경 지대 국경선 획정을 재판을 ICJ에 청구하였다.

---

1) Libya v. Chad, 1994.2.3. 판결, 국제사법재판소.
2) 산업통상자원부 홈페이지(https://disputecase.kr) 게시 내용 요약 정리.

2 법적쟁점

1. 1955년 조약 부속서 I의 해석

2. 부속서 I 기재 국제합의의 성격

3. 국경선 설정

3 국제사법재판소 판단

1. 1955년 조약 부속서 I의 해석

차드는 1955년 리비아 - 프랑스 간 친선 조약을 포함하여 이 사건 당사국에 적용할 수 있는 국제법에 근거하여 경계를 획정하여 줄 것을 청구하였다. 리비아는 해당 지역 원주민이 종교문화적, 정치경제적으로 리비아인이며 이 지역 영유권은 원주민과 오토만제국이 공동 으로 소유하다 오토만제국 몰락 이후 리비아에 진출한 이탈리아에 이전된 후 1951년 독립과 함께 리비아에 승계된 것이라고 주장하였다. 재판부는 1955년 조약 제3조의 규정부터 살펴보았다. 이 조항은 부속서 I에 나열된 리비아 독립 당시 유효한 국제적 합의상의 리비아와 튀니지, 알제리, 프랑스령 서아프리카, 프랑스령 적도 아프리카 간의 경계를 인정한다고 규정하고 부속서에 해당 합의 6개를 나열하고 있었다. 재판부는 인정한다 (recognize)는 의미는 법적인 의무를 부담하겠다는 것으로서 부속서에 나열된 국제적 합의가 정한 경계를 법적인 국경선으로 수용한다는 의미라고 판정하였다. 재판부는 부속서 I에 기재된 국제적 합의가 획정한 경계가 곧 리비아의 국경선이라고 리비아가 인정한 것이며, 따라서 이 사건에서 재판부의 역할은 리비아가 이 조약으로 부담한 법적인 의무의 범위, 즉 부속서 I에 나열된 국제적 합의가 획정한 국경선을 구체적으로 확인하는 것이라고 판단하였다.

2. 부속서 I 기재 국제 합의의 성격

(1) 리비아 의사의 중요성

리비아는 부속서 I에 기재된 국제적 합의 중 1910년 프랑스 - 오토만 협정, 1919년 프랑스 - 이탈리아 약정만 국경선에 대한 합의이므로 인정할 수 있으나, 이들은 분쟁지역 국경과 무관한 리비아와 튀니지 간의 경계이며 나머지 합의는 합의 내용이 정식의 국경선에 관한 합의가 아니라 서구 열강의 세력권 범위를 획정한 것이고, 체결 당시 리비아 식민 모국이었던 이탈리아가 합의한 것도 아니며 제2차 세계대전 패전 후 이탈리아는 리비아 지역에 관한 모든 권리를 박탈당하였으므로 이탈리아에 대해 적용할 수도 없다는 논리를 전개하였다. 이들 합의상의 경계를 인정할 수 없다는 것이다. 재판부는 국경선 획정은 국가의 주권 사항으로서 해당 국가가 상호 합의를 통해 특정한 경계를 국경선으로 아무 제한 없이 결정할 수 있으며 특정한 경계가 설사 영토 경계가 아니었다 하더라도 해당 당사국이 이를 국경선으로 인정하면 정식의 국경선이 되는 것이라고 설시하였다. 리비아가 주장하는 대로 세력권 경계였든 식민 모국인 이탈리아가 구속되지 않든 리비아가 1955년 조약 제3조에 의거하여 이를 국경선으로 인정하였으므로 리비아 주장의 실질을 살펴볼 이유가 없다고 본 것이다.

(2) 효력이 종료된 조약의 문제

리비아는 제3조 문안상 리비아 독립 당시 발효중인 국제협정이라고 규정되어 있으므로 부속서 I에 나열된 국제적 합의 중 리비아 독립일 당시 효력이 없는 것은 고려 대상에서 제외해야 한다고 항변하기도 하였으나 재판부는 수용하지 않았다. 정확한 문안은 독립일 당시 발효 중으로서 부속서 I에 나열된(as listed) 것이라고 지적하고 as listed라는 수식 어귀상 제3조 목적을 위해 부속서 I 문건이 발효 중이라고 당사국이 합의한 것은 명백하며 만일 그렇지 않다면 부속서 I에 기재할 이유가 없었을 것이라고 재판부는 언급하였다. 따라서 부속서 I에 나열된 국제적 합의가 실제로 리비아 독립일 당시 발효 중이었는지 여부나 리비아에 적용 가능하였는지 여부에 대해 재판부는 심리하지 않았다.

3. 국경선 설정

재판부는 동경 16°선 이서(以西)의 경계에 대해서는 차드가 동경 15°선 이동(以東)의 경계만을 확정하여 주도록 청구하였으므로 동경 15°~16°선 사이의 경계만 획정하겠다고 밝혔다. 재판부는 가용한 정보와 당사국이 제출한 지도를 종합하여 심리한 결과 해당 지도상의 Tripolitania주 경계선이 동경 15°선과 만나는 지점은 북위 23°선이 동경 15°선과 교차하는 지점이라고 결론지었다. 재판부는 이와 같이 식민 모국 간의 합의로 설정된 경계선이 리비아와 차드 간의 국경선이라는 점은 독립 이후 양국의 행동으로도 확인된다고 부연하였다. 1974년 8월 12일 체결된 리비아 - 차드 간 협정 제2조는 양국 간 국경은 식민 시대의 결과물로서 양국 국민과는 무관하나 이 사실이 양국 간 우호 협력에 방해가 되어서는 안 된다고 규정하고 있으며 리비아 독립 이후 차드 독립 이전 시기에 프랑스는 차드 지역의 면적을 1919년 협정상의 경계선을 기준으로 측량하여 UN에 보고하였으나 리비아는 특별히 이의를 제기하지 않았다. 차드는 1919년 협정상의 경계선 이남 지역을 리비아가 점령하자 이를 UN과 OAU(아프리카단결기구)에 지속적으로 제기하여 해당 지역이 자국 영토라는 점을 분명히 하였다. 재판부는 이러한 점에 비추어 리비아와 차드는 식민 모국이 설정한 경계를 양국간 국경으로 이해하여 왔음이 입증된다고 보았다.

13 | 개인

case 074 | 노테봄(Nottebohm) 사건[1)]

1 사실관계

프리드리히 노테봄(Friedrich Nottebohm)은 독일 국적을 가지고 함부르크에서 출생하였으며 1905년 과테말라로 가서 거주하였다. 1939년 10월 초 노테봄은 자신의 변호사를 통해 리히텐슈타인 국적을 신청하였다. 당시 리히텐슈타인 국적법에 따르면 국적취득 요건 중 가장 주요한 것이 3년 이상의 거주요건이었으나 노테봄은 예외를 정당화하는 특별한 상황을 적시하지 아니한 채로 요건에서 면제되는 방안을 모색하여 세금을 지불하였으며, 그 후 1939년 10월 13일 군주의 사전내락서에 의해 노테봄의 국적취득 동의가 선고되었다. 리히텐슈타인 국적취득과 동시에 독일국적법에 따라 노테봄은 독일국적을 상실하였다. 1941년 과테말라는 독일에 대항하여 제2차 세계대전에 참전하였으며 1943년 노테봄은 과테말라법에 의해 적국인으로 체포되어 미국으로 추방되었으며 과테말라는 그의 재산을 몰수하였다. 1951년 12월 리히텐슈타인 정부는 ICJ에 제소하여 과테말라 정부가 자국 국민인 노테봄과 그의 재산을 국제법에 위배되는 방법으로 처리하였다고 주장하며 배상을 청구하였다.

2 법적쟁점

1. 리히텐슈타인 국내법에 의거하여 국적이 부여되었는가?

과테말라는 국적취득의 유효성에 관하여, 노테봄이 독일 국적을 상실하지 않았다는 점과 리히텐슈타인법에서 국적취득의 요건으로 하고 있는 3년 거주요건의 적용을 만족하지 못했다고 하며 기각을 요구하였다.

2. 국제법을 준수하여 리히텐슈타인 국적이 취득되었는가?

과테말라는 국제법을 준수하여 리히텐슈타인 국적이 취득되지 않았다고 주장하고 있는바, 1930년 헤이그 협약 제1조와 제2조에 의하여 "국제협약, 국제관습, 국적에 관하여 일반적으로 인정된 법원칙과 부합하는 한" 다른 국가에 의하여 인정되어야 한다는 점을 들면서, 리히텐슈타인이 노테봄에게 국적을 부여함에 있어서 악의로 행위하였다고 주장하였다. 나아가 노테봄의 동기가 중립국 국적의 방패 밑에 숨어 독일국적의 지배에서 벗어나고자 한 데 있다는 주장을 하였다.

---

1) The Nottebohm Case, Lichtenstein v. Guatemala, ICJ, 1955년.

3. 노테봄에게 부여한 국적이 과테말라에 대하여 유효하게 대항할 수 있는가?

(1) 리히텐슈타인의 주장

리히텐슈타인은 과테말라가 국적취득을 인정하였으며 이에 상반되는 입장을 취할 수 없다고 주장하였다. 그 근거로 1939년 취리히에 있는 과테말라 총영사가 과테말라로 돌아가는 노테봄의 리히텐슈타인 여권에 비자발급을 하였다는 점, 1940년 1월 29일 노테봄은 과테말라 외무부에 대해 자신이 리히텐슈타인 국적을 취득하였다는 사실을 통지하고 외국인 등록부에 자신에 관한 내용이 수정되도록 요청하여 1월 31일 인정받았다는 점 등을 제시하였다.

(2) 과테말라의 주장

과테말라는 과테말라법 제9조에서는 여권에 관한 조항이 있는데 이는 입국을 원활하게 하기 위함이므로 기입여부가 외국인 해당 국적을 취득하고 있는 것으로 법적으로 추정하는 증거가 될 수 없다고 주장하였다. 또한 모든 규정내용이 과테말라 내의 외국인의 관리에 관한 내용이지 외교적 보호의 행사에 관한 내용이 아니라는 점을 들면서, 노테봄에 대한 리히텐슈타인의 국적부여가 리히텐슈타인으로 하여금 보호권을 행사할 어떠한 자격도 부여하지 않았다고 주장하였다.

4. 국적부여행위가 유효하지 않게 이루어졌더라도 국적부여라는 일방적 행위로 외교적 보호권을 행사할 수 있을 것인가?

(1) 리히텐슈타인의 주장

리히텐슈타인은 1939년 10월 13일자의 리히텐슈타인에서의 노테봄의 국적취득이 국제법에 위반하지 않는다고 주장하였다.

(2) 과테말라의 주장

과테말라는 (국적부여 행위의 유효성과 상관 없이) 리히텐슈타인 공국에서의 노테봄의 국적취득이 과테말라에 대하여 구속력이 있는 것이 아니라고 주장하였다. 과테말라는 "국가가 외교적 보호의 권리를 갖게되는 것은 국가와 개인 간의 국적의 긴밀한 관계이다."라는 PCIJ의 판결을 인용하면서 리히텐슈타인의 신청이 허용될 수 없는 내용임을 주장하였다.

3 판례요지

1. 리히텐슈타인 국내법에 의거하여 국적이 부여되었는가?

(1) 첫 번째 주장에 대하여 법원은, 노테봄이 독일 국적법에 의하여 국적을 상실하였으며 국제법상으로는 국적의 유효성이 이전 국적의 상실이 전제됨을 요구하지 아니한다고 하였다.

(2) 두 번째 주장에 대하여, 리히텐슈타인법에 의하면 예외조항을 두고 있고 군주는 이를 적용하였다고 하였다. 따라서 리히텐슈타인법을 적용하는 한 노테봄은 1939년부터 리히텐슈타인 국적을 보유하고 있었음이 틀림없으며 과테말라는 자국의 입장을 증명할 수 없으며 입증책임은 피고국에게 있다고 밝혔다.

2. 국제법을 준수하여 리히텐슈타인 국적이 취득되었는가?

주장에 대한 입증책임은 과테말라에게 있는 것인데 주장을 뒷받침할 아무런 근거가 제시되지 않았으며, 법원이 노테봄의 동기를 검토하기란 어려우며, 설사 중립국가의 국적을 취득하기 위해 국적을 변경하였다고 하더라도 국내법 또는 국제법상 이러한 이유로 그의 국적취득을 무효화하는 규정은 없다.

3. 노테봄에게 부여한 국적이 과테말라에 대하여 유효하게 대항할 수 있는가?

문제의 핵심은 노테봄이 리히텐슈타인의 국적을 취득하였으며 이 국적취득이 다른 국가에서 인정될 수 있느냐 하는 것이다. 이때 모든 국가에 의한 인정이 아니고 과테말라에 의한 인정이 판결 대상이다. 즉, 모든 국가에 관해서 적용되는 문제의 일반적 검토가 아니고 리히텐슈타인에 의하여 노테봄에 부여된 국적이 과테말라에 대항하여 적용될 수 있는지에 대해서만 결정하기로 하였다. 법원은 국적을 부여한 국가에 대해 외교적 보호권을 행사할 자격을 부여하기 위해서는 국적이 존재하여야하기 때문에 이러한 국적부여에 의해 노테봄이 국적을 취득하였는지에 대해서 확인하고자 하였다. 즉, 노테봄과 리히텐슈타인 사이의 실질적인 관계가 타국과 그와의 관계에 비하여 굳건하여 그에게 부여된 국적이 사실이고 유효한 것인지 여부를 확인하여야 한다고 보았다. 노테봄의 국적취득은 국제관계에서 채택된 국적의 개념과 관계없이 부여된 것이다. 따라서 과테말라는 이러한 상황에서 이루어진 국적을 존중할 의무를 지지 아니하므로 노테봄에 부여된 국적이 과테말라에 대항하여 적용될 수 없다.

4. 국적부여행위가 유효하지 않게 이루어졌더라도 국적부여라는 일방적 행위로 외교적 보호권을 행사할 수 있을 것인가?

리히텐슈타인이 주권국가로서 국적에 관한 국내 고유한 입법을 하고 이 국적을 해당 법에 의거하여 부여할 수 있다. 따라서 노테봄의 국적취득은 리히텐슈타인의 국내관할권의 행사에 의한 행위이다. 그러나 이 행위에 의하여 취해진 행위의 상당부분이 의도하는 국제적 효과를 자동적으로 갖지는 못하며 추가조건에 의해서만 다른 국가에 대하여 구속력을 갖는 경우가 많다. 국제관행에 의하면 국적이란 그 근거로서 사회적 연계사실, 존재, 이해 및 정의, 진정한 관계가 호혜적인 권리, 의무를 갖는 법률적 결속이다. 즉, 국적을 부여받은 자는 다른국가의 구성원들보다 국적을 부여한 국가의 구성원들과 훨씬 밀접하게 연계되어 있어야 한다는 법적내용을 담고 있다. 이러한 밀접한 연계가 확립되었을 때에만 국적을 부여하는 국가는 외교적 보호를 행사할 지위를 갖게된다. 노테봄의 경우 국적취득 시점에서 사실관계를 살펴볼 때 법원의 판단으로는 그의 일상생활, 이해, 행위, 가족관계 등에서 다른 국가보다 리히텐슈타인에 대하여 가장 밀접한 연계관계를 갖지 아니하므로 노테봄과 리히텐슈타인과의 실제 연계성은 극히 미미하다고 판단하였다. 따라서 법원은 리히텐슈타인에 대하여 노테봄을 위해 외교적 보호를 행사할 권리를 기각하였으며 리히텐슈타인의 신청을 인정할 수 없는 것이라 하였다.

case 075 | 앵글로 이란 석유회사 사건[1]

1 사실관계

제2차 세계대전 이후 이란에서 민족주의 운동이 본격화되면서 1951년 이란 정부는 모든 석유산업의 국유화법안을 의회에 제출하고 의회에서는 동 법안이 통과되었다. 동 법에 따라 이란 석유자원의 대부분을 지배하고 있던 영국계 회사 앵글로 이란 석유회사의 자산은 신설된 국영 이란 석유회사로 넘어갔다. 앵글로 이란 석유회사는 이란 정부가 동 회사와 체결한 양허협약이 1993년까지 유효함에도 불구하고 국유화법으로 기한 전에 동 협약을 일방적으로 폐기하였으며, 외국인 재산의 수용에는 충분하고 유효한 그리고 신속한 보상이 필요함에도 불구하고 동 국유화조치는 무상이라는 등의 이유를 들어 이란 정부의 국유화조치에 이의를 제기하였다. 영국 정부는 사건을 UN 안전보장이사회 및 ICJ에 회부하였고, 앵글로 이란 석유회사는 여러 국가의 국내법원에도 제소하였다.

2 잠정조치

영국은 본안심리에 앞서 법원이 재판소규정 제41조 및 재판소규칙 제61조에 의거한 잠정조치를 취해 줄 것을 요청하였다. 법원은 영국 정부의 잠정조치 요청을 받아들여 영국 정부 및 이란에 대해 '재판소가 내리는 판결의 이행을 확보하기 위해 당사자의 권리를 침해하거나, 또는 분쟁을 악화시키는 조치를 일체 취하지 말도록 할 것'과 '동 석유회사의 영업활동을 방해하기 위한 수단으로 제소하지 말 것'을 명령하였다.

3 선결적 항변

1. 이란의 선결적 항변

이란은 ICJ에 재판관할권에 대해 선결적 항변을 제기하였다. 영국과 이란은 ICJ규정 제36조 제2항에 따른 관할권 수락선언을 하였으나, 이란의 관할권 수락선언의 효력은 1932년 9월 이후 이란이 체결한 조약에만 미치는 것으로 인정되었다.

2. ICJ 판단

ICJ는 이란의 선결적 항변을 받아들였다. 영국은 1934년 덴마크와의 조약에서 이란은 국제법의 제원칙에 따라 상대 국민을 대우한다고 규정하고 있으며, 동 규정은 1857년 영국과의 조약에서 정한 최혜국 조항에 의거하여 영국 국민에게 적용된다고 주장하였다. 이에 대해 ICJ는 영국과 이란이 체결한 조약은 1857년에 체결된 조약이므로 이란의 설정한 시간유보의 한계를 벗어난 것이라고 판단하였다. 또한 영국이 관할권을 설정하기 위해 이란이 제3국과 체결한 조약을 원용할 수는 없다고 하였다. 영국은 1933년 이란 정부와 앵글로 이란 석유회사가 체결한 '석유양허협약'을 이란이 위반하였으므로 ICJ 관할권이 성립한다고 주장하였다.

---

1) Aglo - Iranian Oil Company 사건, United Kingdom v. Iran, 1952년(선결적 항변).

이에 대해 ICJ는 석유양허협약이 이란 정부와 회사 간의 이권계약의 성격과 양국 정부 간의 국제거래의 성격을 모두 갖고 있으나 이란의 선택조항 수락선언에서 언급한 '조약' 에 해당한다는 영국의 주장을 인정하지 않았다.

case 076 | 바르셀로나 트랙션 사건[1]

1 사실관계

바르셀로나 트랙션 회사는 1911년 캐나다 토론토에서 설립되어 본점을 두고 있는 캐나다 전력회사였다. 회사의 지사 중 셋은 캐나다 법률하에서, 나머지는 스페인 법률하에서 설립되었으며, 회사의 많은 주식이 벨기에인 및 벨기에기업 소유가 되었다. 이 회사의 사채(私債)는 주로 Sterling화[영화(英貨)]로 발행되었고, 일부는 Peseta화(스페인화)로 발행되었다. 그러나 1936년 스페인 내란으로 외화이전이 금지되어 양 통화(通貨)에 의한 이자지급이 불가능해졌다. 이에 1948년 2월 스페인 국적의 사채권자는 이자 미지급을 이유로 스페인지방법원에서 파산선고를 받아냈으며 이후 바르셀로나 트랙션의 자산은 동결되었고, 파산관재인에 의해 매각조치가 단행되었다. 바르셀로나 트랙션 및 기타 이해관계인이 파산선고 및 그에 따른 결정에 대해 제기한 소송은 모두 실패하였으며, 영국, 캐나다, 미국, 벨기에 등 이해당사국들의 협상에도 진전이 없었다. 이에 사건은 1958년 ICJ에 부탁되어졌다. 그 후 벨기에와 스페인은 직접교섭을 하기로 결정하였고 합의에 의해 이 사건은 법원의 사건목록에서 삭제되었다. 그러나 협상이 결렬되자 1962년 벨기에는 다시 ICJ에 제소하였다.

2 법적쟁점

1. 벨기에의 원고적격(locus standi) 인정 여부
2. 국내적 구제 완료 여부

---

[1] Case concerning the Barcelona Traction, Light and Power Company, Limited, Belgium v. Spain, ICJ, 1970년.

3 판결요지

1. 벨기에의 원고적격 부인 - 적극

재판적격성에 대한 항변은 관할권과 별도로 본안판단에 병합되어 다루어졌다. ICJ는 벨기에는 문제가 된 회사의 '국적국'이 아니므로 당사자적격이 없다고 판단하고 스페인의 항변을 인용하였다. ICJ는 법인의 피해에 대해 외교적 보호권을 발동할 수 있는 주체는 당해 법인의 국적국이라고 하였다. 주주에 대한 직접적인 피해가 있는 경우, 예컨대 주주의 권리인 배당청구권, 총회에서의 의결권, 해산 후의 잔여 자산 분배청구권 등이 침해된 경우라면 주주의 국적국이 외교적 보호권을 발동할 수 있다. 그러나, 본건에서 벨기에는 바르셀로나 트랙션이라는 법인에 대한 스페인의 침해를 이유로 소를 제기하고 있으므로 주주의 침해에 대해 보호권을 발동하고 있는 것은 아니다. 전통 국제법에 의하면 법인의 국적국은 설립의 준거법 소속국과 본점 소재지의 국가이다. 그런데 바르셀로나 트랙션은 캐나다법에 근거하여 설립되었으며 50년 이상 캐나다법하에서 회사를 계속 유지해 왔고 캐나다에서 등기사무소를 유지했으며 회사는 캐나다세무당국의 기록부에 등록되어 있다. 따라서 바르셀로나 트랙션사는 캐나다 국적을 유지한다. 예외적으로 법인에 대한 침해에 대해 주주의 국적국이 외교적 보호권을 발동할 수 있으나 이는 회사가 존재하지 않거나 회사의 본국이 회사를 위하여 행위하는 능력을 결여했다고 인정되는 경우이다. 그러나 본 건은 이러한 예외가 존재하지 아니한다. 바르셀로나 트랙션사는 스페인의 전(全) 자산을 상실하고, 캐나다에서도 재산보전조치를 받았으며, 잠정관재인과 관리인이 임명되어 경제적으로는 완전히 마비상태가 되었으나 법인으로서의 행위능력을 잃지는 않았고, 회사로서의 법적 능력을 유지하고 있었다. 본국인 캐나다가 바르셀로나 트랙션사를 보호할 수 있는 능력이 소멸되지도 않았다. 어느 시점에서 캐나다는 사건이 사인 간의 교섭으로 해결되어야 한다고 하여 바르셀로나 트랙션사를 위하여 행동하는 것을 중단하였으나 캐나다는 여전히 외교적 보호권을 행사할 자격을 유지하고 있다. 요컨대, 벨기에는 바르셀로나 트랙션사의 국적국이 아니고 또한 법인의 법적 소멸(legal demise)이나 캐나다의 외교적 보호능력 상실 등의 사정이 있어 예외적으로 외교적 보호권을 발동할 수 있는 상황도 존재하지 아니하므로 본 소송의 당사자 능력이 없다.

2. 국내적 구제 완료 여부 - 심리하지 않음

case 077 | Ahmadou Sadio Diallo 사건[1][2]

1 사실관계

1. 자이레(콩고)의 Diallo 추방

Ahmadou Sadio Diallo는 콩고에 거주하면서 회사를 경영하고 있는 기네아 국적의 사업가이다. 그는 1964년부터 콩고(당시는 자이레)에 상주하면서 1974년 Africom-Zaire라는 무역회사를 설립하였고, 1979년에는 타 회사와 합작으로 Africontainers-Zaire라는 운송 회사를 설립하였으며, 1980년에는 이 회사의 지분 전량을 Africom-Zaire와 본인이 인수하여 경영하였다. 두 회사는 콩고 내에 다수의 미회수 채권을 보유하고 있었고 일부는 콩고 정부가 채무자였다. 또한 다수의 회사와 미수금, 사업 계약 등과 관련한 분쟁 상태에 있던 중 1995년 10월 31일 자이레 총리가 그의 존재와 행동이 경제, 재무, 금융 분야에서의 공공 질서를 침해한다는 이유로 추방령을 내림에 따라 동인은 1995년 11월 5일 체포·구금되어 1996년 1월 31일 추방되었다. 그에게 적용된 행정 조치의 구체적인 내용은 불법 체류로 인한 재입국 금지였으며, 콩고 국내법상 재입국 금지 조치에 대해서는 상소가 불가능하였다.

2. 기네아의 외교적 보호권 발동 및 ICJ 제소

Diallo의 국적국인 기네아는 외교적 보호권을 행사하여 1998년 12월 28일 콩고를 ICJ에 제소하였다. 재판 청구의 근거는 두 나라가 모두 수용한 ICJ의 강제관할권이었으며 청구 요지는 콩고가 Sadio Diallo를 체포·구금·추방함으로써 그의 개인적인 권리(신체 자유, 공정 재판 등) 및 두 회사에 대한 주주로서의 권리와 동인이 소유하고 있는 두 회사의 권리가 침해되었다는 것이다.

3. 콩고의 선결적 항변

콩고는 기네아 정부가 외교적 보호권을 행사할 자격이 없으며 외교적 보호권 발동의 전제 조건인 국내 구제 완료 원칙이 준수되지 않았다고 항변하고 콩고의 재판 청구는 수리할 수 없다고 주장하였다.

---

1) Guinea v. Congo, 국제사법재판소, 2012.6.19. 판결.
2) 산업통상자원부 홈페이지(https://disputecase.kr) 게시글 요약 정리.

2 선결적 항변에 대한 판단

1. 국내구제 미완료

콩고는 개인으로서의 Diallo의 권리 침해를 이유로 한 기네아의 청구는 콩고 국내의 구제 절차가 소진되지 않았으므로 수리할 수 없다고 주장하였다. 콩고는 동인에게 통보되고 여권에 기재된 '재입국 금지'는 이민국 직원이 실수로 오인 통지한 것이며, 실제 조치 내용은 콩고 국내법상 이의 제기가 가능한 '추방'이었다고 설명하고 Diallo가 이의 제기 신청을 하지 않았으므로 국내 구제 절차가 소진되지 않았다고 설명하였다. 아울러 1997년 5월 Mobutu 정부가 붕괴되고 신 정부가 들어선 만큼 이의 신청을 제기했을 경우 수리될 가능성이 많았다고 주장하였다. 재판부는 UN 국제법위원회가 성안한 외교적 보호권 초안 제1조에 규정된 외교적 보호권의 정의를 인용하면서 외교적 보호권의 적용 대상은 과거에는 외국인에 대한 최소 수준 대우에 한정되었으나 국제 사회의 발전과 개인의 권리 신장에 따라 그 범위가 계속 확장되어 최근에는 국제적으로 보장된 인권 위반도 포함하게 되었다고 언급하였다. 재판부는 Interhandel 사건 판결을 인용하여 외교적 보호권 발동 전(前) 국내 구제 절차 소진은 국제 관습법상 확립된 원칙이라고 재확인하였으며 국내 구제 절차 소진 사실 또는 소진 불능 상황의 존재는 재판 청구국이 입증해야 하나, 분쟁 상대국도 소진되지 않은 실효적인 국내 구제 절차의 존재를 입증해야 한다고 언급하였다. 결론적으로 재판부는 콩고의 항변을 기각하였다. Diallo에 대해 재입국을 금지하였고, 재입국 금지에 대해서는 콩고 내에서 상소할 수 없으므로 국내구제를 완료한 것이라고 보았다. 또한, Diallo가 추방령(또는 재입국금지령) 철회를 청원하여 총리의 은혜를 기대하는 행위는 소진해야 할 구제 절차라고 볼 수 없다고 확인하고 재판부는 국내 구제 절차 미소진을 근거로 한 콩고의 수리 불능 항변을 기각하였다.

2. 주주로서의 권리 침해에 대한 외교적 보호권 행사 여부

(1) 콩고는 기네아가 Diallo의 주주로서의 권리에 대해서도 외교적 보호권을 행사하려 하고 있다고 지적하고 주주로서의 피해를 그의 개인적인 권리 침해와 혼동하고 있다고 비난하였다. 콩고는 주주로서의 권리는 배당권, 주총 참여 및 의결권, 잔존 재산에 대한 지분권 등으로서 이는 해당 회사에 대해 시비할 수 있는 것이며 Diallo의 체포 및 추방은 주주로서의 Diallo와 그의 회사 간의 관계를 방해한 행위가 아니라는 입장을 개진하였다. 기네아는 통상 회사의 권리를 침해하는 행위는 주주에 대한 책임을 수반하지는 않지만 동 행위가 주주로서의 직접적인 권리를 겨냥하고 있을 때는 상황이 다르다고 판시한 Barcelona Traction 사건 판례를 인용하면서 콩고의 추방 행위는 Diallo를 직접 겨냥한 행위라고 주장하였다.

(2) 재판부는 독립적인 법인격을 보유하고 있는 회사에 대해서는 그 국적국이 외교적 보호권을 행사할 수 있으며 회사의 법인격 보유 가능 여부는 해당 국가의 국내법에 의한다고 언급하고 콩고 상법은 동법에 의해 인정된 회사는 그 구성원과 구분되는 법인격을 갖는다고 적시하고 있다고 확인하였다. 이 법에 의해 콩고 회사의 주주의 재산은 회사의 재산과 법적으로 분리되며 주주는 회사의 채권 채무에 대해 자신의 지분 비율에 한해 책임과 권리가 있다고 설명하고 회사 주주에 대한 국적국의 외교적 보호권 행사는 동인에 대해 행해진 타국의 불법행위의 피해 책임을 해당 국가에 대해 제기하는 것으로서 주주에 대한 국제적인 불법행위는 회사에 대한 그의 직접적인

권리를 침해한 것이고 직접적인 권리는 해당 국가의 국내법에 의해 정의된다고 설시하였다. 재판부는 이 사건에서 기네아는 Diallo의 Africom-Zaire와 Africontainers-Zaire사에 대한 주주로서의 직접적인 권리가 콩고에 의해 침해된 사실에 대해 외교적 보호권을 행사하려는 것이므로 당사자 적격이 없어 기네아의 재판 청구를 수리할 수 없다는 콩고의 항변은 수용하지 않는다고 판시하였다. 주주로서의 Diallo가 입은 피해 관련 국내 구제 완료 역시 재입국 금지조치에 대한 상소 금지로 인해 충족되었다고 판시하였다.

3. 법인의 피해에 대한 외교적 보호권 발동 가능 여부

기네아는 Diallo가 사실상 Africom-Zaire사와 Africontaines-zaire사의 단독 주주로서 지분 전체를 소유하고 있으므로 두 회사가 콩고의 불법적인 조치로 인해 입은 피해에 대해 Diallo의 국적국인 기네아가 외교적 보호권을 예외적으로 행사할 수 있다고 주장하였다. 두 회사는 법적으로 콩고 국적의 회사였다. 기네아는 통상 회사에 대한 외교적 보호권은 회사의 국적국이 행사하는 것이 원칙이나 자국민인 Diallo가 단일 주주라는 점을 감안하여 이 원칙의 예외를 인정할 수 있다는 입장이었다. 콩고는 외교적 보호권의 대리행사(protection by substitution)란 국제법상 인정되지 않는 개념이라고 반박하였다. 재판부는 회사의 권리를 침해한 행위는 설사 주주의 이해관계가 영향을 받았다 하더라도 주주에 대한 책임을 수반하지 않는다고 판시한 Barcelona Traction 사건 판결을 인용하고 현재까지의 국가 관행과 국제사법기관의 결정을 살펴 볼 때 기네아가 주장하는 대리보호를 허용하는 국제관습법상의 예외는 인정되지 않는다고 확인하였다.

3 본안판단

1. 1995년 구금 및 추방 조치의 위법성

기네아는 콩고의 Diallo 추방 조치와 불법 구금이 시민과 정치적 권리에 관한 국제 규약(이하 '인권 규약'), 아프리카 인권 헌장(이하 '아프리카 헌장'), 영사관계에 관한 비엔나 협약 등에 위배된다고 주장하였다. 인권 규약 제13조와 아프리카 헌장 제12(4)조는 공히 합법적으로 거주하고 있는 외국인은 국내법에 따른 결정에 의해서만 추방할 수 있고 추방의 이유와 이의 제기의 기회를 제공해야 한다고 규정하고 있었다. 국내법 준수 여부와 관련하여 재판부는 해당 국내법은 인권 규약과 아프리카 헌장의 내용과 합치되어야 하며 자의적이어서는 안 된다고 전제하였다. 재판부는 추방에 관한 콩고 법규에 추방령은 사전에 이민위원회 심의를 거치게 되어 있으며 당사자에게 추방 사유를 고지해야 한다고 규정하고 있으나 콩고가 이를 준수하였다는 근거가 없으므로 콩고의 Diallo에 대한 추방령은 인권 규약과 아프리카 헌장이 규정하고 있는 국내법 준수 요건을 충족하지 못했다고 판시하였다. 또한, 재판부는 Diallo에 대한 추방령 자체가 추방의 사유를 정확하게 밝히지 않았고 동인의 추방이 콩고 정부에 대한 동인의 채권 확보를 방해할 수 있다는 점, 구금 기간이 비정상적으로 장기간이었던 점 등을 종합하여 고려할 때 추방령이 자의적이었다고 볼 수밖에 없어 관련 규정을 위반하였다고 판단하였다.

2. 영사관계에 관한 비엔나협약 위반 여부

기네아는 콩고가 Diallo에게 구금 직후 영사 조력권을 고지하지 않았으므로 동 의무를 규정한 영사관계에 관한 비엔나협약 제36(1)조(b) 위반이라고 주장하였으나 콩고는 Diallo가 이를 요청하지도 않았고 구금 사실을 기네아 영사에게 통보하지 않았어도 기네아는 이를 이미 인지하고 있었다고 반박하였다. 재판부는 영사 조력권 고지는 당사자의 요청이나 문의가 있을 경우 시행하는 것이 아니라 구금 당국이 주도적으로 수행해야 하는 의무이며 피구금자 국적국이 다른 경로를 통해 자국민의 구금 사실을 인지했는지의 여부는 피구금자에게 영사 조력권을 고지해야 하는 구금 당국의 의무와 무관한 것이라고 지적하고 콩고는 영사관계에 관한 비엔나협약 제36(1)조(b)를 위반하였다고 판단하였다.

case 078 | 텍사코 석유회사 사건

1 사실관계

1. 리비아의 국유화 단행

리비아 정부는 자국 내 외국 석유회사의 자본을 취득하기 위해 석유산업의 개발과 경영 및 생산에 실질적으로 참가할 수 있는 정책을 세웠다. 그리고 리비아 정부는 최종 결정권을 확보하기 위해 석유양허계약에서 51%의 즉시 자본참가에 기초하는 보상지불을 둘러싸고, 외국 석유회사와 교섭을 개시하였다. 그러나 외국 석유회사는 리비아 정부의 국유화나 생산 삭감의 경고에도 불구하고, (리비아 정부의) 참가조건의 수락을 거부하였다. 그러자 리비아 정부는 1973년과 1974년에 Texaco Overseas Petroleum사와 California Asiatic Oil사를 국유화하였다.

2. 분쟁해결절차 회부

이에 대해 두 회사는 양허계약 제28조 중재재판조항에 따라 이 문제를 중재재판에 부탁할 것을 제안하였다. 그러나 리비아 정부는, 국유화는 국가의 주권행위이며 국유화국 이외의 법정에서 재판할 성질의 것이 아니라고 주장하면서 중재재판에의 참가를 거절하였다. 결국 두 회사는 양허계약에 기초하여 국제사법재판소장에게 중재관을 임명하도록 부탁하였고, 재판소장은 Rene-Jean Dupuy 교수를 지명하였다.

2 리비아의 입장

리비아 정부는 자신의 입장을 뒷받침하기 위해 UN총회에서 채택된 1962년의 '천연자원에 대한 영구주권결의'가 자신의 천연자원의 국유화에 대한 주권적 권리를 인정하고 있으며, 동 결의는 국유화와 관련된 모든 분쟁이나 분쟁의 결과도 관련국가의 국내법에 따라 해결되도록 규정하고 있다고 주장하였다.

3 판결 요지

1. 준거법

분쟁 당사자는 중재재판에 적용될 법을 자유로이 선택할 수 있다. 당사자 간에 합의가 이루어지지 않은 경우 법원이 중재재판의 준거법을 결정하여야 한다. 본 사건에서 당사자는 중재재판을 국가주권으로부터 배제하고 있기 때문에 중재재판은 직접 국제법에 따라 규율되어야 한다.

2. 양허계약의 성격

계약이란 법적인 권리·의무를 창설하는 당사자 간 의사의 합치이다. 양허계약은 리비아 정부와 원고 회사 간 의사의 합치를 표명한 것이며, 계약으로서의 성질을 가진다. 양허의 계약적 성격은 국가 관행이나 국제법에서도 인정되고 있다. 사건상의 양허계약을 진정한 계약으로 인정하는 것이 타당하다.

3. 양허계약의 구속력

양허계약의 구속력은 계약에 적용될 법에 기초하여 규정된다. 본 사건의 경우 계약 제28조에 기초하여 국제법과 일치하는 리비아 국내법에 따라 규율되며, 이러한 일치가 존재하지 않는 경우에는 법의 일반원칙에 비추어 해석하여야 한다. 본 양허계약이 법의 일반원칙을 준거법으로 하고 있다는 점에서 국제적인 성격을 지닌다. 또한 양허계약이 계약의 해석 적용에 관한 분쟁을 중재재판에 부탁할 것을 규정하거나, 양허계약의 성질상 경제개발협정에 속하는 경우에도 양허계약은 국제적 성격을 갖는다. 따라서 양허계약은 국제법에 기초를 두며 국제법상 구속력을 갖는다. 이와 같이 국가와 사인 간의 계약이 국제법에 근거를 두고 있는 경우, 사인은 일정한 범위에서 국제적인 능력을 인정받으며 국제법 주체로서 계약상의 권리를 원용할 수가 있다.

4. 국유화의 성격

국가의 국유화 권리는 오늘날 확립된 국제법상의 원칙이다. 국유화 권리는 국가의 영역 주권의 발현에 지나지 않는다. 본 사건에서 양허계약은 국유화를 금지하고 있지 않다. 그러나 양허계약이 특정 조항에 따라 직접 국제법에 의해 규율되는 경우, 국가는 국유화조치로 계약을 일방적으로 파기할 수 없다.

case 079 | 아모코 석유회사 사건[1]

1 사실관계

1. 합작회사 설립

미국의 Standard Oil의 자회사이면서 스위스 국적 회사인 원고는 이란의 국영 NPT사와 1966년 합작회사(Khemco)를 설립하였다. 양사는 공동으로 천연가스를 처리·판매하여 이윤을 50%씩 분배하며 유효기간은 35년으로 하였다.

2. 이란혁명과 국유화 단행

1979년 혁명을 통해 집권한 이란 신정부는 'Single Article Act of 1980'을 제정하여 이란의 정유산업을 국유화하면서 Khemco계약의 무효를 선언하였다. 이에 원고회사는 국유화 결과 야기된 Khemco계약의 불이행에 따른 손해배상을 청구하였다.

2 법적쟁점

1. 이란의 계약서상 안정화 조항 위반 여부

2. 국유화 요건 충족 여부(공익·비차별·보상)

3 판정 요지

1. 안정화 조항 위반 여부

원고는 이란 정부의 국유화조치가 계약서상의 '안정화 조항' 위반이라고 주장하였으나, 이란 정부는 계약의 당사자가 아니라는 이유로 기각하였다.

2. 공익 요건 충족 여부

재판소는 국유화의 적법성 판단 요건으로서의 '공공 목적(public purposes)'의 정확한 개념에 대해서는 국제법상 합의된 바가 없다고 하였다. 따라서 국가들은 광범위한 재량권을 가지고 있다. 이란의 국유화는 포괄적으로 공익 목적 조건을 준수하였다.

3. 비차별 요건 충족 여부

비차별 요건을 충족하였다. 국유화정책은 연속적 단계에 걸쳐 점차적으로 실시될 수 있는 것이므로 별도의 증거가 제시되지 않는 한, Khemco사에 대한 국유화조치가 차별적으로 행해졌다고 볼 수 없다.

---

1) 이란 - 미국 청구재판소(Claims Tribunal), 1987년.

4. 보상 요건 충족 여부

보상 요건을 충족하지 못 했다. 국유화조치에 대해 상응하는 보상이 행해져야 한다는 것이 국제법상의 원칙이다. 따라서 이란 정부는 국유화조치가 효력을 발생하기 시작한 1979년 7월 31일 당시 Khemco사 주식 시가의 50%에 상당하는 금전배상을 지불해야 한다.

case 080 | Electtronica Sicula 사건[1][2]

1 사실관계

1. ELSI사 청산 결정

미국의 전기 장비 제작 회사인 Raytheon사는 1956년부터 1967년에 걸쳐 이탈리아 시실리 소재 전기 회사 Elettronica Sicula s.p.a(이하 'ELSI')에 74억 리라를 투자하여 전체 주식의 99%를 소유하였고 1967년 Ratheon사의 자회사인 Machlett사가 ELSI의 잔여 지분 1%를 구입하여 Ratheon사는 사실상 ELSI의 지분 100%를 모두 소유하게 되었다. ELSI의 경영 상태는 좋지 못하여 손실이 누적되었고 간헐적으로 발생한 영업 이익은 부채 상황과 누적 적자를 처리하기에도 부족하였다. 1968년 Ratheon사는 더 이상 ELSI에 추가 자본을 투입하지 않기로 결정하고 자신의 손실을 최소화하는 방향으로 ELSI를 청산하기로 하였다. 1968년 3월 16일 ELSI 이사회는 공장 가동을 전면 중단하고 회사를 청산하기로 의결하였으며 주주 총회는 이를 승인하였다.

2. 이탈리아 당국의 개입

1968년 4월 1일 Palermo 시장은 직원의 고용 유지와 지역 경제 보존을 위해 ELSI의 공장과 자산에 대한 징발령을 발동하였다. 이 명령은 중대한 공공상의 필요가 있을 시 정부는 개인 재산을 처분할 수 있다는 1865년에 제정된 관련 법령에 의거한 것이다. 1968년 4월 ELSI 경영진은 시장에게 징발령 철회를 수차 요구하였으나 회신이 없자 상위 행정 기관인 Palermo 도청에 불법적이고 자의적인 시장의 징발령을 철회하여 줄 것을 청원하였으나 도청은 16개월 이상 청원에 대해 판정을 내리지 않았다. 1968년 4월 25일 ELSI 이사회는 자발적으로 파산을 신청하기로 결정하였다. 이후 Palermo 도청은 16개월만에 ELSI가 1968년 4월 제기하였던 Palermo 시장의 징발령 철회 청원에 대해 동 징발령이 불법이라고 결정하였다. 이탈리아 국내법원도 징발령이 불법이라고 확인해 주었다.

---

1) USA v. Italy, 1989.7.20. 판결, 국제사법재판소.
2) 산업통상자원부 홈페이지(https://disputecase.kr) 게시 내용 요약 정리.

2 미국의 외교적 보호권 행사

대법원 판결로도 만족스러운 결과를 확보하지 못하자 Raytheon사는 자신의 손실을 미국 정부가 국가의 손실로 취급하여 처리하여 줄 것을 청구하였다. 1974년 2월 7일 미국은 이탈리아 정부의 불법행위와 간섭으로 인해 ELSI의 정상적인 청산 절차가 진행되지 못하여 대주주인 자국민 Raytheon사가 손실을 보았으며, 이탈리아는 이를 배상할 의무가 있다고 이탈리아에게 항의했다. 이후 양국 간에는 수차례의 외교 공한 교환과 회합이 있었으나 만족할만한 해결책에 도달하지 못하였으며 1985년 10월 이 문제를 ICJ에 판결을 의뢰하기로 합의하였다. 합의에 따라 미국은 1987년 2월 6일 ICJ에 재판을 청구하였고 소재판부를 구성하여 심리하여 줄 것을 요청하였다. 재판 청구의 근거는 분쟁 발생 시 ICJ에 회부하기로 한 미국 - 이탈리아 우호통상항해조약 제26조였다.

3 쟁점 및 판결

1. 징발로 인한 파산 촉진 여부

미국은 징발령, 경매 절차 방해 등 이탈리아 당국의 행위는 미국과 이탈리아 우호통상항해조약의 의무를 광범위하게 위반하였다고 주장하였다. Raytheon사가 ELSI를 경영 통제할 수 있는 권리 행사가 방해된 것은 동 조약 제3(2)조 위반이며 제5(1), 제5(3)조의 완전한 보호 및 안전 제공 의무, 제5(2)조 불법 수용 금지 의무도 준수되지 않았고 제7조 재산 처분 권리 및 제1조 자의적 차별적 대우 금지 위반에 해당한다고 주장하였다. 1200만 불의 손해 배상도 아울러 청구하였다.
이에 대해 재판부는 시장의 징발령과 ELSI의 파산간의 인과 관계가 미국의 주장과 달리 불분명하다고 보았다. 재판부는 미국의 설명과 제출된 자료, 증언 등을 종합하여 징발령 시행 직전의 ELSI의 재무 상황이 매우 부실하였고 따라서 이탈리아의 행위가 ELSI에 대한 Raytheon의 경영, 통제권을 직접적으로 훼손하였다고 볼 수 없다고 확인하였다. 재판부는 청산 계획이 의도한대로 실행될 수 있는 상황이었는지에 대해서도 부정적으로 판단하였다. 재판부는 청산 계획의 실행 가능성에 대해 미국이 충분히 입증하지 못했으며 따라서 제3(2)조 위반이 인정되지 않는다고 판단하였다.

2. 완전한 보호 및 안전 의무 위반 여부

징발령 발동 수개월 전에 ELSI는 절반 이상의 고용원에게 해고 통지서를 발송하였으며 통지서 접수 시 발생할 노동 분규 가능성에 대해 우려하고 있었다. 해고 통지 접수 후 ELSI 노동자들은 공장을 점거하고 농성하였다. 미국은 공장 점거 농성은 설비 훼손과 공장 처분 절차의 지연을 초래하여 결과적으로 ELSI의 가치 하락을 초래하였다고 주장하고 점거 농성을 방지, 해산하지 못한 이탈리아 당국의 행위는 타방 체약국 국민에게 완전한 보호 및 안전을 제공한다는 우호통상항해조약 제5(1)조 의무를 위반한 것이라고 주장하였다. 재판부는 제5(1)조 의무의 내용이 내국민 대우 의무, 즉 유사한 상황에 있는 자국민과 동등하게 대우해야 한다는 의무라고 설명하고 미국이 내국민과 동등 대우를 받지 못했다는 점을 입증하지 못했다고 판단하였다.

3. 수용 금지 의무 위반 여부

미국은 징발령과 ELSI사에 대한 헐값 매각이 정당한 절차와 정당하고 효과적인 보상이 없이 이루어진 수용에 해당한다고 주장하고 이를 금지한 우호통상조약 제5(2)조 위반이라는 주장도 제기하였다. 미국의 주장은 이탈리아의 행위는 위장된 수용이라는 것이나 재판부는 수용에 해당하는지에 대한 미국과 이탈리아의 해당 조문의 문언 해석상의 이견을 정리하지 않고 Raytheon이 자신의 권리를 실질적으로 박탈당하지 않았다면 이탈리아의 행위는 수용 여부에 관계 없이 탈취에 해당하지 않는다고 이해하였다. 수용은 권리의 탈취를 속성으로 하는데 우선 탈취 자체의 성립 여부를 확인하겠다는 것이다. 재판부는 당시 지방 정부의 태도, 이탈리아 파산법, 주요 채권자의 입장, ELSI의 재정 상황과 예정된 공장 폐쇄 등에 비추어 ELSI의 파산은 불가피했으며 이탈리아 정부의 행위가 파산을 촉진했다고 볼 수 없다고 판단하였다. 즉, ELSI에 대한 Raytheon의 권리는 파산으로 인한 것이지 이탈리아 정부가 탈취한 것이 아니라고 본 것이다. 탈취가 인정되지 않으므로 탈취를 본질적인 속성으로 하는 수용은 성립하지 않는다고 재판부는 판단하였다.

4. 자의적 대우 금지 의무 위반 여부

미국은 이탈리아의 징발령이 자의적이며 이는 타방 체약국 국민에 대한 자의적 조치를 금지한 우호통상조약 제1조 위반이라고 주장하였다. 미국은 Palermo 도청이 문제의 징발령을 불법이라고 판결한 것 자체가 이탈리아 정부가 동 조치의 자의성을 인정한 것이라고 강조하였다. 재판부는 징발령이 합법적이지 않다는 점은 인정하였다. 그러나 이탈리아 국내법상의 지위가 국제법상의 지위를 결정하지는 않는다고 언급하였다. 국제법상 어떤 행위가 자의적이기 위해서는 어떤 특정 법규에 부합되지 않는 것만으로는 불충분하며 법치라는 전체적인 원칙에 어긋나는 것이어야 한다고 보았다. 다시 말해 해당 행위가 불법적인 것, 법규에 위반되는 것이 아니라 법체계의 핵심 개념을 무시하는 수준이 되어야 하나, 재판부는 징발령이 이에 해당한다고는 판단하지 않는다고 밝혔다.

5. 자산 처분 자유 보장 의무 위반 여부

미국은 이탈리아의 행위는 자산의 매입, 소유, 처분의 자유를 규정한 우호통상항해조약 제7(1)조 위반이라는 주장도 제기하였으나 재판부는 동 조약 제7(1)조(a)는 이탈리아 국민에게 적용되는 것이므로 해당 사항이 없고 이 조항에 의해 미국민에게 적용되는 내용은 자산의 매입, 소유, 처분에 있어 이탈리아 국민과 동등한 대우를 받아야 한다는 것인데 ELSI가 유사한 상황의 이탈리아 국민에게 부여된 대우보다 불리한 대우를 받았다는 점이 입증되지 않는다고 판단하였다. 미국도 이탈리아 기업이 다수 징발되었다는 사실에 대해서는 시비하지 않고 있고 징발령과 파산 간의 인과 관계가 성립하지 않는 점, ELSI의 부실한 재정상황 등을 고려할 때 제7(1)조 위반을 인정할 수 없다고 재판부는 확인하였다.

case 081 | 쇠링(Söring) 사건[1]

1 사실관계

쇠링(Söring)은 독일국민이고, 미국 버지니아주에서 살인을 범하고[2] 영국으로 도망 중 체포되었다. 미국은 영국과의 범죄인 인도조약에 기초하여 그의 인도를 청구하였고, 독일 역시 범죄인 인도조약에 기초하여 인도를 요청하였다. 인도청구의 경합에 대해 영국은 인도청구의 순서 및 사건의 상황 전체를 고려하여 미국으로 인도하기 위한 국내절차를 계속 진행하였다. 당시 쇠링(Söring)은 사형이 적용되는 죄로 기소되어 있었으나 영국은 원칙적으로 사형이 폐지된 국가였다. 이와 관련하여 영미 범죄인 인도조약은 이 경우 사형이 적용되는 범죄에 대해 사형을 집행하지 않는다는 보증을 주지 않는 경우 인도를 거부할 수 있게 하였다. 이에 따라 미국은 사형을 적용하지 말 것을 요구하는 영국의 의사를 재판관에게 전달하겠다는 버지니아주 검사의 증명서를 영국에 통지했다. 영국재판소는 내무부장관의 청구에 따라 인도시까지의 구금을 명령했다. 쇠링(Söring)은 이에 대해 법원에 이의를 제기하였으나 받아들여지지 않았고 상소도 허락하지 않았다. 이에 내무부장관은 쇠링(Söring)의 미국으로의 인도명령에 서명했다. 쇠링(Söring)은 자신을 미국에 인도하는 것은 유럽인권협약을 위반한 것이라고 주장하면서 유럽인권위원회에 청원을 제출하였다. 이어 유럽인권위원회, 영국, 독일이 유럽인권재판소에 제소하였다. 영국은 미국으로의 인도가 유럽인권협약에 위반될 것이라는 유럽인권법원의 판결을 존중하여 미국으로의 인도를 거절하였다. 그러나 추후 capital murder가 아닌 first - degree murder로 범죄인인도를 재청구하자 이에 응하여 인도해 주었으며 Söring은 종신형을 선고받았다.

2 법적쟁점

쇠링(Söring)의 인도에 관련하여 유럽인권협약 제3조상 고문의 금지, 제6조상 공정한 재판을 받을 권리, 제13조상의 실효적 구제를 받을 권리 등이 침해되는가?

---

[1] Söring v. 영국, 유럽인권재판소, 1989년.
[2] Söring은 자신과 Elizabeth Haysom의 교제를 Haysom의 부모가 반대하자 Haysom의 부모를 칼로 찔러 살해하였다.

3 판결요지

1. 유럽인권협약 제3조 위반 여부 - 적극

법원은 영국이 쇠링(Söring)을 인도결정한 것은 유럽인권협약 제3조를 위반한 것이라고 판정하였다. 우선 법원은 인도의 결과로서 협약상의 권리가 침해된다면 체약국의 협약상의 의무는 면제되지 않는다고 전제하였다. 또한 야기될 침해가 중대하고도 회복불능의 것이라면 협약의 잠재적 위반에 대해서도 판단을 내릴 수 있다고 하였다. 또한 도망범죄인이 인도된다면, 청구국에서 고문 또는 비인도적 대우 또는 형벌을 당할 진정한 위험에 직면한다는 것을 믿을 수 있는 충분한 증거가 있다면 도망범죄인을 인도하는 체약국의 결정은 동 협약 제3조를 위반할 수 있다고 하였다. 쇠링(Söring)이 미국에 인도되어 사형판결을 받고 '죽음의 순번 대기(death row)'를 하는 경우 사형선고부터 집행까지 평균 6~8년이 소요되며, 그 기간동안 엄격한 구금조건하에서 죽음의 공포를 감내하지 않을 수 없다는 점, 쇠링(Söring)이 범행 당시 18세의 젊은 나이였다는 점, 정신적으로 불안했다는 점, 범죄인을 서독에 인도하더라도 범죄인인도의 목적이 달성된다는 점 등을 고려할 때 본 건 인도 결정은 집행되는 경우 유럽인권협약 제3조를 위반할 것이라고 판시하였다.

2. 유럽인권협약 제6조 위반 여부 - 소극

원고는 버지니아주에서의 사형 판결에 대한 상소 절차의 대부분에 있어서 법률부조가 행해지지 않으므로 유럽인권협약 제6조의 보장이 확보되지 않는다고 주장하였다. 이에 대해 재판부는 청구국에 있어서 재판거부를 야기할 위험이 있는 경우, 예외적으로 인도 결정이 동 협약 제6조와 상충할 위험성이 없는 것은 아니나, 본 건에서는 그와 같은 위험이 인정되지 않는다고 판시하였다.

case 082 | 우엔 후 창(Nguyen Huu Chanh) 범죄인 인도 청구 사건[1][2]

1 사실관계

청구인은 2006년 6월 1일 청구국으로부터 범죄인에 대한 인도청구가 있음을 이유로 범죄인 인도법 제11조 내지 제13조의 규정에 의하여 범죄인의 인도허가 여부에 관한 심사를 청구하였다. 범죄인은 1950년 베트남 빈딘에서 출생하여 부모를 따라 미국에 들어가 생활하다가 1992년 금융사기 범죄를 저지르기 위해서 Vinamoto Company의 임원(Executive Director) 신분으로 베트남으로 입국한 후 1995년 4월 30일 자유베트남 혁명정부(12755 Brookhurst St. #202 Garden Grove, Ca 92640, California, USA 소재)를 조직하여 자신을 내각총리로 자칭한 후 베트남 사회주의공화국 전복을 획책하였다. 이후 1999년 3월 12일부터 1999년 3월 16일까지 위 조직의 조직원인 Tran Thi Hue, Nguyen Van Phuong, Ty 등에게 테러 훈련을 받기 위해 캄보디아에서 태국으로 이동하도록 지시하고, 1999년 3월 25일 상기 테러집단은 베트남에 대한 테러행위를 자행하기 위해 베트남에 입국한 후 1999년 4월 18일 밤부터 1999년 4월 19일 아침 사이 테러 공격을 기도하고, 반베트남 선전물 12,000부, 사이공 괴뢰정권 깃발 29개, 풍선 65개, 상기 깃발과 풍선을 띄우기 위한 실 뭉치 25개 등을 운반하였으며, 캄보디아에서 베트남으로 이동하는 과정에서 Nguyen Van Phuong은 Nguyen Van Han Ha, Nguyen Hong Nhat, Nguyen Van Hung 등이 테러공격을 위해 베트남에 입국하도록 회유하고, 캄보디아에서 베트남으로 입국하고자 했던 Nguyen Van Slnh, Nguyen Van Ty, Nguyen Van Hung와 합류하기 위해서 Tay Ninh 지방을 통해 베트남으로 불법 입국하면서 1kg의 폭약, 뇌관 3개와 지연신관을 1999년 4월 16일 운반하고, Tran Thi Hue는 상기 테러집단이 사이공 괴뢰정권의 깃발을 배포하고, 반베트남 선전물을 유포하며, Nguyen Hue Street에 소재한 호치민 대통령 동상 근처의 공공장소를 공격하도록 지시하고, Le Aan Mlnh, Le Kim Hung, Nguyen Van Hung은 테러공격을 위해 폭탄 3개를 제조했으나, 이들의 테러계획을 이행하지 못했다. 그 밖에 테러단체를 조직하고 훈련하는 등 다수 범죄를 범했다.

2 법적쟁점 및 적용법규

1. 법적쟁점

이 사건 인도심사청구에서의 주요 쟁점은 대한민국이 범죄인을 청구국에 인도하여야 할 국제법상의 의무가 있는지, 아니면 이 사건 대상 범죄가 정치범죄로서 정치범 불인도의 원칙에 따라 범죄인을 청구국에 인도하여서는 아니 되는 것인지 여부이다. 이와 관련하여 절대적 인도 거절 사유 또는 절대적 인도거절의 예외사유에 해당하는지가 쟁점이 되었다.

---

1) 서울고등법원 2006.7.27, 2006토1(인도심사청구)
2) 법원의 판결 내용을 중심으로 편저자가 재구성한 것이다.

2. 적용법규

국내법으로서 1988년 8월 5일 공포되어 시행되고 있는 범죄인 인도법과 조약으로서 대한민국과 청구국 사이에 2003년 9월 15일 체결하여 2005년 4월 19일 발효된 "대한민국과 베트남사회주의공화국 간의 범죄인 인도조약(이하 '이 사건 인도조약')"에 관련 규정이 있는데, 우리나라 헌법은 "헌법에 의하여 체결·공포된 조약과 일반적으로 승인된 국제법규는 국내법과 같은 효력을 가진다."라고 규정하고 있고(헌법 제6조 제1항), 이러한 헌법 규정 아래에서는 국회의 동의를 요하는 조약은 법률과 동일한 효력을, 국회의 동의를 요하지 않는 조약은 대통령령과 같은 효력을 인정하는 것이라고 해석함이 타당하므로, 이 사건 인도조약은 국회의 비준을 거친 조약으로서 법률과 동일한 효력을 가지는 것이라 할 것이고, 따라서 대한민국이 청구국에 대하여 범죄인을 인도할 의무가 있는지 여부를 판단함에 있어서는 신법 우선의 원칙, 특별법 우선의 원칙 등 법률해석의 일반원칙에 의하여 이 사건 인도조약이 범죄인 인도법에 우선하여 적용되어야 한다.

3 법원의 결정

1. 주문

범죄인을 청구국에 인도하는 것을 허가하지 아니한다.

2. 절대적 인도거절사유에 해당하는지 여부

범죄인 및 변호인은 이 사건 인도심사청구 범죄사실이 인도대상범죄에 해당한다 하더라도 그 범죄는 이 사건 인도조약상 절대적 거절사유인 정치적 성격을 갖는 범죄이므로 범죄인에 대한 인도를 허가하여서는 아니 된다고 주장하므로, 과연 이 사건 인도대상범죄가 정치적 성격을 갖는 범죄로서 이 사건 인도조약에 의하여 범죄인에 대한 인도를 거절하여야 할 것인지 여부에 관하여 살펴본다. 범죄인 인도의 대상 범죄가 정치적 성격을 갖는 범죄, 즉 정치범죄에 해당하는지 여부는 범죄행위에 있어서 범죄인의 동기, 목적, 기타 주관적 심리요소와 피해법익이 국가적 내지 정치적 조직질서의 파괴인지 여부와 같은 객관적 요소는 물론, 범죄인이 속한 조직의 정치적 성격과 견해, 위 조직의 활동 내용과 범죄인의 역할, 범행의 구체적인 경위 등의 제반 사정을 종합하여 판단하여야 한다. 이 사건 인도심사청구의 대상 범죄사실의 내용과 성격 및 위 인정사실에서 볼 수 있는 사정들, 기타 이 사건 기록 및 심문 결과를 통하여 드러난 이 사건 범죄의 동기, 목적, 범행의 경위 및 내용, 피해법익의 내용 및 피해의 정도, 범죄인 및 범죄인이 속한 정치조직의 성격과 정치적 견해, 범죄인의 활동 내용 및 범행 가담 정도 등을 종합하여 보면, 이 사건 인도대상범죄는 폭발물을 이용한 범죄의 예비·음모라는 일반범죄와 청구국의 정치질서에 반대하는 정치범죄가 결합된 상대적 정치범죄라 할 것이고, 이는 앞서 본 바와 같이 이 사건 인도조약 제3조 제1항 소정의 "정치적 성격을 갖는 범죄"에 해당하는 것이므로, 특별히 이 사건 인도조약상 예외사유에 해당한다는 사정이 없는 한 범죄인을 청구국에 인도하는 것은 이 사건 인도조약에 위배된다.

3. 폭탄테러행위 억제를 위한 국제협약에 의해 인도해야 하는지 여부

이 사건 인도조약은 '양 당사국이 모두 당사자인 다자간 국제협정에 의하여 당사국이 관할권을 행사하거나 범죄인을 인도할 의무가 있는 범죄'를 정치범 불인도의 원칙을 규정한 이 사건 인도조약 제3조 제1항의 예외사유로 규정하고 있다. 이는 범죄인 인도법 제8조 제1항 제2호가 "다자간 조약에 의하여 대한민국이 범죄인에 대한 재판권을 행사하거나 범죄인을 인도할 의무를 부담하고 있는 범죄"를 정치범 불인도 원칙의 예외로 규정하고 있는 것과 같은 취지로서 인류에 반하는 국제범죄 및 국제테러범죄에 관하여 정치범 불인도의 원칙을 제한하고자 하는 국제사회의 요청에 부합하는 내용이라 할 것이다. 다만, 이 사건 인도조약은 '양 당사국이 모두 당사자인 다자간 국제협정'이라고 명시함으로써 적용되는 조약의 범위를 범죄인 인도법보다 좁게 규정하고 있다. 이 사건 범죄인 인도심사청구의 양 당사국인 대한민국과 청구국이 위 조약에 가입한 당사자인지 여부에 관하여 보건대, 기록에 의하면, 대한민국은 2004년 2월 9일 국회의 비준 동의를 거쳐 같은 해 2월 17일 비준서를 국제연합 사무총장에게 기탁함으로써 위 조약에 가입하였지만, 청구국(베트남)은 아직 위 조약에 가입하지 않아 당사자가 아닌 사실을 인정할 수 있는바, 이에 따르면 위 조약은 이 사건 인도조약 제3조 제2항 나목 소정의 "양 당사국이 모두 당사자인 다자간 국제협정"에는 해당하지 않는다 할 것이고, 결국 위 조약을 근거로 범죄인에 대한 인도를 허가할 수는 없다.

4. 국제연합 안전보장이사회 결의(1373호)에 따라 인도해야 하는지 여부

국제연합 안전보장이사회는 2001년 9월 28일 1373호 결의(UN Security Council Resolution 1373)를 채택하였는데, 이 결의는 2001년 9월 11일 미국 뉴욕, 워싱턴 D.C. 펜실베니아 등지에서 일어난 이른바 '9·11 테러'를 강력히 비난함과 아울러 회원국들에게 테러 관련 국제협약의 완전한 이행과 테러행위의 예방 및 근절을 위한 국제적인 공조를 촉구하고자 채택된 것으로서 대한민국과 청구국은 모두 위 결의에 서명함으로써 위 결의의 당사자가 되었다. 그러나 국제연합 안전보장이사회의 결의는 일정한 경우에 회원국들에 대하여 구속력이 있다고는 하나, 다자간 국제협정에서 요구되는, 앞서 본 바와 같은 절차 및 효력 발생에 관한 요건이나 제한이 그대로 적용되는 것이 아니어서 이를 다자간 국제협정과 동일한 것으로 볼 수 없다. 따라서 아무래도 국제연합 안전보장이사회의 위 제1373호 결의는 이 사건 인도조약 제3조 제2호 나목 소정의 '다자간 국제협정'에 해당한다고 할 수는 없다.

5. 결론

이 사건 인도대상범죄는 정치적 성격을 갖는 범죄이고, 달리 범죄인을 인도하여야 할 예외사유도 존재하지 아니하므로, 범죄인 인도법 제15조 제1항 제2호, 인도조약 제3조 제1항 가목에 의하여 범죄인을 청구국에 인도하는 것을 허가하지 아니하기로 하여 주문과 같이 결정한다.

case 083 | 야스쿠니 방화 범죄인 인도 청구 사건[1]

1 사실관계

1. 범죄의 모의와 실행

범죄인은 청구국에서 일본어를 배우고 현지 생활에 적응하면서 상담치료 등 봉사활동을 하던 중 2011년 12월 18일경 한일 정상회담 당시 대한민국의 이명박 대통령이 과거 일본 군 위안부 문제에 대한 진정한 반성과 해결을 촉구하였음에도 불구하고 청구국의 노다 요시히코(야전가언) 총리가 그 논의 자체를 거부하고, 오히려 주한 일본대사관 앞의 일본 군 위안부 소녀상을 철거하라고 요구하는 모습을 언론을 통해 접하게 되고, 아울러 청구 국 국회의원들이 집단으로 야스쿠니 신사를 참배하던 모습을 떠올리면서, 전쟁 피해자의 후손인 범죄인이 제2차 세계대전 전범을 신으로 모시는 야스쿠니 신사에 방화함으로써 과거의 역사적 사실을 부정하고 우경화 정책을 펼치며 군국주의로 회귀하려는 청구국에 경고의 메시지를 던져 진정한 반성과 사죄를 촉구하기로 마음먹었다. 이에 따라 범죄인 은 범행 날짜를 일본 군국주의에 희생당한 외할머니의 기일이자 중국을 수립한 마오쩌둥 의 생일인 2011년 12월 26일로 정하고, 범행 시간도 인명 피해 우려가 적은 새벽으로 하 면서 오전 4시를 선택한 후, 이 사건 범행을 준비하면서 그 과정을 기록으로 남겨 널리 알리기 위하여 준비도구 및 '사죄'라고 적힌 셔츠를 입은 자신의 모습을 촬영함은 물론 범행의 실행 과정까지 디지털카메라로 촬영하였다. 범죄인은 2011년 12월 26일 03:40경 야스쿠니 신사에 도착하여 그 담을 넘어가 위 신사 신문 중앙문 남쪽 기둥에 접근한 후 미리 준비한 휘발유 5L 중 2~3L가량을 뿌리고, 같은 날 03:56경 라이터로 불을 붙여 위 신사의 신문 일부를 소훼하였다.

2. 한국으로 도주와 일본의 범죄인 인도 청구

범죄인은 이 사건 범행 직후 항공편으로 대한민국으로 왔고, 대한민국에 체류하는 동안 외할머니와 연고가 있던 목포, 대구 등지와 외증조할아버지가 사망한 서울 서대문형무소 박물관을 방문하였다. 범죄인은 한국정신대문제대책협의회가 1992년부터 매주 수요일마 다 주한 일본대사관 앞에서 일본군 위안부 문제에 대하여 항의집회를 하여 2011년 12월 14일 1,000번째 집회가 개최되었음에도 청구국 정부가 일본군 위안부 문제에 대하여 사 과하지 않는 현실에 격분하여, 청구국 정부를 상대로 과거의 역사적 사실에 대한 진정한 반성과 사죄를 촉구하기 위한 목적에서 2012년 1월 6일 주한 일본대사관 건물에 화염병 을 던져 이를 소훼하려 하였다. 범죄인은 이러한 행위로 서울중앙지방법원에서 2012년 5월 23일 현존건조물방화미수죄 등으로 징역 10월의 형을 선고받고 항소하였으나 항소 기각으로 2012년 8월 31일 판결이 확정되어, 2012년 11월 6일 그 형의 집행을 종료하였 다. 한편 청구국은 2012년 5월 21일 이 사건 범행이 청구국 형법 제110조 제1항(건조물 등 이외 방화)에 해당하는 범죄라고 하면서 이 사건 조약에 따라 범죄인의 인도를 청구하 였다.

---

[1] 대한민국 고등법원 2013.1.3. 자 2012토1 결정

2 법적쟁점

1. 대한민국이 일본에 범죄인을 인도할 의무가 있는지 판단할 때 적용할 법규

2. 범죄인 인도절차에서 논의되는 '정치적 범죄'의 개념과 유형 및 어떠한 범죄가 정치적 범죄에 해당하는지 판단하는 기준

3. '대한민국과 일본국 간의 범죄인 인도조약' 제3조에서 정한 '정치적 범죄'의 의미 및 이른바 '상대적 정치범죄'가 여기에 포함되는지 여부(적극)

3 결정 요지

1. 적용법규

대한민국과 일본 사이에 2002년 4월 8일 체결하여 2002년 6월 21일 발효된 '대한민국과 일본국 간의 범죄인 인도조약'(이하 '인도조약')은 국회의 비준을 거친 조약으로서 법률과 동일한 효력을 가지므로, 대한민국이 일본에 대하여 범죄인을 인도할 의무가 있는지 판단할 때에는 신법 우선의 원칙, 특별법 우선의 원칙 등 법률해석의 일반원칙과 '범죄인 인도법' 제3조의2의 규정 취지에 따라 <u>인도조약이 '범죄인 인도법'에 우선하여 적용되고, '범죄인 인도법'은 인도조약의 취지에 반하지 아니하는 범위에서 인도조약을 보충하여 적용된다.</u>

2. 정치범의 정의

오늘날 국제적으로 논의되고 있는 경향에 따르면, 범죄인 인도절차에 있어 '정치적 범죄'는 사인, 사적인 재산 또는 이익을 침해함이 없이 오로지 해당 국가의 정치질서에 반대하거나 해당 국가의 권력관계나 기구를 침해하는 행위인 '절대적 정치범죄' 내지 '순수한 정치범죄'와 그와 같은 목적을 위하여 저지른 일반범죄인 '상대적 정치범죄'로 나눌 수 있고, 여기에서 절대적 정치범죄가 정치적 범죄에 해당한다는 점에는 의견이 대부분 일치하고 있으나, 상대적 정치범죄가 정치적 범죄로서 간주되기 위한 기준은 국제적으로 아직 확립되지 못하여 국가마다 서로 다른 관행을 발전시켜 왔다. 이러한 정치적 범죄의 개념 및 유형, 정치범 불인도 원칙의 발전 과정 및 최근 경향 등을 고려해 볼 때 어떠한 범죄, 특히 상대적 정치범죄가 정치적 범죄인지 판단할 때에는, ① 범행 동기가 개인적인 이익 취득이 아니라 정치적 조직이나 기구가 추구하는 목적에 찬성하거나 반대하는 것인지, ② 범행 목적이 한 국가의 정치체제를 전복 또는 파괴하려는 것이거나 그 국가의 대내외 주요 정책을 변화시키도록 압력이나 영향을 가하려는 것인지, ③ 범행 대상의 성격은 어떠하며, 나아가 이는 무엇을 상징하는 것인지, ④ 범죄인이 추구하는 정치적 목적을 실현하는 데 범행이 상당히 기여할 수 있는 수단으로서 유기적 관련성이 있는지, ⑤ 범행의 법적·사실적 성격은 어떠한지, ⑥ 범행의 잔학성, 즉 사람의 생명·신체·자유에 반하는 중대한 폭력행위를 수반하는지 및 결과의 중대성에 비춰 범행으로 말미암은 법익 침해와 정치적 목적 사이의 균형이 유지되고 있는지 등 범죄인에게 유리하거나 불리한 주관적·객관적 사정을 정치범 불인도 원칙의 취지에 비추어 합목적적·합리적으로 고찰하여 종합적으로 형량고, 여기에다 범행 목적과 배경에 따라서는 범죄인 인도 청구국과 피청구국 간의 역사적 배경, 역사적 사실에 대한 인식 차이 및 입장 대립과 같은

정치적 상황 등도 고려하여, 상대적 정치범죄 내에 존재하는 일반범죄로서 성격과 정치적 성격 중 어느 것이 더 주된 것인지를 판단하여 결정하여야 한다.

3. 상대적 정치범죄

'대한민국과 일본국 간의 범죄인 인도조약'(이하 '인도조약') 및 '범죄인 인도법'의 규정 형식의 유사성에다 정치적 범죄의 개념 및 유형, 정치범 불인도 원칙의 발전 과정 및 최근 경향, 정치적 범죄의 판단 기준에 비추어 보면, 인도조약 제3조 (다)목 본문에서 말하는 '정치적 범죄'는 '범죄인 인도법' 제8조 제1항에서 정한 '정치적 성격을 지닌 범죄이거나 그와 관련된 범죄'와 같은 의미로서, 절대적 정치범죄뿐 아니라 상대적 정치범죄까지 포함하는 개념으로 해석하는 것이 타당하다.

4. 인도 청구에 대한 거절 결정

일본 정부의 일본군 위안부 등 과거의 역사적 사실에 대한 인식에 항의하고 그와 관련된 대내외 정책에 영향을 줄 목적으로 일본 소재 야스쿠니 신사(정국신사) 신문에 방화하여 일부를 소훼함으로써 공공의 위험을 발생하게 하였다는 범죄사실로 국내에 구금 중인 중국 국적의 범죄인에 대하여, 일본이 '대한민국과 일본국 간의 범죄인 인도조약'(이하 '인도조약')에 따라 인도를 청구한 사안에서, ① 범행 동기가 일본 정부의 과거의 역사적 사실에 관한 인식 및 그와 관련된 정책에 대한 분노에서 기인한 것으로, 범죄인에게 개인적인 이익을 취득하려는 동기를 찾아볼 수 없는 점, ② 범행 목적이 범죄인 자신의 정치적 신념 및 견해와 반대 입장에 있는 일본 정부의 정책을 변화시키거나 이에 영향을 미치기 위하여 압력을 가하고자 하는 것인 점, ③ 범행 대상인 야스쿠니 신사가 법률상 종교단체의 재산이기는 하나 국가시설에 상응하는 정치적 상징성이 있다고 평가되는 점, ④ 범행이 정치적인 대의를 위하여 행해진 것으로서 범행과 정치적 목적 사이에 유기적 관련성이 인정되는 점, ⑤ 범행의 법적 성격은 일반물건 방화이나 실제로는 오히려 손괴에 가깝고 방화로 말미암은 공공의 위험성 정도가 크지 않은 점, ⑥ 범행으로 인한 인명 피해가 전혀 없고 물적 피해도 크다고 할 수 없어 범행으로 야기된 위험이 목적과 균형을 상실했다고 보기 어려운 점 등 제반 사정과 범죄인 불인도 원칙의 취지, 청구국인 일본과 피청구국인 대한민국, 나아가 범죄인의 국적국인 중국 간의 역사적 배경, 과거의 역사적 사실에 대한 인식 차이 및 의견 대립과 같은 정치적 상황, UN을 비롯한 국제기구와 대다수 문명국가가 추구하는 보편적 가치 등을 종합해 볼 때, 인도 대상 범죄는 일반물건 방화라는 일반범죄 성격보다 정치적 성격이 더 큰 상대적 정치범죄로서 인도조약 제3조 (다)목 본문에서 정한 '정치적 범죄'에 해당하고, 달리 범죄인을 인도하여야 할 예외사유가 존재하지 아니하므로 인도를 거절하기로 결정한다.

case 084 | Questions of Mutual Assistance 사건[1][2]

1 사실관계

1. 지부티에서 프랑스 판사 사망사건 발생

이 사건은 지부티가 수사 기록 제공을 거절한 프랑스에 대해 양국 간 형사사법공조조약 위반이며, 지부티 대통령 등 고위 관리에게 프랑스가 수사 기관 및 법원 출석을 요청한 것이 국제법 위반이라고 ICJ에 제소한 사건이다. 지부티는 소말리아 북부, 예멘과 마주보고 있는 인구 80만 정도의 작은 나라로 1977년 프랑스로부터 독립하였다. 1995년 10월 19일 지부티 법무부에 파견 근무 중이었던 프랑스 판사 Bernard Borrel이 지부티시(市)에서 80km 떨어진 바위 해안에서 맨발의 속옷 차림에 상반신이 불에 탄 채로 발견되었다. 지부티 검찰은 지리한 수사 끝에 2003년 12월 자살(분신 후 실족)한 것으로 사건을 종결하였다.

2. 프랑스의 개입

1997년 4월 프랑스 검찰은 시신 발견 위치나 상태 등에 비추어 피살 가능성을 염두에 두고 독자 수사를 개시하였으며, 프랑스 수사 검사는 1986년 양국 간에 체결된 사법공조조약에 근거하여 지부티 검찰의 수사 기록 및 수집 증거 제공, 현장 방문 지원 등을 요청하였고 필요한 협조를 제공받았다. 지부티 대통령인 Omar Guelleh와 사건 당시 대통령 비서실장이 Borrel판사 살해에 개입되어 있다는 전 지부티 대통령 경호실 근무자 Alhoumekani의 증언도 있었다. 이후 프랑스에서는 지부티 당국에 의한 살해론이 기정사실처럼 다수 보도되었고 지부티는 이에 대해 수 차례 항의하였다.

3. 지부티의 재수사 결정

2004년 5월 지부티는 동 사건 재수사를 결정하고 같은 해 11월 3일 역시 사법공조조약에 근거하여 프랑스의 수사 기록을 제공하여 줄 것을 요청하였으나 프랑스는 국가 기밀 보호를 이유로 이를 거절하였다. 지부티는 프랑스의 자료 제공 거부는 1986년 형사사법공조조약 위반이라고 주장하였다. Alhoumekani의 증언과 관련하여 프랑스 수사 검사는 지부티 대통령에게 참고인으로 출석할 것을 요청하는 소환장을 두 차례 발부하였으며 Borrel판사의 미망인이 청구한 별도의 재판을 진행 중인 프랑스 법원은 지부티 검찰총장과 국방위원장이 Alhoumekani에게 증언 철회 및 위증을 압박하였다는 주장을 확인하기 위해 이들을 증인으로 소환하였다. 지부티는 대통령과 고위 관리에 대한 소환장 발부가 외교관 특권 면제 위반 등 국제법 위반에 해당한다고 주장하였다.

4. 지부티의 프랑스 제소

지부티는 2006년 1월 9일 사법공조조약 및 국제법 위반 혐의로 프랑스를 ICJ에 제소하였다. 프랑스는 지부티의 일방적인 재판 청구에 대해 동의하였으나 재판 청구서에 명기되지 않은 대통령 및 고위 관리에 대한 소환장 발부건은 동의 범위를 넘어서므로 재판부가

---

1) Djibouti v. France, 2008.6.4. 판결, 국제사법재판소.
2) 산업통상자원부 홈페이지(https://disputecase.kr) 게시 내용 요약 정리.

수리할 수 없다고 반박하였고 본안 사항에 대해서는 지부티의 주장이 근거 없으니 기각해야 한다는 입장을 견지하였다.

2 법적쟁점

1. 확대관할권

2. 우호협력조약 위반 여부

3. 사법공조조약에 따른 사법공조요청 수행의무 여부

4. 프랑스의 수사 기록 불제공의 사법공조조약 위반 여부

5. 지부티 대통령 등에 대한 소환의 적법성 여부

3 국제사법재판소의 판단

1. 확대관할권

(1) 확대관할권의 성립 여부

지부티 재판 청구 근거가 된 ICJ 재판규칙 제38(5)조는 재판부 관할권에 대한 동의를 표시하지 않은 국가에 대해 재판을 청구하였는데, 해당 국가가 재판부의 관할권에 동의하면 재판 절차를 진행할 수 있다고 규정하고 있었다. 2006년 1월 9일 지부티의 재판 청구서 제출 후 프랑스는 2006년 7월 25일 ICJ에 서한을 발송하여 제38(5)조에 의거한 관할권에 동의하나 이 동의는 재판 청구의 대상이 된 분쟁과 청구서에 기재된 시비 범위 내에서 유효하다고 적시하였다. 재판규칙 제38(5)조는 1978년 ICJ 재판규칙이 개정되면서 새로 포함된 조항으로서 통상 확대 관할권(forum prorogatum) 조항으로 불린다. 이 사건은 동 조항 신설 이후 ICJ 재판에서 최초로 원용된 사건이다.

(2) 프랑스 측 동의의 범위

프랑스는 청구의 대상이 된 분쟁에 대해서만 ICJ 관할권에 동의한 것이므로 소환장 및 영장 발부의 적법성 여부는 재판부가 관할권을 행사할 수 없다고 주장하였다. 이에 대해 재판부는 분쟁 대상이 반드시 청구서의 관련 항목에 기재된 내용을 통해서만 배타적으로 결정되지는 않는다는 점은 이미 Right of Passage 사건에서 확인되었다고 언급하였다. 동 사건에서 재판부는 청구서와 당사국의 입장문과 언급을 통해 볼 때 재판부에 제출된 분쟁은 관할권이 시비된 포르투갈 통행권 행사에 대한 인도의 방해 외에 여타 항목이 더 있다고 보았다. 재판부는 지부티 재판 청구서에 지부티 대통령과 고위 관리에 대한 소환장 및 체포 영장 발부는 국제법 위반이며 이를 취소해 줄 것을 적시하고 있고, 프랑스의 관할권 수용 동의 서한의 문안을 평이하게 해석하더라도 프랑스의 동의가 청구서의 '분쟁 대상' 항목에 국한되지 않는다고 판단하였다. 재판부는 프랑스가 지부티 청구서를 제공받고 관할권 동의 서한을 발송하였으므로 당시 이미 청구서에 기재된 시비에 대해 충분히 인지하고 있었으며 청구서의 대상을 구성하고 있는 분쟁의 특정 측면을 배제하겠다는 의사가 표시되지 않았다고 판단하였다. 이에 따라 재판부는 지부티 대통령에 대한 소환 등도 재판부의 관할권에 속한다고 판시하였다.

2. 우호협력조약 위반 여부

지부티는 사법공조 요청 기각 및 대통령에 대한 소환장 발부 등은 1977년 체결된 양국 간 우호협력조약 위반에 해당한다고 주장하였다. 프랑스는 이 조약은 양국 관계의 기본 지침이나 포괄적인 협력 의사를 천명한 것으로서 법적인 의무를 구성하지는 않는다고 반박하였다. 재판부는 동 조약의 목적은 경제, 금융, 사회, 문화 분야에서의 양국 관계 발전을 도모하는 것으로서 이에 따른 협력 의무는 광범위하고 일반적인 성질의 것을 의미하며 형사 문제에서의 상호 지원은 별도의 형사사법공조조약으로 수행되는 것으로서 우호협력조약에 나열된 협력 분야에 속하지 않는다고 설명하였다. 재판부는 1986년 사법공조조약을 1977년 우호조약의 정신을 고려하여 해석할 수는 있으나 사법 공조는 1977년 조약의 협력 분야로 규정되어 있지도 않고 사법공조조약 위반이 곧 우호조약 위반을 구성하는 것도 아니라고 언급하고 지부티의 주장을 기각하였다.

3. 사법공조조약에 따른 사법공조요청 수행의무 여부

(1) 사법공조에 있어서 상호주의

지부티는 프랑스가 Borrel판사 살해 추정 사건 수사 자료 제공을 요청한 자신의 2004년 11월 3일자 사법공조요청을 거절한 것은 동 의무를 규정한 1986년 사법공조조약 제1조를 위반한 것이라고 주장하였다. 지부티는 이 조항은 당사국에게 상호주의의 의무를 부과하고 있으며 프랑스 사법 당국은 지부티가 제공한 수사 정보를 수혜하였으므로 지부티는 상호주의에 입각하여 프랑스로부터 요청한 수사 정보를 제공받을 자격이 있다고 보았다. 프랑스는 지부티가 프랑스 요청 정보를 제공한 것은 인정하였으나 사법공조는 각 사안의 성격과 내용에 따라 이루어지는 것이지 상호주의에 따라 이루어지는 것은 아니라고 반박하였다. 재판부는 동 조약 제1조는 의무 수행의 상호성을 언급하고 있기는 하나, 지부티가 의미하는 것처럼 상대국의 사법 공조 요청을 이행하였으므로 그 결과 상대국도 동일한 요청을 수용해야 한다는 것은 아니며 개개의 공조요청은 개별적으로 검토되어야 한다고 보았다. 지부티 주장대로 상호주의 의무가 있는 것으로 제1조를 해석하면 사법공조의 예외를 규정한 제2조가 유명무실해진다고 언급하고 재판부는 지부티는 프랑스에 제출한 공조 요청의 이행을 추구함에 있어 상호주의 원칙에 의존할 수 없다고 판시하였다.

(2) 국내법에 따른다는 규정의 의미

지부티는 1986년 사법공조조약 제3(1)조294를 근거로 상대국의 사법공조요청을 수행할 의무는 노력이나 시도의 의무가 아니라 결과의 의무(obligation of result)로서 협조 요청을 받은 국가는 이에 응해야 하며 조항 중의 '국내법에 따른다(in accordance with its law)'는 표현은 국내법에 마련된 절차를 준수한다는 의미일 뿐이라고 주장하였으나 재판부는 사법공조요청서의 처리는 접수국 사법 당국의 결정에 달린 문제로서 국내법상의 관련 절차를 준수하는 한 접수국은 요청받은 수사 기록의 제공을 보장하지 못할 수도 있다고 언급하였다.

4. 프랑스의 수사 기록 미제공의 사법공조조약 위반 여부

재판부는 지부티의 수사 기록 제공 요청을 거부한 프랑스의 행위가 사법공조조약에 위반되는지 여부는 일반적으로 판단할 수 없고 사건의 내용을 구체적으로 심리해야 알 수 있다고 하였다. 지부티의 수사 기록 제공 요청을 전달받은 프랑스 담당 검사는 동 기록 내에 비밀로 분류된 내무부와 국방부 간의 연락 내용이 포함되어 있음을 발견하고 안보, 공공 질서, 기타 핵심 국익과 관련된 사법공조 요청은 거절할 수 있다는 1986년 사법공조조약 2(c)를 근거로 요청받은 수사 기록 제공을 거절하였다. 지부티는 안보, 공공 질서, 국익 관련 여부는 매우 정치적인 판단으로서 일개 수사 검사가 결정할 수 있는 사항이 아니라고 반박하였다. 재판부는 사법공조요청 수용 여부 권한은 수사 검사에게 있다는 것이 프랑스의 법규정이며 법원에서도 확인된 사항이라고 언급하고 재판부는 프랑스 법원의 판단을 수용할 수밖에 없다고 확인하였다. 다만, 프랑스는 지부티가 요청한 수사 기록을 제공할 수 없는 사유를 자세히 설명하지 않은 채 지부티에 회신하였고 지부티는 동 사유를 프랑스 언론 보도를 통해 간접적으로 인지하게 되었다. 지부티는 이는 공조 요청 거절 시 사유를 밝혀야 한다는 사법공조조약 제17조 위반이며 이로 인해 프랑스는 2(c)를 원용할 수 없다고 주장하였다. 재판부는 프랑스의 회신 내용이 소략하여 수사 기록 제공 불능 사유가 설명되었다고 볼 수 없다고 언급하고 프랑스의 제17조 위반을 인정하였다.

5. 지부티 대통령 등에 대한 소환의 적법성 여부

(1) 지부티 대통령 소환의 문제

Borrel 사건을 수사 중이던 검사는 2005년 5월 17일 당시 프랑스를 공식 방문 중이던 지부티 대통령을 참고인으로 소환하였다. 소환 요청서는 지부티 대사관에 팩스로 발송하였고 출석 일자는 다음 날 5월 18일이었다. 이 소환장은 통상의 경우와 달리 불응시 강제 집행될 수 있다는 고지가 첨부되지 않은 일종의 구속력 없는 초청과 같은 것이었으나 외국인에 대한 소환장은 외교부를 경유하여 발송한다는 프랑스 형사 소송법 규정과 달리 지부티측에 직접 발송되었다. 지부티는 소환장을 묵살하였으며 수사 검사는 2007년 2월 14일 소환장을 외교부를 경유하여 다시 발송하였다. 재판부는 소환장의 내용이 강제성이 있는 것이 아니므로 국가 원수가 향유할 수 있는 외국 형사 관할권으로부터의 면제를 침해한 것은 아니라고 보았다. 그러나 외교 채널을 경유하지도 않고 직접, 그것도 하루 전에 팩스로 발송한 행위는 국가간의 예양에 합치되는 것은 아니라고 지적하고 소환장 발송이 프랑스의 국제 의무 위반에 해당하지는 않지만 사과해야 마땅하다고 판시하였다.

한편, 외교 경로를 통해 다시 전달된 2007년 2월 14일자 소환장에 대해 재판부는 강제성이 있는 요청도 아니고 프랑스 국내 규정에 합치되게 정식 절차를 거쳐 전달된 것이므로 소환장 발부가 대통령의 위엄이나 명예를 훼손한 것이라고 보지 않는다고 판시하였다.

(2) 지부티 검찰총장 및 국방위원장의 경우

프랑스 법원은 2004년 12월 6일 지부티 검찰총장 및 국방위원장에게 증인 출석 요구서를 발송하였다. Alhoumekani의 지부티 대통령 개입 증언을 철회하도록 압력을 행사하고 위증을 교사한 혐의였다. 프랑스법상 증인 출석 요구서 수용은 강행 규범이었으나 이들은 외교적 면책권을 주장하며 증인 출석 요구서를 묵살하였다. 지부티는 대통령에 대한 소환장 발부는 국제적으로 보호되는 인사의 자유 및 위엄에 대한 공격을 금지하는 국제관습법의 확립된 원칙에 위배되는 것이라고 주장하였으며 검찰총장과 국방위원장에 대한 증인 소환 역시 '외교관계에 관한 비엔나협약' 및 '국제적 보호 인사에 대한 범죄 예방과 처벌에 관한 협약' 위반에 해당한다고 주장하였다. 재판부는 검찰총장과 국방위원장에 대한 증인 소환과 관련하여 재판부는 외교관이 아닌 관리가 개인적인 면제권을 향유할 수 있는 국제법적인 근거는 없으며 이들이 외교관이 아니므로 외교관계에 관한 비엔나협약은 적용할 수 없다고 언급하였다.

(3) 국가면제 향유 여부

지부티는 검찰총장과 국방위원장이 공적 기능을 수행하는 지부티의 국가 기관이므로 면제권을 향유할 수 있다고 주장했다. 이에 대해 재판부는 국가 기관으로서의 면제를 주장하기 위해서는 상대국 사법 기관이 동 면제를 존중할 수 있도록 사전에 통보해야 하며 해당 기관은 면제를 향유할 수 있으나 동 기관이 행한 불법행위의 책임은 해당 국가에 귀속된다고 설명하였다. 재판부는 프랑스가 지부티에 대해 시비하는 행위가 지부티의 행위이며 검찰총장과 국방위원장이 국가 기관으로서 동 행위를 수행하였다고 지부티로부터 통보받은 바 없고 프랑스 법원도 그러하다고 확인하고 지부티의 국가 기관 면제권 주장을 기각하였다.

14 | 국제인권법

case 085 | 뉴른베르크 국제군사법원 판결[1]

1 사실관계

1945년 8월 미국·영국·소련 3국 대표는 소련에서 '유럽 추축국의 주요 전쟁 범죄인의 소추와 처벌을 위한 협정'을 체결하고 법원, 범죄행위, 재판절차 등을 규정하였다. 이 조약에 기초하여 독일의 주요 전범 24인에 대한 기소장이 뉴른베르크 군사법원에 제출되었다. 뉴른베르크 군사재판소 조례는 종래 전쟁범에서 인정된 '전쟁범죄' 외에 '평화에 대한 죄'와 '인도에 대한 죄'가 새롭게 규정되어 있었다. 평화에 대한 죄란 "침략 전쟁 혹은 국제조약, 협정, 서약에 위반하는 전쟁을 계획하고 준비하며 실행한 것, 또는 이러한 행위를 달성하기 위한 공동계획이나 모의에 참가한 것"을 말한다. 인도에 대한 죄는 "전쟁 전 또는 전쟁 중에 일반 시민에 대하여 행해진 살해, 절멸적인 대량 살인, 노예화, 강제 이동, 그 외의 비인도적 행위, 범죄가 행해진 국가의 국내법에 위반하는가에 관계없이 군사법원의 관할권에 속하는 범죄의 실행을 위해 행해지고 또는 이것과 관련하여 행해진 정치적·인종적·종교적 이유에 의한 박해"로 정의되었다. 재판을 통해 교수형 12명, 징역형은 무기 3명, 20년형 2명, 15년형 1명, 10년형 1명 및 무죄 3명이 확정되었다.

2 법적쟁점

1. 죄형법정주의의 위반 문제

종래의 전쟁범죄와 달리 평화에 대한 죄, 인도에 대한 죄는 피고인들이 전쟁을 수행하는 동안이나 그 이후에 이미 국제법상 규정된 바가 없었다. 따라서 뉴른베르크 재판에서 전범자들의 처벌은 사후입법에 의한 처벌로서 법률불소급의 원칙에 반하는 게 아닌가 하는 문제가 제기되었다. 구체적으로 두 가지가 문제된다.

(1) 평화에 대한 죄 및 인도에 대한 죄가 사후입법인가?

(2) 법률불소급의 원칙이 국제법상 확립된 원칙인가?

2. 행위자의 공적지위와 면제

기소된 자들이 국가의 고위직에 있던 자들이므로 이들에 대한 인적면제 또는 물적면제가 문제되었다.

---

1) Trial of the Major War Criminals before the International Military Tribunal Proceedings 411, 1948년.

3. 개인의 형사책임 인정 여부

전통적으로 전쟁은 국가 간 행위이므로 그에 대한 책임은 국가에 귀속되는 것으로 간주되었기 때문에 국가의 기관인 개인이 책임을 질 수 있는가하는 문제가 뉘른베르크 재판소에서 제기되었다.

4. 상관의 지시에 의한 행위의 문제

뉘른베르크 재판소헌장 제8조에 의하면 상관의 명에 의한 하급자의 행위도 처벌할 수 있도록 규정하고 있다. 그러나 뉘른베르크 재판 당시 피고들은 상관인 히틀러의 명령에 의한 행동이었으므로 자신들에게 책임을 물을 수 없다고 항변하였다.

5. 하급자의 행위에 의한 상관의 처벌문제

뉘른베르크 재판소에서 전시범죄로 처벌된 자들은 사실상 직접적인 범죄행위를 한 자가 아니었으므로 부하의 행위로 인한 상관의 책임 여부가 쟁점이 되었다.

3 판결요지

1. 죄형법정주의의 위반 문제

재판소는 법원 조례는 새로운 범죄를 사후적으로 규정한 것이 아니라 제정 당시 존재하고 있던 국제법을 표명한 것이라고 판시하였다. 평화에 대한 죄의 경우 1924년 제네바 의정서, 1927년 국제연맹 총회 결의, 1928년 아바나 회의 결의, 1928년 부전조약 등에 의해 침략전쟁이 국제범죄라는 관념이 존재하고 있었다. 인도에 대한 죄의 경우 1939년 전쟁 전의 행위는 평화에 대한 죄 또는 전쟁 범죄와 결부되어 행해진 경우 구성요건을 충족한다. 그러나 1939년 이후의 행위는 그러한 조건과 무관하게 법원의 관할권 범위 내에 있다.

2. 개인의 형사책임 인정 여부

전쟁이 국가 간 행위라 할지라도 전쟁을 개시할 여부를 결정하고 실행하는 것은 국가라는 추상적 관념체가 아니라 국가기관인 개인이다. 국가의 기관은 국가가 지는 국제법이나 조약상의 의무를 존중해야 하고 이에 위반하는 것은 기관으로서의 정당한 행위가 아니다. 따라서 개인으로서의 책임을 면할 수 없다.

3. 행위자의 공적지위와 면제

일정한 상황에서 국가의 대표를 보호하고 있는 국제법 원칙은 국제법에 의해 범죄로 간주되는 행위에는 적용되지 않는다. 이와 같은 행위를 한 자는 그 공적 지위를 빌미로 정당한 처벌을 면할 수 없다.

4. 상관의 지시에 의한 행위의 문제

재판소는 피고인들에게 허용되는 자유재량이 있었음에도 불구하고 과도한 권력행사를 감행하였으므로 결코 책임이 조각될 수 없다.

5. 하급자의 행위에 의한 상관의 처벌문제

상관은 하급자의 행위에 대해서도 처벌될 수 있다. 상관은 자기가 명령한 행위 뿐 아니라 허가하거나 묵인한 행위에 대해서도 책임을 진다.

case 086 | 손종규 대 대한민국[1]

1 사실관계

청원을 제출한 손종규는 1990년 9월 27일 이래 주식회사 금호 노동조합 위원장이며 대기업 연대회의의 창립회원이었다. 1991년 2월 8일 경상남도 거제도에 있는 대우조선에서 노동쟁의가 일어났을 때 정부는 경찰병력을 동원하여 쟁의를 진압하겠다고 공표하였고, 손종규는 쟁의지점에서 400km 떨어진 서울에서 다른 연대회의 회원들과 1991년 2월 9일 모임을 가졌다. 모임 끝에 그들은 노동쟁의를 지지하고 정부의 병력투입 위협을 비난하는 성명을 채택하였다. 1991년 2월 10일 연대회의 모임을 마치고 나오던 중 손종규 및 연대회의 다른 회원들은 노동쟁의에 제3자 개입을 금지하는 '노동쟁의조정법' 위반혐의로 기소되었다. 1991년 8월 9일 손종규는 징역 1년 6개월과 3년의 집행유예형을 선고받았고 항소 및 상고는 기각되었다. 이에 손종규는 자유권규약위원회에 개인청원을 제기하였다.

2 법적쟁점

손종규는 '노동쟁의조정법' 제13조의2(제3자 개입금지)가 노동운동 동조자를 처벌하고 노동자를 격리시키는데 이용된다고 주장하였다. 또한 쟁의 당사자에게 영향을 주는 어떠한 행동도 금한다는 동 법 조항 자체의 불명료성이 죄형법정주의의 기본원칙을 위반한다고 주장하였다. 더 나아가 대한민국의 조치는 자유권규약 제19조 제2항에 규정된 표현의 자유를 위반하였으며, 자신이 행사한 표현의 자유가 다른 사람의 권리나 명예를 침해한 것이 아니고, 또한 국가안보나 공공질서 및 공중보건이나 도덕을 위협한 것이 아니라고 주장하였다.

---

1) 자유권규약위원회, 1994.3.18.

1. 자유권규약 제19조 제2항 위반 여부 - 적극

자유권규약위원회는 심리대상을 손종규가 대우조선 쟁의 지지성명을 발행하는 데 가담한 것과 정부의 쟁의 무력진압 위협에 대해 비판한 것으로 노동쟁의조정법 제13조2에 의해 손종규를 처벌한 것이 자유권규약 제19조 제2항에 위반되는지의 문제로 국한시켰다. 위원회는 대한민국 정부의 조치는 자유권규약 제19조 제2항을 위반하였으며, 제19조 제3항에 의해 정당화되지 아니한다고 판단하였다. 위원회는 표현의 자유에 대한 제한이 제19조 제3항에 의해 정당화되기 위해서는 법률에 의한 제한일 것, 제19조 제3항에 규정된 목적과 관련될 것, 정당한 목적을 위해 필요한 것일 것을 요건으로 한다고 하였다. 정당한 목적을 위해 필요한 것으로 인정되기 위해서는 표현의 자유 행사가 구체적으로 어떠한 위협을 초래하는지에 대해 명확하게 특정되어야 한다고 전제하였다. 대한민국은 손종규가 발행한 성명이 국가적 총파업을 선동하고 이로써 국가안보와 공공질서를 위협할 수 있다고 주장하였다. 그러나 위원회는 대한민국이 손종규의 표현의 자유 행사가 초래하였다고 주장하는 위협이 구체적으로 어떤 성격의 것이었는가에 대해 규명하지 못했다고 판단하였으며, 대한민국이 주장한 내용 중 어떠한 것도 제19조 제3항에 기술된 표현의 자유에 대한 제한의 충분조건이 되지 않았다고 판단하였다.

2. 위원회의 권고사항

위원회는 손종규가 그의 표현의 자유를 행사한 것을 이유로 처벌을 받는 것에 대해 적절한 금전배상을 포함한 실질적인 보상을 받을 권리가 있다고 하였다. 나아가 위원회는 대한민국이 '노동쟁의조정법' 제13조의2를 재검토할 것을 권고하였다. 또한 당사국은 이와 유사한 위반이 앞으로 다시는 일어나지 않도록 보장할 의무가 있다고 하였다. 자유권규약위원회는 당사국이 앞으로 90일 이내에 자유권규약위원회의 견해를 이행하는 조치를 취하고 이를 알려줄 것을 기대한다고 하였다.

case 087 | 양심적 병역거부[1]

1 사실관계

한국인인 신청인들은 여호와의 증인 신도로 종교상의 이유로 병역을 거부하자, 그 결과 각각 1년 6개월의 형을 선고받았다. 이들은 대체복무제의 마련 없이 일률적으로 병역의무를 부과하고 이를 거부하는 자를 처벌하는 한국의 병역법은 「시민적 및 정치적 권리에 관한 국제규약」 제18조 제1항이 보장하고 있는 종교와 신념의 자유를 침해한다고 주장하는 개인통보를 Human Rights Committee에 제기하였다.

---

1) Human Rights Committee, 2007년.

2 법적쟁점

종교의 자유에 대한 권리는 종교적 신념에 따라 병역을 거부할 권리를 포함하는가?

3 결정

양심적 병역거부 역시 종교의 자유의 일부로 보호받아야 한다.

case 088 | Tadić 사건[1][2]

1 사실관계

1. 내전 발발 및 인종청소

냉전종결에 따라 동유럽에도 사회주의 진영 및 국가 해체의 파도가 밀려왔다. 그 중에서
도 민족, 종교, 언어 등을 달리하는 주민이 복잡하게 얽힌 다민족국가였던 유고슬라비아
사회주의 연방공화국(이하 '구유고')에서는 1991년부터 1992년에 걸쳐 해체과정이 진행
되었다. 이 과정에서 슬로베니아, 크로아티아, 마케도니아, 보스니아 - 헤르체고비나(이하
'보스니아')의 4개 공화국이 유고슬라비아 연방공화국(세르비아 공화국과 몬테네그로 공
화국으로 구성, 이하 '신유고')으로부터의 독립을 선언하였다. 그러나 이러한 4개 공화국
의 독립은 각 공화국의 다수파 민족과 소수파 민족 간의 대립을 증폭시켜 무력충돌이 발
생하였다. 그 사이 보스니아에서는 무슬림(이슬람교, 인구의 40%)과 세르비아인(세르비
아 정교, 32%)과 크로아티아인(가톨릭, 18%)이 각각 신유고와 크로아티아 공화국의 지
원을 받아 삼파전을 펼쳤다. 특히, <u>세르비아인은 신유고로부터의 강력한 군사원조를 받
아 그 지배 지역에서 무슬림과 크로아티아인을 배제하기 위해 대규모로 계획적이고 조직
적인 살인, 억류, 고문, 강간, 추방 등을 하였고, 이를 인종청소(ethnic cleansing)라고 한다.</u>

2. UN의 개입

이에 대해 UN은 우선 총회에서 이 인종청소가 집단살해에 해당한다는 결의를 하고, 이
를 받아들여 1993년 안보리는 UN 헌장 제7장에 의거하여 결의 827을 채택하고 '1991년
이후 구 유고슬라비아의 영역 내에서 행하여진 국제인도법의 중대한 위반에 대해 책임있
는 자의 소추를 위한 국제형사재판소'(이하 'ICTY')를 창설하였다. 결의 827에서 채택된
이 재판소 규정에 의하면 그 대상범죄는 ① 전쟁범죄(㉠ 1949년 제네바 제협약에 대한
중대한 위반행위와 ㉡ 전쟁의 법 및 관습에 대한 위반) ② 집단살해죄 및 ③ 인도에 반
한 죄이다.

---

1) ICTY, 1997년.
2) 박덕영·오미영 옮김, 국제법기본판례50, 박영사, 206 ~ 209p 요약 정리.

3. 피고

이 사건의 피고인인 타디치(Tadić)는 세르비아인으로, 보스니아의 오마르스카(Omarska) 수용소의 간수였으나 1992년 5월 23일부터 같은 해 말에 걸쳐 이 수용소 안팎에서 무슬림과 크로아티아인에 대한 공격, 구금, 살인, 학대가 상기 ①, ③의 범죄행위에 해당한다고 하여, 1995년 2월 13일 ICTY가 처음으로 그를 기소하였다.

2 1심 본안판결(1997년)

1. 제네바협약 제4조 위반 여부

민간인에 대한 살해나 고문, 학대는 피해자가 '분쟁당사국 또는 점령국의 권력 안에 있는 자로서 그 분쟁당사국 또는 점령국의 국민이 아닌 자'일 경우에만 제네바 제4협약(전시 민간인 보호협약)의 중대한 위반행위가 된다. 그러나 1992년 5월 19일 이후 보스니아의 세르비아인 세력은 그 자금이나 인원, 장비, 보급 등을 신유고에 강하게 의존하고 있었으나, 개개의 작전행동이 신유고의 '실효적 지배'하에서 행하여졌다고까지는 할 수 없기 때문에, 이 사건 피해자들은 타국의 권력 내에 있었다고 할 수 없으며, 제네바 제4협약에서의 '보호받는 자'에 해당하지 않는다. 따라서 제네바 제협약에 대한 중대한 위반행위 (ICTY 규정 제2조)에 기초한 소추이유에 대해서는 전부 무죄이다.

2. 제네바협약 제3조 위반 여부(비국제적 무력 충돌 관련 규정 위반 여부)

보스니아 분쟁의 성질과 범위를 살펴보면, 신유고와 보스니아의 세르비아군의 관계가 어떻든 간에, 관련된 전 기간에 걸쳐 보스니아의 분쟁당사자 간에는 비국제적 무력충돌을 포함한 무력충돌 일반에 적용될 수 있는 제네바협약 공통 제3조에 구현된 전쟁의 법이나 관습의 적용으로 충분한 범위와 정도의 무력충돌이 있었다고 볼 수 있다. 그러므로 '적대행위에 직접 참가하지 않는 자에 대해', '무력충돌의 과정에서 행하여졌다'는 요건이 만족되어, 전쟁의 법 또는 관습에 대한 위반(ICTY 규정 제3조)에 의거한 소추이유의 대부분은 유죄이다. 다만, 야스키치(Jaskici) 마을의 살해사건 등 몇몇의 소추이유에 대해서는 증거불충분으로 무죄이다.

3. 인도에 반한 죄 해당 여부

인도에 반한 죄(ICTY 규정 제5조)가 성립하기 위해서는 '무력충돌에서', '민간인에 대해 직접적으로', '광범위 또는 조직적으로', '정책의 추진을 위해', '차별적 이유'로 행하여졌다고 하는 요건이 필요하며, 이러한 요건들은 전부 충족되어 인도에 반한 죄를 기초로 한 소추이유에 대해서는 유죄이다.

3 상소심 판결(1999년)

1. 제네바협약 위반 여부

제1심 재판부는 ICJ의 니카라과 사건 판결에서의 '실효적 지배(effective control)'라는 기준을 적용하였으나, 상소재판부로서는 개인의 행위가 국가에 귀속하는 것은 해당 행위의 실행을 지시하는 구체적인 지배명령관계가 있는 경우만으로 한다는 '실효적 지배' 기준을 받아들일 수 없다. 분명히, 순수한 사인 행위의 경우에는 국가의 구체적인 지시·명령이 존재하여야 하지만, 무장집단 기타의 군사적 조직의 경우에는 해당 집단이 타국의 '전반적 지배(overall control)'하에 있는 것만으로 충분하다. 보스니아의 세르비아인 세력은 신유고의 '전반적 지배'하에 있었기 때문에, 신유고의 사실상 국가기관으로 간주된다. 따라서 이 사건의 피해자들은 타국의 권력 내에 있었던 것이 되어, 제네바 제4협약에서의 '보호받는 자'에 해당하기 때문에 1949년 제네바 제협약에 대한 중대한 위반행위(ICTY 규정 제2조)에 의거한 소추이유에 대해서도 유죄이다.

2. 야스키치 마을 관련 유죄 인정 여부

피고인이 참가한 무장집단이 야스키치 마을에서 5명의 남성을 살해한 것에 대하여 제1심 재판부는 피고인 자신이 살해에 참가한 것이라는 증명이 없으므로 무죄라고 하였다. 그러나 피고인은 피해자들에게 비인도적 행위를 한다는 '공통의 목적'을 가지고 행동하는 집단의 일원으로 그 행동의 과정에서 살해 가능성을 예견할 수 있었으므로, '공통의 목적'의 법리에 따라 전쟁의 법 또는 관습에 대한 위반(ICTY 규정 제3조)으로서 유죄이다.

3. 인도에 반한 죄 구성 요건의 문제

검찰 측은 인도에 반한 죄(ICTY 규정 제5조)가 성립하기 위해서는 '순수하게 개인적인 동기에 의한 행위'로도 충분하고, 또한 '차별적 이유'를 필요로 하는 것은 인도에 반한 죄 중에서 '박해'[제5조 제(h)항]의 경우뿐이며 기타 범죄유형에 대해서는 필요하지 않다고 주장하는바 이러한 주장은 받아들여질 수 있다.

4 해설

1. ICTY의 설치경위

1991년부터 구유고의 무력충돌과 인종청소라는 사태에 대해, 안보리는 국제인도법 위반행위의 즉시정지를 반복해서 요구하고, 위반자는 개인으로서 책임을 묻는다는 취지의 경고를 해왔으나, 결국 1993년 5월 23일의 결의 827에서 UN헌장 제7장에 근거한 강제조치로서 ICTY를 설립하였다. 그러므로 ICTY는 대상 범죄에 관하여 절차의 어떠한 단계에 있어서도 국내재판소보다 우월하다(우월성의 원칙). 이에 대해 나중에 설립된 상설국제형사재판소(이하 'ICC')의 경우는 원칙적으로 국내재판소가 ICC보다 우월하다(보충성의 원칙).

2. 타국에서 활동하는 무장집단의 행위가 본국에 귀속되기 위한 기준

1992년 5월 19일 이후 보스니아의 세르비아인 세력의 행위가 세르비아에 귀속하지 않는 경우에는 보스니아 내에서의 무력충돌이 비국제적 무력충돌, 소위 내전에 해당하여, 제네바 제4협약에서 적용되는 '보호받는 자'의 부존재라고 하는 한계가 발생한다. 이 점에 대해, 제1심 재판부는 ICJ의 니카라과 사건판결에서의 '실효적 지배'라는 기준을 적용하여 이 한계를 받아들였다. 이에 대해, 상소재판부는 '전반적 지배'라는 새로운 기준을 채택하고 국제적 무력충돌을 인정하여, 제네바 제4협약의 적용으로 타국의 '전반적 지배' 하에 있는 무장집단으로부터도 민간인이 보호받을 수 있게 하였다.

3. '전쟁의 법 또는 관습'의 비국제적 무력충돌에의 적용

제네바협약 공통 제3조는 비국제적 무력충돌을 포함한 무력충돌 일반에 적용할 수 있으나, 전쟁의 법, 관습은 종래 국제적 무력충돌에 적용되어 왔다. 본 판결에서는 일정 범위와 정도의 무력충돌에 대해서는 제네바협약 공통 제3조에서의 전쟁의 법이나 관습이 적용된다고 보고, 보스니아의 비국제적 무력충돌에 전쟁의 법이나 관습이 적용된다고 한 점에서 주목되고 있다.

4. 인도에 반한 죄(ICTY규정 제5조)

이 판결은 뉘른베르그 국제군사재판과 극동 국제군사재판 이후 처음으로 국제재판소에서 인도에 반한 죄를 처벌한 것이다. 따라서 이 판결에서는 양 국제군사재판 이후의 국내 판례 등도 참조하면서, 인도에 반한 죄의 각 구성요건으로 볼 수 있는 것을 세밀하게 검토하였다. 그 결과, 범죄 실행자의 순수한 개인적인 동기의 범행도 인도에 반한 죄가 될 수 있다고 보았다. 또한 '차별적 의도'는 국제관습법상 인도에 반한 죄의 모든 범죄유형에 대해 필요한 요소가 아니라, '박해'라는 범죄유형[ICTY 규정 제5조 제(h)항]에 대해서만 필요한 요소로 되었다는 점이 중요하다.

case 089 | 강제징용 피해자의 위자료 청구 소송 사건[1]

1 사실관계

환송 전후의 각 원심판결 및 환송판결의 이유와 환송 전후의 원심이 적법하게 채택한 증거들에 의하면 다음과 같은 사실을 알 수 있다.

1. 일본의 한반도 침탈과 강제동원 등

일본은 1910. 8. 22. 한일합병조약 이후 조선총독부를 통하여 한반도를 지배하였다. 일본은 1931년 만주사변, 1937년 중일전쟁을 일으킴으로써 점차 전시체제에 들어가게 되었고, 1941년에는 태평양전쟁까지 일으켰다. 일본은 전쟁을 치르면서 군수물자 생산을 위한 노동력이 부족하게 되자 이를 해결하기 위하여 1938. 4. 1. '국가총동원법'을 제정·공포하고,

---

1) 대법원 2018. 10. 30. 선고 2013다61381 전원합의체 판결

1942년 '조선인 내지이입 알선 요강'을 제정·실시하여 한반도 각 지역에서 관(官) 알선을 통하여 인력을 모집하였으며, 1944년 10월경부터는 '국민징용령'에 의하여 일반 한국인에 대한 징용을 실시하였다. 태평양전쟁은 1945. 8. 6. 일본 히로시마에 원자폭탄이 투하된 다음, 같은 달 15일 일본 국왕이 미국을 비롯한 연합국에 무조건 항복을 선언함으로써 끝이 났다.

2. 망 소외인과 원고 2, 원고 3, 원고 4(이하 '원고들'이라 한다)의 동원과 강제노동 피해 및 귀국 경위

(1) 원고들은 1923년부터 1929년 사이에 한반도에서 태어나 평양, 보령, 군산 등에서 거주하던 사람들이고, 일본제철 주식회사(이하 '구 일본제철'이라 한다)는 1934년 1월경 설립되어 일본 가마이시(釜石), 야하타(八幡), 오사카(大阪) 등에서 제철소를 운영하던 회사이다.

(2) 1941. 4. 26. 기간(基幹) 군수사업체에 해당하는 구 일본제철을 비롯한 일본의 철강 생산자들을 총괄 지도하는 일본 정부 직속기구인 철강통제회가 설립되었다. 철강통제회는 한반도에서 노무자를 적극 확충하기로 하고 일본 정부와 협력하여 노무자를 동원하였고, 구 일본제철은 사장이 철강통제회의 회장을 역임하는 등 철강통제회에서 주도적인 역할을 하였다.

(3) 구 일본제철은 1943년경 평양에서 오사카제철소의 공원모집 광고를 냈는데, 그 광고에는 오사카제철소에서 2년간 훈련을 받으면 기술을 습득할 수 있고 훈련 종료 후 한반도의 제철소에서 기술자로 취직할 수 있다고 기재되어 있었다. 망 소외인, 원고 2는 1943년 9월경 위 광고를 보고, 기술을 습득하여 우리나라에서 취직할 수 있다는 점에 끌려 응모한 다음, 구 일본제철의 모집담당자와 면접을 하고 합격하여 위 담당자의 인솔 하에 구 일본제철의 오사카제철소로 가서, 훈련공으로 노역에 종사하였다. 망 소외인, 원고 2는 오사카제철소에서 1일 8시간의 3교대제로 일하였고, 한 달에 1, 2회 정도 외출을 허락받았으며, 한 달에 2, 3엔 정도의 용돈만 지급받았을 뿐이고, 구 일본제철은 임금 전액을 지급하면 낭비할 우려가 있다는 이유를 들어 망 소외인, 원고 2의 동의를 얻지 않은 채 이들 명의의 계좌에 임금의 대부분을 일방적으로 입금하고 그 저금통장과 도장을 기숙사의 사감에게 보관하게 하였다. 망 소외인, 원고 2는 화로에 석탄을 넣고 깨뜨려서 뒤섞거나 철 파이프 속으로 들어가서 석탄찌꺼기를 제거하는 등 화상의 위험이 있고 기술습득과는 별 관계가 없는 매우 고된 노역에 종사하였는데, 제공되는 식사의 양이 매우 적었다. 또한 경찰이 자주 들러서 이들에게 '도망치더라도 바로 잡을 수 있다'고 말하였고 기숙사에서도 감시하는 사람이 있었기 때문에 도망칠 생각을 하지 못하였는데, 원고 2는 도망가고 싶다고 말하였다가 발각되어 기숙사 사감으로부터 구타를 당하고 체벌을 받기도 하였다.

그러던 중 일본은 1944년 2월경부터 훈련공들을 강제로 징용하고, 이후부터 망 소외인, 원고 2에게 아무런 대가도 지급하지 않았다. 오사카제철소의 공장은 1945년 3월경 미합중국 군대의 공습으로 파괴되었고, 이때 훈련공들 중 일부는 사망하였으며, 망 소외인, 원고 2를 포함한 나머지 훈련공들은 1945년 6월경 함경도 청진에 건설 중인 제철소로 배치되어 청진으로 이동하였다. 망 소외인, 원고 2는 기숙사의 사감에게 일본에서 일한 임금이 입금되어 있던 저금통장과 도장을 달라고 요구하였지만, 사감은 청진에 도착한 이후에도 통장과 도장을 돌려주지 아니하였고, 청진에서 하루 12시간 동안 공장건설을 위해 토목공사를 하면서도 임금을 전혀 받지 못하였다. 망 소외인, 원고 2는 1945년 8월경 청진공장이 소련군의 공격으로 파괴되자 소련군을 피하여 서울로 도망하였고 비로소 일제로부터 해방된 사실을 알게 되었다.

(4) 원고 3은 1941년 대전시장의 추천을 받아 보국대로 동원되어 구 일본제철의 모집담당관의 인솔에 따라 일본으로 건너가 구 일본제철의 가마이시제철소에서 코크스를 용광로에 넣고 용광로에서 철이 나오면 다시 가마에 넣는 등의 노역에 종사하였다. 위 원고는 심한 먼지로 인하여 어려움을 겪었고 용광로에서 나오는 불순물에 걸려 넘어져 배에 상처를 입고 3개월간 입원하기도 하였으며 임금을 저금해 준다는 말을 들었을 뿐 임금을 전혀 받지 못하였다. 노역에 종사하는 동안 처음 6개월간은 외출이 금지되었고, 일본 헌병들이 보름에 한 번씩 와서 인원을 점검하였으며 일을 나가지 않는 사람에게 꾀를 부린다며 발길질을 하기도 하였다. 위 원고는 1944년이 되자 징병되어 군사훈련을 마친 후 일본 고베에 있는 부대에 배치되어 미군포로감시원으로 일하다가 해방이 되어 귀국하였다.

(5) 원고 4는 1943년 1월경 군산부(지금의 군산시)의 지시를 받고 모집되어 구 일본제철의 인솔자를 따라 일본으로 건너가 구 일본제철의 야하타제철소에서 각종 원료와 생산품을 운송하는 선로의 신호소에 배치되어 선로를 전환하는 포인트 조작과 열차의 탈선방지를 위한 포인트의 오염물 제거 등의 노역에 종사하였는데, 도주하다가 발각되어 약 7일 동안 심한 구타를 당하며 식사를 제공받지 못하기도 하였다. 위 원고는 노역에 종사하는 동안 임금을 전혀 지급받지 못하였고, 일체의 휴가나 개인행동을 허락받지 못하였으며, 일본이 패전한 이후 귀국하라는 구 일본제철의 지시를 받고 고향으로 돌아오게 되었다.

3. 샌프란시스코 조약 체결 등

태평양전쟁이 끝난 후 미군정 당국은 1945. 12. 6. 공포한 군정법령 제33호로 재한국 일본재산을 그 국유·사유를 막론하고 미군정청에 귀속시켰고, 이러한 구 일본재산은 대한민국 정부 수립 직후인 1948. 9. 20.에 발효한 「대한민국 정부 및 미국 정부간의 재정 및 재산에 관한 최초협정」에 의하여 대한민국 정부에 이양되었다.

미국 등을 포함한 연합국 48개국과 일본은 1951. 9. 8. 전후 배상문제를 해결하기 위하여 샌프란시스코에서 평화조약(이하 '샌프란시스코 조약'이라 한다)을 체결하였고, 위 조약은 1952. 4. 28. 발효되었다. 샌프란시스코 조약 제4조(a)는 일본의 통치로부터 이탈된 지역의 시정 당국 및 그 국민과 일본 및 그 국민 간의 재산상 채권·채무관계는 위 당국과 일본 간의 특별약정으로써 처리한다는 내용을, 제4조(b)는 일본은 위 지역에서 미군정 당국이 일본 및 그 국민의 재산을 처분한 것을 유효하다고 인정한다는 내용을 정하였다.

4. 청구권협정 체결 경위와 내용 등

(1) 대한민국 정부와 일본 정부는 1951년 말경부터 국교정상화와 전후 보상문제를 논의하였다. 1952. 2. 15. 제1차 한일회담 본회의가 열려 관련 논의가 본격적으로 시작되었는데, 대한민국은 제1차 한일회담 당시 '한·일간 재산 및 청구권 협정 요강 8개항'(이하 '8개 항목'이라 한다)을 제시하였다. 8개 항목 중 제5항은 '한국법인 또는 한국 자연인의 일본은행권, 피징용한국인의 미수금, 보상금 및 기타 청구권의 변제청구'이다. 그 후 7차례의 본회의와 이를 위한 수십 차례의 예비회담, 정치회담 및 각 분과

위원회별 회의 등을 거쳐 1965. 6. 22. 「대한민국과 일본국간의 기본관계에 관한 조약」과 그 부속협정인 「대한민국과 일본국간의 재산 및 청구권에 관한 문제의 해결과 경제협력에 관한 협정」(조약 제172호, 이하 '청구권협정'이라 한다) 등이 체결되었다.

(2) 청구권협정은 전문(前文)에서 "대한민국과 일본국은, 양국 및 양국 국민의 재산과 양국 및 양국 국민간의 청구권에 관한 문제를 해결할 것을 희망하고, 양국간의 경제협력을 증진할 것을 희망하여, 다음과 같이 합의하였다."라고 정하였다. 제1조에서 '일본 국이 대한민국에 10년간에 걸쳐 3억 달러를 무상으로 제공하고 2억 달러의 차관을 행하기로 한다'고 정하였고, 이어서 제2조에서 다음과 같이 규정하였다.

1. 양 체약국은 양 체약국 및 그 국민(법인을 포함함)의 재산, 권리 및 이익과 양 체약국 및 그 국민간의 청구권에 관한 문제가 1951년 9월 8일에 샌프란시스코시에서 서명된 일본국과의 평화조약 제4조(a)에 규정된 것을 포함하여 완전히 그리고 최종적으로 해결된 것이 된다는 것을 확인한다.

2. 본조의 규정은 다음의 것(본 협정의 서명일까지 각기 체약국이 취한 특별조치의 대상이 된 것을 제외한다)에 영향을 미치는 것이 아니다.

(a) 일방 체약국의 국민으로서 1947년 8월 15일부터 본 협정의 서명일까지 사이에 타방 체약국에 거주한 일이 있는 사람의 재산, 권리 및 이익

(b) 일방 체약국 및 그 국민의 재산, 권리 및 이익으로서 1945년 8월 15일 이후에 있어서의 통상의 접촉의 과정에 있어 취득되었고 또는 타방 체약국의 관할하에 들어오게 된 것

3. 2.의 규정에 따르는 것을 조건으로 하여 일방 체약국 및 그 국민의 재산, 권리 및 이익으로서 본 협정의 서명일에 타방 체약국의 관할하에 있는 것에 대한 조치와 일방체약국 및 그 국민의 타방 체약국 및 그 국민에 대한 모든 청구권으로서 동일자 이전에 발생한 사유에 기인하는 것에 관하여는 어떠한 주장도 할 수 없는 것으로 한다.

(3) 청구권협정과 같은 날 체결되어 1965. 12. 18. 발효된 「대한민국과 일본국간의 재산 및 청구권에 관한 문제의 해결과 경제협력에 관한 협정에 대한 합의의사록(Ⅰ)」[조약 제173호, 이하 '청구권협정에 대한 합의의사록(Ⅰ)'이라 한다]은 청구권협정 제2조에 관하여 다음과 같이 정하였다.

(a) "재산, 권리 및 이익"이라 함은 법률상의 근거에 의거하여 재산적 가치가 인정되는 모든 종류의 실체적 권리를 말하는 것으로 양해되었다.

(e) 동조 3.에 의하여 취하여질 조치는 동조 1.에서 말하는 양국 및 그 국민의 재산, 권리 및 이익과 양국 및 그 국민간의 청구권에 관한 문제를 해결하기 위하여 취하여질 각국의 국내조치를 말하는 것으로 의견의 일치를 보았다.

(g) 동조 1.에서 말하는 완전히 그리고 최종적으로 해결된 것으로 되는 양국 및 그 국민의 재산, 권리 및 이익과 양국 및 그 국민간의 청구권에 관한 문제에는 한일회담에서 한국측으로부터 제출된 "한국의 대일청구요강"(소위 8개 항목)의 범위에 속하는 모든 청구가 포함되어 있고, 따라서 동 대일청구요강에 관하여는 어떠한 주장도 할 수 없게 됨을 확인하였다.

5. 청구권협정 체결에 따른 양국의 조치

(1) 청구권협정은 1965. 8. 14. 대한민국 국회에서 비준 동의되고 1965. 11. 12. 일본 중의원 및 1965. 12. 11. 일본 참의원에서 비준 동의된 후 그 무렵 양국에서 공포되었고, 양국이 1965. 12. 18. 비준서를 교환함으로써 발효되었다.

(2) 대한민국은 청구권협정에 의해 지급되는 자금을 사용하기 위한 기본적 사항을 정하기 위하여 1966. 2. 19. 「청구권자금의 운용 및 관리에 관한 법률」(이하 '청구권자금법'이라 한다)을 제정하였고, 이어서 보상대상이 되는 대일 민간청구권의 정확한 증거와 자료를 수집함에 필요한 사항을 규정하기 위하여, 1971. 1. 19. 「대일 민간청구권 신고에 관한 법률」(이하 '청구권신고법'이라 한다)을 제정하였다. 그런데 청구권신고법에서 강제동원 관련 피해자의 청구권에 관하여는 '일본국에 의하여 군인·군속 또는 노무자로 소집 또는 징용되어 1945. 8. 15. 이전에 사망한 자'만을 신고대상으로 한정하였다. 이후 대한민국은 청구권신고법에 따라 국민들로부터 대일청구권 신고를 접수받은 후 실제 보상을 집행하기 위하여 1974. 12. 21. 「대일 민간청구권 보상에 관한 법률」(이하 '청구권보상법'이라 한다)을 제정하여 1977. 6. 30.까지 총 83,519건에 대하여 총 91억 8,769만 3,000원의 보상금(무상 제공된 청구권자금 3억 달러의 약 9.7%에 해당한다)을 지급하였는데, 그중 피징용사망자에 대한 청구권 보상금으로 총 8,552건에 대하여 1인당 30만 원씩 총 25억 6,560만 원을 지급하였다.

(3) 일본은 1965. 12. 18. 「재산 및 청구권에 관한 문제의 해결과 경제협력에 관한 일본국과 대한민국 간의 협정 제2조의 실시에 따른 대한민국 등의 재산권에 대한 조치에 관한 법률」(이하 '재산권조치법'이라 한다)을 제정하였다. 그 주된 내용은 대한민국 또는 그 국민의 일본 또는 그 국민에 대한 채권 또는 담보권으로서 청구권협정 제2조의 재산, 이익에 해당하는 것을 청구권협정일인 1965. 6. 22. 소멸하게 한다는 것이다.

6. 대한민국의 추가 조치

(1) 대한민국은 2004. 3. 5. 일제강점하 강제동원 피해의 진상을 규명하여 역사의 진실을 밝히는 것을 목적으로 「일제강점하 강제동원피해 진상규명 등에 관한 특별법」(이하 '진상규명법'이라 한다)을 제정하였다. 위 법률과 그 시행령에 따라 일제강점하 강제동원피해 진상규명위원회가 설치되어 '일제강점하 강제동원 피해'에 대한 조사가 전면적으로 이루어졌다.

(2) 대한민국은 2005년 1월경 청구권협정과 관련한 일부 문서를 공개하였다. 그 후 구성된 '한일회담 문서공개 후속대책 관련 민관공동위원회'(이하 '민관공동위원회'라 한다)에서는 2005. 8. 26. '청구권협정은 일본의 식민지배 배상을 청구하기 위한 협상이 아니라 샌프란시스코 조약 제4조에 근거하여 한일 양국 간 재정적·민사적 채권·채무관계를 해결하기 위한 것이었으며, 일본군 위안부 문제 등 일본 정부와 군대 등 일본 국가권력이 관여한 반인도적 불법행위에 대해서는 청구권협정으로 해결된 것으로 볼 수 없고 일본 정부의 법적 책임이 남아 있으며, 사할린동포 문제와 원폭 피해자 문제도 청구권협정 대상에 포함되지 않았다'는 취지의 공식의견을 표명하였는데, 위 공식의견에는 아래 내용이 포함되어 있다.

○ 한일협상 당시 한국 정부는 일본 정부가 강제동원의 법적 배상·보상을 인정하지 않음에 따라, "고통 받은 역사적 피해사실"에 근거하여 정치적 보상을 요구하였으며, 이러한 요구가 양국간 무상자금산정에 반영되었다고 보아야 함

○ 청구권협정을 통하여 일본으로부터 받은 무상 3억불은 개인재산권(보험, 예금 등), 조선총독부의 대일채권 등 한국 정부가 국가로서 갖는 청구권, 강제동원 피해보상 문제 해결 성격의 자금 등이 포괄적으로 감안되었다고 보아야 할 것임

○ 청구권협정은 청구권 각 항목별 금액결정이 아니라 정치협상을 통해 총액결정방식으로 타결되었기 때문에 각 항목별 수령금액을 추정하기 곤란하지만, 정부는 수령한 무상자금 중 상당금액을 강제동원 피해자의 구제에 사용하여야 할 도의적 책임이 있다고 판단됨

○ 그러나 75년 우리 정부의 보상 당시 강제동원 부상자를 보호대상에서 제외하는 등 도의적 차원에서 볼 때 피해자 보상이 불충분하였다고 볼 측면이 있음

(3) 대한민국은 2006. 3. 9. 청구권보상법에 근거한 강제동원 피해자에 대한 보상이 불충분함을 인정하고 추가보상 방침을 밝힌 후, 2007. 12. 10. 「태평양전쟁 전후 국외 강제동원희생자 등 지원에 관한 법률」(이하 '2007년 희생자지원법'이라 한다)을 제정하였다. 위 법률과 그 시행령은, ① 1938. 4. 1.부터 1945. 8. 15. 사이에 일제에 의하여 군인·군무원·노무자 등으로 국외로 강제동원되어 그 기간 중 또는 국내로 돌아오는 과정에서 사망하거나 행방불명된 '강제동원희생자'의 경우 1인 당 2,000만 원의 위로금을 유족에게 지급하고, ② 국외로 강제동원되어 부상으로 장해를 입은 '강제동원희생자'의 경우 1인당 2,000만 원 이하의 범위 안에서 장해의 정도를 고려하여 대통령령으로 정하는 금액을 위로금으로 지급하며, ③ 강제동원희생자 중 생존자 또는 위 기간 중 국외로 강제동원되었다가 국내로 돌아온 사람 중 강제동원희생자에 해당하지 못한 '강제동원생환자' 중 생존자가 치료나 보조장구 사용이 필요한 경우에 그 비용의 일부로서 연간 의료지원금 80만 원을 지급하고, ④ 위 기간 중 국외로 강제동원되어 노무제공 등을 한 대가로 일본국 또는 일본기업 등으로부터 지급받을 수 있었던 급료 등을 지급받지 못한 '미수금피해자' 또는 그 유족에게 미수금피해자가 지급받을 수 있었던 미수금을 당시 일본 통화 1엔에 대하여 대한민국 통화 2,000원으로 환산하여 미수금지원금을 지급하도록 규정하였다.

(4) 한편 진상규명법과 2007년 희생자지원법이 폐지되는 대신 2010. 3. 22.부터 제정되어 시행되고 있는 「대일항쟁기 강제동원 피해조사 및 국외강제동원 희생자 등 지원에 관한 특별법」(이하 '2010년 희생자지원법'이라 한다)은 사할린지역 강제동원피해자 등을 보상대상에 추가하여 규정하고 있다.

2 법적쟁점

1. 조약 해석 방법

2. 손해배상청구권 인정 문제

3 판결요지

1. 조약 해석 방법

조약은 전문·부속서를 포함하는 조약문의 문맥 및 조약의 대상과 목적에 비추어 조약의 문언에 부여되는 통상적인 의미에 따라 성실하게 해석되어야 한다. 여기서 문맥은 조약문(전문 및 부속서를 포함한다) 외에 조약의 체결과 관련하여 당사국 사이에 이루어진 조약에 관한 합의 등을 포함하며, 조약 문언의 의미가 모호하거나 애매한 경우 등에는 조약의 교섭 기록 및 체결 시의 사정 등을 보충적으로 고려하여 의미를 밝혀야 한다.

2. 손해배상청구권 인정 문제

[다수의견] 일제강점기에 강제동원되어 기간 군수사업체인 일본제철 주식회사에서 강제노동에 종사한 갑 등이 위 회사가 해산된 후 새로이 설립된 신일철주금 주식회사(이하 '신일철주금'이라 한다)를 상대로 위자료 지급을 구한 사안에서, 갑 등의 손해배상청구권은, 일본 정부의 한반도에 대한 불법적인 식민지배 및 침략전쟁의 수행과 직결된 일본 기업의 반인도적인 불법행위를 전제로 하는 강제동원 피해자의 일본 기업에 대한 위자료청구권(이하 '강제동원 위자료청구권'이라 한다)인 점, '대한민국과 일본국 간의 재산 및 청구권에 관한 문제의 해결과 경제협력에 관한 협정'(조약 제172호, 이하 '청구권협정'이라 한다)의 체결 경과와 전후 사정들에 의하면, 청구권협정은 일본의 불법적 식민지배에 대한 배상을 청구하기 위한 협상이 아니라 기본적으로 샌프란시스코 조약 제4조에 근거하여 한일 양국 간의 재정적·민사적 채권·채무관계를 정치적 합의에 의하여 해결하기 위한 것이었다고 보이는 점, 청구권협정 제1조에 따라 일본 정부가 대한민국 정부에 지급한 경제협력자금이 제2조에 의한 권리문제의 해결과 법적인 대가관계가 있다고 볼 수 있는지도 분명하지 아니한 점, 청구권협정의 협상 과정에서 일본 정부는 식민지배의 불법성을 인정하지 않은 채 강제동원 피해의 법적 배상을 원천적으로 부인하였고, 이에 따라 한일 양국의 정부는 일제의 한반도 지배의 성격에 관하여 합의에 이르지 못하였는데, 이러한 상황에서 강제동원 위자료청구권이 청구권협정의 적용대상에 포함되었다고 보기는 어려운 점 등에 비추어, 갑 등이 주장하는 신일철주금에 대한 손해배상청구권은 청구권협정의 적용대상에 포함되지 않는다고 한 사례이다.

case 090 | 난민불인정불허가취소 사건(1)[1]

1 사실관계

중국국적을 가진 파룬궁 수련자들이 한국에 난민인정 신청을 하였으며, 고등법원은 일부에 대해 난민자격을 인정하는 한편, 일부에 대해서는 난민 인정을 불허하였다. 이와 관련하여 난민지위를 인정받은 자에 대해서는 법무부장관이 상고하였고, 난민 인정을 받지 못한 나머지 중국인에 대해서는 이들이 대법원에 상고하였다.

2 법적쟁점

1. 난민지위 인정에 있어서 '본국의 박해를 받을 근거 있는 공포의 존부' 판단
2. 난민인정 신청 이후에 한국 내에서 전개한 활동들의 박해 존부 판단 시 고려 여부

3 대법원 판결

1. 중국인들의 상고에 대한 판결

이들의 상고에 대해 대법원은 기각 판결하였다. 다음은 대법원의 판결내용이다.

(1) 난민 인정 요건으로서의 '박해'

난민 인정의 요건이 되는 '박해'는 '생명, 신체 또는 자유에 대한 위협을 비롯하여 인간의 본질적 존엄성에 대한 중대한 침해나 차별을 야기하는 행위'를 의미하는 것으로서, 난민인정의 신청을 하는 외국인은 그러한 박해를 받을 '충분한 근거있는 공포'가 있음을 입증하여야 한다. 따라서 원고들이 난민으로 인정받기 위하여는, 중국 내에서 처벌대상이 되는 관련 활동으로 인하여 체포 또는 구금과 같은 박해를 받아 한국에 입국한 사람으로서 중국으로 돌아갈 경우 중국 정부로부터 박해를 받을 우려가 있다는 충분한 근거있는 공포를 가진 사람이거나, 한국에 체류하면서 활동에 관련한 적극적이고 주도적인 활동으로 인하여 중국 정부가 주목할 정도에 이르러 중국으로 돌아갈 경우 중국 정부로부터 박해를 받을 우려가 있다는 충분한 근거있는 공포를 가진 사람에 해당하여야 한다.

---

1) 2012두14378(대법원, 2013.4.25.). 대법원 판결문에 기초하여 편저자가 재구성한 것이다.

(2) '박해'에 대한 판단

원고들은 대부분 조선족으로서 중국 정부의 탄압을 피해 한국에 입국하여 수련활동을 하면서 중국내 수련 활동에 대한 탄압의 진실을 규명하는 반(反) 중국공산당 활동을 조직적으로 활발하게 해오고 있는 바, 중국으로 돌아갈 경우 수련 및 한국 내에서의 위와 같은 반중국공산당 활동으로 인하여 박해를 받을 충분한 근거가 있으므로 피고(법무부장관)의 원고들에 대한 난민인정 불허처분은 위법하다고 주장한다. 그러나, <u>원고들이 중국 내에서의 적극적인 수련 활동으로 인하여 박해를 받아 대한민국에 입국한 사람들이라고 볼 수 없을 뿐만 아니라, 대한민국에 체류하면서 수련과 관련한 활동으로 인하여 중국 정부로부터 특별한 주목을 받아 박해를 받을 우려가 있다고 볼 만한 충분한 근거있는 공포를 가진 사람들이라고 할 수도 없다.</u> 따라서 원심의 난민 인정 불허 처분은 정당하고, 거기에 난민 개념에 관한 법리를 오해한 잘못이 없다.

2. 법무부장관의 상고에 대한 판결

대법원은 법무부장관의 상고가 이유있다고 보고 원심판단을 파기하였다. 다음은 대법원의 판결이다.

(1) 원심판단

원심은 그 채용 증거들을 종합하여, 원고(조선족 파룬궁 수련자)가 대한민국에 입국한 이후 부천에 있는 공원 등지에서 수련을 시작하였고 인천 제2부두에서 중국인들을 상대로 중국 내 파룬궁에 대한 박해 실태에 관한 진상자료를 배부하는 등의 방법으로 반중국공산당활동을 하였으며 학회 인권난민대책위 주최로 2009년 12월 5일부터 2009년 12월 19일까지 뚝섬역 부근에서 개최된 인권홍보를 위한 옥외집회와 관련하여 연락책임자로 신고되는 등 각종 수련 관련 옥외집회 당시 질서유지인 또는 연락책임자로서 중심적인 활동을 하였고, 2009년 4월 24일 중국 대사관 앞에서 개최된 수련생 평화대청원 기자회견에 참석하였으며, 2009년 7월 4일 중국의 한국 수련생 납치 사건의 해결을 촉구하는 기자회견에 참석하였고, 서울이나 인천의 지하철역이나 월미도 등지에서 개최된 수련 관련 진상활동과 서명운동에 적극적으로 참가하였으며, 2009년 11월 24일 청와대 앞에서 중국 정부의 박해 실태를 알리는 1인 시위를 한 것을 비롯하여 지속해서 청와대와 중국 대사관 앞 등에서 1인 시위를 한 사실을 인정한 다음, <u>원고가 비록 중국 내에서의 적극적인 수련 관련 활동으로 인하여 박해를 받아 대한민국에 입국한 사람에 해당한다고는 할 수 없으나, 대한민국에 체류하면서 수련과 관련한 활동을 함에 있어 매우 적극적이고 주도적이며 중심적인 역할을 맡아 수행함으로써 중국 정부로부터 주목받기에 충분한 정도에 이르렀다고 보이므로, 원고는 박해를 받게 될 것이라는 충분한 근거 있는 공포를 가진 사람에 해당한다고 판단하였다.</u>

(2) 대법원의 판단

① 원심의 위와 같은 판단은 아래와 같은 이유로 수긍하기 어렵다. 즉, 원고는 중국 내에서 수련활동과 관련된 불법집회나 시위활동, 공공장소에서의 소란행위, 선전물의 출판 등과 같은 공개적이고 적극적인 활동을 하거나 이로 인하여 중국 정부로부터 체포, 구금과 같은 박해를 받은 적이 없고, 주로 집에서 관련 책을 읽거나 수련을 하는 등 단순한 일반 수련생에 불과했다는 점, 2007년 10월 6일 대한민국에 입국한 이후 1년이 더 경과한 2008년 11월 13일에 이르러서야 수련자임을 이유로 난민신청을 하였고, 수련과 관련된 공개적인 활동을 시작한 시기도 난민신청을 한 후인 2009년 4월경인 점, 2008년 6월 13일 중국으로 출국하여 일주일간 중국에서 체류하였다가 2008년 6월 21일 별다른 문제 없이 대한민국에 재입국한 점, 난민신청과 관련하여 출입국관리사무소에서 면담할 때 '한국에서 난민신청을 할 수 있다는 사실을 어떻게 알게 되었나요'라는 면담관의 질문에 '아들이 한국에서 공부하고 있었는데 끝나면 돌아가야 하고 남아있을 방법을 생각하고 있었는데 다른 수련자들이 난민신청을 할 수 있다고 하여 신청을 하게 되었다'라고 답변하였고, '초청은 누가 해 주었나요'라는 면담관의 질문에 '큰아들이 H대학교 박사과정 유학 중이어서 초청해 주어 왔다'라고 답변하였으며, '한국에 입국한 목적은 무엇이었나요'라는 면담관의 질문에, '아들 만나는 것도 있지만 수련 목적도 있다'고 답변하였던 점, 수련자의 수가 전 세계적으로 엄청나게 많고, 중국 정부가 해외에서 수련 활동을 하는 사람들의 활동내역이나 인적사항 등에 관하여 일반적으로 상세하게 파악하거나 주목하지 않는 것으로 보이는 점을 감안할 때, 수련 관련 옥외집회에서 질서유지인, 연락책임자로 신고되었다거나 수련생 평화대청원 등 행사에서 기자회견을 하였다는 등의 사실만으로 중국 정부의 주목을 끌 정도에 이르렀다고 단정할 수 없는 점 등을 고려하며, 원고가 박해를 받게 될 것이라는 충분히 근거있는 공포를 가진 사람에 해당한다고 인정하는 데 신중하여야 한다.

② 그럼에도 원심은 원고가 오로지 난민 지위를 인정받을 목적으로 수련 관련 활동에 관여한 것은 아닌지, 원고의 활동이 중국 정부의 주목을 끌 정도에 이르렀는지 등을 충분히 심리하여 박해를 받을 충분한 근거 있는 공포를 가진 사람에 해당하는지를 판단하였어야 함에도 난민신청 후에야 이루어진 몇몇 수련 관련 활동에만 주목한 채 난민에 해당한다고 인정하였는바, 이는 난민 개념에 관한 법리를 오해하여 심리를 다하지 아니함으로써 판단을 그르친 것이다. 이 점을 지적하는 피고(법무부장관)의 주장은 이유 있다.

case 091 | 난민불인정불허가취소 사건(2)[1]

1 판시사항

[1] 구 출입국관리법 제76조의3 제1항 제3호에서 말하는 '난민의 인정을 하게 된 중요한 요소'에 난민신청인의 거짓 진술 등의 내용이 그 주장의 박해 사실과 직접 관련되지 않지만 전체적인 진술의 신빙성을 평가하는 데 중요한 요소와 관련된 경우가 포함되는지 여부(적극)

[2] 난민신청인이 난민 신청과 심사과정에서 인적사항에 관하여 한 거짓 진술로 난민신청인의 전체적인 진술의 신빙성이 부정되어 난민인정 요건을 갖추지 못하였다고 인정되는 경우, 구 출입국관리법 제76조의3 제1항 제3호에서 정한 난민인정의 취소사유가 되는지 여부(적극)

[3] 법무부장관이 난민인정 결정의 취소 여부를 결정할 재량이 있는지 여부(적극) 및 재량의 한계 / 구 출입국관리법 제76조의3 제1항 제3호에 따라 난민인정 결정을 취소하는 경우 당사자가 난민인정 결정에 관한 신뢰를 주장할 수 있는지 여부(소극) 및 행정청이 이를 고려하지 않은 경우 재량권을 일탈·남용한 것인지 여부(소극)

2 판결요지

[1] 구 출입국관리법(2012. 2. 10. 법률 제11298호로 개정되기 전의 것) 제76조의3 제1항 제3호에 의하면, 법무부장관은 난민으로 인정한 사람이 '난민의 인정을 하게 된 중요한 요소가 거짓된 서류제출 및 진술, 사실의 은폐 등에 의한 것으로 밝혀진 경우'에 해당하면 난민의 인정을 취소할 수 있도록 규정하고 있다. 이는 난민으로 인정받은 사람이 난민인정 당시 난민의 요건을 갖추지 못하였는데도, 난민인정의 기초가 된 중요 요소에 관하여 적극적으로 거짓 진술을 하거나 소극적으로 사실을 은폐하는 등의 행위를 하여, 그에 따라 난민인정을 받게 된 경우를 의미한다. 나아가 난민인정의 요건 중 '박해를 받을 충분한 근거 있는 공포'가 있는지는 반드시 객관적인 증거로 증명되어야 하는 것은 아니고, 입국 경로, 난민 신청 경위 등 여러 사정에 비추어 전체적인 진술의 신빙성에 의하여 주장사실을 인정하는 것이 합리적인 경우 증명이 된 것으로 볼 수 있다. 이러한 난민인정 결정의 특수성을 고려할 때, 위 규정에서 말하는 '난민의 인정을 하게 된 중요한 요소'에는 난민신청인의 거짓 진술 등의 내용이 그 주장의 박해 사실과 직접 관련되지 않더라도 전체적인 진술의 신빙성을 평가하는 데 중요한 요소와 관련된 경우도 포함된다.

---

1) 대법원 2017. 3. 15. 선고 2013두16333 판결 [난민인정불허결정처분취소][공2017상,761]

[2] 구 출입국관리법(2012. 2. 10. 법률 제11298호로 개정되기 전의 것) 제76조의2 제4항의 위임에 따른 구 출입국관리법 시행령(2013. 6. 21. 대통령령 제24628호로 개정되기 전의 것) 제88조의2 제2항은 난민인정을 신청하려는 자는 난민인정 신청서 및 첨부 서류와 함께 여권 등을 제시하여야 하고, 여권을 제시할 수 없는 사람은 그 사유서를 제출하도록 규정하고 있다. 이는 행정청으로 하여금 여권 등에 기재된 인적사항 등을 기초로 난민신청인의 동일성을 확인하고, 그에 따라 난민인정사유와 난민의 지위에 관한 협약 등이 정한 제외사유에 해당하는지를 판단할 수 있도록 하기 위한 것이다. 만일 난민신청인이 난민 신청과 심사과정에서 성명, 생년월일 등 인적사항에 관하여 거짓 진술을 하였고 그와 같이 거짓 진술을 하게 된 경위에 관하여 합리적인 이유를 제시하지 못한다면, 이는 단순히 진술의 세부내용에 관한 불일치나 과장이 있는 것에 지나지 않는다고 보기 어렵고 난민신청인의 전체적인 진술의 신빙성을 평가하는 데 중대한 영향을 미칠 수 있는 사정에 해당할 수 있다. <u>그러므로 인적사항 관련 거짓 진술의 내용과 경위 등을 고려할 때, 거짓 진술로 난민신청인의 전체적인 진술의 신빙성이 부정되어 결국 난민인정 요건을 갖추지 못하였다고 인정된다면, 그러한 사정은 구 출입국관리법 제76조의3 제1항 제3호에서 정한 난민인정의 취소사유가 된다.</u>

[3] 구 출입국관리법(2012. 2. 10. 법률 제11298호로 개정되기 전의 것) 제76조의3 제1항 제3호의 문언·내용 등에 비추어 보면, 비록 그 규정에서 정한 사유가 있더라도, 법무부장관은 난민인정 결정을 취소할 공익상의 필요와 취소로 당사자가 입을 불이익 등 여러 사정을 참작하여 취소 여부를 결정할 수 있는 재량이 있다. 그러나 그 취소처분이 사회통념상 현저하게 타당성을 잃거나 비례·평등의 원칙을 위반하였다면 재량권을 일탈·남용한 것으로서 위법하다. 다만, 구 출입국관리법 제76조의3 제1항 제3호는 거짓 진술이나 사실은폐 등으로 난민인정 결정을 하는 데 하자가 있음을 이유로 이를 취소하는 것이므로, 당사자는 애초 난민인정 결정에 관한 신뢰를 주장할 수 없음은 물론 행정청이 이를 고려하지 않았다고 하더라도 재량권을 일탈·남용하였다고 할 수 없다.

case 092 | 여성 할례를 당하게 될 위험을 이유로 난민신청을 한 사건(난민인정)[1]

1 판시사항

[1] 출입국관리법이 난민 인정 거부 사유를 서면으로 통지하도록 규정한 취지 및 난민 인정에 관한 신청을 받은 행정청이 법령이 정한 난민 요건과 무관한 다른 사유만을 들어 난민 인정을 거부할 수 있는지 여부(소극)

[2] 난민 인정 요건인 '특정 사회집단의 구성원인 신분을 이유로 한 박해'에서 '특정 사회집단'과 외국인이 받을 '박해'의 의미

[3] '여성 할례'(Female genital mutilation)가 특정 사회집단의 구성원이라는 이유로 가해지는 '박해'에 해당하는지 여부(적극) / 난민신청인이 국적국으로 송환될 경우 본인 의사에 반하여 여성 할례를 당하게 될 위험이 있음에도 국적국으로부터 충분한 보호를 기대하기 어려운 경우, 박해를 받을 수 있다고 인정할 충분한 근거가 있는 공포로 국적국의 보호를 받을 수 없는 경우에 해당하는지 여부(적극) / 여기에서 '여성 할례를 당하게 될 위험'의 의미 및 여성 할례를 당하게 될 개별적·구체적인 위험이 있다는 점을 판단하는 방법

2 판결요지

[1] 구 출입국관리법(2012. 2. 10. 법률 제11298호로 개정되기 전의 것, 이하 같다) 제76 조의2 제3항, 제4항 및 구 출입국관리법 시행령(2013. 6. 21. 대통령령 제24628호로 개정되기 전의 것, 이하 같다) 제88조의2에 따르면, 난민 인정에 관한 신청을 받은 행정청은 난민 신청자에 대하여 면접을 하고 사실을 조사하여 이를 토대로 난민 인정 여부를 심사하며, 심사 결과 난민으로 인정하지 아니하는 경우에는 신청자에게 서면으로 사유를 통지하여야 한다. 출입국관리법이 난민 인정 거부 사유를 서면으로 통지하도록 규정한 것은 행정청으로 하여금 난민 요건에 관한 신중한 조사와 판단을 거쳐 정당한 처분을 하도록 하고, 처분의 상대방에게 처분 근거를 제시하여 이에 대한 불복신청에 편의를 제공하며, 나아가 이에 대한 사법심사의 심리범위를 명확하게 하여 이해관계인의 신뢰를 보호하고 절차적 권리를 보장하기 위한 것이다.
구 출입국관리법 제2조 제3호, 제76조의2 제1항, 제3항, 제4항, 구 출입국관리법 시행령 제88조의2, 난민의 지위에 관한 협약 제1조, 난민의 지위에 관한 의정서 제1조의 문언, 체계와 입법 취지를 종합하면, 난민 인정에 관한 신청을 받은 행정청은 원칙적으로 법령이 정한 난민 요건에 해당하는지를 심사하여 난민 인정 여부를 결정할 수 있을 뿐이고, 이와 무관한 다른 사유만을 들어 난민 인정을 거부할 수는 없다.

---

1) 대법원 2017. 12. 5. 선고 2016두42913 판결

[2] 난민 인정 요건인 '특정 사회집단의 구성원인 신분을 이유로 한 박해'에서 '특정 사회 집단'이란 한 집단의 구성원들이 선천적 특성, 바뀔 수 없는 공통적인 역사, 개인의 정체성 및 양심의 핵심을 구성하는 특성 또는 신앙으로서 이를 포기하도록 요구해서 는 아니 될 부분을 공유하고 있고, 이들이 사회환경 속에서 다른 집단과 다르다고 인식되고 있는 것을 말한다. 그리고 그 외국인이 받을 '박해'란 생명, 신체 또는 자유 에 대한 위협을 비롯하여 인간의 본질적 존엄성에 대한 중대한 침해나 차별을 야기 하는 행위를 의미한다.

[3] '여성 할례'(Female genital mutilation)는 의료 목적이 아닌 전통적·문화적·종교 적 이유에서 여성 생식기의 전부 또는 일부를 제거하거나 여성 생식기에 상해를 입 히는 행위를 의미한다. 이는 여성의 신체에 대하여 극심한 고통을 수반하는 직접적 인 위해를 가하고 인간의 존엄성을 침해하는 행위로서, 특정 사회집단의 구성원이라 는 이유로 가해지는 '박해'에 해당한다. 따라서 난민신청인이 국적국으로 송환될 경 우 본인의 의사에 반하여 여성 할례를 당하게 될 위험이 있음에도 국적국으로부터 충분한 보호를 기대하기 어렵다는 사정이 인정된다면, 국적국을 벗어났으면서도 박 해를 받을 수 있다고 인정할 충분한 근거가 있는 공포로 인하여 국적국의 보호를 받 을 수 없는 경우에 해당한다. 그리고 여기에서 '여성 할례를 당하게 될 위험'은 일반 적·추상적인 위험의 정도를 넘어 난민신청인이 개별적·구체적으로 그러한 위험에 노출되어 있는 경우를 의미하고, 여성 할례를 당하게 될 개별적·구체적인 위험이 있 다는 점은 난민신청인이 속한 가족적·지역적·사회적 상황에 관한 객관적인 증거에 의하여 합리적으로 인정되어야 한다.

case 093 | 코트디부아르 국민의 난민인정불허처분 취소 소송 사건(난민인정)[1]

1 판시사항

[1] 난민 인정 요건인 '박해에 관한 충분한 근거가 있는 공포'의 증명과 관련하여, 박해 경험에 관한 난민신청인 진술의 신빙성을 판단하는 방법

[2] 코트디부아르 국적의 갑이 대한민국에 입국한 후 난민인정신청을 하였으나 법무부 장관이 난민 인정을 불허하는 처분을 한 사안에서, 갑에게 박해를 받을 충분한 근거 있는 위험이 존재하지 않는다고 본 원심판결에 난민 인정의 요건인 박해 가능성과 그 증명의 정도 및 방법에 관한 법리오해의 위법이 있다고 한 사례

---

1) 대법원 2012. 4. 26. 선고 2010두27448 판결

2 판결요지

[1] 박해의 경험에 관한 난민신청인의 진술을 평가할 때 진술의 세부내용에서 다소간의 불일치가 발견되거나 일부 과장된 점이 엿보인다고 하여 곧바로 신청인 진술의 전체적 신빙성을 부정해서는 안 되고, 그러한 불일치·과장이 진정한 박해의 경험에 따른 정신적 충격이나 난민신청인의 궁박한 처지에 따른 불안정한 심리상태, 시간 경과에 따른 기억력의 한계, 우리나라와 서로 다른 문화적·역사적 배경에서 유래한 언어감각의 차이 등에서 비롯되었을 가능성도 충분히 염두에 두고 진술의 핵심내용을 중심으로 전체적인 일관성 및 신빙성을 평가해야 하며, 특히 난민신청인이 여성으로서 심각한 박해의 피해자라고 주장하는 경우에는 그 가능성과 이에 따른 특수성도 진술의 신빙성을 평가하는 과정에서 염두에 두어야 한다. 그리고 만일 위와 같은 평가에 따라 난민신청인이 주장하는 과거의 박해사실이 합리적으로 수긍되는 경우라면 출신국의 상황이 현저히 변경되어 박해 가능성이 명백히 소멸했다고 볼 만한 특별한 사정이 인정되지 않는 한, 난민 인정 요건인 박해에 관한 충분한 근거 있는 공포가 있다고 보아야 한다.

[2] 코트디부아르 국적의 갑이 대한민국에 입국한 후 난민 인정신청을 하였으나 법무부장관이 난민의 지위에 관한 협약 제1조 등에서 난민의 요건으로 규정한 '박해를 받을 충분한 근거 있는 공포'를 가진 것으로 인정할 수 없다는 이유로 난민 인정을 불허하는 처분을 한 사안에서, 갑의 진술내용이 세부사항에서 서로 불일치하거나 스스로 제출한 증거와 맞지 않는 부분이 있으나 갑의 피해 사실과 부위 및 상해의 내용, 이 때문에 여성인 갑이 겪었을 정신적 충격, 난민신청인으로서 갑이 처한 처지, 시간 경과에 따른 기억력의 한계, 우리나라와 코트디부아르의 언어감각 차이, 코트디부아르의 정치상황 등을 감안할 때 갑이 주장한 사실 전체의 신빙성을 부정할 정도라고 보기 어렵고, 평화협정 체결과 같은 잠정적·과도적 조치만으로 코트디부아르에서 갑이 종족이나 정치적 의견을 이유로 박해를 받을 가능성이 명백히 소멸하였다고 단정할 수도 없는 등의 사정을 종합해 보면, 갑이 코트디부아르로 송환될 경우 종족 또는 정치적 활동을 이유로 박해를 받을 가능성이 있음이 합리적으로 수긍되고 국적국으로부터 충분한 보호를 기대하기도 어렵다는 이유로, 갑에게 박해를 받을 충분한 근거 있는 위험이 존재하지 않는다고 본 원심판결에 난민 인정의 요건인 박해 가능성과 그 증명의 정도 및 방법에 관한 법리오해의 위법이 있다고 한 사례.

case 094 | 탈북자를 지원한 중화인민공화국 국적자의 난민 불허 사건[1]

1 판시사항

중화인민공화국 국적자 갑이, 산업연수(D-3) 자격으로 대한민국에 입국한 뒤 중국에서 탈북자에게 숙식을 제공하는 등 탈북자 지원활동을 하여 돌아갈 경우 중국 정부로부터 박해를 받을 우려가 있다며 난민신청을 하였으나 법무부장관이 이를 불허하는 처분을 한 사안에서, 입국경로, 입국 후 난민신청까지 기간, 난민신청 경위 등 여러 사정에 비추어 볼 때 갑이 '정치적 의견을 이유로 박해를 받을 충분한 근거 있는 공포'를 가지고 있음이 증명되었다고 볼 수 없다고 한 사례이다.

2 주문

상고를 기각한다. 상고비용은 원고가 부담한다.

3 이유

상고이유(상고이유서 제출기간이 경과한 후에 제출된 상고이유보충서의 기재는 상고이유를 보충하는 범위 내에서)를 판단한다.
출입국관리법 제2조 제3호, 제76조의2 제1항, '난민의 지위에 관한 협약'(이하 '난민협약'이라 한다) 제1조, '난민의 지위에 관한 의정서' 제1조의 규정을 종합하여 보면, 법무부장관은 인종, 종교, 국적, 특정 사회집단의 구성원 신분 또는 정치적 의견을 이유로 박해를 받을 충분한 근거 있는 공포로 인하여 국적국의 보호를 받을 수 없거나 국적국의 보호를 원하지 아니하는 대한민국 안에 있는 외국인에 대하여 그 신청이 있는 경우 난민협약이 정하는 난민으로 인정하여야 한다. 이때 난민 인정의 요건이 되는 '박해'라 함은 생명, 신체 또는 자유에 대한 위협을 비롯하여 인간의 본질적 존엄성에 대한 중대한 침해나 차별을 야기하는 행위를 가리킨다. 그리고 이러한 박해를 받을 '충분한 근거 있는 공포'가 있음은 난민 인정의 신청을 하는 외국인이 증명하여야 할 것이나, 난민의 특수한 사정을 고려하여, 그 진술에 일관성과 설득력이 있고 입국 경로, 입국 후 난민신청까지의 기간, 난민신청의 경위, 국적국의 상황, 주관적으로 느끼는 공포의 정도, 신청인이 거주하던 지역의 정치·사회·문화적 환경, 그 지역의 통상인이 같은 상황에서 느끼는 공포의 정도 등에 비추어 전체적인 진술의 신빙성에 의하여 그 주장사실을 인정하는 것이 합리적인 경우에는 그 증명이 있다고 할 것이다(대법원 2008. 7. 24. 선고 2007두19539 판결 등 참조).

---

[1] 대법원 2012. 2. 9. 선고 2011두25258 판결

이러한 법리에 비추어 기록을 살펴보면, 원고는 중국에서 양고기꼬치구이 가게를 운영함에 있어서 폭력배들로부터 자신의 가게를 보호하고자 평소 소외인에게 보호비 명목으로 금품을 제공하고 그와 친분을 유지하던 중 그의 부탁에 따라 1995년경부터 2000년경까지 그가 데리고 온 탈북자들에게 일시적으로 숙식을 제공하거나 공항까지 데려다 주는 등의 도움을 주었다는 것으로서, 그 주장과 같은 탈북자 지원활동을 하게 된 동기와 경위, 지원활동의 구체적인 내용과 정도, 그에 따른 본국으로 돌아갈 경우 예상되는 처벌의 내용과 정도, 원고가 주관적으로 느끼는 공포의 정도와 원고가 거주하던 지역의 통상인이 같은 상황에서 느끼는 공포의 정도, 나아가 원고가 대한민국에 산업연수생의 자격으로 입국하였다가 불법체류를 하던 중 본국으로 송환될 처지에 이르자 비로소 이 사건 난민신청을 한 점 등 입국 경로, 입국 후 난민신청까지의 기간, 난민신청 경위 등의 여러 사정에 비추어 보면, 원고가 '정치적 의견을 이유로 박해를 받을 충분한 근거 있는 공포'를 가지고 있음이 증명되었다고 볼 수 없다.

원고의 난민신청을 거부한 이 사건 처분이 적법하다는 원심의 결론은 정당하고, 거기에 상고이유의 주장과 같이 난민 개념에 관한 법리를 오해하는 등으로 판결에 영향을 미친 위법이 있다고 할 수 없다.

그러므로 상고를 기각하고 상고비용은 패소자의 부담으로 하기로 하여, 관여 대법관의 일치된 의견으로 주문과 같이 판결한다.

case 095 | 동성애자를 난민으로 인정한 원심에 대한 파기 사건[1]

1 판시사항

1. 난민법 제2조 제1호에서 정한 '특정 사회집단'의 의미 및 동성애라는 성적 지향이 특정 사회집단에 해당하는지 여부(한정 적극)
2. 난민 신청 외국인이 받을 '박해'의 의미 및 동성애자들이 난민으로 인정받기 위한 요건
3. 박해를 받을 '충분한 근거 있는 공포'가 있다는 사실에 관한 증명책임의 소재(=난민신청인)

2 판결요지

난민법 제1조, 제2조 제1호, 「난민의 지위에 관한 1951년 협약」(이하 '난민협약'이라 한다) 제1조, 「난민의 지위에 관한 1967년 의정서」 제1조의 규정을 종합하여 보면, 법무부장관은 인종, 종교, 국적, 특정 사회집단의 구성원 신분 또는 정치적 의견을 이유로 박해를 받을 충분한 근거 있는 공포로 인해 국적국의 보호를 받을 수 없거나 국적국의 보호를 원하지 않는 외국인 또는 그러한 공포로 인하여 대한민국에 입국하기 전에 거주한 국가로 돌아갈 수 없거나 돌아가기를 원하지 아니하는 무국적자인 외국인에 대하여 신청이 있는 경우 난민협약이 정하는 난민으로 인정하여야 한다.

---

1) 대법원 2017. 7. 11. 선고 2016두56080 판결

이때 '특정 사회집단'이란 한 집단의 구성원들이 선천적 특성, 바뀔 수 없는 공통적인 역사, 개인의 정체성 및 양심의 핵심을 구성하는 특성 또는 신앙으로서 이를 포기하도록 요구해서는 아니 될 부분을 공유하고 있고, 이들이 사회환경 속에서 다른 집단과 다르다고 인식되고 있는 것을 말하며, 동성애라는 성적 지향이 난민신청자의 출신국 사회의 도덕규범이나 법규범에 어긋나 그것이 외부로 드러날 경우 그로 인해 박해에 노출되기 쉬우며, 이에 대해 출신국 정부에서 보호를 거부하거나 보호가 불가능한 경우에는 특정 사회집단에 해당한다고 볼 수 있다.

그리고 그 외국인이 받을 '박해'란 '생명, 신체 또는 자유에 대한 위협을 비롯하여 인간의 본질적 존엄성에 대한 중대한 침해나 차별을 야기하는 행위'를 말한다. 동성애라는 성적 지향 내지 성정체성이 외부로 공개될 경우 출신국 사회의 도덕규범에 어긋나 가족이나 이웃, 대중으로부터의 반감과 비난에 직면할 수 있어, 이러한 사회적 비난, 불명예, 수치를 피하기 위해서 스스로 자신의 성적 지향을 숨기기로 결심하는 것은 부당한 사회적 제약일 수 있으나, 그것이 난민협약에서 말하는 박해, 즉 난민신청인에 대한 국제적인 보호를 필요로 하는 박해에 해당하지는 아니한다. 그러나 난민신청인의 성적 지향을 이유로 통상적인 사회적 비난의 정도를 넘어 생명, 신체 또는 자유에 대한 위협을 비롯하여 인간의 본질적 존엄성에 대한 중대한 침해나 차별이 발생하는 경우에는 난민협약에서 말하는 박해에 해당한다. 따라서 동성애자들이 난민으로 인정받기 위해서는, 출신국에서 이미 자신의 성적 지향이 공개되고 그로 인하여 출신국에서 구체적인 박해를 받아 대한민국에 입국한 사람으로서 출신국으로 돌아갈 경우 그 사회의 특정 세력이나 정부 등으로부터 박해를 받을 우려가 있다는 충분한 근거 있는 공포를 가진 사람에 해당하여야 하고, 박해를 받을 '충분한 근거 있는 공포'가 있음은 난민 인정 신청을 하는 외국인이 증명하여야 한다.

3 판결이유

상고이유(상고이유서 제출기간이 경과한 후에 제출된 상고이유보충서 등의 기재는 상고이유를 보충하는 범위 내에서)를 판단한다.

1. 난민법 제1조, 제2조 제1호, 「난민의 지위에 관한 1951년 협약」(이하 '난민협약'이라 한다) 제1조, 「난민의 지위에 관한 1967년 의정서」 제1조의 규정을 종합하여 보면, 법무부장관은 인종, 종교, 국적, 특정 사회집단의 구성원 신분 또는 정치적 의견을 이유로 박해를 받을 충분한 근거 있는 공포로 인해 국적국의 보호를 받을 수 없거나 국적국의 보호를 원하지 않는 외국인 또는 그러한 공포로 인하여 대한민국에 입국하기 전에 거주한 국가로 돌아갈 수 없거나 돌아가기를 원하지 아니하는 무국적자인 외국인에 대하여 그 신청이 있는 경우 난민협약이 정하는 난민으로 인정하여야 한다.

   이때 '특정 사회집단'이란 한 집단의 구성원들이 선천적 특성, 바뀔 수 없는 공통적인 역사, 개인의 정체성 및 양심의 핵심을 구성하는 특성 또는 신앙으로서 이를 포기하도록 요구해서는 아니 될 부분을 공유하고 있고, 이들이 사회환경 속에서 다른 집단과 다르다고 인식되고 있는 것을 말하며, 동성애라는 성적 지향이 난민신청자의 출신국 사회의 도덕규범이나 법규범에 어긋나 그것이 외부로 드러날 경우 그로 인해 박해에 노출되기 쉬우며, 이에 대해 출신국 정부에서 보호를 거부하거나 보호가 불가능한 경우에는 특정 사회집단에 해당한다고 볼 수 있다.

그리고 그 외국인이 받을 '박해'라 함은 '생명, 신체 또는 자유에 대한 위협을 비롯하여 인간의 본질적 존엄성에 대한 중대한 침엄나 차별을 야기하는 행위'를 말한다. 동성애라는 성적 지향 내지 성정체성이 외부로 공개될 경우 출신국 사회의 도덕규범에 어긋나 가족이나 이웃, 대중으로부터의 반감과 비난에 직면할 수 있어, 이러한 사회적 비난, 불명예, 수치를 피하기 위해서 스스로 자신의 성적 지향을 숨기기로 결심하는 것은 부당한 사회적 제약일 수 있으나, 그것이 난민협약에서 말하는 박해, 즉 난민신청인에 대한 국제적인 보호를 필요로 하는 박해에 해당하지는 아니한다. 그러나 난민신청인의 성적 지향을 이유로 통상적인 사회적 비난의 정도를 넘어 생명, 신체 또는 자유에 대한 위협을 비롯하여 인간의 본질적 존엄성에 대한 중대한 침엄나 차별이 발생하는 경우에는 난민협약에서 말하는 박해에 해당한다. 따라서 동성애자들이 난민으로 인정받기 위해서는, 출신국에서 이미 자신의 성적 지향이 공개되고 그로 인하여 출신국에서 구체적인 박해를 받아 대한민국에 입국한 사람으로서 출신국으로 돌아갈 경우 그 사회의 특정 세력이나 정부 등으로부터 박해를 받을 우려가 있다는 충분한 근거 있는 공포를 가진 사람에 해당하여야 하고, 박해를 받을 '충분한 근거 있는 공포'가 있음은 난민 인정 신청을 하는 외국인이 증명하여야 한다.

2. 원심은, 원고의 난민면접조사에서의 진술 내용과 원심 당사자본인신문에서의 진술 내용이 자신의 성정체성을 알게 된 경위, 대한민국에 입국하기 전까지의 행적, 동성애자들에 대한 이집트 아랍공화국(이하 '이집트'라 한다)에서의 제재 상황 등에 관하여 일관되고 이집트의 객관적인 상황과도 부합하므로, 원고가 이집트에서 동성애자라는 이유만으로 이집트 정부 등으로부터 박해를 받을 충분한 근거가 있는 공포를 가지고 있다고 판단하였다.

3. 그러나 원심의 위와 같은 판단은 아래와 같은 이유로 그대로 수긍하기 어렵다.

(1) 원심판결 이유 및 원심이 적법하게 채택한 증거에 의하면, 다음과 같은 사정을 알 수 있다.

① 원고는 이집트 국적의 외국인으로서 2014. 4. 5. 관광·통과(B-2) 체류자격으로 대한민국에 입국하여 체류하다가 2014. 5. 2. 피고에게 난민신청을 하였다.

② 원고는 난민면접조사와 원심 당사자본인신문에서 이집트에서 11세부터 20세(2011. 10.경)까지 3차례 동성교제를 하였다고 진술하였는데, 동성교제의 시기와 상대방에 관하여 난민면접조사와 원심 당사자본인신문에서 진술이 모두 다르다.

③ 원고는 난민면접조사에서, 동성과 성관계를 하다가 타인에게 발각되거나 동성애 단체에 가입 또는 비밀회합에 참여한 적은 없고, 자신의 성정체성을 털어놓은 사람은 친형 소외 1이 유일한데, 소외 1은 2012년에 자유정의당에 가입하여 활동하다가 2013년 말 또는 2014년 초 무렵에 탈당한 후로 자유정의당의 실체를 알리는 등 자유정의당의 이익에 반하는 행동을 하였다고 진술하였고, 이와 더불어, 원고가 대한민국에 입국한 후에 자유정의당원 '소외 2'로부터 원고가 동성애자라는 사실이 자유정의당원들에게 발각된 사실과 소외 1이 납치되었다는 사실을 전해 듣게 되었으며, 형이 납치된 이유가 원고를 숨겨주고 있다는 오해에서 비롯한 것이라는 사실도 알게 되었고, 원고가 대한민국으로 출국한 사실이 알려지자 2개월 만에 소외 1이 풀려났으며, 그 후 소외 1은 아랍에미레이트로 피신하였다는 취지로 진술하였다.

(2) 위와 같은 사정을 앞서 본 법리에 비추어 살펴본다.

① 먼저, 원고의 이집트에서의 3차례 동성교제 시점과 상대방에 관한 진술은 일관성이나 설득력이 없어 그 신빙성을 인정하기 어려우며, 그것이 원고의 궁박한 처지나 불안정한 심리상태 등에서 비롯되었다고 보기도 어렵다.

② 원고가 적극적으로 동성애 관련 활동을 하지 않았음에도 자유정의당원들이 원고가 동성애자인 사실을 알게 되어 원고의 형 소외 1을 박해하였다는 취지의 진술이나 원고가 출국한 사실을 확인하고서 소외 1에게 별다른 조건을 두거나 위해를 가하지 않은 채 풀어주었다는 진술도 설득력이 없다. 원고의 진술 자체에 의하더라도 소외 1은 자유정의당에 가입하여 1~2년간 활발하게 활동하다가 탈당하여 자유정의당의 진실을 폭로하는 활동을 하고 있다는 것이므로 소외 1이 탈당·변절행위에 대한 보복을 당했을 가능성을 배제할 수 없으며, 무엇보다 과연 이집트에서 자유정의당이 동성애를 반대하는 강령을 가지고 있고 동성애자들을 박해하는 적극적 활동을 벌이고 있는지, 자유정의당이 누군가를 박해할 영향력을 가진 집단인지를 확인할 수 있는 객관적인 국가 정황 자료도 존재하지 아니하므로 그 신빙성을 인정하기는 어렵다.

③ 원심이 인정한 이집트의 객관적 정황에 의하면 동성애자라는 것이 외부에 알려지면 처벌받을 가능성이 있는데, 원고의 진술 자체에 의하더라도 원고가 자신의 성적 지향을 외부에 공개하지 않았고 동성애 관련 활동을 적극적으로 하지 않았다는 것이고, 이집트에서 2011. 10.경 동성 간 교제관계를 끝냈고 그 후 2014. 4. 5. 대한민국에 입국하였을 때까지 약 2년 6개월의 기간 동안 동성애 교제를 하거나 동성애 관련 활동을 하지 않았으며 동성애로 인해 구체적인 박해를 받은 사실이 없다는 것이므로, 원고가 단순히 동성애라는 성적 지향을 가지고 있다는 이유만으로 이집트 정부나 자유정의당 등의 주목을 받아 박해를 받을 충분한 근거가 있는 공포를 가지고 있다고 판단하기도 어렵다.

④ 이처럼 원고의 진술에 일관성과 설득력이 부족하고, 전체적인 진술의 신빙성이 떨어질 뿐 아니라, 그 진술이 이집트의 객관적인 정황에 부합하는지를 확인할 자료가 부족하다는 점까지 종합하여 볼 때, 이 사건에서 원고가 이집트 정부 등으로부터 박해를 받게 될 것이라는 충분한 근거가 있는 공포를 가지고 있다고 인정하기는 부족하다.

(3) 그럼에도 원심은, 원고의 진술에 일관성과 설득력이 있는지, 과연 이집트 자유정의당이 동성애에 반대하는 강령에 따라 동성애자들을 박해하는 적극적인 활동을 실제로 하고 있는지, 원고가 단지 동성애자라는 이유만으로 이집트 정부나 자유정의당 등이 주목할 정도인지 등에 관하여 충분히 심리하지 아니한 채 원고의 진술을 그대로 믿어 원고가 난민에 해당한다고 판단하였으니, 이러한 원심판단에는 난민의 개념, 난민신청인의 진술의 신빙성 판단 기준 등에 관한 법리를 오해하여 필요한 심리를 다하지 아니함으로써 판결에 영향을 미친 잘못이 있고, 이 점을 지적하는 상고이유 주장은 이유 있다.

4. 그러므로 원심판결을 파기하고, 사건을 다시 심리·판단하게 하기 위하여 원심법원에 환송하기로 하여, 관여 대법관의 일치된 의견으로 주문과 같이 판결한다.

case 096 | 파키스탄 국적자 난민 인정 사례[1]

1 판시사항

파키스탄 이슬람 공화국 국적의 갑과 배우자 및 미성년 자녀가 갑이 정치적 박해를 받을 우려가 있다며 난민신청을 하였으나 관할 출입국·외국인사무소장이 난민불인정결정을 한 사안에서, 갑은 정치적 견해 등으로 인하여 박해를 받을 우려가 있다는 충분한 근거가 있는 공포에 처해 있다고 봄이 상당하고, 가족결합의 원칙에 의하여 그 배우자와 미성년 자녀들에 대하여도 난민의 지위를 부여할 인도적 필요가 있다는 이유로, 위 처분이 위법하다고 한 사례이다.

2 판결요지

파키스탄 이슬람 공화국(이하 '파키스탄'이라 한다) 국적의 갑과 배우자 및 미성년 자녀가 갑이 본국에 돌아가면 정치적 박해를 받을 우려가 있다며 난민신청을 하였으나 관할 출입국·외국인사무소장이 '박해를 받게 될 것이라는 충분히 근거 있는 공포'를 인정할 수 없다는 이유로 난민불인정결정을 한 사안이다. 갑에 대한 감금 및 고문, 체포영장의 발부 및 출국 경위 등에 관한 갑과 그의 가족들의 진술은 신빙성이 있어 그 내용 중 상당 부분이 사실에 부합한다고 보이는 점, 갑에 대하여 발부된 체포영장이 여전히 유효하므로 갑이 본국에 송환될 경우 곧바로 체포될 가능성이 높은 점 등을 종합하면 갑은 정치적 견해 등으로 인하여 박해를 받을 우려가 있다는 충분한 근거가 있는 공포에 처해 있다고 봄이 상당하고, 난민의 지위에 관한 1951년 협약을 채택한 회의의 권고안 및 난민법상 가족결합의 원칙에 의하여 갑의 배우자와 자녀들에 대하여도 난민의 지위를 부여할 인도적 필요가 있다는 이유로, 위 처분이 위법하다고 한 사례이다.

---

1) 광주고등법원 2021. 6. 10. 선고 2019누12349

case 097 | 기니 공화국 국민에 대한 난민 인정 사례[1]

1 판시사항

[1] 난민 인정의 요건인 박해를 받을 '충분한 근거 있는 공포'가 있다는 점에 관한 증명
책임의 소재(=난민 인정 신청 외국인) 및 그 증명의 정도

[2] 난민 인정 요건인 '박해에 관한 충분한 근거가 있는 공포'의 증명과 관련하여, 박해
경험에 관한 난민신청인 진술의 신빙성을 판단하는 방법

2 판결이유

1. 난민법 제1조, 제2조 제1호, 「난민의 지위에 관한 1951년 협약」(이하 '난민협약'이라
고 한다) 제1조, 「난민의 지위에 관한 1967년 의정서」 제1조의 규정을 종합하여 보면,
법무부장관은 인종, 종교, 국적, 특정 사회집단의 구성원 신분 또는 정치적 견해를 이
유로 박해를 받을 충분한 근거 있는 공포로 인해 국적국의 보호를 받을 수 없거나 국
적국의 보호를 원하지 않는 외국인 또는 그러한 공포로 인하여 대한민국에 입국하기
전에 거주한 국가로 돌아갈 수 없거나 돌아가기를 원하지 아니하는 무국적자인 외국
인에 대하여 신청이 있는 경우 난민협약이 정하는 난민으로 인정하여야 한다.
위와 같은 난민 인정의 요건인 박해를 받을 '충분한 근거 있는 공포'가 있다는 점은
원칙적으로 난민 인정 신청을 하는 외국인이 증명하여야 할 것이나, 난민의 특수한
사정에 비추어 그 외국인에게 객관적인 증거에 의하여 주장사실 전체를 증명하도록
요구할 수는 없고, 그 진술에 일관성과 설득력이 있고 입국 경로, 입국 후 난민신청까
지의 기간, 난민신청 경위, 국적국의 상황, 주관적으로 느끼는 공포의 정도, 신청인이
거주하던 지역의 정치·사회·문화적 환경, 그 지역의 통상인이 같은 상황에서 느끼는
공포의 정도 등에 비추어 전체적인 진술의 신빙성에 의하여 그 주장사실을 인정하는
것이 합리적인 경우라면 그 증명이 있다고 보아야 한다.
한편 박해의 경험에 관한 난민신청인의 진술을 평가할 때 그 진술의 세부내용에서 다
소간의 불일치가 발견되거나 일부 과장된 점이 엿보인다고 하여 곧바로 신청인 진술
의 전체적 신빙성을 부정하여서는 아니 되고, 그러한 불일치·과장이 진정한 박해의
경험에 따른 정신적 충격이나 난민신청인의 궁박한 처지에 따른 불안정한 심리상태,
시간의 경과에 따른 기억력의 한계, 우리나라와 서로 다른 문화적·역사적 배경에서
유래한 언어 감각의 차이 등에서 비롯되었을 가능성도 충분히 염두에 두고 진술의 핵
심내용을 중심으로 전체적인 일관성 및 신빙성을 평가하여야 한다. 그리고 만일 위와
같은 평가에 따라 난민신청인이 주장하는 과거의 박해 사실이 합리적으로 수긍되는
경우라면 그 출신국의 상황이 현저히 변경되어 박해의 가능성이 명백히 소멸하였다
고 볼 만한 특별한 사정이 인정되지 아니하는 한, 난민 인정의 요건인 박해에 관한 충
분한 근거 있는 공포가 있다고 보아야 한다.

---

1) 대법원 2019. 2. 14. 선고 2018두41723 판결

2. 원심은, 원고가 기니 공화국(이하 '기니'라고 한다)에서 UFDG(Union of Democratic Forces of Guinea, 이하 'UFDG'라고 한다) 정당원으로서 주도적인 역할을 하였던 정황, 2015. 5. 4.경 조속한 선거시행을 촉구하는 집회 참가 시 겪었던 폭력, 2015. 10. 8. 대선 운동 중 체포되었던 정황과 이후 석방된 계기 등에 관하여 일관된 진술을 하고 있고, 원고의 진술은 다른 증거에 의하여 인정되는 객관적 정황에도 대체로 부합하며, 그 밖에 원고 진술의 신빙성을 부정할 만한 사정이 존재하지 않는다고 보아, 원고에게는 '정치적 견해를 이유로 박해를 받을 우려가 있다고 볼 만한 충분한 근거 있는 공포'가 있으며, 원고를 난민으로 인정하지 아니한 이 사건 처분이 위법하다고 판단하였다.

3. 위와 같은 원심의 판단은 앞서 본 법리에 따른 것으로서, 거기에 상고이유 주장과 같이 난민 인정 요건에 관한 법리를 오해하거나 논리와 경험의 법칙에 반하여 자유심증주의의 한계를 벗어난 잘못이 없다.

4. 그러므로 상고를 기각하고, 상고비용은 패소자가 부담하기로 하여, 관여 대법관의 일치된 의견으로 주문과 같이 판결한다.

15 | 영토의 취득

case 098 | Western Sahara 사건[1]

1 사실관계

스페인은 1884년부터 서부 사하라 지역을 식민지로 보유해 오다 1960년 동 지역을 UN 헌장에 따라 비자치지역으로 독립시키고자 하였고 UN총회는 동 지역을 비자치지역으로 승인하였다. 이에 대해 모로코와 모리타니아가 이에 이의를 제기하고 서부 사하라가 자국에 귀속되어야 한다고 주장하였다. 양국은 동 지역이 스페인의 식민지가 되던 당시부터 그 지역에 대한 주권을 행사하고 있었다고 주장하였다. UN총회는 서부 사하라의 지위에 관해 ICJ에 권고적 의견을 요청하기로 하였다.

2 권고적 의견 요청 사항

1. 서부 사하라가 스페인의 식민지가 되던 당시 동 지역은 무주지였는가?
2. 서부 사하라 지역과 모로코 및 모리타니아와의 법적 유대는 무엇인가?

3 권고적 의견 요지

1. 스페인 식민지로 편입되던 당시 서부 사하라의 법적 지위 - 무주지가 아님

ICJ는 당시 서부 사하라 지역은 무주지가 아니라고 판단하였다. 시제법의 원칙상 당해 지역이 무주지인가 여부는 당시 국제법에 따라 판단해야 한다. 당시 국제법에 따르면 사회적·정치적 조직을 갖는 부족이나 주민이 거주하는 지역은 무주지로 간주되지 않았다. 당시 서부 사하라는 주민들이 사회적·정치적으로 조직화되어 있었으며 주민들을 대표하는 권한을 가진 정치적 지도자도 존재하였다. 따라서 서부 사하라 지역은 당시 무주지가 아니었다. 스페인도 서부 사하라를 식민지로 편입하면서 자국이 무주지에 주권을 확립한 것으로 행동하지는 않았다.

2. 서부 사하라 지역과 모로코 및 모리타니아의 관계

(1) 서부 사하라 지역과 모로코의 관계

ICJ는 모로코와 모리타니아가 서부 사하라 지역에 대해 영토주권을 확립하고 있지 못하다고 판단하였다. 모로코가 제시한 증거자료들로부터 서부 사하라 지역이 스페인의 식민지로 편입되던 당시 서부 사하라에 대해 모로코의 영토주권이 확립되었다

---

1) Western Sahara Case, Advisory Opinion, ICJ, 1975년.

는 것을 발견할 수 없다고 보았다. 모로코와 서부 사하라의 일부 부족사이에 충성의 무라는 법적 관계가 존재하기는 하였고, 이들 부족에 대한 모로코의 영향력이 일정 정도 인정되었으나 이것으로부터 영토주권 확립을 도출할 수는 없다고 판단하였다.

(2) 서부 사하라 지역과 모리타니아의 관계

모리타니아는 서부 사하라와 문화적·지리적·역사적·사회적 일체성을 갖고 있었다고 주장하였고 그러한 사실이 어느 정도 인정되었으나 그러한 사실로부터 주권적 관계를 유추할 수는 없다고 판단하였다.

3. 서부 사하라 지역의 독립문제

ICJ는 서부 사하라와 모로코 및 모리타니아 간의 법적 관계가 무엇이든 간에 그것이 UN 총회 결의에 의해 서부 사하라를 독립시키는 데 영향을 미치거나 서부 사하라 지역민의 자결권을 제한할 정도는 아니라고 판단하였다.

case 099 | Clipperton Island Arbitration[1]

1 사실관계

클리퍼튼섬은 태평양에 있는 무인도로서 산호초로 구성되어 있고 멕시코 서부 해안에서 남서쪽으로 약 670마일 거리에 위치하고 있다. 1858년 프랑스 해군장교는 정부의 지시를 받고 클리퍼튼섬을 탐험하고 상세한 지리적 좌표를 만들어 프랑스 주권을 선포하였다. 프랑스는 이러한 사실을 하와이 정부에 통고하였으며 이에 관한 고시(告示)가 하와이 신문에 공표되었다. 1897년 세 명의 미국인 클리퍼튼섬에서 허가 없이 구아노를 줍다 적발되자 프랑스와 멕시코가 서로 관할권을 주장하여 양국 간 분쟁이 야기되었다. 멕시코는 1821년 스페인으로부터 독립하였다. 멕시코는 스페인이 동 섬을 발견하였으므로 주권이 자국에게 귀속된다고 주장하였다.

2 법적쟁점

1. 클리퍼튼섬에 대한 주권은?
2. 발견의 법적 효력
3. 상징적 지배에 의한 주권 취득 여부

---

1) Clipperton Island Arbitration, France v. Mexico, 국제중재, 1931년.

3 재정요지

1. 결정적 기일

중재관인 이탈리아 국왕은 이 사건의 결정적 기일(critical date)은 프랑스와 멕시코 간에 분쟁이 발생한 1897년으로 보고 1897년 이전에 어떤 국가가 동 섬을 실효적으로 지배하였는지를 판단하였다.

2. 상징적 지배의 문제

1897년 이전에 동 섬에 대한 주권선포 행위는 1858년 프랑스에 의해 행해진 것밖에 없으므로 동 행위에 의해 프랑스가 영토주권을 취득하는지가 문제되었다. 이에 대해 중재관은 클리퍼튼 섬은 완전히 무인도였기 때문에 단순한 주권의 천명만으로도 섬을 프랑스의 실효적 지배하에 두기에 충분하다고 보고, 프랑스가 1858년에 영토주권을 취득하였다고 판단하였다.

3. 발견의 법적 효력

멕시코는 스페인이 클리퍼튼섬을 발견하였다고 주장하였으나 스페인이 동 섬을 발견했다는 증거도 없을 뿐만 아니라 설사 스페인이 동 섬을 발견했다고 하더라도 그러한 발견은 실효적인 점유를 동반해야 하는데 그 점 또한 입증되지 않았다고 판결하였다.

---

case 100 | Chamizal Arbitration[1]

1 사실관계

차미잘 지역은 애초에 멕시코의 영역이었으나 1846년 리오그란데 강이 갑작스럽게 수로를 변경하여 탈베크 원칙에 따르면 미국에 속하게 되었다. 미국 정부에서 차미잘 지역에서 공권력을 행사하였고, 이후 미국은 시효에 의해 대상 지역에 대한 영토주권을 취득하였다고 주장하였다. 멕시코는 이에 대해 반복해서 외교적 항의를 제기하였다.

2 법적쟁점

1. 미국은 시효에 의해 동 지역에 대한 영토주권을 취득하였는지 여부
2. 시효중단의 효력이 있는 항의의 정도
3. 급격한 수로 변경과 국경선의 변경 여부

---

1) US v. Mexico, 국제중재, 1911년.

3 재정요지

1. 미국의 시효취득 인정 여부 - 소극

시효에 의한 영토취득을 위해서는 타국 영토에 대한 점유가 '방해받지 않고 차단되지 않으며 이의를 제기 받지 않았어야(undisturbed, uninterrupted and unchallenged)' 한다. 또한 '평온했어야(peaceable)' 한다. 그러나 멕시코는 여러 해에 걸쳐 반복하여 항의를 제기하였으므로 미국은 시효로 동 지역을 취득하지 못한다고 판단하였다.

2. 항의의 정도

국제법상 시효완성을 중단시키기 위한 항의(protest)의 형식에는 단순한 외교적 항의로부터 국제재판에 회부하는 것까지 다양하다. 당시 미국이 차미잘 지역에 대해 무력을 수반하여 점유를 유지하고 있었으므로 멕시코가 영토 탈환을 시도한다면 무력분쟁이 발생할 수 있었을 것이다. 따라서 그러한 상황하에서 멕시코가 단지 외교적 항의만 제기한 것은 미국의 시효취득을 막는 데 충분한 것으로 수락될 수 있다.

3. 급격한 수로변경과 국경선 문제

종래 탈베크 원칙에 의하면 국제접속하천에 있어서 국경선은 항행가능한 하천인 경우 가항수로의 중간선에 의해 획정되었다. 그리고 항행이 불가능한 경우는 중간선이 국경선이 되었다. 이러한 탈베크 원칙에는 예외가 있는바 하천의 유수가 홍수 등으로 급격하게 그 수로를 변경한 경우 국경선은 원래의 위치로부터 변경되지 않는다.

case 101 | Island of Palmas 사건[1]

1 사실관계

팔마스 섬은 필리핀의 민다나오 섬과 네덜란드령 동인도 제도에 속한 나마사군도의 중간에 위치하고 있다. 이 섬은 1500년대 중반에 스페인 탐험가들에 의하여 발견되었다. 미서전쟁 이후 1898년 파리조약이 체결되어 스페인은 필리핀을 미국에 할양하였다. 미국은 이 조약에 의해 팔마스 섬이 당연히 자국의 관할권에 속한다고 생각하였다. 1906년 미국의 미트 장군이 팔마스 섬을 방문하고 이 섬에 네덜란드 국기가 게양되어 있는 것을 발견하고 미국 정부에 보고한 이후에 미국과 네덜란드가 분쟁이 야기되었다.

---

1) US v. The Netherlands, 국제중재, 1928년.

2 법적쟁점

1. 팔마스 섬에 대한 주권의 귀속 - 네덜란드

2. 발견과 실효적 지배

3. 인접성

4. 지도의 효력

3 재정요지

1. 팔마스 섬에 대한 주권의 귀속 - 네덜란드

Max Huber 중재관은 팔마스 섬의 주권자는 네덜란드라고 확정하였다. 그는 파리조약 체결 시에 팔마스 섬이 스페인령의 일부였는지 아니면 네덜란드령의 일부였는지를 심사 하였다. 1677년 네덜란드 동인도 회사가 원주민의 수장과 협약을 체결함으로써 팔마스 섬에 대한 주권을 확립하였으며 이후 약 200년간 어떤 국가도 이것을 다투지 않았다. 네 덜란드는 팔마스 섬에 대해 장기간 계속해서 평온하게 실효적 지배력을 행사해 왔으므로 팔마스 섬에 대한 영역주권을 확립하였다.

2. 발견과 실효적 지배

발견으로부터 발생하는 원시적 권원은 스페인에게 속한다고 인정할 수 있다. 그러나 권 리의 창설과 권리의 존속은 구별되어야 한다. 19세기 국제법에 따르면 선점이 영역주권 에 대한 청구로 되기 위해서는 실효적이어야 한다. 팔마스 섬을 발견만 하고 어떠한 후 속 행위도 없는 경우 주권을 수립하기에 충분하지 않다. 발견은 주권의 최종적 권원을 창설하는 것이 아니며 단순히 '불완전한 권원'(inchoate title)을 창설하는 것에 지나지 않는다. 발견이라는 미완성의 권원은 실효적 지배에 의해 상당기간 내에 보완되어야 한 다. 그렇지 않은 경우 발견에 의해 미완성 권원이 존속되고 있었다고 하더라도 계속적이 고 평온하게 실효적 지배력을 행사한 국가보다 우선할 수 없다.

3. 인접성

자국 해안에 어느 정도 인접하여 있는 섬에 대해 그 지리적 위치만으로 주권을 주장하는 인접성의 원칙은 국제법의 규칙으로 인정할 수 없다. 영해 밖에 위치한 섬에 대해서 어 떤 국가의 영역이 그 섬과 가장 가까운 대륙이거나 상당 규모의 섬이라는 사실만으로 그 섬이 그 국가에 속하여야 한다는 의미의 실정국제법 규칙의 존재를 찾는 것은 불가능하다.

4. 지도의 효력

지도는 법률적 문서에 부속되고 있는 경우를 제외하고는 권리의 승인이나 포기의 효과를 가져오는 문서로서의 가치를 가지고 있지 않다.

case 102 | Legal Status of Eastern Greenland 사건[1]

1 사실관계

그린란드 섬은 900년경에 발견되어 약 1세기 후부터 식민활동이 개시되었으며 13세기에는 동 지역에 노르웨이 왕국이 식민지를 건설하였다. 노르웨이와 덴마크는 동군연합을 형성하고 있었으나 1814년 키일조약에 의해 덴마크는 그린란드 및 아이슬란드를 제외한 노르웨이를 스웨덴에 이양하였다. 노르웨이는 스웨덴과 동군연합을 형성하고 있다가 1905년 독립하였다. 19세기부터 20세기 초에 걸쳐 덴마크는 그린란드를 자신의 주권하에 두었고, 제1차 세계대전 중 및 종료 후에 미국, 영국, 프랑스, 일본 이탈리아, 스웨덴 등에 대해 동 지역에 대한 주권의 승인을 요구하였다. 대부분의 국가는 덴마크의 주권 승인 요구에 긍정적이었으나 노르웨이는 동부 그린란드에서의 자국민의 어업의 자유를 주장하면서 덴마크의 주권 승인 요구를 거부하였다. 1919년 노르웨이 외무장관은 그린란드 전체에 대한 덴마크의 영유권 문제에 관해 이의를 제기하지 않겠다는 구두약속을 한 바 있었다. 1931년 7월 10일 노르웨이는 동 지역이 무주지라고 주장하고 선점을 선언하였다. 덴마크는 양국이 모두 수락한 선택조항에 기초하여 이 사건을 PCIJ에 제소하였다.

2 법적쟁점

1. 동부 그린란드에 대한 영역권의 주체
2. 상징적 지배의 인정 여부
3. 노르웨이 외무장관의 발언의 효력

3 판결요지

1. 동부 그린란드에 대한 영역권의 주체 - 덴마크

PCIJ는 실효적 지배의 원칙에 기초하여 덴마크의 영역권을 승인하였다. 법원은 할양 조약과 같은 권원이 아니라 권위의 계속적인 표시만을 주권의 근거로 삼기 위해서는 두 가지 요소가 필요하다고 보았다. 즉, 당해 지역에 대한 주권자라는 의사와 그러한 의사에 기초하는 권위가 실제로 어느 정도 행사되거나 표시되어야 한다는 것이다. 그리고 법원은 만일 타국이 당해 영역에 대하여 주권을 주장하고 있다면 어느 정도 그 사정도 고려해야 한다고 하였다. 덴마크는 타국들과 체결한 조약에서 동부 그린란드를 덴마크의 영토로 언급하고 그곳에서의 무역을 허락하였으며, 덴마크의 일부 입법적·행정적 규정을 그곳에 대해서도 적용하고, 국제적 승인을 얻으려고 시도하기도 하였다. 이러한 사실들은 덴마크가 실효적 지배를 통해 영역권을 취득했다고 인정할 수 있는 충분한 증거들이다.

---

1) Denmark v. Norway, PCIJ, 1933년.

2. 상징적 지배의 인정 여부 - 적극

다른 국가가 더 우월한 주장을 입증할 수 없는 한 인구가 별로 없거나 살지 않는 지역의 경우에는 주권적 권리의 실제적 행사가 거의 요구되지 않는다.

3. 노르웨이 외무장관의 발언의 효력

1919년 7월 22일 노르웨이 외무장관의 덴마크 공사에 대한 구두 답변은 그린란드에 대한 덴마크의 주권을 확정적으로 승인한 것이라고는 할 수 없지만, 외무장관의 선언에 의한 약속의 결과로써 노르웨이는 그린란드 전체에 대한 덴마크의 주권을 다투지 않을 것과 그 영토를 점령해서는 안 될 의무를 부담하였다.

---

case 103 | Minquiers and Ecrehos 사건[1]

1 사실관계

두 도서는 영국령 Channel 군도의 하나인 Jersey섬과 프랑스령 Chausey섬 사이에 위치한 작은 군도로서 19세기 말 이후 영국과 프랑스간 영역권의 귀속에 관한 다툼이 있었다. 영국과 프랑스는 특별협정을 체결하여 영역권의 귀속주체를 판단해 줄 것을 요청하였다.

2 법적쟁점

1. 영역권의 귀속

프랑스와 영국은 원시적 권원 및 실효적 점유에 의한 권원에 기초하여 영역권을 주장하였다.

2. 결정적 기일(critical date)

결정적 기일이란 영토의 주권자를 결정하는 소송에서 영토주권의 소재가 결정적으로 확인되는 시점을 말한다. 이 사건에서 영국은 특별협정을 체결한 1950년 12월 29일을, 프랑스는 양국 간에 어업협정이 체결된 1839년 8월 2일을 결정적 기일로 제시하였다.

3. 어업협정과 영역권의 관계

1839년 8월 2일에 체결한 어업협정상 공동어업수역 내에 멩끼에와 에끄레오섬이 존재하는 것이 영역권 결정에 있어서 어떠한 효과를 줄 수 있는지가 문제되었다. 프랑스는 양섬이 양국 공동어업수역 내에 존재하고 있기 때문에 어업협정 체결 이후 어느 일방이 이들 섬에서 행한 행위는 타방에 대한 영토주권의 표현으로서 제시될 수 없다고 주장하였다.

---

1) France/UK, ICJ, 1953년.

4. 시제법

영역권 취득에 관한 국제법이 시대에 따라 변경되는 경우 이전의 국제법에 따라 취득한 영역권이 그대로 유지되는지가 문제되었다. 즉, 영역권 취득에 관한 국제법이 변경되는 경우 새로운 법에 따라 영역권 보유 여부를 판단해야 하는가?

3 판결요지

1. 영역권의 귀속

ICJ는 중세시대의 권원에 기초한 영역권 주장을 배척하고 후대의 법에 기초한 영역권의 귀속여부를 각국이 제시한 증거에 기초하여 판단하였다. 그 결과 ICJ는 영국의 영역권을 승인하였다. 영국은 19세기 초 양 섬에서 수차례 형사재판권을 행사하였고, 그 곳에 건축된 가옥을 과세대상으로 삼았으며, 동 섬에서의 부동산 매매는 영국 지방행정당국의 통제를 받았다. 반면, 프랑스는 이와 비슷한 주권의 표현을 입증하지 못했다. 따라서 재판소는 자신이 부탁받은 임무대로 상반되는 주장들의 '상대적 힘'을 평가하여 만장일치로 영국의 영토주권을 인정하였다.

2. 결정적 기일(critical date)

ICJ는 양국이 제시한 결정적 기일 대신 프랑스가 처음으로 에끄레오 주권을 주장한 1886년(에끄레오)과 1888년(멩끼에)을 결정적 기일로 잡았다. 이때 처음으로 양국 간 영역권에 대한 분쟁이 발생했기 때문이다. 결정적 기일 이후의 국가의 대상 지역에 대한 주권적 행위는 실효적 지배의 증거자료로 인정되지 않지만, ICJ는 양 섬에 관한 활동이 여러 측면에서 분쟁이 발생하기 이전부터 점진적으로 전개되어 왔고 그 후에도 중단되지 아니하였으므로 결정적 기일 이후의 행위라도 그것이 당사자의 법적 지위를 개선할 목적으로 행해진 것이 아니라면 재판소가 고려할 수 있다고 언급하였다.

3. 어업협정과 영역권의 관계

ICJ는 양 섬이 공동어업수역 내에 위치하고 있다고 하더라도 그 같은 공동어업수역이 소도와 바위의 육지영토의 공동사용권 체제(a regime of common user of the land territory of the islets and rocks)를 수반할 것이라는 점을 인정할 수 없다고 하였다. 원용된 조약규정들이 단지 어업만을 언급하고 있을 뿐 그 어떤 종류의 육지영토의 사용권에 대해서도 언급하고 있지 않기 때문이다. 즉, 어업협정상 양 섬이 공동어업수역 내에 있다고 하더라도 어업협정이 양 섬의 주권자를 결정하는데 하등 영향을 주지 않는다는 것이다.

4. 시제법

ICJ는 프랑스가 13세기 증거들에 기초하여 제기한 영역권 주장을 배척하였다. 프랑스 왕이 양 섬에 관하여 봉권적 권원을 가지고 있었다 하더라도 그 권원은 1204년 이래 여러 사건의 결과 실효하였음이 틀림없고 후대의 법에 근거한 유효한 권원에 의해 대체되지 않는 한 오늘날 어떠한 법적 효과도 가지지 않는다는 이유 때문이었다. 즉, 시제법이론에 따라 봉건시대의 법에 따라 취득한 영토권원은 대체시의 법에 따라 다른 유효한 권원에 의해 대체되어야 한다고 본 것이다.

case 104 | 페드라 브랑카, 미들락스 및 사우스레지 영유권 분쟁 사건[1][2]

1 사실관계

페드라 브랑카는 무인도로서 길이 137m, 평균 폭 60m의 화강암지대이다. 인도양과 남중국해를 잇는 국제무역항로이자 매일 900여 척의 선박이 통항하는 싱가포르 해협의 동쪽 입구에 위치하고 있다. 미들락스는 페드라 브랑카로부터 남쪽으로 약 0.6해리 떨어져 있으며, 항상 수면 위에 있는 두 개의 암초군이다. 사우스 레지는 페드라 브랑카로부터 남서쪽으로 약 2.2해리 떨어져 있는 간출지(low - tide elevation)이다. 말레이시아가 1979년 출판한 정부 간행 지도에 페드라 브랑카(또는 풀라우 바투 푸테) 섬을 '풀라우 바투 푸테'라는 이름을 붙여 자국의 영해 내에 속하는 것으로 표시하자, 실질적으로 동 섬을 관할하고 있던 싱가포르가 1980년 서면 항의함으로써 페드라 브랑카 도서 영유권 분쟁이 발생하였다. 싱가포르와 말레이시아는 합의에 의해 ICJ에 제소하였다.

2 법적쟁점

1. 결정적 기일
2. 분쟁 도서 및 간출지의 영유권

3 ICJ 판결

1. 결정적 기일

ICJ는 페드라 브랑카 영유권에 대한 결정적 기일을 1980년 2월 14일로 정하였다. 이 날은 말레이시아가 발행한 지도에 대해 싱가포르가 정식으로 서면 항의한 날이다. ICJ는 이 날 이후의 양국의 행위를 '당사자의 법적 입장을 개선하기 위해 취한 것'으로 간주하여 결정적 기일 이후의 행위는 재판상 고려대상이 되지 않는다고 하였다. 한편 미들락스와 사우스 레지의 결정적 기일은 1993년 2월 6일이며, 이날은 양국 정부 간 1차 협상에서 이들의 귀속문제가 처음 제기된 날이었다.

---

1) Sovereignty over Pedra Branca/Pulau Batu Puteh, Middle Rocks and South Ledge, Malaysia/Singapore, ICJ, 2008.5.23. 판결.
2) 김용환(2008), 페드라 브랑카, 미들락스 및 사우스레지의 영유권에 관한 ICJ 판례 분석, 국제법학회논총 제53권 제2호.

2. 영유권

(1) 싱가포르

싱가포르는 '무주지 선점론'과 '말레이시아의 영유권 부인 또는 묵인'에 기초하여 영유권을 주장하였다.

① 무주지 선점론: 페드라 브랑카는 무주지였으며, 이 섬의 영유권은 1847년에서 1851년 사이 호스버러(Horsburgh)등대 건설 기간 중 이를 주도한 영국에 의해 확립되었다. 이후 영국을 승계한 싱가포르가 이 섬의 영유권을 가졌으며, 특히 160년 동안 페드라 브랑카섬과 인근 주위 수역에 대해 계속적이고 공공연하게 영유권을 행사해 왔으며 말레이시아의 항의가 없었다.

② 말레이시아의 영유권 부인 또는 묵인: 영국 식민 당국은 1953년 양국의 영해경계 획정을 위해 페드라 브랑카섬의 법적 지위를 묻는 서한을 조호르 국(말레이사의 전임국)에 보낸 바 있으나 조호르 국은 국무장관 대행 명의의 회신에서 페드라 브랑카에 대한 소유권을 부인했다. 또한 1962년에서 1972년까지 말레이시아 정부가 발행한 일련의 공식 지도에도 페드라 브랑카를 싱가포르에 속하는 것으로 표시해 왔다. 심지어 1977년에 페드라 브랑카섬에 군사 통신 시설을 설치하고, 싱가포르의 국기를 게양했을 때에도 말레이시아 정부의 항의는 없었다.

(2) 말레이시아

① 고유영토론: 말레이시아는 1847년 영국이 페드라 브랑카 섬에 대한 영유의사를 표명할 당시 무주지가 아니었음을 강조하였다. 17세기 중반 네덜란드 동인도 회사가 싱가포르 해협에서 선박을 나포한 것에 대해 조호르 국왕이 항의 서한을 제출하였던 사실과 '싱가포르 자유신문'(1843년 5월 25일)에서 페드라 브랑카 섬을 술탄령으로 기술하였던 점, 그리고 1851년 동인도 회사가 동 섬에 등대를 건설하고 운영한 것도 조호르국의 허가와 동의를 받고 한 것이라는 점 등을 근거로 제시하였다.

② 싱가포르의 국제법 위반: 말레이시아는 페드라 브랑카 섬에 대한 싱가포르의 영유권 주장은 '크로퍼드 조약'(Crawfurd Treaty) 위반이라고 주장하였다. 동 조약은 조호르 국왕이 싱가포르와 그 일대 10마일을 동인도 회사에 양도한 조약이다. 페드라 브랑카는 싱가포르에서 약 24해리 떨어진 곳에 위치하고 있으므로 동 조약의 범위에 들지 않는다. 말레이시아는 따라서 동 조약의 범위에 들지 않는 페드라 브랑카에 대해 영국이 말레이시아의 영유권을 인정한 것이라고 주장하였다.

(3) ICJ

① 판결: 페드라 브랑카의 영유권은 싱가포르에게 있고, 미들락스의 영유권은 말레이시아에게 있으며, 사우스 레지는 영해 중첩 수역에 있으므로 추후 경계획정에 따라 결정될 것이다.

② 무주지 선점론 - 기각: ICJ는 싱가포르의 무주지 선점론을 부인했다. ICJ는 페드라 브랑카 섬이 국제해협인 싱가포르 해협 내 항해상 위험요소였던 바, 페드라 브랑카 섬이 그 지역에서 발견된 적이 없다거나 미지의 섬이었다는 싱가포르의 주장을 일축하였다.

③ **고유영토론 - 인정**: ICJ는 말레이시아의 고유영토론을 받아들였다. 네덜란드 동인도 회사가 페드라 브랑카의 주변 해역에서 선박을 나포한 것에 대한 조호르 국왕의 항의서한, '싱가포르 자유신문'에서 페드라 브랑카 섬을 술탄령으로 기술했던 점 등이 말레이시아의 고유영토론을 지지하는 증거라고 하였다. 또한 ICJ는 당시 영국 관헌들의 보고서에서 페드라 브랑카 해역에 살던 오랑 라우트 족이 조호르 국에게 복속했다는 내용을 중시하여 말레이시아가 싱가포르 해협 내 모든 도서에 대해 "계속적이고 평화롭게 영유권을 행사"했다는 것을 인정하였다. 요컨대 <u>ICJ는 19세기 중반까지 말레이시아가 페드라 브랑카의 원시적 권원(original title) 을 가지고 있었다고 보았다.</u>

④ **1824년의 '크로퍼드 조약'의 문제**: ICJ는 동 조약에 의해 싱가포르와 일대 해역에 대한 권리를 영국에 할양했음에도 불구하고 말레이시아의 페드라 브랑카 섬에 대한 영유권에는 영향이 없었다고 판시하였다. 그러나 이 조약을 통해 오히려 영국이 말레이시아의 페드라 브랑카 영유권을 승인했다는 말레이시아의 주장은 배척하였다.

⑤ **영유권의 이전**: ICJ는 페드라 브랑카가 말레이시아의 고유영토였다고 해도 이러한 영유권은 싱가포르에 이전되었다고 판단하였다. ICJ는 "<u>타방 국가가 주권자로서의 자격으로 한 행위, 즉 타방 국가가 명시적으로 영유권을 표명한 것에 대해 영유권을 가지고 있는 국가가 대응(respond)하지 않는다면, … 그 결과 특별한 사정하에서 영유권이 양도될 수 있다.</u>"라고 하였다. 이러한 관점에서 ICJ는 1957년 조호르 국왕의 회신을 결정적인 증거로 판단하였다. 싱가포르 식민당국이 페드라 브랑카의 법적 지위가 불분명하므로 동 섬의 임대나 할양 및 처분 여부를 알 수 있는 어떠한 문서가 있는지 알려주라고 요청하자 <u>조호르 정부는 페드라 브랑카 암석의 소유권(ownership)을 주장하지 않는다는 것을 통보해 주었다.</u> ICJ는 이러한 회신을 조호르 국왕의 페드라 브랑카에 대한 '영유권'(sovereignty)의 포기로 간주하였다.

case 105 | 부루키나파소 대 말리 국경분쟁 사건[1]

1 사실관계

서아프리카의 부루키나파소(분쟁 부탁 시 국명은 Upper Volta)와 말리 공화국은 프랑스의 식민지였으나 1960년에 각각 독립하였다. 양국의 국경선은 약 1,300km에 걸쳐 있었으나 식민지 시대에 행정구획이 종종 변경되어 불명확한 부분이 있었다. 1974년 무력충돌을 계기로 아프리카단결기구(OAU)의 중개위원회에서 국경문제가 심의되었으나 분쟁을 해결하지 못 했다. 1983년 양국은 특별협정을 체결하여 동 사건을 ICJ에 회부하였다. 재판절차 진행 중이던 1985년 12월 양국 간 국경에서 무력충돌이 발생하자 양국은 가보전조치를 요청하였다.

2 법적쟁점

1. Uti Possidetis 원칙

2. 형평원칙

3. 말리 대통령의 일방행위의 효력

3 판결요지

1. Uti Possidetis 원칙

재판부는 특별합의 전문에 분쟁 해결이 '특히 식민지 시대부터 계속 되어 온 국경선의 불가변성이라는 원칙의 존중에 기하여' 행해져야 한다는 문언에 주의하여 'uti possidetis 원칙'[2]을 적용하였다. 동 원칙은 스페인령 아메리카에서 최초로 사용되었으나 이는 국제법의 특정 체계에 관한 특별규칙이 아니라 일반적 원칙이며 그 목적은 식민본국 철수 후에 국경선을 둘러싼 분쟁에 의하여 신국가의 독립과 안정성이 위험에 처하는 것을 방지하는 데 있다. 동 원칙은 인민의 자결권과 모순되지만, 아프리카에서의 영역의 현상유지는 독립 투쟁에 의하여 달성된 것을 유지하고, 다수의 희생에 의해 획득한 것을 유지하는 최선의 방법이다. Uti possidetis 원칙은 가장 중요한 법적 원칙의 하나로서 확립되었다.

---

1) Case Concerning The Frontier Dispute, Burkina Faso v. Republic of Mali, ICJ, 1986년.
2) uti possidetis juris는 '모든 회원국은 독립을 달성할 당시의 국경선을 존중할 것을 약속한다'는 규칙으로 현상유지원칙을 의미한다. 동 원칙은 19세기 초반 남미에서 스페인의 식민지들이 독립할 때 식민통치 당시의 행정경계선을 국경선으로 채택함으로써 적용되었다.

2. 형평원칙

양 당사국은 ICJ규정 제38조에 의한 형평과 선에 따라 재판하는 권한을 재판소에 부여하지 않았다. 또한 국경선 획정 문제에서는 해양 경계획정 시에 적용되는 '형평원칙'과 동등한 개념은 존재하지 않는다. 양 당사국이 합의하지 않았기 때문에 '법에 반하는(contra legem) 형평'에 기초한 주장도 부정되어야 하고, '법을 초월한(praeter legem) 형평'도 적용할 수 없다. 다만 재판부는 '법 아래에서의(infra legem) 형평', 즉 유효한 법의 해석방법을 구성하고 동시에 동 법의 속성의 하나인 형평의 형태를 검토할 수 있다. 따라서 재판부는 국경획정에 있어서 식민지 당시 프랑스 해외영토법을 고려할 수 있다.

3. 말리 대통령의 일방행위의 효력

말리의 대통령은 1975년의 OAU 중개위원회의 법률소위원회에 의한 판단에 따른다는 취지의 표명을 하였다. 그러나 재판부는 말리 대통령의 일방행위로부터 어떠한 법적 의무도 도출되지 않는다고 판시하였다. 중개위원회는 법적 구속력 있는 결정을 할 수 없으며, 소위원회의 작업이 종료되지 않았다는 점에 대해 다툼이 없기 때문이다. 호주와 뉴질랜드 대 프랑스의 핵실험 사건에서 보듯이 일방적 행위가 법적의무를 창설하는 경우가 있지만, 그것은 당해국의 의사에 의한 것이었으며, 본 건의 경우는 그와 다르다고 하였다.

case 106 | 라누호 중재 사건[1]

1 사실관계

까롤강은 라누호에서 프랑스로 유입되며 다시 스페인 영역으로 흘러 들어간다. 프랑스가 라누호의 물을 프랑스령 Ariège강으로 유로를 변경시켜 수력발전소를 건설하려고 하자 스페인이 이에 반대하여 양국 사이에 분쟁이 발생하였다.

2 법적쟁점

1. 국제하천의 이용에 관한 국제법원칙
2. 프랑스가 관련 국제법원칙을 위반하였는지 여부

3 재정요지

1. 국제하천의 이용원칙

중재법원은 상류국은 하류국의 이익을 침해하지 않는 범위 내에서 국제하천수를 이용할 수 있다는 국제법원칙을 확인하였다. 유역국 간 분쟁이 발생하는 경우 최선의 해결책은 관계국 사이에 이해를 조정하여 합의하는 것이고, 당사국은 모든 연락과 협의 요청을 성실하게 받아들여야 할 법적 의무가 있다고 하였다.

---

1) Spain v. France, 국제중재, 1957년.

2. 프랑스의 행위의 적법성

중재법원은 프랑스 행위에 위법성이 없다고 재정하였다. 프랑스의 수력발전이 까롤강의 수량을 변경시키는 것이 아니므로 프랑스의 유로변경식 수력발전소 건설은 적법하다고 판단하였다.

case 107 | 리기탄(Ligitan)과 시파단(Sipadan)섬 분쟁[1]

1 사실관계

인도네시아와 말레이시아 간 리기탄과 시파단 도서 분쟁 사안으로서 두 섬은 말레이시아의 사바(Sabah)주의 남동 해안인 셀레베스해(Celebes Sea)에 위치하고 있다. 이 분쟁은 1979년 말레이시아가 석유와 가스 등 부존자원이 풍부한 암발랏 해역과 리기탄, 시파단 섬을 지도에서 자국 영토로 표기하면서 시작되어 30년 가까이 지속되어 온 분쟁이다. 양국은 1992년부터 1994년 사이 수차에 걸쳐 협상을 진행하였으나 성과가 없었다. 따라서 양국은 이 분쟁을 ICJ에 회부하기로 합의하였다. 2002년 12월 선고에서 ICJ는 리기탄 섬과 시파단 섬의 영유권이 말레이시아에 있다고 판시하였다.

2 법적쟁점

1. 1891년 협약의 효력
2. 역사적 권원과 권원의 승계
3. 지도의 증거력
4. 실효적 지배
5. 항의결여와 묵인

3 ICJ 판결

1. 1891년 협약의 효력

인도네시아는 1891년 네덜란드(인도네시아 지배)와 대영제국(말레이시아 지배)이 체결한 조약에 기초하여 네덜란드가 영유권을 가졌고 이후 인도네시아가 이를 승계하였다고 주장하였다. ICJ는 조약법에 관한 비엔나협약 제31조 및 제32조상의 조약해석기법을 적용하여 해석하였다.
결과적으로 ICJ는 1891년 조약이 리기탄과 시파단 섬이 인도네시아쪽에 속하도록 경계선을 의도하였음이 명확히 드러나지 않는다고 하여 인도네시아의 주장을 인정하지 않았다.

---

1) 인도네시아와 말레이시아, ICJ, 2002년.

2. 역사적 권원과 권원의 승계

인도네시아와 말레이시아는 모두 영유권원의 승계를 주장하였으나 ICJ는 모두 배척하였다. 인도네시아는 부룽간의 술탄 ⇨ 네덜란드 ⇨ 인도네시아로 영유권이 승계되었다고 주장하였다. 말레이시아는 리기탄 섬과 시파단 섬에 대한 Sulu의 술탄의 영유권이 스페인 ⇨ 미국 ⇨ 영국 ⇨ 말레이시아로 승계되었다고 주장하였다. ICJ는 말레이시아와 인도네시아가 제시한 증거를 고려한 끝에 각각의 술탄이 분쟁 대상 지역을 영유하였는지가 명확하지 않다고 하였다.

3. 지도의 증거력

지도의 증거력에 대해 ICJ는 영유권을 취득하는 법적 권원을 부여하지 않는다고 판시하였다. 지도가 법적 효력을 가지기 위해서는 관계국들이 그 지도의 효력에 대해 합의하였음이 명확히 드러나야 한다고 하였다. ICJ는 리기탄섬과 시파단 섬의 영유권자가 누구인가를 명확히 보여주는 합의된 지도나 문서가 존재하지 않는다고 하였다.

4. 실효적 지배

ICJ는 조약에 기초한 권원 주장과 역사적 권원을 승계하였다는 주장을 배척하고, 실효적 지배에 기초하여 말레이시아의 영유권을 인정하였다. 실효적 지배의 정도에 있어서 동부그린란드 사건과 마찬가지로 사람이 살지 않거나 살 수 없는 영토의 경우에는 만약 다른 국가가 우월한 주장을 하지 않는다면 주권의 실질적인 행사의 정도가 다소 약하더라도 영유권을 인정할 수 있다고 판단하였다. 이에 기초하여 ICJ는 인도네시아가 제시한 실효적 지배의 증거는 실효적 지배를 증명하기에 충분하지 않다고 판단하였다. 반면 말레이시아가 제시한 증거, 즉 거북이 수렵에 대한 규제, 조류서식지 보호구역 지정, 등대 설치와 운영 등은 실효적 지배를 입증하기에 상대적으로 강력한 증거력을 가진다고 하였다. 따라서 말레이시아의 영유권을 인정하였다.

5. 항의결여와 묵인

ICJ는 말레이시아가 주장하는 실효적 지배의 사실에 대해 네덜란드나 인도네시아가 항의하거나 영유권을 주장하지 않았다는 사실에 주목하였다. 말레이시아가 분쟁도서에 등대를 세울 때 항의하지 않았다. 이로써 인도네시아가 말레이시아의 동 도서에 대한 영유권을 승인하였거나 자국의 영토를 묵시적으로 포기하고 말레이시아의 영유권을 묵인하였다고 볼 수 있다고 하였다.

case 108 | 베넹 - 니제르 국경분쟁 사건[1][2]

1 사실관계

1960년 8월 1일과 8월 3일에 프랑스로부터 각각 독립한 베넹과 니제르는 프랑스의 식민지배에서 독립하기 전에 양국 행정구역 사이의 경계와 니제르강에 있는 레테섬의 관할에 대한 문제를 안고 있었다. 독립 후에 베넹·니제르 간의 국경선 획정과 레테섬을 포함한 니제르강에 있는 섬의 귀속에 대하여 양국 간에 우호적인 해결을 하기 위한 노력이 있었지만 성공하지 못하였다.

2 ICJ 회부 및 법적쟁점

양국은 2001년 6월 15일에 ICJ의 특별재판부에 분쟁을 부탁한다는 취지의 특별합의에 서명하고(2002년 4월 11일 발효), 2002년 5월 3일에 이 사건의 분쟁을 특별재판부에 부탁하였다. 양국은 이 특별합의에서 이 사건분쟁에 적용된 법에는 '식민지화로부터 이어받은 경계선에 대한 국가승계의 원칙, 즉 상기 경계선의 불가침성'이 포함된 것을 전제로 ① 니제르강 구역에 대한 국경획정, ② 레테섬을 포함한 니제르강에 존재하는 섬의 귀속, ③ 메크루강 구역에 대한 국경획정에 대하여 특별재판부에 판단을 요청하였다.

3 판결 요지

1. 적용법규의 문제

양국 간의 국경결정이 uti possidetis juris 원칙에 관련된다는 양국 간의 합의가 존재하므로 이 원칙에 기초하여 프랑스 식민지 당국으로부터 계승된 경계를 결정하는 것이 재판부의 임무가 된다. 또한 각각의 독립일이 '결정적 기일'이며 그때까지는 프랑스 식민지법인 해외영토법이 적용되지만, 이 법은 이 원칙의 적용에서 사실적 요소들 중 하나로서 어떠한 결정적 기일시에 '식민지의 유산'을 나타내는 증거로서 기능할 뿐이다. 양국이 합의한 바와 같이 국경선은 이 원칙에 따라 독립일자에 존재하였던 상태로서의 프랑스 식민지법이 적용되었던 물리적 상태를 참조하여 결정되지만, 특히 니제르강 내의 섬들이 어느 당사자에게 귀속하는지는 현재의 물리적 실제와 관련지어 평가하여야 한다. 이 원칙의 효과는 영역권원을 동결시키는 효과를 가지며, 당사국 간의 합의가 없다면 독립 이후의 문서들을 검토하더라도 그러한 문서들이 변경에 대한 당사자들의 합의를 명확하게 표시하지 않는 한 결정적 기일에서의 영역을 변경할 수 없다. 다만, 이 원칙에 관련해서 독립 후의 '실효성(effectivites)'의 고려는 배제되지 않는다.

---

1) 국제사법재판소, 2005년.
2) 박덕영·오미영 옮김, 국제법기본판례50, 박영사, 56~59p 요약 정리.

2. 니제르 강의 구역

니제르강의 구역에 대해서 베넹이 주장하는 프랑스령 서아프리카(이하 'AOF') 총독의 1900년 아레테(arrete; 프랑스 행정기관의 명령·처분의 총칭)는 경계선을 결정하지 않았고, 니제르에 의한 서아프리카 총독의 1934년 및 1938년 아레테도 경계선의 정확한 위치 표시를 의도한 것은 아니었다. 여기서 규제·행정행위에 기초한 영역권원의 증거를 제출하지 않았다는 점에서 '실효성'에 관한 증거를 검토하면 실제로는 식민지행정구 간에 왕래한 1914년 서한에서의 합의(modus vivendi)가 그 이후 1954년까지 준수되어 주요 항행가능한 수로가 니제르와 다오누(후의 베넹) 양 행정구 간의 경계선이 되어왔다. 이에 따라 레테섬도 니제르 행정구의 가야지구가 통치하고 있었으며, 1954년부터 1960년까지의 기간은 불명확한 것으로서 이 섬의 통치는 다오누에 양도되지 않았다. 가야 부근에서는 항행가능한 2개의 수로가 있지만, 이 부분을 포함해 최고수심선이 양국 간의 경계선이 된다. 따라서 니제르강에 있는 25개의 섬은 이 국경선에 따라 각각 양 당사국에 귀속한다. 이 강에 관련되는 가야-마란비유 간의 다리 위의 경계선 획정도 재판부의 관할권 내에 있으며 수상 국경선을 다리 위로 수직 연장한 것이 국경선이 된다.

3. 메크루강 구역

메크루강 구역에 대해서 식민지 행정구의 경계선 변경권한을 가지는 AOF 총독이 발효한 1927년 아레테는 메크루강을 다호메이와 니제르의 양 행정구 간의 경계선으로 결정하였다. 그 후에도 권원 있는 행정기관이 이 경계선에 따른 것으로 보아, 다호메이와 니제르 양 행정구 간의 경계선을 정하였다고 주장한 1907년 칙령(decree)은 유지될 수 없다. 따라서 메크루강이 양국 간의 국경이 되지만, 강이 너무 얕아 항해가 불가능한 경우도 있어 최심하상선(thalweg: 하천의 깊은 곳을 따라 연결한 선)이 아닌 중간선이 국경선이 된다.

4 해설

1. 영역분쟁에서 uti possidetis juris 원칙의 역할

경계선획정에서 재판부가 주로 근거한 uti possidetis juris 원칙은 로마법상의 부동산 점유 보호원칙에서 유래한 것으로, "당신들이 점유한 그대로 점유를 계속하라"는 의미를 가지고 있으며, 영역문제에서는 원래 중남미지역이 구 스페인 식민지로부터 독립할 때 행정구역선을 국경선으로 하도록 의도한 것이다. 그러나 현재는 중남미지역(1992년 영토, 섬, 해양경계획정분쟁에 관한 ICJ판결) 뿐만 아니라 아프리카(1986년 부르키나파소·말리 국경사건에 관한 ICJ판결)와 유럽지역(1992년 구유고슬라비아 중재위원회 의견)에서도 적용된 원칙이며, 또한 육지경계뿐만 아니라 해양경계획정에서도 적용할 수 있게 되어 있다(2007년 니카라과 대 온두라스 사건에 관한 ICJ판결). 이 사건에서 재판부는 독립 시의 국경선 존중을 확보하는 것이 이 원칙의 주된 목적에 있다는 부르키나파소·말리 국경분쟁사건의 판결에 따르면서 이 원칙의 효과가 영역권원을 동결하는 것에 있고, 독립 후의 제반사정의 검토는 결정적 기일시의 영역상황을 변경할 수 없다는 기능을 가진다고 확인하였으며, 이 사건의 주제는 프랑스의 식민지 통치로부터 승계된 경계를 결정하는 것에 있다고 하였다.

2. 영역권원과 '실효성(effectivites)'의 관계

'실효성(effectivites)'이란 계쟁지역에서 영역적 관할권을 실효적으로 행사하는 증거로서 행정당국의 행위(1986년 부르키나파소·말리 국경사건에 관한 ICJ 판결)를 가리키고, '주권자로서' 행동한다는 의도와 의사를 필요로 하기 때문에 선점의 요건인 실효적 점유와는 다르며, 영역분쟁에서는 영역귀속을 판단하는 경우의 한 요소로서 독자적인 기능을 한다는 것이 확인되고 있다. 많은 영역분쟁에서는 식민지 통치시대의 당국에 의한 '실효성'의 존부가 재판소의 판단에 영향을 미치지 않지만, 그것이 불충분한 경우에는 독립 후의 관계당국에 의한 '실효성(effectivites)'이 고려된다(영토, 섬, 해양경계분쟁 사건). 이 사건에서도 재판부는 uti possidetis juris 원칙에 기초한 경계와 관련하여 독립 후의 '실효성(effectivites)'도 고려대상으로부터 제외되지 않는다고 하였다.

3. 특별재판부의 의의

ICJ에서는 지금까지 ICJ규정이 정하는 3종류의 재판부 중에 특별재판부(제26조 제2항)만이 현실에서 이용되고 있으며, 이 사건도 그 중 하나이다. 이 특별재판부의 재판관 수와 구성에 대해서는 실제로 분쟁당사국의 의사가 강하게 반영됨으로써 사법재판소라고 하지만 중재에 관한 성격을 가지고 있어 당사국이 이용하기 쉽도록 하는 특징이 있다. 사실 1978년 ICJ규칙 개정에서 이 재판부의 이용이 촉진된 배경에는 당시 재판소에 계속 중인 사건 수의 감소를 시정하려는 의도가 있었다.

case 109 | 가시키리 / 세두두섬 사건[1][2]

1 사실관계

1. 식민지 당국 간 협정

이 사건은 아프리카 남서부의 보츠와나와 나미비아의 국경선을 둘러싸고, 양국 간에 흐르는 Chobe강 중앙에 위치하는 약 3.5km2의 섬(나미비아에서는 가시키리섬, 보츠와나에서는 세두두섬이라고 부름, 이하 'KS섬')의 귀속에 관한 분쟁이다. 19세기 말 보츠와나령(당시 베추아나랜드)은 영국에 의하여, 나미비아령(당시 남서아프리카)은 독일에 의하여 식민지 지배를 당하고 있었다. 양국은 식민지의 경계선을 획정하기 위하여 1890년 7월 1일에 영독협정(이하 '1890년 조약')을 체결하였다.

---

1) 국제사법재판소, 보츠와나 v. 나미비아.
2) 박덕영·오미영 옮김, 국제법기본판례50, 박영사, 116~119p 요약 정리.

2. 독립 이후 분쟁 발생

보츠와나는 1966년 영국으로부터 독립하였다. 나미비아는 제1차 세계대전 후 국제연맹 하에서 남아프리카를 수임국으로 하는 위임통치령이 되었다. 남아프리카가 제2차 세계대전 후에도 UN총회나 ICJ의 권고를 무시하고 위임통치를 계속하였기 때문에 나미비아의 독립달성은 1990년이 되어서야 가능하였다. 나미비아 독립 후 보츠와나와 나미비아 사이에서 KS섬의 귀속을 둘러싼 분쟁이 발생되었다. 양국은 UN 헌장 및 아프리카통일기구헌장에 따라 평화적 수단에 의해 해결할 것을 합의하고, 1992년 카나세성명에서 분쟁해결을 위한 기술전문가 공동그룹을 설치하였으나 결론을 내리지는 못하였다. 1995년에 주선(good office)을 위해 짐바브웨 대통령이 참여한 3개국 정상회의가 개최되었고, 이 회의에서 보츠와나·나미비아 양국이 이 문제에 대한 최종적이고 구속력있는 결정을 위하여 ICJ에 부탁할 것을 합의하였다.

2 판결요지

1. 1890년 조약

이 사건에서의 적용법은 1890년 조약이다. 조약해석에 관하여는 Libyan Arab Jamahiriya/Chad Territorial Dispute 사건 ICJ판결(1994년)을 비롯하여 지금까지의 판례에서 시사하듯이 조약법에 관한 비엔나협약 제31조는 국제관습법으로서 이 조약의 비체약국인 양국에도 적용된다. 1890년 조약은 Chobe강의 '주된 수로의 중앙(centre of the main channel)'을 양 당사국의 영향력이 미치는 범위의 경계선으로 규정하고 있다. 재판소는 주된 수로가 보츠와나가 주장하는 Chobe강의 북부수로인지, 나미비아가 주장하는 Chobe강의 남부수로인지를 검토하였다. 주된 수로를 확인하기 위한 근거로 수심, 수폭, 수량, 강바닥의 구조, 항행가능성 등에 대하여 검토한 결과, 보츠와나가 주장한 Chobe강의 북부수로를 주된 수로로 판단하였다.

2. 취득시효

나미비아는 KS섬에 대하여 취득시효를 권원으로 하는 주장을 하였다. 이에 대하여 보츠와나는 시효에 대한 주장은 특별합의에 근거하여 재판소에 부탁한 문제의 범위에 포함되지 않는다고 반론하였다. 재판소는 분쟁에 적용가능한 국제법 규칙 및 원칙은 ICJ규정 제38조 제1항에 명기된 것으로 보는 양국 간 특별합의 제3조에 비추어, 체약국은 이 사건에서 적용가능한 법규칙 및 원칙이 단순히 조약해석에 관한 국제법 규칙 및 원칙에 한정되지 않는다는 의사를 가진다고 해석된다. 결론적으로 재판부는 나미비아의 취득 시효 주장을 기각하였다. 나미비아 측의 주권 행사가 입증되지 않았다고 판단하였기 때문이다.

3. 결론

결과적으로 재판소는 양 당사국의 국경선은 Chobe강의 북부수로의 최심선에 따를 것, KS섬은 보츠와나의 영토의 일부를 구성할 것과 KS섬 주변의 2개 수로에 관하여 양국 국민 및 양국 국기를 게양한 선박이 동등하게 내국민대우를 향유하여야 한다고 판결하였다.

3 평석

1. 조약해석방법

재판소는 이 사건에서 조약법에 관한 비엔나협약 제3부 제3절 조약의 해석에 관하여 중요한 사실들을 확인하였다. 무엇보다, 조약해석의 기본원칙으로서 재판소는 리비아/차드 Territorial Dispute 사건이나 1995년 Oil Platform 사건에 대한 판결의 입장을 그대로 유지하였고, 1890년 조약의 해석원칙으로서 조약법에 관한 비엔나협약 제31조가 국제관습법임을 재확인하였다.

2. 취득시효

재판소는 보츠와나와 나미비아가 국제법상의 취득시효의 존재 및 취득시효에 의한 영역취득권원의 조건에 관하여 합의가 존재한다는 점을 확인하면서도, 국제법에서 취득시효의 지위 또는 취득시효에 의한 영역취득권원의 조건에 관하여 관여할 필요는 없다고 하고 있어 취득시효가 국제법상의 영역취득권원이라는 점에 대해서도 신중한 태도를 취하였다. 한편, 재판소는 취득시효에 관한 검토가 양 당사국의 특별합의의 범위를 넘었다고 주장하는 보츠와나의 주장을 배척하고 재판소가 개별적으로 국제법규칙을 적용할 수 있다는 점을 근거로 특별합의는 재판소가 나미비아가 주장하는 (취득)시효에 관한 주장의 검토를 배제하는 것은 아니다라고 하고 있어, 적어도 취득시효가 국제법상의 영역취득권원으로서 검토 가능하다는 점은 전제로 하고 있다고 해석된다.

case 110 | 카메룬과 나이지리아 영토·해양경계 사건[1][2]

1 사실관계

1. 식민지 독립

독일의 보호령이었던 카메룬은 제1차 세계대전 이후, 영국과 프랑스의 위임통치령으로 분할되었다. 제2차 세계대전 이후 양자 모두 신탁통치령으로 전환되었으나 프랑스령 부분은 1960년에, 영국령 부분은 1961년에 독립하면서 양자는 연방국가를 창설하였다. 한편, 영국의 식민지였던 나이지리아도 1960년에 독립하였다. 1994년 카메룬은 나이지리아가 바카시반도에 무력으로 침공한 것 등을 이유로 ICJ규정 제36조 제2항의 소위 선택조항 수락선언을 관할권의 근거로 하여 바카시반도의 귀속 및 해양경계 획정에 관한 분쟁을 ICJ에 일방적으로 부탁하였다.

---

1) 국제사법재판소, 2002.
2) 박덕영·오미영 옮김, 국제법기본판례50, 박영사, 176 ~ 179p 요약 정리.

2. ICJ 소송 전개 과정

제소 약 2개월 후, 카메룬은 차드호 지역과 육지 경계선의 모든 획정을 분쟁의 주제에 부가하여 추가 소장을 제출하였다. 1995년 나이지리아는 선결적 항변을 제기하였고, 카메룬은 1996년 바카시반도에서 무력충돌이 발생되었으므로 잠정조치를 요청하였으며, 약 1개월 후 ICJ는 잠정조치를 명령하였다. 1998년 ICJ는 나이지리아의 선결적 항변을 배척하였고, 약 4개월 후 나이지리아는 그 해석을 요구하는 별개의 소를 제기하였으나, 1999년 ICJ는 해당 청구의 수리가능성을 부정하는 판결을 내렸다. 이후, 나이지리아는 답변서에서 카메룬의 국가책임 인정 등을 요구하는 반소를 제기하였고, 약 1개월 후 ICJ는 이 반소의 수리 가능성을 인정하였다. 이 명령이 내려진 날, 적도기니가 해양경계 획정에 대한 소송참가를 신청하여 약 4개월 후에 ICJ는 이를 인정하였다. 2002년에 ICJ는 본안판결을 내렸다.

2 선결적 항변 및 소송참가

1. 선결적 항변 판결

8개의 항변 중 7개를 배척한다. 우선, 카메룬이 선택조항 수락선언을 제소 26일 전에 기탁한 것은 상호성과 성실에 대한 요청에 반한다고 항변한 것에 대하여 그러한 형태의 제소도 인정된다. 경계분쟁을 협상으로 해결한다는 합의가 있으므로, 제소는 금반언의 원칙에 반한다는 항변에 대해서는 그러한 주장을 뒷받침하는 사실의 증명이 없다. 차드호 영역의 경계획정은 그 호수지역위원회의 배타적 권능에 속한다고 하는 항변에 대해서도, 이 사건 분쟁은 그 권능에 속하는 것은 아니다. 차드의 이익에 영향을 주지 않고 양 당사국과 차드의 삼국 경계점에 관련된 경계를 획정할 수 없다는 항변에 대해서는, 차드의 이익은 판결의 주제 그 자체가 아니므로 판결을 방해하지 않는다. 차드호 지역과 바카시반도 이외의 지역에 관하여 분쟁이 존재하지 않는다고 하는 항변에 대해서는 국경 전역의 법적 기초에 관한 분쟁이 존재한다. 소장 등에서 사실이 충분히 기재되어 있지 않다고 하는 항변에 대해서는 소송절차에서 추가하면 된다. 해양경계획정 교섭이 제소에 앞서야 한다는 항변에 대해서는, 관할권의 기초가 선택조항 수락선언인 경우에는 그것은 요건이 아니다. 8번째 항변은 해양경계획정이 제3국의 권익에 관계되므로 수리가능성이 부족하다는 것이나, 그것은 '오로지 선결적 성질을 가지는 것은 아니다.'

2. 소송참가명령

적도기니의 참가요청에 양 당사국은 이의를 제기하지 않았다. 적도기니는 이 사건의 해양경계의 확정에 의해 영향을 받는 법적 성격을 띤 이해관계의 존재를 증명하고 있다. 그 참가의 목적은 적도기니가 경계라고 간주하는 적도기니와 당사국과의 중간선을 판결에서 획정하는 경계가 넘지 않도록 하기 위하여 비당사국으로서 자국의 주장을 ICJ에게 전달하는 것이다. 이러한 경우에는 참가국과 당사국 사이에 ICJ의 관할권이 확립되어 있을 필요는 없다. 소송참가를 허가한다.

3 본안판단

1. 차드호 지역 영유권 문제

차드호 지역은 1919년 영불선언이 위임통치령의 경계를 확정한 합의에 해당하므로, 그에 따르면 분쟁지역은 카메룬에 귀속한다. 나이지리아가 주장하는 <u>역사적 응고 이론에는 다</u><u>툼이 있으므로 합의에 의해 확립된 권원을 뒤집는 근거가 되지 않는다. 실효적 지배는</u> <u>합의에 근거하는 권원을 뒤집을 수 없고, 오히려 위법한 행위로 평가된다.</u> 차드호에서 바카시반도까지의 육지는 1913년 영독협정, 1931년의 영국 - 프랑스 교환 공문 및 1946년의 영국 추밀원령으로 경계를 획정한 것에 대한 합의가 있으므로 이를 적용하면 된다. 바카시반도는 영독협정에 의해 독일령이 되었고 현재는 이를 승계한 카메룬에 귀속한다. 나이지리아는 영국과 바카시반도의 Old Clabar의 왕과 족장들 사이에 체결된 1884년 보호조약이 바카시반도의 양도 불가를 규정하고 있으므로, 바카시반도는 Old Clabar의 왕과 족장들로부터 나이지리아로 승계되었다고 주장하나, 이 조약은 영국에 권원을 이전시키는 것이었다. 나이지리아 권원의 역사적 응고, 그 실효적 지배와 카메룬의 묵인도 인정되지 않는다.

2. 해양경계획정

해양경계의 획정에 관하여 제3국의 권리에 영향을 주지 않도록 관할권이 제한되나 그것이 모두 부정되는 것은 아니므로 8번째 선결적 항변은 각하된다. UN해양법협약 제74조 제1항에서 요구하는 사전교섭이 있었으므로 동조의 요건이 충족되지 않는 한 항변도 각하된다. 선례에 따라, 등거리선을 그은 다음 관련 사정에 비추어 이를 조정하면, 특별히 움푹 들어간 곳은 없고 양허의 존재는 관련 사정에 맞지 않기 때문에 등거리선이 경계선이 된다.

4 해설

1. 선결적 항변 제기 시한

<u>선결적 항변은 본안절차를 진행하기 전에 결정되어야 할 항변이며, 2000년의 ICJ규칙</u> <u>개정 전에는 답변서의 기한 내에, 개정 후에는 진술서의 제출 후 3개월 이내에 제기되어</u> <u>야 한다.</u>

2. 소송참가

ICJ의 소송절차는 원칙적으로 당사국만이 관여하고, 당사국에만 판결의 기판력이 미친다. 제3국의 이익이 분쟁의 주제 그 자체인 경우에는 그 국가의 출석 없이, 불충분한 정보에 근거하여 판결을 내리는 것을 피하기 위하여 소송은 수리가능성이 없다고 여겨진다. 그러나 단지 영향을 받을 뿐인 경우에는 그 소송의 수리가능성은 부정되지 않는다. 따라서 ICJ규정 제62조는 법적 성격의 이해관계를 가진 국가의 소송참여를 인정하고 있다.

이 사건은 제62조에 따른 소송참가가 1990년 Territorial Dispute 사건 판결에 이어 인정된 사건이며, 독자적인 청구를 제기하지 않은 비당사자참가의 경우에 관할권은 요건이 아니라는 판단을 그대로 유지하였다. 또한 ICJ규정 제63조는 조약의 해석을 목적으로 하는 참가를 소송에서 다투고 있는 다자조약의 당사국으로 인정하고 있으며, 1951년 Hayade La Torre 사건 판결에서 허가되었다.

3. 경계획정

이 사건 재판부는 육지의 경계에 대하여 합의에 의해 확립된 권원 및 경계는 원칙적으로 존중되는 것으로, 역사적 응고 또는 실효적 지배 등은 보완적인 역할을 할 뿐이라고 하였다. 바다의 경계에 대해서는 등거리선을 관련 사정에 비추어 조정한다는 방법이 선례에 부합하는 것으로서 채택되었다. 그리고 관련 사정의 내용에 관하여 석유양허는 그에 해당하지 않는다는 규칙이 명확하게 되었다.

case 111 | Obligation to Negotiate Access 사건[1][2]

1 사실관계

이 사건은 칠레가 볼리비아의 태평양 접근권에 대한 협상을 해야 할 의무가 있으며 이를 시행하고 있지 않은 것은 동 의무 위반이라고 판시하여 줄 것을 볼리비아가 청구한 사건이다. 볼리비아는 페루와 칠레에 둘러싸여 태평양과는 절연된 상태에 있는 남미의 내륙국이나 1825년 스페인에서 독립할 당시에는 수백 km에 달하는 해안선을 보유하고 있었다. 볼리비아는 1866년 8월 10일 칠레와 국경 획정 조약을 체결하여 양국 국경선을 확정하였으나 1879년 칠레는 페루와 볼리비아를 침공하여 볼리비아 해안 지대를 점령하였다. 볼리비아와 칠레는 1884년 휴전 협정을 체결하여 볼리비아는 칠레의 해안 지대 점령을 수용하였고 전쟁을 최종적으로 종식하는 평화 조약이 1904년 10월 20일 체결되어 볼리비아는 칠레 항구 이용권을 인정받는 대신 해안 지대를 칠레에게 법적으로 할양하였다. 이후 양국 간에는 볼리비아의 태평양 접근 문제에 관하여 사절단 교환, 외교 공한 교환, 고위급 회담 등 일련의 외교 교섭이 계속되었으며 볼리비아는 이러한 과정을 통해 칠레가 볼리비아의 태평양 접근권을 부여하기 위한 협상을 진행하기로 합의하였다고 주장하였다.

2 재판 청구

칠레가 협상을 하기로 한 합의를 부인함에 따라 양국 간의 관련 교섭이 진행되지 않자 볼리비아는 2013년 4월 24일 ICJ에 재판을 청구하여 볼리비아에게 주권적이고 완전한 태평양 접근권을 부여하는 합의에 도달하기 위해 칠레는 볼리비아와 성의 있고 실효적인 협상을 할 의무가 있음을 확인하여 줄 것을 요청하였다.

---

1) 국제사법재판소, Boliva v. Chile, 2018.10.1. 판결.
2) 산업통상자원부 홈페이지(https://disputecase.kr) 게재 내용 요약 정리.

재판 청구 근거로 볼리비아는 분쟁의 평화적 해결에 관한 미주조약(보고타조약) 제31조를 원용하였다. 이 조항은 당사국 간 분쟁은 ICJ에 회부한다고 규정하고 있었으나 조약 제4조에는 동 조약 체결 당시 발효 중인 조약, 합의 등에 의해 규율되거나 국제 법원의 판결, 중재 판정, 당사국 간 약정에 의해 이미 해결된 문제에는 제31조가 적용되지 않는다고 규정되어 있었다. 칠레는 양국 간 국경 및 볼리비아의 태평양 접근권은 이미 1904년 평화조약에 의해 정리된 문제이므로 제4조에 의거하여 보고타조약이 적용되지 않는다고 주장하고 재판부의 관할권을 부인하였다.

3 법적쟁점 및 판단

1. 분쟁대상

재판부는 분쟁 대상은 청구서에 표시되어야 한다는 규정에 따라 청구서에 기재된 볼리비아의 태평양 접근권에 관해 칠레가 협상해야 할 의무의 존재 여부, 동 의무 존재 시 칠레의 준수 여부가 이 사건의 분쟁 대상이라고 결론 내렸다. 볼리비아가 태평양에 대한 주권적인 접근권을 보유하고 있는지 여부는 분쟁 대상이 아니라는 것이다.

2. 보고타조약 제4조 적용 여부

재판부는 1904년 조약(보고타조약)의 제반 조항은 볼리비아와 태평양 접근권을 협상해야 하는 칠레의 의무를 직접적·암묵적으로 언급하고 있지 않으므로 이 문제는 당사국 간 약정으로 해결되었거나 중재 또는 국제 법원의 결정으로 해결된 것도 아니며 보고타조약 체결 당시 발효 중인 조약 등에 의해 규율되는 사항도 아니라고 보았다. 즉, 재판부는 이 사건 분쟁 대상은 1904년 조약 제4조 적용 대상이 아니며, 따라서 보고타조약 제31조에 의거한 ICJ의 관할권이 부인되지 않는다고 판시하였다.

3. 양자 합의에 의한 협상 의무 존부

본안 심리에서 볼리비아는 수차례의 외교 공한 교환, 공동 성명 발표 등을 통해 칠레가 볼리비아에게 태평양 접근권을 부여하기 위한 협상의무를 부담하였다고 주장하였다. 1920년 1월 10일 볼리비아 외교장관과 칠레의 주 볼리비아 전권 공사가 회동하여 볼리비아의 태평양 접근권을 협의한 후 논의 내용을 기록하였다(1920 Acta Protocolizada). 이 회의 기록 제4조와 제5조는 볼리비아의 해양 접근권 획득을 칠레도 추구하며 양국의 열망을 만족시키기 위한 협상 개시를 칠레가 수용한다는 구절을 포함하고 있었다. 기록 말미에는 이 기록이 양국의 권리나 의무를 창출하는 것은 아니라는 단서를 포함하고 있었다. 재판부는 1920년 회의록에 기재된 내용이 정치적으로 중요하기는 하지만 칠레가 볼리비아에게 태평양 접근권을 부여하기 위한 협상을 할 의무를 수용했음을 표시하지는 않는다고 보았다. 재판부는 서명된 회의록은 단순한 논의 요약이나 합의, 불합의 사항을 정리한 것이 아니라 당사국이 동의한 약속을 열거하고 있으면 당사국 간 합의를 구성할 수 있다고 판시한 판례를 인용하면서 1920년 회의록은 어떠한 약속 사항도 열거하고 있지 않고 합의, 불합의된 사항을 요약하고 있지도 않다고 지적하였다.

4. 양국 간 공동 성명 등에 의한 협상 의무 존부

1975년 2월 8일 칠레와 볼리비아 대통령은 회담 후 공동 성명을 발표하였다. 공동 성명에는 볼리비아의 내륙국 상황(land- locked situation)을 포함한 양국의 핵심 문제 해결 방안을 강구하기 위하여 다양한 수준에서의 대화를 계속하기로 결정한다는 내용도 포함되어 있었다. 볼리비아는 양국이 이 공동 성명을 통해 정확하고 분명한 용어로 볼리비아의 해양 접근권 협상 의사를 확인하였고 칠레 외교부의 조약집에도 등재되었으므로 이 공동 성명은 조약과 같은 법적 효력이 있다고 주장하였다. 칠레는 이 성명이 협의를 계속한다는 기록일 뿐 협상한다는 법적인 의무를 창출하겠다는 의사를 나타내지는 않는다고 반박하였다. 재판부는 만일 양국이 공동 성명에 구속되겠다는 의사를 표명하였거나 그러한 의사가 달리 추론될 수 있다면 양국 대통령이 서명한 이 공동 성명은 조약의 성격을 가진다고 인정하였다. 그러나 성명의 전체적인 문안은 양국 간의 형제애와 우의를 강조하는 정치적인 내용이고 볼리비아의 해양 접근권에 관한 협상 의무를 확인하지는 않고 있다고 보았다.

5. 칠레의 일방 행위 및 묵인(acquience)과 금반언 원칙에 의한 협상 의무

볼리비아는 개별적 또는 전체적으로 볼 때 해양 접근권에 관한 칠레의 협상 의무를 발생시켰다고 볼 수 있는 칠레의 일방적인 선언, 행위 등을 제시하였다. 예를 들어 1951년 3월 29일 칠레 대통령이 내륙국 상황 해결을 위한 볼리비아의 제안을 신중하게 고려할 의사가 있다고 발언한 점, 1975년 9월 11일 칠레 대통령이 내륙국 상황으로 인해 볼리비아 발전 장애 문제 연구 및 협의 용의를 표명한 점, 1979년 10월 31일 미주기구(OAS) 총회에서 칠레 대표가 협의 의사를 표명한 점 등이었다. 재판부는 일방적인 선언도 그 내용에 구속되겠다는 의사와 법적인 약속의 성질을 가질 경우 법적인 의무 창출 효과를 가질 수 있다는 판례와 국가 대표자 성명의 법적 효과 판단을 위해서는 실제 내용과 성명이 발표된 상황을 살펴야 한다는 판례를 소개하고 볼리비아가 제시한 칠레의 발표 내용은 해양 접근권 협상을 개시할 의사를 표명한 것일 뿐 법적인 의무로서의 약속을 표명한 것으로 볼 수는 없다고 판단하였다.

6. 정당한 기대 및 국제기구 헌장과 누적 효과에 의한 협상 의무

볼리비아는 장기간에 걸쳐 여러 차례 발표된 칠레의 성명, 선언 등을 통해 해양 접근권이 회복되리라는 정당한 기대를 형성하게 되었으며 칠레가 협상 의무를 부인하고 추가적인 협상 개시를 거부하는 것은 볼리비아의 정당한 기대를 침해한다는 주장을 제기하기도 하였다. 재판부는 정당한 기대 논리는 외국인 투자자가 투자 결정 시 형성했던 정당한 기대를 후에 투자 유치국이 훼손할 경우 투자 협정상의 공정하고 공평한 대우 의무 위반으로 인정하는 것으로서 투자자 - 국가 분쟁(ISD)에서는 확립된 법리이기는 하나 일반 국제법 상에서는 아직 확립된 원칙으로 수용되지 않았다고 언급하고 볼리비아의 주장을 기각하였다. 볼리비아는 칠레가 협상 의무를 부인하는 것은 분쟁의 평화적 해결을 규정한 UN헌장 제2(3)조 위반에 해당한다는 주장을 전개하기도 하였으나 재판부는 동 조항은 국가 간 분쟁을 국제 평화안 안전을 보장하는 방식으로 해결하라는 일반적인 의무를 부여한 것이지 특정한 해결 방식, 예컨대 협상을 사용하라고 분쟁 당사국에게 주문하고 있지 않다고 설명하고 볼리비아의 주장을 수용하지 않았다.

case 112 | M/V Saiga호 사건(1)[1]

1 사실관계

동 사건은 국제해양법법원 설립 후 접수된 첫 번째 사건이다. 1997년 세인트빈센트 그레나딘의 소장에 의하면, 우크라이나와 세네갈 선원으로 구성된 M/V Saiga호는 약 5400m/t의 경유를 싣고 세네갈을 출발하였다. M/V Saiga호는 기니의 배타적 경제수역에서 3척의 어선에 경유를 공급하였다. 그 후 동 선박은 항로를 수정하여 기니의 배타적 경제수역 남쪽 경계를 향해서 항행하였다. 행해일지에 따르면 M/V Saiga호가 기니의 배타적 경제수역 남쪽 한계외측 남쪽지점에 도달했을 때 기니의 경비선에 의해 공격을 받았으며 밀수혐의로 체포되었다. 동 선박과 선원은 기니로 인양되었으며 선박과 선장은 그곳에 억류되었고 4940m/t의 경유가 기니 당국의 명령에 의해 압수, 하역되었다. 이에 세인트빈센트 그레나딘은 해양법협약에 따라 국제해양법법원에 M/V Saiga호와 선원의 즉시 석방을 요청하였다.

2 당사국의 주장

1. 세인트빈센트 그레나딘의 주장

세인트빈센트 그레나딘은 동 제소의 근거로서 협약 제292조[2]에 기초하고 있다. 즉, 협약 당사국인 국가의 정부당국이 역시 협약 당사국인 국가의 선박을 억류하고 있으며, 동 협약은 억류국에 대해 합당한 보석금과 기타 재정보증의 예치를 조건으로 선박과 선원을 즉시 석방할 것을 규정하고 있는데, 기니가 이를 이행하지 않았기 때문에 동 석방의 문제를 법원에 제출할 수 있다는 것이다.

---

1) The M/V Saiga Case(No.1), Saint Vincent and the Grenadines v. Guinea, International Tribunal for the Law of the Sea, 1997년.
2) 해양법협약 제292조
   1. 어느 한 당사국의 당국이 다른 당사국의 국기를 게양한 선박을 억류하고 있고, 적정한 보석금이나 그 밖의 금융 보증이 예치되었음에도 불구하고 억류국이 선박이나 선원을 신속히 석방해야 할 이 협약상의 규정을 준수하지 아니하였다고 주장되는 경우, 당사국 간 달리 합의되지 아니하는 한, 억류로부터의 석방문제는 당사국 간 합의된 재판소에 회부될 수 있으며, 만일 그러한 합의가 억류일로부터 10일 이내에 이루어지지 아니하면 제287조에 따라 억류국이 수락한 재판소나 국제해양법재판소에 회부될 수 있다.
   2. 석방신청은 선박의 기국에 의하여 또는 기국을 대리하여서만 할 수 있다.
   3. 재판소는 지체없이 석방신청을 처리하고, 선박과 그 소유자 또는 선원에 대한 적절한 국내법정에서의 사건의 심리에 영향을 미침이 없이 석방문제만을 처리한다. 억류국의 당국은 선박이나 승무원을 언제라도 석방할 수 있는 권한을 가진다.
   4. 재판소가 결정한 보석금이나 그 밖의 금융 보증이 예치되는 즉시 억류국의 당국은 선박이나 선원들의 석방에 관한 재판소의 결정을 신속히 이행한다.

동 청구에 의하면, '기니는 이제까지 M/V Saiga호의 억류에 관해 어떠한 보석금 또는 기타 재정적 보증을 요구하지 않고 있으며, 자국 행위를 이해당사국에 통보하지도 않았고, 세인트빈센트 그레나딘의 대표가 선박에 억류중인 선원을 접견하는 것도 허용하지 않는다'고 주장하고 있다.

2. 기니의 주장

기니는 M/V Saiga호가 체포 당시 접속수역에서 경유를 판매, 급유한 것은 밀수행위라고 주장하였으며, 동 체포가 기니 수역 밖에서 이루어졌으나, 협약상의 추적권의 이행으로 이루어졌다고 주장하였다. 기니는 또한 법원은 동 사건에 대한 관할권이 없으며, 동 제소는 심리적격이 없다고 주장하였다.

3 법원의 판단

법원은 M/V Saiga호의 활동과 항로에 대한 증거, 증인의 증언, 선박과 선장 등이 아직도 기니에 억류되어 있다는 사실 등을 고려하여 다음과 같이 판결하였다.

1. 동 사건에 대해서 법원이 관할권을 갖는다.

2. 기니 정부는 M/V Saiga호와 선원을 세인트빈센트 그레나딘 정부의 보석금 납부를 조건으로 즉각 석방해야 한다. 보석금은 이미 하역된 100만 달러 가치의 경유와 추가금 40만 달러로 결정한다. 동 판결에 따라서 세인트빈센트 그레나딘 정부는 40만 달러를 납부하였으며, 기니 정부도 판결의 즉각적인 이행을 약속하였다.

case 113 | M/V Saiga호 사건(2)[1]

1 사실관계

세인트빈센트 그레나딘은 M/V Saiga호 사건에 대한 국제해양법법원의 판결에 따라 40만 달러의 은행보증서를 기니의 소송대리인에게 제출하였다. 그러나 기니는 은행보증서의 규정조건들에 이의를 제기하며 변경을 요청하였다. 세인트빈센트 그레나딘은 기니의 변경요청은 불합리하며 받아들일 수 없다고 반박하였다. 또한 세인트빈센트 그레나딘은 기니가 판결의 이행을 미루면서 M/V Saiga호의 선장에 대해 형사소송을 개시하였다고 주장하였다. 즉, Conarkry의 1심법원은 M/V Saiga호의 선장에 대해 경유의 불법수입, 밀수, 사기, 그리고 탈세 등의 혐의로 유죄평결을 하고 벌금을 부과하였고, 벌금의 지급을 보장하기 위해 선박과 화물의 몰수를 명령하였다. 이에 선장은 Conarkry의 항소법원에 항소하였고, 동 법원은 하급심의 판결을 확정하였다.

---

1) The M/V "Saiga"(No.2), Saint Vincent and the Grenadines v. Guinea, International Tribunal for the Law of the Sea, 1999년.

한편 기니는 선장의 형사소송과 관련하여 소환일정에 세인트빈센트 그레나딘이 민사적으로 책임이 있는 것으로 기록하였다. 이에 세인트빈센트 그레나딘 정부는 동 사건에 대해 중재법원의 구성을 요청하였으며, 국제해양법법원에게 중재법원이 구성되는 동안의 잠정조치명령을 요청하였다. 그러나 양 당사국은 중재법원 대신에 국제해양법법원에 분쟁의 본안심리를 부탁하는 특별협정을 체결하였다. 따라서 법원은 이를 받아들여 동 사건을 M/V Saiga호(No.2)로 사건목록에 올렸다.

2 법적쟁점

1. M/V Saiga호 체포의 적격성

세인트빈센트 그레나딘은 M/V Saiga호가 선박에 대한 기니의 국내법 또는 규칙을 위반하지 않았기 때문에, M/V Saiga호의 체포와 기니의 후속행동은 불법이라고 주장하였으며, 만약 기니의 국내법 또는 규칙을 M/V Saiga호의 행위에 적용한다면 이는 협약에 위반된다고 주장하였다. 반면 기니는 M/V Saiga호가 기니의 법을 위반하였다는 사실은 항소법원의 판결에 의해 결정되었고, 따라서 법원은 기니의 국내입법이 기니 당국이나 법원에 의해서 적절하게 적용되었는가를 판단할 자격이 없다고 주장하였다.

2. 추적권의 적법한 행사 여부

세인트빈센트 그레나딘은 M/V Saiga호를 체포하는 데 있어서 기니가 협약 제111조의 추적권을 적법하게 행사하지 않았다고 주장하였다. 그러나 기니는 이를 부인하였다.

3. 무력 사용 여부

세인트빈센트 그레나딘은 M/V Saiga호의 정선과 체포 과정에서 기니가 과도하고 부당한 무력을 사용하였다고 주장하였다.

3 법원의 판단

1. M/V Saiga호 체포의 적법성

법원은 협약의 조항 및 PCIJ의 판결을 고려하였을 때, 기니의 국내법과 규칙이 협약에 일치하는가를 결정할 자격이 있다고 판결하였다. 법원은 기니가 배타적 경제수역을 포함하는 관세범주에서 관세법을 적용함으로써 협약을 위반하였으며, 그 결과로 발생한 M/V Saiga호의 체포와 억류, 선장의 기소와 유효평결, 화물의 몰수 그리고 선박의 압류도 역시 협약에 반한다고 판결하였다. 또한 기니가 배타적 경제수역에 대해 관세법을 불법적으로 적용한 것은 필요상황에 의해 정당화될 수 있는 가능성이 있으나, 기니의 행동을 정당화하는 필요상황이 존재하지 않았다고 판시하였다.

2. 추적권의 적법한 행사 여부

법원은 협약 제111조하의 추적권의 행사에 대한 요건은 추적과정 전체에 걸쳐 판단되어야 하며, 현 사건에서 이들 중 몇 개의 요건은 이행되지 않았다고 판결하였다. 즉, 추적이 중단되었으며, 추적개시 전에 어떠한 시각적·청각적 신호도 없었고, 나아가 M/V Saiga호는 협약상 추적을 허용하는 기니의 국내법 또는 규칙 위반 사실이 없었다고 판시하였다. 결국 법원은 동 사건에서 기니의 추적권 행사는 그 어떤 법적 기초도 없다고 하였다.

3. 무력 사용 여부

법원은 국제법상 무력의 사용이 허용되지 않으며 무력이 불가피한 경우에도 합리적이고 필요한 범위를 벗어날 수 없다고 언급하면서, 경비선이 M/V Saiga호에 접근하였을 때 선박에 대해 국제법과 관습에서 요구되는 어떠한 신호나 경고도 주지 않고 실탄을 발사한 사실은 변명의 여지가 없다고 판시하였다. 또한 선원으로부터 어떠한 무력 사용이나 위협이 없었음에도 불구하고 선원과 엔진에 무차별 총격을 가하였으며 2명의 선원에게 중상을 가하였으므로, 기니는 과도한 무력을 행사하였다고 판결하였다.

4. 손해배상

법원은 타국의 국제불법행위에 대해 피해국이 가해국에 대해서 손해배상을 받을 권리가 있다는 것은 확립된 국제법상 원칙이라고 언급하였다. 따라서 세인트빈센트 그레나딘이 관련 또는 이해관계인을 포함하여 M/V Saiga호의 운용으로부터 받은 피해 또는 기타 손실은 물론 그로부터 직접적으로 얻은 피해에 대해 손해배상을 받을 자격이 있으며, 그 피해 또는 기타 손실은 선원의 부상, 불법체포, 억류 또는 기타 학대, 선박의 재산상 피해 또는 압류 그리고 이익의 상실을 포함한 경제적 손실로 구성된다고 판시하였다.

case 114 | 영불 대륙붕 경계획정 사건[1)

1 사실관계

영국과 프랑스는 1970년부터 4년간 대륙붕 경계획정에 관한 교섭의 결과 대부분의 영국 해협수역에는 중간선을 채택하는 데 합의하였으나 일부 해협수역에 대해서는 합의를 보지 못했다. 합의를 보지 못한 Channel Islands와 Scilly Island는 모두 영국령이나 전자는 프랑스의 본토 연안에 근접위치하고 후자는 영국 본토 연안에 근접위치하고 있었다. 양국은 5명으로 구성된 특별중재재판소에 제소하기로 합의하였다.

2 법적쟁점

1. 양 제도의 지형은 등거리의 원칙의 적용을 배제하는 특별상황에 해당되는가?

2. 양 제도의 존재가 양국본토 간의 대륙붕 경계획정에 영향을 미치는가?

---

1) Anglo-French Continental Shelf Arbitration, 국제중재, 1979년.

3 판결요지

1. 영국과 프랑스는 거의 동등한 대향해안선을 가지므로 양국 대륙붕의 경계는 원칙적으로 중간선이다.

2. 도서에 관해서는 Channel Islands의 존재는 무시하고 12해리의 영해만 인정하였다. Scilly Islands에 대해서는 반분효과(半分效果)만을 인정하였다.

3. 등거리 원칙은 결국 형평의 원칙과 동일한 목적을 갖는 법적 원리이며 형평의 원칙은 등거리 원칙의 해석을 위한 가장 적절한 원리이며 수단이다.

case 115 | 튀니지 - 리비아 대륙붕 경계획정 사건[1]

1 사실관계

튀니지와 리비아는 해안선이 연결된 인접국으로서 재판이 청구된 1978년 당시까지도 양국간 대륙붕 경계를 획정하지 못하고 있었다. 이 상황에서 리비아와 튀니지는 지중해에서 석유탐사 면허를 발급하기 시작하였고, 이로 인해 대륙붕 경계획정 문제가 현실화되었다. 양국은 특별협정을 체결하여 이 문제를 국제사법재판소(ICJ)에 부탁했다. 양국은 대륙붕 경계획정에 적용할 수 있는 국제법 규칙을 정해줄 것과 전문가들이 참조할 수 있는 실행지침을 제시해 줄 것을 ICJ에 요구했다. 이 사건과 관련하여 몰타의 소송참가, 판결해석, 재심 등 부수적 사건도 제기되었다.

2 법적쟁점

1. 몰타의 소송 참가 신청
2. 대륙붕이 자연적 연장이라는 이론의 수용 여부
3. 대륙붕 경계획정시 고려 사항
4. 제시된 구체적 경계
5. 재심
6. 판례 해석 신청

---

1) Continental Shelf(Tunisia / Libya) 사건(1982)

3 판결요지

1. 몰타의 소송 참가 신청

심리가 진행되던 도중 몰타는 ICJ규정 제62조에 따른 소송참가를 신청했다. 튀니지와 리비아는 재판절차 규칙에 의거하여 몰타가 자국과 관할권적 관련성이 있어야 한다고 주장했다. 몰타는 ICJ규정 제62조에 기초한 소송참가는 판결에 영향을 받을 수 있는 법률적 이해관계를 입증하면 충분하고 다른 조건이 요구되지 않는다고 하였다. 몰타는 자국이 소송당사국과 지리적으로 인접하고 있고, 대륙붕 경계가 획정되지 않았으므로 사건의 결과에 영향을 받을 수밖에 없다고 주장했다. 재판부는 소송 참가 허락 여부 결정을 위해서는 몰타가 주장하는 법적인 이해관계의 성질과 소송 참가의 목적을 따져보아야 한다고 하였다. 재판부는 몰타의 소송참가 목적을 검토하여 몰타가 객관적인 제3자로서의 소송 참가를 진행하려는 것이 아니라 재판 진행에 긴밀히 관련되어 있는 당사자로서 이 사건이 자신에게 유리하게 해결되려는 의도를 가지고 있다고 결론 지었다. 이는 단순히 판결을 통해 영향을 받을 수 있는 법률상의 이익으로 인해 소송참가를 신청한 것으로 보기 어렵다고 보았다. 재판부는 결국 몰타의 소송 참가를 허가하지 않았다.

2. 대륙붕이 자연적 연장이라는 이론의 수용 여부

1969년 North Sea Continental Shelf 사건 재판부는 대륙붕 경계 획정은 당사국간 합의에 의하되 형평성 원칙에 따라야 하고 관련되는 모든 상황을 고려해야 한다고 판시하였다. 또한 대륙붕 지역 중 특정 국가 영토가 바다 밑으로 자연적으로 연장된 부분에 해당하는 부분은 가능한 최대한 해당 국가에 배정하되 타방 국가 영토의 자연적 연장에 해당하는 부분은 침해하지 말아야 한다는 점을 고려해야 할 상황 중의 하나로 제시한 바 있다. 튀니지와 리비아는 자국 영토의 자연적 연장에 해당하는 대륙붕은 타방 국가의 자연적 연장을 침해하지 않는 한 자국에게 배정되어야 한다는 점에 주안점을 두고 자국 영토의 자연적 연장의 방향과 범위를 과학적으로 입증하는데 주력하였다. 그러나 재판부는 경계획정에 있어서 해저의 지질학적 요소뿐만 아니라 지형학이나 해저 측량학적 결과를 다각도로 고려해야 한다고 하였다. 재판부는 리비아 영토의 자연적 연장에 해당하는 해저 지형이 튀니지 영토의 연장과도 상당 부분 중첩된다고 판단하고 각국에 속하는 대륙붕의 범위 확정은 물리적인 특징보다는 국제법상의 기준에 의해 정해야 한다고 정리하였다. 즉, 재판부는 튀니지와 리비아가 제출한 각종 과학적 근거상 경계를 획정해야 할 대륙붕 지역 자체가 전부 튀니지와 리비아 영토의 자연적 연장에 공통적으로 해당된다고 이해하였으며 따라서 이 사건의 경우 대륙붕 경계 획정 기준을 자연적 연장론에서 추출할 수는 없다고 판단하였다. 재판부는 North Sea Continental Shelf 사건 판결에 언급된 바와 같이 대륙붕 경계 획정을 위한 국제법상의 원칙 및 규정은 형평성 원칙과 모든 상황에 대한 고려라는 점을 재확인하였다. 또한 형평성 원칙은 추상적으로는 결정할 수 없고 실제 상황에 따라 해당되는 사안을 고려하여 귀납적으로 결정되는 것이라고 하였다.

3. 대륙붕 경계획정시 고려 사항

재판부는 대륙붕 경계의 형평한 획정을 위해 몇 가지 고려 사항을 제시했다.

첫째, 재판부는 분쟁 당사국의 해안선의 윤곽, 특히 특정 지역 튀니지의 해안선이 90°가까이 만곡된 점을 고려하는 것이 형평성 확보를 위해 필요하다고 보았다. 해안선이 대륙쪽으로 심하게 함몰될수록 해당 국가에 배정되는 대륙붕의 범위가 그렇지 않은 해안선을 가진 인접국가에 비해서 현저하게 작아질 수 있다는 점을 ICJ는 1969년 North Sea Continental Shelf 사건에서 제시한 바 있다.

둘째, 재판부는 튀니지 해안에 있는 Kerkennah 섬의 존재도 감안하는 것이 공정하다고 보았다. 재판부는 Kerkennah 섬이 튀니지 본토에 인접하여 있고 분쟁 수역에서의 어업에 역사적으로 의존하여 온 점 등을 경계획정시 고려하는 것이 형평한 결과를 초래한다고 본 것이다.

셋째, 재판부는 양국이 대륙붕 경계선에 대한 분쟁 이전부터 Ras Ajdir에서 동쪽으로 약 26° 경사된 선을 기준으로 대륙붕 탐사 광구를 지정하여 왔음을 감안해야 한다고 보았다. 재판부는 이 26°선이 사실상 양국간의 경계로서 이 사건 분쟁 발생 이전부터 양국간에 준수되어 온 것이라고 보고 이 점을 대륙붕 경계획정시 고려해야 하는 것이 공정하다고 하였다.

넷째, 재판부는 양국 해안선의 길이비와 대륙붕 배정 면적비 간의 비례성을 고려하는 것이 공정성의 요건 중의 하나라고 보았다. 재판부는 분쟁 수역의 리비아 해안선은 185km, 튀니지 해안선은 420km로서 31:66의 비율이고 직선 기선을 적용할 경우의 비율은 34:66이라고 제시하고 배정될 대륙붕의 면적비가 이 해안선 길이비와 일정 정도의 비례성을 갖도록 고려하여야 한다고 보았다.

4. 제시된 구체적 경계

재판부는 특별 약정을 통해 양국이 요청한대로 위와 같은 국제법상의 원칙과 규정을 적용하여 양국간 대륙붕을 분할할 경우의 경계선을 제시하였다. 당초 리비아와 튀니지의 특별 약정이 요청한 것은 양국 전문가들이 좌표 지정 등을 통해 즉각 경계선 획정을 실행할 수 있도록 재판부가 확인한 대륙붕 경계 획정 관련 국제법상의 원칙과 규정을 이 사건에서 적용할 수 있는 실제적인 방안을 자세하게 특정하여 달라는 것이었다. 재판부는 이 사건의 특별한 상황상 해당 분쟁 수역을 2개로 분할하여 각각의 경계선을 획정하는 것이 공정하다고 보고 튀니지의 Gabes 만 최서단 지점을 지나는 위도선을 기준으로 남북으로 분할하여 경계선을 제시했다.

5. 재심

1982년 2월 판결이 내려진 이후 1984년 7월 튀니지는 판결 당시 알 수 없었던 새로운 사실이 발견되었다고 주장하면서 재심을 청구하였다. 새로운 사실은 경계획정시 적용했었던 좌표에 관한 것이었다. 이에 대해 리비아는 만약 튀니지가 정확한 좌표를 몰랐다면 이는 튀니지의 과실에 기인한 것이므로 재심을 신청할 수 없다고 반박하였다. 재판부는 리비아의 주장을 인용하면서 튀니지의 재심신청을 받아들이지 않았다. 재판부는 리비아가 광구 경계에 대해 정확히 언급하지 않았으면 튀니지는 관련 정보를 입수코자 시도했어야 하며 입수 가능했고 이를 입수하는 것은 튀니지 자신의 이해가 걸린 문제였다고 지적하였다. 재판부는 따라서 튀니지가 재심의 사유로 제시하는 새로운 사실을 튀니지가 알지 못했던 것은 튀니지의 과실에 의한 것이라고 판단하였다.

6. 판례 해석 신청

튀니지는 본 판결 재심 청구를 하면서 본 판결의 52°선에 관한 해석도 청구하였다. 본 판결은 분쟁 수역에서의 양국간 대륙붕 경계는 Gabes 만 최서단을 지나는 위도선을 기준으로 아래는 26°선, 그 위는 52°선을 제안하였다. 본 판결은 판결이유 부분에서는 Gabes 만 최서단의 위치는 대략 34°10'0"로 보이지만 구체적인 좌표 측정은 양국 전문가가 결정할 사항이라고 언급한 반면 판결 주문에서는 이 언급이 생략되었다. 튀니지는 판결의 취지대로 34°10'0"는 재판부의 예시일 뿐 아무 구속력이 없고 실제 좌표는 양국 전문가가 결정해야 한다고 주장한 반면 리비아는 재판부가 제시한 34°10'0"을 Gabes 만 최서단으로 보아야 한다고 반박하여 양국은 본 판결을 이행할 수 없게 되었다. 이에 튀니지는 ICJ규정 제60조를 원용하여 판결의 의미와 범위에 관한 해석을 청구하였다.

재판부는 Gabes 만의 최서단 지점이란 간조선을 기준으로 할 때 여타의 지점보다 더 서쪽에 위치한 지점을 의미하는 것이지 전체적인 해안선의 일반적인 방향 상의 특정 지점을 의미한 것은 아니라고 확인하였다. 재판부는 34°10'0"을 제시할 때에도 대략(approximately)이라고 언급하였으며 정확한 좌표는 양국 전문가들이 결정해야 한다고도 밝혔으므로 동 좌표가 구속력이 있는 것은 아니며 판결상의 논리 전개를 위한 작업상의 정의(working definition)으로 인용한 것일 뿐이라고 언급하였다.

case 116 | 메인만 경계획정 사건[1][2]

1 사실관계

미국의 북동부에 위치한 메인만 지역은 약 36,000평방마일로 어업자원이 풍부하고 석유와 가스가 상당량 매장되어 있는 것으로 알려져 있다. 특히 메인만 지역에 위치한 Georges Bank는 세계적으로 가장 풍부한 어장 중의 하나로서 북해보다는 두 배, 북동 북극해보다는 다섯 배의 어획량을 보이는 것으로 알려져 있다. 미국과 캐나다는 이 지역에서 일방적으로 해양관할권을 확대함으로써 관할수역이 중복되게 되어 경계획정과 관련하여 분쟁이 발생하였다. 양국 간의 본격적인 분쟁은 캐나다가 1964년에 Georges Bank의 북동쪽 부분에 석유와 가스 탐사를 허가한 때 개시되었다. 양국은 1979년 협정을 체결하여 분쟁을 사법적으로 해결하기로 하였고, 1984년 10월 12일 ICJ의 특별재판부는 메인만 지역에서의 미국과 캐나다 간의 해양경계선분쟁에 대한 판결을 내렸다.

---

1) Case Concerning the Delimitation of the Maritime Boundary in the Gulf of Maine Area, 캐나다/미국, ICJ, 1984년.
2) 박찬호, 미국과 캐나다간 메인만에서의 해양경계획정에 관한 소고, 저스티스 통권 제89호.

2 법적쟁점

1. 인접성

2. 1958년 대륙붕협약 적용 문제

3. 본 사건에 이용된 형평한 기준과 방법

4. 구체적인 경계선

3 판결요지

1. 인접성

ICJ는 캐나다가 주장한 인접성의 개념을 인정하지 않았다. 재판소는 어떤 해양이나 해저 지역에 대한 법적인 권원은 법적인 작용의 효과이며, 권원의 범위의 경계선은 법규칙으로부터 도출되는 것이지 순전히 물리적인 사실에 고유한 것으로부터 나오는 것은 아니라고 하였다.

2. 1958년 대륙붕협약 적용 문제

동 협약 제6조는 대향국 또는 인접국의 대륙붕 경계획정에 있어서 합의가 형성되지 아니하고, 특별한 상황에 의해 다른 경계선이 정당화되지 않으면 중간선이나 등거리선에 의하도록 하고 있다. 미국과 캐나다는 모두 동 조약의 당사국들이므로 동 조항의 적용 여부가 문제되었다. 이에 대해 재판소는 동 조항은 대륙붕 경계획정 문제에만 적용되므로 대륙붕과 상부의 어업수역에 대한 단일 경계선을 획정하는 본 소송에는 적용되지 않는다고 판시하였다.

3. 본 사건에 이용된 형평한 기준과 방법

재판소는 연안의 길이의 현저한 차이와 인접성에서 대향으로의 변화에 따른 연안 방향의 변화를 중요하게 고려하였다. 재판소는 연안의 길이의 차이는 등거리선이나 다른 선의 수정을 정당화하는 비중 있는 특별한 상황이라고 하였다.

4. 구체적인 경계선

재판소는 경계획정을 위하여 연안이 인접한 만내의 부분, 마주보는 측면 연안의 형태를 띠는 만의 중간부분, 만 바깥쪽 외곽 부분 등 세 부분으로 구분하였다. 재판소는 첫 번째 부분은 두 개의 수직면 사이의 이등분선, 두 번째 부분은 중간 등거리선, 세 번째 부분에 대해서는 만의 폐쇄선에 대한 수직선을 적용하였다.

case 117 | 리비아 - 몰타 대륙붕 사건[1]

1 사실관계

1976년 5월 23일 리비아와 몰타는 양국간 대륙붕 경계 획정 문제를 ICJ에 회부하기로 약정을 체결했다. 양국은 대륙붕 경계획정에 적용할 국제법 규칙과 이를 적용할 실행방안을 ICJ에 요청했다. 1983년 10월 23일 이탈리아가 소송참가를 신청하였다.

2 법적쟁점

1. 이탈리아의 소송 참가
2. 경계획정시 적용할 국제법 규칙
3. 대륙붕경계

3 ICJ 판단

1. 이탈리아의 소송 참가

ICJ는 이탈리아의 소송참가를 불허했다. ICJ규정 제62조에 의하면 소송 참가 신청국은 당해 사건 판결에 영향을 받을 수 있는 법률적 성질의 이해관계를 증명해야 한다. 이탈리아는 소송참가 신청의 근거로 이 사건에서 쟁점이 되는 대륙붕에 대해 자신도 연안국으로서의 권리가 있으며 재판부가 분쟁 당사국 요청에 따라 분쟁 당사국간의 대륙붕 경계 획정에 적용해야 할 국제법상의 원칙과 규정, 그리고 이를 적용하는 실제적 방안을 결정함에 있어 이탈리아의 이해 관계를 인지하지 못하고 결정하지 않도록 자신의 법적인 이해 관계를 재판 과정에서 방어하기 위함이라고 밝혔다.

이에 대해 재판부가 이탈리아의 분쟁 해역 대륙붕에서의 권리를 인정하고 결정하는 것은 특별 약정에 의해 재판부에 청구된 판결 범위를 넘어서는 것이며 이탈리아가 재판 참여를 통해 자신의 주장을 뒷받침하는 실질적인 견해를 표명하게 될 경우 재판부의 결정은 단순히 이탈리아의 권리에 영향을 미치는 정도가 아니라 이탈리아가 주장하는 권리를 인정하거나 기각하는 것이 된다고 우려하였다. 이 사건에서 이탈리아가 추구하는 것은 분쟁 수역 대륙붕에 대한 자신의 권리를 인정받는 것인데 이는 분쟁 당사국 각각 또는 모두와의 새로운 분쟁에 해당하는 것으로서 재판부가 이러한 분쟁을 당사국의 명시적 동의가 없는 상태에서 심리하는 것은 ICJ 관할권 원칙을 일탈하는 것이고 제62조는 이와 같은 일탈을 포함하고 있지 않다고 하였다. 또한 재판부는 자신의 권리 존부에 관한 재판부의 판단을 구하기 위하여 제기된 재판 참여 신청은 제62조가 의미하는 진정한 참여가 아니라고 언급하였다. 재판부는 이탈리아의 이 사건 재판 참여는 불가피하게 이탈리아와 리비아/몰타 각각 또는 전부와의 분쟁 심리를 재판부가 정당한 관할권도 없이 맡게 되는 결과를 초래한다고 판단하고 이탈리아의 재판 참여 신청을 기각하였다.

---

1) Libya-Malta Continental Shelf Case, ICJ, 1985년.

2. 경계획정시 적용할 국제법 규칙

(1) 리비아 입장

리비아는 형평원칙에 의거하고 형평한 결과를 도출하기 위하여 관련되는 모든 상황을 고려하여 당사국이 합의로 경계를 획정해야 한다는 원칙론을 우선 제시하고 각론으로는 특히 영토의 자연적 연장이 중요하다고 강조하였다. 영토의 자연적 연장이 대륙붕 영유권의 근거가 되며 자연적 연장에 해당하는 대륙붕은 타방 당사국의 자연적 연장을 침범하지 않는 범위 내에서 가능한 한 해당 국가에게 배정될 수 있도록 경계를 획정해야 한다고 보았다. 특히 리비아는 몰타와 리비아 사이에는 양국 영토의 자연적 연장을 확연히 분리하는 균열 지대가 존재한다고 언급하고 자연적 연장 원칙의 적용이 더욱 중요하다고 강조하였다. 리비아는 등거리선 방식의 적용은 의무적이지 않으며 이 사건과 같이 특수한 상황에서 적용할 때 반드시 형평한 결과가 나오는 것도 아니라고 하였다.

(2) 몰타 입장

몰타는 공정한 해결책을 달성하기 위하여 국제법에 근거하여 경계를 획정해야 하는 것이 대륙붕 경계 획정에 적용해야 할 국제법적 원칙과 규정이라고 주장하고 이를 실제 적용하기 위해서는 양국간 등거리선 방식을 사용해야 한다고 주장하였다. 리비아가 자연적 연장론을 강조하고 몰타가 등거리선을 주장하는 데에는 양국간 해저 지형의 특성 때문이었다. 몰타 남부 해저에는 일련의 균열 지대가 존재하여 리비아가 주장하는 대로 양국 영토의 자연적 연장 부분이 확실히 분리되어 있다. 균열 지대가 몰타에서 가까운 해저에 존재하는 관계로 자연적 연장론을 채택할 경우 리비아는 대부분의 대륙붕을 독차지할 수 있는 반면 몰타에게 배정될 수 있는 대륙붕은 극히 협소하게 된다. 몰타는 양국간 해역을 이등분하여 대륙붕을 확보하고자 등거리선 방식을 주장한 것이다.

(3) ICJ입장

첫째, 재판부는 자연연장론을 부인했다. 재판부는 국제법의 발달로 인해 해저의 지질적인 특성과 관계없이 연안국은 최대 200해리까지 대륙붕을 주장할 수 있게 되었으므로 동 범위 내에서는 대륙붕 영유권 확인이나 경계 획정에 있어 지질적 또는 지형적 요소에 특별한 역할을 부여할 필요가 없게 되었다고 설명하였다. 특히 해안으로부터 200해리 이내 지역에서는 영유권이 오직 해안으로부터의 거리에 근거하게 되며 지질적, 지형적인 요소는 완전히 무의미하게 된다고 보았다. 몰타 주변 해저의 균열 지대는 몰타 해안으로부터 200해리 이내에 있으므로 몰타의 대륙붕 경계 획정에 영향을 미치지 못한다고 지적하고 리비아의 주장을 기각하였다.

둘째, 재판부는 Continental Shelf (Tunisia/Libya) 사건 판결시와 마찬가지로 등거리 원칙을 수용하지 않았다. 해당 사건에서 재판부는 등거리 원칙은 의무적인 법적 원칙도 아니고 타 방식에 비해 우월적인 지위에 있는 경계 획정 방식도 아니므로 관련된 제반 상황을 형평에 맞게 고려하여야 한다고 판결하였다.

재판부는 연안국이 일정 거리까지는 해저 지형과 상관없이 대륙붕 영유를 주장할 수 있다 하더라도 등거리가 경계 획정의 유일한 방식은 아니라고 확인하였으며 특별한 상황에서 공정성 원칙을 적용하기 위해서는 여타의 경계 획정 방식을 채용하거나 복수의 방식을 혼용할 필요가 있다고 언급하였다.

(4) 이 사건에서 고려되어야 할 요소

형평을 위해 고려할 요소로서 리비아는 국토의 차이, 몰타는 경제적, 안보적 요인을 제기하였으나 재판부는 수용하지 않았다. 리비아는 해안선의 길이와 배정되는 대륙붕 간의 비례성 원칙을 강조하였으나 재판부는 설사 이를 인정하더라도 양국 간의 현저한 해안선 길이의 격차 상 리비아가 주장하는 바와 같이 극단적으로 적용할 수는 없다고 하였다. 법원은 1969년 북해대륙붕 사건에 대한 판단에서 형평에 맞는 절차를 위한 고려사항에는 아무런 제한이 없다고 하면서, 오직 한 가지 요소에 의존하기보다는 모든 고려사항들 간에 균형을 맞출 때 보다 형평에 맞는 결과가 나오는 경우가 많으며, 갖가지 고려사항들에 부여될 상대적 무게는 사안에 따라 달라진다고 하였다. 동 사건에서 ICJ는 배후지의 관련성을 인정해달라는 리비아의 주장을 기각하였는데, 이제까지의 국가관행과 법학자들의 학설, 제3차 해양법회의 작업문서를 검토할 때 그 어느 곳에서도 해안의 배후지를 대륙붕에 관한 권리창출을 위한 기초로 인정하지 않고 있다고 하였다. 한편 경제적·안보적 요인을 관련 상황에 포함시켜 달라는 몰타의 요청에 대해, 법원은 해양경계획정이 양국의 상대적인 경제적 상황에 영향을 받아서는 안 된다고 하면서, 상대적으로 가난한 국가의 부족한 경제자원 보충을 위해 그 국가의 대륙붕을 확장해 줄 수는 없다고 하였다.

3. 대륙붕경계

재판부는 이상을 고려하여 분쟁 수역에서의 양국간 대륙붕 경계 획정 방식으로 양국 해안선으로부터의 등거리선을 이 사건 상황에 관련되는 여러 요인을 감안하여 북쪽으로 이동하는 방식을 제안하였다. 이 사건에 관련된 상황상 등거리선을 북쪽으로 이동하여 상대적으로 넓은 면적의 대륙붕을 리비아에게 배정하는 것이 공정한 결과를 나타낸다고 본 것이다. 재판부는 분쟁 수역의 전체적인 지리적 상황과 그 속에서 몰타가 차지하는 작은 비중, 양국간의 해안선 길이의 차이, 배정 대륙붕의 극심한 격차 회피 필요성 등이 경계 획정시 고려해야 할 이 사건 상황이라고 보았다.

case 118 | 니카라과와 온두라스 간 해양경계 사건[1][2]

1 사실관계

니카라과와 온두라스는 스페인에 의해 별개의 행정단위인 주(province)로 나누어 통치되다 1821년 별개의 국가로 독립하였다. 양국은 육지 국경문제는 해결하였으나 카리브해에서의 해양경계는 획정하지 못하고 있었다. 양국 간에는 1979년 니카라과에 공산정권이 수립된 이후 갈등이 고조되었다. 니카라과는 온두라스가 자국 해역이라고 주장하는 북위 15도 이북의 해역에서 온두라스 어선을 여러 번 단속하고 나포하였다. 양국 간 갈등은 1999년 12월 28일 온두라스가 1986년에 체결된 콜롬비아와의 해양경계조약(북위 15도 이북 해역을 온두라스 해역으로 인정하는 내용을 담고 있었다)을 4일 후에 비준하겠다고 통고함으로써 고조되었으며 니카라과는 CACJ(중미사법재판소), WTO, ICJ 등에 제소하였다.

2 법적쟁점

1. uti possidetis 원칙

2. 지리적 근접성

3. 실효적 점유(effectivités)

4. 해양경계획정

3 ICJ 판결

1. uti possidetis 원칙

온두라스는 동 원칙을 적용할 것을 주장하였으나 니카라과는 반대했다. ICJ는 육지만이 아니라 섬이나 해양경계에도 동 원칙이 적용될 수는 있으나 이번 사건의 경우 동원칙을 적용할 수 없다고 하였다. 동 원칙에 따라 영유권을 결정하기 위해서는 식민모국인 스페인의 국내법으로 문제가 된 지역을 지방행정청의 관할 하에 둔다는 결정이 있어야 하는데 문제가 된 섬에는 그러한 결정이 없었기 때문이다.

2. 지리적 근접성

니카라과는 문제가 된 섬들이 자국의 섬인 Edinburgh Cay에 가깝다는 이유로 영유권을 주장했다. ICJ는 니카라과의 주장을 인정하지 않았다. 지리적 근접성이 유리한 추정을 부여할 수는 있다고 하더라도 이때의 근접성은 '본토'로부터의 근접성이지 '다른 섬'과의 근접성을 의미하는 것은 아니라는 이유에서였다.

---

1) Case Concerning Territorial and Maritime Dispute between Nicaragua and Honduras, Nicaragua v. Honduras, ICJ, 2007년 10월 8일.
2) 서철원(2008), 니카라과와 온두라스 간의 해양경계사건 분석, 국제법학회논총 제53권 제2호.

3. 실효적 지배

ICJ는 결국 실효적 지배의 법리를 적용하여 문제가 된 섬의 영유권을 온두라스가 가진다고 결정하였다. ICJ는 실효적 점유를 인정하기 위해서는 ① 주권자로서 행동하겠다는 의사와 의지가 있어야 하고, ② 이러한 의사가 실질적인 권한의 행사로 표시되어야 한다고 확인하였다. 두 번째 요건인 실질적인 권한 행사의 정도는 문제가 된 영토의 상황에 따라 상대적이라는 점도 지적하였다. 이러한 법리에 따라 온두라스가 문제가 된 섬에 행사한 형사재판관할권과 민사재판관할권, 외국인에 대한 작업허가서 발급 등과 같은 이민통제, 미국과 공동으로 마약단속을 한 것 등은 실효적 지배를 뒷받침하는 유효한 권한 행사라고 인정하였다.

4. 해양경계획정 - 이등분선

다른 원칙에 의한 해양경계 주장을 기각한 다음 ICJ는 해양경계획정의 일반적인 방법인 등거리선 방법을 사용하지 않고 이등분선 방법을 사용하였다. 등거리선 방법은 양국의 국경이 만나는 지점에 있는 두 개의 점을 정하여 이 점에서 같은 거리에 있는 선을 연결하는 방법이다. 반면 이등분선 방법은 해안선의 일반적인 모양을 반영하는 가상의 선이 만나 이루는 각을 반으로 나누는 선을 긋는 방법이다. ICJ는 등거리선 방법을 적용하는 것이 적절하지 않거나 불가능한 경우 이등분선을 사용할 수 있으며 이번 사안이 그에 해당한다고 하였다. ICJ는 그 이유로 ① 등거리선의 기준으로 사용될 수 있는 해안에 근접한 섬들의 영유권 문제가 해결되지 않았으며, ② 문제가 되는 해안의 모습이 Coco강이 운반하는 침전물로 인해 계속 변화한다는 점을 제시하였다.

case 119 | 흑해 해양경계획정 사건[1][2]

1 사실관계

이 사건은 루마니아와 우크라이나의 EEZ 및 대륙붕의 단일 경계획정에 관한 것이다. 경계획정에 있어서 뱀섬(Serpents' Island, 세르팡섬)의 법적 지위가 문제되었다. 뱀섬은 본래 루마니아 영토였으나 1948년 구 소련에 양도되었다가 1991년 구 소련 해체 이후 다시 우크라이나에 귀속하게 되었다. 루마니아와 우크라이나는 해양경계획정 문제와 해저개발권을 놓고 1998년부터 6년간 10차례 전문가 수준의 협상을 포함하여, 총 24차례 협상을 가졌으나 합의에 이르지 못 했다. 루마니아는 1997년 2월 체결한 우호협력조약 제2조에 따른 추가협정 제4조에 기초하여 우크라이나를 ICJ에 제소하였다.

---

1) Case concerning Maritime Delimitation in the Black Sea(Rumania v. Ukraine), 2009년 2월 3일, ICJ.
2) 김용환(2009), ICJ 흑해 해양경계획정 판결의 주요 쟁점 및 시사점, 국제법학회논총 제54권 제2호.

2 법적쟁점

1. 관할권

2. 결정적 기일

3. Effectivités

4. 뱀섬의 법적 지위 및 중첩 EEZ 및 대륙붕 경계획정

3 ICJ 판결 요지

1. 관할권

루마니아의 제소에 대해 우크라이나는 선결적 항변을 제기하지 않아 양국 간 관할권 성립 여부에 대한 다툼은 없었다. ICJ 역시 추가협정 제4조의 요건을 충족시켜 관할권을 가진다고 확인하였다. 동 조항에 의하면 협상 개시 후 2년 이내에 경계에 합의하지 못할 것과 국경조약이 발효했을 것 등 2개 요건이 제소 요건으로 규정되어 있었다.

2. 결정적 기일

결정적 기일(critical date)이란 '분쟁의 핵심쟁점이 구체화된 날'로서 결정적 기일 이후 양국의 행위는 '당사자의 법적 입장을 개선하기 위해 취한 것'으로 간주되며, 결정적 기일 이후의 행위는 재판상 고려대상이 되지 않는다. 결정적 기일을 결정하는 책임은 재판소에 있다. 우크라이나는 '핵심적 기일(key dates)'[1]로서 1949년, 1997년 및 2003년을 제시하였다. 그리고 결정적 기일이 해양경계에 영향을 미친다면 그 기일은 루마니아의 제소일인 2004년 9월 16일이 되어야 한다고 주장했다. 반면, 루마니아는 1997년 추가협정 제4조에서 양 당사국이 해양경계에 관한 분쟁의 존재를 이미 명확히 했다는 것을 강조했다. 그리고 동 협정 체결 이후 우크라이나의 석유관련 행위는 본 소송과 무관하다고 주장했다. ICJ는 양 당사국의 대륙붕 또는 EEZ 경계와 관련된 사전 합의는 없다는 것을 강조하고 결정적 기일과 관련된 직접적인 답변은 회피하였다.

3. Effectivités

우크라이나는 2001년 이전까지는 분쟁 해역에서 우크라이나의 석유 및 가스 탐사 허가나 어로 행위 규제 및 불법선박 단속에 대해 루마니아의 항의가 없었다는 이유로 이러한 국가행위(effectivités)를 '잠정적 중간선을 수정하는 관련 사정'으로 주장했다. ICJ는 '바베이도스와 트리나다드 토바고 간 중재 판결'을 인용하여 우크라이나의 주장을 기각했다. "자원관련 기준은 국제법정이나 재판소의 결정에 의해 보다 신중히 취급되어 왔는바, 일반적으로 이러한 요소를 관련 사정으로 적용하지 않았다."

---

1) 1949년은 구 소련과 루마니아가 국경선을 획정한 해, 1997년은 우크라이나와 루마니아가 대륙붕과 EEZ 경계를 획정하기로 합의한 해, 2003년은 영해의 경계를 재확인한 해에 해당한다.

4. 뱀섬의 법적 지위 및 중첩 EEZ 및 대륙붕 경계획정

(1) 우크라이나

뱀섬은 '바위섬'이 아니라 '섬'이다. 뱀섬에는 물도 있고 야생식물도 존재하며 해양법협약 제121조 제3항의 요건인 '인간의 거주(human habitation)'와 '독자적 경제생활(economic life of their own)'도 충족시킨다. 뱀섬에 인간의 거주 흔적은 고대로부터 나타났으며, 고고학적 유물이 이를 증명해 주며, 또한 뱀섬에 대한 매립작업 등은 갑작스레 이루어진 것이 아니라 우크라이나 독립 후 시작된 현대화 작업의 일환으로 1995년에 시작된 것이다.

(2) 루마니아

양국 간 경계획정은 등거리선에 의해 이루어져야 한다. 뱀섬은 해양법협약 제121조 제3항에 해당하는 섬의 요건을 충족하지 못한 '바위섬'이므로 영해 이외에 EEZ나 대륙붕을 가질 수 없다. 따라서 뱀섬을 경계획정의 기점으로 사용할 수 없다. 뱀섬에 물과 야생식물이 있다는 주장에는 추가적인 설명이나 증거가 제시된 바 없다. 잡풀이나 이끼 정도는 있을 수 있으나 물과 관련해서는 어느 정도의 양인지 그리고 얼마나 빨리 고갈될 수 있는지 아무런 설명도 없다. 독자적 거주 가능성과 관련해서 우크라이나가 제시한 것은 하나의 가능성일 뿐이고 실제로 뱀섬에서 인간의 거주나 독자적 경제생활이 어떻게 그리고 언제 가능한지에 대해 설명하지 않았다. 우크라이나가 뱀섬의 크기를 늘린다고 해서 뱀섬의 법적 지위가 달라지는 것은 아니다.

(3) ICJ

① 경계획정에 있어서 세 단계로 나눠서 접근한다. 우선 제1단계로 기하학적으로 객관적이며 그 지역의 형상에 맞는 방법을 사용해 잠정적 중간선 또는 등거리선을 긋는다. 제2단계에서 형평한 해결에 도달하기 위해 그 잠정적 중간선을 수정하거나 이동시켜야 할 만한 관련사정이 있는지 검토한다. 제3단계에서는 해안선 길이 비율과 내포 수역 간의 비례성을 평가한다.

② 뱀섬은 경계획정의 기점이 될 수 없다. 뱀섬이 우크라이나 해안선의 일반적 형상이 아니므로 잠정적 등거리선의 기점이 될 수 없다. 즉, 뱀섬은 본토에서 20해리 정도 떨어져 있어 우크라이나의 해안선을 구성하는 주변 도서군 중의 하나가 아니다.

③ 또한 뱀섬은 잠정적 중간선을 수정할만한 관련사정에도 해당하지 않는다. 그 이유는 첫째, 본 사건의 경계획정 대상 수역이 우크라이나의 본토 해안선에서 200해리 이내에 있기 때문이다. 둘째, 뱀섬은 본토 해안선에서 20해리 떨어져 있다. 셋째, 우크라이나는 뱀섬이 UN 해양법협약 제121조 제2항의 범주에 든다고 보았으면서도 이를 반영해 관련 지역의 한계를 더 확장하여 주장하지도 않았다.

case 120 | 방글라데시와 미얀마 벵골만 해양경계획정 사건[1]

1 사실관계

2011년 3월 14일 국제해양법재판소(이하 '재판소')는 재판소 역사상 처음으로 해양경계획정에 관한 판결을 내렸다. 재판소의 판결에 대해 재판소가 해양경계획정에 관한 기존 국제법원들의 법리와 상반되는 법리를 적용할지도 모른다는 우려가 있었으나 재판소는 기존의 해양경계획정에 관한 국제사법법원과 국제중재재판소의 선례를 검토하고, 관련 사건을 인용하고 존중하는 형태의 결정을 내렸다. 벵골만에 인접하고 있는 방글라데시와 미얀마는 영해, 200해리 이내의 배타적 경제수역과 대륙붕, 그리고 200해리 이원의 대륙붕 경계획정을 위해 이 문제를 재판소에 부탁하였다.

2 해양경계획정에 대한 ITLOS의 판결

1. 해양경계획정에 있어서 3단계 접근법의 적용

(1) 해양경계획정에 있어서 재판소는 다른 재판소에서 적용한 두 단계 방식 대신 3단계 방식을 적용하였다. 두 단계 방법이란 먼저 잠정적 해양경계선을 획정하고, 관련 해안의 모든 관련상황을 검토하여 잠정적 해양경계선을 이동 또는 조정하는 방법을 말한다. 반면, 3단계 방식은 2009년 루마니아와 우크라이나 사건에서 국제사법법원이 적용한 방법으로서, ① 등거리선이 불가능한 이유가 존재하지 않는 한, 잠정적 경계로 등거리선을 사용한다. ② 잠정적 등거리선의 이동 또는 조정을 필요로 하는 사실이 있는지 여부를 검토한다. ③ 분쟁당사국의 관련 해안선의 길이와 해양경계획정의 결과 당사국에 귀속되는 해역의 면적 간 비례성을 검토한다.

(2) 이번 사건에서 재판소는 먼저 등거리 방법에 의한 잠정적 경계선의 타당성과 이등분선의 부적합성을 설명한 이후, 최종적으로 잠정적 등거리선을 그었다. 다음, 재판소는 관련상황을 고려하여 형평한 결과를 도출할 수 있도록 조정하고, 마지막으로 관련해안선의 길이와 관련해역의 면적을 비교하는 세 단계 방법을 적용하였다.

2. 등거리 방법에 의한 잠정적 해양경계선 채택

이 사건에서 재판소는 잠정적 경계를 등거리 방법에 의해 설정하였다. 재판소는 1969년 북해대륙붕사건을 인용하면서, 강제적인 해양경계획정 방법은 존재하지 않으며 등거리선은 특정한 상황에서 형평하지 않은 결과를 가져올 수 있음을 분명히 하면서도 이번 사건에서는 등거리방법이 적절하다고 판단하였다. 재판소는 대부분의 선례들이 등거리 방법의 적용이 가능하지 않거나 적절하지 않은 경우를 제외하고, 등거리 방법에 의한 잠정적 경계를 사용한 점과 미얀마 해안의 상황을 고려할 때 이등분선 등 다른 방법은 적절하지 않다는 점을 고려하였다.

---

1) Dispute Concerning Delimitation of the Maritime Boundary between Bangladesh and Myanmar in the Bay of Bengal, 국제해양법법원(ITLOS), 2011.

3. 해양경계획정을 위한 적절한 기점의 선택

이번 사건에서 방글라데시는 일관되게 이등분선에 의한 경계획정을 주장하였다. 방글라데시는 미얀마가 주장하는 등거리 방법을 위한 기점의 숫자가 형평한 경계획정을 하기에는 너무 적으며, 해안 형상이 오목하기 때문에 미얀마의 해안에 대항하는 적절한 기점을 찾기 어렵다고 주장하였다. 이에 대해 미얀마는 해양경계를 획정하는 데 기점의 숫자는 중요한 요소가 아니라고 반박하였다. ICJ는 미얀마의 입장을 인용하여 등거리선에 의해 잠정적 경계선을 획정하였다.

4. 형평한 결과를 달성하기 위한 관련 상황

(1) 오목한 해안과 차단효과(Cut off effect)

① 방글라데시는 자국의 해안이 이중으로 오목한 형태를 하고 있어 인접한 국가와 등거리선에 의하여 경계를 획정하는 경우, 쐐기 모양의 해역을 형성하며 그 정점이 200해리에 이르지 못한다고 주장하였다. 특히 등거리선으로 해양경계를 획정할 경우 방글라데시가 입는 피해는 1969년 북해대륙붕 사건에서 법원이 인정하였던 독일의 피해보다 더 심각하며, 방글라데시는 기니와 기니아비소 사건에서 국제사법법원이 구제해 준 것보다 적은 규모의 구제를 요청하고 있다고 주장하였다. 이에 대해 미얀마는 방글라데시의 해안이 오목한 것은 사실이나, 방글라데시가 주장하는 것처럼 잠정적 등거리선을 조정할 정도의 영향이 큰 것은 아니라고 반박하였다.

② 재판소는 방글라데시의 해안은 이미 북해대륙붕 사건에서 오목한 해안의 대표적인 예로 언급될 만큼 오목하다는 것은 객관적 사실이라고 인정하였다. 그러나 재판소는 해안의 형상이 오목하다고 하여 반드시 관련 상황으로 고려해야 하는 것은 아니며, 그 형상으로 인하여 해안의 차단효과를 가져오는 경우에 조정이 필요할 수 있다고 하였다. 재판소는 오목하거나 볼록한 해안에 등거리 방법이 사용된다면 연안에서 멀어질수록 더욱 불합리한 결과가 발생하게 되므로, 자연의 지리적 특징으로부터 발생하는 불형평을 가능한 구제해 주거나 보상해 주어야 한다는 1969년 북해대륙붕 사건을 인용하였다.

③ 이에 따라 재판소는 이번 사건에서 잠정적 등거리선은 방글라데시 해안에 차단효과를 주기 때문에 방글라데시 해안의 오목함을 관련 상황이라고 결정하였다.

(2) St. Martin섬의 기점으로서의 효과

이번 사건에서 또 다른 쟁점은 마틴섬(방글라데시의 영토)의 존재였다. 쟁점은 마틴섬이 방글라데시와 미얀마의 경계에 매우 가까이 위치하고 있었기 때문에 배타적 경제수역과 대륙붕의 경계획정에 기점으로서의 효력을 가질 수 있는지, 그리고 잠정적 등거리선을 이동 또는 관련 상황으로 고려해야 하는지가 문제되었다. 재판소는 배타적 경제수역과 대륙붕의 해양경계획정에 있어서 섬에 주어지는 효과는 개별 사건의 지리적 상황에 따라 결정되는 것이며 이와 관련하여 어떠한 일반적 규칙도 정립되지 않았다고 하였다. 재판소는 마틴섬이 관련 상황으로 고려될 수 있는 중요한 지형임은 부인하지 않았다. 그러나 그 위치로 인하여 마틴섬에 기점의 효과를 인정하게 되면, 미얀마의 해안의 연장을 방해하는 선을 만들어내어 부당한 왜곡을 초래한다고 하였고, 이러한 왜곡효과는 바다 방향으로 갈수록 심각하게 증가한다고 하였다.

이에 따라 재판소는 마틴섬을 잠정적 등거리선의 이동 또는 조정을 하게 하는 관련 상황으로 고려할 수 없으며, 배타적 경제수역과 대륙붕 경계획정에 아무런 효과도 가지지 않는다고 하였다.

(3) 200해리 이내의 단일경계획정과 지형적·지질학적 요소

이번 사건에서 방글라데시는 자국의 육지와 벵골만의 해저는 물리학적, 지질학적, 그리고 지형학적으로 매우 밀접한 관련을 가지고 있기 때문에 200해리 이내에서 경계를 채택하게 되면 방글라데시의 권한에 대한 중대한 침해라고 주장하였다. 이에 대해 미얀마는 200해리 이내의 대륙붕 경계획정은 UN해양법협약 제76조에 따라 순수하게 연안의 거리에 따라 결정되어야 한다고 주장하였다. 재판소는 벵골 퇴적계의 경우 200해리 이내의 배타적 경제수역과 대륙붕 경계획정과는 아무런 관련이 없다고 하였다. 재판소는 200해리 이내의 해저와 하층토, 그리고 상부수역 모두에 적용 가능한 단일 해양경계선의 위치와 방향은 당해 지역의 지질학 또는 지형학에 근거하는 것이 아니라 당사국 연안에 관련되는 지리학에 기초하여 결정되어야 한다고 판시하였다.

case 121 | Land, Island and Maritime Frontier Dispute[1]

1 사실관계

엘살바도르와 온두라스는 1821년 9월 15일 스페인으로부터 독립하여 코스타리카 등과 함께 중앙아메리카공화국연방이 되었다가 1839년 연방의 해체로 개별국가를 이루게 되었다. 1854년 미국이 온두라스, 엘살바도르, 니카라과 3국이 면하고 있는 폰세카만의 El Tigre섬을 온두라스에게 구입하겠다고 제안하자 엘살바도르가 이에 대해 항의하며 Meanguera섬과 Meanguerita섬에 대해 영유권을 주장하였다. 1884년 Cruz-Letona협정에 의해 폰세카만 수역에 있어서 두 국가 간에 경계획정이 이루어졌지만, 온두라스 의회가 이를 비준하지 않아 발효되지 못하였다. 그 후 엘살바도르와 온두라스 간의 경계분쟁은 그 이후에도 계속되었으며 1969년에는 무력충돌로까지 악화되었다. 1976년 10월 '엘살바도르와 온두라스 간의 중개절차 채택에 관한 조약'이 미주기구의 협력에 의해 체결되었고 1978년 1월에 시작한 중개의 결과 1980년 10월 30일에 일반평화조약(General Treaty of Peace)이 체결되었다. 이 조약에 근거해 설립된 합동경계위원회는 그 후 5년 동안 43회에 걸쳐 회의를 하였으나 아무런 성과를 내지 못하였고, 결국 5년이 경과한 후에도 협의가 이루어지지 않는 경우에는 ICJ에 부탁하기로 한다는 일반평화조약 제31조에 의하여 1986년 5월 24일 본 사건의 특별 협정이 체결되었다. 1986년 12월 11일 엘살바도르와 온두라스는 그들이 1986년 5월 24일 체결한 특별협정(Special Agreement)을 ICJ에 제출하였다.

---

1) El Salvador/Honduras, Nicaragua intervening, 1992, ICJ.

이 특별협정 제2조에서는 1980년 10월 30일 체결한 일반평화조약 제16조에 규정되어 있지 않은 6개 지역의 경계를 획정해 줄 것과 폰세카만 내에 있는 섬과 수역의 법적지위를 결정해 줄 것을 특별재판부(Chamber)에 요청하고 있다. 한편, 니카라과는 ICJ규정 제62조에 따른 소송참가를 요청했다.

2 법적쟁점

1. 분쟁상태의 존재 여부

2. 적용법규

3. El Tigre섬의 법적 지위

4. Meanguera섬과 Meanguerita섬의 법적 지위

5. 소송참가 인정 여부

3 판례 요지

1. 분쟁상태의 존재 여부

재판부는 "국제적 분쟁의 존재여부는 객관적으로 결정해야 할 문제"라는 것을 인용하며 "현재 소송에서 어떤 섬에 대한 분쟁의 존재 여부는 그 섬이 구체적인 논쟁의 대상이 되느냐 하는 사실로부터 이끌어 낼 수 있다."라고 하였다. 따라서 그러한 논쟁이 없다면 "법 또는 사실의 문제에 관한 불일치" 또는 "법적 견해 또는 이익의 대립"이 없기 때문에 진정한 분쟁이 없다는 결론에 도달할 수 있게 된다고 밝혔다. 재판부는 1985년 외교적 문서가 교환된 것을 주목하였다. 즉, 엘살바도르는 1985년 1월 24일 각서에서 모든 섬, 특히 El Tigre섬에 대해 분쟁이 존재한다고 주장하였고, 온두라스는 1985년 3월 11일 반박서에서 동 섬에 대한 엘살바도르의 주장을 부정하였다. 이러한 점은 분쟁의 정의에 합치하여 양국 간, El Tigre섬을 포함하여 Meanguera섬과 Meaguerita섬이 분쟁상태에 있다고 판단하였다. 한편, 온두라스가 주장한 엘살바도르의 El Tigre섬에 대한 주장이 완전히 근거가 없는 것이기 때문에 진정한 분쟁은 존재하지 않는다는 것에 대해, 재판부는 "분쟁의 존재는 당사국의 그것에 대한 주장의 객관적 타당성에 의존하는 것은 아니다."라고 하였다.

2. 적용법규

양 당사국은 uti possidetis juris 원칙이 동 사건에 적용된다는 것에 합의하였고, 이 점은 법원도 인정한다. 단, 식민지 행정구역이 불명확하기 때문에 동 원칙의 적용은 실제로 용이하지 않으며, 식민지 행정구역의 경계를 정하는 문서가 존재하지 않는 경우에는 거주민공동체의 개인에 대한 토지허가 등 다양한 증거를 고려하여 uti possidetis juris의 경계를 명확히 해야 한다. 양 당사국 모두 분쟁지역의 행정기관에 의한 공권력 행사를 근거로 권원을 주장하였다. 법원은 국경분쟁 사건 등을 고려하여 행위와 법이 일치하지 않는 경우에는 법적 권원이 우선하고, 법적 권원이 존재하지 않는 경우에는 평상시의 실효성이 고려된다고 하였다. 즉, 법적 권원의 지리적 범위가 불분명한 경우에는 법적 권원의 해석에 실효성이 중요한 역할을 한다는 것이다.

결국 법원은 uti possidetis juris의 경계에 기초하여, 그리고 이를 명확히 하기 위해 필요한 범위 안에서 실효적 지배를 고려하여 육지의 경계와 도서의 귀속을 결정하였다.

3. El Tigre섬의 법적 지위

엘살바도르는 El Tigre섬이 1833년 이전에 자국에게 속해 있었고, 그 이후에는 이 섬에 있어서 온두라스의 존재는 인정하지만 자국이 공인한 범위 내에서 이루어진 것이라고 주장하였다. 즉, 1833년 이후 온두라스의 이 섬에 대한 점유는 "1833년에 엘살바도르가 공인한 범위 내에서 이루어진 사실상의 점령(a de facto occupation)에 불과한 것"이라고 주장하였다. 재판부는 1849년 12월 영국이 일시적으로 이 섬을 점령했지만 온두라스에 반환한다고 진술한 점, 같은 해 10월 온두라스가 미국과 이 섬을 18개월간 이양한다고 하는 조약을 체결한 점, 1854년 온두라스가 폰세카만 연안과 섬의 토지를 매각하려고 할 때 엘살바도르가 El Tigre섬에 대해 주권을 주장하지 않았다는 점 등 역사적 사건들을 고려하여, 양국의 행위는 일관되게 El Tigre섬이 온두라스에 속하는 것으로 가정하고 있다는 결론을 내렸다.

4. Meanguera섬과 Meanguerita섬의 법적 지위

재판소는 Meanguerita는 크기가 작고, 보다 큰 섬에 근접해 있으며, 사람이 거주하지 않는다는 이유로 Meanguera의 부속섬(dependency)으로 다루었다. 이는 양 당사국도 인정한 것이었다. 재판소는 다양한 증거자료들을 검토한 후 Meanguera 섬에 대한 엘살바도르의 주권을 승인하였으며, 이에 따라 Meanguerita섬 역시 엘살바도르의 주권을 인정하였다. 그 근거들을 살펴보면, ① 1856년 및 1879년에 엘살바도르 공공간행물이 Meanguera섬에 대한 행정적 조치를 보도하였으나 온두라스는 이에 대해 어떠한 항의나 반응도 보이지 않았다. ② 19세기 이후 엘살바도르는 19세기 이후 온두라스의 반대나 항의없이 동 섬에 있어서 실효적 지배를 강화해 왔다. ③ 1900년 온두라스와 니카라과 간의 해양경계획정 시에 등거리선이 사용되었고, 그 기준점을 Meanguera섬이 아니라 El Tigre섬으로 하였다. 요컨대, 재판부는 1821년의 uti possidetis원칙의 지위를 식민지 권원과 실효성(colonial titles and effectivités)에 근거하여 만족스럽게 확인할 수 없지만, 엘살바도르가 1854년에 Meanguera섬에 대해 주권을 주장하고 그 이후 동 섬에 대하여 실효적 점유와 지배를 행해 왔다고 하는 사실에 기초하여 엘살바도르를 동 섬에 대한 주권국으로 간주할 수 있다고 하였다.

5. 소송참가 인정 여부

재판소규정 제62조 소송참가의 조건으로서는 재판에 의하여 영향을 받는 법률적 성질의 이해관계가 참가국에게 존재하는 것이 필요하다. Fonseca만 수역의 법적 지위를 일종의 공유수역(condominium)이라고 한다면, 모든 연안국의 이해관계가 발생하기 때문에, 연안국인 니카라과도 법적 성질의 이해관계를 당연히 갖게 된다. 한편 엘살바도르는 소송참가가 인정되기 위해서는 참가국과 소송당사국 간에 '견련관계(Link)'가 필요하다고 주장하였다. 그러나 니카라과의 소송참가는 자신의 권익결정을 구하는 새로운 소송의 제기가 아니라, 그 이익 옹호를 위한 의견을 진술하는 것이기 때문에 엘살바도르가 주장하는 요건을 필요로 하지는 않는다. 그러나 니카라과는 Fonseca만 수역의 법적 지위 이외의 문제에 대해서는 재판에 의하여 영향을 받는 법적 성질의 이해를 증명하지 못했다. 따라서 Fonseca만 수역의 지위 문제에 대해서만 니카라과의 소송참가가 인정된다.

case 122 | Aegean Sea Continental Shelf 사건[1][2]

1 사실관계

그리스와 터키 사이에 있는 에게해(海)상의 모든 도서는 극히 소수를 제외하고는 모두 그리스령이다. 터키는 제1, 2차 세계대전 패전 시 그리스에게 자국 연해에 있는 도서의 영유권을 넘겨주어 터키 본토에 인접해 있는 섬들까지 모두 그리스 영토인 상태이다. 1973년 터키 정부가 터키 인근 해역에서의 석유 탐사 면허를 발급하자 그리스는 동 해역은 자국령 Dodecanese(도데카니사)군도(群島)의 대륙붕 위이므로 자국 외에는 탐사 활동을 할 수 없다고 주장하고 면허 철회를 요구하였다. 터키는 자국 본토에 인접한 그리스 도서는 대륙붕을 갖는다고 볼 수 없다고 반박하고 1974년 5월 터키 선박의 탐사 활동 개시를 허락하였다. 이후 양국 간의 긴장이 고조되어 오다 1975년 1월 27일 그리스 정부는 이 문제를 공동으로 ICJ에 의뢰하자는 제안을 하였고, 터키도 원칙적으로 동의하였다. 1975년 5월 17일 ~ 19일 양국 외교 장관은 ICJ 회부에 필요한 특별 약정의 내용에 대해 협의하였고, 1975년 5월 31일 양국 총리는 브뤼셀에서 회동하여 양국 전문가 간 협의를 계속한다는 내용의 공동 성명을 발표하였다. 외교 장관 및 총리 회담의 내용에 대해 양국은 이해를 달리하였다. 터키는 ICJ 제소에 대해 양국 간 의미있는 협상을 먼저 시행하여야 하며 양국 간 대륙붕 경계 획정에 관한 협의도 병행하되 합의에 이르지 못할 경우에는 공동으로 ICJ에 제소하자는 것으로 이해하였다. 그리스는 외교 장관 회담에서 이미 이 분쟁을 ICJ에 제소하기로 합의된 것이고 합의로 문제를 해결하기 위한 협상도 배제하지는 않기로 합의한 것으로 이해하였다. 양국 간 실무 협의가 1976년 1월과 7월 두 차례 개최되었으나 특별한 성과를 거두지 못하였다. 1976년 7월 13일 터키 정부는 터키 지진 연구 선박이 터키 영해 및 그리스 영해 외의 에게해에서 지질 조사 작업을 시행한다고 발표하였고, 그리스는 1976년 8월 10일 ICJ에 일방적으로 제소하였다. ICJ는 관할권이 존재하지 않아 재판할 수 없다고 판시하였다.

2 법적쟁점

1. 재판 진행 중의 협의로 인한 관할권 자제 여부

2. 1928년 협약 제17조에 의한 관할권 여부

3. 영토 관련 분쟁 해당 여부

4. 양국 총리 간 공동 성명에 의한 관할권 여부

---

1) Greece v. Turkey, 1978.12.19. 판결, 국제사법재판소.
2) 산업통상자원부 홈페이지(https://disputecase.kr) 게시 내용 요약 정리.

3 ICJ 판단

1. 재판 진행 중의 협의로 인한 관할권 자제 여부

그리스의 ICJ 제소 이후에도 양국의 협상은 계속되어 외교 장관 회담 및 총리 회담에서 협상의 진전을 평가하고 최종 해결을 위해 관련 회담을 지속하기로 확인하였으나, 문제 해결을 위한 양자 간 최종 합의는 이루어지지 않았다. 협상이 진행되는 도중 그리스는 구두 변론의 연기를 요청하였으나, 터키는 합의 해결에 우호적인 정치적 환경 조성을 위해 재판 절차를 중단하고 ICJ 소송 목록에서 아예 삭제할 것을 요청하였다. 재판부는 터키의 입장을 당사국이 문제 해결을 위해 적극적으로 협상 중에 있으면 재판부는 심리 절차를 진행할 수 없고 재판부의 관할권 행사를 제한하는 것으로 이해하였다. 재판부는 협상과 재판은 모두 분쟁의 평화적 해결 수단이지만 상호 별개의 절차이고 당사자 간 협상을 통해 분쟁이 완전 해결되었다면 재판 절차는 중단될 수 있으나 협상이 활발히 진행 중이라는 사실 자체는 재판부의 관할권 행사를 법적으로 제약할 수 없다고 설명하고 터키의 주장을 기각하였다.

2. 1928년 협약 제17조에 의한 관할권 여부

터키와 그리스가 모두 가입한 1928년 협약 제17조는 가입국 간의 분쟁은 PCIJ 또는 중재에 회부하도록 규정하고 있다. ICJ 헌장 제37조102는 발효 중인 조약 또는 협약에 국제연맹이 설치한 재판소 또는 상설국제사법재판소에 회부하도록 규정되어 있는 분쟁은 ICJ에 회부된다고 규정하고 있으므로 1928년 협약상 PCIJ에 회부될 사건은 ICJ가 관할하게 되었다. 그리스는 이에 따라 ICJ에 재판을 청구한 것이다. 터키는 1976년 8월 25일 재판부로 송부한 서한에서 1928년 협약은 국제연맹의 해산으로 이제 더 이상 유효하지 않으며 설사 아직 발효 중이라 하더라도 그리스가 1928년 협약 가입 시 영토 분쟁은 동 약정 적용 대상에서 제외한다고 선언하였으므로 이 사건에는 1928년 협약이 적용되지 않는다고 주장하였다. 그리스는 1931년 9월 14일 1928년 협약 가입의정서를 기탁하면서 가입 이전에 발생한 사건 및 국내 관할권 사건, 영토 분쟁 사건 등에 대해서는 1928년 협약을 적용하지 않는다고 유보하였다. 터키는 그리스가 유보한 영토 분쟁에 대해 자신도 이를 주장할 수 있으므로 이 사건은 ICJ의 관할이 아니라고 주장하였다. 재판부는 동 유보의 해석상 영토분쟁은 ICJ의 관할대상에서 배제된다고 판시하였다.

3. 영토 관련 분쟁 해당 여부

그리스는 1920년 국제 조약상에 등장하는 영토 관련 용어(territorial status, territorial integrity, territorial situation 등)는 제1차 세계대전 전후 처리의 결과로, 각종 조약을 통해 합의된 현상(staus quo)의 유지를 의미하는 것이므로 제한되게 해석해야 한다고 설명하였다. 그러므로 PCIJ 강제관할권 수용선언과 1928년 협약 유보선언상의 territorial status의 의미 역시 이러한 맥락에서 이해해야 한다고 주장하였다. 따라서 전후 처리와 무관한 대륙붕 경계획정에 관한 이 사건은 1928년 협약 유보 선언의 disputes relating to the territorial status와는 무관한 것이므로 1928년 협약이 적용되어야 한다는 것이다. 재판부는 그리스의 1928년 협약 유보선언상의 영토 관련 분쟁은 일반 국제법상의 영토 개념과 연관된 일반적인 표현이며, 국가의 일반적인 경계획정문제를 포함한다고 판단하였다.

재판부는 대륙붕은 영토의 자연적인 연장(natural prolongation)이라고 정의한 North Sea Continental Shelf 사건 판결을 인용하면서 대륙붕에 대한 권리는 법적으로 연안국의 영토 고권의 분출이거나 자동적인 부속에 해당한다고 확인하였다. 이상의 심리를 토대로 재판부는 이 사건은 영토와 관련된 분쟁이며 영토와 관련된 분쟁은 그리이스가 1928년 협약 가입시 동 약정 적용을 배제한다고 유보하였으므로 재판부는 이 사건에 대해 1928년 협약에 근거한 관할권은 없다고 판시하였다.

4. 양국 총리 간 공동 성명에 의한 관할권 여부

그리스가 ICJ 제소의 또 다른 근거로 활용한 것은 1975년 5월 31일 양국 총리 회담 후 브뤼셀에서 발표된 공동 성명이다. 터키는 공동 성명은 비준을 거치지 않았으므로 국가 간의 합의로 볼 수 없다는 입장을 재판부에 전해온 반면, 그리스는 이 사건을 ICJ에 회부하기로 한 명백한 합의라고 주장하였다. 재판부는 공동 성명이라 하여 국가 간의 합의가 될 수 없다는 국제법상의 원칙은 없으며, 국가 간의 합의 여부는 형식이 아니라 내용이라고 언급하고 공동 성명의 구체적인 내용을 규명하였다. 재판부는 외교장관 회담 결과나 그 이후 양국 간 교섭 내용에 비추어 당시 터키는 이 사건을 공동으로 ICJ에 회부하는 방안만 고려하고 있었지 재판부의 관할권을 일방적으로 적용하는 것은 생각하지 않고 있었음이 의심의 여지없이 확인된다고 판단하였다. 그리스도 같은 입장이었으며 이러한 양국 입장은 1975년 5월 31일 양국 총리 회담 시까지 변함이 없었다고 확인하였다. 재판부는 1975년 5월 31일 공동 성명은 이러한 맥락에서 이해하여야 하며, 공동 성명은 재판부가 보기에 양국이 총리 회담 전까지 견지하여 왔던 기본 입장을 변경한 것으로 해석되지는 않는다고 이해하였다. 이에 따라 재판부는 총리 공동 성명은 이 사건을 일방적으로 ICJ에 회부하자는 합의 문서로 수용할 수 없으며 그리스의 ICJ 제소의 법적 근거가 될 수 없다고 결론내렸다. 이상의 심리를 토대로 재판부는 그리스가 1976년 8월 10일 청구한 재판을 심리할 관할권이 없다고 판시하였다.

1 사실관계

이 사건은 코스타리카의 재판 청구에 따라 ICJ가 니카라과와 코스타리카 간의 카리브해, 태평양 해역의 경계선과 대서양 해변의 양국 국경선을 획정한 사건이다. 코스타리카는 2014년 2월 25일 니카라과와의 영해, 배타적 경제수역, 대륙붕을 구획하는 단일의 해양 경계선을 획정하여 줄 것을 ICJ에 청구하였다. 카리브해의 해양 경계선을 획정하기 위해 서는 우선 양국 간 육지 경계가 정확히 획정되어야 했다. 코스타리카는 2015년 판결에 명확하지 않은 점이 있다고 보고 2017년 1월 16일에는 산 후안 강 하구 Portillos섬 북부에 위치한 Harbor Head 호수 앞의 모래톱 등에서의 양국 국경을 정확히 획정하여 줄 것을 청구하였다. 양국은 모두 ICJ의 강제관할권을 수용하고 있었으며 분쟁의 평화적 해결에 관한 미주조약(보고타조약) 제31조도 청구의 근거로 제시하였다. 니카라과는 코스타리카와 마찬가지로 자신이 주장하는 해양 경계선의 좌표를 제시하였고 하구 모래톱에 대해서는 2015년 판결이 코스타리카의 주장과 달리 영유권을 정확히 판단하지 않았으므로 새로 획정해야 한다고 항변하였다.

2 법적쟁점 및 판결

1. 산 후안 강 하구의 육지 국경

육지 국경 사건의 쟁점은 양국 국경 지대에 있는 Portillos섬 최북단, 모래톱이 어느 국가에 속하는지 여부였다. 재판부는 2015년 판결은 해변의 영유권 문제를 결정하지 않은 것이 확실하므로 동 해변이 자국령이라고 판시되었다는 코스타리카의 주장을 기각하였다. 당시 재판부가 해변의 정확한 판결을 내릴 수 없었던 것은 이 지역의 지형에 관해 코스타리카와 니카라과가 정확한 정보를 제출하지 않았고 판결을 요구하지도 않았기 때문이다. 재판부는 분쟁 당사국의 동의를 얻어 양국 전문가로 구성된 실사단을 지명하고 관련 정보를 조사하에 제출토록 하였다. 재판부는 산 후안 강의 오른쪽 제방이 국경선이라는 1858년 조약의 규정을 위 조사 결과에 적용하면 카리브해 해변 모래톱은 코스타리카의 영토가 된다고 확인하였다. 아울러 2015년 판결에서 Harbor Head 호수와 동 호수를 카리브해와 분리하는 전면의 모래톱은 모래톱이 만조 시에도 수면 위에 존재하는 한 니카라과 령이라고 판시한 점을 환기하며 호수 전면의 모래톱이 실사단이 보고한 바와 같이 상시 수면에 노출되므로 호수 자체와 호수 전면의 모래톱은 니카라과 령이라고 판시하고 호수 양끝의 국경선 좌표를 정하였다.

---

1) 국제사법재판소, Costa Rica v. Nicaragua, 2018.2.2. 판결.
2) 산업통상자원부 홈페이지(https://disputecase.kr) 게재 내용 요약 정리.

2. 카리브해 해양 경계

산 후안 강 하구의 육지 국경을 획정한 재판부는 등거리선을 작도하여 카리브해에서의 양국 해양 경계를 잠정적으로 분할하고 잠정 등거리선을 이동, 조정해야 할 특수한 사정의 존재 여부를 살펴 보았다. 니카라과 해변에서 26해리 이격된 지점에 위치하는 Corn 섬을 등거리선 측정 기준점을 인정할 것인지 여부가 쟁점이었다. 인정할 경우 해양 경계선은 상당히 남쪽으로 휘어지게 되어 코스타리카에 불리했다. 상당한 규모의 크기와 인구를 가진 섬을 인정하지 않을 수도 없었다. 재판부는 이 섬이 해안에서 상당히 이격된 점과 규모 등을 종합적으로 고려할 때 절반 정도의 효력만을 인정하는 것이 타당하다고 보고 효력을 전면 인정할 경우와 완전히 무시할 경우의 경계선 사이의 중간선으로 양국 간 해양 경계를 획정하였다. 해안선의 길이 비와 배정된 해역간의 면적비 사이에 현저한 불비례성이 존재하는지에 대해 재판부는 코스타리가와 니카라과 간 해안선의 길이비는 1 : 2.04로 계산되고 해역 면적비는 1 : 2.4로 산정되므로 현저한 불비례성이 있다고 보기 없다고 판시하고 위의 중간선으로 양국 간 해양 경계선을 최종 확정하였다.

3. 태평양 해양 경계

태평양 해안의 해양 경계선은 양국이 합의한 시작점에서부터 등거리선을 작도하여 획정하였으나 시작점 인근에서 해양 쪽으로 돌출된 코스타리카의 Punta Santa Elena반도의 처리 문제가 쟁점이었다. 재판부는 Santa Elena반도는 경계선 왜곡 효과를 초래하는 소규모 지형물이 아니라고 판단하였다. 이 반도는 영해 경계선을 획정해야 하는 해변의 상당 부분을 차지하고 있으며 반도를 무시하고 영해선을 작도할 경우 영해 범위 내 코스타리카의 해역이 심각하게 축소된다고 지적하고 등거리선으로 양국의 영해 경계를 정하였다. 반면 재판부는 영해 한계 이원의 해양 경계선(배타적 경제수역, 대륙붕 경계선)을 획정함에 있어서는 Santa Elena반도의 효과를 고려해야 한다고 보았다. 동 반도에 위치한 등거리선 측정 기준점은 해안으로부터 약 120해리 지점까지 영향을 미침으로써 니카라과 해역에 미치는 잠식 효과가 상당하기 때문이었다. 잠식 효과를 감축하기 위해서는 반도의 존재 효과를 절반 정도 인정하는 것이 합리적이라고 보았다.

case 124 | Territorial and Maritime Dispute (Nicaragua/Columbia) 사건[1][2]

1 사실관계

이 사건은 니카라과와 콜롬비아 사이에 위치한 작은 섬들(산호초, 모래톱)의 영유권 소재와 이를 토대로 한 양국 간 해양 경계(대륙붕 및 배타적 경제수역)를 ICJ가 획정한 사건이다. 양국 사이 카리브해(海)상의 니카라과 인접 해역에는 10여개의 작은 섬과 모래톱, 간조시에만 노출되는 간출지 등이 산재해 있었다. 섬 자체는 특별한 경제적, 군사적 가치를 갖지 못하였으나 자국의 영토로 인정될 경우 이를 토대로 더 넓은 면적의 대륙붕과 배타적 경제수역을 확보할 수 있었던 관계로 1969년 이후 양국 간의 영유권 분쟁이 개시되었다. 두 나라는 스페인 식민지에서 독립하기 이전의 관할 구역에 이 섬들이 포함되어 있었다고 주장하였다. 니카라과는 협의에도 불구하고 해결 조짐이 보이지 않자 2001년 12월 6일 ICJ에 회부하여 섬들의 영유권과 양국 간 해양 경계를 획정하여 줄 것을 청구하였다.

2 선결적 항변

1. 당사국 주장

니카라과는 당사국 간 분쟁은 ICJ에 회부한다고 규정한 분쟁의 평화적 해결에 관한 미주조약(보고타조약) 제31조를 근거로 재판을 청구하였으나 콜롬비아는 당사국 간 합의나 중재 기타 국제 법정의 판결로 해결된 분쟁에는 제31조가 적용되지 않는다고 규정한 동 조약 제6조를 근거로 ICJ 관할권을 부정하였다. 문제가 된 섬들의 영유권과 해양 경계는 1928년 조약과 1930년 비준서 교환 의정서로 이미 당사국 간에 합의가 되었고 보고타조약 체결 당시 발효 중이므로 제6조가 우선 적용된다는 것이다.

2. ICJ 입장

재판부는 1928년 조약 제1조에 San Andrés, Providencia, Santa Catalina섬은 콜롬비아령이라고 니카라과가 인정한다고 적시되어 있고 1928년 조약은 1948년 보고타조약 체결 당시 발효 중이었으므로 동 협약 제6조에 의거하여 동 섬의 영유권 결정은 재판부의 관할 대상이 아니라고 확인하였다. 그러나 San Andres 군도에 속하는 섬에 대해서는 1928년 조약이 특정하지 않았고 Roncador, Quitasueño, Serrana 산호초에 대해서는 1928년 조약이 적용되지 않는다고 적시되어 있으므로 이들에 대한 영유권 소재 결정은 재판부의 관할 대상이라고 판단하였다.

---

1) 국제사법재판소, Nicaragua v. Columbia, 2012.11.19. 판결.
2) 산업통상자원부 홈페이지(https://disputecase.kr) 게재 내용 요약 정리.

3 소송참가

1. 코스타리카

코스타리카와 온두라스는 각각 2010년 2월 25일과 6월 10일에 이 사건 재판 참여 신청을 하였다. ICJ 헌장 제62(1)조는 판결에 의해 영향을 받을 수 있는 법적인 이해관계를 가진 국가는 해당 재판 참여 신청를 할 수 있다고 규정하고 있다. 이 사건 심리 중 콜롬비아는 니카라과와의 해양 경계선 남측 한계는 코스타리카 해역과 중복될 수도 있으므로 재판부가 획정하지 않아도 되며 코스타리카가 영향을 받을 수 있는 법적 이해관계를 갖고 있는 해역에 도달하기 전까지만 획정하고 나머지는 경계선의 진행 방향을 화살표로 표시하여 달라고 요청하였다. 재판부는 이 사건 판결이 코스타리카의 법적인 이해관계에 영향을 미칠 수 있는 것은 코스타리카와 니카라과가 합의한 경계 너머까지 니카라과와 콜롬비아의 해양 경계선을 획정하는 것인데 이미 당사국인 콜롬비아가 이를 거부하고 있고 지금까지의 판례상으로도 특정 국가 간의 해양 경계선은 제3국의 이해관계에 영향을 미칠 수 있는 해역에 도달하기 전까지만을 획정하여 왔다고 환기하면서 코스타리카의 재판 참여 신청을 기각하였다.

2. 온두라스

온두라스는 이 사건 판결에서 결정된 니카라과와 콜롬비아 간의 해양 경계가 자국의 이해에 영향을 미칠 수 있다는 근거로 Territorial and Maritime Dispute(Nicaragua/Honduras) 사건 판결문(2007년 10월 8일)에서 양국 간 해양 경계의 종단점을 획정하지 않았다는 점을 들었다. 동 사건에서 재판부는 니카라과와 온두라스 간의 해양 경계선을 방위각 70° 14′41.25″로 정하고 서경 82° 서쪽으로도 이 방위각선이 제3국 해양과 만나는 지점까지 계속 연장된다고 판시하였다. 온두라스는 82°선 이서(以西)로 연장되고 제3국 해양 경계와 만나는 지점이 특정되지 않은 점을 들어 이 사건에 참여할 법적인 이해관계가 있다는 논리를 구성하였으나 재판부는 온두라스의 주장은 2007년 10월 8일 판결문을 시비하고 기판력을 인정하지 않으려는 의도인 것으로 의심하였다. 재판부는 니카라과-온두라스 간 해양 경계 종단점이 획정되지 않은 것은 제3국 입장에서 잠정적인 것이지 니카라과와 온두라스의 해양 경계는 동 방위각 선을 경계로 확정적으로 획정되었으며 이 사건에서 니카라과와 콜롬비아 간의 해양 경계는 니카라과와 온두라스 간의 경계를 넘어설 이유가 없으므로 온두라스가 영향을 받을 법적인 이해관계가 없다고 일축하였다. 재판부는 온두라스는 이 사건 판결에 의해 영향을 받을 법적인 이해관계를 충분히 입증하지 못했다고 판단하고 온두라스의 재판 참여 신청을 기각하였다.

4 본안판단

1. 도서 영유권

당사국들은 1928년 조약, uti possidetis juris 원칙, 실효적 지배 등에 기초하여 영유권을 주장하였다.

(1) 콜롬비아는 1928년 조약에 의거하여 San Andres 군도의 부분을 이루는 해상 지형물 (the other islands, islets and reefs forming part of the San Andres Achipelago)은 콜롬비아령이며 동 군도 한계선이 1930년 의정서에서 서경 82°로 합의되었고 이 사건 분쟁 대상 지형물들은 모두 82°선 동쪽에 있으므로 모두 자국 영토라고 주장하였다. 재판부는 1928년 조약의 표현상 San Andres섬 지근에 있는 해상 지형물 Alburquerque Cays, East-Southeast Cays는 콜롬비아령일 수 있으나 상당히 이격된 Serranilla와 Bajo Nuevo는 이 표현을 근거로 콜롬비아령이라고 인정하기는 어렵다고 보았다.

(2) 재판부는 양국 모두 uti possidetis juris 원칙에 입각하여 영유권을 납득할 정도로 입증하지 못했다고 판단하였다.

(3) 재판부는 콜롬비아가 지속적이고 일관되게 시정권을 행사한 점이 인정되며 특히 니카라과의 항의를 받은 사실이 없는 점은 콜롬비아의 영유권을 인정하는데 매우 강한 근거가 된다고 판단하였다. 재판부는 이상의 심리를 모두 종합하여 판단할 때 이 사건 대상이 되는 해상 지형물은 모두 콜롬비아에게 영유권이 있다고 결론지었다.

2. 대륙붕 외측 한계선 설정 가능 여부

카리브해 해저 지형상 니카라과와 콜롬비아의 대륙붕은 해안선으로부터 200해리를 넘어 계속 연장되어 있었다. 니카라과는 이 점을 감안하여 양국 대륙붕 중첩 지역의 해양 경계, 즉 200해리 이원 해역의 대륙붕 경계도 획정하여 줄 것을 요청하였다. UN 해양법 협약 제76(8)조는 대륙붕이 200해리를 넘는 국가는 한계 설정을 위한 자료를 UN 대륙붕 한계위원회에 제출해야 하고 동 위원회 권고에 기초하여 대륙붕 한계를 획정하도록 규정하고 있었다. 니카라과는 대륙붕 한계위원회에 정식 자료를 제출하지 않은 상태였다. 콜롬비아는 이를 이유로 니카라과는 제76(8)조를 원용하여 대륙붕 외측 한계를 정할 수 없다고 반박하였다. 재판부는 콜롬비아가 UN 해양법 당사국이 아닌 것이 니카라과가 동 협약상의 절차 준수 의무를 면제하여 주는 것은 아니며 니카라과가 대륙붕 한계위원회에 정식 자료를 제출하지 않은 것은 제76(8)조의 요건을 충족한 것이 아니라고 확인하였다. 재판부는 이는 니카라과가 자신의 대륙붕 한계가 200해리를 넘어 콜롬비아 대륙붕 한계와 중복된다는 것을 성립하지 못한 것이며 따라서 재판부는 니카라과와 콜롬비아 간의 대륙붕 경계를 획정할 위치에 있지 않다고 판시하였다.

3. 해양 경계 획정을 위한 관련 해안 및 해역 설정

재판부는 대륙붕 외측 한계 획정은 위와 같이 사양하고 나머지 해역 경계 획정은 통상적인 3단계 획정 방식, 즉 잠정적인 등거리선 획정, 특수한 사정 존재시 잠정 등거리선 이동 및 조정, 해안선 길이비와 배정된 해역 면적비 간의 현저한 불비례성 존재 여부 확인 및 필요시 반영의 방식을 적용하였다.

case 125 | I'm Alone호 사건[1]

1 사실관계

1919년 미국은 금주법을 제정하여 주류의 제조·판매·운송 및 수입을 금지하였다. 동법의 시행으로 밀수가 급증하자 관세법을 통해 연안으로부터 12해리까지의 해역에 출입하는 모든 선박을 임검·수사할 수 있도록 규정하였다. 그러나, 미국은 공해상에서의 외국 선박의 수사에 대한 영국의 항의를 받아들여 양자조약을 통해 영국 선박에 대해서는 한 시간 항행거리 내에서만 주류 밀수 단속을 하기로 합의하였다. I'm Alone호는 주류 밀수 선박으로 미국 통상기선으로부터 6.5해리 밖에서 정박 중 미국 세관선에 발각되어 정선명령을 받았으나 도주하였다. 세관선 Wolcott호는 무선교신을 통해 협조할 것을 요청하였으나 계속 도주하자 도중에 합세한 세관선 Dexter호의 공격을 받고 공해상에서 침몰하였다. 영국은 선박과 선원의 피해배상을 요구함으로써 분쟁이 발생하였고 양자조약에 따라 합동위원회(위원회 보고서가 존중될 것으로 조약에 규정되었다)에 부탁하였다.

2 법적쟁점

1. 추적권이 국제관습법으로 성립되어 있는가?

캐나다는 추적권이 국제법상 승인되지 아니한다고 주장하였다. 반면, 미국은 추적이 선박의 한 시간 항행거리 내에서 개시된 때에도 추적권 이론을 적용할 수 있다고 주장하면서 종래 자국 법원이 동일한 원칙을 적용해 왔으나 영국·캐나다 양국 정부로부터 항의를 받은 적이 없다고 지적하였다.

2. 미국의 추적권 행사는 정당한가?

캐나다는 설령 추적권이 인정된다고 하더라도 추적은 영해로부터 개시되어야 하고, 다른 경비선이 처음에 추적을 개시한 경비선과 교대한 경우 계속된 추적으로 간주할 수 없고, 추적권이 피의선박의 격침까지 허용하는 것은 아니라고 주장하였다.

3. 선박의 등록국과 소유자의 국적이 다른 경우의 문제

I'm Alone호는 1929년 3월 22일 캐나다 회사의 명의로 캐나다에 등록되어 있었으나 실제로는 미국인이 소유한 선박이었다.

---

1) Canada v. US, 합동위원회, 1935년.

1. 추적권의 존부와 행사의 적법성

미국은 조약에 기초하여 연안에서 한 시간 항행 거리 내의 해역에 위반 선박이 존재하는 때에도 추적권을 행사할 수 있다고 주장하였으나, 위원회는 이점에 대해 최종적인 합의에 이르지 못하였다. 다만 위원회는 설령 추적권이 인정된다고 하더라도 피의선박의 고의적인 격침은 조약의 어떤 규정에 의해서도 정당화되지 않는다고 판단하였다.

2. 미국의 배상책임 범위

(1) 동 선박이 조약을 위반하여 주류 밀수에 사용되어 왔다는 사실, 미국인에 의해 실질적으로 소유·관리된 사실, 사건 당시 선박의 운항에서 적재물의 처리까지 미국인이 지휘하였다는 사실을 근거로 선박과 적재물의 손실에 대해서는 배상할 필요가 없다고 하였다.

(2) 미국의 격침행위는 위법한 행위이므로 미국은 캐나다 정부에게 위법사실을 시인하고 사죄하여야 하며, 캐나다 정부에게 US $25,000의 배상금을 지불하라고 결정하였다. 밀수혐의가 입증되지 않은 선박의 선장과 승무원, 유가족을 위해 미국은 캐나다에 별도로 US $25,000을 지급하도록 하였다.

case 126 | 베링해 물개 중재 사건(영국 v. 미국, 1893)[1]

1 사실관계

1. 분쟁 발생

(1) 러시아는 1876년에 알래스카와 인접 섬을 미국에 매각하였다. 미국은 매수한 동 지역에서의 물개 포획을 미국의 한 회사에 특허하고, 다른 사람에 의한 무허가 포획을 법률로 금지하였다. 1880년 이후에 영국 선박이 물개의 해상 포획에 종사하기 시작하자 미국 감시선은 공해 상에서 조업하는 이들 영국 어선을 미국법 위반 등으로 나포하여 처벌하였다. 1886년부터 1890년 사이에 모두 15척의 영국 어선이 미국령 연안으로부터 15~115해리의 해역에서 나포되었고, 또 동 해역에서 쫓겨난 어선도 5척에 이르렀다.

(2) 이와 같은 미국의 공해 상에서의 행동에 대해서 영국은 항의하였지만, 미국은 자국 영토 내에 서식하면서 공해를 유영하는 물개에 대해 보호권을 갖는다고 주장하는 동시에, 그 권리의 근거는 이미 러시아가 보유하였던 권리를 미국이 승계한 것이라고 하였다.

---

1) 장신, 국제법판례요약집, 전남대출판부, 226~228p 요약 정리.

2. 중재합의

물개의 포획을 둘러싼 미 - 영 간의 분쟁은 1872년 2월 29일 체결된 양국 간 조약에 의거하여 중재재판으로 해결하게 되었다. 조약에 의하면 재판부는 영·미 당사국이 임명하는 자 각각 2명, 프랑스 대통령, 이탈리아 국왕, 스웨덴·노르웨이 국왕이 임명하는 자 각 1명, 모두 7명의 중재재판관으로 구성된다.

2 중재 부탁 사항

동 조약 제6조는 중재재판에 부탁될 사항을 다음 다섯 가지로 규정하였다.

1. 알래스카를 미국에 할양한 시기 이전에 러시아는 베링해에 대해서 어떠한 배타적 관할권을 주장하거나 행사하였는가, 또 그곳의 물개 어업에 대하여 어떠한 배타적 권리를 주장하거나 행사하였는가?

2. 물개 어업에 대한 이들 관할권의 주장이 영국에 의해 승인되고 있었는가?

3. 1825년 영·러 조약에서 사용된 '태평양'이라는 문언 안에 베링해가 포함되어 있었는가, 및 이 조약 이후에 러시아는 베링해에 대해 어떠한 권리를 가지며, 또 어떤 권리를 배타적으로 행사하였는가?

4. 1867년 3월 30일 미·러 조약으로 베링해에 대한 러시아의 모든 관할권 및 베링해의 물개 어업에 관한 러시아의 모든 권리가 그대로 미국에 이양되었는가?

5. 베링해의 미국령 섬에 상주하는 물개가 연안 3해리 밖에서 발견된 때에는, 미국은 이들 물개에 대하여 어떠한 권리를 갖는가, 또 만일 갖는다고 하면 미국은 물개에 대해 어떤 보호권 혹은 소유권을 갖는가?

3 중재 판정 요지

1. 러시아의 배타적 관할 범위

1821년 칙령에서 러시아는, 자국 연안에서 100해리까지의 베링해 관할권을 주장하였지만 1824년 미국과의 조약 및 1825년 영국과의 조약 체결에 이르는 교섭에서, 러시아는 동 해역에 대한 관할권을 연안에서 대포의 사정거리 내로 한정하는 것에 동의하였다. 그때부터 미국에게 알래스카 양도까지의 시기에, 러시아는 영해의 통상한계를 넘어 베링해에 대해 어떤 배타적 관할권도 주장하거나 행사한 적이 없으며, 또 그곳에서 물개 어업에 대해서도 어떠한 배타적 권리도 주장하거나 행사한 적이 없었다.

2. 영국의 승인 여부

영국은 영해의 통상 한계 외에서 베링해의 물개 어업에 관한 러시아의 어떠한 배타적 관할권 주장도 승인한 적이 없다.

3. 1825년 조약 해석 문제

베링해는 상기 조약에서 사용된 '태평양'의 문언 중에 포함된다. 베링해에 대한 어떠한 배타적 관할권과, 그곳에서의 물개 어업에 대한 어떠한 배타적 관할권도 러시아는 1825년 조약 이후에 통상의 영해 외의 해역에서 주장하거나 행사한 적이 없다.

4. 러시아 권리의 미국 이전 여부

1867년 3월 30일 미·러 조약에서 규정한 경계인 동경 130도 이동(以東)의 베링해에서의 관할권에 관한 러시아의 모든 권리 및 물개 어업에 관한 러시아의 모든 권리는, 동 조약에 기초하여 그대로 미국에 이양되었다.

5. 3해리 외측에서 발견된 물개에 대한 미국의 관할권

베링해의 미국령 섬에 상주하는 물개가 3해리 한계 외측에서 발견된 때에는, 통상 미국은 이들 물개에 대하여 어떠한 보호권 및 소유권도 갖지 않는다.

---

case 127 | 베링해 물개 중재 사건(미국 v. 러시아, 1902)[1]

1 사실관계

1. 1891 ~ 1892년에 걸쳐 러시아는 자국 해역에서 물개 어업에 종사하고 있던 미국 어선을 잇따라 나포하였다. 이러한 일련의 나포사건을 둘러싼 미국과 러시아의 분쟁은 중재재판에서 해결하기로 하였다. 1900년 8월 26일과 9월 8일 서명된 의정서는 네덜란드인 T.M.C. Asser를 단독 중재재판관으로 하고, 재판은 국제법의 일반원칙과, 나포가 이루어진 시점에 유효한 양국 간 조약에 기초하도록 규정하였다.

2. 부탁된 사건 중 James Hamilton Lewis호 사건과 C. H. White호 사건은, 러시아 영해 내에서 러시아 법령에 위반하여 물개 포획을 하여 러시아 감시선의 추적을 받고 공해상에서 나포된 사건으로, 추적권 이론의 국제법상의 효력을 다툰 것이다.

3. 또 Cape Horn Pigeon호 사건은 공해상에서 나포되어 러시아에 억류된 사건이며 Kate and Anna호 사건은 공해상에서 임검되어 물개 가죽을 러시아 감시선이 몰수한 사건인데, 전자는 러시아 감시선의 오인에 기초한 것이고, 후자는 동 선박의 위법행위를 입증할 수 없었던 것을 러시아 측이 인정하였기 때문에 손해배상액의 결정만이 법정에 요구되었다.

---

1) 장신, 국제법판례요약집, 전남대출판부, 229 ~ 230p 요약 정리.

2 판결 요지

1902년 11월 29일 중재재판관은 다음과 같이 판결하였다.

1. James Hamilton Lewis호 사건에 대해서 중재재판관은 동 선박의 나포가 러시아 영해 외에서 이루어진 것을 확인하고, 사건 당시에 미·러 간에 영해 밖까지 미치는 물개 어업규제에 관한 조약이 체결되지 않은 이상, 국가 관할권을 영해를 넘어 확대할 수는 없다. 영해 내에서 위법행위를 한 외국 선박을 군함이 추적하여, 영해 외에서 나포한 것이 허용된다는 러시아의 주장은 국제법에 합치하지 않는다. 그러므로 동 선박이 러시아 영해 내에서 위법하게 물개 포획에 종사하였는가를 심리하는 것은 필요치 않다고 선언하고, 동 선박의 포획에 관해서 US $28,588와 연 6푼의 이자를 배상하도록 명하였다.

2. 그 외 C. H. White호 등 세 척의 미국 선박에 대하여 같은 이유로 손해배상과 이자 지불을 명하였다.

case 128 | 남극해 포경 사건(Whaling in Antartic Case)[1]

1 사실관계

멸종위험이 높은 생물종의 하나인 고래에 대해 무자비한 포획이 이루어지자 포경협약에 의해 설립된 포경위원회는 상업적 포경의 전면적 금지조치를 채택하였다. 다만, 식용으로 고래를 이용해 왔던 '토착민에 대한 예외'와 고래보호를 위한 '과학조사목적을 위한 예외'를 허용하였다. 그러나 일본 등 몇몇 국가들은 과학조사 예외 조항을 악용하여 그 목적을 벗어난 과도한 포경이 이루어지자 호주는 자국 고래보호수역에서 포경을 규제하기 위해 국내법원 판결 등 다양한 조치를 취했으나 이를 막지 못하자 일본을 ICJ에 제소하였다.

2 법적쟁점 및 판결

ICJ는 일본의 포경관련 조치가 '과학적 조사를 목적으로' 취한 조치라고 볼 수 없다고 보아 일본의 조치가 포경협약에 위반된다고 판단하였다. ICJ는 포경이 과학적 목적을 위한 것인지를 판단함에 있어서 포경프로그램의 디자인과 이행이 중요한데, 상업포경은 상업적 가치가 있는 '몸집이 큰 고래종'을 대상으로 하고 과학조사목적의 포경은 '희귀하거나 상업적 가치가 없는 고래종'이 주요 대상이라고 보았다. 일본은 과학조사목적의 포경 프로그램인 'JARPA'를 운용하면서 남대서양 밍크고래를 중심으로 한 해양생태계에 관한 연구를 위해 샘플규모를 400마리로 하였으며, 18년 동안 JARPA프로그램하에서 6,700마리 이상의 밍크고래가 살상되었다. 그 밖에 참고래(fin whale), 혹등고래(humpack whale)도 포획이 허가되었다.

---

1) 호주 대 일본, ICJ, 2014년.

ICJ는 결론적으로 일본이 JARPA II에 따라 고래포획을 허용한 것은 포경협약에 위반된다고 판시하였다. JARPA II가 과학적 조사의 형식을 띠고 있으나, 샘플의 수가 지나치게 많고, 밍크고래에 집중되어 있으며, 살상방법을 사용하는 점 등은 결국은 상업적 목적을 띤 것으로 판단할 수밖에 없다고 보았다. 따라서 재판소는 일본은 호주가 청구한 바와 같이 과학조사목적이 아닌 포경 허가를 자제하고, JARPA II를 즉각 중단하며, JARPA II의 이행을 허용하는 인가·허가·면허를 취소할 것을 요구하였다.

case 129 | Mox 공장 사건

1 사실관계

동 분쟁은 영국 당국이 영국에 새로운 Mox 공장시설의 설립을 허가함으로써 시작되었다. 동 시설은 이미 사용된 핵연료를 Mox라는 새로운 연료로 재처리하기 위해 설립된 것이다. 아일랜드 정부는 공장의 가동이 Irish Sea를 오염시키며, 방사능물질의 공장으로의 수송과 관련하여 잠재적 위험이 있다고 주장하였다. 이에 아일랜드는 영국을 상대로 중재법원의 구성을 요청하였으며, 이에 따른 잠정조치의 명령을 국제해양법법원에 요청하였다.

2 법적쟁점

1. 관할권 문제

영국은 협약 제282조에 기초하여, '동 분쟁의 주요한 문제는 분쟁해결을 위한 구속력있는 해결방법을 규정하고 있는 유럽조약을 포함한 지역협정에 의해서 다루어져야 하기에 법원은 잠정조치를 내릴 수 있는 권한을 가지고 있지 않다'고 주장하였다. 또한 동 사건이 법원에 기소되기 이전에 양 당사국 사이에 어떠한 의견의 교환도 이루어지지 않았으므로 협약 제283조의 요건이 충족되지 않았다고 주장하였다.

2. 잠정조치의 긴급성 문제

아일랜드가 법원에 요청한 잠정조치명령에 대하여, 영국은 법원이 이러한 청구를 기각할 것을 주장하였다.

3 법원의 판단

1. 관할권 문제

법원은 영국의 주장을 검토하면서, 당사국이 협정에 도달할 가능성이 없다고 판단되는 때에는 의견의 교환을 계속할 의무가 없다고 판단하였다. 따라서 중재법원은 동 분쟁에 대해서 일견 관할권을 갖는다고 판결하였다.

2. 잠정조치의 긴급성 문제

법원은 중재법원이 구성되고 있는 시점에서 잠정조치가 필요한가를 심사하였다. 법원은 협약 제290조 제5항에 따라 긴급한 상황이 있으며 잠정조치가 필요하다고 인정될 때에만 잠정조치를 명령할 수 있다고 언급하였다. 그러나 동 사건의 정황상, 중재법원이 구성되기까지 비교적 단기간 동안에는 아일랜드가 요구한 잠정조치의 명령이 그 긴급상황에 의한 필요성이 없다고 판결하였다.

3. 잠정조치 명령

그러나 법원은 협약과 국제법하에서 해양환경오염의 방지를 위해 협력의무가 중요한 원칙이 됨을 강조하면서, 법원이 해양환경의 보존에 적절하다고 판단되는 부분에 대해 명령할 수 있는 권리가 있다고 판시하였다. 법원에 따르면, 양국이 Mox 공장의 운용에 의한 위험 또는 영향과 관련한 정보를 교환하고 필요하다면 이들 문제에 대한 해결방법을 마련하는 데 있어 상호 협력이 요구된다. 따라서 중재재판의 구성과 결정이 있기까지 다음의 잠정조치를 명령하였다.

(1) Mox 공장의 설립허가로부터 Irish Sea에 대한 가능한 영향에 대한 추가정보의 교환

(2) Irish Sea를 보호하기 위한 Mox 공장의 운용의 위험 또는 영향의 감시

(3) Mox 공장의 운용의 결과로부터 발생할 수 있는 해양환경의 오염방지를 위한 적절한 방법의 고안

case 130 | Arctic Sunrise Arbitration[1]

1 사실관계

1. Arctic Sunries호의 항의 활동과 러시아의 추적권 발동

2013년 9월 18일 러시아의 북극해 석유 생산에 항의하는 그린피스 소속의 환경보호 운동가들이 네덜란드 국기를 단 쇄빙선 'Arctic Sunrise호'에서 4척의 고속고무보트를 내려 러시아의 세계 최대 가스 생산업체 가즈프롬의 석유 시추 플랫폼(유정 굴착 장치) 프리라즈롬나야에 올라가 시위를 벌이려 시도하다 러시아 해안경비대에 의해 프리라즈롬나야의 500m 안전수역 밖으로 쫓겨났다. 그리고 러시아는 Arctic Sunrise호의 자선들이 프리라즈롬나야의 500m 안전수역 내에 있었으므로 안전수역 밖 EEZ의 모선에 대한 추적을 단행하였다. 프리라즈롬나야는 일년에 2/3 기간 동안 빙하로 뒤덮여 있고 기온이 최저 -50℃까지 떨어지는 러시아 EEZ 내의 페초라해에 위치한 북극해 최초의 석유 시추 플랫폼으로서 그린피스가 안전에 의문을 제기하는 시설이다.

---

1) 네덜란드 v. 러시아, 2014, 국제중재.

2. 러시아의 관할권 행사

9월 19일 총과 칼로 무장한 15인의 러시아연방 보안기관 요원들은 헬리콥터를 통해 실시한 강제 임검을 통해 Arctic Sunrise호와 30명의 승선자를 나포·억류하였다. 러시아 당국은 그들은 해적행위로 소추하였다가 나중에는 죄목을 폭력행위로 완화시켰다. Arctic Sunrise호의 기국인 네덜란드 정부는 러시아에 대해 선박과 탑승자들의 즉각적인 석방을 요구하였다.

3. 네덜란드의 제소

2013년 10월 4일 네덜란드는 러시아가 협약하에서 동일한 분쟁해결절차를 수락하지 않았기 때문에 러시아 EEZ 내에서의 러시아 당국에 의한 Arctic Sunrise호의 임검과 억류 및 거기에 타고 있던 사람들의 억류 사건과 관련하여 협약 제287조에 따라 협약 제7부속서 하의 중재재판을 개시한다고 러시아에 통지하였다.

4. 잠정조치 요청

10월 21일 네덜란드는 협약 제7부속서하의 중재재판소가 구성되는 동안 국제해양법재판소에 이 사건과 관련하여 일정 잠정조치의 명령을 요청하였다. 네덜란드는 국제해양법재판소에 자국 출신 재판관이 없기 때문에 국제해양법재판소규정(협약 제6부속서) 제17조 제3항에 따라 임시재판관 1인을 선정하기도 하였다. 국제해양법재판소는 11월 22일 러시아에 대해 네덜란드가 3,600,000유로의 보석금 혹은 금융보증을 기탁하는 즉시 선박과 모든 억류된 사람들을 석방할 것을 명하는 잠정조치를 발하였다. 러시아는 잠정조치명령을 이행하였다.

2 법적쟁점

1. 재판관할권의 존부
2. 법정조언자 인정 여부
3. 추적권 발동의 적법성 여부
4. 해적행위 해당 여부
5. 손해배상

3 중재재판소 판정

1. 재판관할권의 존부

중재재판소는 네덜란드 측의 요청으로 먼저 재판관할권문제에 대해 별도로 검토하였다. 그리고 2014년 11월 26일 심리 결과 러시아가 1997년에 UN해양법협약을 비준하면서 첨부한 선언은 "협약 제 298조 제1항(b)의 언어를 정확히 추적하지 않은" 것으로서 본 사건에 대한 재판소의 관할권 성립에 영향을 주지 못한다고 판시하였다.

2. 법정조언자 인정 여부

그린피스는 법정의 조언자로서의 의견 제출의 기회를 달라고 요청하였으나, 중재재판부는 만장일치로 거절하였다.

3. 추적권 발동의 적법성 여부

국제해양법재판소가 M/V Saiga호 사건(No.2)에서 지적한 바와 같이 UN해양법협약 제111조에 명시된 추적권 행사를 위한 요건은 '누적적'인 것으로 각 요건이 모두 충족되어야 하는데 사실 검토 결과 러시아의 추적은 도중에 '중단되었기' 때문에 추적권 행사를 위한 누적적 요건을 충족시키지 못하였다고 판단하였다.

4. 해적행위 해당 여부

러시아 EEZ 내의 석유 시추 플랫폼 프리라즈롬나야는 선박이 아닌 '고정된 플랫폼'이기 때문에 해적행위가 성립하기 위한 '타 선박의 요건에 해당하지 않으므로 해적에 해당되지 않는다고 하였다.

5. 손해배상

2015년 8월 14일 중재재판소는 만장일치의 결정을 통해 러시아가 UN해양법협약을 위반하여 행동하였으며 피해 선박의 기국인 네덜란드는 Arctic Sunrise호에 가해진 중대한 손해에 대해 이자와 함께 금전배상을 받을 권리가 있다고 판시하였다.

case 131 | Ghana - Cote d'Ivoire Maritime Delimitation 사건[1][2]

1 사실관계

이 사건은 가나와 코트디브와르 간 영해, EEZ 및 대륙붕 경계획정에 관한 사건이다. 양국은 이 사건을 해양법재판소에 의뢰하기로 합의하였으며 3인으로 구성된 소재판부를 구성해 줄 것을 요청하였다.

2 법적쟁점

1. 묵시적 경계의 존재 여부

2. 금반언 원칙 적용 여부

3. 해양 경계획정

---

1) Ghana v. Cote d'Ivoire, 2017.9.23. 판결, 국제해양법재판소.
2) 산업통상자원부 홈페이지(https://disputecase.kr) 게시 내용 요약 정리.

4. 가나의 코트디브와르 주권 침해 여부

5. 해양법협약 제83조 위반 여부

3 판단

1. 묵시적 경계 존재 여부

가나는 양국 간 등거리선에 대한 묵시적 합의가 존재한다고 주장하였으나 재판부는 이를 기각하였다. ① 가나는 50년 이상 양국은 등거리선에 의해 양국 해양 경계가 결정되어 있었으며, 이 선을 기준으로 해저 광구 설정, 개발 계약, 탐사 및 시추 활동을 각자의 해역에서 수행해왔다고 주장하였으나 재판부는 이를 기각했다. 재판부는 양국이 설정한 광구가 가나가 주장하는 등거리선을 기준으로 설정되어 있으며 지질 탐사, 시추 등 각종 개발 행위가 등거리선으로 분획된 각국의 해역에서 이루어졌고 심지어 상대국 해역 진입 시 사전 허가를 구하는 등 유전 관련 활동에 있어서 등거리선이 경계로서의 관련성을 가진다는 점은 인정하였다. 그러나 유전 개발과 관련된 관행이 양국 간 묵시적 경계 합의를 시사한다고는 보지 않았다. ② 가나는 양국의 국내법이 등거리선에 대한 합의를 뒷받침한다고 주장하였으나, 재판부는 국가의 일방적 행위에 불과한 입법은 이미 합의된 경계선을 확인해 줄 수는 있어도 그 자체로 합의가 존재함을 증명하는 것은 아니라고 하였다. ③ 가나는 양국이 대륙붕한계위원회에 제출한 자료가 등거리선을 규정하고 있어, 등거리선에 대한 묵시적 합의를 입증한다고 주장하였으나, 재판부는 코트디브와르가 해당 자료를 해양경계획정의 근거로 삼을 수 없음을 이미 언급하고 있으므로 등거리선원칙이 합의된 원칙은 아니라고 하였다. ④ 코트디브와르는 가나 측과 해양경계획정을 위한 협상을 지속해 온 것이 묵시적 합의의 부존재를 증명한다고 주장했고, 재판부는 이를 받아들였다. 가나는 협상은 이미 합의된 경계선을 공식화하려는 목적이라고 주장했으나, 재판부는 받아들이지 않았다. 결론적으로 재판부는 가나의 다양한 주장을 기각하고 등거리선에 따른 경계획정에 대한 묵시적 합의가 존재하지 않았다고 판시하였다.

2. 금반언(禁反言) 원칙 적용 여부

가나는 코트디브와르가 자체 법령과 가나와의 공적인 문서, 국제기구에의 보고서 및 자국 지도에서 반복적으로 등거리선을 인정하여 왔으며 가나는 코트디브와르의 명백하고 지속적이며 일관된 행동을 신뢰했으므로 금반언(estopel)의 원칙에 따라 코트디브와르는 등거리선 원칙에 반대할 수 없다고 주장했으나, 재판부는 이를 받아들이지 않았다.

가나는 금반언 원칙은 국제법의 일반 원칙으로서 일국의 행동이 특별한 상황을 창출하였고 타국이 선의로 이러한 행동을 믿었고 이로 인해 손해를 감수했을 경우 금반언의 원칙이 적용되었다고 주장하면서 이러한 요건이 이 사건에서 모두 충족되었으므로 코트디브와르는 등거리선을 부인할 수 없다고 항변하였다. 반면, 코트디브와르는 등거리선을 인정한 사실 자체를 부인하였다. 재판부는 가나가 주장하는 금반언 원칙의 3개 요소가 벵갈만 사건(Bay of Bengal 사건)에서 언급된 점은 인정하였으나 재판부는 묵시적 합의의 존재 자체를 인정하지 않았다. 즉, 특별한 상황을 창출한 행동의 존재라는 금반언 원칙 첫째 요건이 충족되지 않으므로 나머지 요건의 충족 여부는 살펴볼 필요도 없다고 하였다.

3. 해양 경계획정

(1) 3단계 접근법의 적용

가나와 코트디브와르는 동일한 경계획정 방식을 적용하여 영해, 배타적 경제수역 및 대륙붕 경계를 설정해야 한다는 점에 대해서는 이견이 없었다. 재판부는 경계획정에 있어서 기존의 3단계 접근법을 적용하였다. 즉, 잠정적 경계선 설정, 형평을 위해 잠정적 경계선의 이동, 비례성 판단의 3단계 접근법이다. 재판부는 잠정적 경계선으로 등거리선을 적용하였다. 재판부는 Bay of Bengal 사건에서 확인되었듯이 경계 획정 사건 대부분, 특히 최근 사건은 등거리/관련 상황 방식을 보편적으로 사용하였다고 강조하였다. 재판부는 잠정적 경계선의 이동 요인이 없으며, 비례성 차원에서도 잠정적 경계선이 문제가 없다고 판단하고, 잠정적 등거리선에 기초한 경계획정을 최종적 경계로 확정지었다.

(2) 해안의 오목함 반영 여부

잠정적 등거리선의 조정에 있어서 코트디부와르 해안의 오목함(concavity)이 문제되었으나, 재판부는 이를 고려사항으로 인정하지 않았다. 재판부는 해안선의 오목함(concavity) 자체가 (등거리선 조정을 필요로 하는) 관련 상황이 될 수는 없으나 양국 간 등거리선이 해안의 오목함으로 인해 잠식 효과를 발생시킬 경우 공정한 결과 도출을 위해서는 조정이 필요할 수 있다는 Bay of Bengal 사건을 인용하였고 이 사건에서는 또한 등거리선 조정을 위해서는 잠식 효과로 인해 국제법이 허용하는 범위까지 자국 해역을 확장할 수 없고 공정한 결과를 도출할 수 없어야 한다고 판시하였다고 환기하였다. 재판부는 잠식 효과의 발생 정도를 살펴본 결과 코트디브와르의 해역이 가나에 의해 잠식되기 시작하는 곳은 해안 기준 163해리 지점으로서 200 해리 해역 한계를 감안할 때 잠식 효과가 등거리선을 조정해야 할 정도로 상당하다고 볼 수 없다고 판단하였다.

(3) 자원의 문제

코트디브와르는 Jomoro 지대 앞 바다의 유전 지대가 잠정 등거리선을 조정하지 않을 경우 가나의 소유가 되므로 자원의 공정한 분배를 위해 등거리선을 조정해야 한다는 주장하였으나, 기각되었다. 재판부는 이전의 판례를 살펴볼 때 해양 경계선은 관련 해안선의 지리적인 형태에 근거하여 객관적으로 결정하는 것이지 해당 국가의 경제적 사정을 고려하여 배분적 정의를 실천하기 위한 수단이 아니라고 하였다. 다만 일부 사건 판례에서 해당 국가 국민의 복지와 가계에 재앙적인 결과를 초래할 경우만 예외로 자원 배분을 고려하여 등거리선을 조정할 수 있다고 하였다. 재판부는 코트디브와르의 주장이 사실에 부합하는지도 불확실하고 재앙적 결과를 회피하기 위해 지리적 형태에 기반하여 작도해야 하는 원칙에서 일탈할 정도인지에 대해 코트디브와르의 주장의 근거가 충분하지 않다고 판단하였다.

4. 가나의 코트디브와르 주권 침해 여부

코트디브와르는 자국에 속한 수역에서 가나가 일방적으로 유전 탐사 및 시추행위를 한 것이 자국의 주권을 침해한 것이라고 주장하였으나 재판부는 이를 기각하였다. 재판부가 양국간 해양 분계선을 최종 확정하기 전, 재판이 진행되는 동안에 가나는 2009년부터 2014년까지 코트디브와르도 주권을 주장하는 Jomoro 지대 앞바다에 TEN이라는 광구를 설정하고 유전 탐사 및 시추 행위를 수행하였다. 코트디브와르는 최종 경계가 확정되기 전까지는 분쟁 구역에서 일방적인 경제 활동을 해서는 안 된다고 주장하면서 가나의 행위는 코트디브와르의 주권을 침해한 것이라고 판정하여 줄 것을 청구하였다.

재판부는 주권 침해를 구성하기 위해서는 우선 해당 행위를 수행한 지역이 자국의 주권 관할지가 아니라 타국과의 주권이 경합되는 분쟁 지역이라는 인식이 있어야 한다고 전제하였다. 재판부는 대륙붕 영유권이 충돌하는 경우 경계가 획정되어야 어느 지역이 어느 국가에게 속하는지가 확정되는 것이고 어느 국가의 영유권이 우선하는지를 결정되는 것이라고 천명하고 경계획정은 단순한 선언적인 것이 아니라 권리를 창출하는 성질을 보유하고 있다고 밝혔다. 따라서 경계획정 이전에 일방에 의해서 후에 타방의 소속으로 획정된 구역에서 수행된 행위는 타방의 주권을 침해한 것은 아니라고 언급하고 코트디브와르의 주장을 기각하였다.

5. 해양법협약 제83조 위반 여부

(1) 제83조 제1항 위반 여부

코트디브와르는 경계 획정 전 행해진 가나의 일방적인 석유 탐사 및 시추 행위는 합의에 의한 경계 획정 의무를 규정한 해양법협약 제83조 제1항 위반에 해당한다고 주장했으나 재판부는 기각했다. 코트디브와르는 합의에 이르기 위해서는 협상을 해야 하고 협상은 선의(in good faith)로 진행해야 하는데 일방적인 행위는 선의의 의무를 위반한 것이라고 주장했다. 재판부는 제83조 제1항의 합의 의무는 불가피하게 협상을 수반하고, 선의에 입각한 협상 의무는 해양법협약뿐 아니라 일반 국제법의 중요한 부분을 차지한다고는 인정하였다. 그러나 선의의 협상 의무는 행위의 의무이지 결과를 발현해야 하는 결과의 의무는 아니며 따라서 선의의 협상 의무 위반은 일방이 기대했던 결과가 도출되지 않았다고 해서 성립하지는 않는다고 언급하였다. 재판부는 2008년부터 2014년까지 양국이 진행한 해양 경계 협상에서는 육지 경계 종점의 위치를 획정하는 등의 성과도 있었고 코트디브와르는 이 협상이 아무 의미도 없었다는 신뢰할 만한 주장도 제기하지 않았다고 지적하면서 가나가 이 협상에 선의에 입각하여 참여하지 않았다는 주장을 코트디브와르가 설득력있게 입증하지 못했다고 판시하였다.

(2) 제83조 제3항 위반 여부

코트디브와르는 가나의 일방적인 탐사 및 시추 행위는 분계선 확정 위협 및 방해 행위를 금지한 협약 제83조 제3항도 위반하였다고 주장했으나 기각되었다. 재판부는 제83조 제3항은 잠정 합의 개시 노력 의무와 최종 합의 위협 및 방해 금지 의무를 부과하고 있으며 전자는 모든 노력을 다하라는 표현에 나타나듯이 행위의 의무로서 잠정 합의에 도달해야 하는 의무에 해당하지는 않는다고 지적하였다. 재판부는 코트디브와르는 가나에게 잠정협정 체결을 제안한 바 없으므로 잠정합의를 위해 노력할 의무를 가나가 위반했다고 주장할 수 없다고 판시하였다. 또한, 가나의 일방적인 탐사 및 시추행위가 최종합의를 위협하거나 방해했다고 볼 수 없다고 판시하였다. 재판부는 가나가 2015년 4월 25일 재판부의 잠정 명령을 수용하여 탐사 활동을 중단하였고 가나의 탐사 활동은 재판부의 최종 경계선 확정 결과 자국에게 배정된 구역에서만 이루어졌었다는 점을 주목하여 가나가 최종 합의 도출을 위협하거나 방해하였다고 판정할 수는 없다고 하였다.

case 132 | M/V Louisa호 사건[1)2)]

1 사실관계

2006년 2월 1일 스페인 경찰은 스페인 남부 카디즈 항구에 정박 중이던 세인트 빈센트 그레나딘 선적의 M/V Louisa호를 수색하여 해저 고고학 유물 수 점과 일반인 소지가 금지된 소총 5정, 권총 등의 무기를 발견하였다. 세인트 빈센트 그레나딘에 따르면 M/V Louisa호는 미국 소재 Sage Maritime Research사의 소유 선박으로 2004년 10월까지 해저 유전 및 가스전 탐사를 위해 해저면 측량 활동을 수행하였고, 이는 동업 관계에 있는 스페인 회사가 스페인 정부로부터 정식으로 인가받은 활동이었다. 그러나 두 회사가 맺은 업무 협약서에는 해저면 측량을 위한 탐사 및 연구 활동 외에 해저 유물 또는 난파선 발견 시 처리 방향 등이 기재되어 있는 등 의문점이 있었다. 스페인 경찰은 카디즈 항에 장기 정박 중인 M/V Louisa호에 선장의 동의 없이 승선하여 해저 유물과 무기를 발견하고 선내에 있던 선원 3명을 심문차 구금하였다. 2010년 10월 27일 M/V Louisa호는 스페인 형법에 의거하여 무기 소지 및 유물 손괴 범죄의 직접 수단이라는 이유로 압류되었다. 선원들은 심문 후 석방되었으나 이들은 불법 무기 소지 혐의로 기소되어 스페인을 출국할 수 없었고 주기적으로 스페인 당국에 출두하여 거주 사실을 입증하여야 했다. 해양법재판소의 이 사건 심리 진행 당시 스페인 법원의 형사 재판이 계류 중에 있었다. 이에 대해 2010년 11월 24일 세인트 빈센트 그레나딘은 스페인의 M/V Louisa호 억류 행위가 해양법협약 위반이라고 주장하고 손해 배상 청구 소송을 해양법재판소에 제출하였다.

---

1) Saint Vincent and the Grenadines v. Spain, 2013.5.28. 판결, 국제해양법재판소.
2) 산업통상자원부 홈페이지(https://disputecase.kr) 게시 내용 요약 정리.

2 법적쟁점

1. 해양법재판소 관할권의 성립 여부

2. 해양법협약 제73조 위반 여부

3. 공해 항행의 자유(제83조) 위반 여부

3. 내수에서 형사관할권 행사 시 사전통고의무 위반 여부

4. 신의성실의무 및 권한 남용 금지 의무(제300조) 위반 여부

3 해양법법원의 판단

1. 해양법재판소 관할권의 성립 여부

해양법협약 제287(1)조는 각국이 협약의 해석과 적용에 관한 분쟁 해결 수단을 문서상의 선언을 통해 해양법재판소, 국제사법재판소, 중재판정부, 특별중재판정부 중에서 하나 또는 복수를 임의로 선정하도록 규정하고 있다. 스페인은 해양법협약의 해석과 적용에 관한 분쟁 해결 수단으로서 해양법재판소와 국제사법재판소를 선정한다고 선언한 반면 세인트 빈센트 그레나딘의 선언문은 자국 선박의 체포와 억류에 관한 분쟁(dispute concerning the arrest or detention of its vessels)의 해결 수단으로서 해양법재판소를 선정한다고 기재되어 있었다. 스페인은 상호주의 원칙상 재판부는 양국의 선언이 관할하는 동일한 법적 근거 내에서 재판부는 관할권을 갖는다고 주장하고 재판부의 관할권은 선박의 체포와 억류에 관한 분쟁, 즉 해양법협약 중 명시적으로 선박의 체포 또는 억류라는 용어를 포함한 조항에 해당하는 분쟁에 국한된다는 입장을 개진하였다. 세인트 빈센트 그레나딘은 자국 선언문중 concerning이라는 표현은 선박의 체포나 억류의 의미를 갖는 해양법협약의 모든 조항을 의미하는 것으로서 이들 단어를 명시적으로 포함하고 있는 조항에 국한된다는 스페인의 주장은 세인트 빈센트 그레나딘의 선언을 스페인이 원하는 내용으로 대체하는 것이라고 반박하였다.

재판부는 분쟁 당사국이 범위를 달리하여 제287조상 선언을 하였을 경우 재판부의 관할권은 양국 선언이 중첩되는 부분에 한정된다고 밝혔으며 국제사법재판소(ICJ)의 관련 판례를 인용하였다. 재판부는 양국의 관할권 수용선언 중 더 범위가 좁은 국가의 선언에 따라 관할권 범위를 정해야 한다는 위 판례에 따라 이 사건 경우 세인트 빈센트 그레나딘의 선언이 그 범위가 더 협소하므로 세인트 빈센트 그레나딘의 선언이 의미하는 바를 해석해야 할 필요가 있다고 보았으며 이 과정에서 선언국의 의도에 특별한 주안점을 두어야 한다는 견해를 표명하였다. 핵심은 세인트 빈센트 그레나딘의 선언문이 선박의 체포 또는 억류를 명시적으로 포함한 조항만을 의미하는지 여부였다. 재판부는 선언문 중 concerning이라는 용어는 체포 또는 억류라는 단어를 명기한 조항만이 아니라 동 의미를 포함한 모든 조항을 지칭하는 것이라고 해석하였다. 이러한 해석은 세인트 빈센트 그레나딘이 이 사건 재판을 청구할 때 제출한 입장서에 기재된, 선언 당시 세인트 빈센트 그레나딘의 의도를 감안할 때 확실하다고 언급하고 보다 협의로 해석해야 한다는 스페인의 주장을 기각하였다.

2. 해양법협약 제73조 위반 여부

세인트 빈센트 그레나딘은 재판 청구 당시에는 스페인의 M/V Louisa호와 선원의 억류가 해양법협약 제73조에 위반된다고 주장하였다. 이에 대해 재판부는 M/V Louisa호가 배타적 경제수역 내 생물 자원에 관한 스페인의 법령 위반 혐의로 억류된 것이 아니라 무기 소지 및 해저 유물 무단 채취 혐의로 형사 입건된 것임을 주목하고 제73조는 M/V Louisa호 및 선원의 억류에 관한 세인트 빈센트 그레나딘의 주장의 법적 근거가 될 수 없다고 밝혔다.

3. 공해 항행의 자유(제83조) 위반 여부

세인트 빈센트 그레나딘은 스페인이 M/V Louisa호를 억류하여 결과적으로 공해 접근권이 부인되었으며 공해상의 항행 자유가 침해되었다고 주장하였다. 스페인은 M/V Louisa호 억류는 공해상에서가 아니라 M/V Louisa호가 스스로 스페인 항구에 정박하고 있던 중에 집행된 것이라고 환기하고 제87조에 관한 세인트 빈센트 그레나딘의 해석은 이 조항의 본래 의미와 합치되지 않는다고 비난하였다. 이에 대해 재판부는 해상에서의 항행 자유를 규정한 제87조는 M/V Louisa호에 대해 진행 중인 사법 절차에도 불구하고 공해 접근권과 출항권을 부여해야 한다는 방식으로 해석할 수는 없으며 M/V Louisa호의 억류와 관련된 세인트 빈센트 그레나딘의 주장의 법적 근거가 될 수 없다고 결론지었다.

4. 내수에서 형사관할권 행사 시 사전통고의무 위반 여부

세인트 빈센트 그레나딘은 M/V Louisa호에 대한 압수 수색은 선장에 대한 사전통지 없이 이루어졌으며 이는 일반적인 국제법 위반일 뿐 아니라 스페인 형법 위반이라고 주장하였으나 스페인은 일반 국제법상 사전통지의무가 존재하지 않으며 사전 고지 후 조사의무가 스페인 형법에 규정되어 있기는 하나 마약, 테러 등 특정 범죄와 인도적인 사유가 있을 경우 사전 고지 없이 승선할 수 있는 특례 조항도 있다고 반박하였다. 재판부는 자국 항구에 정박된 상업 선박 승선 시 기국에게 사전통지하거나 기국 또는 선장의 허가를 득해야 한다는 규정은 해양법협약에 없으며 스페인의 스페인 형법 위반 여부는 재판부의 심리 대상도 아니라고 판시하였다.

5. 신의성실의무 및 권한 남용 금지 의무(제300조) 위반 여부

세인트 빈센트 그레나딘은 재판 청구서와 서면 입장서에는 포함되지 않은 스페인 당국에 의한 M/V Louisa호 선원 인권 침해 혐의를 구두 변론 과정 중에서 제기하고 스페인은 신의칙 및 권리 남용 방지 의무를 규정한 해양법협약 제300조를 위반한 것이라고 주장하였다. 재판부는 제300조의 문언상 이 조항을 따로 독립하여 자체적으로 원용할 수 없는 것은 명백하다고 판단하였다. 재판부는 세인트 빈센트 그레나딘의 재판 청구서와 서면 입장서는 제300조 위반 주장은 기재되어 있지 않으며 구두 변론 단계에서 새로운 혐의로 제기한 것을 지적하고 판결 청구 사항은 재판 청구서에 직접적으로 기재되어 있거나 암시되어 있어야 한다는 것이 법적인 요건이라고 언급하였다. 재판부는 해양법재판소 헌장 제24(1)조에 분쟁의 대상(subject of the dispute)이 재판 청구 시 표시되어야 한다고 규정되어 있으며 재판소 절차 규칙 제54(1)조는 재판 청구서는 반드시 분쟁 대상을 기재해야 한다고 규정되어 있다고 환기한 후, 후속 심리 과정 중에서 재판 청구서의 내용을 보다 명확하게 할 수는 있지만 청구서에 기재된 위반 주장의 한계를 넘어설 수는 없다고 단정하였다. 즉, 재판 청구서에 의해 재판부에 회부된 분쟁은 성질이 다른 새로운 분쟁으로 변형할 수 없다는 것이다. 재판부는 이와 같은 이유로 협약 제300조는 세인트 빈센트 그레나딘이 제출한 위반 주장의 법적인 근거가 될 수 없다고 결론지었다.

case 133 | M/V Virginia G호 사건[1][2]

1 사실관계

M/V Virginia G호는 파나마 선적의 해상 주유선으로서 선주는 스페인 회사이고 사건 발생 당시 아일랜드 회사에 용선되어 쿠바인 선장과 가나 및 쿠바 국적의 선원이 기네비소 연안 해상에서 해상 주유업을 수행하고 있었다. 2009년 8월 21일 Virginia G호는 기네비소 해안 60해리 배타적 경제수역에서 해상 주유 중 기네비소의 어업조사통제청 단속선에 의해 적발되어 인근 항구로 나포되었다. 정선 및 승선 당시 통제청 직원은 소속을 나타내는 유니폼을 착용하고 있었고 무장 상태였으나 발포하지는 않았다. 주유 중이던 어선(Amabal I, II 호)도 함께 나포되었으나 조사 후 수일 내 석방되었다. 2009년 8월 27일 기네비소 해사조사위원회는 배타적 경제수역 내 비인가 석유 판매 혐의로 Virginia G호와 장비, 시설, 선내 화물, 적재 연료 등을 직권으로 몰수하였고 선주 측에 통지하였다. Virginia G호 선장 및 선원은 나포 직후 조사차 수일간 구금되었다가 석방되었으나 여권을 압류 당해 출국할 수 없었으며 여권이 반환된 2010년 1월 이후에야 출국할 수 있었다. 기네비소가 적재 연료를 인출하여 경매 처분할 예정임을 2009년 10월 5일 선주에게 통보하자 선주는 집행정지 가처분 신청을 기네비소 지방 법원에 제기하였으며 법원은 11월 5일 최종 판결 시까지 선박 및 화물 몰수와 관련된 일체의 행위를 잠정 중단할 것을 명령하였다. 기네비소 당국의 항소에 따라 동 건은 기네비소 대법원에 회부되었으나 심리 진행 중 기네비소 당국이 Virginia G호를 석방한 관계로 소의 이익이 없어 심리 진행이 중단되었다. 법원의 집행정지 명령에도 불구하고 기네비소 재무부는 2009년 11월 20일 Virginia G호에 적재된 연료를 인출할 것을 명령하였고 선주의 이의 제기에 따라 지방 법원은 인출 연료의 즉시 재적재를 명령하였으나 연료는 경매 처분되었다. 선주는 2010년 1월 18일 기네비소 재무부의 연료 인출 명령에 대해 소송을 제기하였으나 후에 Virginia G호가 석방되어 재판이 진행되지는 않았다. 선주는 기네비소 해사조사위원회의 선박 등 몰수 명령에 대해서도 2009년 12월 4일 정식 재판을 제기하였으나 당사자들의 자료 불제출 등의 절차상 해태 및 지연으로 인해 2010년 3월 이후 심리가 진전되지 못하고 있었다. 2010년 9월 20일 기네비소 해사조사위원회는 Virginia G호가 파나마 선적이기는 하나 우호협력 관계에 있는 스페인 소유임을 고려하여 2009년 8월 27일자 몰수 명령을 취소하고 Virginia G호를 석방한다고 발표하였다.
파나마는 기네비소의 Virginia G호 몰수 행위가 해양법협약 등에 위반된다고 주장하고 이 사건을 해양법재판소에 회부할 것을 기네비소에 제의하였으며 기네비소가 이에 동의함으로써 2011년 7월 4일 재판 절차가 개시되었다.

---

1) Panama v. Guinea-Bissau, 2014.4.14. 판결, 국제해양법재판소.
2) 산업통상자원부 홈페이지(https://disputecase.kr) 게시 내용 요약 정리.

2 법적쟁점

1. 선결적 항변 제기 시점
2. 진정한 관련성(genuine link)
3. 선박 및 선원 등의 국적 문제
4. 국내구제완료원칙
5. 배타적 경제수역에서의 주유활동에 대한 연안국의 단속 권한 존부
6. 배타적 경제수역에서의 주유활동 선박에 대한 단속조치의 적법성

3 국제해양법법원의 판단

1. 재판의 수리 가능성(Admissibility)

해양법원에의 제소에 합의하여 제소한 이후 기네비소가 선결적 항변을 제기하자, 이에 대해 파나마는 선결적 항변을 제기할 수 없다고 반박하였다. 이에 대해 재판부는 분쟁 당사국은 수리 가능성에 대해 시비를 제기할 권한이 있으나 분쟁을 회부하기로 합의한 당사국 간의 특별 약정에 명시된 제약에 종속되는 것이라고 언급하고 파나마와 기네비소가 합의한 특별 약정(해양법재판소 회부에 제안과 이에 대한 동의 서한)에는 수리 가능성 제기에 대한 아무런 제약도 적시되어 있지 않으므로 기네비소는 수리 가능성 시비를 제기할 수 없다는 파나마의 주장을 기각하였다. 한편, 파나마는 선결적 항변은 제소 후 90일 이내에 제기해야 한다고 주장하였으나, 재판부는 재판 규칙 제97(1)조의 90일 시한 도과 문제와 관련하여 이 조항은 본안 심리에 앞서서 판결하여 줄 것을 요청하는 관할권, 수리 가능성 시비에 한해 적용되는 것이지 본안 심리 전에 관할권 등의 선결이 요청되지 않은 사건에는 적용되지 않는다고 판시한 M/V Saiga호 사건 판례를 인용하면서 본안 심리에 앞서 관할권 등의 선결이 요청되지 않은 이 사건에 있어 기네비소의 수리 가능성 시비 제기가 금지되지는 않는다고 판시하였다.

2. 진정한 관련성(genuine link)

기네비소는 Virginia G호와 파나마 간에 진정한 관계가 존재하지 않으므로 파나마의 재판 청구는 수리될 수 없다고 주장하였다. 진정한 관계란 단순히 형식적인 선박 등록뿐 아니라 선박과 기국 간에 실질적인 관계를 요구한다고 전제하면서 해양법협약 제91(1)조 상 기국과 선박 사이에 성립되어야 하는 진정한 관계의 핵심 조건은 국적이며, Virginia G호 선주 및 선원 모두 파나마 국적자가 아닌 점을 지적하였다. 파나마와 같은 편의치적의 경우 선박과 기국 간에 특별한 관계가 없다고 보아야 하며, 기국과 선박 간에 진정한 관계가 없을 경우 연안국은 해당 선박의 항행의 자유를 인정할 의무가 없다고 주장하였다. 재판부는 제91(1)조 규정상 선박과 기국 간에는 진정한 관계가 있어야 하나 각국은 자국기 계양 권리를 부여한 선박에 대해서는 해당 취지의 문건을 발행하여야 한다는 제91(2)조 규정을 환기하고 M/V Saiga호 사건에서 선박에 대한 국적 부여는 해당 국가의 배타적인 주권 사항이라고 판시한 점을 들어 기국과 선박 간의 진정한 관계는 선박에 대한 국가의 국적 부여 권한을 행사하기 위해 충족되어야 하는 선결 조건은 아니라고 보았다.

3. 선박의 국적

기네비소는 Virginia G호 선원이나 관계자 누구도 파나마 국적자가 아니므로 파나마는 기네비소에 대해 외교적 보호권을 주장할 제소 적격(locus standi) 자체가 없다고 반박하였으나 재판부는 수용하지 않았다. 재판부는 M/V Saiga호 사건에서 해양법협약상 기국의 의무, 치적선의 피해 및 손실 배상에 관한 기국의 권리 등에 있어서 선박을 단일체로 판단하였음을 환기하면서 Virginia G호 선원, 화물, 선주 및 선박 운영 관계자 모두는 기국에 연결된 하나의 단일체로서 파나마는 이들에 대한 피해로 귀결된 파나마의 해양법협약상의 권리 침해 사항에 대해 재판을 청구할 자격이 있다고 판시하였다. 재판부는 국제법상 자국민에 대한 국가의 외교적 보호권 행사는 자국적 선박의 운영에 관계자이기는 하나 자국민은 아닌 자연인, 법인의 피해 보상을 위한 청구와는 구별되는 것이라고 설명하고 M/V Saiga호 사건에서 선원 다수의 국적이 상이한 현재 상황에서 해운 국적국별로 각각 외교적 보호권을 행사하게 하는 것은 불필요한 어려움을 자초하는 것이라고 판시하였음을 인용하면서 기네비소가 국적을 이유로 한 수리 불능 주장을 기각하였다.

4. 국내구제완료 문제

(1) 기네비소의 주장

기네비소는 이 사건 관련 재판이 국내에서 진행 중에 있으며 해양법협약 제295조에 규정된 바와 같이 국내 구제 절차가 소진되지 않은 이 사건은 수리되어서는 안 된다고 주장하였다. 기네비소는 Virginia G호가 해상 주유를 위해 자발적이고 고의로 기네비소의 배타적 경제수역 내로 진입하여 스스로 기네비소와의 관계를 형성한 것이기 때문에 자국의 관할권에 종속되는 것이라고 밝혔다.

기네비소는 자국법상 선박 등의 몰수에 있어 선주에게 제공되는 법적 구제 조치는 몰수 해제 청구소를 형사법원에 청구하거나 해사위원회에 몰수 결정 취소 청구소를 제기하는 두 가지 방법이 있음에도 불구하고 Virginia G호는 어느 방법도 사용하지 않았다고 밝히고 이는 석방 보증금 예치, 재판 진행 비용 납부 등의 금전적 의무를 회피하기 위해 해양법 재판소에 제소한 것이라고 비난하였다.

(2) 파나마의 반박

파나마는 이 사건은 기네비소가 동의하여 해양법 재판소에 회부된 것, 즉 재판 회부에 관해 양국 간의 특별 합의가 있었으므로 국내 구제 소진 원칙이 동 특별 합의에 의해 대체된 것으로 보아야 한다고 반박하였다. 또한 이 사건에서 침해된 주된 권리는 항행의 자유와 선박 운영에 관한 것으로서 해양법협약 제56조, 제58조, 제73조, 제90조에 의해 본질적으로 기국인 파나마에 속하는 것이고, 파나마는 동 협약의 관련 조항이 보장한 기국으로서의 권리에 근거하여 시비를 제기하는 것이므로 국내 구제 소진 원칙에 구애받을 수 없다고 주장하였다. 자발적인 배타적 경제수역 진입으로 인해 관할권이 성립한다는 기네비소의 주장에 대해서도 파나마는 동 수역 내 해상 주유 행위는 항행의 자유에 속하는 것이므로 기네비소의 관할권 대상이 아니라고 일축하였다.

(3) 재판부 입장

재판부는 양국의 특별 합의가 국내 구제 소진 원칙을 대체하였는지에 대해서는 이미 수리 가능성 심리 시 특별 합의로 인해 기네비소가 수리 가능성 시비를 제기할 수 없는 것은 아니라고 판시하였음을 환기하고 기네비소가 국내 구제 소진 원칙을 이유로 수리 불능 주장을 제기하는 것이 금지되지 않는다고 판시하였다. 외교적 보호권과 관련하여 재판부는 동 권한은 국내 구제가 소진된 이후에 행사하는 것이 확립된 국제법 원칙인 것은 2006년 국제법위원회(ILC)에서 채택한 외교적 보호권 초안 (Draft Articles on Diplomatic Protection) 제14(1)조에 반영된 것으로도 확실하다고 언급하였으며 외교적 보호권은 국민이 외국의 불법행위에 의해 피해를 보았을 경우 국적국이 행사하는 것으로서 시비를 제기하는 국가 자체가 타국의 불법행위에 의해 직접적인 피해를 입었을 경우에는 적용되지 않는다는 것 역시 확립된 국제법 원칙이라고 인정하였다. 파나마는 기네비소에 의해 피해를 본 것은 자유 항행권 등 기국으로서의 파나마 자신의 권리라고 주장하였으므로 재판부는 국내 구제 소진 원칙이 적용되지 않는다고 보았다.

5. 배타적 경제수역 내 급유활동에 대한 연안국의 통제문제

(1) 급유활동에 대한 통제 가능성

EEZ 내에서의 급유활동이 항행의 자유에 해당되는지 아니면, EEZ 내 어업관련활동으로 인정되어 연안국이 통제할 수 있는지가 문제되었다. 재판부는 협약 제56조상의 '주권'이란 용어는 천연자원의 탐사, 개발, 보존 및 관리에 필요하거나 관계되는 모든 권리를 망라하는 것으로서 적절한 집행 조치의 채택 권한도 포함한다고 보았다. 또한 재판부는 연안국의 규율 가능 행위는 모두 어업과 직접적인 관계가 있어야 한다는 점이 자명하며 어선에 대한 해상 주유 행위는 어선으로 하여금 어로 활동을 지속할 수 있게 하여주므로 어업과 직접적으로 관계된 것으로 볼 수 있다고 결론 내렸다. 재판부는 외국 선박의 배타적 경제수역 내 해상 주유 행위를 연안국이 규제하는 것은 협약 제56조와 제62(4)조에 규정된 생물 자원의 보존 및 관리 조치에 해당하며 이는 기네비소 외에 다수의 국가에서 해상 주유 행위를 규제하여 왔으며 명시적인 반대 없이 대부분 준수되어 온 관행상으로도 입증된다고 하였다.

(2) 급유활동 관련하여 수수료 납부를 요구한 조치의 위법성

재판부는 연안국이 배타적 경제수역 내 어선에 대한 외국 선박의 해상 주유 행위를 규제하는 것이 금지되지 않는다고 보았다. 이러한 규제 권한은 천연자원의 탐사, 개발, 보존 및 관리에 관한 연안국의 주권에 해당하기 때문이다. 기네비소 법규상 배타적 경제수역 내의 어선에 대해 주유 행위를 할 때에는 사전에 인가를 받고 상응하는 수수료를 납부해야 했다. 재판부는 연안국은 배타적 경제수역 내에서는 일정 시설 (인공섬, 구조물 등)을 제외하고는 관세법을 적용할 수 없다고 하였다. 그러나, 기네비소의 수수료는 재정적 목적에서가 아니라 해상 주유 인가에 관련하여 제공된 서비스에 대한 대가이며 수수료 징수는 조세나 관세법을 배타적 경제수역으로 확대하여 적용하려는 것이 아니므로 재판부는 기네비소의 관련 법규가 협약 제56조와 제62(4)조에 합치된다고 판결하였다.

(3) Virginia G호의 나포 및 몰수조치의 적법성

재판부는 기네비소가 Virginia G호를 몰수한 것은 협약을 위반하였다고 판시하였다. Virginia G호의 나포 및 몰수와 관련하여 재판부는 협약 제73(1)조 규정상 연안국은 이 협약에 부합되게 채택한 자국법령을 준수하도록 보장하기 위하여 필요한 조치를 취할 수 있다는 점을 지적하였다. 재판부는 직권 몰수가 위반의 정도를 불문하고 사법 절차 이용 가능성도 봉쇄한 채 무조건 적용되는 것이라면 제73(1)조의 필요성 요건을 충족했는지 의문이 있을 수 있으나 기네비소의 법령은 위반 제재에 있어 해당 당국에게 재량(flexibility)을 부여하고 있고 몰수 결정에 대해 법적인 시비를 제기할 수 있는 가능성을 보장하고 있으므로 몰수 자체가 제73(1)조를 위반하지는 않는다고 보았다. 제73(1)조 위반 여부는 이 사건의 사실 관계와 정황에 따라 판단해야 한다는 것이었다. 재판부는 몰수 결정이 기네비소 법령상 이의 청구가 가능한 행정 조치라는 점, 해상 주유는 인가 대상인 점, 인가 미취득 주유 행위 시 선박 몰수가 가능하다는 점, 연안국이 협약상 배타적 경제수역 내 해상 주유 행위를 규제할 수 있는 점, Virginia G호가 인가증 없이 해상 주유 활동을 한 점, 인가증 취득 수수료가 112 유로 정도라는 점 등을 주목하였다. 재판부는 해상 주유 인가 취득 및 수수료 납부 의무 위반은 중대한 위반 사항에 해당한다고 보았으나 이 사건 정황상 경감 사유가 존재한다고 판단하였다. 당초 Virginia G호는 함께 나포되었다가 석방된 Amabal I, II호에게 주유하던 중 적발되었는데 Amabla I, II호 선주는 해상 주유 중개업자에게 주유 희망 유량, 주유 위치, 시간 등의 정보를 통지하고 주유 인가증을 접수받아 Virginia G호에게 전달하여 줄 것을 요청하였으나 중개업자는 구두로만 인가를 신청하고 실제 인가증을 수령해 오지는 않았다. 재판부는 Amabal I, II호는 벌금만 부과받았을 뿐 몰수되지 않았고 이외에도 Virginia G호로부터 해상 주유를 받았으나 벌금조차 부과받지 않은 선박도 있음을 확인하고 이러한 사실관계에 비추어 볼 때 인가증을 문서로 받아 오지 못한 것은 인가 신청 과정상의 오해로 보이며 Virginia G호와 적재 유류 등을 몰수하는 것은 실제 위반행위 제재나 향후 위반행위 방지를 위해 꼭 필요하다고 볼 수 없다고 판단하였다. 재판부는 제재 조치를 실행함에 있어서 해당 사건의 정황과 위반의 중대성을 적절히 감안하여 합리성이 적용되어야 한다고 언급하고 Virginia G호에 대한 제재 조치는 사건 정황에 비추어 볼 때 합리적이라고 볼 수 없다고 설명하고 몰수 조치는 협약 제73(1)조 위반이라고 결론 내렸다.

6. 해양법협약 제73(2), (3), (4)조 위반 여부

(1) 제73조 제2항 위반 여부 - 보석금

협약 제73조 제2항에 의하면 적절한 보석금을 예치하는 경우 선박이나 선원은 즉시 석방된다. 기네비소 법령에 의하면 억류 선박의 석방 보석금은 관할 법원이 결정하도록 규정되어 있었다. 파나마는 보석금 산정 조건을 알 수 없고 기네비소에게 유리하다는 점 등을 이유로 법원이 아닌 기네비소 행정 당국에게 보석금 산정을 수 차례 요청하였으나 기네비소는 대응하지 않았다. 파나마는 이를 근거로 기네비소가 보석금 예치 시 선박을 즉시 석방해야 한다는 협약 제73(2)조를 위반하였다고 주장하였다. 재판부는 제73(2)조에서 연안국에게 보석금 예치 시 '즉시', '석방', 보석금 규모의 '합리성' 3개의 의무를 부과하고 있으나 이를 준수하는 방식은 연안국에게 일임하고 있다고 전제하였다. 재판부는 기네비소의 관련 법령이 이 세 가지 요건을 모두 충족한다고 보고 기네비소가 협약 제73조 제2항을 위반하지 않았다고 판시하였다.

(2) 제73조 제3항 위반 여부 - 체형 부과 금지

파나마는 Virginia G호 선장과 선원이 여권이 압수된 채 Virginia G호 정식 재판도 없이 선내에 4개월 이상 사실상 연금되었으며 이는 징역이나 신체형을 금지하는 해양법협약 제73(3)조 위반에 해당한다고 시비하였다. 기네비소는 여권의 일시 압류는 통상 시행되는 조치이며 이는 파나마의 주장처럼 신체형에 해당하지 않는다고 일축하였다. 재판부는 기네비소 법령이 배타적 경제수역 내 어로 활동 위반에 대해 징역 또는 여타의 신체형을 부과하지 않는 것은 문언상 명백하며 억류 초기 조사 과정에서의 일시적 구금과 사건 심리 기간 중 선상에 거주하게 한 것은 선원이 희망할 경우 하선이 자유로왔던 점 등에 비추어 볼 때 징역으로 볼 수 없다고 판단하였다. 선원 여권의 일시 압류에 대해서도 징역으로 볼 수 없으며 Virginia G호 선장 및 선원에게 징역이 부과되지 않았으므로 기네비소가 협약 제73(3)조를 위반하지 않았다고 결론 내렸다.

(3) 협약 제73조 제4항 위반 여부 - 관계국에 통고 의무

Virginia G호 억류 후 기네비소는 선주, 선장, 선원 모두 파나마 국적자가 아니라는 이유로 억류 사실을 파나마에 즉시 통보하지 않았다. 파나마는 이는 협약 제73(4)조 위반이며 즉시 통보는 선원 국적국이 아니라 선적국에게 하는 것이고 선원이 선적국 국적자여야 하는 것도 아니라고 비난하였다. 재판부는 우선 선주 및 선원이 기국의 국민이 아니라는 사실이 기국과 선박 간의 진정한 관계를 규정한 해양법협약 제91(1)조와 관련이 있는지 살펴본 후 제91(1)조는 선주와 선원의 국적에 대해서 아무런 제한도 부과하고 있지 않다고 확인하였다. 아울러 제출된 증거로 볼 때 선적국인 파나마가 Virginia G호에 대해 협약 제94(1)조에 규정된 바와 달리 효과적인 관할권과 통제권을 행사하지 않았다고 볼 근거도 없다고 단정하였으며 기네비소가 Virginia G호 억류 및 후속 조치에 대해 파나마에게 통보한 사실이 없음을 확인하고 기네비소는 제73(4)조를 위반함으로써 기국인 파나마가 Virginia G호에 대해 기네비소가 취한 조치에 관하여 파나마가 개입할 수 있는 기국으로서의 권리를 박탈한 것이라고 판시하였다.

7. 임검권 발동에 있어서 폭력사용의 문제

파나마는 Virginia G호 정선 및 임검 시 정도 이상의 폭력과 협박이 행해졌고 조사 역시 합리적인 수준 이상으로 진행되었으며 승선한 기네비소의 단속반은 자신의 신분을 밝히지 않은 채 무저항 상태의 선원들을 향해 총을 겨누는 등 매우 폭력적이고 위협적으로 행동하였다고 주장하고 이는 폭력은 불가피할 경우에 한해 합리적이고 필수적인 범위 내에서 사용되어야 한다는 원칙을 위반한 것이라고 시비하였다. 기네비소는 폭력 사용 사실 자체를 부인하였다. 재판부는 법집행 활동 시 폭력의 사용이 일반적으로 금지되지는 않으나 M/V Saiga 사건에서 폭력 사용은 가능한 한 회피해야 하고 불가피할 경우 정황상 합리적이고 필요한 범위를 초과해서는 안 된다고 판시한 바 있음을 환기하였다. 재판부는 제출된 자료를 볼 때 기네비소 해사위원회가 사용한 단속선은 외부에 분명히 표식을 하였고 Virginia G호에 승선한 요원은 신분을 알 수 있는 제복을 착용하였으며 선장과 선주와의 통신이 허가되는 등 임검 시의 폭력 사용이 당시 정황상 합리적이거나 필요한 범위를 초과했다고 볼 수는 없다고 판단하였다.

case 134 | M/V Norstar호 사건[1][2]

1 사실관계

M/V Norstar호는 노르웨이 회사가 소유하고 있는 파나마 선적의 해상 주유선으로서 1994년부터 1998년까지 지중해 및 대서양 인근 해역에서 대형 요트에게 연료를 공급하는 사업에 사용되었다. 1997년 이탈리아 세관은 M/V Norstar호가 이탈리아에서 구입한 면세유를 이탈리아 영해 밖 공해상에서 판매하는 행위가 범죄에 해당한다고 보고 수사한 끝에 M/V Norstar호 선장, 선주 회사 대표 등 8명을 기소하였다. M/V Norstar 호가 이탈리아에서 구매한 유류는 항해용으로서 이탈리아 외에서 소비되는 것을 전제로 하므로 면세된 것인데 M/V Norstar호가 이를 이탈리아 항구로 진입하는 대형 요트에게 판매함으로써 원래의 면세 판매 요건을 준수하지 않았으며 이는 결국 탈세 및 밀수에 해당한다는 것이다. 이탈리아 검찰은 1998년 8월11일 M/V Norstar호 몰수 영장을 발부하고 스페인 검찰에 당시 스페인 라팔마항(港)에 정박 중이던 M/V Norstar호 몰수를 집행하여 달라고 공조 요청하였다. 2000년 1월 20일 재판이 개시되었으며 이탈리아 1심 법원은 2003년 3월 14일 무죄를 선고하였고 M/V Norstar호 몰수도 취소하였다. 2003년 8월 18일 이탈리아 검찰은 항소하였으나 2005년 10월 25일 패소하였다. 파나마는 공해상에서의 해상 주유 활동은 해양법협약과 일반 국제법에서 보장하는 공해상의 자유에 해당하는 것으로서 이탈리아의 M/V Norstar호 억류 및 몰수 조치는 해양법협약 제87조의 공해상의 자유를 침해하는 것이고 신의성실과 권리 남용 금지를 규정한 제300조 위반이라고 주장하며 2015년 11월 16일 재판을 청구하였다. 재판부는 이탈리아가 제87조 공해자유원칙을 위반하였으나, 제300조 신의성실과 권리남용금지 규정을 위반한 것은 아니라고 판시하였다.

2 법적쟁점

1. 공해자유원칙(제87조) 적용 여부

2. 공해자유원칙(제87조) 위반 여부

3. 신의성실 및 권리남용금지의무(제300조) 위반 여부

---

1) Panama v. Italy, 2019.4.10. 판결, 국제해양법재판소.
2) 산업통상자원부 홈페이지(https://disputecase.kr) 게시 내용 요약 정리.

3 국제해양법재판소 판단

1. 공해자유원칙 적용 여부

공해자유원칙 위반 여부 판단에 앞서서 당해 사건에 공해 관련 규정이 적용되는지가 문제되었다. 이탈리아는 몰수 영장이 M/V Norstar호의 공해상에서의 주유 행위에 대하여 발부된 것이 아니라 M/V Norstar호가 필수적인 수단으로 사용된 이탈리아 영토 내에서의 범죄 행위에 대해서 발부된 것이라고 언급하고 M/V Norstar호가 억류된 것은 해상 주유행위 때문이 아니라 면세 유류 밀수와 탈세 범죄 수행이 실체적인 원천(corpus delicti)이라고 주장했기 때문이다. 재판부는 영장 내의 기재 사항은 ① M/V Norstar호가 항행용 면세유를 이탈리아 항구에서 구입하여 적재한 사실, ② 이탈리아 영해 외에서 대형 요트에게 주유한 사실, ③ 대형 요트들이 동 유류 구매 및 선적 사실을 신고하지 않고 이탈리아 항구로 진입한 사실로 구분되고 ①, ③ 사건은 이탈리아 내에서, ② 사건은 이탈리아 영해 외에서 발생한 것이 확인된다고 보았다. 재판부는 해당 몰수 영장이 주로 이탈리아 영토 내에서 행해진 범죄에 대해 관련될 뿐 아니라 M/V Norstar호의 공해상 주유 행위에도 관련된다고 언급하면서 영장 내에 주유받은 요트들과 M/V Norstar호 간의 긴밀한 접촉이 입증되고 외국 선박의 반복적인 인근 공해 사용은 이탈리아의 재정적 이해에 직접적인 영향을 미친다는 점 등이 기재되어 있는 점을 제시하였다. 재판부는 몰수 영장 외에 이탈리아 내 재판 판결문 등 여타 자료 등도 검토한 후 몰수 영장과 그 집행은 위 3개 사실 모두에 관련된 것이라고 판단하고 따라서 해양법협약 제87조는 이 사건에 적용할 수 있다고 결론지었다.

2. 공해자유원칙(제87조) 위반 여부

(1) 공해상 주유활동의 공해자유 해당 여부

재판부는 공해상 주유활동은 공해자유원칙에 해당되고, 주유활동을 이유로 선박에 대해 이탈리아가 관할권을 행사한 것은 공해자유원칙을 위반한 것이라고 판시하였다. 재판부는 제87(1)조 공해는 모든 국가에게 개방된다는 의미는 공해의 일부라도 특정 국가의 주권 아래 있을 수 없고 어느 국가도 공해상의 외국 선박에 대해 관할권을 행사할 수 없다는 점을 내포하고 있다고 보았다. 해상 주유가 항행의 자유에 해당하는지에 대해 재판부는 두 당사국 모두 공해상에서 해상 주유의 합법성에 대해서는 다툼이 없으며 M/V Virginia G 사건에서 연안국은 배타적 경제수역 내에서 외국 어선을 대상으로 하는 해상 주유 행위 외의 여타 해상 주유 행위에 대해서는 관할권이 없다고 판시한 바 있음을 환기하고 공해상의 해상 주유는 해양법협약이나 여타 국제법에 규정된 조건 아래에서 행사된다면 항행의 자유의 일부분이라는 견해를 표명하였다. 따라서 재판부는 M/V Norstar호가 공해상에서 여가용 요트에 대해 주유한 행위는 협약 제87조상의 항행의 자유에 속한다고 판단하였다.

(2) 공해 항행의 자유 침해 여부

재판부는 공해상 외국 선박에 대해서는 (기국외의) 어느 국가도 관할권을 행사할 수 없으므로 국제법적 근거가 없는 일체의 항해 방해 행위 또는 관할권 행사 행위는 설사 물리적인 방해나 법집행이 아니더라도 항행 자유를 위반한 것이라고 보았다. 이탈리아는 법집행에 버금가는 행위라도 위축 효과(chilling effect)를 발생할 수 있으므로 제87조 위반행위가 될 수 있는 가능성은 수긍하였으나 이 사건에서 몰수 영장이 알려졌거나 알 수 있었을 상황이 아니므로 위축 효과가 발생하지 않았으며 따라서 제87조 위반에 해당하지 않는다고 주장하였다. 재판부는 위축 효과의 발현 여부와 무관하게 공해상 외국 선박을 기국 이외 국가의 관할권에 종속시키는 일체의 행위는 항행 자유 위반이며 이탈리아가 M/V Norstar호의 공해상 주유 행위에 대해 형법과 관세법을 적용하는 것은 위측 효과 존부와 상관없이 제87조의 항행 자유 침해에 해당한다고 판단하였다.

(3) 공해에서 집행관할권과 입법관할권의 문제

재판부는 기국의 배타적인 관할권은 항행 자유의 본질적인 구성 요소로서 공해상 (위법행위에 대한) 법집행 관할권(enforcement jurisdiction) 행사는 물론 입법관할권(prescriptive jurisdiction)을 공해상 외국 선박의 합법적인 행위로까지 확장하는 것도 금지한다고 판시하였다. 이탈리아처럼 자국 형사법과 관세법을 공해상에도 적용하여 외국 선박의 행위를 범죄화한다면 설사 공해상에서 이들 법을 실제로 집행하지 않았다 하더라도 이는 제87조 위반이라고 판단하였다. 위법행위가 아닌 공해상 주유 행위에 대해 이탈리아가 자국 형사법과 관세법을 적용하여 범죄인 것으로 취급하였다는 것이다. 이탈리아의 주된 주장은 몰수 영장이 공해가 아니라 자국 항구, 즉 주권이 적용되는 내해에서 집행되었으므로 협약 제87조가 적용되지 않는다는 것이었다. 재판부는 법집행이 내해에서 수행되었다 하더라도 해당 국가가 자국 형법과 관세법을 외국 선박의 공해상 행위까지 영토외적으로 확대해서 동 행위를 범죄화하였다면 협약 제87조가 적용 및 위반될 수 있다고 일축하고 이 사건에서 협약 제87(1)조가 적용될 수 있으며 이탈리아는 자국의 형법, 관세법을 공해로 확대 적용하고 몰수 영장을 발급하여 스페인 당국에게 집행을 요청함으로써 파나마가 M/V Norstar호 기국으로서 향유하는 항행 자유를 침해하였다고 확인하였다.

(4) 이탈리아 법원 판결의 문제

재판부는 이탈리아 법원의 판결이 이 사건에서 심리에서 의미를 갖는지 여부에 대해 자신의 임무는 이탈리아의 몰수 영장 발부 및 집행을 통해 해양법협약상의 의무에 부합하게 행동하였는지를 가리는 것이고 이탈리아 법원의 임무는 밀수와 탈세 행위 발생 여부를 살피는 것이므로 두 임무는 서로 분리되고 독립적이라는 견해를 밝혔다. 위법행위가 없었다는 이탈리아 법원의 판결은 M/V Norstar호 억류가 해양법협약상 불법이라는 점을 의미하거나 시사하는 것은 아니라고 설명하였다.

3. 신의성실 및 권리남용금지의무(제300조) 위반 여부

(1) 신의성실의무 위반 여부

해양법협약 제300조는 협약상 의무의 성실 이행과 권리 남용 금지를 규정하고 있다. 파나마는 이탈리아가 제87조상의 의무를 이행하지 않았고 결과적으로 제300조도 위반하였다고 주장하였다. 제300조는 그 자체로 의무 위반을 구성할 수 없고, 특정의 의무와 권리를 부여한 별도 조항과 관련하여 위반을 시비할 수 있어 제300조에 규정된 성실히 이행되지 못한 의무와 남용된 권리가 구체적으로 어느 조항에 규정된 것인지를 특정해야 했기 때문에 파나마는 제87조와 제300조의 연결성을 강조한 것이다. 재판부는 M/V Louisa 사건에서 해양법협약 제300조는 그 자체로 원용될 수 없고 제300조 위반을 주장하려면 반드시 신의성실에 맞게 이행되지 않은 의무가 해양법협약에 의해 부과되었고 남용되었다는 권리가 해양법협약에 의해 부여된 것을 먼저 밝히고 나서 제300조와 해당 의무 및 권리 사이의 연결 관계를 수립해야 한다고 판결하였음을 환기하였다. 재판부는 이에 따라 파나마가 이 사건에서 제87조와 제300조가 연계된다는 점을 입증해야 할 것이나 제87조 위반은 필연적으로 제300조 위반을 수반한다는 파나마의 주장은 수용할 수 없고 파나마는 제87조 위반을 입증해야 할 뿐 아니라 신의 성실에 저촉되게 위반되었다는 점을 입증해야 한다고 설시하였다. 결론적으로 재판부는 이탈리아의 공해자유원칙 위반이 어떻게 신의성실의무 위반에 해당되는지에 대해 입증하지 못했다고 판시하였다.

(2) 권리남용 금지의무 위반 여부

제300조의 권리 남용에 대해 파나마는 이탈리아의 M/V Norstar호 몰수는 수사가 종결된 1998년 9월 24일 이전인 8월 11일에 서둘러 집행된 것으로서 시기상조이며 정당화될 수 없고 이탈리아의 권리 남용에 해당한다고 주장하였다. 재판부는 몰수의 조기 집행은 협약 제87조 항행의 자유와 연계되지 않는 사안으로서 재판부의 이 사건 관할권 밖이라고 판단하였다. 이상을 근거로 재판부는 이탈리아가 해양법협약 제300조를 위반하지 않았다고 확인하였다.

case 135 | Tomimaru호 사건[1][2]

1 사실관계

Tomimaru(富丸)호는 일본 국적의 트롤 어선으로서 러시아 당국으로부터 포획 가능 어종과 중량이 적시된 어로 허가를 받고 베링해 인근 러시아 배타적 경제수역 내에서 조업하고 있던 중, 2006년 10월 31일 러시아 어업단속선에게 허가되지 않은 어종 포획 혐의가 적발되어 정식 조사를 위해 인근 항구로 나포되었다. 조사 결과 6만톤 이상의 비인가 어종을 포획한 것이 확인되었고 러시아 당국은 이로 인한 손해액을 880만 루블(약 34만 불)로 추산하였으며 2006년 12월 1일 선장을 불법 어로죄로 기소하였다.

---

1) Japan v. Russia, 2007.8.6. 판결, 국제해양법재판소.
2) 산업통상자원부 홈페이지(https://disputecase.kr) 게시 내용 요약 정리.

Tomimaru호는 물증으로서 억류되었고 불법 어획물은 몰수되었다. 선장은 2007년 5월 15일 50만 루블의 벌금과 900만 루블의 손해배상금 판결을 받았으나 항소하여 이 사건 재판 중 항소심이 진행되고 있었다. 선장에 대한 형사 기소에 추가하여 선주 및 선박에 대한 행정 과징금 부과를 위한 행정 심판도 진행되었으며 Tomimaru호 선주가 선박 억류 해제를 위한 보석금 납부 의사를 밝히고 동 금액을 책정하여 줄 것을 요청하였으나 2006년 12월 19일 러시아 1심 법원은 러시아 법령상 행정법률 위반 사안에서 보석금 예치 시 해당 물건의 압류 해제는 가능하지 않다는 이유로 선주의 선박 보석금 산정 청원을 수리하지 않았다. 동 법원은 12월 28일 280만 루블의 벌금을 부과하고 Tomimaru호를 몰수하도록 판결하였다. 항소심 역시 2007년 1월 24일 1심 판결을 확인하자 선주는 대법원에 항소하여 동 심리 절차가 이 사건 재판 중 진행되고 있는 상태였다. 2심의 1심 판결 확인과 동시에 몰수가 집행되어 Tomimaru호는 러시아의 국가 재산으로 등록되었다. 러시아 사법 제도상 대법원 항소가 2심 법원의 판결 집행을 정지하지는 못한다. 일본은 Tomimaru호 나포 후 수 차례에 걸쳐 즉시 석방을 요청하였으나 받아들여지지 않자 러시아가 해양법협약 제73(2)조의 즉시 석방 의무를 위반하였다고 주장하고 2007년 7월 6일 협약 제292조에 따른 즉시 석방 재판을 청구하면서 재판부가 합리적이라고 판단되는 선박 및 선원의 석방 조건을 정해 주고 이에 따라 러시아가 석방하도록 명령하여 줄 것을 요구하였다.

2 법적쟁점

1. 일본의 청구의 모호성 문제
2. 러시아의 일본 선박 몰수의 문제

3 국제해양법법원의 판단

1. 일본 청구의 모호성 문제

러시아는 합리적이라고 판단되는 선박 및 선원의 석방 조건(terms and conditions)을 정해달라는 일본의 재판 청구가 지나치게 모호하고 특정적이지 않아서 재판부가 청구를 정당하게 고려하거나 러시아가 대응하는 것이 곤란하므로 수리할 수 없다는 주장을 제기하였다. 아울러 해양법협약 제292조상 재판부는 석방 조건을 결정할 권한이 없으며 석방 보석금의 액수와 형식을 결정할 수 있을 뿐이라고 강조하였다. 재판부는 이를 수용하지 않았다. 이 사건의 해양법협약 제292조상 청구는 동 협약 제73(2)조와 연계된 것으로서 일본은 합리적인 보석금 등의 예치 시 선박과 선원의 석방을 명령할 수 있는 제292조상의 권한을 행사하여 줄 것을 청구한 것이라고 확인하고 재판부는 일본의 청구는 수리할 수 있다고 판시하였다.

2. 러시아의 일본 선박 몰수의 문제

(1) 몰수조치로 선박의 국적이 변경되는지 여부

러시아는 Tomimaru호 몰수 판결로 인해 일본의 제292조 재판 청구의 대상이 존재하지 않게 되었다고 주장하였다. 제292(3)조에 따라 재판부는 선박, 선원, 선주에 대한 억류국 국내 법원의 본안 심리에 영향을 미치지 않는 조건 하에서 즉시 석방 건에 대해서만 심리할 수 있을 뿐인데 이 사건은 이미 국내 법원에서 심리 종결되어 몰수 판결이 집행되었으므로 결과적으로 즉시 석방 청구를 심리할 권한이 없다고 러시아는 상술하였다. 몰수가 선적에 미치는 영향에 대해서 재판부는 몰수가 그 자체로 선적의 자동적인 변경이나 선적의 상실로 귀결되는 것은 아니라고 언급하였다. 기국의 주요 기능과 제292조의 즉시 석방 절차를 개시할 수 있는 기국의 핵심적인 역할을 감안할 때 소유권의 변경이 자동적으로 기국의 변경으로 이어진다고 가정할 수 없다고 재판부는 판단하였다.

(2) 몰수로 인해 선박 즉시 석방 청구가 의미 없게 되는지 여부

몰수로 인해 선박 즉시 석방 청구가 의미 없게 되는지 여부와 관련하여 재판부는 즉시 석방 절차의 대상과 목적부터 고려하였다. 재판부는 제292조의 목적을 고려할 때 기국이 적시에 행동하는 것이 중요하다고 강조하였다. 제292조의 목적은 선박 소유주와 기국이 합리적인 시간 내에 억류국의 사법 제도를 활용하거나 제292조의 즉시 석방 절차를 개시하여야 달성할 수 있다는 것이다. 즉시 석방 절차의 대상과 목적을 감안할 때 몰수가 결정되었다 해서 해당 선박의 억류국 내 사법 절차가 진행 중인 동안에 재판부가 즉시 석방 청구를 심리할 수 없는 것은 아니라고 재판부는 강조한 후 재판 진행 중 러시아 대법원이 선박 몰수를 용인하는 최종 판결을 내렸고 이에 따라 일본은 이 사건이 미결 상태라는 주장을 더이상 제기하지 않았으며 국제적인 적법 절차 기준과의 불합치 주장이 재판 과정 중 제기된 바 없으며 선박 몰수로 인해 국제적 또는 국내적인 구제 절차를 활용할 수 없었다는 주장 역시 제기된 바 없음을 주목하였다. 재판부는 협약 제292조상의 선박 석방 판결이 이미 종결된 억류국 국내 법원의 판결과 상치될 수 있으며 억류국의 권한을 침해하여 결과적으로 제292(3)조 규정과 배치될 수 있다는 점을 고려하였다. 이와 같은 이유로 재판부는 일본의 재판 청구가 더 이상 의미가 없게 되었으며 따라서 청구된 판결을 내릴 필요가 없다고 판시하였다.

1 사실관계

이 사건은 덴마크령 그린란드와 그 앞바다에 있는 노르웨이령 얀 마엔(Jan Mayen)섬 간의 대륙붕과 어업 수역 경계를 ICJ가 획정한 사건이다. 그린란드 앞 바다에 있는 얀 마엔 섬은 작은 화산섬으로 정착 인구가 없는 무인도이다. 20여명의 기술 인력이 간헐적으로 단기 거주하고 있어 섬 자체의 독자적인 경제 활동이 이루어지지 않고 있었다. 반면 그린란드는 약 5만여 명의 인구가 상주하고 주로 인근 해역에서의 어업에 의존하고 있었다. 해역 인근에는 바다 빙어의 어장이 있어 덴마크 본토 어민들도 출어하고 있었다. 그린란드와 얀 마엔 섬 간의 거리는 250해리(463km)로서 양국이 국제적으로 인정된 폭 200해리의 대륙붕이나 어업 수역을 설정할 경우 관할권이 충돌하는 중첩 수역이 발생하였다. 1977년 1월 1일 덴마크는 폭 200해리의 어업 수역을 설정하였으나 그린란드에 대해서는 노르웨이와의 충돌을 회피하기 위해 얀 마엔섬과 상당히 이격된 북위 67°선까지만 적용하였다. 1980년 6월 1일 덴마크는 북위 67°선 이북에 대해서도 200해리 어업 수역을 설정한다고 공표하였으나 그린란드와 얀 마엔섬 사이의 등거리선 이원(以遠) 해역에 대해서는 관할권 행사를 유보하였다가 1981년 8월 31일 전 해역에 대해 관할권을 행사한다고 공표하였다. 노르웨이는 1980년 5월 29일 얀 마엔섬 주변에 폭 200해리의 어업 수역을 설정하였으나 그린란드를 마주보는 해역에 대해서는 등거리선을 적용하였다. 따라서 1980년 6월 1일부터 1981년 8월 31일까지는 등거리선이 사실상 그린란드와 얀 마엔 간의 해역 경계로 기능하였으나 그 이후 양국은 해양 경계를 두고 반목하였다. 협의에 의한 해결이 난망시 되자 덴마크는 1988년 8월 16일 동 해역의 해양 경계를 획정하여 줄 것을 ICJ에 청구하였다. 양국 모두 ICJ의 강제관할권을 수락하고 있었다.

2 법적쟁점

1. 등거리선 적용 가능 여부

2. 잠정 등거리선 설정 후 조정방식 적용 가능 여부

3. 고려해야 할 특수사정

4. 해양 경계선 설정

---

1) Denmark v. Norway, 1993.6.14. 판결, 국제사법재판소.
2) 산업통상자원부 홈페이지(https://disputecase.kr) 게시 내용 요약 정리.

3 국제사법재판소 판단

1. 등거리선 적용 가능 여부

1965년 12월 8일 노르웨이와 덴마크는 양국 간 대륙붕 경계를 등거리선으로 정한다는 협정을 체결하였다. 노르웨이는 이 협정에 따라 그린란드와 얀 마옌섬 간의 대륙붕 및 어업 수역 경계 역시 이미 등거리선으로 결정되었다고 주장하였으나 덴마크는 동 협정은 노르웨이와 덴마크 본토 간의 경계를 의미하는 것이지 문제 해역에는 적용되지 않는다고 반박하였다. 노르웨이와 덴마크는 모두 1958년 대륙붕협정 체결국이고 이 협정 제6(1)조는 마주 보는 해안국의 경우 특수한 사정이 없는 한 등거리선을 경계로 한다고 규정하고 있었다. 노르웨이는 이 조항을 원용하여 그린란드와 얀 마옌 섬 간의 해양 경계는 등거리선이라고 주장하였으나 덴마크는 두 섬의 현저한 면적, 해안선, 어업 의존도 등은 등거리선을 적용할 수 없는 특수한 사정에 해당한다고 반박하였다. 재판부는 1965년 양자 협정의 경우 제1조에는 등거리선 적용을 규정하고 있으나 제2조에는 양국 본토가 마주 보는 북해 지역의 좌표만을 규정하고 있으며 boundary라는 단수 표현을 사용하고 있어 본토에서 이격된 그린란드 해역 경계도 포함한다고 볼 수는 없다고 판단하였다.

1958년 대륙붕협정에 대해 재판부는 특수한 사정이 없을 경우 등거리선을 적용하라는 것이므로 특수상황 존부 여부를 재판부가 심리하여 결정할 일이며 등거리선이 이 협정에 의해 이미 적용되고 있다고 단정할 수는 없다고 밝히고 노르웨이의 주장을 기각하였다.

2. 잠정 등거리선 설정 후 조정방식 적용 가능 여부

1958년 대륙붕협정 제6(1)조는 인접국가 간의 대륙붕 경계는 합의로 설정하되 합의가 이루어지지 않을 경우 특수한 사정이 없다면 등거리선으로 설정한다고 규정하고 있었다. 재판부는 이전 North Sea Continental Shelf 사건 재판부가 대안 국가 간 대륙붕 경계는 등거리선으로 획정한다고 판시한 바 있고 Continental Shelf(Libya/Malta) 사건 재판부는 등거리선의 형평성은 대안 국가의 경우 특히 뚜렷하게 나타나며 일단 등거리선을 잠정적으로 획정하고 다른 요소를 고려하여 조정하는 것이 공평한 결과를 달성할 수 있는 가장 사려 깊은 경계획정 방법이라고 판단하였음을 환기하였다. 재판부는 인접국가 간 대륙붕 경계를 획정한 Gulf of Maine 사건과 Continental Shelf(Libya/Malta) 사건 모두 등거리선을 잠정적인 경계로 설정하고 조정하였다고 첨언하고 국제관습법상 인접 국가 간 경계는 등거리선이 인정되어 온 점과 1958년 대륙붕 협정은 특수 사정의 존부 판정 없이 적용할 수 없다는 점을 들어 이 사건 역시 등거리선을 잠정적인 경계로 설정하고 등거리선을 조정하거나 이동해야 하는 특수한 사정의 존부를 살피는 것이 이전의 판례와도 부합된다고 판단하였다. 어업 수역 경계 역시 Gulf of Maine 사건에서 등거리선을 양 인접국가의 해안선의 길이를 감안하여 조정하여 경계를 획정하였음을 환기하고 대륙붕 경계획정 방식과 마찬가지로 잠정적으로 설정한 등거리선을 조정하는 방식으로 결정하는 것이 타당하다고 판단하였다.

3. 고려해야 할 특수사정

(1) 해안선의 길이

재판부가 우선 고려한 특수사정은 문제 해역에서의 그린란드 해안선과 얀 마옌섬의 해안선 격차였다. 전자는 504km, 후자는 54km로 9:1의 비율이었다. 재판부는 대다수의 지리적 상황에서 등거리선은 외견상 공평한 결과를 나타내지만 해안선의 길이와 등거리선으로 분할한 해역의 면적 간의 관계가 비례적이지 않기 때문에 공평성을 보장하기 위해서 이러한 격차를 고려할 필요성이 있는 상황이 있을 수 있으며 North Sea Continental Shelf 사건 판결에서도 해안선의 길이와 그 국가에 배정되는 대륙붕 간에는 합리적인 수준의 비례성이 있어야 한다고 보았다고 인용하였다. 이에 따라 재판부는 그린란드와 얀 마옌섬 해안선 길이 격차를 감안하여 등거리선을 얀 마옌 섬 방향으로 이동해야 한다고 보았다. 그러나 두 해안선 길이 격차를 직접적이고 기계적으로 적용해야 하는 것은 아니며 얀 마옌 섬 역시 국제관습법에 인정된 자신의 해역, 예컨대 직선 기선 기준 200해리 해역을 가질 권리가 있으며 해안선 길이 격차가 크다는 이유로 덴마크의 주장대로 그린란드에게는 폭 200리 수역을 모두 인정하고 잔여 해역만을 얀 마옌 섬에 배정하는 것은 얀 마옌 섬의 국제법적 권리와 형평성을 침해하는 것이라고 설시하였다.

(2) 해당 수역에 형성되는 어장에의 접근성

재판부가 고려한 또 다른 사정은 해당 수역에 형성되는 어장에의 접근성이었다. 그린란드와 얀 마옌 섬 해역 남부에는 바다 빙어의 일종인 capelin의 주요 서식지였다. 그린란드 북부 해역에도 capelin이 서식하고 있지만 유빙과 해양 동결로 인해 그린란드 어민은 그린란드 남부 해안에서 출어하여 문제 수역의 남부 어장에서 어획 활동을 할 수밖에 없었다. 재판부는 이러한 상황을 고려할 때 등거리선으로 해양 경계를 획정하면 그린란드 어민의 바다 빙어 어장 접근성이 현저하게 제약된다고 판단하였으며 등거리선을 얀 마옌 섬 방향으로 이동시켜 등거리선을 적용할 때보다는 넓은 해역을 그린란드에게 배정하는 것이 공평하다고 판단하였다. 덴마크는 얀 마옌섬의 상주 인구 부재, 어업 활동 부재와 같은 경제 사회적 요인도 경계 획정시 반영해야 한다고 주장하였다. 50,000명 이상의 주민이 어업에 주로 의존하고 있으므로 그린란드에게 보다 넓은 해역이 배정되어야 한다는 주장이다. 재판부는 Continental Shelf(Libya/Malta) 사건에서 경계획정이 분쟁당사국의 경제 현황에 따라 영향을 받지는 않는다고 판결하였음을 인용하였다. 동 재판부는 경제적으로 미발달된 국가에게 보상 차원에서 대륙붕을 더 넓게 배정해야 한다는 주장을 배척하면서 경제 보상 논리는 국제법에 근거가 없으며 대륙붕 경계획정에 관한 규정이나 인접국 간 영토 획정에 관한 규정 어디에도 경제적 격차를 고려할 여지는 없다고 확인하였다. 재판부는 이에 따라 얀 마옌섬의 인구상황 등의 사회 경제적 요인을 이 사건 경계획정에 고려할 이유는 없다고 판단하였다.

4. 해양 경계선 설정

덴마크는 재판 청구 시 ICJ가 양국 간 해역 경계선을 구체적으로 획정하여 줄 것을 청구하였다. 재판부는 바다 빙어 어장이 형성되는 남부 해역은 양국에게 균등하게 배분되도록 경계를 획정하고 북부 해역은 얀 마옌 섬도 독자적인 해역을 가질 수 있는 권리가 있음을 감안하여 경계를 획정하였다.

case 137 | Maritime Delimitation in the Indian Ocean 사건[1][2]

1 사실관계

1. 개요

이 사건은 소말리아가 ICJ에 케냐와의 해양 경계선 획정을 청구한 데 대해 케냐가 자신의 ICJ 강제관할권 수용선언상의 유보 내용과 UN해양법협약상의 규정을 근거로 ICJ의 관할권 부재를 항변하였으나 기각된 사건이다. 소말리아와 케냐는 해양 경계선에 관한 입장이 상이하여 양국간의 영해, 배타적 경제수역, 대륙붕 경계와 200해리 이원의 대륙붕 한계에 관한 합의를 이루지 못하고 있었다. UN 해양법 제76(8)조는 200해리 이원의 대륙붕 한계를 획정하려는 국가는 관련 자료를 UN대륙붕한계위원회에 제출하고 한계위원회의 권고에 근거하여 합의에 의해 결정하도록 규정하고 있었다. 자료 제출 기한은 협정 발효 후 10년 이내로 2009년 5월 13일이 양국 모두에게 적용되는 기한이었다. 분쟁 수역의 경우 위 자료 제출에 대해 분쟁 당사국의 사전 동의가 있어야 한다고 규정되어 있었다.

2. 대륙붕한계위원회에 대한 자료 제출 문제

소말리아와 케냐는 경계를 획정하지 못한 분쟁 수역이 있었고 동 수역의 범위가 200해리 이원의 대륙붕까지도 포함하고 있었으므로 동 조항의 적용을 받았다. 자료 제출 기한이 임박함에 따라 양국은 상대국의 위 자료 제출에 반대하지 않는다는 요지의 양해 각서를 2009년 4월 채택하였고 소말리아는 예비 자료를 제출하였으나 이 양해 각서가 의회에서 비준을 받지 못하게 되었다. 소말리아는 2010년 3월 2일 동 양해 각서를 실행 불능 조약으로 취급하여 줄 것을 UN사무총장에게 통지하였고 케냐의 200해리 이원 대륙붕 한계에 관한 자료 제출에 대해 반대하였다. 후에 양국은 상대방의 UN대륙붕한계위원회 앞 대륙붕 자료 제출 및 검토를 반대하고 철회하는 등의 우여곡절을 겪었으나 끝내 양국 간 해양 경계 및 대륙붕 외곽 한계에 대해 합의하지 못하였다.

3. 소말리아의 제소 및 케냐의 선결적 항변

소말리아 2014년 8월 28일 이 문제를 판결하여 줄 것을 ICJ에 청구하였으나 케냐는 자신의 ICJ 강제관할권 수용선언에 부가된 유보 조항에 별도의 분쟁 해결 절차를 이용하기로 합의된 분쟁에 대해서는 ICJ 관할권을 부인하였으며 UN 해양법 협약의 분쟁 해결 절차가 이에 해당한다는 이유로 ICJ의 관할권을 부인하였고 설사 관할권이 인정된다 하더라도 소말리아의 2009년 양해 각서 위반 등으로 인해 동 재판 청구를 수리할 수 없다는 선결적 항변을 제기하였다.

---

1) Somalia v. Kenya, 2017.2.2. 판결, 국제사법재판소.
2) 산업통상자원부 홈페이지(https://disputecase.kr) 게시 내용 요약 정리.

2 법적쟁점

1. 강제관할권 수락선언에 대한 유보

2. UN해양법협약 제15부

3. 수리 가능성

3 국제사법재판소의 판단

1. 강제관할권 수락선언에 대한 유보

(1) 케냐의 선택조항 수락선언과 이에 대한 유보의 내용

케냐가 1963년 12월 12일 수용한 ICJ 강제관할권 수용선언은 동 일자 이후 발생하는 모든 분쟁에 대해 ICJ의 관할권을 수용한다고 천명하였으나 분쟁 당사국이 여타 분쟁 해결 수단을 이용하기로 합의하였거나 합의해야 하는 분쟁은 제외한다는 유보 사항이 부가되어 있었다.

(2) 양해각서의 성격

케냐와 소말리아가 체결한 2009년 양해 각서 제6조는 분쟁 수역의 해양 경계 획정 (200해리 이원의 대륙붕 한계 포함)은 대륙붕 한계위원회의 자료 검토가 종료된 후 국제법에 의거하여 당사국간 합의되어야 한다고 규정하고 있었다. 케냐는 이 조항은 유보 조항에 언급된 여타 분쟁 해결 수단에 해당한다고 주장하고 따라서 ICJ 관할권 이 적용되지 않는다고 주장하였다. 소말리아는 의회의 비준을 받는데 실패하였으므로 양해 각서 자체가 무효라고 항변하였다. 재판부는 문서 형태의 국가간 합의는 조약에 해당하는데 양해 각서는 문서로 되어 있고 발효 조항이 포함되어 있는 것은 양해 각서가 구속력이 있음을 시사하는 것이라고 보았다. 양해 각서는 각 서명자가 본 국 정부의 위임을 받아 서명한다고 적시되어 있었고 서명과 동시에 발효한다고도 명시되어 있으므로 양해 각서는 유효한 국가간 조약이라고 확인하고 소말리아 의회의 비준을 받지 못했으므로 무효라는 소말리아의 주장을 수용하지 않았다.

(3) 양해각서가 여타 분쟁해결 수단에 해당되는지 여부

재판부는 제6조는 한계위원회의 권고를 접수한 이후에 해양 경계를 협상하겠다는 소말리아와 케냐의 기대를 반영한 것이지 양해 각서 전체의 맥락이나 대상과 목적에 비추어 볼 때 이 조항이 해양 경계 획정에 관한 분쟁 해결 절차를 수립한 것으로 해석할 수는 없으며 당사국들이 해양 경계 획정 협상을 개시하기 전에 한계위원회의 권고 발표를 기다려야 한다거나 특정의 분쟁 해결 절차 사용 의무를 부과하지도 않는다고 설시하였다. 따라서 제6조는 케냐의 ICJ 강제관할권 수용선언상의 유보 조항에 명기된 '여타의 분쟁 해결 수단 사용 합의'에 해당하지 않으며 이 사건은 ICJ의 관할권 외에 있지 않다고 판시하였다.

2. UN해양법협약 제15부

해양법협약 제15장은 해양 경계 획정에 관한 분쟁 해결 절차를 규정하고 있었다. 케냐는 소말리아와 케냐 모두 해양법협약 가입국으로서 동 협약의 분쟁 해결 절차를 준수해야 할 의무가 있으므로 동 절차는 케냐의 ICJ 강제관할권 수용선언 유보 조항에 언급된 여타의 분쟁 해결 수단을 사용하기로 합의된 것이며 따라서 이 사건에 대해서는 ICJ 관할권이 배제된다고 주장하였다. 재판부는 당사국이 분쟁을 구속력 있는 판결을 내릴 수 있는 절차에 회부하기로 일반적, 지역적, 또는 양자 조약이나 기타의 방법을 통해 합의한 경우에는 동 절차가 제15장의 절차 대신 적용된다고 규정하고 있는 해양법협약 제282조를 주목하였다. 재판부는 ICJ는 의심할 여지 없이 '구속력 있는 판결을 내릴 수 있는 절차'에 해당하며 강제관할권 수용선언은 '기타의 방법'을 통해 분쟁 해결을 회부하기로 합의한 것에 해당하므로 ICJ 절차가 15장의 절차 대신에 적용된다고 판단하였다. 해양법협약 기초 과정에서도 강제관할권 수용을 통한 ICJ 절차 합의에 대해 상당한 협의가 있었으며 '기타의 방법'이란 이를 염두에 두고 사용된 표현이라는 점을 나타내는 자료도 제시하였다. 이를 토대로 재판부는 15장은 케냐의 유보 조항에 속하지 않으며 이미 양해 각서도 동 범주에 속하지 않는다고 판시하였으므로 이 사건에 대한 ICJ의 관할권은 케냐의 유보 조항에 의해 제한받지 않는다고 결론지었다.

3. 수리 가능성

케냐는 양국은 양해 각서에서 해양 경계를 협상을 통해 획정하기로 합의하였고 다만 대륙붕한계위원회의 권고가 나오기를 기다리고 있으므로 소말리아의 재판 청구를 수리하는 것은 시기상조라고 주장하였다. 재판부는 케냐의 수리 불능 주장의 전제, 즉 양해 각서가 한계위원회의 권고 이후 협상 의무를 규정하고 있다는 케냐의 주장을 이미 기각하였으므로 케냐의 수리 불능 주장은 성립하지 않는다고 기각하였다. 케냐가 제출한 대륙붕 관련 자료를 한계위원회가 검토하는 것에 대해 반대하였으며 이는 상대국 자료 제출을 반대하지 않는다는 양해 각서를 정면으로 위반한 것이므로 사건 발생의 책임이 있는 소말리아의 재판 청구는 수리해서는 안 된다는 주장도 제기하였다. 재판부는 재판 청구국이 해당 사건에서 문제가 되는 조약을 위반하였다는 사실 자체는 재판 청구의 수리가능성에 영향을 미치는 것은 아니라고 언급하였다. 더욱이 소말리아가 재판을 청구한 근거는 양해 각서도 아니라고 언급하고 재판부는 케냐의 주장을 수용하지 않았다.

case 138 | The South China Sea Arbitration[1]

1 사실관계

1. 분쟁의 발생

남중국해는 많은 양의 석유와 천연가스가 매장되어 있을 뿐만 아니라, 어족자원이 풍부하며 인도양과 태평양을 연결하는 교통의 중심지이다. 따라서 남중국해를 둘러싸고 있는 중국과 대만 및 아세안국가들(필리핀, 베트남, 말레이시아, 브루나이)은 각각 남중국해에 대한 영유권을 주장하고 있다. 이러한 가운데 2012년 4월 필리핀은 자국으로부터 약 116해리, 중국 본토로부터 약 448해리 떨어져 있는 Scarborough Shoal(스카버러 암초) 근처에서 조업 중이던 중국 어선을 나포하려다 중국 해양감시선과 대치하게 되었고, 이는 이 분쟁의 직접적인 배경이 되었다.

2. 필리핀의 제소사유

필리핀은 2013년 1월 22일 UN해양법협약 부속서 Ⅶ에 따라 중국을 상대로 남중국해에서 필리핀과 중국의 관계에 대한 다음 4가지 문제의 해결을 중재재판소에 부탁하였다.

(1) 필리핀은 남중국해에서 당사국의 권리와 의무의 연원 및 소위 '남해 9단선'(nine-dash line: 1947년 중국이 남중국해 주변에 그은 9개의 해상경계선으로, 이 선 안에 Spratly Islands, Paracel Islands, Scarborough Shoal 등 남중국해의 80%가 포함됨) 내의 중국의 역사적 권원 주장에 대한 UN해양법협약의 효력에 관한 판정을 요구하였다.

(2) 필리핀은 중국과 필리핀이 주장하는 특정 해양지형물이 UN해양법협약상 섬, 암석, 또는 간출지 등의 성격을 가지는지 판단을 요청하였다.

(3) 필리핀은 중국이 남중국해에서 필리핀의 주권 행사 및 협약상 자유를 침해하였으며, 해양환경을 해치는 건설과 어업 활동을 통해 UN해양법협약을 위반하였는지 판정을 요청하였다.

(4) 필리핀은 중국이 수행한 특정 행위, 특히 중재가 시작되고 Spratly제도에서의 대규모 토지 매립 및 인공 섬 건설이 당사국의 분쟁을 불법적으로 약화 또는 확산시켰는지 판단을 요구하였다.

3. 중국의 입장

중국 정부는 이 중재재판에 대해 수락 불가 및 불참 입장을 채택하였다.

4. 중재재판소 구성

5인의 중재인으로 구성된 중재재판소는 2015년 7월 7일, 8일 및 13일에 구두심리를 개최한 뒤, 동년 10월 29일 관할권 및 수리 가능성에 관한 판정을 내렸다. 중재재판소는 필리핀과 중국 모두 UN해양법협약의 당사국으로 분쟁해결조항의 구속을 받으며, 중국의 불참 결정이 재판소의 관할권을 박탈하는 것은 아니고, 필리핀의 일방적 중재 회부 결정이 협약상 분쟁해결절차의 남용에 해당하지 않는다고 판단하였다.

---

1) PCA 중재, The Philippines v. China, 2016년.

2 법적쟁점

1. 중국의 남해 9단선이 역사적 권원으로 인정될 수 있는지 여부

2. 남중국해에서 해양지형물의 법적 지위

3. 남중국해에서 중국의 건설 및 어업활동이 UN해양법협약에 합치되는지 여부

4. 중재과정에서 중국의 토지 매립 및 인공 섬 건설이 당사국 간의 분쟁을 악화 또는 확산시켰는지 여부

3 판결

1. 남중국해 9단선

중재재판부는 중국이 UN해양법협약에 따라 권한을 가지는 해양지역 이원의 남중국해 자원에 대해 역사적 권원을 보유하는지를 판단하였다. 재판부는 중국의 역사적 권원 주장은 UN해양법협약상 권리 및 해양지역의 할당에 합치되지 않으며, 중국이 남중국해의 자원에 대해 보유하였던 역사적 권원은 협약의 발효와 함께 소멸하였다고 판단하였다. 협약 발효 전에 다른 국가뿐만 아니라 중국의 항해사와 어부들이 역사적으로 공해의 일부였던 남중국해의 섬을 이용한 기록은 존재하지만, 중국이 역사적으로 해당 수역 또는 자원에 대해 배타적 통제를 행사하였다는 증거는 없으므로 중국은 남해 9단선에 속하는 해역 내의 자원에 대한 역사적 권원을 주장할 법적 근거가 없으며 이는 UN해양법협약상 월권행위에 해당한다고 하였다.

2. 남중국해 해양지형물의 지위

중재재판부는 남중국해의 해양지형물의 지위 및 UN해양법협약에 따라 중국이 주장할 가능성이 있는 해양지역에 대한 권원을 검토하였다. 만조 시 수면 위에 있는 지형물은 최소 12해리의 영해를 가지므로 중국이 주장하는 남중국해의 특정 암초가 만조시 수면 위에 있는지를 평가하였다. 협약은 자연상태를 기준으로 지형물로 분류하고 있는데, 최근의 간척 및 건설로 인해 암초가 크게 변경되었으므로 역사적 자료에 의존하여 판단하였다. 중국이 주장하는 지형물 중 일부가 12해리 이원의 해양지역, 예컨대 200해리의 배타적 경제수역을 가지는지 검토하였다. UN해양법협약 제121조는 인간이 거주할 수 없거나 독자적인 경제활동을 유지할 수 없는 암석은 배타적 경제수역이나 대륙붕을 가지지 아니한다고 규정하고 있는데, 이 조항은 자연상태에서 지형물의 객관적 능력에 의존한다. 지형물에 현재 공무원이 거주하는 것은 지형물 자체의 능력을 반영하는 것이 아니라 외적 지원에 의존하는 것이다. 따라서 남중국해의 해양지형물 중 Scarborough Shoal 등은 UN해양법협약 제121조 제1항의 의미상 바닷물로 둘러싸여 있으며 만조 시 수면 위에 있는 자연적으로 형성된 육지지역을 포함하고 있지만, 제121조 제3항의 의미상 암석에 해당하므로 배타적 경제수역이나 대륙붕을 가질 수 없다. Spratly제도의 만조지형물 중 어느 것도 제121조 제3항의 의미상 인간이 거주할 수 없거나 독자적인 경제활동을 유지할 수 없는 암석에 해당하므로 배타적 경제수역이나 대륙붕을 가질 수 없다.

3. 남중국해에서 중국 행위의 합법성

Mischief Reef와 Second Thomas Shoal은 필리핀의 배타적 경제수역에 속하는데, 중국이 해당 수역에서 필리핀의 어업 및 석유탐사를 방해하고, 인공 섬을 건설하며, 중국 어부의 어업활동을 금지하지 않는 것은 배타적 경제수역에서 필리핀이 가지는 주권적 권리를 위반한 것이다. 한편, 중국의 대규모 토지 매립과 인공 섬 건설이 해양환경에 미치는 영향을 검토한 결과, 중국은 산호초 환경에 중대한 피해를 초래하였으며, 손상되기 쉬운 생태계 및 고갈되거나 멸종의 위협을 받거나 위험에 처한 생물종의 서식지를 보존하고 보호할 의무를 위반하였다고 판단하였다.

4. 중재가 개시된 이후 중국의 행위의 문제

중재재판부에 의하면 분쟁해결절차가 진행되는 동안, 당사국은 분쟁의 악화나 확산을 삼갈의무가 존재한다. 그런데 중국은 필리핀의 배타적 경제수역에 대규모 인공 섬을 건설하고, 산호초 생태계에 영구적이고 회복할 수 없는 피해를 야기하였으며 남중국해 지형물의 자연상태에 대한 증거를 영구적으로 파괴하였으므로 해양법협약을 위반한 것이다.

17 │ 영공법 및 국제환경법

case 139 │ 1955년 ELAL기 사건[1][2]

1 사실관계

1. 1955년 7월 27일 이스라엘 국적의 이스라엘 회사인 EL AL Israel Airlines Ltd에 소속된 민간장거리여객기 No. 4X-AKC가 오스트리아 Vienna와 이스라엘의 Lod 간의 상업적 정기운항 중에 사전허가 없이 불가리아 영공을 침범한 후 불가리아의 대공방위군의 항공기에 의해 격추되었다. 그 결과 7명의 승무원과 여러 나라 국적의 승객 51명이 모두 사망하였다.

2. 7월 29일 이스라엘 정부는 불가리아 정부에게 강한 어조로 된 서한을 보내 항공기에 대한 공격을 비난하고 충분한 배상 및 책임 있는 자들을 처벌할 것을 요구하였다. 승객들의 본국인 미국, 프랑스, 스웨덴 정부 및 캐나다와 남아프리카공화국을 대신하는 영국 정부의 항의가 있었다.

3. 이 사건을 우호적으로 해결하기 위해 협상과 외교교섭을 벌였으나 이러한 방법이 만족스러운 결과를 가져다주지 못하였고 이스라엘 정부는 1957년 10월 16일 국제사법법원(이하 '법원')에 소송제기신청서를 제출하였고 불가리아는 이에 대응하여 5가지 선결적 항변을 제출하였다.

4. 1957년 10월과 11월에 미국과 영국도 불가리아에 대하여 손해배상 소송을 제기하였으나 이스라엘과 불가리아의 소송에 대하여 법원이 관할권이 없다는 결정이 내려지자 영국과 미국은 소송을 취하하였다.

2 각국의 입장

1. 이스라엘의 청구내용

이스라엘은 신청서에서 1921년 불가리아 선언과 국제사법법원규정 제36조 제5항[3]을 근거로 하여 법원에 다음의 사항을 판결해줄 것을 요구하였다.

(1) 이스라엘 항공기 격추와 인명과 재산의 손실 등에 관해 국제법상 책임이 있음을 판결할 것

(2) 불가리아가 이스라엘에게 배상하여야 할 배상액을 결정할 것

---

1) Case concerning the Aerial Incident of July 27th, Israel v. Bulgaria, ICJ, 선결적 항변, 1959년.
2) 김한택, 1955년 EL AL기 사건, 국제법판례연구, 고려대학교 국제법연구회, 99 ~ 127면.
3) "상설국제사법재판소규정 제36조에 의하여 이루어진 선언으로서 계속 효력을 가지는 것은, 재판소규정의 당사국사이에서는, 이 선언이 금후 존속하여야 할 기간동안 그리고 이 선언의 조건에 따라 재판소의 강제적 관할을 수락한 것으로 본다"(ICJ규정 제36조 제5항).

(3) 이스라엘 정부가 부담한 모든 경비와 비용이 불가리아에 의해 야기된 것임을 결정하여 줄 것

2. 불가리아의 선결적 항변

이에 대해 불가리아는 다섯 개의 선결적 항변(preliminary objection)을 제기하였다.

(1) ICJ규정 제36조 제5항은 불가리아에 적용될 수 없고 법원도 관할권을 가질 수 없다.

(2) 어떠한 경우에도 불가리아는 동 정부가 UN의 회원국이 된 1955년 12월 14일 이전의 행위에 관하여 관할권을 수락할 수 없다.

(3) 대부분의 손해는 비 이스라엘 보험회사가 입은 것이므로 이스라엘의 청구를 받아들일 수 없다.

(4) 동 분쟁은 불가리아의 배타적 관할권에 종속되고 본질적으로 불가리아의 국내관할권에 속하는 것이다.

(5) 동 분쟁은 국내구제완료를 하지 못했다.

3 법적쟁점

1. 제36조 제5항에 관한 선결적 항변의 수용 여부

이와 같은 불가리아의 5가지 항변 중에서 첫 번째 선결적 항변만이 1959년 5월 26일 법원의 판결의 대상이 되었다.

2. 이스라엘의 입장

이 사건에서 법원의 관할권은 법원규정 제36조 제5항과 강제관할권을 수락한 양당사자의 선언에 지배된다. 법원규정 제36조 제5항은 분명하며 그것에 효력을 부여하는 데에는 어떠한 어려움도 없다. 또한 제36조 제5항은 상설 국제사법법원규정 제36조하에서 이루어지고 헌장의 효력발생일인 1945년 10월 24일까지 여전히 효력을 가지는 모든 선언들은 현재의 규정의 당사자들 사이에서는 그들 자신의 조건에 따라서 여전히 지속되는 기간에 대하여 이 법원의 강제관할권을 수락한 것으로 여겨져야 한다는 규칙을 규정하고 있다.

3. 불가리아의 입장

1921년 8월 12일의 불가리아의 선언이 1946년 4월 18일 국제연맹총회에 의해서 선언된 상설 국제사법법원의 해산 때문에 적용될 수 없으므로 따라서 제36조 제5항은 불가리아에 적용될 수 없고 법원도 관할권을 가질 수 없다.

4 판례요지

1. 법원의 판결 - 선결적 항변 인용

규정 제36조 제5항은 적용되는 국가에 관하여 새로운 법원의 강제관할권의 탄생을 결정 짓고 있다. 두 가지 조건이 요구되는바 ① 그 선언을 한 국가는 그 규약의 당사자가 되어야 하며, ② 그 국가의 선언은 여전히 효력을 가지고 있어야 한다는 것이다. 따라서 불가리아가 UN에 가입하기 전에 불가리아 선언이 실효되었기 때문에 그 당시 그 선언이 여전히 효력을 가지고 있다고 말할 수 없다. 따라서 규정 제36조 제5항에서 언급한 두 번째의 조건은 이 사건에서는 만족될 수 없다. 따라서 규정 제36조 제5항이 1921년 불가리아 선언에는 적용 될 수 없다. 기타의 선결적 항변을 계속해서 고찰하는 것은 불필요 하며 법원은 재판 관할권이 없다고 판결내린다.

2. 판결이유

(1) 규정 제36조 제5항의 해석에 있어 서명국들과 비서명국의 구별

동 조항의 목적은 상설국제사법법원을 국제사법법원으로 대치시키고 따라서 그와 같은 선언의 법적효과를 한 법원에서 다른 법원으로 이전시키는 이와 같은 선언들에 있어서의 수정을 도입하는 것이다. 이때, 샌프란시스코회의에 참석하고 그 헌장과 규정에 서명한 국가들에 의해서 만들어진 선언에 관하여 적용된다는 것은 쉽게 이해되는 일이다. 이때 불가리아를 포함한 그 밖의 국가들에 의해 만들어진 선언들도 포함하는 것을 의미하는가에 대하여 원문(text)은 명쾌하게 설명하고 있지 않다. UN 헌장 채택 당시의 서명국들과 추후에 UN에 가입하게 될 다른 국가들의 지위 사이에는 근본적인 차이가 존재한다. 샌프란시스코에 참석한 국가들은 그와 같은 선언들의 효력이 새로운 법원의 강제관할권으로 옮겨지는 것에 동의했을 때 그 사실에 대한 충분한 지식을 가지고 행동하였고 또한 그렇게 할 권한을 가지고 있었다. 그러나 비서명국의 경우는 이와는 근본적인 입장이 다르다. 왜냐하면 규정 제36조 제5항 규정은 오로지 서명국들에 의해 동의된 것으로 비서명국가들에 관하여는 법적 효력이 없기 때문이다. 즉, <u>비서명국들의 동의가 없는 규정은 원래의 의무를 유지시킬 수도 없고 변형시킬 수도 없기 때문에, 규정이 효력을 발한 직후의 상설 국제사법법원의 해산은 그들을 그 의무로부터 자유롭게 하였다.</u>

(2) 규정 제36조 제5항의 조약제정자의 의도

동 규정은 샌프란시스코회의의 소위원회 D에 의해 제안되었고 그 이후 1945년 6월 1일에 VI/I 토의되고 채택되었다. 이때, 규정 제36조 제5항의 의미에 관하여 캐나다, 영국, 오스트레일리아 대표들이 말하였는데, 참가국 수에 대해 40여국 또는 20여국을 운운한 바 있으며, 특히 오스트레일리아 대표는 회의에 참석하지 않았던 17개의 국가의 선언을 배척하였다. 이러한 대표들의 견해는 규정 제36조 제5항이 그 회의에 참석하지 않은 국가의 선언에 적용하려는 의도는 아니었다는 것을 분명하게 보여준다. 이는 VI/I 위원회 보고서에 의해서는 확정되는데 "새로운 규정의 당사자와 다른 국가 간에 또는 다른 국가 상호 간에 발생하는 분쟁에 관하여 구법원의 관할권의 수락은 다른 방법으로 다루어져야만 한다."라고 하면서 불참한 국가들과 참여한 국가들 간 명확한 구분을 하였다.

(3) 법원의 임의관할원칙

Monetary Gold Removed from Rome in 1943 사건에서 언급되었던 바와 같이 법원은 오직 그에 동의한 국가에 대하여만 관할권을 행사할 수 있다. 상설국제사법 법원의 관할권을 수락하는 선언을 국제사법법원으로 이전시키는데 대한 동의는, 샌프란시스코 회의에 참석하여 그 헌장에 서명하고 비준하고 그것에 의하여 제36조 제5항이 들어있는 규정을 수락한 국가에 의해 유효하게 이루어진 것으로 간주되어야 할 것이다. 만일 그렇게 하지 않는다면 이는 법원의 관할권이 피고국의 승낙에 기초한다는 조건을 가진 원칙을 모두 무시하는 것이고 단지 추정됨으로써만 충분한 동의가 있었다고 여기는 것과 같을 것이다.

case 140 │ 우루과이강 펄프공장 사건[1]

1 사실관계

1. 양자조약체결

우루과이와 아르헨티나는 1961년 우루과이강에 국경선을 획정하고, 1975년 우루과이강 사용에 관한 조약을 체결하였다. 동 규약에 따라 우루과이강 관리 위원회(이하 '관리 위원회')가 양국 공동으로 창설되었고 우루과이강 활용 및 관리, 보전 업무를 담당하게 되었다. 1975년 규약은 공장 건설 등 강 수질 보전 및 수량 유지에 영향을 미칠 수 있는 사업을 일방 체약국이 수행할 경우 사전에 관리 위원회에 통보, 자료 제출, 분쟁 전 양자 협의 등의 절차와 오염 방지, 생물 자원 보존, 합리적 활용 등의 실질적 사항을 규정하고 있었다. 조약에 따라 우루과이강 관리 위원회가 창설되어 강의 활용, 관리, 보전 업무를 담당하게 하였다. 동 조약은 공장 건설 등 수질 보전이나 수량 유지에 영향을 미칠 수 있는 사업을 시행할 경우 사전에 관리 위원회에 이를 통보하고, 자료를 제출하도록 하였다. 또한 오염 방지, 생물 자원 보전 및 활용 등에 관한 실질적 사항도 규정하고 있었다.

2. 우루과이 회사의 공장 건설

2002년 7월 CMB라는 우루과이 회사가 우루과이강 연안에 펄프 공장을 건설하겠다고 허가를 신청했다. CMB사는 환경영향평가 등의 필요 서류를 제출했고, 우루과이는 위원회를 통해 아르헨티나에 제공했으며, 관련 절차가 진행되었다. 이후 아르헨티나는 자료를 추가 요청하였으나, 우루과이는 2003년 10월 9일 공장 건설 개시에 필요한 환경 영향 승인을 발부했다. 아르헨티나는 강 오염 가능성에 대한 우려를 표명하며 정상회담 등을 통해 거론하였으나 우루과이는 결국 2005년 11월 28일 건설허가를 발부했다. 그러나, CMB측 사정으로 결국 공장 건설을 포기되었다.
한편, 2004년 3월 Orion이라는 우루과이 회사가 펄프 공장 건설 허가를 요청했고, 위원회를 통해 관련 절차가 개시되었다. 우루과이는 2005년 2월 환경영향평가를 승인하고, 4월 공사 허가를 발부했다.

---

1) 국제사법재판소, 우루과이 v. 아르헨티나, 2010년.

3. 분쟁발생

아르헨티나는 1975년 조약상의 절차가 충분히 준수되거나 종료되기 전에 공사가 승인되었다고 항의하였다. 2005년 5월 정상, 외교장관 합의로 관련 기관을 창설하여 공장 건설 문제를 180일 이내에 협의하기로 하였으나 특별한 성과를 거두지 못하고 공장 건설이 계속되었다. 우루과이는 2007년 11월 Orion공장 가동을 승인했다. 이에 아르헨티나는 동 공장의 가동 허가는 1975년 조약의 절차를 준수하지 않았으며, 공장 운영 후 수질 오염 등으로 1975년 조약에 대한 위반이 발생했다고 주장하며 1975년 조약에 따라 우루과이를 ICJ에 제소했다.

2 법적쟁점

1. 절차 의무 위반 여부

2. 상대국 통보 의무 위반 여부

3. 1975년 조약 일탈 합의의 문제

4. 재판 기간 중 공사 중단 의무

5. 환경영향평가의무 위반 여부

3 법원의 판단

1. 절차 의무 위반 여부

1975년 규약 제7조는 수로 건설, 수로 변경, 항행과 강 관련 법제(regime) 및 수질에 영향을 미칠 수 있는 작업을 수행하려는 당사국은 우루과이강 관리 위원회에 통보해야 하고 관리위는 30일 이내에 동 작업이 상대국에 심대한 손실을 초래할 수 있는지 잠정적으로 결정해야 한다고 규정하고 있었다. 그 밖에도 추가 자료 요청 절차 등이 규정되었다.

2002년 7월 22일 CMB가 펄프 공장 건설을 위한 첫 단계로서 환경영향평가 승인을 신청하였을 때 우루과이 당국은 이 사실을 관리 위원회에 통보하지 않았다. CMB를 통하여 공장 건설 계획을 인지하게 된 관리 위원회는 2002년 10월 17일과 2003년 4월 17일 두 차례에 걸쳐 관련 자료 제공을 우루과이에게 요청하였고 2003년 5월 14일 우루과이는 환경 영향 평가 보고서 요약본을 제공하였다. 관리 위원회는 2003년 8월 15일, 9월 12일 두 차례에 걸쳐서 추가 자료를 요청하였으나 추가 자료를 제공하기 전에 우루과이는 2003년 10월 9일 CMB 공장 건설을 위한 잠정 환경 영향 승인을 발부하였다.

Orion공장의 경우 2004년 11월 16일 관리 위원회는 동 공장 건설과 관련된 정보 제출을 요청하였으나 우루과이는 자료를 제공하지 않은 채 2005년 2월 14일 잠정 환경 영향 승인을 발부하여 공사가 개시될 수 있게 하였고 2006년 9월 12일 강물 사용 허가를 발급하면서도 사전에 관련 정보를 관리 위원회에 제출하지 않았다.

재판부는 제7조의 의무를 국제 관습법상의 영역 사용 관리 책임 원칙으로 이해했다. 즉, 각국은 타국에 환경상의 손실을 초래할 수 있는 활동이 자국 영토 내에서 발생하지 않도록 모든 수단을 사용할 의무가 있다고 하였고, 이는 국제환경법의 일부라고 확인하였다. 재판부는 관리 위원회에의 통보는 위 영역 사용 관리 책임의 충족을 위해 필요한 당사국 간 협력을 개시하는 최초의 절차라고 이해하였다. 이 최초 절차는 특정 행위의 환경상의 피해가 행위 국가의 영토 내에서 종료되는 경우에는 적용되지 않지만 우루과이강은 양국의 공동 자원으로서 일국의 행위는 타방에 대해 심각한 손해를 초래할 수 있다고 보았다. 재판부는 CMB와 Orion공장의 잠정 환경 영향 승인이 발부되기 이전에 우루과이는 관리 위원회의 요청이 있었음에도 불구하고 관련 자료를 제공하지 않았다고 확인하고 이는 제7조 위반에 해당한다고 판단하였다. 다만, 우루과이의 강물 사용 허가에 대해서는 전체 공정과 불가분의 일체를 이루는 것으로서 각 공정 별로 관련 자료를 제공해야 하는 것은 아니라고 판결하였다. 우루과이는 비록 관련 정보가 정부 당국을 통해 관리 위원회에 제출되지 않았다고 하더라도 관리 위원회는 해당 사업자로부터 직접 공장 건설 사실 및 관련 내용을 제공받았으므로 제7조의 자료 제공 의무는 준수된 것이라고 반박하였으나 재판부는 제7조상의 자료 제공 의무는 체약국 정부 당국의 의무로서 사업자나 기타 비정부 경로를 통한 자료 제공이 이를 대신하지 못한다고 지적하고 우루과이의 제7조 위반을 확인하였다.

2. 상대국 통보 의무 위반 여부

우루과이는 CMB와 Orion공장에 대한 잠정 환경 영향 승인을 발부한 이후에 해당 사업 환경영향평가 결과를 관리 위원회를 거치지 않고 아르헨티나에게 직접 전달하였다. 아르헨티나는 우루과이가 제공한 환경영향평가가 내용이 부실한 것은 차치하고라도 환경 영향 승인이 발부된 이후에 제공되어 규약상의 권리를 행사할 수 없었다고 주장하였다. 재판부는 환경영향평가는 해당 사업이 상대국에 환경적인 영향을 초래하는지를 판단하기 위해 필요하며 제7조 규정상 관리 위원회를 경유하여 상대국에게 전달되어야 하고 그 시점도 상대국이 이를 충분히 심사, 검토하고 필요시 조정 협의가 있을 수 있도록 환경 영향 승인 등 공식적인 조치가 행해지기 이전이 되어야 한다고 판단하였다. 재판부는 우루과이가 이러한 의무를 준수하지 못했다고 확인하고 제7조 위반에 해당한다고 판시하였다.

3. 1975년 조약 일탈 합의의 문제

2004년 양국 외무장관은 펄프 공장 건설과 관련된 양국의 대립을 해소하기 위해 우루과이가 CMB 공장 건설 및 환경 영향에 관한 정보를 관리 위원회에 제출하고 동 위원회는 수질 검사 등의 조치를 시행하기로 양해하였다. 우루과이는 이 양해는 1975년 규약상의 절차를 더 이상 적용하지 않고 양국간에 양해된 절차대로 진행하자는 의미라고 해석한 반면, 아르헨티나는 1975년 규약상의 절차대로 진행한다는 의미라고 반박하였다. 재판부는 양국이 합의에 의해 1975년 규약 외의 절차를 진행할 수 있다는 점은 인정하였으나, 동 양해에서 제공하기로 합의된 정보가 아르헨티나에게 제공되지도 않았고 CMB 공장에만 적용되는 것이므로 우루과이로 하여금 1975년 규약상의 절차 준수 의무를 면탈하는 효과를 갖는다고 볼 수 없다고 결론지었다.

4. 재판 기간 중 공사 중단 의무

우루과이는 동 사건이 ICJ 재판에서 판결될 때까지 공사를 진행할 수 없는 소위 'no construction obligation'이 존재하지 않으며 일방은 타방의 공사에 대해 거부권을 갖는 것도 아니라고 주장하였다. 아르헨티나는 ICJ가 분쟁 해결 조항에 적시된 최종 결정권자이므로 1975년 규약 절차 조항을 해석할 때 상대국의 이의 제기가 있으면 타방 당사국은 공사를 진행해서는 안된다고 반박하였다. 재판부는 양국간 협의나 ICJ 재판이 종결될 때까지 해당 공사를 진행할 수 없다는 'no construction obligation'은 1975년 규약에 명기되어 있지 않으며 1975년 규약은 특정 사업의 허가 여부 권한을 ICJ에 부여한 것도 아니라고 보았다.

5. 환경영향평가의무 위반 여부

재판부는 국제환경협정이 요구하고 있는 환경영향평가는 이제 국제관습법의 일부를 구성하는 것으로 볼 수 있다고 하였다. 재판부에 따르면, 환경에 영향을 초래하는 개발 프로젝트를 시작하기 이전에 환경영향평가를 실시하여야 하고 공장 등 건설 이후에도 지속적으로 환경영향평가를 실시하여야 한다. 환경영향평가에 포함되는 내용은 우루과이강 환경과 연관되는 제반요소이며 구체적 항목은 관련된 국제기준을 참고하여 평가 시행국이 결정할 수 있다. 재판부는 관련된 자료를 종합적으로 검토한 결과 Orion 공장 부지 외의 여타 장소 물색에 있어 우루과이 정부가 정당한 주의 의무를 다하지 않았다거나, 현재 부지가 펄프 공장용으로 부적절하다고 볼 근거가 없다고 밝히고 아르헨티나의 주장을 배척하였다.

case 141 | 가브치코보 - 나기마로스 프로젝트 사건[1]

1 사실관계

1. 1977년, 체코슬로바키아와 헝가리는 양국의 국경을 이루는 다뉴브 강에 갑문시스템을 건설하고 운영한다는 내용의 조약(이하 '1977조약')을 체결하였다. 동 조약은 체코슬로바키아의 영토인 Gabcikovo와 헝가리의 영토인 Nagymaros를 지나는 지역에 갑문을 설치하도록 하였으므로, 이를 Gabcikovo-Nagymaros Project(이하 'G/N 프로젝트')라 하였다.

2. 1978년부터 진행된 공사에서 Gabcikovo 지역의 공사는 많이 진척되었으나, 헝가리에서는 당시의 심각한 정치적·경제적 변화로 인해 G/N 프로젝트에 대한 반대가 점점 심해졌으며, 헝가리는 결국 Nagymaros에서의 공사를 중도포기하기에 이르렀다.

3. 이에 대해 체코슬로바키아는 대안으로서 일방적으로 다뉴브 강 수로를 변경하는 내용의 Variant C를 결정하여 작업을 강행하였다. 양국 간 논의에도 불구하고 성과는 없었으며, 헝가리는 체코슬로바키아에게 1977조약을 종료한다는 통지를 보냈다. 이후 체코슬로바키아는 다뉴브 강을 폐쇄하고 댐을 건설하는 공사에 착수하였다.

---

1) Case Concerning Gabcikovo-Nagymaros Project, 헝가리 v. 슬로바키아, ICJ, 1997년.

4. 1993년 체코슬로바키아는 체코와 슬로바키아로 분열되었으며, 같은 해에 헝가리와 슬로바키아는 G/N 프로젝트에 관한 양국 간의 분쟁을 ICJ에 회부하는 특별협정을 체결하였다.

5. 당사국들은 다음의 문제를 제기하였다.

(1) G/N 프로젝트와 1977조약상 헝가리가 공사를 중지하고 포기할 권한이 있는가?

(2) 체코와 슬로바키아가 Variant C를 운영할 권한이 있는가?

(3) 헝가리에 의한 1977조약의 종료 통지는 어떠한 법적 효과를 갖는가?

2 법적쟁점

1. 조약법에 관한 비엔나협약의 적용가능성

2. 조약의 근접적용 원칙의 적용가능성

3. 후발적 이행불능의 원용가능성

4. 사정의 근본적 변경의 원용가능성

5. 조약의 중대한 위반의 원용가능성

6. 조약의 승계 여부

7. 조약법과 국가책임법의 관계

3 법원의 판단

1. 조약법에 관한 비엔나협약의 적용가능성

우선 1969년 조약법에 관한 비엔나협약(이하 '조약법협약')이 동 사건에 적용될 수 있는지가 문제 되었다. 헝가리는 1977조약은 조약법협약이 양국 사이에서 발효되기 이전에 체결되었으므로 조약불소급원칙에 따라 동 사건에 적용될 수 없다고 주장하였다. 한편 슬로바키아는 조약법협약 자체는 1977조약에 적용될 수 없으나, 조약법협약상 조약의 부적법·종료·시행정지에 관한 조문은 기존의 국제관습법을 반영한다고 주장하였다. ICJ는 이 사건에 대한 조약법협약의 적용가능성 여부에 대해서는 자세히 논의할 필요를 느끼지 못했고, 다만 동 협약 조문 중 일부, 특히 제60조 내지 제62조에 규정된 조약의 종료 및 정지에 관한 조문들이 기존의 관습법을 법전화하였다는 점을 지적하였다.

2. 조약의 근접적용 원칙의 적용가능성

헝가리는 슬로바키아의 Variant C가 1977조약의 중대한 위반에 해당한다고 비난하였으나, 슬로바키아는 Variant C의 건설 및 운영이 국제위법행위가 아니라고 주장하였으며, 그 근거로 소위 '조약의 근접적용 원칙(principle of approximate application)'을 제기하였다. 이 원칙은 계속적 효력을 지니는 법률문서가 당사국 일방의 행위로 인해 그대로 적용될 수 없을 경우 그 문서의 주된 목적에 가장 가까운 방법으로 적용되어야 한다는 것이다. 헝가리는 이 원칙이 국제법상 존재하지 않는다고 주장하였다. ICJ는 조약의 근접적용 원칙이라는 것이 존재하는지 결정할 필요가 없다고 보았다. Variant C는 비록 외적으로 원래의 계획과 유사하더라도, 체코슬로바키아에 의한 일방적인 수로변경을 의미하므로 그 법적 성격에 있어서 원래의 계획과 상당히 다르다고 판단하였기 때문이다. 결론적으로 ICJ는 체코슬로바키아가 Variant C의 운영에 1977조약을 적용했다기보다는 오히려 동 조약의 명시적 규정들을 위반하는 국제위법행위를 저질렀다고 판단하였다.

3. 후발적 이행불능의 원용가능성

1977조약 자체에는 종료에 대한 명시적 규정이 없으며, 당사국들이 폐기 또는 탈퇴의 가능성을 인정하는 의도가 보이지도 않는다. 따라서 헝가리는 자신의 종료통지의 적법성을 뒷받침하기 위해 우선 조약법협약 제61조[1]에 구현된 조약의 후발적 이행불능을 원용하였다. 즉, 조약의 시행에 불가결한 대상(object)으로서 '환경보호에 부합하며 양국이 공동으로 운영하는 경제적 합작투자'가 영원히 소멸되었으므로 1977조약이 이행불능 상태에 빠졌다고 주장하였다. ICJ는 1977조약이 경제적 요구와 환경적 요구를 고려하여 공사를 재조정할 수 있는 수단을 규정하고 있으므로 G/N 프로젝트를 규율하는 법적 체제가 소멸되지는 않았다고 판단하였다. 또한 설사 투자의 공동개발이 더 이상 불가능하다고 하더라도 이것은 헝가리가 1977조약상의 의무를 이행하지 않았기 때문이므로, 조약법협약 제61조 제2항에 따라 헝가리가 이를 조약종료사유로 원용하지 못한다고 지적하였다.

4. 사정의 근본적 변경의 원용가능성

헝가리는 후발적 이행불능과 더불어 조약법협약 제62조를 원용하여 1977조약 체결 당시의 사정들이 이후 발생한 여러 사건들에 의해 근본적으로 변하였기 때문에 동 조약을 종료시킬 수 있다고 주장하였다. 사정의 변경으로서 헝가리는 정치적 상황의 심각한 변화, G/N 프로젝트의 경제적 타당성 감소, 그리고 환경지식 및 새로운 환경법 규범의 발달을 열거하였다. 조약법협약은 사정변경의 원칙을 원용할 수 있는 요건을 엄격하게 규정하고 있는 바, 다음의 요건들이 모두 충족되어야 한다. 즉, 조약체결 당시에 존재했던 사정이 변경되었을 것, 그러한 사정의 변경이 근본적일 것, 당사국들이 예견할 수 없었던 사정변경일 것, 조약체결 당시의 사정의 존재가 조약의 구속을 받겠다는 당사국들의 동의의 본질적 기초를 구성했을 것, 그리고 사정변경의 효과가 앞으로 계속 이행되어야 할 의무의 범위를 급격하게 변경시킬 것 등이다. ICJ는 헝가리가 주장하는 사정의 근본적 변경이 위 요건들을 충족하는가 여부를 검토한 결과 그렇지 않다는 결론을 내렸다.

그 당시의 정치적 조건이 당사국들의 동의의 본질적 기초는 아니었으며, 그 변화가 장차 이행되어야 할 의무의 범위를 급격히 변화시킬 성질도 아니었다고 보았다. 또한 비록 G/N 프로젝트의 수익성이 1977조약 체결 시보다 줄어들었을 수 있지만 그 결과 당사국들의 조약상 의무가 급격히 변화될 정도는 아니라고 평가하였다. 환경지식과 환경법의 새로운 발전에 대해서도, ICJ는 이러한 것들이 전혀 예견될 수 없다고 생각하지는 않았으며 더구나 1977조약은 당사국들이 환경지식 및 환경법의 발전을 고려하고 조약 이행 시 이를 적용할 수 있는 조문을 두고 있음을 지적하였다. 요컨대 사정변경 원칙은 조약의 종료사유로 인정되기는 하지만 그것이 조약의 안정성에 미치는 위험 때문에 매우 예외적으로만 인정되는 것이다.

---

1) 1. 조약의 이행불능이 그 조약의 시행에 불가결한 대상의 영구적 소멸 또는 파괴로 인한 경우에 당사국은 그 조약을 종료시키거나 또는 탈퇴하기 위한 사유로서 그 이행불능을 원용할 수 있다. 그 이행불능이 일시적인 경우에는 조약의 시행정지를 위한 사유로서만 원용될 수 있다. 2. 이행불능이 이를 원용하는 당사국에 의한 조약상의 의무나 또는 그 조약의 다른 당사국에 대하여 지고 있는 기타의 국제적 의무의 위반의 결과인 경우에 그 이행 불능은 그 조약을 종료시키거나 또는 탈퇴하거나 또는 그 시행을 정지시키기 위한 사유로서 그 당사국에 의하여 원용될 수 없다(조약법협약 제61조).

5. 조약의 중대한 위반의 원용가능성

헝가리는 체코슬로바키아가 1977조약상의 수질보호 및 자연환경보호 의무를 준수하지 못했을 뿐 아니라 Variant C를 건설하고 운영함으로써 조약을 중대하게 위반하였다고 주장하였다. 그리고 체코슬로바키아의 이러한 위반이 선행되었으므로 조약법협약 제60조에 따라서 1977조약의 종료는 정당하다고 주장하였다. ICJ는 Variant C를 불법으로 보면서도, 체코슬로바키아가 공사에 착수했을 때부터 불법이 아니라 다뉴브 강 물을 우회수로로 돌렸을 때에 비로소 1977조약이 위반되었다고 보았다. 즉, 헝가리가 종료통지를 보냈을 때는 1977조약 위반이 아직 발생하지 않았으므로, 헝가리는 조약위반을 종료사유로 원용할 수 없으며 종료통지는 시기상조이자 효력이 없다고 판단하였다.

6. 조약의 승계 여부

체코슬로바키아는 체코와 슬로바키아로 분열되었다. 헝가리는 당사국 일방이 소멸한 경우 양자조약의 자동승계를 규정하는 국제법 규칙은 없으며 그러한 조약은 승계국과 나머지 당사국 사이의 명시적 합의에 의해서만 승계될 수 있다고 주장하였다. 또한 조약에 대한 국가승계에 관한 협약(이하 '조약승계협약') 제34조가 국가분열 시 자동승계를 규정하고 있지만 헝가리는 이 조약을 비준한 적이 없다고 주장하였다. 한편 슬로바키아는 조약승계협약 제34조가 관습법을 선언한 것이며, 1977조약은 조약승계협약 제12조상의 '영토에 부착되는' 조약에 해당한다고 주장하였다.
ICJ는 조약승계협약 제34조가 관습법을 나타내는 것인지 여부에 대해서는 판단을 유보하였고, 대신 1977조약의 성격과 특징에 주목하였다. 조약승계협약 제12조는 국제관습법을 반영하는 것인데, 1977조약은 영토제도를 설정하는 조약, 즉 다뉴브강의 관련 지역에 '부착되는' 권리의무를 창설한 조약이므로 1993년부터 슬로바키아가 이 조약의 당사국이 되었다고 결론을 내린 것이다.

7. 조약법과 국가책임법의 관계

재판 과정에서 헝가리와 슬로바키아는 조약법과 국가책임법 간의 관계에 대해 상이한 주장을 전개하였다. 헝가리는 G/N 프로젝트가 가진 환경위험에 근거하여 '생태학적 긴급피난' 상태를 원용하였고, 따라서 동 조약의 종료가 정당화된다고 주장하였다. 이에 대해 슬로바키아는 긴급피난은 조약법협약이 인정하는 조약의 정지 혹은 종료 사유가 아니라고 주장하였다. ICJ는 조약의 발효, 적법한 정지 또는 폐기 여부는 조약법에 따라서 판단할 문제이며, 조약법을 위반한 정지 또는 폐기가 국가책임을 발생시키는 범위는 국가책임법에 따라 판단할 문제라고 보았다. 따라서 ICJ는 국가책임법상의 위법성 조각사유인 긴급피난이 1977조약상 의무의 이행중지 및 종료의 사유가 될 수 없다고 판단하였다. 긴급피난 상태가 존재할 경우 그것은 조약을 위반한 국가의 위법성을 제거할 수 있을지언정 조약을 종료시키지는 않는다는 것이다.

case 142 | Certain Activities and Construction of a Road 사건[1][2]

1 사실관계

이 사건은 코스타리카와 니카라과 간 서쪽 국경선을 이루는 San Juan강의 하구 지역에서 니카라과가 시행한 강 준설 공사가 코스타리카의 영토와 주권을 침해했는지 여부와 코스타리카가 시행한 산 후안 강변 도로 건설이 니카라과에 환경상의 피해를 초래했는지 여부가 쟁점이 된 사건이다. 니카라과는 관련 수로의 통항성을 개선하기 위해 2010년 10월 준설 작업을 개시하였다. 코스타리카는 이 작업은 니카라과가 코스타리카 영토 내에 새로운 수로를 임의로 개척하는 것으로서 중대한 주권 침해라고 반발하였다. 니카라과는 준설 공사장 보호 등을 위해 인근 지역에 소규모 부대를 파견하였고 코스타리카는 이는 UN 헌장상의 무력 사용 및 사용 위협 금지 의무를 정면으로 위반하는 것이라고 주장하였다. 양측의 이견이 해소되지 않자 코스타리카는 2010년 11월 18일 ICJ에 재판을 청구하였다. 청구 근거는 분쟁의 평화적 해결에 관한 미주조약(보고타조약) 제31조였다. 한편 2010년 12월 코스타리카는 산 후안 강변에 약 160km의 도로 신설 공사를 개시하였다. 코스타리카는 국경 일대에 긴장이 고조되고 있다는 이유로 2011년 2월 21일 국경 지대에 비상사태 선포령을 발표하였고 이 령에 따라 도로 공사는 환경 영향 평가 없이 진행되었다.

니카라과는 이 도로 공사로 인해 산 후안 강에 토사가 유입되는 등 자국에 부정적인 영향을 미쳤으며 공사 전 환경 영향 평가를 시행하여 그 결과를 자국에 통보하지 않은 행위는 국제법 위반이라고 항의하였다. 양측의 이견이 해소되지 않자 니카라과는 2011년 12월 22일 코스타리카를 ICJ에 제소하였다. ICJ는 두 사건을 병합, 심리하였다.

2 코스타리카 제소 사건(준설 사건)

1. 수로의 존부 및 국경선 기준

양국 주장의 핵심은 Harbor Head 호수로 직접 유입되는 수로의 존부였다. 니카라과는 동 수로가 존재했으며 1858년 조약, 미 대통령 중재 판정문, Alexander 장군 중재 판정문에 의거하여 동 수로를 포함한 북쪽 지대는 자국 영토라는 주장이었고 코스타리카는 Harbor Head 호수를 우회하여 대서양으로 직접 유입되는 수로가 국경이며 동 수로 제방 이남은 자국 영토라는 입장이었다. 재판부는 니카라과가 주장하는 산 후안 강에서 Harbor Head로 직접 유입되는 수로의 존재는 니카라과가 2010년 준설 작업을 하면서 하상에서 상당한 굵기의 나무 뿌리 등을 제거한 사실 자체를 감안할 때 인정하기 곤란하다고 판단하였다. 양측 전문가들이 공히 준설 수로는 2011년 여름 준설 작업이 종료될 때까지는 호수와 연결되지 않았다고 증언하고 있으므로 과거 상당한 기간 동안 항행 가능한 정도의 수로가 있었다고 보기는 어렵다고 지적하였다. 코스타리카 쪽 제방을 국경으로 한 것은 코스타리카의 자유 항행권을 전제로 한 것이므로 설사 동 수로가 존재하였다고 가정하여도 항행 가능한 상태는 아니었기에 국경으로 인정할 수 없다고 판단하였다.

---

1) 국제사법재판소, Costa Rica v. Nicaragua, Nicaragua v. Costa Rica, 2015.12.16. 판결.
2) 산업통상자원부 홈페이지(https://disputecase.kr) 게재 내용 요약 정리.

재판부는 따라서 니카라과가 준설한 수로의 오른 쪽 제방은 국경이 아니며 분쟁 지대는 코스타리카의 영토라고 판시하였다.

2. 국제 환경법 위반 여부

코스타리카는 니카라과가 준설 공사 시행 전에 월경성 환경 영향 평가를 시행하지 않은 절차적 의무와 인접국에 피해를 초래하지 않을 실질적인 의무를 모두 위반하였다고 주장하였다. 니카라과도 자국 내의 활동이 타국의 환경에 중대한 영향을 미칠 위험성이 있는 경우 월경성 환경 영향 평가를 수행해야 할 의무가 일반 국제법과 관습법상 존재한다는 점은 인정하였다. 니카라과는 또한 준설 공사 계획은 2006년도에 수립되었고 당시 동 공사로 인해 니카라과 내는 물론 코스타리카에게도 환경적인 영향을 미칠 가능성이 있는지 검토하였으나 그럴 정도가 아니라는 결과가 도출되었기에 본격적인 환경 영향 평가는 시행하지 않았으며 코스타리카에게도 통지하지 않았다고 설명하였다.

재판부는 Pulp Mills 사건에서 자국 영토나 관할 지역 내의 활동이 타국의 환경에 중대한 영향을 미치지 않도록 가용한 모든 수단을 활용해야 할 것이며 계획된 산업 활동이 월경성 피해를 초래할 위험성이 있을 경우 환경 영향 평가를 시행하는 것은 이제 일반 국제법상의 요건이라고 판시한 바 있음을 환기하면서 나아가 환경 영향 평가 결과 월경성 피해 위험의 존재가 확인되면 사업 시행국은 정당한 주의 의무상 이를 피해가 우려되는 국가에 통지하고 협의해야 한다고 밝혔다. 재판부는 제출된 증거와 전문가의 증언 등을 종합하여 판단할 때 2006년 니카라과의 준설 공사 계획이 중대한 월경성 환경 영향을 초래하지 않을 정도라는 것은 입증이 되며 따라서 니카라과는 환경 영향 평가를 시행할 의무 및 코스타리카에 이를 통지하고 협의할 의무가 없다고 판시하였다.

3 니카라과 제소 사건(도로 사건)

1. 환경영향평가 의무 위반 여부

니카라과는 코스타리카가 산 후안 강변에 대규모의 도로를 건설하면서 사전에 환경 영향 평가를 실시하지 않고 그 결과를 니카라과에게 통지하지 않은 것은 일반 국제법 위반이라고 주장하였다. 코스타리카가 니카라과의 수로 준설에 대해 제기한 시비를 역으로 제기한 것이다. 코스타리카는 환경 영향 평가 시행 및 통지 의무는 중대한 월경성 피해가 야기될 가능성이 있을 경우에 적용되는 것이나 문제의 도로 공사는 그 정도의 규모가 아니며 니카라과의 수로 준설과 관련한 분쟁 지역 점령으로 야기된 비상사태로 인하여 환경영향평가 시행의무에서 면탈된다고 반박하였다. 또한 2013년에 약식의 환경 진단 평가를 시행하였으므로 환경영향평가 시행의무는 준수된 것이라고도 주장하였다. 니카라과는 비상사태 선포는 수로 준설 공사 개시 수 개월 후에 발동된 것이며 비상사태로 인한 환경 영향 평가 의무 면제가 국제법에 규정되어 있지도 않고 국제 의무 면탈을 위해 국내 규정을 원용할 수 없다고 반박하였다. 재판부는 우선 공사 규모와 관련하여 전체 길이 160km 중 절반 이상을 신설하는 상당한 규모의 공사이며 산 후안 강 연안에 건설되는 100km의 절반 이상이 제방 5m~100m 이내의 지근 거리에 건설되는 한편 강안 경사지나 삼림 벌채지에 위치하는 관계로 강으로의 토사 유입 위험성이 상당하다고 판단하였다. 재판부는 도로가 람사르 협약상의 보존 습지인 니카라과의 습지 인근을 지나는 점도 감안할 때 코스타리카의 도로 공사는 중대한 월경성 환경 피해를 초래할 가능성이 있으며 환경 영향 평가를 시행해야 하는 요건을 충족하였다고 판시하였다.

2. 비상사태 선포가 환경영향평가 시행의무를 면제하는지 여부

환경영향평가 시행의무가 비상사태로 인해 면탈되는지 여부에 대해 재판부는 각국은 개개 사안에 따라 요구되는 환경영향평가의 특정한 내용을 국내 법규나 사업 승인 과정에서 결정할 수는 있으나 코스타리카 국내 법규에 비상사태 면탈 조항이 있다 하여 환경영향평가를 시행해야 하는 국제법상의 의무가 영향을 받는 것은 아니라고 단언하였다. 재판부는 또한 비상사태의 존재가 국제법상의 환경영향평가 시행 의무 면탈 여부와는 별개로 이 사건에 있어 코스타리카는 환경영향평가를 생략할 수 있는 비상사태의 존재 자체를 입증하지 못했다고 지적하였다. 재판부는 위 준설 공사와 관련된 분쟁 지역에서 야기된 비상사태에 대한 대응이라고 하더라도 그 대응 효과는 제한적이며 도로 전체 지역에서의 군사 대치나 긴급한 위협의 존재 등을 입증하지 못하였고 비상사태령은 공사가 착공된 이후에 발령된 점 등을 근거로 도로의 긴급 건설을 정당화하는 비상사태는 존재하지 않았다고 결론 내렸다.

3. 환경영향평가 시행 시점

2013년의 환경진단평가가 환경영향평가를 시행한 것에 해당한다는 코스타리카의 주장에 대해 재판부는 동 진단 평가는 도로 공사에 의해 이미 초래된 부정적인 효과를 측정하고 저감 대책을 제시한 것일 뿐 환경 영향평가 시행의무는 중대한 월경성 피해 가능성을 사전에 평가하는 것으로서 반드시 착공 이전에 시행되어야 한다는 것이 이미 Pulp Mill 사건에서 확인되었다고 언급하였다. 2013년의 진단 평가는 사후적인 평가이고 미래의 피해 위험성을 산정한 것이 아니라고 지적한 후 재판부는 코스타리카가 도로 공사와 관련된 환경영향평가 시행의무를 준수하지 못했다고 판단하였다.

4. 통지 의무

니카라과는 코스타리카가 도로 공사와 관련하여 통지하고 협의하지 않은 것은 국제 관습법, 1858년 조약, 람사르협약 위반이라고 주장하였다. 국제 관습법 위반과 관련하여 재판부는 환경영향평가 결과 중대한 월경성 피해 가능성이 확인되면 사업 시행국은 선량한 주의 의무를 다하기 위해 관련국에 통지하고 협의할 것이 요구된다고 언급은 하였으나 이 사건 경우 이미 환경영향평가 시행 의무 위반이 확인되었으므로 통지 및 협의 의무는 심리할 필요가 없다고 보았다.

5. 실체적 의무 위반

니카라과는 문제의 도로 공사가 다량의 토사 투기, 침식 촉진을 야기하여 강수 오염, 강 하구의 지형 변화 초래, 수질 및 생태 변화, 관광 및 강안 주민 생활 환경 악화 등의 실질적 피해를 초래하였다고 주장하였다. 코스타리카는 침식 및 하구의 토사 퇴적은 자연스런 현상이고 도로 공사로 인한 토사의 증가는 미미한 수준으로서 환경상 부정적인 영향을 미칠 정도가 아니라고 반박하였다. 핵심은 도로 공사로 인해 증가된 산 후안 강 토사의 증가가 니카라과가 주장하는 피해를 초래할 정도인지 여부였다. 재판부는 양측이 제출한 각종 자료를 분석한 결과 도로 공사로 인한 토사의 연간 증가량은 니카라과 자료에 의하더라도 산 후안 강이 운반하는 연간 토사량의 2%에 불과하므로 강수 오염, 지형 변화 등의 피해를 초래할 수준이 되지 못한다고 판시하였다. 니카라과가 자신의 주장을 증거로서 입증하지 못했다고 본 것이다.

case 143 | 제노사이드협약 적용에 대한 사건[1]

1 사실관계

1946년 보스니아 - 헤르체고비나, 크로아티아, 마케도니아, 몬테네그로, 세르비아, 슬로베니아의 6개 공화국으로 구성된 유고슬라비아[정식명칭: 유고슬라비아사회주의연방공화국(1974년)]가 창설되었다. 세르비아와 몬테네그로를 제외한 4개 공화국들은 동서 냉전 종식과 유고연방의 분열에 따라 1990년대 초 유고연방으로부터 독립을 선언하였다. 보스니아 - 헤르체고비나[2] 역시 독립을 선언하였으며 미국과 EC가 승인하였고 1992년 5월 22일 UN에 가입하였다. 세르비아와 몬테네그로는 '유고슬라비아연방공화국'(이른바 '신유고연방')으로 재편되어 유고연방의 법인격을 승계한다고 선언하였다. 이 선언에 대해 UN 안전보장이사회는 1992년 5월 30일 결의 제777호를 채택하여 신유고연방이 유고연방의 회원국 지위를 자동적으로 계속 유지한다는 주장은 수락될 수 없으므로 신유고연방이 유고연방과 동일한 국가로서 UN에 참여하는 것을 정지시킨다고 결정하였다. 신유고연방은 결국 2000년 10월 27일 유고연방의 회원국 지위를 승계한다는 주장을 포기하고 신회원국으로 UN 가입을 신청하여 2000년 11월 1일자로 '세르비아 - 몬테네그로'로서 UN에 가입하였다. 2006년 6월 몬테네그로는 국민투표를 통해 '세르비아 - 몬테네그로'로부터 독립을 선언하였다. 독립선언 이후 세르비아는 동 일자 UN 사무총장 앞 서한에서 세르비아공화국이 세르비아 - 몬테네그로의 UN에서의 회원국 지위를 승계한다고 선언하였다. 보스니아 내의 세르비아민족은 1992년 4월 7일자로 '보스니아 - 헤르체고비나의 세르비아 공화국'(Serbian Republic of Bosina and Herzegovina) 수립을 선포하고, 유고연방인민군의 Ratko Mladic 장군이 지휘하는 군대가 보스니아 영토의 2/3지역을 장악하여 보스니아는 내전상태에 돌입하게 되었으며 1995년 7월 Srebrenica의 대학살 사건이 발생하였다. 보스니아 내전은 1995년 12월 보스니아, 크로아티아, 신유고연방간 Dayton - Paris 평화협정이 체결되어 일단 종식되었다. 보스니아는 1993년 3월 20일 Genocide 협약 제9조[3]의 분쟁회부조항(compromissory clause)에 따라 신유고연방이 Genocide 협약상 의무를 위반하였다는 취지로 ICJ에 소송을 제기하였다.

---

1) The Application of the Convention on the Prevention and Punishment of the Crime of Genocide (Bosnia and Herzegovina v. Serbia and Montenegro), ICJ, 2007년 2월 26일.
2) 주민은 세르비아인 31%, 크로아티아인 17%, 회교도 44%로 구성되어 있다. 독립 당시 국민투표에서 세르비아인은 모두 불참하였다.
3) Genocide협약 제9조
   본 협약의 해석, 적용 또는 이행에 관한 체약국간의 분쟁은 집단살해 또는 제3조에 열거된 기타 행위의 어떤 것이라도 이에 대한 국가책임에 관한 분쟁을 포함하여 분쟁당사국 요구에 의하여 국제사법재판소에 부탁한다.

ICJ는 1993년 4월 및 9월에 잠정조치를 명하였으나, 이후 1995년 7월 Srebrenica에서 보스니아 회교도 주민들이 대량 학살되는 사건이 발생하였고, 1996년 7월 ICJ의 관할권 유무에 대한 선결적 항변에 대한 결정 및 2003년 2월 관할권 확인에 대한 수정요청에 관한 결정 등의 조치를 취하였으며, 2007년 2월 본안심리를 완료하였다.

2 법적쟁점

1. 제노사이드협약상 당사국의 의무

2. 보스니아 - 헤르체고비나의 세르비아 인민 공화국(추후 Republica Srpska로 국명 변경, 이하 'RS')의 행위가 제노사이드에 해당하는지 여부

3. Srebrenica 학살에 대한 책임

4. 세르비아의 제노사이드 예방의무 위반 여부

5. 세르비아의 제노사이드 처벌의무 위반 여부

6. 배상

3 법원의 결정

1. 제노사이드협약상 당사국의 의무

동 협약의 실체적 적용범위에 관련하여 동 조약이 당사국에게 제노사이드에 대한 입법의무 및 '소추 또는 범죄인 인도의무(prosecute or extradite)'만 부과하는지 아니면 당사국이 제노사이드를 행하지 않을 의무도 부과하는지 문제되었다. ICJ는 협약규정은 1969년 조약법에 관한 비엔나협약에 따라 협약의 전체 문맥과 목적에 비추어 통상적 의미로 해석되어야 한다고 전제하고, 협약 제1조에 규정된 제노사이드 예방과 처벌 의무에는 당사국이 제노사이드를 행하지 않을 의무가 포함된다고 하였다. 그 논거로서 ① 제노사이드를 국제범죄로 규정한 것은 국가가 이를 행하지 않아야 한다는 의미이며, ② 국가가 제노사이드를 예방할 의무가 있음에도 불구하고 국가가 그 기관 또는 그 구성원에 의하여 제노사이드를 행할 수 있다는 것은 모순이라는 점을 들었다.

2. 보스니아 - 헤르체고비나의 세르비아 인민 공화국(추후 Republica Srpska로 국명 변경, 이하 'RS')의 행위가 제노사이드에 해당하는지 여부

ICJ는 Srebrenica 대학살이 제노사이드에 해당한다고 판단하였다. 동 대학살은 보스니아 회교도들을 대상으로 하여 약 7000명을 살해하고 심각한 육체적 정신적 위해를 가했다고 판단하였다. 또한 RS에 의한 '특별한 의도'도 확인된다고 하였다.

3. Srebrenica 학살에 대한 책임

(1) 세르비아에 대한 귀속 여부

ICJ는 Srebrenica 대학살은 세르비아에 귀속되지 않는다고 판단하였다. 즉, 세르비아군대가 학살에 참여하지 않았으며, 세르비아의 정치지도자들도 학살의 기획, 준비, 실행에 참여하지 않았다고 본 것이다. 비록 세르비아가 RS에 재정적 지원을 하고 있었고, 동 지원이 RS군대 장교에 대한 급료와 수당 지급의 형태로 이루어졌으나 이러한 지원 때문에 RS군대를 세르비아의 기관으로 인정할 수 없다고 하였다. 따라서 대학살에 대해 세르비아의 국제책임이 없다고 하였다.

(2) 세르비아의 지시 또는 통제 여부

ICJ는 RS가 세르비아의 지시 또는 통제를 받아 대학살을 자행했다는 보스니아의 주장도 기각했다. ICJ는 지시 또는 통제에 기초하여 국가책임을 인정하기 위해서는 전체적 행동에 대한 일반적 지시나 지침이 아니라 개별작전에 대한 '유효한 통제'(effective control)가 행사되거나 구체적 지시가 있어야 한다고 하였다. ICJ는 보스니아가 세르비아에 의해 제노사이드 지시가 내려졌다는 점을 입증하지 못했으며, 제노사이드 이행결정은 세르비아의 지시 또는 통제 없이 RS군대 참모들에 의해 내려졌다고 판시하였다.

4. 세르비아의 제노사이드 예방의무 위반 여부

ICJ는 세르비아가 제노사이드 예방의무를 위반하였다고 판단하였다. 제노사이드협약의 당사국에 부과된 예방의무는 제노사이드가 발생하지 않도록 '결과에 대한 의무'는 아니며 합리적으로 이용가능한 모든 수단을 사용하여 예방할 '행동의무'라고 하였다. 그러나 세르비아는 이러한 예방의무를 태만히 하였다고 하였다. ICJ는 세르비아가 그 영향력과 정보에 비추어 제노사이드를 예방하기 위한 최선의 노력을 기울였어야 하나, Milosevic 대통령 등 세르비아의 지도자들은 Srebrenica지역에서 보스니아세르비아인들과 회교도들 간의 뿌리깊은 증오의 분위기를 완전히 알고 있었음에도 제노사이드 예방을 위한 아무런 조치도 취하지 않았기 때문에 협약상 예방의무를 위반하였으며, 이에 따른 국제책임을 진다고 판결하였다.

5. 세르비아의 제노사이드 처벌의무 위반 여부

ICJ는 Srebrenica에서의 제노사이드는 세르비아 영토 내에서 행해진 것이 아니기 때문에 세르비아가 제노사이드의 주범, 공범 등에 대하여 자국 법원에서 재판하지 않았다는 것만으로 책임이 성립될 수는 없다고 하였다. 그러나 국제형사재판소가 설립되면 범죄가 자국 영토 밖에서 일어났다 하더라도 자국 영토에 있는 범인을 체포하여 국제형사재판소에서의 재판을 위해 인도할 의무가 있음을 확인하였다. ICJ는 주범인 Mladic이 세르비아 내에 있다는 정보에 유의하여 그 소재를 확인하고 구속해야 하나 그렇지 않고 있음을 주목하고 세르비아가 ICTY에 협조할 의무를 위반하였다고 판단하였다.

6. 배상

ICJ는 세르비아가 제노사이드 예방을 위해 모든 조치를 취하였다고 하더라도 제노사이드를 예방할 수 있었을지 확신할 수 없기 때문에 재정적 배상이 적절한 형태의 배상은 아니라고 하였다. 따라서 세르비아의 협약상 예방의무 불이행 판결이 '원고에 대한 만족'(reparation in the form of satisfaction)이 된다고 판결하였다. 한편 제노사이드 처벌 의무 위반에 대한 배상과 관련해서는 범죄혐의로 소추된자 특히 Mladic에 대해 인도 의무를 이행해야 한다고 판시하였다.

case 144 | Monetary Gold 사건[1]

1 사실관계

이탈리아는 1939년 알바니아를 점령하던 당시 금화를 알바니아로부터 몰수해 갔다. 이 금화는 1943년 독일군대가 이탈리아에서 퇴각하면서 이탈리아 금고에서 가져갔다. 이탈리아는 연합국인 영국, 프랑스 및 미국을 상대로 금화를 반환할 것을 요청하는 소송을 ICJ에 제기하였다.

2 법적쟁점

이탈리아가 제기한 선결적 항변의 타당성이 법적 쟁점이 되었다. 원고인 이탈리아는 선결적 항변(Preliminary objection)을 제기하여 필요적 공동당사자인 알바니아의 탈루를 이유로 재판소의 관할권에 이의를 제기하였다.

3 판결요지

재판소는 필요적 공동당사자의 탈루로 관할권을 가질 수 없다는 이탈리아의 항변을 인용하여 사건을 각하하였다. 재판소는 법원 관할권에 동의하지 아니한 제3국인 알바니아의 법익이 판결의 바로 그 주제를 형성하고 있으므로 알바니아의 동의 없이 사건을 심리할 수 없다고 판시하였다. 즉, 원고 이탈리아의 피고들에 대한 청구의 타당성을 검토하기 위해서는 우선 알바니아와 이탈리아의 관계에서 이탈리아가 적법하게 금화에 대한 소유권을 가지는지를 따져보아야 할 것이다. 그러나 이는 ICJ 관할권에 동의하지 않은 국가인 알바니아의 권리를 침해하는 것이며, ICJ에는 그러한 권한이 부여되어 있지 아니하다.

---

1) Monetary Gold Removed from Rome in 1943 Case, Italy v. France, UK and USA, 선결적 항변, ICJ, 1954년.

1 사실관계

1. 지리적 위치

티모르는 동남아시아 말레이군도에 있는 섬이다. 서티모르는 네덜란드의 식민지였으나 인도네시아가 독립할 때 인도네시아의 영토로 편입되었다. 동티모르는 16세기 이래 포르투갈의 식민지였다. 동티모르의 남쪽 해안은 호주의 북쪽 해안과 약 230해리의 거리를 두고 마주보고 있다. 인도네시아와 호주는 1971년 대륙붕관련 협정을 체결하면서 동티모르 해안에 연접한 대륙붕은 제외하였으며, 제외된 지역을 티모르갭(Timor Gap)이라 한다.

2. 동티모르와 포르투갈 및 인도네시아

포르투갈은 동티모르를 식민지화한 이래 동티모르를 자국영토로 주장하였으며 1933년 헌법에서는 동티모르를 포르투갈의 '해외주(overseas province)'로 규정하였다. 그러나 1974년 군부 쿠데타 이후 식민지 정책을 전환하여 자결권을 부여하는 방향으로 수정하였다. 이후 동티모르에서는 내전이 발생하였으며 이 와중에 포르투갈은 동티모르에서 철수하였고, 인도네시아는 동티모르를 침공하여 인도네시아의 27번째 주로 편입하는 조치를 취했다.

3. 동티모르사태에 대한 UN의 대응

UN은 1960년 총회결의 제1542호를 채택하여 동티모르를 UN헌장상의 비자치지역으로 분류하였다. 인도네시아군이 동티모르를 침공한 이후에는 안보리는 결의 제384호를 채택하여 동티모르의 영토보전과 동티모르 인민의 고유한 자결권을 존중할 것과 인도네시아 병력의 즉각적인 철수를 요청하였다. UN총회 역시 결의 제3485호를 통해 인도네시아 병력의 무력간섭에 대한 강한 유감을 표시하였다.

4. 동티모르에 대한 호주의 태도

호주는 애초 인도네시아의 무력개입에 대한 비난하는 태도를 취했으나 1978년 1월 20일에 인도네시아의 동티모르 병합에 대해 사실상의(de facto) 승인을 부여하였다.

5. 티모르갭에 대한 호주와 인도네시아의 협정

인도네시아의 동티모르 병합에 관한 호주의 승인이 있은 이후, 인도네시아와 호주는 티모르갭의 대륙붕 경계획정을 위한 교섭을 시작하였으나 실패하자 자원의 공동탐사와 개발을 위한 잠정협정을 체결하였다(1989년 12월 11일).

---

1) Case concerning East Timor, 포르투갈 대 호주, ICJ, 1995년.
2) 박배근(2001), 동티모르 사건, 국제법판례연구, 제2집, 서울국제법연구원, 박영사.

6. 포르투갈의 제소

이에 대해 포르투갈은 호주를 ICJ에 제소하였다. 포르투갈의 청구사항은 다음과 같다.

(1) 자결권 등에 관한 동티모르 인민의 권리 및 동티모르 시정국으로서의 포르투갈의 권리를 오스트레일리아가 존중할 의무가 있다.

(2) 1989년 호주가 인도네시아가 협정을 체결함으로써 동티모르 인민의 권리 및 포르투갈의 권리를 침해하였다.

(3) 티모르갭의 대륙붕 탐사와 개발에 관하여 포르투갈과 교섭을 배제함으로써 권리 조정을 위해 교섭할 의무를 오스트레일리아가 이행하지 않았다.

(4) 의무 위반으로 발생한 손해에 대해 배상한다.

(5) 호주는 국제법 위반을 중지하고 티모르갭에서 시정국 이외의 어떠한 국가와도 협정 체결이나 대륙붕에 관한 관할권 행사를 삼간다.

7. 호주의 청구

호주는 포르투갈의 청구에 대해 ICJ가 관할권을 가지지 아니하며, 또한 청구는 수리될 수 없다는 판결과 선언을 청구했다. 나아가 호주의 행동은 포르투갈이 주장한 국제법상 권리를 침해하지 않았다는 판결과 선언을 청구했다.

2 법적쟁점

1. 제3자 법익의 원칙과 수리가능성
2. 자결권의 대세적 권리성과 제3자 법익의 원칙
3. 동티모르 및 포르투갈의 지위와 UN결의

3 판례요지

1. 제3자 법익의 원칙과 수리가능성

호주는 포르투갈이 재판소에 요구한 판단은 필연적으로 제3국의 동의 없이 당해 제3국, 즉 인도네시아의 행위의 합법성에 대한 판단할 것을 요구한다고 주장하면서 소의 수리불능을 주장하였다. 반면, 포르투갈은 자신이 문제 삼고 있는 것은 호주가 인도네시아와 조약을 협상하고 체결하며 시행에 착수한 행위로서 이는 동티모르와 그 시정국인 포르투갈에 대한 호주의 의무 위반을 구성하므로 인도네시아의 권리에 대한 판결을 내리지 않더라도 그 자체에 대해 재판소가 판결을 내릴 수 있다고 반박하였다. 이에 대해 재판소는 제3자 법익의 원칙을 받아들여 오스트레일리아의 항변을 받아들였다. 재판소는 포르투갈이 호주가 인도네시아와 조약체결행위를 비난한 것은 포르투갈 자신이 동티모르에 대한 시정국이며 인도네시아는 동티모르를 위하여 조약을 체결할 권한이 없다는 판단에 기초한 것으로 보았다. 그런데 포르투갈은 조약을 합법적으로 체결할 수 있으나 인도네시아는 조약을 합법적으로 체결할 수 없는가 하는 문제를 먼저 문제 삼지 않고서는 호주의 행위를 평가할 수 없다. 즉, 본 재판의 주제는 필연적으로 인도네시아가 동티모르에 진입하여 주류하고 있는 상황을 고려하여, 인도네시아가 동티모르의 대륙붕 자원과 관련하여 동티모르를 위하여 조약을 체결할 권한을 획득하였는지의 여부에 대한 결정이다. 그러나 재판소는 인도네시아의 동의 없이 그러한 결정을 내릴 수 없다고 하였다. 요컨대, 재판소는 포르투갈의 모든 청구에 대한 결정은 그 전제로서 인도네시아의 동의가 결여된 채 인도네시아의 행위의 합법성에 대한 결정을 내려야 하는 것이기 때문에, 선택조항에 근거하여 성립한 포르투갈과 호주에 대한 관할권을 행사할 수 없다고 하였다.

2. 자결권의 대세적 권리성과 제3자 법익의 원칙

포르투갈은 제3자 법익의 원칙이 적용되지 않는다는 논거로서 오스트레일리아에 의한 대세적 권리(rights erga omnes)의 침해를 들었다. 즉, 호주는 자결권을 침해하였으며 자결권은 대세적 권리이므로 제3국이 마찬가지의 권리침해행위를 하였는지 여부와 관계없이 개별적으로 그러한 권리의 존중을 요구할 수 있다는 것이다. 이에 대해 우선 재판소는 자결권이 대세적 성격(erga omnes character)을 가진다는 것은 부정할 수 없으며 현대국제법의 본질적인 원칙의 하나라는 점에 대해 언급하였다. 그러나 동시에 재판소는 어떤 규범의 대세적 성격과 관할권에 대한 합의규칙을 별개의 것으로 보았다. 원용되는 의무의 성격과 관계없이 재판소는 판결이 사건의 당사자가 아닌 다른 국가의 행위의 합법성에 관한 평가를 내포하는 경우에는 국가 행위의 합법성에 대한 결정을 내릴 수 없다고 하였다.

3. 동티모르 및 포르투갈의 지위와 UN 결의

포르투갈은 UN총회와 안보리결의를 통해 동티모르의 지위와 시정국으로서의 포르투갈의 지위가 이미 결정되었으므로 재판소는 그것을 '소여[所與(givens)]'로 받아들여야 하고, 따라서 동티모르에서 인도네시아의 무력행사 문제나 동티모르 영토에 인도네시아가 주류하는 것의 합법성에 관하여 선고할 필요가 없으므로 제3자 법익의 원칙이 적용되지 않는다고 주장하였다. 그러나 재판소는 UN총회와 안보리 결의가 동티모르에 대한 문제는 반드시 포르투갈과 교섭해야 할 의무를 부여하였다던지 동티모르 영토에 대한 인도네시아의 권한을 일절 승인하지 않아야 할 의무를 부여한 것에 이르지 못한다고 판단하였다. 그러므로 UN총회와 안보리 결의는 분쟁에 관한 결정을 내리기에 충분한 '소여(所與)'로 볼 수 없으며, 오스트레일리아가 시정국으로서의 포르투갈의 지위, 비자치지역으로서의 동티모르의 지위, 그리고 티모르 인민의 자결권과 천연자원과 부에 대한 영구주권을 존중하여야 할 호주의 의무를 위반하였다는 포르투갈의 청구에 대한 결정을 내리기 위해서는 그 전제로서 필연적으로 인도네시아의 행위의 합법성을 판단하지 않으면 안 된다고 판단하였다.

case 146 | 노르웨이 공채 사건[1]

1 사실관계

노르웨이 국가 및 노르웨이 두 개 은행은 1885년부터 1905년에 걸쳐 프랑스 및 기타 외국 시장에서 수회에 걸쳐 공채를 모집하였다. 노르웨이 은행권의 태환은 제1차 세계대전 발발 이후 몇 번 정지되었으며, 1931년부터는 회복되지 않았다. 1923년 12월의 노르웨이 법은 금에 의한 지급을 약정한 금전채무로서 채권자가 명목상의 금 가액의 노르웨이 은행권에 의한 지급의 수취를 거부한 자에 대해서는 채무자는 은행의 태환의무가 해제될 때까지 지급의 연기를 구하는 것을 허가하였다. 이에 대해 프랑스는 이러한 일방적 결정은 외국인채권자에게는 대항할 수 없다고 주장하면서 국제재판에 부탁할 것을 제안하였으나 노르웨이는 거부하였다. 이에 따라 프랑스는 1955년 7월 이 사건을 ICJ에 일방적으로 부탁하고 노르웨이는 선결적 항변을 제기하였다. 프랑스는 선결적 항변을 본안과 병합할 것을 청구하였고, 노르웨이도 반대하지 않았으므로 재판소는 이를 인정하였다. 노르웨이는 1946년 11월, 프랑스는 1949년 3월에 각각 ICJ규정 제36조 제2항의 선택조항을 수락하고 있다.

2 선결적 항변

노르웨이는 총 네 개의 선결적 항변을 제기하였다.

1. 본 건은 국내법상의 문제이다. 설사 이 점에 관하여 의문이 있다고 하더라도 프랑스는 선택조항 수락선언 시 자기의 판단에 의하여 본질상 국내관할권에 속하는 사항을 유보하고 있으므로 노르웨이는 이것을 원용한다.

2. 프랑스의 선언은 강제관할권의 수락을 선언의 비준 후의 사실 또는 상태에 관한 분쟁에 국한하고 있으므로 본 건은 이에 해당하지 않는다.

3. 노르웨이의 두 개의 은행의 공채에 관해서는 이러한 은행이 국가와 별개의 법인격을 가지므로 프랑스의 제소는 수리불능이다.

4. 프랑스의 채권소유자는 사전에 국내적 구제를 다하지 않았다.

3 판결요지

1. 판결

재판부는 12 대 3으로 노르웨이는 상호주의의 조건에 의하여 프랑스의 유보를 원용할 권리를 가지며, 재판소는 본 분쟁을 심리할 권한을 갖지 않는다고 판결하였다. 또한 노르웨이의 다른 항변에 대해서는 검토할 필요가 없다고 하였다.

---

1) 프랑스 v. 노르웨이, ICJ, 1957년.

2. 판결이유

재판부는 프랑스가 선택조항 수락선언에 부가한 유보를 상호주의에 의해 노르웨이가 원용할 수 있다고 하였다. 프랑스는 수락선언 시 선택조항의 수락선언은 프랑스 정부의 판단에 의해 본질적으로 국내관할에 속하는 사항에 관한 분쟁에 적용되지 않는다는 유보를 부가하였다. 재판부는 재판소의 관할권은 당사국의 선언이 일치하는 범위 내에서만 존재하며, 본 건의 경우 재판소의 관할권의 기초인 당사국의 공통의 의사는 프랑스의 유보에 의해 표시된 보다 좁은 한계 내에 있다고 판단하였다. 노르웨이는 상호주의의 원칙에 의하여 프랑스와 같이 노르웨이의 판단에 의하여 본질상 국내관할권에 속하는 분쟁을 재판소의 관할로부터 제외할 권리를 가진다고 판시하였다. 재판소는 프랑스의 유보가 규정 제36조 제6항과 양립하는 여부를 검토할 필요가 없다고 하였다. 양 당사자가 유보의 효력에 관해 다투지 아니하였으므로 재판소는 유보에 대하여 그대로, 그리고 당사국이 인정하는 대로 효과를 부여한다고 하였다.

case 147 | LaGrand 사건[1]

1 사실관계

1982년 1월 Walter LaGrand와 Karl LaGrand 형제는 Arizona 주 Marana에서 벌어진 은행강도사건에 연루되었다는 혐의로 체포되었고 1984년 주법원에 의해 사형선고가 내려졌다. 사형집행 날짜는 Karl LaGrand는 1999년 2월 24일, Walter LaGrand는 동년 3월 3일로 정하였다. 두 형제는 독일에서 태어난 독일국민으로 인생의 대부분을 미국에서 살았지만 계속 독일국적을 유지하고 있었다. 미국과 독일 간 의견의 대립은 있으나 1982년 4월 늦어도 1983년 중반에는 LaGrand 형제의 국적이 독일임을 미국의 관련 기관이 알았으나 독일 영사기관은 이를 인지하지 못하였다. 독일영사는 1992년 6월에야 비로소 LaGrand 형제 자신들의 통지에 의해서 이 사건을 알게되었으며 이 형제들은 또한 자신들의 권리를 Arizona 주당국이 아닌 다른 곳으로부터 알았다. LaGrand 형제가 공식적으로 미국 당국으로부터 영사면접권을 통보받은 것은 1998년 12월이었다. 이러한 사실을 원인으로 하여 독일은 미국이 파견국 국민과의 통신 및 접촉에 대해 규정하고 있는 비엔나협약 제36조를 위반하여 LaGrand 형제를 재판하고 결국 처형했다는 점을 들어 소송을 제기하였다. 또한 Walter LaGrand의 처형이 임박한 1999년 3월 2일에 ICJ에 잠정조치 청구가 제기되었고 ICJ는 그 다음날 잠정조치명령을 내렸으나 Walter LaGrand는 예정대로 처형되었다.

---

1) Germany v. USA, ICJ, 2001년.

2 법적쟁점

1. 미국의 독일과 LaGrand 형제에 대한 협약 제36조 제1항 제(b)호의 의무 위반 여부
2. 미국 국내법 규칙으로 인한 협약 제36조 제2항 위반 여부
3. 미국의 잠정조치 명령 준수의무 위반 여부

3 판례요지

1. 미국의 협약 제5조와 제36조 제1항 제(b)호 위반 여부

법원은 LaGrand 형제에게 그들이 체포된 후 협약 제36조 제1항 제(b)호의 권리를 지체 없이 알려주지 않음으로써 그리고 독일이 영사도움을 줄 가능성을 박탈하여 동 협약하의 의무를 독일과 LaGrand 형제에게 부담하는 의무를 위반하였다고 결론 내렸다.

2. 미국 국내법 규칙으로 인한 협약 제36조 제2항 위반 여부

LaGrand 형제에 대한 유죄판결 및 형선고를 동 협약에 규정된 권리에 비추어 재검토하는 것을 허락하지 않음으로써, 미국은 동 협약 제36조 제2항하에서 독일과 LaGrand 형제에게 부담하는 의무를 위반하였다고 판시하였다.

3. 미국의 잠정조치 명령 준수의무 위반 여부

법원은 잠정조치의 효력과 관련해서 기본적으로 ICJ 규정 제41조의 해석에 관한 문제로 보았다. 영문과 불문의 차이가 있어 조약법 협약 제33조 제4항을 적용하여 규정의 대상과 목적을 고려하여야 하는데 본 대상과 목적이 ICJ가 구속력 있는 결정에 의해 국제분쟁의 사법적 해결기능을 완수하게 하는 것이기 때문에 잠정조치는 구속력이 있다고 결론 내렸다. 따라서 이 사건에서 본 재판소의 최종판결이 있을 때까지 Walter LaGrand가 처형되지 않도록 그 처분하의 모든 조치를 취하지 않음으로써, 미국은 ICJ가 1999년 3월 3일 내린 잠정조치명령 하의 의무를 위반했다고 판시하였다.

case 148 | 도거 뱅크 사건[1][2]

1 사실관계

1. 러시아 군함의 영국 어선 공격

(1) 러일 전쟁 때 극동에 파견되었던 러시아 발틱 함대가 1904년 10월 21일 밤 북해의 Dogger Bank상에서 조업 중인 영국 어선단을 일본의 어뢰정으로 오인하여 포격하였다. 그 결과 어선 한 척이 침몰하고 2명이 목숨을 잃었으며 다른 어선과 어민에도 피해를 주었으나, 조난자를 구조하지 않은 채 계속해서 항해하였다.

(2) 사건이 보고되자 영국에서는 러시아 함대의 행동을 비난하는 목소리가 높아졌으며, 영국 정부는 러시아 정부에 대해서 충분한 사죄, 피해자에 대한 완전한 배상, 책임자 처벌, 장래에 대한 보증을 요구하였다.

(3) 사건 당시 러시아 함대의 사령관이었던 로제스트 웬스키는 동 공격행위는 일본 어뢰정에 대한 것이었다는 보고서를 제출하였고, 러시아 정부도 동 보고서를 영국 정부에 전달할 뿐 영국의 요구에 대해서는 명확한 태도를 보이지 않았다. 그러자 영국 해군은 지중해 함대를 지브롤터 해협에 집결시키고, 여타 함대에도 동원명령을 발하는 등 러시아 함대와 대결할 준비를 취했다.

2. 프랑스의 개입

당시 러시아와 동맹관계에 있었던 프랑스는 자칫 양국 간 전쟁에 의해 자국이 전쟁에 휘말리는 것을 우려하여, 이 분쟁이 사실에 관한 견해 차이에 기인하고 있다는 점에 착안하여, 1899년 체결된 국제분쟁의 평화적 해결조약에서 규정하는 국제심사위원회에 부탁할 것을 제안하였다. 영국과 러시아 양국 정부는 프랑스의 제안에 동의하여 11월 25일 상트 페테르부르크 협정을 체결하고 다음의 약정을 하였다.

3. 국제심사위원회 구성

(1) 국제심사위원회는 5명으로 구성하는데, 그 위원은 영국·러시아·프랑스·미국의 고위급 해군장교로 하며, 다섯 번째 위원은 위 4명 위원의 합의에 의해 선임된다. 만일 합의가 이루어지지 않은 경우에는 오스트리아 황제에게 그 선임을 의뢰한다.

(2) 위원회는 북해 사건에 관한 일체의 상황과 특히 책임의 소재, 그리고 책임이 입증된 때에는 영·러 양국의 책임의 정도에 대해서 심사하고 보고한다. 심사위원회는 다음 해 2월 26일 보고서를 작성 공표하였으며, 그에 따라 러시아 정부는 피해어부에 대한 배상금으로서 영국 정부에 6만 5천 파운드를 지불하고 사건을 해결하였다.

---

1) 영국 v. 러시아, 1905년.
2) 장신, 국제법판례요약집, 전남대출판부, 346~347p 요약 정리.

2 보고서 요지

포격 및 그 결과에 대한 책임은 러시아 함대 사령관에게 귀속되어야 한다. 함대가 발포한 대상이 무엇이었는가를 판단하기 위한 충분하고 명확한 증거를 갖고 있지 않지만, 적어도 영국 어선단이 적대적 행위를 하지 않았다는 것은 명백하다. 또한 어선단 속에, 그리고 그 부근에도 일본 어뢰정은 존재하지 않았기 때문에 사령관에 의한 발포명령은 정당화될 수 없다. 비록 사령관이 사건 당시 어선에 대한 포격을 피하기 위해 할 수 있는 모든 조치를 강구하였다고 인정되지만, 러시아 함대가 도버 해협 통항 중 국적불명의 어선이 구조를 필요로 하고 있다는 사항을 각 연안국 당국에게 통보하지 않은 것은 유감이다.

case 149 | Lockerbie 사건[1][2]

1 사실관계

1. 항공기 폭파 사건 발생

1988년 12월 21일에 영국 스코틀랜드의 로커비 상공에서 미국의 팬암 항공기가 폭파되어 승객과 지상 주민 총 270명이 사망하였다. 영미 양국은 1991년 11월 폭파 용의자인 리비아인 두 명을 인도하여 줄 것을 리비아에 요구하였다. 그러나 리비아는 민간항공의 안전에 대한 불법적 행위의 억제를 위한 협약(이하 '몬트리올협약')에 근거하여, 자국에서의 형사재판을 주장하며 이를 거부하였다.

2. UN 안전보장이사회 개입

영미 양국에서 사건을 부탁받은 안전보장이사회는 1992년 1월에 리비아의 인도 거부는 유감이며, 리비아가 양국의 요구에 속히 응할 것을 요구하는 결의 731을 채택하였다. 이에 대하여 리비아는 같은 해 3월 3일에 몬트리올협약상 자국의 권리 확인과 영미에 의한 의무 위반의 중지를 요구하며 이를 ICJ에 제소함과 동시에, 양국에 의한 인도의 강요를 중지시키기 위한 잠정조치를 청구하였다. 리비아는 이 사건 관할권의 근거로서 이 협약 제14조의 재판조항을 원용하였다. 한편, 잠정조치절차의 구두변론 종결 후 3월 31일에 안전보장이사회는 리비아가 결의 731을 이행하지 아니한 것은 평화에 대한 위협을 구성하는 것으로, 헌장 제7장하에 새로운 결의 748을 채택하여 인도를 의무화함과 동시에 그 불이행에 대해서는 강제조치(경제 제재 등)를 취할 것을 결정하였다(1993년에 이를 강화하는 결의 883을 채택하였다).

---

1) ICJ, 1992, 리비아 v. 미국 / 리비아 v. 영국.
2) 박덕영·오미영 옮김, 국제법기본판례50, 박영사, 184~187p 요약 정리.

3. ICJ에서 절차

리비아의 잠정조치 신청은 이 결의로 인하여 저지당하였다. 이후, 1998년에 영미에서 제출한 선결적 항변이 각하되어 본안의 심리가 진행되었으나, 법정 외 당사국협의에 의하여 두 명의 피의자는 네덜란드에 설치된 스코틀랜드 법정에서 재판을 받게 되었고(2001년 판결에서 한 명은 종신형, 다른 한 명은 무죄, 복역 중인 한 명은 2009년 8월에 건강상의 이유로 리비아 본국으로 이송되었다), 2003년에 리비아가 배상의 지불에 동의하여 같은 해에 이 사건의 소는 취하되었다. 이하 재판소의 명령 및 판결은 리비아 대 영국 사건에 관한 것이다.

2 ICJ 결정

1. 잠정조치

리비아, 영국 양국은 UN 회원국으로 헌장 제25조에 근거한 안전보장이사회 결정의 구속력과 이행의무를 수락하고 있다. 일단, 이 의무는 결의 748에 포함된 결정에 미치는 것으로 생각된다. 이 점에 관한 당사국의 의무는 헌장 제103조에 따라 몬트리올협약을 포함한 다른 국제협정의무에 우선한다. 재판소는 이 단계에서 결의 748의 법적 효력을 확정적으로 결정할 필요는 없다. 따라서 리비아가 주장하는 권리는 현재 잠정조치에 의한 보호에 적합한 것으로 볼 수 없다.

2. 판결

우선, 영국은 몬트리올협약을 근거로 다투고 있는 것이 아니기 때문에, 제14조의 재판조항은 이 사건 관할권의 근거가 될 수 없다고 주장하지만, 양 당사국의 주장에 비추어 볼 때 본 협약의 해석과 적용에 대하여 구체적 분쟁이 존재한다는 것은 부정하기 어렵다. 다음으로 영국은 비록 리비아가 본 협약에 근거한 제소권을 가진다 할지라도, 결의 748과 883이 채택됨에 따라 이러한 결의가 협약상의 권리를 대신하고 있다고 주장한다(UN헌장 제103조). 그러나 이러한 결의는 이 사건의 제소 후에 채택된 것이다.

판례에 따르면 제소시점에 관할권의 유효성이 인정될 경우에 그 법적 상태는 그 이후의 사태에 의하여 영향을 받지 않는다. 이 규칙은 두 개의 결의에 의하여 이 사건 청구의 수리가능성(admissibility)이 배제된다는 영국의 주장에도 적용된다. 분명히 결의 731은 제소 전에 채택된 것이지만, 이는 구속력을 가지지 않는 권고에 그치므로 본 판단에는 영향을 미치지 않는다. 마지막으로 영국은 청구의 수리가능성에 관하여 상기 UN헌장 제7장 하의 두 결의로 인하여 리비아의 청구목적이 소멸되므로, 이 사건의 소송을 종결시키는 효과를 가진다고 한다. 그러나 이것이 인용되기 위해서는 다음의 두 가지 결정이 전제가 된다. 하나는 리비아의 협약상 권리가 안전보장이사회 결의와 양립하지 않는다는 결정이고, 다른 하나는 UN헌장 제25조와 제103조에 의하여 후자의 의무가 전자의 권리에 우선하는 것에 대한 확정적인 결정이다. 이러한 결정들은 본안의 주제와 밀접하게 관련되어 있으므로, ICJ규칙 제79조 제7항(현 규칙 제79조 제9항)에서 말하는 '오로지 선결적인 성질'이라고 할 수 없으므로, 이 절차의 단계에서 이를 결정할 수 없다.

3 평석

1. 안전보장이사회 결의의 효력

잠정조치가 인용되기 위한 요건은 판례상 확립되고 있으나, 이 사건 잠정조치 신청의 각하는 전례 없는 이유에 의하고 있다. 즉, 종래 1990년 Arbitral Award of 31 July 1989 사건의 중재판정 명령에서와 같은 신청내용과 소송주제와의 연결성 결여, 1990년 Passage through the Great Belt 사건 명령에서와 같은 긴급성의 부존재 등의 잠정조치명령의 요건이 갖추어지지 않았다는 이유가 아니라 오로지 UN헌장 제7장의 결의의 존재를 이유로 하고 있다. 재판소에 따르면 안전보장이사회 결의 748이 구속력을 가지는 의무적 결정이기 때문에 UN헌장 제103조에 의하여 이 결의가 몬트리올협약에 우선하는 것이다. 한편 리비아에 따르면 이 결의는 국제법을 위반하는 것으로서, 또한 재판소와 안전보장이사회는 조직상의 상하관계가 아니므로, 재판소의 권한은 본 결의에 의하여 배제되지 않을 뿐만 아니라, 본 결의는 몬트리올협약의 적용을 회피하기 위한 구실로서 채택된 것이므로 그 유효성이 문제된다. 재판소는 본 결의의 법적 효과에 대한 확정적인 결정은 잠정조치절차의 단계에서는 불필요하다고 하면서, UN헌장 제103조의 규정을 근거로 리비아의 신청을 각하하였다. 이 결정은 제103조에서 말하는 헌장에 근거한 의무에는 UN헌장 제7장하에 채택된 결의의 의무가 포함된다는 것, 본조의 우선규정은 사법기관의 판단에도 영향을 미친다는 것을 확인한 것이라고 해석된다.

2. 노테봄 규칙

재판소는 안전보장이사회 결의 748과 883을 근거로 하는 영국의 관할권과 수리가능성의 항변을 노테봄 룰(제소 후에 발생하는 사태는 제소 시에 존재하는 관할권의 법적 상태에 영향을 주지 않는다는 규칙이다)에 의하여 각하하였다. 이 규칙은 1960년 Right of Passage over Indian Territory 사건에서와 같이 종래에 관할권과 관련하여 적용되어 왔다. 이 사건은 이 규칙이 수리가능성의 항변에 직접 적용되었다는 점에서 주목된다.

3. 안전보장이사회와 ICJ의 관할범위

ICJ는 동일한 분쟁을 안전보장이사회와 동시병렬적으로 취급할 수 있다는 뜻을 1980년 테헤란 주재 미국대사관 사건에서 명시하고, 1984년 니카라과 사건에서 이를 재확인하였다(관할권 판결). 이러한 점에서 양자관계는, 안보리와 총회의 지위관계와는 기본적으로 다른 것이 된다. UN헌장상 총회는 안전보장이사회가 임무수행 중에는 같은 분쟁에 대하여 일절 권고를 할 수 없기 때문이다(안전보장이사회 우선, UN헌장 제12조).

case 150 | Nuclear Arms and Disarmament 사건[1][2]

1 사실관계

이 사건은 마샬 군도가 영국, 인도, 파키스탄이 핵군축 협상을 하지 않고 핵군비를 개선, 유지하는 것이 핵확산방지조약(NPT) 위반에 해당한다고 제소하였으나 이들 국가와의 분쟁이 존재한다는 점을 입증하지 못해 ICJ의 관할권이 부인된 사건이다. 2014년 4월 24일 마샬 군도는 중국, 북한, 프랑스, 인도, 파키스탄, 러시아, 미국, 영국이 제6조의 협상 수행 의무를 이행하지 않고 있다는 이유로 이들 국가를 ICJ에 제소하였다. 인도, 파키스탄, 영국에 대해서는 ICJ 강제관할권을 재판 청구의 근거로 삼았으며 나머지 국가에 대해서는 ICJ 재판 규정 제38(5)조를 근거로 재판에 참여할 것을 초청하였으나 이들 국가가 이를 묵살함으로써 인도, 파키스탄, 영국(이하 '분쟁 3국')에 대해서만 재판 절차가 개시되었다. 이들 3개국은 마샬 군도와는 NPT 제6조에 관한 분쟁 자체가 존재하지 않는다는 이유로 ICJ의 관할권을 부인하였다. 재판부는 분쟁 3국에 대한 마샬 군도의 재판 청구를 각각 심리하여 2016년 10월 5일 3건의 판결문을 발표하였으나 내용은 국별로 특정된 사안을 제외하고 모두 동일하였다. 아래 내용은 영국과 마샬 군도 간 판결이다.

2 주요 쟁점 및 판결

1. 마샬 군도의 입장

마샬 군도는 자신이 국제회의에서의 공개 발언이 핵보유국과 핵 군축·철폐 협상과 관련하여 분쟁이 있음을 나타낸다고 주장하였다. 2013년 9월 26일 개최된 UN 핵군축 고위급 총회에서 마샬 군도 외교장관이 핵군축 책임 완수 및 노력 강화를 촉구하였고 2014년 2월 13일 핵무기의 인도적 영향에 관한 회의에서 핵무기 군축 협상은 NPT 제6조상의 의무이며 핵무기 보유 국가는 이 법적인 의무를 이행하지 않고 있다고 비난한 것은 이 문제를 둘러싸고 마샬 군도와 핵보유국 간에 분쟁이 존재한다는 것을 극명하게 나타내고 있다고 강조하였다. 마샬 군도는 핵군축 관련 UN 결의안 채택 시 분쟁 3국이 반대한 것도 분쟁 존재의 근거가 된다고 부가하였다.

2. 영국의 입장

분쟁 3국은 상대국이 시비를 제기하기 전에는 분쟁이 있음을 알 수 없으므로 분쟁을 제기하려는 국가는 상대국에 대해 시비를 통지하여야 하며 시비 통지는 분쟁 존재의 조건이라고 주장하고 마샬 군도는 외교 경로 등을 통해 분쟁 시비를 통지해 온 바 없다고 항변하였다. 국제회의에서의 마샬 군도의 발언 2건에 대해 발언의 내용이나 정황상 일반적인 입장 표명이지 특정국가에 대한 분쟁 제기라고 볼 수 없으며 영국은 특히 2014년 2월 회의에는 자신이 참석하지도 않았다고 반박하였다.

---

1) 국제사법재판소, Marshall Islands v. India, Pakistan, UK, 2016.10.5. 판결.
2) 산업통상자원부 홈페이지(https://disputecase.kr) 게재 내용 요약 정리.

3. 재판부 판단

(1) 재판부는 2013년 9월 UN 핵군축 고위급 총회에서의 마샬 군도의 발언은 격려하는 내용이지 분쟁 3국의 법적인 의무 위반을 제기하는 것이라고 볼 수 없고 분쟁 3국의 핵군축 협상 불시행을 적시하고 있지도 않을뿐더러 지금까지의 국제 사회의 노력을 평가하고 강화해야 할 필요성을 언급하는 것이라고 평가하였다.

(2) 2014년 2월 회의 발언의 경우 재판부는 2013년 총회 발언에 비해 다소 구체적이기는 하나 분쟁 3국의 위반행위를 특정하지 못하고 있으므로 분쟁의 존재를 입증하기에는 부족하다고 판시하였다. 이상을 근거로 재판부는 마샬 군도와는 핵군축 협상 등에 관한 분쟁 자체가 존재하지 않는다는 분쟁 3국의 항변을 수용하고 이 사건에 대해 재판부는 관할권이 없다고 판시하였다.

---

case 151 | Sovereign Rights and Maritime Spaces 사건[1][2]

1 사실관계

이 사건은 콜롬비아의 접속수역 설정에 대해 니카라과가 ICJ 판결로 확인된 자신의 해역과 해역에서의 주권적 권리를 침해하는 것이라고 재판을 청구한 사건이다. 2012년 11월 19일 ICJ는 판결을 통해 니카라과와 콜롬비아 간의 해양 경계를 획정하였다. 콜롬비아는 2013년 9월 9일 이전 사건에서 영유권이 확인된 San Andres, Providencia, Santa Catalina 3개 섬 주변에 접속수역을 설정하였는데 수역 일부가 위 사건 판결에서 니카라과령으로 확인된 해역 일부와 중복되었다. 콜롬비아는 접속수역에서 법 집행 및 단속 활동을 수행하였다. 니카라과는 콜롬비아의 접속수역 설치와 집행 활동은 니카라과 해역과 동 해역에서의 니카라과의 주권적인 권리를 침해하는 것이며 무력 사용 및 사용 위협을 금지한 UN 협약에도 위반된다고 주장하고 2013년 11월 26일 ICJ에 재판을 청구하였다. 청구 근거는 분쟁의 평화적 해결에 관한 미주조약(보고타조약) 제31조였다.

---

1) 국제사법재판소, Nicaragua v. Columbia, 2016.3.17. 판결.
2) 산업통상자원부 홈페이지(https://disputecase.kr) 게재 내용 요약 정리.

2 주요 쟁점 및 판결

1. 보고타조약 탈퇴로 인한 관할권 존부

콜롬비아의 보고타조약 탈퇴로 인한 관할권 부재 항변에 대해 니카라과는 동 협약 제56조는 탈퇴 효과는 탈퇴 통보 후 1년 후에 발생하므로 콜롬비아는 여전히 협약 제31조의 적용을 받는다고 반박하였다. 재판부는 심리에 앞서 관할권 존부에 관한 기존 판례를 인용하면서 관할권은 재판 청구일 당시에 존재해야 하며 청구서가 접수된 이후에 재판부 관할권 성립 요건 중의 일부가 제거되더라도 소급효는 인정되지 않으므로 재판 청구서가 접수된 후 재판부에 관할권을 부여하는 조약이나 강제관할권 수용선언 등이 종료 또는 철회 되더라도 재판부의 관할권은 계속된다는 이전 판례를 확인하였다. 재판부는 보고타조약 제31조는 동 협약이 발효 중인 한(so long as the present Treaty) ICJ 관할권을 인정하고 있고 제56조 첫 문장은 탈퇴 효과는 통보 1년 후에 발생한다고 규정하고 있으므로 결론적으로 콜롬비아가 탈퇴하였다고 해도 ICJ 재판관할권은 유효하게 존속한다고 판시하였다.

2. 분쟁 존부

(1) 콜롬비아는 재판을 청구하기 전까지 니카라과는 아무런 항의나 불만을 콜롬비아에 제기한 바 없으며 양국 간에는 재판이 청구된 사안과 관련한 분쟁 자체가 존재하지 않는다고 주장하고 재판부의 관할권을 배척하였다. 콜롬비아는 Territorial and Maritime Dispute(Nicaragua/Columbia) 사건 판결을 준수하고 있으며 다만 자신의 헌법상 국경 변경은 조약을 통해서만 시행될 수 있는 관계로 니카라과 측과 관련 협의를 진행하고 있다고 밝혔다. 접속수역 설치는 국제 관습법상 인정된 권리로서 이전 사건에서 심리된 바도 없고 해군 등 단속 관청에 니카라과와의 충돌이나 자극을 엄금하고 있으므로 무력 사용이나 사용의 위협이 발생한 바가 없다고 개진하였다.

(2) 재판부는 분쟁이란 당사국 간의 이해관계와 법적인 견해의 충돌이나 법 또는 사실 측면에서의 의견 불일치로서 일방 당사국의 시비에 대해 타방 당사국이 적극적으로 반대해야 하고 분쟁의 존부는 사실 등에 근거하여 객관적으로 결정되어야 하며 재판 청구서 제출일 당시에 존재해야 한다는 원칙을 환기하였다. 재판부는 이전 사건 판결 후 콜롬비아 대통령이 판결 집행을 위한 조약 체결을 니카라과 대통령에 제의한 바 있고 긍정적인 반응을 확보한 것은 인정되나 양국의 대화가 진행 중에 있으면 분쟁의 존재하지 않는 것이라고 단정할 수는 없다고 보았다. 재판부는 이전 사건 판결 후 콜롬비아 대통령이 동 판결로 인해 침해된 자국의 권리를 수복하겠다고 발언한 바 있고 이에 대해 니카라과 대통령은 이에 대해 반박 성명을 낸 점 등에 비추어 양국은 이전 사건 판결 대상이 된 해역에서의 권리에 대해 상반되는 견해를 갖고 있는 것으로 보인다고 언급하였다. 재판부는 이상을 종합할 때 재판 청구일 당시 양국 간에는 문제된 해역에서의 콜롬비아의 니카라과 권리 침해 여부에 대한 분쟁이 있었다고 판단하였다.

case 152 | Aerial Incident(Pakistan - India) 사건[1]

1 사건 개요 및 배경

1. <u>1999년 8월 10일 교육 훈련 비행 도중 인도 영공에 오인 진입한 파키스탄 해군 정찰기를 인도 공군 미그 21호기가 격추하여 승무원 16명이 전원 사망하였다.</u> 파키스탄은 인도의 행위를 규탄하였으나 인도는 정찰기가 착륙 신호를 무시하고 적대적인 회피 기동을 하여 격추한 것이라고 응수했다. 파키스탄은 1999년 9월 21일 인도의 행위가 UN헌장 및 국제관습법 위반에 해당한다고 확인하여 줄 것을 요청하는 재판을 ICJ에 청구하였다.

2. 청구 근거는 1928년 국제 분쟁의 평화적 해결을 위한 일반 협약 제17조와 ICJ헌장 제36(2)조에 따른 인도와 파키스탄의 ICJ 강제관할권 수용선언, 그리고 ICJ헌장 제36(1)조였다. 1928년 협약 제17조는 동 협정 관련 분쟁은 PCIJ에 의뢰하도록 규정하고 있었다. 파키스탄은 영국이 1928년 협약 가입국이었으므로 영국 식민지에서 독립한 파키스탄과 인도도 1928년 협약 당사국이라고 주장하였으나 인도는 이를 부인하였고 1928년 협약은 ICJ헌장 제36(1)조에 규정된 발효 중인 협정에 해당하지 않는다고 반박하였다. 인도는 또한 자신의 ICJ 강제관할권 수용선언에는 영연방 소속 국가와의 분쟁은 제외한다는 관할권 적용 배제 조항이 포함되어 있으므로 이 사건에는 ICJ의 관할권이 적용되지 않는다고 주장하였다.

2 주요 쟁점 및 판결

1. 1928년 협약 적용 가능 여부

(1) <u>'국제 분쟁의 평화적 해결을 위한 일반 협약'은 국제연맹의 주도 아래 1928년 9월 26일 체결되고 이듬해 발효한 다자 협정으로서 체약국 간의 분쟁 발생 시 조정, 중재로 해결을 시도하고 해결되지 않을 경우 의무적으로 상설국제사법재판소(PCIJ)에 회부한다고 제17조에 규정되어 있었다.</u> ICJ헌장 제37조는 PCIJ 회부가 의무화된 조약이나 협정이 발효 중일 경우 해당 분쟁은 ICJ에 회부된다고 규정하고 있다. 파키스탄은 영국령 인도(British India)가 1931년 5월 21일 이 협약에 가입하였으므로 파키스탄과 인도도 결과적으로 가입국이 되었으며 동 협정 제17조와 ICJ헌장 제37조에 의해 ICJ의 관할권이 성립된다고 주장하였다.

---

1) 국제사법재판소, Pakistan v. India, 2000.6.21. 판결.

(2) 인도는 1928년 협약은 국제연맹의 해체와 함께 무효화되었다고 보아야 하며 1949년 UN에서 새 협약이 제정될 때 국제연맹이 주관 기관으로 규정된 조항들을 개정하였는데 제17조는 개정 조항 중의 하나이므로 1928년 협약을 근거로 ICJ 관할권을 성립시킬 수는 없다고 주장하였다. 인도는 동 협약은 정치적인 의지를 나타내는 협정으로서 가입국 지위가 상속된다고 볼 수 없다면서 영국령 인도 해체와 함께 가입국 지위가 파키스탄과 인도에게 이전되었다는 파키스탄 주장을 일축하였다. <u>인도는 1974년 9월 18일 UN 사무총장에게 인도는 1947년 독립 이후 더 이상 1928년 협약의 당사국이 아니라고 문서로 통지하기도 하였다.</u>

(3) 재판부는 Aegean Sea Continental Shelf 사건에서 1928년 협약의 유효 여부에 대해서는 판단을 내리지 않고 동 협정을 근거로 터키를 ICJ에 제소한 그리스의 청구의 적법성 여부를 심리한 바 있음을 환기하고 이 사건에서도 1928년 협약의 유효성 여부에 대해서는 따로 심리하지 않고 인도의 1974년 9월 18일자 UN 사무총장 앞 통지를 중심으로 ICJ 관할권 존부를 심리하였다. <u>재판부는 설사 1928년 협약이 계속 발효 중이라 하더라도 1974년 인도의 통지는 그 명료한 내용상 1928년 협약 제45조에 규정되어 있는 폐기 선언과 동등한 법적 효력을 가지고 있다고 판단하였다.</u>

2. 강제관할권 수용선언 유보 해당 여부

(1) 인도는 기존의 ICJ 강제관할권 수용선언을 일부 수정한 신규 선언을 1974년 9월 18일 기탁하였다. <u>신규 선언은 영연방 회원국이거나 회원국이었던 국가와의 분쟁과 다자조약의 적용과 해석에 관한 분쟁에 대해서는 ICJ의 강제관할권 적용을 유보한다고 규정하고 있었다.</u> 인도는 파키스탄이 제소한 이 사건 분쟁은 모두 이 유보 사항에 해당한다고 주장하고 ICJ의 관할권을 부인하였다. 파키스탄은 영연방 유보는 국가를 차별하므로 주권 평등의 원칙 및 UN 회원국의 권리 의무의 보편성에 위반되고 강제관할권 수용선언의 유보는 ICJ헌장 제36(3)조에 규정된 상호주의와 기간성이라는 한계를 일탈한 것이므로 무효라고 주장하였다.

(2) 재판부는 인도의 관할권 수용선언의 유보 내용이 ICJ헌장 제36(3)조와 부합되지 않는다는 파키스탄의 주장에 대해 <u>재판부의 관할권은 수용된 범위 내에서 존재할 수 있다는 상설국제사법재판소의 판례와 Military and Paramilitary Activities 사건에서 강제관할권 수용선언은 임의적이고 일방적인 약속으로서 각국은 수용 여부와 수용선언 시 조건부 또는 무조건부 여부에 대해 완전히 자유라고 판시되었음을 환기하였다.</u> 재판부는 수용선언에 부과할 수 있는 조건을 제한하고 있지 않으며 임의로 유보 내용을 부가할 수 있는 권리는 그간의 국가 관행에서도 확인되며 영연방 소속 국가와의 분쟁을 제외한 예는 인도 외에도 8개국의 수용선언에서도 발견된다고 설명하였다. 재판부는 인도의 영연방 유보가 헌장 위반이라는 파키스탄의 주장을 기각하였으며 ICJ의 강제관할권이 적용되는 분쟁의 대상 범위를 한정하는 것 역시 각국의 자유라고 설시하고 인도의 유보 내용이 차별적이라는 파키스탄의 주장도 수용하지 않았다.

case 153 | Phosphate Lands in Nauru 사건[1][2]

1 사실관계

1. 나우루는 전체가 새의 배설물이 굳어서 형성된 인광석으로 덮여 있는 20㎢ 규모의 남태평양상의 작은 섬이다. 1914년 호주가 점령한 이후 호주, 뉴질랜드, 영국이 관장하는 국제연맹의 위임통치 지역이 되었고 1919년 7월 이들 3개국은 신탁통치 시행과 인광석 채굴 관리 및 수익 분배에 관한 3자 약정(나우루 섬 약정)을 체결하고 호주가 사실상 시정 전반을 관장하였다.

2. 1947년 11월 1일 나우루는 3국이 관할하는 국제연합의 신탁통치 지역이 되었으며 1968년 1월 30일 독립할 때까지 이전과 마찬가지로 호주가 사실상 통치하였다. 나우루의 인광석 채굴 및 판매를 위해 호주, 뉴질랜드, 영국은 1919년 약정에 따라 British Phosphate Commission(BPC)을 설립하여 인광석을 독점 채굴하였다. 인광석 채굴로 인해 섬 전체의 1/3 지역이 황폐화되었고 판매 수익 분배와 광상(鑛床) 복원을 둘러싸고 신탁통치 당국과 나우루 주민은 반목하였다. 오랜 협의 끝에, 독립 직전인 1967년 7월 1일에야 BPC는 나우루인 자치 기구인 행정 위원회에 인광석 광상 관리권을 이전하였다[이하 '1967년 이전(移轉) 약정']. 1987년 2월 9일 호주, 뉴질랜드, 영국은 BPC를 청산하고 잔여 자산을 나누어 가졌다.

3. 독립 이후 나우루 정부는 광상 복원을 호주 등에 지속적으로 요구하였으나 성과가 없었으며 BPC 잔여 자산 배분 요구에도 응하지 않자 나우루는 1989년 5월 19일 신탁통치 주 책임국인 호주를 ICJ에 제소하였다. UN 헌장의 신탁통치 조항과 나우루 신탁통치협정상의 의무를 전반적으로 위반하였으며 인광석 수익 배분 의무가 있음을 확인하여 달라는 청구였다. 나우루와 호주는 모두 ICJ 헌장 강제관할권을 수용하고 있었다. 호주는 신탁통치 주민과의 분쟁은 UN 관할이며 신탁통치약정 종료로 인해 제반 분쟁은 이미 해결된 것으로 보아야 하며 ICJ 이외의 평화적인 방법으로 해결하기로 합의한 분쟁은 ICJ 강제관할권 적용 대상에서 제외한다는 자신의 ICJ 강제관할권 수용선언의 유보 조항 및 기타 사항에 따라 ICJ는 이 사건에 대한 관할권이 없다고 항변하였다.

2 주요 쟁점 및 판결

1. 호주 유보 조항으로 인한 관할권 존부

(1) 호주가 제기한 첫 번째 관할권 부인 항변의 논거는 자신의 강제관할권 수용선언의 유보 조항이었다. 호주는 1975년 3월 17일 ICJ 강제관할권을 수용하면서 분쟁 당사국이 기타의 평화적 해결 방식을 사용하기로 합의한 분쟁은 강제관할권 적용 대상에서 제외한다고 유보하였다. UN 헌장에 따르면 신탁통치 당국과 주민과의 분쟁은 UN총회, 또는 신탁통치이사회에서 처리하도록 되어 있었다.

---

1) 국제사법재판소, Nauru v. Australia, 1993.9.13. 판결
2) 산업통상자원부 홈페이지(https://disputecase.kr) 게재 내용 요약 정리.

UN은 피신탁통치 주민의 청원을 접수, 처리하고 신탁통치 당국의 정례 보고를 접수하고 특정 사항을 권고할 수 있었다. 호주는 이 규정을 들어 호주와 나우루 간의 분쟁은 별도의 평화적 해결 방식을 통해 처리하도록 합의된 분쟁에 해당하므로 ICJ 강제관할권 수용 유보 조항에 해당한다고 주장하였다.

(2) 재판부는 호주의 주장을 자세히 심리하지 않은 채 ICJ 헌장 제36(2)조 강제관할권 조항은 오직 국가 간의 분쟁에 국한되는 것이므로 호주와 나우루가 1968년 1월 31일 나우루의 독립 이후 국가 대 국가로서 인광석과 관련된 분쟁은 별도의 평화적 방법으로 해결한다는 합의를 하였는지 여부를 확인하는 것이 쟁점이라고 보았다. 재판부는 호주와 나우루 간에 이와 같은 합의를 한 사실이 없으므로 유보 조항에 근거한 호주의 관할권 항변은 성립하지 않는다고 기각하였다.

2. 나우루의 복원 요구 포기 여부

호주의 두 번째 관할권 항변은 나우루가 인광석 채굴 지역 복원 요구를 이미 포기하였다는 것이다. 독립 이전의 나우루 행정 위원회는 호주 측에 폐 인광석 채굴 지역 복원을 요구하였으나 1967년 이전(移轉) 약정에는 이에 관한 내용이 기재되어 있지 않았다. 호주는 이를 복원 요구 포기(waiver)라고 주장하였고 나우루는 동의하지 않았다. 1967년 이전 약정 협상 당시 나우루는 복원 문제를 제기하였고 호주측과 협의하였으나 구체적인 내용이 이전 약정에 성문화되지는 않았다. 재판부는 1967년 이전 약정에 복원 요구를 명시적으로 포기한다는 기술이 없는 점과 협상 과정상의 정황을 고려할 때 1967년 약정이 복원 요구 포기를 시사한 것으로 해석할 수 없다고 판단하고 호주의 관할권 항변을 기각하였다.

3. 신탁통치 협정 소멸로 인한 수리 불능 여부

(1) UN의 나우루 신탁통치 협정은 나우루 독립 직전인 1967년 12월 19일 종료되었다. 호주는 신탁통치 당국으로서의 자신의 모든 책임은 그 법적 근거인 협정이 종료됨과 동시에 소멸되었으므로 설사 ICJ가 이 사건 관할권이 있다 하여도 수리할 수 없는 상황이 되었다고 주장하였다. 재판부는 신탁통치 종료 결의안이 1967년 12월 19일부로 발효되어 해당 협정이 더 이상 유효하지 않다는 점과 이로 인해 나우루의 재판 청구를 수리할 수 없을 수도 있다는 점은 인정하였다.

(2) 그러나 재판부는 이에 대해 법리적으로 천착하는 대신 신탁통치 종료되는 과정에서 나우루의 폐광 복원 요구가 처리된 상황을 살펴보았다. 나우루 자치 기구인 행정 위원회는 독립 수년 전부터 폐광 복원 문제를 UN총회 및 신탁통치 이사회에 수차례 제기하여 총회는 신탁통치 당국, 즉 호주에게 관련 조치를 시급히 시행하라는 결의안을 두 차례 채택하고 실지 조사단을 파견하기도 하였다. 여타 UN 회원국은 폐광 복원 문제를 신탁통치 이사회나 총회 회의 시 나우루 주민을 지지하고 신탁통치 당국의 복원 의무를 강조하는 취지로 강하게 발언하기도 하였다.

(3) 재판부는 이상의 상황을 감안할 때 비록 신탁통치 종료 결의안에 나우루가 폐광 복원 요구 권리가 있음이 명시되지는 않았으나 그렇다고 해서 신탁통치 당국의 복원 의무를 면책한 것으로 해석할 수는 없다고 판단하였다. 재판부는 신탁통치 당국의 신속한 조치를 요구한 이전의 총회 결의안이 종료 결의안 서문에 언급되어 있는 점을 환기하면서 폐광 지역 복원에 관한 나우루의 권리는 영향받지 않은 채로 남아 있다고 보았다. 이러한 특수한 사정을 감안하여 재판부는 호주의 수리 불능 항변을 기각하였다.

4. 지연 청구로 인한 수리 불능성 여부

호주는 네 번째 항변으로 나우루가 이 문제를 1968년 독립 이후 20년이 지난 1988년에야 호주에게 공식적으로 제기하였다고 비난하고 나우루의 재판 청구는 합리적인 기간 내에 제기되지 않았으므로 수리해서는 안 된다고 주장하기도 하였다. 재판부는 지나친 지연 청구는 수리 불능 사유가 될 수 있는 가능성은 인정하였으나 국제법은 분쟁 제기 시한에 관해 특별히 규정하고 있지는 않으므로 재판부가 사안에 따라 판단할 수 있는 문제라고 보았다. 이 사건 경우 나우루는 독립 이전부터 이 문제를 거듭 제기하여 왔으나 독립 당시 해결되지 않았고 나우루 대통령은 독립 당일 언론 인터뷰에서 폐광 복원 책임은 영국, 호주, 뉴질랜드에게 있다고 천명하였으며 1970년대 나우루 대통령의 호주 방문과 호주 외무장관의 나우루 방문 시에도 제기하였다. 1983년 나우루 대통령은 호주 총리에게 폐광 복원 요구 서한을 발송하였고 이와 관련하여 양국 간의 서한이 수차례 교환되었다. 재판부는 이러한 정황상 단순히 시간 경과를 이유로 나우루의 재판 청구를 수리하지 않을 수는 없다고 밝히고 호주의 주장을 기각하였다.

5. 관련국의 불참으로 인한 관할권 존부

(1) 호주의 마지막 관할권 부재 항변은 공동 신탁통치국인 영국과 뉴질랜드의 불참이었다. 호주는 나우루의 시비는 실질적으로는 호주가 아니라 신탁통치 당국을 겨냥한 것이며 나우루 신탁통치는 호주, 영국, 뉴질랜드가 공동으로 위임받은 것이므로 신탁통치 협정 위반에 관한 재판부의 판결은 불가피하게 영국과 뉴질랜드의 책임을 포함하게 되나 이들 국가는 이 재판에 동의하지 않았으므로 ICJ는 관할권이 없다고 항변하였다. 국제연맹의 신탁통치 당시부터 영국, 호주, 뉴질랜드에 나우루의 신탁통치 사무가 공동으로 위임되었으며 이들 3국은 별도 합의를 통해 최고 행정관을 번갈아 지명하기로 합의하였다. 그러나 실상은 호주가 계속해서 최고 행정관직을 수임하였고 이 체제는 1947년 UN의 신탁통치로 승계된 이후에도 계속되었다.

(2) 호주는 법적으로 나우루 신탁통치는 3개국 공동 사무이므로 자신이 신탁통치 협정 위반 책임을 모두 부담할 수는 없다고 주장하였다. 재판부는 3국 공동 책임 여부는 본안 심리에서 재결할 사안이라고 보았다. 그러나 이 문제는 호주가 단독으로 피소될 수 있는지 여부와는 무관하다고 지적하였다. 재판부는 시정책임이 여타 나라와 공동 부담하고 있으므로 그 중 한 나라에 대해서만 시비를 제기할 수 없다는 이유는 제시되지 않았다고 일축하고 신탁통치 당국을 구성하는 일원으로서 호주가 신탁통치 협정상의 의무를 부인할 수는 없으며 신탁통치 협정상에 호주의 의무 위반 시비를 재판부가 심리하지 못하도록 하는 어떠한 규정도 없다고 설시하였다.

(3) 호주 주장의 또 다른 요지는 3국이 공동으로 신탁통치 책임을 부담하고 있으므로 호주에 대한 의무 위반 판결은 불가피하게 여타 두 국가의 의무 위반을 수반하게 되는데 이들 국가는 이 사건 재판 관할권에 동의한 바 없기 때문에 ICJ는 이 사건에 대해 관할권을 행사할 수 없다는 것이다.

(4) 재판부는 호주의 논리를 수용하지 않았다. 재판부는 판결에 영향 받을 수 있는 국가는 ICJ 헌장 제62조에 의거하여 재판 참가를 신청할 수 있으나 이러한 신청이 없다 해도 소외(訴外) 제3국의 이해관계가 판결의 주 심리 대상이 되지 않는 한 재판부가 자신에게 청구된 재판을 심리할 수 없는 것은 아닐뿐더러 판결은 당사국에게만 적용된다는 ICJ 헌장 제59조에 의해 제3국의 이해관계는 소에 참가하지 않았더라도 영향받지 않는다고 설명하였다. 이 사건의 경우 뉴질랜드와 영국의 이해관계는 주 심리 대상이 아니며 이들 국가의 책임 여부 판단이 호주의 귀책 여부 판단의 전제 조건이 되는 것도 아니라고 재판부는 확인하고 이 사건에 대해 관할권을 행사하지 못할 이유가 없다고 판단하였다.

case 154 | Convention on Racial Discrimination 사건[1][2]

1 사실관계

1. 남오세티아 및 아브카지아와 조지아 전쟁

이 사건은 러시아가 South Ossetia와 Abkhazia를 침공하여 조지아인에 대하여 인종 차별 행위를 자행, 방조하였다고 조지아가 인종차별협약 위반 시비를 제기하였으나 관할권이 부인된 사건이다. South Ossetia와 Abkhazia는 법적으로는 조지아 공화국의 자치주이다. 조지안人과는 역사, 문화, 언어를 달리 하는 Ossetia인과 Abkhaz인이 밀집 거주하는 지역으로서 구 소련 당시부터 조지아와는 별도의 자치 지역이었으나 소련 당국은 통치상의 편의를 위해 이 일대를 장악하고 있는 조지아의 이들 지역에 대한 영향력 확대를 묵인하여 왔다. 이에 따라 조지아는 1991년 구 소련이 해체될 때 South Ossetia와 Abkhazia를 포함하여 독립하였고 자치주 지위를 부여하였다. 현지 주민들은 조지아 공화국으로의 편입을 반대하고 별도 독립국을 수립하기 위해 무장 투쟁을 전개하였으며 러시아의 지원 아래 1992년 조지아와 전면전에 돌입하였다. 그 해 6월 조지아는 러시아와 협정을 체결하여 South Ossetia에서의 휴전과 러시아군 철수 및 피난민 귀환, 공동관리위원회 설치에 합의하였다. Abkhazia에서의 전투는 1992년 9월 같은 내용의 협정이 체결되어 중단되었다.

---

1) Georgia v. Russia, 2011.4.1. 판결, 국제사법재판소.
2) 산업통상자원부 홈페이지(https://disputecase.kr) 게시 내용 요약 정리.

2. UN평화유지군 파견

UN은 분쟁 재발을 방지하기 위해 1993년 7월 UN 조지아 임무단(UNOMIG)을 이들 지역에 상주시키고 인권 유린 행위 등의 조사 및 예방 활동과 더불어 양측간 충돌을 방지하기 위해 러시아 등이 참여하는 CIS 평화 유지군을 주둔시키기로 하였다. 조지아는 러시아가 남오세티아 및 아브카지아 분리주의자들의 저항 활동을 조장, 충동하고 있다고 비난하였으며 동 지역에서의 긴장 상태가 지속되어 오던 중 2008년 8월부터 오세티아 분리주의자들의 무력 항쟁이 거세지기 시작하였다. 조지아 경찰 수송 차량이 습격을 받아 다수가 사망하였으며 조지아 군은 저격병을 배치하여 보복 작전을 개시하였다. 분리주의 무장 세력은 조지아인 주거지를 포격하였고 다수의 피난민이 발생하였다.

3. 러시아와 조지아 전쟁

2008년 8월 7일 조지아군은 남오세티아의 주도 Tskhinvali로 진군하였으며 러시아군은 평화 유지 명목으로 8월 8일 남오세티아로 진입하여 양국은 전면 전쟁 상태에 돌입하였다. 8월 9일에는 Abkhazia 분리주의자들이 전면적인 무장 투쟁을 개시하였고 당일 러시아군이 흑해 함대를 앞세우고 Abkhazia에 상륙하였다. 러시아와 조지아 간의 충돌은 8월 12일 프랑스 대통령의 중재로 휴전이 선포될 때까지 5일간 계속되었다. 프랑스의 중재안에 대해 Abkhazia, South Ossetia, 조지아, 러시아가 8월 16일 서명함으로써 전쟁이 종료되었다.

4. 조지아의 제소

조지아는 2008년 8월 12일 러시아가 남오세티아와 아브카지아에서 조지아인 차별 행위 자행, 동 행위 조장, 방조 행위를 저질렀으며 이는 모든 형태의 인종 차별 철폐에 관한 국제 협약 위반에 해당한다고 주장하고 ICJ에 재판을 청구하였다. 청구 근거는 동 협약의 해석과 적용에 관한 분쟁은 ICJ에 회부한다는 동 협약 제22조를 원용하였다. 이 협약은 1999년 7월 2일 양국 간에 발효된 상태였다.

2 법적쟁점

1. 분쟁의 존부

2. 분쟁해결조항 조건 충족 여부

3. 교섭 시행 여부

3 국제사법재판소의 판단

1. 분쟁의 존부

러시아는 South Ossetia와 Abkhazia 지역에 분쟁이 존재했다면 이는 조지아와 이들 지역 간의 분쟁이지 러시아와의 분쟁은 아니며 설사 그렇다고 가정하더라도 차별 금지 협약의 해석과 적용에 관한 분쟁은 아니므로 동 협약의 분쟁 해결 조항을 적용할 수 있는 분쟁 자체가 존재하지 않는다고 주장하였다. 재판부는 분쟁이란 당사자 간의 법 또는 사실에 관한 불일치, 법적 견해나 이해 관계의 충돌이라는 것이 확립된 판례이며 분쟁의 존부 판단은 재판부가 객관적으로 결정할 문제이고 일방 당사자가 타방 당사자의 주장을 적극적으로 반대한다는 것이 표명되어야 한다는 판례를 원용하였다. 재판부는 분쟁 존부에 관한 재판부의 결정은 반드시 사실 관계에 대한 심사를 토대로 해야 하며 분쟁은 재판 청구서 제출 시점에 존재해야 하고 이 사건 경우 제22조 규정대로 협약의 해석과 적용에 관한 것이어야 한다고 확인하였다. 재판부는 제시된 증거에 비추어 볼 때 조지아 대통령의 8월 9일 성명, 8월 10일 UN 안전보장이사회에서의 조지아 대표 발언, 조지아 외교부 8월 10일자 성명, 조지아 대통령의 8월 11일 CNN 인터뷰 등을 통해 조지아는 러시아가 조지아인에 대한 인종 청소 행위를 자행하고 있다고 비난하였으며 2008년 8월 12일 러시아 외교 장관은 기자회견에서 조지아의 주장을 정면으로 배격하였다. 조지아는 이러한 사실도 양국 간 분쟁의 근거로 제기하였다. 재판부는 조지아의 각종 성명 등이 러시아의 침략을 규탄하는 것이기는 하나 러시아를 겨냥하여 인종 청소 행위를 적시하고 있고 러시아측이 극렬히 부인하고 있으므로 양국 간에는 인종 차별 철폐 협약상의 의무 준수 여부에 관한 분쟁이 존재한다고 인정하였다. 이에 따라 재판부는 양국 간 분쟁이 존재하지 않으므로 재판부의 관할권이 성립하지 않는다는 러시아의 항변은 기각하였다.

2. 분쟁 해결 조항 조건 충족 여부

러시아는 차별철폐협약 제22조의 규정상 분쟁이 ICJ에 회부되기 위해서는 사전에 2개의 절차적인 조건, 즉 교섭과 협약에 명시적으로 규정된 절차 적용이 충족되어야 하나 이러한 사실이 없으므로 재판부의 관할권이 성립하지 않는다고 주장하였다. 재판부는 교섭과 협약상의 절차를 명기한 것은 ICJ 회부 전에 이를 시도하라는 의무를 부여한 것이라고 보았다. 즉, 이 사건 경우 교섭과 협약상의 절차 적용이 먼저 시도되었을 것을 시사하고 있다고 파악하였다.

3. 교섭 시행 여부

제22조상의 교섭이 사전에 시행되었는지 여부에 관해 러시아는 교섭은 다양한 형식과 기간 등이 있을 수 있어 가변적이기는 하나 법이나 사실에 관한 입장의 교환과 합의에 이르기 위한 타협을 포함하여야 하고 교섭의 의무란 단순히 개시의 의무가 아니라 합의 달성을 위해 최대한 시도하는 의무라고 주장하였다. 반면 조지아는 상대방에 대한 단순한 항의 표명을 포함하여 당사자간의 간접적인 의사 교환도 교섭에 해당한다는 입장을 견지하였다. 재판부는 교섭은 최소한 문제 해결 의도를 갖고 상대방과 논의하려는 진지한 시도를 필요로 한다고 보았으며 러시아가 인용한 것처럼 교섭의 의무는 합의 달성을 최대한 시도하는 의무라는 점이 다수의 판례를 통해 거듭 확인되었다고 언급하였다. 재판부는 교섭하려는 진지한 시도는 교섭의 전제 조건으로서 이는 교섭의 실패, 교섭의 교착, 무익함으로 충족된 것으로 볼 수 있다는 것이 다수 판례이며 교섭 수행 여부 확인은 각 개별 사안 별로 판단하여야 하고 국제 회의나 의회 외교도 교섭으로 인정된다고 언급하였다. 재판부는 제출된 자료가 나타내는 사실 관계를 살펴볼 때 2008년 8월 9일 이후 재판이 청구된 12일 기간 중에 조지아와 러시아가 인종차별철폐협약상의 문제를 협의하기 위한 교섭을 진행하였다고 볼 수 없다고 결론짓고 따라서 동 협약 제22조에 규정된 ICJ 회부 전제 조건이 충족되지 않았으므로 재판부는 이 사건에 대해 관할권이 없다고 판시하였다.

case 155 | Legality of Use of Force 사건[1][2]

1 사실관계

이 사건은 세르비아와 몬테네그로가 자국 공습에 참여한 10개 NATO 회원국을 국제법 위반이라고 ICJ에 제소하였으나 제소 당시 세르비아와 몬테네그로가 UN 회원국과 ICJ 헌장 당사국도 아니었으므로 ICJ가 재판을 진행할 수 있는 관할권이 없다고 판시된 사건이다. NATO는 코소보 반군에 대한 세르비아와 몬테네그로(당시는 유고연방공화국)의 탄압을 저지하기 위해 1999년 3월 24일 공습 작전을 개시하였다. 코소보는 세르비아의 자치주로서 중세 세르비아 왕국이 형성되었던 곳으로 세르비아의 정신적 고향같은 곳이나 15세기 중엽 오스만 터키에게 점령당한 이후 다수의 무슬림이 거주하기 시작하여 세르비아와는 민족 구성과 종교가 상당한 차이를 나타내고 있는 곳이다. 냉전 후 구 유고 슬라비아 공화국이 와해되고 수 개의 국가로 분리 독립하는 와중에 코소보에서도 독립 또는 이웃 알바이나와 통합하려는 저항이 시작되었다. 세르비아와 몬테네그로는 역사적 의미가 남다른 코소보의 분리를 좌시할 수 없었으며 1998년 2월부터 코소보 해방군과 본격적인 교전에 들어갔다. 세르비아 - 몬테네그로군은 민간인 학살, 고문, 인종 청소 등 각종 비인도적 행위를 자행하였으며 NATO는 이를 저지하기 위해 1999년 3월 24일부터 공습을 개시하였다. 당초 UN 안전보장이사회의 허가를 받고 공습할 예정이었으나 러시아와 중국이 거부권을 행사하자 인도적인 개입이라는 명분 아래 독자적으로 군사 행동에 돌입하였다. 세르비아와 몬테네그로는 1999년 4월 29일 UN 승인 없는 NATO의 공습은 타국에 대한 무력 사용 금지, 국내 문제 불간섭, 타국 주권 존중 등에 관한 국제법을 정면으로 위반한 것이라고 주장하고 ICJ에 미국, 독일, 이탈리아 등 공습에 참가한 NATO 회원국 10개국을 제소하였다. 제소 근거는 1948년 집단 살해 예방 및 처벌에 관한 협약(이하 1948년 협약) 제9조였다.

2 법적쟁점

1. UN 가입 여부
2. ICJ헌장 제35(2)조 적용 가능 여부

3 국제사법재판소 판단

1. UN 가입국 여부

재판부는 세르비아 - 몬테네그로의 구유고연방 승계 선언부터 UN 신규 가입까지의 1992년 ~ 2000년 기간 중 세르비아 - 몬테네그로의 UN 내 지위는 이에 대한 UN의 권위 있는 결정이 이루어지지 않아 애매모호하고 상이한 판단이 가능한 독특한(sui generis) 상태에 있었다고 정리하였다.

---

1) Yugoslavia v. 캐나다, 영, 불, 독, 이, Belgium, Netherlands, Portugal, 2004.12.15, 국제사법재판소.
2) 산업통상자원부 홈페이지(https://disputecase.kr) 게시 내용 요약 정리.

그 근거로는 UN 안전보장이사회와 총회는 세르비아와 몬테네그로가 구유고연방의 지위를 승계할 수 없으며 새로 가입 절차를 밟아야 한다고 결의하였으나 슬로베니아, 크로아티아 등이 구유고연방에서 분리 독립할 때마다 구유고연방의 UN 분담금에서 이들의 분담금을 공제한 잔여액을 세르비아와 몬테네그로에게 계속 부과하였고 세르비아와 몬테네그로는 구유고연방 승계국 지위를 계속 주장하여 왔다는 점을 들었다. 세르비아와 몬테네그로가 1999년 4월 25일 ICJ의 강제관할권을 수용하자 이를 UN 회원국에게 회람하였고 수용선언의 적법성에 대한 슬로베니아, 크로아티아 등의 의문 제기를 UN 사무총장이 묵살한 점도 제시하였다. 재판부는 세르비아와 몬테네그로의 이러한 독특한 상태는 2000년 11월 1일 UN 정식 가입과 함께 종료되었고 가입 효력은 소급되는 것이 아니며 세르비아와 몬테네그로가 구유고연방의 가입국 자격을 2000년 11월 1일 회복한 것도 아니라고 확인하였다. 재판부는 세르비아와 몬테네그로의 UN 내에서의 독특한 지위는 유엔 회원국 자격에 상당한 것이 아니라고 판단하였다. 즉, 세르비아와 몬테네그로의 2000년 11월 1일 UN 가입의 법적 효력상 이들은 이전에는 UN회원국이 아니었으며 ICJ규정의 당사국도 아니었다고 결론지었다.

2. ICJ헌장 제35(2)조 적용 가능 여부

(1) ICJ헌장 비당사국의 재판 당사국 가능 여부

ICJ헌장 제35(2)조는 UN회원국이 아닌 국가도 발효 중인 조약의 특별 규정에 따라 ICJ 재판의 당사국이 될 수 있다고 규정하고 있었다. UN비회원국이 가입한 특정 조약이 발효 중이고 그 조약의 분쟁 해결 조항이 ICJ 관할권을 규정하고 있으면 분쟁 당사국은 UN 비회원국, 즉 ICJ헌장 당사국이 아니어도 UN 안전보장이사회가 정한 조건에 따라 ICJ 재판 당사국이 될 수 있다는 것이다. 세르비아와 몬테네그로가 이 조항을 원용하지는 않았으나 NATO 회원국 중 일부는 향후 그럴 가능성을 봉쇄하기 위하여 세르비아와 몬테네그로에게는 이 조항이 적용되지 않는다고 판결하여 줄 것을 청구하였다.

(2) '발효 중인 조약'의 해석

재판부는 '발효 중인 조약'이란 발효 시점을 특정하고 있지 않으므로 ICJ헌장이 발효할 시점에 발효 중인 조약인지 재판을 청구할 시점에 발효 중인 조약인지 해석이 상충할 수 있다고 보았다. 재판부는 ICJ헌장 제35(2)조의 '발효 중인 조약'이란 ICJ헌장 발효 시에 발효하고 있던 조약을 의미한다는 해석은 헌장 성안 당시의 협의 기록에서 확인된다고 보았다. 이 조항은 상설국제사법재판소 헌장에 포함되어 있는 동일한 문장을 그대로 차용한 것인데 상설국제사법재판소 헌장을 작성하기 위한 협상 과정 중에 국제연맹의 회원국이 아닌 독일이 PCIJ 재판의 당사국이 될 수 있는지 여부가 논의되어 베르사이유 평화 조약의 당사국은 PCIJ 재판 당사국이 될 수 있다고 합의하였고 베르사이유 협약이 '발효 중인 조약'이라는 표현으로 동 문장에 서술되었다는 것이다. 재판부는 ICJ헌장 제35(2)조는 PCIJ의 해당 조항을 그대로 차용하였으므로 PCIJ헌장 교섭 당시의 정황에 근거하여 해석하여야 하며 따라서 ICJ헌장 발효 시점에 발효 중이었던 조약이라고 해석하는 것이 타당하다고 결론내렸다.

(3) 제노사이드협약(1948)의 경우

재판부는 ICJ헌장 제35(2)조의 '발효 중인 조약'은 ICJ헌장 발효 당시에 발효하고 있던 조약을 의미한다고 판정하였으며 1948년 집단 살해 협약의 발효일은 1951년 1월 12일이므로 1948년 ICJ헌장 발효 당시에는 아직 발효하지 않은 상태로서 세르비아와 몬테네그로가 구유고연방의 동 협약 가입국 지위를 승계하였는지와 무관하게 세르비아와 몬테네그로는 1948년 협약과 ICJ헌장 제35(2)조를 원용하여 ICJ 재판을 청구하거나 피소국이 될 수 없다고 확인하고 재판부는 이 사건을 심리할 관할권이 없다고 판시하였다.

---

case 156 | Croatian Genocide Convention Case: Croatia v. Serbia(크로아티아 - 세르비아 제노사이드 사건)[1]

1 사실관계

1. 종족 분쟁

6개 공화국을 통일하여 탄생한 유고사회주의연방공화국(구유고연방)은 1980년 티토 대통령이 사망하고 이후 경제적 위기에 봉착하였고, 1990년대 초반 슬로베니아, 크로아티아, 마케도니아, 보스니아 - 헤르체고비나의 4개 공화국이 차례로 분리독립을 선언하면서 해체수순에 들어가게 되었다. 1992년 4월 27일 나머지 2개 공화국인 몬테네그로와 세르비아는 유고연방공화국(신유고연방)을 수립하여 기존 유고연방의 국제법적 지위를 승계한다고 선언하였다. 크로아티아의 경우, 주민의 대부분(약 78%)은 크로아티아계로 구성되어 있었고, 약 12%는 세르비아계가 차지하고 있었다. 1990년대 초엽 크로아티아 정부와 크로아티아에 거주하는 세르비아인 사이에 정치적 긴장감이 높아진 가운데, 1991년 6월 25일 크로아티아가 독립을 선언한 직후 크로아티아 군대와 독립에 반대하는 무장세력(주로 크로아티아 내 세르비아인) 간에 무력충돌이 발발하였다. 최소 1991년 9월부터 세르비아 공화국 정부가 지휘하는 유고 인민군이 크로아티아 정부군과의 무력충돌에 개입하였다. 1991년 말까지 JNA와 세르비아 군대는 크로아티아 영토의 약 3분의 1을 점령하였다.

2. 크로아티아의 제소

이러한 무력충돌이 발생한 1991년과 1995년 사이에 크로아티아인에 대한 집단살해가 자행되었다며, 크로아티아는 1999년 7월 2일 유고연방공화국을 상대로 집단살해죄의 방지와 처벌에 관한 협약(제노사이드협약)의 위반에 대해 국제사법재판소에 소송을 제기하였다. ICJ의 관할권 근거로서 크로아티아는 자신과 유고연방공화국이 당사국인 제노사이드협약 제9조를 원용하였다.

---

1) ICJ, Croatia v. Serbia, 2015년.

3. 세르비아(신유고연방)의 선결적 항변

2002년 9월 11일, 유고연방공화국은 재판소의 관할권 및 크로아티아 청구의 수리가능성에 대해 다음의 선결적 항변을 제기하였다.

(1) 유고연방공화국은 2000년 11월 1일에 UN 회원국이 되고, 2001년 3월 12일에 제노사이드협약에 가입하였는데, 그 이전에는 제노사이드협약의 당사자가 아니므로 이 협약 제9조에 구속되지 않으며, 따라서 ICJ의 인적 관할권이 결여되었다.

(2) 크로아티아의 청구는 유고연방공화국이 수립된 1992년 4월 27일 이전의 작위 또는 부작위에 관한 한 수리될 수 없다.

(3) Slobodan Milošević 전(前) 대통령의 재판 회부, 실종된 크로아티아인의 행방에 관한 정보 제공 및 문화재 반환을 요구하는 크로아티아의 청구는 ICJ의 관할권을 초월하여 수리될 수 없다.

4. 세르비아의 반소

2010년 1월 4일 세르비아는 크로아티아도 1991년 말에 설립된(국제적으로 승인은 받지 못한) 국가인 "Republika Srpska Krajina"(세르비아 크라이나 공화국)에서 1995년에 벌어진 제노사이드협약의 위반에 책임이 있다고 주장하며, 크로아티아를 상대로 반소를 신청하였다.

2 법적쟁점

1. 유고연방공화국(세르비아)은 구유고연방을 승계하여 제노사이드협약에 가입하기 이전의 행위에 대해서 국가책임을 지는가?

2. 제노사이드협약상 집단살해죄의 구성요건, 즉 객관적 요건과 주관적 요건은 무엇인가?

3 판결

1. 판결 요지

2008년 11월 18일, ICJ는 선결적 항변에 관한 판결을 내렸는데, 세르비아가 제기한 첫 번째와 세 번째 항변은 기각하고, 두 번째 항변은 전적으로 선결적 성격의 것은 아니므로 본안으로 넘긴다고 판시하였다. 2015년 2월 3일, ICJ는 본안 판결에서 다음과 같이 결정하였다. 첫째, 세르비아가 제기한 둘째 항변을 기각하고, 크로아티아 청구를 심사할 관할권은 1992년 4월 27일 이전의 행위에까지 확대된다. 둘째, 크로아티아는 집단학살이 저질러졌다는 주장을 입증하지 못하였기에 크로아티아의 청구를 기각한다. 셋째, 특별고의의 존재가 확립되지 않았으므로 세르비아의 반소를 기각한다.

2. 유고연방공화국의 소송 당사자능력

2000년 11월 1일에 UN 회원국이자 ICJ규정의 당사국이 된 유고연방공화국이 이 소송의 당사자가 될 능력이 있는지에 대해, 관할권에 관한 조건(ICJ규정 제36조)이 소송 시작 시점에는 충족되지 않았지만, 해당 판결이 나오기 전 추후 충족될 수 있는 경우 재판소는 현실성과 유연성을 보여줘 왔다며 ICJ는 자신의 관할권을 인정하였다. 또한, 유고연방공화국이 유고사회주의연방공화국을 승계하며 국제적으로 약속했던 모든 의무를 엄격히 준수하겠다는 1992년 4월 27일자 선언은 조약승계의 통보 효력을 가진다. 따라서 ICJ는 제노사이드협약 제9조에 따라 이 사건을 판결할 물적 관할권을 가진다.

3. 관할권의 시간적 범위

ICJ는 유고연방공화국이 구유고연방을 승계하여 제노사이드협약의 당사국지위도 승계한 1992년 4월 27일 이후에 발생한 사건에 대해서 관할권을 가진다고 판결하며, 이날 전에 자행된 제노사이드협약의 위반에 관해 재판관할권을 가지는지의 결정은 본안으로 유보하였다.

4. 약정 관할권 문제

2015년 ICJ는 이 사건의 실체적 본안 문제를 다루기에 앞서, 제노사이드협약 제9조를 기반으로 하는 자신의 관할권 범위를 검토하였다. 집단살해에 해당하지 않는 국제법상 다른 의무, 예컨대 무력충돌에서의 인권 보호 위반에 대해서는 판결할 권한을 가지지 않는다. 이는 위반 혐의가 강행규범상 의무이거나 필수적인 인도적 가치를 보호하고 대세적 의무에 해당할 수 있는 의무인 경우에는 마찬가지이다. 한편, ICJ는 자신의 판례법을 언급하면서, 제노사이드협약은 대세적 의무를 포함하고 집단살해 금지는 강행규범의 성격을 가지고 있음을 강조하였다. 재판소는 크로아티아가 유고연방공화국(이후 세르비아)과의 분쟁이 제노사이드협약상 의무와 관련이 있음을 입증하여야 관할권을 행사할 수 있다고 보았다.

5. 유고연방공화국 성립 이전 행위의 문제

ICJ는 제노사이드협약의 규정이 소급효를 가지지 않는다고 보았지만, 1992년 4월 27일 이전의 행위가 관할권 범위에 속하는지를 검토하였다. 재판소는 유고연방공화국(이후 세르비아)이 1992년 4월 27일 이전 구유고연방의 제노사이드협약 위반 책임을 승계하였는지 살펴보았는데, 크로아티아와 세르비아 간 제노사이드협약 제9조의 범위에 속하는 분쟁이 존재한다고 결정하고, 따라서 1992년 4월 27일 이전에 발생한 행위를 심사할 관할권을 가진다고 결론 내렸다.

6. 제노사이드의 구성요건 및 해당 여부

(1) 범죄 구성요건

제노사이드협약에 의하면 집단살해죄는 두 가지 구성요건을 충족하여야 하는데, 첫째, 물리적 요건(객관적 요건)으로서 제2조에 규정된 행위를 범해야 하고, 둘째, 심리적 요건(주관적 요건)으로서 국민적, 인종적, 민족적 또는 종교적 집단의 전체 또는 일부를 파괴할 고의를 가져야 한다. 심리적 요건은 집단살해의 필수적 특징으로서 다른 중대범죄와 구별된다. 집단살해가 성립되기 위해서는 관련된 각 개별행위에 요구되는 고의 이외에, '특별고의'가 존재해야 한다. 특별고의는 보호집단이나 그 집단의 상당 부분의 물리적 또는 생물학적 파괴를 그 목적으로 하여야 하며, 이러한 고의의 증거는 국가정책에서 찾아야 하지만, 고의가 문제의 행위에서 합리적으로 도출할 수 있는 유일한 추론일 때 그 행동유형을 통해 추론할 수 있다.

(2) 제노사이드 해당 여부

JNA와 세르비아 군대가 크로아티아 일부 지역에서 크로아티아 국민 또는 인종집단 구성원을 살해하고 심각한 신체적 또는 정신적 피해를 일으켰는데, 이는 제노사이드 협약 제2조 제(a)호와 제(b)호의 의미 내에서 '집단살해의 범죄행위'를 구성한다. 재판소는 '집단살해의 고의'(즉, 특별고의)가 있었는지 검토하였는데, 그러한 고의의 직접적 증거가 없는 상황에서 크로아티아인을 파괴하는 행위의 고의가 행동 유형에서 합리적으로 도출될 수 있는 유일한 추론인지 살펴보았다. 크로아티아인을 대상으로 저지른 범죄의 '목적'은 물리적 또는 생물학적 파괴가 아니라, 해당 지역 내 대다수 크로아티아인의 강제이주와 관련되었다. 따라서 재판소는 크로아티아가 제노사이드협약의 집단살해 또는 다른 위반이 자행되었다는 주장을 입장하지 못하였다며, 크로아티아의 주장을 기각한다고 판결하였다.

7. 세르비아의 반소

세르비아의 반소와 관련하여, 1995년 8월의 '작전명 폭풍'이 진행되는 도중 및 그 이후 크로아티아 군대는 제노사이드협약 제2조 제(a)호와 제(b)호에 속하는 행위를 저질렀다. 즉, 크로아티아 군대는 자신이 장악한 지역에서 도망치거나 남아 있던 세르비아 민족 또는 인정집단의 구성원을 살해하고, 세르비아인에게 심각한 신체적 또는 정신적 피해를 초래하였다. 그러나 세르비아 민족 또는 인종집단의 전제 또는 일부를 파괴하려는 고의의 존재는 입증되지 않았다. 특히, 집단살해죄의 물리적 요건을 구성하는 '행위'는 범해졌지만, 이는 '집단살해의 고의(특별고의)'의 존재를 보여줄 수 있는 규모로 자행되지는 않았다. 따라서 ICJ는 제노사이드협약의 집단살해 또는 다른 위반이 입증되지 않아 세르비아의 반소를 기각한다고 판결하였다.

19 | 국가의 무력사용

case 157 | 캐롤라인호 사건[1]

1 사실관계

캐나다에서 영국(당시 캐나다의 종주국)을 상대로 한 내란과정에서 발생한 사건이다. 캐나다의 독립에 호의적인 미국인들이 반란을 원조하고 있었고, 캐롤라인호는 미국 선적의 선박으로서 캐나다 반군들에게 무기, 탄약 등을 수송하던 선박이었다. 1837년 12월 29일 영국군은 미국항에 정박 중이던 캐롤라인호를 급습하여 승무원과 승객 수십 명을 살해하고 캐롤라인호에 방화하여 나이아가라 폭포에 낙하시켰다. 미국이 항의와 손해배상을 청구하였으나 영국은 자위권에 기초하여 정당성을 주장하였다. 양국 간 대립이 지속되었으나 1842년 영국이 미국에 사죄함으로써 종결되었다.

2 법적쟁점

자위권의 요건 및 영국의 행위가 자위권으로 정당화되는가?

3 양국의 입장

1. 미국

미국은 자위권의 요건을 제시하면서 영국의 행위는 자위권의 요건을 충족하지 못한다고 주장하였다. 미 국무장관 Webster는 "독립국가가 영토의 불가침을 존중하는 것은 문명의 가장 필수적인 기초이다. 자위권이라는 대원칙에서 예외가 있을 수 있다는 것을 인정하지만, 그러한 예외는 필요성(necessity)이 급박하고(instant), 압도적이며(overwhelming), 다른 수단을 선택할 여지가 없고(leaving no choice of means), 숙고할 여유가 전혀 없을(and no moment for deliberation) 경우에만 허용된다는 것은 의문의 여지가 없다'고 하였다. 그러므로, Webster는 영국이 자위권행사의 정당화를 주장하기 위해서는 다음의 사실이 증명되어야 한다고 하였다.

(1) Caroline호에 승선한 사람들에 대한 경고(admonition)나 항의가 불필요하거나 이용 불가능한 것이라는 점

(2) 동이 트는 것을 기다릴 시간적 여유가 없었으며, 범죄자와 범인(凡人)을 구별할 수 있는 상황이 아니었다는 점

(3) 선박을 나포하여 억류시키는 것으로는 충분하지 못했다는 점 등

또한, Webster는 불가피한 무력사용에서도 비례성원칙을 준수해야 한다고 주장하였다.

[1] 미국 대 영국, 1837년.

2. 영국

반면 영국 외상 Ashbuton은 영국의 행동이 자위권의 조건에 합치된다고 하면서도 미국의 영토를 침범한 것에 대해서는 유감을 표하였다.

case 158 | 핵무기 사용의 적법성에 대한 권고적 의견[1]

1 권고적 의견의 요청

권고적 의견을 먼저 구한 것은 WHO였으나, 재판부는 UN헌장 제96조상의 요건을 충족하지 못한 것으로 보아 기각하였다. WHO 권고적 의견 요청은 ICJ의 영향력을 핵무기의 금지를 위한 운동에 활용하기 위한 세계법원계획(WORLD COURT PROJECT)이라는 NGO의 활동에 영향을 받았다. WHO의 권고적 의견 요청이 기각되자 UN총회가 권고적 의견을 요청하였다. 그러나 총회가 요청한 질문은 ① 전적으로 가설적 질문이며, ② 국제법 일반에 대한 매우 추상적이고 애매한 질문이고, ③ 정치적 목적을 가진 질문이라는 점에서 논란이 있었다.

2 ICJ의 관할권 수락

강제제척사유(compelling reasons)에 해당하지 않는 한 권고적 의견 요청에 응하는 전통과 추상적인 문제인지를 떠나 모든 법률문제에 권고적 의견을 낼 수 있으며 특정분쟁이 발생한 경우가 아니더라도 권고적 의견을 낼 수 있음을 이유로 관할권을 수락하였다.

3 핵무기 사용의 적법성에 대한 판단

1. 시민적, 정치적 권리에 관한 국제규약

동 규약 제6조상의 생명권(누구도 자의적으로 자신의 생명을 박탈당하지 않을 권리)의 적용 여부가 논란이 되었으나, ICJ는 "전시 특정무기의 사용을 통한 생명의 손실이 동 규약 제6조를 위반하는 생명의 자의적인 박탈인지의 여부는 동 규약 제6조에 의해서가 아니라 무력충돌법상의 관련 규정에 의해 결정된다."라고 하였다.

2. 제노사이드협약

핵무기의 사용이 제노사이드협약 제2조에 해당하는지가 검토되었다. 재판소는 "핵무기가 제집단의 전부 또는 일부를 '멸절시킬 의도(intent to destroy)'로써 사용되는 경우에 한하여 제노사이드 협약을 위반하게 된다."라고 판단하였다.

---

1) Legality of the Threat or Use of Nuclear Weapon, Advisory Opinion, ICJ, 1996년.

3. 환경의 보호에 관한 규정

핵무기의 사용이 환경법상의 제원칙을 위반할 것인가에 대해서, 재판정은 환경의 보호에 관한 현행 국제법은 핵무기의 사용을 특별히 금지하지 않으나 환경의 존중이라는 일반적 국가의무에 비추어 환경에 관련된 무력충돌법의 원칙에 합치되도록 고려되어야 한다고 결정하였다.

4. 제네바가스의정서

헤이그 독가스금지선언, 헤이그부속규칙 제23조 등에 규정된 독성무기 사용 금지의 원칙이 핵무기에 적용되는지 검토하였다. ICJ는 제조약상의 금지는 독 또는 질식성 효과에 의한 살상을 주된 목적으로 하는 무기에 한정되며 각 체약국들은 핵무기 문제를 당연히 배제하는 것으로 인식하여 왔다고 판단하였다.

5. 국제관습법

우선, ICJ는 실질적 관행과 법적 확신에 의해 관습법이 성립함을 재확인하면서 법적확신의 존재 또는 출현을 핵억지정책과 UN총회 제결의를 기초로 검토하였다. 핵억지정책에 대해서는 핵무기 사용의 위법성에 대한 찬반 양론이 심각하게 나뉘어진 것을 근거로 법적확신이 존재한다고 결정할 수 없다고 하였으며, UN총회 결의 또한 핵무기 사용의 위법성에 대한 법적 확신의 증거로는 부족하다고 하였다.

6. 핵무기와 UN헌장

ICJ는 UN헌장 제51조에 따른 자위권 행사의 수단으로서 핵무기가 사용될 수 있는가, 특히 핵무기가 비례성의 원칙을 충족시킬 것인가에 대해 검토하였다. 이에 대해 재판정은 명확한 답변을 회피하고, 다만, 자위의 수단으로서 비례성의 요건을 갖춘 핵반격을 가할 수 있다고 믿는 국가는 핵무기의 본질과 그 사용에 따른 위험을 더 깊이 고려해야 한다고만 언급하였다.

7. 국제인도법의 제규칙과 원칙

특히, 구별의 원칙(principle of distinction), 불필요한 고통의 금지원칙, 그리고 중립의 원칙 및 Martens 조항의 위반 여부를 검토하였다. 구별의 원칙이란 민간인과 전투원 그리고 민간물자와 군사목표를 구분하여 전자를 최대한 보호함을 목적으로 하는 원칙이며, 불필요한 고통의 금지원칙이란 전투에서 불필요한 고통이나 또는 과다한 상해를 유발하는 성질의 무기 내지 방법을 금지하는 국제인도법상의 원칙이다. 마르텐스조항은 전투수행에 대한 조약이 존재하지 않는 경우에도 충돌당사국이 확립된 관행 및 인도상의 원칙, 공중양심에 입각한 국제법의 제원칙에 의하여 여전히 규제 받는다는 원칙이다. 재판정은 "핵무기의 고유한 특성에 비추어, 그 사용이 국제인도법의 원칙과 양립할 수 없을 것으로 추정되나, 필연적으로 반할 것이라는 확신을 이끌어 낼 수 있는 충분한 기초를 가지지 못한다."라고 하였다.

8. 극단적 상황하에서의 자위권

자위권의 행사수단으로서 핵무기의 사용이 국제인도법의 원칙에 위반하는 상황을 상정할 수 있다. 이 경우 핵무기의 사용의 합법성에 대한 판단에 관한 문제이다. ICJ는 "국가의 존립이 위태로운 상황하에서 자위의 수단으로써 행사되는 핵무기의 사용 또는 그 위협이 위법인지의 여부에 관해서는 결론을 낼 수 없다."라고 판단하였다. 즉, 자위권 행사의 수단으로서의 핵무기의 사용 시에는 국제인도법의 일반적 적용으로부터 제외될 수 있음을 추론할 수 있다.

9. 핵군축을 위한 교섭의무

ICJ는 각종 핵군축 조약에서 규정하는 핵군축 의무를 적시하면서 단순히 교섭에 임할 의무일 뿐 아니라 구체적인 결과를 도출해 내기 위한 최종협상으로 이끌어 나갈 의무라고 하였다.

case 159 | UN 평화유지활동 경비에 관한 문제[1]

1 사실관계

1956년 수에즈 운하사태에 UN총회 결의에 따라 파견된 국제연합긴급군(UNEF)은 외국 군대의 철수, 휴전 감시 등의 활동을 통하여 사태를 수습하였고, 그 후 1967년까지 현지에 잔류하여 중동 평화에 공헌하였다. UN 평화유지군 활동경비는 매년 총회 결의에 따라 일정한 분담 방식으로 회원국에게 할당되었으나 회원국 가운데 분담금을 체납하는 국가가 속출하였고, 체납액 증가로 UN 재정위기가 초래되었다. 소련이나 프랑스는 평화유지군 경비에 대한 분담금 지불 의무를 부인하기도 하였다. 제16차 UN총회는 PKO경비를 UN 재정으로 한다는 결의와 함께 ICJ에 권고적 의견을 요청하였다.

2 권고적 의견 요청 질문

총회는 UNEF 및 ONUC(콩고국제연합군)의 관련 경비가 UN헌장 제17조 제2항에서 말하는 '이 기구의 경비'에 해당하는지에 대해 권고적 의견을 요청하였다.

3 ICJ의 권고적 의견

평화유지활동 경비는 UN의 경비에 해당되며 총회가 그 총액을 결정하고 이를 회원국에게 분담하는 것은 UN헌장에 합치된다. 평화유지활동은 헌장 제7장의 강제행동은 아니기 때문에 제43조의 규정이 없고 또 만일 적용가능하더라도, 그러한 협정을 통하여 강제행동의 참가에 의해 발생하는 경비의 일부를 UN 자신이 부담하도록 정하는 것은 가능하며 그 'UN의 경비'를 예산에 계상하여 회원국에게 할당하는 것은 총회의 권한이다.

---

1) Certain Expenses of the United Nations, ICJ, 권고적 의견, 1962.

본 건 두 개의 평화유지활동에서 발생하는 경비가 '이 기구의 경비'에 해당되는가 하는 것은 그것이 UN헌장에 열거된 목적 내의 것인가에 의해 판단되어야 한다. 그런데 평화유지활동은 헌장의 목적 내의 행위로 인정될 수밖에 없기 때문에, 설령 권한이 없는 UN 기관의 결의에 기초하여 수행되었다고 해도 그것을 UN의 경비가 아니라고 말할 수 없다. 국제연합 기관의 행위의 유효성을 인정하는 절차는 헌장에 규정하고 있지 않으므로, 각 기관은 스스로 이것을 인정할 권한을 일응 가진다. 안전보장이사회가 국제평화와 안전의 유지를 위해 결의를 채택하고 이에 기초하여 사무총장이 재정상의 지출을 하는 한, 그 경비는 UN의 경비로 간주되어야 하며, 총회는 그 경비를 할당하여 지불하는 수밖에 없다.

case 160 | 콩고영토에서의 무력활동 사건[1][2]

1 사실관계

1. 자이르(현재 콩고민주공화국)에서는 1960년대 중반 이후 Mobutu 대통령의 장기 독재정권이 이어졌으나, 1996년 자이르 동부에서의 투치족계에 대한 탄압을 계기로, 투치족계 반정부 무장조직인 콩고·자이르 해방민주세력연합(이하 'ADFL')이 이웃국가인 르완다나 우간다의 강력한 지원을 얻어 자이르 정부에 대한 무력공격을 강화하였다. 1997년 5월에 ADFL이 수도 킨샤사를 무력제압하고 Mobutu 정권이 붕괴되어 ADFL의 Kabila 의장이 대통령으로 취임하여, 국명을 콩고민주공화국(이하 'DRC')으로 변경하였다.

2. 당초 Kablia 정권은 스스로 정권장악을 원조하였던 르완다나 우간다와 우호적 관계를 가지고 있었으며, 우간다와의 사이에서는 양국 국경 부근에서의 반정부세력 제압 등을 위하여 1998년 4월에 '양국 간 국경지대의 안전보장에 관한 의정서'를 체결하고, DRC 동부 영역 내에서의 우간다 병사의 주둔을 인정하였다. 그 후, DRC 동부에서 우간다 반정부세력의 활동이 거세졌고, 이에 대항하여 DRC 영역 내의 우간다 병사의 군사활동도 활발해졌다. Kabila 대통령은 DRC 영역 내에서 우간다나 르완다의 영향력이 더욱 강해지는 것을 두려워하여, 1998년 7월 28일 'DRC 영역 내의 모든 외국군대 주둔을 종료시킨다'라고 공식적으로 발언하였고 8월 8일에는 DRC 정부대표가 빅토리아 폭포 정상회담 장소에서 우간다의 무력활동을 비난하였다. 8월 중순 이후, DRC 정부군에 의해 킨샤사 주재 우간다 대사관 습격과 은질리 공항에서의 우간다 외교관을 포함한 우간다 국민에 대한 학대 등의 사건이 발생하였다. 이에 대해 우간다군은 1998년 9월 Safe Haven 작전을 개시하여 DRC 영토 내의 도시를 차례로 점령하였다.

---

1) 국제사법재판소, 2005년.
2) 박덕영·오미영 옮김, 국제법기본판례50, 박영사, 210~213p 요약 정리.

2 콩고의 우간다 제소

DRC 정부는 1999년 6월 23일 DRC와 우간다 양국의 강제관할권 수락선언을 근거로, 우간다 정부를 상대로 ICJ에 제소하였다. 제소 직후인 7월 1일 DRC와 우간다를 포함한 분쟁당사국 간에 루사카 정전협정이 체결되었으나, 실제로 정전은 실현되지 않았다. DRC는 ICJ가 다음과 같은 사항들을 인정해 줄 것을 요청하였다.

1. 우간다의 DRC에 대한 일련의 군사적·준군사적 활동은 침략금지를 포함한 무력행사 금지의 원칙, 분쟁의 평화적 해결 의무, 국가주권 및 민족자결권의 존중, 국가의 국내 문제 불간섭 원칙에 관한 국제법상의 의무에 위반한다.

2. 우간다는 DRC의 천연자원을 착취하여 DRC의 자산 및 부를 약탈하였으므로 천연자원에 대한 주권을 포함한 국가주권의 존중, 인민의 동권 및 자결권의 존중, 및 경제적 사항을 포함한 국가의 국내문제불간섭 원칙에 관한 의무를 위반하였다.

3. 우간다는 DRC 국민에 대한 살인, 상해, 유괴 등에 의해 무력충돌 시를 포함하여 기존의 인권을 존중해야 하는 의무를 위반하였다.

4. 상기 국제법상 의무 위반의 결과로, 우간다에 국제책임이 발생하고 DRC가 입은 손해에 대해 배상의무를 진다.

3 판결요지

1. 외국군대의 주둔에 관한 동의의 법적 효과

우간다군의 DRC 영토 내 주둔이 DRC 정부의 동의를 근거로 정당화될 수 있는지의 여부에 관해, 1997년 중반부터 1998년 초에 걸쳐 우간다군의 DRC 영토 내에서 주둔이 DRC 정부에 의해 허가되었던 것은 확실하며, 그 후 1998년 4월에 체결된 DRC·우간다 간의 안전보장의정서에 의해 양국 국경 부근 DRC 영토 내에서의 우간다군 주둔에 대한 DRC 정부의 동의의 계속이 인정된다. 그러나 "우간다군이 국경을 넘는 것에 대한 수권 또는 합의의 연원은 이 의정서보다 우선되는 것으로, 따라서 이러한 선행하는 수권 또는 동의는, 추가절차의 필요 없이 DRC 정부에 의해 철회될 수 있다." 1998년 7월 28일 Kabila 대통령의 공식 성명, 또한 같은 해 8월 8일 빅토리아 폭포 정상회담의 최종일까지는 우간다군의 DRC 영토 내 주둔에 관한 DRC 정부의 동의는 철회되어 있었던 것으로 인정된다. 또한, 1999년 7월의 루사카 정전 합의 등 그 후의 정전합의에 의해 우간다군의 DRC 영토 내의 주둔에 관한 DRC의 동의가 다시 있었다고 하는 우간다 측의 주장은 인정할 수 없다.

2. 자위(self-defence)와의 관계

1998년 9월 이후 우간다군의 Safe Haven 작전에 의한 군사행동이 자위로서 정당화된다
는 우간다의 주장과 관련하여 문제가 되는 것은 예측되는 공격에 대한 자위의 문제가 아
니라, 현실에서 발생한 무력공격에 대한 자위의 문제이다. 이와 관련하여 우간다는 1998
년 8월부터 9월 초순경에 DRC에 대해 자위행동을 취한 것에 관하여 UN 헌장 제51조가
요구하는 안보리 보고를 하지 않았다. 우간다는 자신들이 무력공격의 대상이 되었었다고
주장하고 있으나, 이 무력공격이 DRC 정부군에 의한 것이라고는 주장하고 있지 않으며,
무력공격이 DRC 정부의 직접적 또는 간접적 관여하에 이루어졌다는 증명도 불충분하
여, 해당 무력공격이 DRC 정부에 귀속되는 것으로 인정할 수 없다. 이상의 사실하에서
는 우간다군의 일련의 행동을 자위에 의해 정당화하는 것은 불가능하며, 따라서 DRC 영
토 내에서의 우간다군에 의한 군사활동은 국제관계의 무력행사금지 원칙 및 국내문제불
간섭 원칙을 위반한 것이다.

3. 점령자로서의 외국군대의 책임과, 국제인권법 및 국제인도법의 위반

DRC 영토 내의 Kibali 및 Ituri 지방에서는 우간다군이 1907년 헤이그 육전협약 부속서
의 육전의 법 및 관습에 관한 규칙 제43조에 규정된 점령자로서의 책임을 지고, 그 관계
로 국제인권법 및 국제인도법의 규칙준수를 확보하여야 하는 의무를 진다. 우간다인민해
방군(이하 'UPDF')은 DRC 영토 내에서 여러 국제법상의 의무 위반행위를 하고 있고,
무력충돌의 당사자는 군의 일부를 이루는 구성원 모두의 행위에 대한 책임을 지기 때문
에, UPDF 및 UPDF 구성원의 행위는 전체적으로 우간다에 귀속한다. 국제인권법 및 국
제인도법의 무력충돌 시 및 점령지에의 적용에 관해 2004년 팔레스타인 장벽건설 사건
의 권고적 의견에 따르면, 이 사건에서도 국제인권법과 국제인도법 모두가 적용되며, 국
제인권법은 당해국가의 영토 외, 특히 외국 영토 내의 점령지역에도 적용된다.

4. 천연자원의 위법한 착취

DRC 영토 내에서의 천연자원의 위법한 착취에 관한 우간다의 책임에 대해서 DRC 영토
내의 UPDF 및 그 구성원이 천연자원의 약탈과 착취 등을 한 사실이 인정되어, 일련의
UN총회 결의에서 표명된 천연자원에 대한 항구주권의 원칙은 본건과 같은 구체적인 사
태에 적용가능한 것은 아니지만, 이러한 행위는 jus in bello를 위반하는 것으로, UPDF
에 의한 DRC 영토 내에서의 천연자원의 위법한 착취에 관해 우간다는 국제책임을 진다.

5. 우간다에 의한 국제의무 위반의 법적 귀결

이상의 국제의무 위반의 법적 귀결로서 DRC는 우간다에 대해 위법행위의 중지, 재발방
지의 보장 및 배상의 3가지를 요구하였다. 이에 대해서는, 우간다군이 DRC 영토에서 철
수한 이후에는 우간다에 의한 위법행위가 계속되고 있다고 인정되지 않는다고 보아 위법
행위의 중지요구는 인정하지 않았고, 재발방지의 보장 요구에 관해서는 2004년 10월 26일
에 DRC·우간다·르완다 간에 체결된 지역적 안전보장에 관한 3국협정이 실질적으로
이에 해당한다고 하여 그 준수를 양 당사국에 요청하였으며, 결론적으로 DRC가 입은 손
해에 대해 우간다가 배상을 하는 의무를 지는 것만을 인정하였다.

4 평석

1. 자위권과 무력공격주체의 문제

ICJ는 1986년 니카라과 사건의 본안판결에서, UN 헌장 제51조가 자위권 발동의 요건으로서 규정하고 있는 '무력공격'은 국가의 정규군에 의한 것에만 한정되지 않고, 무장집단·용병 및 비정규군 등 비국가주체에 의한 무력행위 또는 이러한 행위에 대한 국가 관여도 포함된다는 것을 인정하였다. 한편 재판소는 팔레스타인 장벽건설 사건의 권고적 의견에서, 장벽건설은 테러리스트에 대한 자위권의 행사로서 정당화된다는 이스라엘의 주장에 대하여, 이스라엘이 해당 공격을 외국 국가에 귀속되는 것으로 주장하지 않은 점을 이유로, 자위에 관한 UN 헌장 제51조는 이 사건과 관계되지 않는 것이라고 하면서 그 주장을 받아들이지 않았다. 이 판결에서도 재판소는 이 권고적 의견의 견해에 따라 자위권을 행사하기 위해서는 국가에 의한 무력공격이 존재하거나, 또는 비국가주체의 의한 공격이 국가에 귀속될 필요가 있다는 입장을 전제로 하여, 이 사건에서 해당 무력공격이 국가(구체적으로는 DRC)에 귀속된다고 인정되지 않는다는 점을 이유로 우간다에 의한 자위권 원용을 부정하였다.

2. 국제인권법과 국제인도법의 관계

이 판결에서는 국제인권법과 국제인도법의 무력충돌 시 및 점령지에서의 적용에 관해, 팔레스타인 장벽건설 사건의 권고적 의견을 인용한 후에 이 사건에서도 국제인권법과 국제인도법 양자가 모두 적용되며, 국제인권법 규범은 자국영역 외, 특히 점령지역에서의 관할권 행사에 대해 적용된다는 견해를 보였다. 구체적으로는, 1907년의 헤이그 육전법규에 규정된 국제관습법 규범, DRC와 우간다 모두가 당사국인 1949년의 제네바 제협약(민간인 보호협약) 및 제1추가의정서, 자유권규약, 아프리카 인권헌장, 아동권리협약 및 추가의정서 등의 위반에 관해 우간다의 국가책임이 인정되었다. 이상과 같은 무력충돌 시 및 점령지역에서 국제인권법과 국제인도법의 중복적 적용이 인정되는 것에 관해서는 현재 거의 이견이 없다.

3. 천연자원에 대한 권리와 위법한 착취

이 판결은 천연자원에 대한 항구주권 원칙에 관하여 국제관습법상의 중요성을 확인하면서, 관련있는 일련의 UN총회 결의가 채택된 역사적 배경이나 문맥에 비추어 타국 영역에의 군사개입 시, 군대 구성원에 의한 천연자원의 약탈 또는 착취라는 이번 사태에 관해서는 그 적용을 부정하였다. 이에 관해서는 천연자원에 대한 항구주권원칙은 그 자체가 재판규범으로서 직접 적용되는 구체적인 법규칙이 아니라는 것을 지지하는 견해가 있는 한편, 외국군대에 의한 천연자원의 위법한 착취에 관해서는 이 원칙을 재판상에서도 적용가능한 구체적 법규칙으로 파악해야 한다는 비판도 있다. 또한, 이 판결에서는 DRC 영토 내 점령지역에서의 우간다군에 의한 천연자원의 착취행위가 헤이그육전규칙 제43조의 jus in bello에 위반된다고 판시한 점도 주목된다.

case 161 | Oil Platforms 사건[1][2]

1 사실관계

1. 이 사건은 미국적 유조선과 미 해군 함정이 각각 이란의 미사일과 기뢰 공격을 받은 데 대한 보복으로 미국이 이란의 해상 원유 시설을 공격한 것이 1955년 미 - 이란 우호경협영사조약(이하 '1955년 조약') 위반이라고 이란이 제소한 사건이다.

2. 1980년 이란 - 이라크 전쟁이 발발하자 양국은 교전상의 편의와 민간 선박의 피해 예방을 위해 항해 금지 구역을 설정하였다. 1984년 이라크는 이란산 원유를 수송하는 민간 유조선을 공격하기 시작하였고 이란도 반격하자 1984년~1988년간 다수의 민간 선박과 중립국 해군 함정이 전투기, 미사일, 기뢰 등에 의해 피해를 보게 되었다. 다수의 국가는 페르시아만을 항해하는 자국 선박의 안전을 확보하기 위해 군함 파견 등 다양한 조치를 시행하였다. 쿠웨이트는 1986년 말부터 자국 유조선을 영국, 미국에 등록하여 이들 국가 국기를 게양하고 항해하게 하였으며 미국은 실제 국적을 불문하고 자국기를 게양한 선박에 대해서 1987년 7월부터 군함으로 호위하기 시작하였다. 영국, 프랑스, 이탈리아 등도 유사한 조치를 시행하였다.

3. 이러한 와중에 1987년 10월 16일 미국에 치적한 쿠웨이트 유조선 Sea Isle City호가 쿠웨이트 인근에서 미사일 공격을 당한 사건이 발생하였다. 미국은 이란의 소행으로 단정하였고 10월 19일 페르시아 공해상에 있는 이란의 원유 시추 및 정제 시설 세 곳을 공격한 후 자위 조치였다고 국제연합에 보고하였다. 1988년 4월 14일에는 민간 선박 호위 작전을 마치고 귀환 중이던 미 해군 USS Samuel Roberts호가 부유 기뢰에 의해 폭파되었다. 사망자는 없었다. 미국은 이란이 부설한 기뢰에 피폭당한 것이라고 주장하고 나흘 후인 4월 18일 해상 원유 시설 두 곳을 공격하고 역시 자위권 행사라고 주장하였다. 이 작전은 원유 시설 두 곳만을 공격한 것이 아니라 아예 사마귀 작전(Operation Praying Mantis)이라는 명칭하에 대규모 보복 작전을 전개한 것으로 항공모함까지 동원하여 원유 시설 외에 다수의 이란 해군 함정을 격침시켰다.

4. 이란은 미국의 두 차례 공격 행위가 1955년 조약에 위반된다고 주장하고 1992년 11월 2일 미국을 ICJ에 제소하였다. 미국은 군사적인 무력 사용은 이 조약 적용 대상이 아니라는 이유로 ICJ의 관할권을 부인하였으며 설사 인정된다 하더라도 동 조약상의 안보상 필요 조치에 대한 면책 조항에 의거하여 위법성이 조각된다는 반론을 제기하였다. 아울러 오히려 이란이 미국에 대해 각종 적대 행위를 자행하였으며 이는 1955년 조약 위반에 해당한다는 반대 항변을 제기하기도 하였다.

---

1) 국제사법재판소, Iran v. USA, 2003.11.6. 판결.
2) 산업통상자원부 홈페이지(https://disputecase.kr) 게재 내용 요약 정리.

2 관할권

1. 미국의 주장

미국은 1955년 우호조약은 무력 사용에는 적용되지 않는다고 주장하고 ICJ의 관할권을 부인하였다. 미국은 1955년 조약은 타방 당사국 영토 내에서의 일방 당사국의 재산과 이권 보호, 교역, 산업, 재정상의 활동에 있어서의 공평하고 비차별적인 대우 보장 등 주로 상무와 영사에 관한 것으로서 무력 사용과는 무관한 조약이라고 주장하였다.

2. 재판부 판단

재판부는 1955년 조약은 체약국에게 다양한 의무를 부과하고 있으며 이 의무와 합치되지 않는 체약국의 행위는 불법이고 타방 체약국의 조약상의 권리를 무력으로 위반하는 것은 여타의 수단을 활용하여 위반하는 것과 마찬가지로 불법적이라고 언급한 후 무력 사용과 관련된 문제는 그 자체로 1955년 조약의 관할 범주에서 제외되지 않는다고 판정하였다.

3 자위권 문제

1. 미국의 자위권 주장

본안 심리가 개시되자 미국은 자신의 이란 원유 시설 공격은 자신의 안전을 보장하기 위한 자위 조치였으므로 안보상의 이익 보호를 위한 조치를 시행할 수 있다고 규정한 1955년 조약 제20(1)조(d)에 의해 정당화된다고 주장하였다.

2. 자위권 발동 요건

재판부는 동일한 문안이 미국 - 니카라과 우호조약에도 포함되어 있어 Militarty and Paramilitary Activities 사건에서 미국이 동일한 항변을 제기한 바 있음을 환기하고 동 사건 재판부가 해당 조치는 의도한 목적 달성에 필요해야 하며 필요성 여부는 당사국이 주관적으로 판단하는 것이 아니라 재판부가 평가하는 것이라고 판시한 점과, 해당 조치가 자위 조치로 인정되기 위해서는 이에 관한 국제법상 필요성 외에 비례성도 충족해야 한다고 판시한 점을 확인하였다. 재판부는 같은 기준을 적용하여 미국의 공격 행위의 적법성 여부를 자위 조치에 관한 국제법의 견지에서 1955년 조약 제20조(1)(d)를 토대로 판단해야 한다고 보았다. 재판부는 자위 조치가 성립하기 위해서는 우선 상대방의 무장 공격이 선행되어야 하고 자위 조치의 필요성과 최초의 무장 공격에 대한 비례성이 충족되어야 한다고 보았다.

3. 이란의 선제 공격 여부

1987년 10월 19일 4척의 미 해군 구축함은 이란의 Reshadat 해상 원유 복합 설비군의 R-3, R-4, R-7 3개 시추 시설을 공격하였다. 당초 R-4는 공격 대상이 아니었으나 포격 범위 내에 소재하는 점이 공격 중에 발견되어 공격하였다. 공격 당시 이들 시설은 이전의 이라크군의 공격으로 인해 복구 공사가 진행 중이어서 가동하고 있지는 않았다. 미국은 공격 후 UN 안보리에 1987년 10월 16일 미국 치적선 Sea Isle City호가 이란으로부터 Silkworm 지대함 미사일 공격을 받은데 대응하여 UN 헌장 제51조상의 자위권을 행사, Rashadat 시설을 공격했다고 보고하였다. 미국은 이 시설이 미군 함정의 기동 상태를 레이더로 감시하였으며 비전투 선박을 공격하는 소형 선박의 기지였고 미군 헬기에 대해 발포하였다고 주장하였다. 재판부는 Rashadat 공격 행위가 자위 조치로 정당화되기 위해서는 우선 Sea Isle City호에 대한 미사일 공격이 이란에 의해 수행되었다는 점이 입증되어야 한다고 설명하였다. 재판부는 여러 증거를 검토한 결과 이란에 의한 공격이 명확하게 입증되지 못하였다고 판시하였다.

4. 자위 조치의 필요성 충족 여부

자위 조치의 필요성과 비례성 심리에 앞서 재판부는 Military and Paramilitary Activities 사건에서 국제 관습법상 무장 공격에 대한 대응 조치의 적법성 여부는 자위 조치로 채택된 수단의 필요성과 비례성 기준 준수 여부에 달려 있다고 판시되었으며 무장 공격에 비례적이고 그에 대항하기 위해 필요한 조치에 한해서만 자위 조치가 인정된다는 것은 국제 관습법상 확립된 원칙이라고도 확인한 바 있다고 인용하였다. 재판부는 미국이 이란의 기뢰 설치에 대해서는 비교전국 선박의 항해 안전을 위협한다고 수차례 항의하였으나 원유 시설이 군사 활동을 하고 있다는 항의를 제기한 적은 한 번도 없었음을 주목하였다. 이는 해당 시설을 군사 작전의 목표로 삼은 행위가 필요했다는 점을 뒷받침하지 않으며 1987년 10월 19일 Rashadat의 R-4 시추 시설은 원래 계획에도 없이 즉흥적으로 타격 목표로 선정된 점에서도 필요성이 입증되지 않는다고 판단하였다.

5. 자위 조치의 비례성 충족 여부

재판부는 비례성의 경우 1987년 10월 19일 공격은 비례성을 인정할 수 있지만 1988년 4월 18일 공격은 인정할 수 없다고 언급하였다. 4월 18일 공격은 대규모 보복 작전의 일환으로 수행된 것으로서 비록 이란이 이 작전으로 격침된 이란 군함 등은 제외하고 원유 시설에 국한하여 시비하고 있으나 비례성 여부를 판단하기 위해서는 맥락상 전체 작전을 고려해야 한다고 보았다. 재판부는 기뢰 피격에 의해 함정 1척이 손상을 입기는 했으나 격침되지는 않았고 사망자도 발생하지 않은 사건에 대해 2척의 이란 군함을 격침시키고 다수의 해군 시설과 공군기를 파괴한 전체 작전의 규모를 간과할 수 없다고 언급하였다. 재판부는 전체 작전은 물론 원유 시설의 파괴도 이 사건의 상황상 자위 조치로서의 비례적인 무력 사용이었다고 인정할 수 없다고 밝혔다.

4 기타 쟁점

1. 교역 자유 침해 여부

이란은 미국의 공격은 양국 간 교역의 자유를 규정한 1955년 조약 제10(1)조 위반이라고 주장하였다. 원유의 생산, 저장, 수송 시설 파괴 행위는 수출 상품의 파괴 행위에 해당한다고 강조하였다. 미국은 공격 당한 시설에서 추출한 원유는 그 상태로는 수출할 수 없고 별도의 시설에서 탈수 등 추가 공정을 거쳐야 비로소 수출 가능한 상품이 되는 것이므로 미국의 원유 시설 공격은 원유 그 자체를 파괴한 것이 아니며 해당 시설은 수출 상품 생산 시설도 아니라고 주장하였다. 재판부는 1987년 10월 19일 Reshadat 시설 공격 시 동 시설이 가동중이지 않았으므로 양국 간의 교역이 존재하지 않았으며 따라서 미국의 동 시설 공격 행위는 조약 제10(1)조에 의해 보호되는 양국 간 교역의 자유를 침해하지 않았으며 1988년 4월 18일 Salman 및 Nasr 시설 공격 행위는 이미 당시 행정명령 12613호에 의해 양국 간 교역이 전면 금지된 상태였으므로 역시 제10(1)조상의 이란의 권리를 침해하였다고 볼 수 없다고 판시하였다.

2. 미국의 반대 청구

미국은 오히려 이란이 무력을 사용하여 페르시아만 내의 해상 교역에 위험과 피해를 초래하였다고 주장하고 1955년 조약 제10(1)조를 위반하였다고 항변하였다. 미국이 이란의 소행으로 제기한 무력 행사는 네덜란드로 항해 중인 유조선의 기뢰 피격, UAE 선박의 기뢰 피격, 미국인 소유 라이베리아 치적선(置籍船)에 대한 미사일 공격, 일본행 미국인 소유 라이베리아 치적 유조선에 대한 고속정 습격, 사우디 발 미국행 미국인 소유 바하마 치적 유조선의 기뢰 피격, 일본행 미국인 소유 라이베리아 치적 유조선에 대한 함포 공격, 카타르 행 미국인 소유 영국 치적 유조선에 대한 고속정 습격 등으로서 1987년 7월부터 1988년 6월간의 기간 동안 발생한 것이었다. 모두 행선지가 미국 외 제 3국이었다. 재판부는 공격 주체의 이란 여부를 떠나 피해 선박이 미국과 이란간의 교역이나 항해에 종사하고 있지 않았다는 점이 명백하므로 제10(1)조의 위반에 해당하지 않는다고 결론 내렸다.

II

국제경제법

case 162 | 일본 - 주세 사건

1 사실관계

일본 주세법은 다양한 형태의 주류를 소주(소주A그룹: 증류주, 소주B그룹: 소주A그룹에 속하는 것 이외의 기타 소주), 맥주, 와인, 위스키·브랜디 등을 포함하여 10개의 범주로 나누어 분류하여 조세를 부과하였다. 동 법에 따르면 조세는 과세범주 및 하위범주별로, 그리고 동일한 범주에 속하더라도 알콜 함유량에 따라 각각 다른 세율이 적용되었다. 일본 주세법에 대해 EC, 캐나다, 미국이 DSU 제4조 제1항에 따라 DSB에 제소하였다.

2 법적쟁점

GATT1994 제3조 위반 여부가 쟁점이 되었다. 제소국들은 일본이 자국산 소주보다 수입 주류에 대해 더 높은 세율을 적용하는 것은 GATT 제3조 제2항 제1문 또는 제2문에 위 반된다고 주장하였다. 이에 대해 일본은 소주와 수입주류가 동종상품 또는 직접경쟁 및 대체가능상품이 아니므로 동 조항에 반하지 않는다고 반박하였다.

3 패널 및 상소기구 평결

1. GATT1994 제3조 제2항 제1문 위반 여부 - 적극

패널에 따르면, 소주와 보드카는 '동종상품'이며 소주에 대한 세율보다 높은 세율로 보드 카에 과세함으로써 일본은 제3조 제2항 제1문에 규정된 의무를 위반하였다. 패널은 제1문 의 위반을 판단하기 위해서는 세 가지 요건이 필요하다고 보았다. 즉, 당해 상품 간 동종 성이 있는지 여부, 다툼의 대상이 된 조치가 '내국세' 또는 '기타 내국 과징금'인지 여부 (본 건에서는 다툼이 되지 않았다), 외국상품에 부과된 조세가 국내 동종 상품에 부과된 조세를 초과하고 있는지 여부를 판단해야 하는 것이다.

(1) 소주와 보드카는 동종상품이다. 동종성 결정에 있어서 1992년 '몰트 음료 사건(Malt Beverages Case)'에서 패널이 적용한 '목적 - 효과 분석'(aim and effect test)은 제 3조의 문언상 근거가 없고, 제소국 측에 입증책임을 가중시키므로 적용하지 않는다. 소주와 보드카는 상당히 많은 물리적 특성을 공유하고 있으므로 동종상품이다.

(2) 일본은 소주보다 보드카에 높은 과세율을 적용하였다. '국내 동종상품에 … 적용되는 것 을 초과하지 않도록'이라는 의미는 과세에 있어서 최소한 동일한 또는 좀 더 나은 취급 을 의미하는 것으로 해석해야 한다. 일본이 소주에 대해 부과된 세금을 초과하여 보드 카에 세금을 부과한 것은 명백하다(보드카: 알콜 함량 1도당 9,927엔, 소주: 6,228엔).

2. GATT1994 제3조 제2항 제2문 위반 여부 - 적극

소주와 위스키, 브랜드, 진, genievre 및 리큐르는 '직접경쟁 또는 대체가능상품'이며 이러한 주류들에 대해 유사하지 아니하게 과세하고 소주 생산을 보호하기 위한 방향으로 운용되었으므로 제2문에 반한다.

(1) 소주와 위스키 등은 직접경쟁 및 대체가능상품이다. 당해 물품들 사이에 대체탄력성 등을 측정한 제소국 측 자료, 위스키와 소주가 동일한 시장에서 경쟁관계에 있다는 것을 입증한 1989년 일본의 세제 개혁 자료 등을 검토해 볼 때 소주와 위스키 등 간에 경쟁관계가 있음을 확인할 수 있다.

(2) 일본의 과세상의 차이는 '미미한 수준'(de minimis level)을 상회한 것이다. 즉, 유사하지 아니하게 과세된 것이다. 물품에 대한 킬로리터당 과세와 관련하여 소주A는 155,700엔, 위스키는 982,300엔을 부과하였다. 알콜 함유량에 따른 과세에 대해서는 1도당 소주A 6,228엔, 위스키 24,558엔을 부과하였다. 이러한 수준은 미미한 수준이라고 볼 수 없다. 당해 상품들이 유사한 정도로 과세되고 있지 않으며 소주에 대한 과세가 문제가 된 그 밖의 상품에 대한 과세보다 더 낮고 소주를 보호하는 경향이 있다.

case 163 | 한국 - 주세 사건

1 사실관계

피제소 당시 한국의 주세법은 위스키, 브랜디에 대해서는 총 130%, 증류식소주는 55%, 희석식소주는 38.5%, 럼·진·보드카 등 일반증류주는 104%의 주세를 각각 부과하고 있었다. 일본의 차별주세제도에 대해 제소하여 승소한 EC와 미국은 한국 주세법 체계가 WTO협정에 위반된다고 보고 제소하였다.

2 법적쟁점

제소국들은 한국의 주세체계가 내국민대우의무를 위반하였다고 주장하였다. EC와 미국은 동종상품인 소주와 보드카에 차별적 조세를 부과함으로써 GATT1994 제3조 제2항 제1문을 위반하였으며, 주세법이 한국산 주류에 적용되는 것과는 다른 방식으로 국내산업을 보호할 목적으로 수입증류주에 적용되어 동조항 제2문을 위반하였다고 주장하였다. 이에 대해 한국은 관련 상품들이 동종상품 또는 직접경쟁 및 대체가능상품이 아니라고 반박하였다.

3 패널 및 상소기구 평결

패널은 소주, 위스키, 브랜디, 꼬냑, 럼, 진, 보드카, 데낄라, 리큐르와 혼합주가 직접경쟁 혹은 대체가능한 상품이고, 한국은 수입품을 국산품과 유사하지 않게 과세하였으며, 그 차이는 미미하지 않았고, 국내생산을 보호하려는 목적으로 적용되었으므로 GATT1994 제3조 2항에 위반된다고 평결하였다.

1. 패널은 보드카와 소주가 '동종상품'이라는 제소국의 주장은 증거불충분을 이유로 기각하였다. 그러나 계쟁 대상이 된 상품이 직접경쟁 및 대체가능상품에는 해당한다고 판단하였다. 패널은 소주와 수입양주가 그 제조방법의 차이에도 불구하고 근본적인 물리적 유사성이 있으며, 소주와 양주 간에 직접경쟁 혹은 대체가능성을 지탱하는데 충분할 정도로 양 제품의 최종용도에 있어서 현재적·잠재적 중복이 있고, 소주와 양주의 판매·유통방식이 상당부분 중첩되며, 현재 소주와 양주 간에 상당한 가격차이가 있으나 그 차이가 경쟁관계를 부인할 만큼 결정적 요인이 아니고 가격변화 시 소비자 수요 패턴에 변동이 올 수 있으므로 수입양주와 소주 간에는 직접경쟁 또는 대체가능성이 있다고 판단하였다.

2. 희석식 소주에는 38.5%, 증류식 소주와 리큐르에는 55%, 보드카·진·럼·데킬라와 그 혼합주에는 104%, 위스키, 브랜디, 꼬냑에는 130%의 세금이 부과되어 있는데 희석식 소주에 비해 위스키에는 3배 이상의 세금이 부과되었다. 3배 이상의 세금 차이는 명백한 미미한 수준(de minimis level)을 넘는다.

3. 패널은 세액의 큰 차이와 함께 한국 주세관련법의 구조가 주류를 분류함에 있어서 소주를 비롯한 국산품을 한편으로 분류하고 이와 거의 유사한 수입주를 따로 분류해서 고율의 과세를 하는 것은 국내생산을 보호하려는 것이라고 판정하였다.

case 164 | 한국 - 쇠고기 사건[1]

1 사실관계

한국은 수입 쇠고기가 판매 면허를 받은 특정 판매점에서만 판매할 수 있도록 국내외산 쇠고기에 대해 구분 판매제를 실시하였다. 또 한국의 쇠고기 수입 체계는 '축산물 유통사업단(livestock Products Marketing Organization: LPMO)'을 통한 수급 조절 중심의 유통체계와 '동시매매(Simultaneous Buy and Sell: SBS)' 입찰을 통한 수입 및 유통체계가 존재했다. 쇠고기 유통사업단은 수입물량, 최저 가격 수입 및 도매 시장에서 입찰 또는 판매에 관여하는 기구로서 전형적인 국영 무역 기업의 형태를 지녔다. 또한 유통사업단(LPMO)은 SBS 시스템에 의한 쇠고기 구매권을 일부 대규모 회사나 단체(축협중앙회, 한국냉장, 관광호텔용품센터 등을 지칭하며, 수퍼그룹으로 통칭)에게만 부여하였다. 호주와 미국은 한국의 쇠고기 수입 물량제한, 수입 쇠고기 전문 판매점 제도, 수입 쇠고기에 부과되는 수입 부과금, 축산업에 대한 국내 보조 등 쇠고기 수입 관련 조치가 GATT 제3조 제4항(내국민대우), 제11조 제1항(수량제한의 일반적 금지), 제17조(국영무역) 등과 농업협정 제3조(양허 및 감축 약속), 제7조(국내보조에 관한 일반 원칙) 및 수입허가절차협정의 제1조(일반원칙), 제3조(비자동 수입허가) 등에 위반된다고 보고 WTO에 제소하였다.

---

1) DS161, 169, 2001.1.10. - 상소기구

2 법적쟁점 - 쇠고기 구분 판매제도 문제

1. GATT 제3조 제4항 위반 여부

제소국은 수입 쇠고기 전문 판매점(약 5,000개)과 국산 쇠고기 판매점(약 45,000개)의 수가 현격히 차이나는 것은 국내제품과 수입품의 공정한 경쟁을 방해하는 것이며, 따라서 수입육 구분 판매제도가 GATT 제3조 제4항의 내국민대우에 위반된다고 주장하였다. 한국은 구분판매제와 관련 국산 쇠고기에 대해서도 동등한 규제를 시행하고 있으므로 내국민대우 위반에 해당되지 않는다고 반박하였다.

2. GATT 제20조 제(d)항 적용 여부

한국은 구분 판매제도가 설사 제3조 제4항에 위반된다 하더라도 이 제도는 수입 쇠고기의 국산 쇠고기로의 둔갑판매 방지를 목적으로 하는 불공정경쟁법상의 규제로서 GATT 제20조 제(d)항에 의거, 허용된다고 주장하였다. 이에 대해 제소국들은 구분판매제도는 수입육과 한우와의 현격한 가격차이를 고착 또는 악화시킴으로써 둔갑판매의 가능성을 오히려 증가시키므로 그러한 속임수를 중지시키기에 적합한 조치가 아니며, 둔갑판매를 방지하기 위한 다른 대안이 있고 다른 상품 분야에서는 유사한 조치가 취해지지 않고 있으므로 '필요한 조치'가 아니라고 반박하였다.

3 패널 및 상소기구 평결

1. GATT 제3조 제4항 위반 여부 - 적극

패널은 수입 쇠고기와 국산 쇠고기가 동종상품이라는 데는 다툼이 없었으므로 GATT 제3조 제4항상의 "불리한 대우"(less favorable treatment)가 있었는지에 대해 집중 검토하였다. 패널은 동 조항은 보호주의를 차단하는 데에 그 목적이 있고 거래량에 대한 기대보다는 경쟁 조건에 대한 기대를 보호하기 위한 원칙이므로 법령이나 규칙으로 인하여 내국시장의 수입 상품에 불리한 효과가 실제로 발생하였는지 여부는 중요하지 않다고 판단하였다. 패널은 구분판매제도는 수입 쇠고기에 불리한 방향으로 시장에서의 경쟁조건을 변경하였다고 판정하였다. 그 이유는 다음과 같다.

(1) 구분판매제도로 인해 소비자가 수입육과 한우를 직접 한 장소에서 비교할 수 없으므로 수입육은 한우와의 직접 경쟁기회를 상실한다.

(2) 구분판매제도하에서 수입육이 판매처를 확보하기 위해서는 소매업자가 한 품목의 수입육 대체로 한 품목의 한우만이 아니라 한우 품목 전체를 포기해야 하는데, 이는 시장 점유율이 낮은 수입육의 경우 한층 더 불리하게 작용할 수 있다.

(3) 쇠고기와 같이 일(日)단위로 구매되는 일상적 상품의 경우 소비자들은 여기저기 돌아다니며 비교하는 구매행태를 보이지 않으므로 한우 취급점이 절대 다수인 현실에서 수입쇠고기를 배제하는 구분판매제도는 수입쇠고기의 잠재적 판매 기회를 제한한다.

(4) 한우는 기존의 소매 판매망을 계속 이용할 수 있는 반면, 수입육은 새로운 판매점을 개설해야 하므로 구분판매제도는 결과적으로 수입육에 더 과도한 비용을 부과한다.

(5) 구분판매제도는 동종 상품인 수입 쇠고기와 한우가 다르다는 편견을 부추김으로써 상품 자체와 직접 관련되지 않은 척도로 한우가 수입육과의 경쟁에서 유리하게 해준다.

(6) 구분판매제도는 수입육과 한우와의 가격차이를 유지할 수 있도록 해 한우에 유리하다.

2. GATT 제20조 제(d)항 적용 여부 - 소극

패널은 구분 판매제도가 다소 문제를 내포하고 있는 조치이기는 하나 불공정경쟁법상 둔갑 판매를 방지하기 위한 목적의 범위 내에서 적용되는 한 이는 GATT 규정에 부합하는 조치라고 보았다. 그러나 패널은 동 조치가 반드시 필요한(necessary) 조치라고는 보지 않았다. 패널은 이러한 판단에 있어서 기만행위가 발생하는 다른 경제 분야에서 구분 판매제도의 도입 사실이 없다는 점, 구분판매제도 이외의 다른 조치는 기만행위를 방지할 수 없다는 한국의 주장에 대한 입증이 미흡하다는 점을 고려하였다. 패널은 조사, 회계기록보존, 벌금 등 WTO협정에 합치되는 대안적 조치들도 둔갑판매를 억제할 수 있다고 보았고 구분판매제도만이 기만행위 방지 목적을 효과적으로 달성할 수 있다는 한국의 주장은 근거가 부족하다고 판단하였다.

case 165 | EC - 석면 사건

1 사실관계

1996년 12월 24일 프랑스 정부는 석면 및 석면함유제품의 생산, 수입 및 판매 금지 법안(Decree No.96 - 1133 of 24 December)을 채택하였으며, 1997년 1월 1일부로 이를 시행하였다. 동법에서는 노동자와 소비자들을 보호하기 위하여 석면 또는 석면류를 포함하는 상품 등의 제조, 판매, 수입, 수출, 유통 등을 포괄적으로 금지하였으며, 예외적으로 온석면의 경우 산업재해의 위험이 보다 적은 기술적으로 입증된 적절한 대체물이 없는 경우에 한시적으로 사용을 허용하였다. 이러한 예외는 프랑스 당국에 의해 규정되고 매년 검토된다.

2 법적쟁점

1. GATT 제3조 제4항 위반 여부 - 온석면과 다른 석면은 동종상품인가?

2. GATT 제20조 제(b)호 적용 여부

3. 캐나다의 비위반제소 인용 여부

3 패널 및 상소기구 평결

1. GATT 제3조 제4항 위반 여부

패널은 온석면과 여타 석면은 최종용도가 같고 물리적 특성이나 성질이 유사하여 동종상품이라고 판정하였다. 특히 '인체유해성' 여부는 동종상품 결정기준으로 채택할 수 없다고 하였다. 프랑스 국내법은 동종상품에 대해 차별적 조치를 취하고 있으므로 제3조 제4항을 위반하였다고 판정하였다. 그러나, 상소기구는 패널의 평결을 파기하였다. 상소기구는 온석면과 여타 석면은 동종상품이 아니라고 판단하였다. 상소기구는 상품에 내재된 건강에의 유해가능성(health risks)이 상품의 물리적 특성이나 소비자의 기호에 관련되어 있으므로 이를 동종상품 여부 판단 시 고려할 수 있다고 판시하였다. 이러한 판단에 기초하여 인체 유해성이 적은 온석면과 여타 석면은 같은 상품이라고 볼 수 없고 따라서 제3조 제4항에 위반되지 아니한다고 판단하였다.

2. GATT 제20조 제(b)호 적용 여부

패널은 원용요건으로 조치의 목적이 제20조에 명시된 목적에 부합할 것, 목적달성을 위해 필요한 조치일 것, 전문의 요건에 합치할 것을 제시하였다. 패널은 석면이 발암성을 갖는다는 것은 입증된 사실이며, 인간 건강 보호를 위해서는 석면사용을 전면 금지하는 것 이외에는 달리 대안이 없음을 인정하였다. 또한, 프랑스 국내법이 원산지와 관련된 어떠한 차별도 규정하지 않았고, 캐나다가 차별적 적용의 증거를 제시하지 못했다고 판단하였다. 나아가 프랑스 국내법은 국제무역에 대한 위장된 제한 즉, 보호주의적 목적을 갖지 아니한다고 보고, 전문 및 본문의 요건을 모두 충족한다고 판정하였다. 상소기구 역시 패널 평결을 지지하였다. 단, 필요성 테스트에 있어서 대체수단이 '추구하는 목적 실현'에 얼마나 기여할 수 있는가를 판단해야 한다고 판시하였다.

3. 캐나다의 비위반제소 인용 여부

패널은 비위반제소의 인용요건으로 정부 조치의 적용, 합리적 이익의 존재, 이익의 무효화 또는 침해 및 인과관계를 요한다고 하였다. 그러나 석면 수출과 관련하여 형성된 캐나다의 기대가 '합리적'이었다고 보기 어렵다고 하였다. 캐나다는 프랑스가 석면 사용에 대해 보다 제한적인 기준을 채택할 것이라고 알 수 있었기 때문이었다. 결국 패널은 캐나다에 합리적 이익이 존재한다고 보기 어렵다고 보고 비위반제소를 기각하였다.

case 166 | 미국 - 새우 사건

1 사실관계

미국은 새우 어획과정 중 우연히 포획(incidental capture)되어 죽는 바다거북을 보호하기 위하여 1973년부터 멸종생물법(Endangered Species Act of 1973)을 제정하여 '거북 제외장치(Turtle Excluder Devices: TEDs)'를 자국 내 모든 바다에서 의무적으로 사용하도록 하였다. 또한 미국은 1989년 Section609 등 국내법을 제정하여 TEDs를 사용하지 않고 어획한 새우 또는 미국으로부터 수입승인을 받지 못한 국가로부터 수입되는 새우의 수입을 금지하였다. 이에 대해 인도, 말레이시아, 파키스탄, 태국 등이 제소하였다.

2 법적쟁점

1. 수량제한금지원칙 위반 여부(GATT 제11조 제1항)

제소국들은 Section609에 의한 수입금지는 수량제한의 일반적 폐지를 규정한 GATT 제11조 제1항에 위반된다고 주장하였다. 미국 역시 동 법이 GATT 제11조 제1항을 위반하고 있음을 인정하였다. 따라서 사안의 핵심쟁점은 GATT 제20조 해당여부였다.

2. GATT 제13조 제1항 및 제1조 제1항 위반 여부

제소국들은 성질(nature)이 동일한 새우를 단지 어획방법과 어획국의 보존정책차이로 수입을 금지하여 차별하는 조치, 미승인된 국가로부터는 TEDs에 의해 어획한 새우에 대해서도 수입을 금지하는 조치, 수출국들의 자국 제도 조정기간을 국가 간 차별하는 조치 등은 GATT 제1조 제1항에 위반된다고 주장하였다. 동일한 이유로 수량제한의 무차별 적용을 규정한 GATT 제13조 제1항에 위반된다고 하였다. 이에 대해 미국은 GATT 제11조 위반 판정을 내린 경우에는 GATT 제1조 및 제13조는 추가적으로 검토할 필요가 없다고 반박하였다.

3. GATT 제20조 제(b)호 또는 제(g)호

미국은 자국의 조치가 GATT 제11조 제1항에 위반된다고 하더라도 GATT 제20조 제(b)호 또는 제(g)호에 의해 정당화된다고 주장하였다. 제20조의 검토방식, 제(b)호 및 제(g)호의 검토순서 등이 쟁점이 되었다. 제소국들은 미국의 조치는 GATT 제20조 전문에 명시된 자의적이고 부당한 차별이며 국제무역을 제한하기 위한 수단이라고 주장하였다.

3 패널 및 상소기구 평결

1. 수량제한금지원칙 위반 여부(GATT 제11조 제1항) - 적극

패널은 이 문제의 입증책임과 관련하여 GATT 제11조를 위반하였다고 주장하는 제소국 측에 입증책임이 있다고 하였다. 그러나 본 건에서는 미국이 스스로 Section609는 GATT 제11조 제1항에서 금지한 수량제한에 해당한다고 인정하였으므로 이로써 수량제한의 일반적 금지 위반이라고 판단하기에 충분하다고 판정하였다.

2. GATT 제13조 제1항 및 제1조 제1항 위반 여부 - 검토 불요

패널은 미국의 조치가 GATT 제11조 제1항에 위반된다는 결론을 이미 내린 상황에서는 GATT 제1조 및 제13조에 기초한 주장을 검토할 필요 없이 제20조에 의한 미국의 항변을 검토하는 것이 필요하다고 하였다.

3. GATT 제20조 제(b)호 또는 제(g)호

(1) 전문 및 본문의 검토 순서

패널은 종전 입장과 달리 전문부터 검토하는 것이 가능하다고 하였다. 패널은 전문이 내용뿐 아니라 조치의 적용방법에 대해 규정하고 있는 것은 예외조항의 남용을 방지하기 위한 것이므로 전문을 먼저 분석하는 것도 가능하다고 하였다. 그러나 상소기구는 이러한 법률해석을 파기하고 우선 Section609가 GATT 제20조 제(b)호, 제(g)호에 의해 정당화되는지부터 검토해야 한다고 판시하였다.

(2) 입증책임 - 피제소국

패널은 GATT 제20조와 같은 적극적 항변(Affirmative Defense)은 이를 주장하는 측에 입증책임이 있다고 보고 미국 측에 입증책임이 있다고 판결하였다.

(3) 제(b)호 및 제(g)호의 검토 순서

상소기구는 미국이 GATT 제20조 제(g)호 및 제(b)호를 정당한 근거로 주장하였으나 제(g)호를 검토한 후에 이에 해당하지 않으면 차선책으로 제(b)호를 검토할 수 있다고 판단하였다.

(4) 제(g)호 요건 충족 여부 - 적극

패널은 전문부터 적용하여 전문의 요건을 충족하지 않는다고 보고 본문은 검토할 필요가 없다고 보았다. 그러나 상소기구는 본문부터 검토해야 한다고 보고 제(g)호의 요건을 충족하는지 검토하였다. 상소기구는 미국의 조치가 '본문'의 요건은 충족한다고 판단하였다.

① 바다거북은 '유한천연자원'이다. 천연자원에는 생물자원뿐만 아니라 비생물 자원이 포함된다. 바다거북은 CITES 부속서 1에 포함되어 있으므로 유한한(exhaustible) 자원이다. 바다거북이 대부분은 미국의 관할권 내에 있으므로 미국이 GATT 제20조를 바다거북에 적용하기에 충분한 연계(nexus)가 있다.

② 미국의 조치는 '보존에 관한'(relating to the conservation)조치이다. 즉, Section609의 일반체계 및 구조(general structure and design of the measure)와 그것이 추구하는 정책목적(policy goal), 즉 바다거북보호와 밀접하게 연관되어 있다.

③ 미국의 조치는 미국 내 생산 또는 소비에 대한 제한과 관련하여 실시되었다. 상소기구는 이 문언은 "수입상품과 국내상품에 대한 동등성"(even - handedness)을 요구한다고 보고 미국이 국내적으로 TEDs 사용을 의무화하고 위반시 처벌을 하고 있으므로 동 문언상의 요건을 충족한다고 판정하였다.

(5) 전문의 요건 충족 여부 - 소극

패널은 다음과 같은 이유로 미국의 조치는 전문의 요건을 충족하지 못한다고 판단하였다.

① 미국의 조치가 미승인국에게는 미국의 조치와 상응하는 수준의 TEDs 사용에 관한 포괄 요건을 충족하거나 바다거북이 없는 어장에서만 전적으로 새우 어획을 한다는 조건하에서만 수입이 허용되고 그 이외에는 수입이 금지되므로 동일한 조건하에 있는 국가 간(between the countries where the same conditions prevail)에 부당한 차별(unjustifiable discrimination)에 해당한다.

② 시장접근에 대한 조건으로 타국에 정책변경을 요구하는 것은 회원국의 자주권 (autonomy)을 침해하고 다자무역체제를 위협하는 것으로서 인정될 수 없다.

③ 바다거북은 전 세계 공통자원으로서 미국이 조치를 취할 이해관계를 갖는다고 하더라도 일방적 조치보다는 국제협정을 통해 해결해야 한다.

④ 미국과 제소국들이 공동으로 가입한 CITES조약이 바다거북의 보호와 TEDs사용 및 수입제한에 대해 규정하고 있으나, 미국의 조치는 바다거북이 아니라 '새우'수입금지에 관한 것이므로 동 조약을 근거로 새우수입금지조치를 정당화할 수 없다. 요컨대, 미국의 조치는 부당한 차별조치로서 GATT 제20조 전문의 요건을 충족하지 못하였다.

case 167 | 미국 - 휘발유 사건[1]

1 사실관계

본 건은 1990년 수정된 미 대기청정법(Clean Air ACT: CAA)과 미 환경보호국이 제정한 Gasoline 규정에 관한 것이다. 미국은 오존 오염이 악화되는 것을 방지하기 위하여 오염이 심한 지역에 대해서는 '개질휘발유(reformulated gasoline)'만 판매하도록 하고 상대적으로 오염이 덜 심한 지역에서는 '재래식 휘발유(conventional gasoline)'도 같이 판매하도록 하였다. 미 환경보호국의 Gasoline 규정은 휘발유의 품질을 평가하는 다양한 방식을 규정하고 있었으나 국내 정유업체 및 수입업체가 휘발유 품질을 평가할 때 적용할 수 있는 평가방식 및 기준을 다르게 적용하도록 하였다. 국내 정유업체의 경우 세 가지 평가 방식을 사용하여 휘발유 품질을 평가할 수 있었고, 1990년도 자료가 존재하는 경우 '법정기준'을 사용하지 못하도록 하였다. 그러나 수입업체의 경우 개별적 평가방식 적용에 있어서 추가적인 제한이 있었고, 개별적 평가방식 적용이 곤란한 경우 반드시 '법정기준'에 따라 평가하도록 하였다. 수입업자가 개별적 평가방식을 적용할 수 있기 위해서는 1990년도에 그 외국에 소재한 정유소에서 생산된 휘발유 중 적어도 75% 이상을 미국으로 수입해야 한다는 요건을 충족해야 했다(75% rule).

---

[1] DS2. 제소국: 베네수엘라·브라질, 피제소국: 미국, 패널보고서 채택: 1995.1.18., 상소기구보고서 채택: 1996.5.20.

2 법적쟁점

1. GATT1994 제3조 제4항 위반 여부

제소국들은 '휘발유규칙'은 미국산 휘발유가 미국의 정유업자의 '개별기준'에만 합치되면 되도록 규정되어 있는 반면, 수입휘발유에 대해서는 보다 엄격한 '법정기준'에 합치될 것을 요구하여 미국산 휘발유는 보다 완화된 요건을 충족하면 제한없이 판매될 수 있는 반면, 수입산 휘발유는 보다 엄격한 요건을 충족해야 하므로 미국 시장에서 판매되는데 제한이 있고 이는 수입 휘발유의 경쟁조건에 부정적 영향을 주기 때문에 제3조 제4항 위반이라고 주장하였다. 이에 대해 미국은 휘발유규칙이 전체적으로 볼 때는 수입품을 국산품과 차별하는 것은 아니며, 또한 수입업자의 휘발유는 유사한 상황에 처해 있는 국내 관계자들의 휘발유와 유사한 취급을 받고 있는 것이라고 반박하였다.

2. GATT1994 제20조 적용 여부

미국은 자신의 조치는 GATT 제20조 제(b)호, 제(d)호, 제(g)호에 의해 정당화 된다고 주장하였다. 즉, 자신의 조치는 인간 및 동·식물의 생명이나 건강 보호를 위해 필요한 조치이며, 휘발유규칙의 기준설정 시스템은 대기의 질 악화를 예방하기 위한 규정을 시행하는데 필수적이라고 주장하였다. 또한 '청정한 공기'는 유한 천연자원이므로 자신의 조치는 이를 보존하기 위한 조치라고 항변하였다.

3 패널 및 상소기구 평결

1. GATT1994 제3조 제4항 위반 여부 - 적극

패널은 미국이 제3조 제4항을 위반하였다고 평결하였다.

(1) 화학적으로 동일한(chemically identical) 수입휘발유와 국산휘발유는 정확히 같은 물리적 특성, 최종용도, 관세분류상의 지위를 가지고 있고, 완전히 대체가능한 것으로서 제3조 제4항의 의미의 동종제품에 해당한다.

(2) 휘발유 규칙이 수입품의 수입국내에서의 판매, 판매를 위한 제의, 구입, 운송, 분배 또는 사용에 영향을 주는 법률, 규칙이나 기타 요건에 해당하는지 여부에 대해서는 당사국 간 이견이 없다.

(3) '보다 불리하지 않은 대우'는 '수입품에 대한 실질적인 기회의 균등'을 의미한다. 그러나 기준수립방법에 있어서 수입휘발유는 국산휘발유보다 불리한 대우를 받고 있다. 수입업자는 개별기준을 이용할 수 없으나 판매자는 개별기준을 이용할 수 있으므로 국내정유업자가 혜택을 누리고 있다. 개별기준으로 평가할 경우 개질휘발유로 평가받을 수 있는 수입휘발유가 보다 엄격한 '법정기준'을 충족하지 못하는 경우 이 휘발유는 보다 낮은 가격으로 수입되게 될 것이므로 수입휘발유는 경쟁관계에서 불리한 대우를 받고 있다.

2. GATT1994 제20조 적용 여부

(1) 제(b)호

패널은 미국이 제(b)호의 요건을 입증하지 못하였다고 평결하였다. 패널은 휘발유의 소비로부터 야기되는 대기오염을 감축하는 것은 인간과 동식물의 생명·건강 보호를 위한 정책임은 인정하였으나 휘발유 규칙이 '필요한' 조치라는 점은 인정하지 않았다. 패널은 'GATT에 위배되지 않는 대체적인 조치가 존재할 경우에는 어떤 특정한 조치는 필요한 조치로 정당화 될 수 없다'고 판단하였다. 이에 기초하여 패널은 '제품의 생산자와 연결된 개별기준에 의하여 국산휘발유에 부여되고 있는 것과 같은 정도의 호의적 판매조건을 수입휘발유로 하여금 향유하지 못하게 하는 방법이 휘발유규칙에서 정한 목표를 달성하는데 필수적인 것은 아니'라고 평결하였다.

(2) 제(d)호

패널은 기준설정방법이 GATT에 반하지 않는 법률 또는 규칙의 준수를 보장하기 위해 필요한 것인지를 검토하였다. 패널은 기준수립방법에 있어서 제3조 제4항에 반하여 수입휘발유와 국산휘발유간에 차별을 유지하는 것이 기준이라는 제도에의 준수를 보장하는 것이 아니라고 평결하였다.

(3) 제(g)호

① 패널은 '깨끗한 공기'는 대기오염에 의해 고갈될 수 있는 유한천연자원이다. 재생 가능한지(renewable) 여부는 문제되지 않는다.
② 관련 조치가 보전에 관한(related to conservation)것으로 인정되기 위해서는 그러한 조치가 유한천연자원의 보전에 필요하거나(necessary) 필수적일(essential) 필요는 없으나 유한천연자원의 보전을 주된 목적으로(primarily aimed at) 해야 한다. 그러나, "국내산 휘발유와 화학적으로 동일한 수입휘발유에 대한 불리한 대우"와 "미국의 대기의 질을 개선하려는 목적"간에 직접적인 관련이 없다. 따라서 이러한 차별은 고갈 가능한 천연자원 보존을 주된 목적으로 하는 것이라고 볼 수 없다.

case 168 | US vs. Mexico - Soft Drinks 사건[1][2]

1 사실관계

멕시코는 사탕수수당(cane sugar)을 가당제[3]로 사용하지 않은 음료와 청량음료(soft drinks)의 수입에 대해 가액의 20%에 해당하는 음료세(soft drinks tax)를 부과하였다. 동 음료의 유통과 관련된 각종 서비스(commission, mediation, brokerage 등)에 대해서도 20%의 유통세(distribution tax)를 부과하였다. 관련 조세 납부 의무자는 각종 장부를 유지해야 했다(bookkeeping requirements).

2 법적쟁점

1. GATT1994 제3조 제2항 제1문 위반 여부

2. GATT1994 제3조 제2항 제2문 위반 여부

3. GATT1994 제3조 제4항 위반 여부

4. GATT1994 제20조 제(d)호에 의한 정당화 여부

3 패널 및 상소기구 판정

1. GATT1994 제3조 제2항 제1문 위반 여부 - 적극

패널에 의하면 사탕수수당과 사탕무당은 외형, 화학적 성분, 최종용도 등을 종합적으로 검토할 때 동종상품이다. 음료세가 가당제에 직접 부과되는 것은 아니나 비사탕수수당 가당제의 함유가 음료세 부과를 촉발하고 조세부담은 일정 부분 가당제에 부과되는 것이므로 비사탕수수 가당제는 간접적으로 음료세의 대상이 되었다. 또한 동종상품인 사탕수수당에는 조세가 부과되지 않는 반면, 사탕무당에는 조세가 부과되므로 제3조 제2항 제1문에 위반된다. 음료에 대한 조세 차별 역시 제3조 제2항 제1문에 위반된다.

2. GATT1994 제3조 제2항 제2문 위반 여부 - 적극

미국은 HFCS와 사탕수수당은 직접 경쟁 또는 대체가능상품으로서 멕시코의 조치는 제3조 제2항 제2문에 위반된다고 주장하였다. 패널은 미국의 주장을 인용하였다. 양자는 직접 경쟁 또는 대체가능상품이며 20% 과세차이는 최소허용수준을 넘어서서 유사하지 아니하게 과세된 것으로 판정하였다. 또한 음료세와 유통세는 대부분 수입 가당제에만 영향을 미치고 그 조세 차이가 크며 국내 생산보호를 위해 의도된 조치라는 점이 멕시코 정부 자료에 시사되어 있으므로 국내생산보호 의도가 있다고 판단하였다.

---

1) DS308, 2006.3.24. 상소기구.
2) 김승호(1), 274면.
3) 음료에 첨가되는 가당제에는 사탕수수당, 사탕무당(beet sugar), HFCS(high fructose corn syrup) 등이 있다. 멕시코가 수입하는 음료는 대부분 사탕무당이나 HFCS를 가당제로 사용한 반면, 멕시코 국내산 음료는 대부분 사탕수수당을 사용한다.

3. GATT1994 제3조 제4항 위반 여부 - 적극

미국은 음료세, 유통세, 부기요건 등은 수입 상품의 국내판매, 사용 등에 영향을 미치는 조치로서 멕시코 국내 동종상품보다 덜 유리한 대우를 부여하므로 제3조 제4항에 위반된다고 하였다. 패널은 미국의 주장을 인용하였다. 사탕수수당과 사탕무당 등은 동종상품이며 음료세, 유통세, 부기요건 등은 수입상품의 국내사용, 판매, 구매, 운송 등에 영향을 준다고 하였다. 또한 음료세, 유통세, 부기 요건은 멕시코에서 음료 생산시 사탕수수당을 가당제로 사용하게 하는 경제적 유인을 제공하며 사탕수수당, 사탕무당, HFCS 간 경쟁조건을 심각하게 변경하고 결과적으로 사탕무당과 HFCS에 덜 유리한 대우를 부여하는 것이라고 판단하였다.

4. GATT1994 제20조 제(d)호에 의한 정당화 여부 - 소극

정당화되지 않는다.

(1) 준수를 '확보'한다는 의미는 준수를 강제한다(enforce)는 의미이다. 그런데 멕시코의 조치가 미국의 NAFTA 의무 준수에 기여할 것인지 멕시코가 충분하게 입증하지 못했다.

(2) 멕시코의 조치는 국내생산보호를 목적으로 취해진 조치다. 미국의 NAFTA 의무 준수를 확보할 목적으로 취해진 것으로 볼 수 없다.

(3) 제20조 제(d)호에 언급된 법령 및 규정(laws and regulations)은 국내규정을 의미하는 것이지 국제조약을 포함하는 것은 아니다.

case 169 | China - raw materials 사건[1]

1 사실관계

중국은 원자재 수출에 네 가지 형태의 수출제한 조치를 취하였다. 즉, 수출과세, 수출쿼터, 최소수출가격요건, 수출허가 요건. 수출제한 관련 원자재는 보크사이트, 코크스, 마그네슘, 망간, 탄화규소 등이었다. 2009년 6월 미국이 중국에 협의를 요청하였으며, 이후 패널이 설치되어 2011년 패널보고서가 제출되었고, 중국과 미국이 상소하여 2012년 1월 30일 상소보고서와 패널보고서가 채택되었다.

---

1) 유예리(2012), 중국 - 원자재 사건(China-Raw Materials)과 희토류 수출제한 분쟁과의 연관성에 관한 연구, 국제법학회논총, 제57권 제2호.

2 당사국 주장

1. 제소국

중국의 수출제한은 희소성을 야기하여 국제시장에서 원자재의 가격 상승을 조장하는 반면 중국 국내 산업에는 충분히 공급해주는 방식으로 저가의 원자재를 안정적인 가격으로 제공한다. 중국은 WTO 가입 의정서에 따라 부속서에 명시된 상품을 제외하고 모든 수출세(export duties)를 제거해야 하며 일부 원자재에 대해서는 수출쿼터를 적용해서는 안 된다.

2. 피제소국(중국)

수출세를 부과하고 수출쿼터를 적용한 것은 원자재를 위하여 고갈할 수 있는 천연자원의 보존과 관련된 조치이므로 정당하다.

3 법적쟁점

1. 중국의 수출제한조치의 WTO협정 합치성(특히 1994 GATT 제11조 제1항 위반 여부)
2. 중국의 수출제한조치의 중국의 WTO 가입 의정서 합치 여부
3. 중국의 수출제한조치가 GATT1994 제20조 제(g)호에 의해 정당화될 수 있는지 여부

4 패널 판정

1. 수출세 부과 조치의 위법성 - 적극

패널은 중국의 수출세 부과는 중국의 가입의정서와 불일치한다고 판단하였다. 중국의 조치는 1994 GATT 제11조 제2항 제(a)호에 의해 정당화되지 못한다. 즉, 보크사이트에 대한 수출쿼터는 상품의 '중대한 부족(critical shortage)'을 방지 또는 줄이기 위하여 '일시적으로 적용된(temporarily applied)' 조치였다는 것을 중국이 보여주지 못하였다.

2. GATT 제20조 제(g)호에 의한 정당화 가능성 - 소극

중국의 WTO 가입의정서 문언상 중국이 WTO와 불일치하는 수출세를 정당화하기 위하여 1994 GATT 제20조를 원용할 수 없다. 설령 중국이 제20조를 원용할 수 있다고 해도 제20조 제(g)호의 요건을 충족하지 못한다. 중국은 원자재를 보존하기 위하여 원자재의 국내생산 또는 소비에 대한 제한과 결부되어 수출세, 수출쿼터와 같은 제한조치를 채택하였다는 것을 보여줄 수 없었다. 중국이 WTO 규칙하에서 수출쿼터를 정당화하기 위한 체계를 구성(framework)하는 데에 맞는 방향으로 진입한 듯하지만, 그 프레임웍이 국내생산에도 유효하게 되어야 하기 때문에 WTO에 합치하지 않는다.

case 170 | 유럽연합 물개 관련 상품 수입제한조치[1][2]

1 사실관계

바다표범 사냥이 잔혹한 방식으로 이루어진다는 점은 국제사회의 주요한 관심사항이었다. 특히 동물 애호가 그룹들은 이러한 사냥방식을 비판하여 바다표범으로 제작된 상품에 대한 보이콧을 선도하기도 하였다. 이러한 분위기를 반영하여 유럽연합은 2009년 새로운 조치를 도입하였다. 즉, 잔혹한 사냥방식으로 포획되는 바다표범 관련 제품의 수입과 판매에 일정한 요건을 부과한 것이다. 다만 이 새로운 조치는 그린란드섬 등 북극 인근지역에 거주하는 이누이트족 및 토착부족이 생존을 위하여 전통적인 방식으로 사냥한 바다표범으로 만들어진 상품과, 해양자원의 지속적인 관리를 위하여 사냥한 바다표범으로 만들어진 상품에 대해서는 예외를 인정하였다. 이 조치는 표면적으로는 외국산 상품과 국내산 상품을 차별하는 조항을 도입하고 있지는 않다. 이 조치가 도입되자 가장 직접적으로 타격을 받은 국가는 상업적 목적으로 바다표범을 사냥하는 캐나다와 노르웨이였다. 이들은 유럽연합의 바다표범 관련 상품 수입 및 판매제한이 표면상으로는 원산지와 무관하게 적용되고 있으나 결과적으로 자국산 상품의 판매 및 수입에 차별적 효과를 초래하고 있음을 주장하며 유럽연합을 WTO에 제소하였다. 이 분쟁에서 패널 및 항소기구는 GATT협정 제3조의 내국민 대우 위반이 발생하였는지 여부를 검토하였다. 아래 사안은 항소기구 판정에 관한 것이다.

2 법적쟁점

1. 문제의 수입 및 판매제한조치는 기술규정에 해당하는가?
2. 해당 조치는 GATT협정 제1조 제1항의 최혜국 대우 원칙을 위반하는가?
3. 해당 조치는 GATT협정 제3조 제4항의 내국민 대우 원칙을 위반하는가?
4. 해당 조치는 GATT협정 제20조 제a항에 따라 정당화될 수 있는가?

3 판결

1. TBT협정 적용 여부 - 소극

해당 조치는 유럽연합 시장에서 바다표범 상품을 판매하기 위한 조건으로 상품 그 자체의 특성(product characteristics)을 규제하는 것이 아니며 따라서 TBT협정 부속서 제1의 제1항에 정의된 기술규정에 해당하지 않는다.

---

1) WTO, 2013년.
2) 정인섭 외 2인, 국제법판례100선, 박영사, 578 ~ 585p 요약 정리.

2. MFN원칙 위반 여부 - 적극

해당 조치는 GATT협정 제1조 제1항상 최혜국 대우 원칙을 위반한다. 그린란드에 부여되었던 것과 동일한 시장접근 혜택이 즉시, 그리고 무조건적으로 캐나다와 노르웨이이산 바다표범 상품에 부여되지 않았기 때문이다.

3. NT원칙 위반 여부 - 적극

유럽연합은 내국민 대우 원칙 위반이라는 패널의 판단에 대하여 이의를 제기(appeal)하지 않았다. TBT협정 제2조 제1항 비차별의무의 법적 기준이 GATT협정 제3조 제4항에 동일하게 적용되는 것은 아니기 때문이다.

4. 일반적 예외 해당 여부 - 소극

문제된 조치는 GATT협정 제20조 제a항의 공중도덕(public morals)보호에 필요한 조치에 해당하는 것으로 볼 수 있다. 그러나 이 조치는 비합리적이고 자의적인 차별을 내포하여 제20조의 '모두조항(chapeau)' 요건을 충족하지 못하였다.

case 171 | 미국 - Offset Act 사건(Byrd 수정법 사건)[1]

1 사실관계

2000년 10월 미국은 "2000년 지속적 덤핑 및 보조금 상계법"을 제정하였다. 동 법의 핵심 내용은 반덤핑관세 또는 상계관세 부과를 통해 징수된 관세수입을 덤핑 및 보조금 지급으로 피해를 입은 국내 생산자들에게 매년 분배하도록 한 규정한 것이다. 우리나라를 비롯한 호주, 브라질, 일본 등이 WTO에 제소하였다.

2 법적쟁점

1. AD 협정 및 SCM협정에 규정된 '제소자격'을 왜곡하는가?
2. 징수된 관세 배분은 GATT, AD협정, SCM협정에서 인정되지 아니하는 조치인가?

3 패널 및 상소기구 평결

1. 제소자격을 왜곡하는가?

제소국들은 동 법은 조사신청에 찬성한 국내생산자들에게 재정적 인센티브를 부여함으로써 찬성의 수준을 객관적이고 성실한 방법으로 조사하지 못하도록 방해한다고 주장하였다. 패널은 재정적 인센티브 부여가 국내생산자들에게 조사신청을 지지하도록 '사실상 강제'하고 있으므로 AD협정 제5조 제4항과 SCM협정 제11조 제4항에 위반된다고 판정하였다. 그러나 상소기구는 이러한 패널 판정을 파기하였다. 상소기구는 버드수정법이 국내생산자들로 하여금 조사 신청을 지지하도록 법적으로 강제하고 있다고 볼 수 없다고 판정하였다. 즉, 인센티브를 부여하는 것 자체가 특정한 행동을 강제하거나 요구하는 것은 아니라고 판단한 것이다.

2. 징수된 관세배분조치의 위법성

AD협정 제18조 제1항의 의미에 대해 패널은 GATT 규정에서 인정된 반덤핑조치 이외의 조치는 덤핑수출에 대해 취해질 수 없음을 의미하는 것으로 해석하였다. 또한 GATT 규정에서 인정된 반덤핑조치는 '덤핑관세부과', '잠정관세부과', '가격인상약속'을 의미하는 것으로 해석하였다. 패널은 어떤 조치가 AD협정 제18조 제1항을 위반하기 위한 조건은 동 조치가 덤핑에 대한 조치(specific measure against dumping)이어야 하고, 그 조치가 앞서 언급한 세 가지 조치에 포함되지 않아야 한다고 판시하였다. 동 조치가 덤핑과

---

1) DS217/234, 2003.1.27. 상소기구.

'부정적 관계'(adverse bearing)에 있어야 덤핑에 대한 조치로 인정된다고 하였다. 패널은 상계지급 조치는 덤핑에 대응하는 조치이나 GATT에서 인정된 조치가 아니므로 AD 협정 제18조 제1항을 위반하였다고 판정하였다. 덤핑 피해를 입은 국내 생산자들에게 상계지급되는 경우 수입품간 경쟁관계에 있어서 국내생산자들에게 유리하게 작용하므로 부정적 관계가 있다고 본 것이다. 상소기구 역시 패널 평결을 지지하였다.

case 172 | India vs. EC - Bed Linen 사건[1]

1 사실관계

1996년 3월 EC 면화섬유업회(EC cotton)는 이집트, 파키스탄 및 인도산 침대보(cotton type bed linen)에 대해 덤핑 조사를 신청하였으며 EC는 1996년 9월 조사 개시를 통보하였다. EC는 인도 수출업자에 대한 표본 조사를 토대로 덤핑여부를 조사하였으며 5개 표본 조사 기업 중 Bombay Dyeing사만이 인도 국내 시장에 침대보를 판매하는 것으로 밝혀졌으나 정상적인 거래가 아니라는 이유로 EC는 인도 수출업자의 정상 가격을 구성 가격을 토대로 산정하였다. 정상적인 거래가 아니라 하더라도 Bombay Dyeing사만이 국내 판매를 하고 있으므로 EC는 모든 표본 기업의 관리, 판매, 일반 비용(administrative, selling and general costs: SG&A)과 이윤을 Bombay Dyeing사의 것을 기준으로 계산하였다. 피해 산정은 EC 내 35개 국내 기업 중 17개사를 표본으로 선정하여 분석하였다. EC는 1997년 6월에 잠정 조치를 발동하고 1997년 11월 반덤핑 관세 부과조치를 최종 확정 발표하였다.

2 법적쟁점

1. zeroing 관행의 적법성 여부

EC는 조사 대상인 cotton - type bed linen을 특정 품목 model별로 구분하고 각각의 품목별로 가중평균 정상가격과 가중평균 수출가격을 계산하여 품목별 덤핑 마진을 산정하고 이를 합산하여 bed linen 전체의 덤핑 마진을 도출하였다. 이 과정에서 마이너스 덤핑 마진이 발생한 품목들은 마이너스 수치를 그대로 반영하지 않고 0으로 처리하여 전체 덤핑 마진을 산정하였다. 인도는 이러한 zeroing 관행은 덤핑률을 과다 계산하게 되며 가중평균 정상 가격과 모든 비교 가능한 수출 거래 가격의 가중평균을 비교하여 덤핑 마진을 산정하라는 반덤핑협정 제2조 제4항에 위배된다고 주장하였다.

---

1) DS141, 2001.3.12. 상소기구.

2. 피해 요소 고려 범위(반덤핑협정 제3조 제4항)

인도는 EC가 제3조 제4항에 규정된 피해요소를 모두 검토하지 않았다고 주장하였다. 동 조항에서는 덤핑 수입품이 국내 산업에 미치는 영향의 검토에 있어서 판매, 이윤, 생산량, 시장점유율, 생산성, 투자수익률, 또는 설비 가동률에서의 실제적이고 잠재적인 감소, 국내 가격에 영향을 미치는 요소, 덤핑 마진의 크기, 자금 순환, 재고, 고용, 임금, 성장, 자본 또는 투자 조달 능력에 대한 실제적이며 잠재적인 부정적 영향 등 산업의 상태에 영향을 미치는 제반 관련 경제적 요소 및 지표를 평가할 것을 규정하고 있다. 본 사안에서는 이러한 요소들이 필수적으로 검토해야할 의무사항인지, EC가 검토를 수행하였는지가 쟁점이 되었다.

3 패널 및 상소기구 판정

1. zeroing 관행의 적법성 여부 - 위법

패널은 반덤핑협정 제2조 제1항의 덤핑 정의를 볼 때 덤핑 마진이란 조사 대상이 된 '제품'(the product)에 대하여 산출하는 것이지 제품의 개개 품목, 모델별로 계산하는 것이 아니라고 봄으로써 품목별 덤핑 마진을 산정한 후 이를 합산하는 EC의 덤핑 마진 산정 방식이 옳지 않다고 판단하였다. 반덤핑협정 제2조 제4항 제2호에는 덤핑 마진 계산 시 2단계의 방법을 써서 결과를 산출하거나, 유럽연합이 주장하는 바와 같이 모델이나 품목별로 덤핑마진을 산출하도록 규정하고 있지 않다. 어떤 방식을 사용하던지 간에 덤핑마진은 반드시 조사대상 제품 전체에 대해서 산출되어야만 한다고 하였다. 제2조 제4항 제2호는 덤핑 마진을 계산하는 두 가지 방법을 규정하고 있는데 이 사건에서 문제가 된 것은 첫 번째, 즉 모든 비교 가능한(all comparable) 수출 거래에 대하여 가중 평균 정상 가격과 가중 평균 수출가격을 비교하는 방식이다.

패널은 마이너스 덤핑 마진을 0으로 계산한 것은 모든 거래 가격을 비교하지 않은 것이므로 협정 제2조 제4항 제2호의 위반이라고 판시하였다. 즉, 유럽연합은 모든 모델 및 품목을 포함하는 모든 거래에 대하여 가중평균수출가격과 가중평균정상가격을 비교해서 덤핑마진의 존재 여부를 파악해야 하는 규정을 제대로 따르지 않았다고 판단한 것이다.

2. 피해 요소 고려 범위 (반덤핑협정 제3조 제4항) - 위법

패널은 shall로 표현된 동 조항의 나열된 요소는 모두 평가하여야 하는 의무규정이라고 판단하였으며 EC가 동 조항에 나열된 요소를 모두 검토하기는커녕 수집하지도 못했으므로 협정을 위반한 것이라고 판단하였다.

case 173 | Korea - Commercial Vessels 사건[1]

1 사실관계

EC는 한국 조선사의 저가수주, 설비확장 등이 정부의 보조금 지급에 의한 것이라는 의혹을 90년대 중반부터 제기하여 왔다. 특히 IMF 외환위기 이후 도산 위기에 몰린 조선사들을 퇴출시키지 않고 채권 은행단의 구조조정 조치(부채탕감, 출자 전환)를 통해 회생시킨 것은 명백한 보조금 지급에 해당한다고 문제를 제기하였다. 양측은 수차례 협의 끝에 2000년 6월 보조금 불지급, 상업적 가격 관행 등을 약속하는 한 - EC 조선 합의록을 체결하였다. EC는 합의록 체결에도 불구하고 한국 조선사의 저가수주가 계속되는 것은 한국 정부의 부당한 지원 탓이라고 단정하고 2001년 10월 무역장벽 조사 절차를 발동, 한국의 조선업계와 EC업계의 피해 등에 관해 조사한 결과, 한국 정부의 부당한 지원으로 EC 조선업계가 피해를 보고 있다고 결론짓고 한국을 WTO에 제소하는 한편, EC 조선업계에 대해 한국과 경쟁하는 선종의 경우 수주가의 최대 6%에 해당하는 보조금을 제공하기로 하였다.

2 법적쟁점

1. 수출보조금

EC는 수출입은행 관련 법규 자체, 선수급환급보증(APRG) 및 인도전제작금융(PSL)제도 자체, 조선사에 개별적으로 제공된 선수급환급보증거래 또는 인도전 제작금융거래가 수출보조금에 해당한다고 주장하였다. 즉, 이들은 보조금 요건에 해당하고 수출조건성도 충족하고 있으므로 수출보조금이라고 하였다. 이에 대해 한국은 한국수출입은행(KEXIM)이 개별기업에 제공한 APRG거래와 PSL거래가 수출보조금에 해당한다 하더라도 수출보조금 예시목록에 근거하여 수출보조금에서 면제된다고 반박하였다.

2. 조치가능보조금

EC는 대우중공업이나 대우해양조선 등 도산위기에 직면한 조선소들의 구조조정을 위한 출자전환, 부채탕감, 채무상환 유예조치 등 여러 가지 개별적 조치를 포함하는 워크아웃 계획은 SCM협정상 조치가능보조금에 해당한다고 주장하였다. 이에 대해 한국은 워크아웃 조치는 채권은행단이 시장원리에 입각하여 자발적으로 추진한 것으로서 한국 정부가 지시한 것이 아니며, 정부소유 은행도 상업적 원리에 기초하여 참여한 것이므로 SCM협정상 보조금이 아니라고 반박하였다.

---

1) DS273, 2005.4.11. 패널.

3 패널 평결

1. 개별적인 선수금 환급 보증 거래의 수출 보조금 해당 여부 - 부분적 적극

수출입은행이 개별 조선소에 제공한 APRG가 수출보조금에 해당하기 위해서는 보조금일 것, 수출부수성이 있을 것을 요한다. 패널은 대우중공업 등 몇 개 기업에 제공된 APRG는 수출보조금에 해당한다고 판정하였다. 또한, 한국이 수출보조금 예시목록 제(j)호에 기초하여 제기한 예외(safe haven) 주장도 배척하였다.

(1) 개별적인 APRG는 보조금에 해당한다. 수출입은행은 공공기관이며, APRG는 '자금의 잠재적 직접이전'으로서 재정적 기여에 해당하고, 시장에서 보다 더 낮은 보증 수수료를 납부하므로 '혜택'도 존재한다. 패널은 대우중공업과 대우조선해양, STX·대동조선, 삼성중공업에 수출입은행이 제공한 선수금환급보증은 EC의 주장대로 보조금에 해당하고, 삼호·한라중공업, 한진중공업에 수출입은행이 제공한 선수금환급보증에 대해서는 비교기준과 관련하여 EC의 주장을 기각한바, 보조금에 해당한다고 볼 수 없다고 판시하였다.

(2) APRG는 수출부수성(export contingency)이 있다. 패널은 EC의 주장을 수용하여 수출입은행이 제공한 선수금 환급보증 및 제작금융은 동 제도의 정의상 수출 거래에 제공된 것이며 따라서 수출에 따르는 것임이 명백하다고 판시하였다.

(3) 패널은 보조금협정 부속서 제1조 제(j)호[1]는 반대해석이 허용되지 아니하며 설사 허용된다고 하더라도 APRG는 수출신용보증이나 수출품의 비용증가에 대비한 보험에 해당하지 아니한다고 판정하였다. 패널은 우선 제(j)호를 반대 해석할 수 있는지부터 검토하였다. 패널은 동 부속서 제(i)호를 반대 해석할 수 없다고 판시한 Brazil - Aircraft Article 21.5 사건 패널의 논지에 의거하여 제(j)호 역시 반대 해석할 수 없다고 보았다. 패널은 동 사건패널 판시대로 보조금협정 각주5의 규정상 보조금협정 대상에서 제외되기 위해서는 수출보조금에 해당되지 않는다고 부속서1에 명시되어야 할 것이나 제(j)호에는 그러한 언급이 없으므로 각주5의 범주에 속하지 않는다고 확인하였다. 패널은 제(j)호를 반대 해석할 수 없으며 설사 반대 해석할 수 있다고 하여도 선수금환급보증은 제(j)호에 규정된 수출신용보증이나 수출품의 비용증가에 대비한 보증에 해당되지 않는다고 판시하였다.

2. 개별적인 제작 금융의 수출 보조금 해당 여부 - 부분적 적극

수출입은행이 제공한 제작금융이 특혜였는지를 가지기 위해서는 제작금융의 금리가 시장조건을 반영한 비교기준 보다 낮았는지 여부가 핵심이었다. 패널은 수출입은행이 각 조선사에 제공한 제작 금융 이자율이 EC가 회사채 이자율을 기초로 구성한 시장 기준보다 낮게 책정되었음을 확인하고 동 이자율 차액만큼 혜택을 부여한 것이므로 보조금에 해당하며 수출상품에 제공한 것이므로 수출 부수성도 인정, 수출보조금이라고 판시하였다.

---

1) (j) 정부(또는 정부가 통제하는 특수기관)가 수출신용보증 또는 보험계획, 수출품의 비용 증가에 대비한 보험 또는 보험계획, 환리스크 보증계획을 이러한 계획의 장기적인 운영비용 또는 손실을 보전하기에 부적절한 우대 금리로 제공하는 것이다.

한국은 이에 대해 보조금협정 부속서 제(l)호의 예외(수출신용)에 해당한다고 주장하였으나, 패널은 제(j)호를 반대 해석할 수 없듯이 제(l)호 역시 반대 해석할 수 없으며, 설사 반대 해석할 수 있다 하더라도 제(l)호의 수출신용은 수출자 또는 수출 거래은행이 구매자에게 제공하는 여신이므로 조선사(수출자)에 제공되는 수출입은행의 제작금융은 수출신용에 해당되지 않는다고 판시하였다.

3. 조치가능 보조금 - 소극

조치가능보조금에 해당하기 위해서는 우선 보조금협정 제1조상의 보조금 요건을 충족해야 한다. 패널은 지급주체 및 재정적 기여에 대해서는 요건을 충족한다고 보았으나, 혜택의 존재에 대해서는 EC 측이 충분하게 입증하지 못했다고 판단하였다. 보조금이 아니라고 판단하였기 때문에 '특정성'이 있는지 여부에 대해서는 별도로 판단하지 않았다.

(1) 보조금 공여 주체와 관련하여 패널은 구조조정에 참가한 자산관리공사, 산업은행, 기업은행, 수출입은행은 지분과 경영진 임면권을 정부가 소유하고 있는 점 등에 비추어 공공기관이라고 판단하였고 한국도 반론을 제기 하지 않았다. 그러나 민간은행의 경우 패널은 EC가 제시한 증거가 정부의 지시나 위임을 입증할 정도의 증거력을 갖고 있는지 각각에 대해 증거 수준을 검토한 후 모두 증거능력을 인정할 수 없다고 기각하였다. 관련 국무총리훈령 어디에도 구조조정에 금융기관을 강제적으로 참가하게 하는 구절이 없으며 또 민간은행 지분의 태반을 정부나 공공기관이 소유하고 있다고 해서 특정 구조조정 사안에 참가토록 지시나 위임하였다고 볼 수는 없다고 보았다.

(2) 패널은 구조조정조치들이 재정적 기여에 해당한다고 판정하였다. 한국은 주채권은행의 채무 면제, 이자율 인하, 출자전환 등의 조치는 금적적인 이익을 이전한 것이 아니므로 재정적 기여가 아니라고 주장하였다. 동 조치는 추후에 변제받게 될 채무를 보전하고 증가시키기 위한 채권 은행의 자구조치이지 해당 기업에 금전적인 이익을 제공하는 것은 아니라는 것이다. 패널은 한국의 주장을 기각하였다. 보조금협정 제1조 제1항 제a호(1)에 나열된 무상지원, 대출 및 지분 참여는 자금의 직접이전 형태의 일부로 예시된 것뿐이며 이자 / 채무면제는 무상지원, 이자율 인하 / 만기연장은 신규여신, 출자전환은 지분참여에 해당한다고 단정하였다.

(3) 패널은 수혜자에 대한 혜택에 대해서는 EC 측이 충분하게 입증하지 못했다고 판단하였다. 패널은 채권은행의 조선사 구조조정 참가가 조선사에 혜택을 부여하였는지 여부를 가리기 위해 그 행위의 상업적 합리성 여부를 기준으로 사용하였다. 패널은 입증 책임을 안고 있는 EC가 제시하는 근거가 정상적인 금융 기관이라면 구조조정에 참가하지 않았을 것임을 인정할 만큼 타당한지 여부를 중점 점검하였다. 그 결과 패널은 EC가 충분한 증명을 하지 못했다고 판단, EC의 주장을 기각하였다.

case 174 | EC - Commercial Vessel 사건[1]

1 사실관계

1. EC는 2003년 6월 한국을 WTO에 제소하였고(Korea - Commercial Vessels 사건), 이에 앞서 2002년 WTO 패널 결정이 나올 동안 EC 조선업계를 보호한다는 구실 아래 한국과 경쟁하는 선종에 대해서는 한국 조선사와 수주 경합이 붙은 EC 조선사에게 수주가의 최대 6%에 해당하는 보조금을 제공한다는 규정을 채택하였고 독일, 덴마크, 프랑스 등 회원국은 국내이행규정을 마련하였다.

2. 한국은 EC의 임시보호규정(Temporary Defense Mechanism: TDM)과 회원국의 이행 규정은 WTO 분쟁해결제도를 무시하는 자력구제로서 DSU 제23조 제1항·제2항에 위배되며 보조금협정 제32조 제1항, GATT 제Ⅲ조, 제Ⅰ조 위반에 해당된다고 주장하였다.

2 법적쟁점

1. 내국민대우 위반 여부(GATT Ⅲ : 4[2])

한국은 EC의 TDM규정이 ① EC의 입법 절차를 거쳐 채택된 규정이고 ② 수입선박의 판매, 제공, 구입 등에 영향을 미치며, ③ 동일 선종이라는 동종 상품에 적용되는 것이고, ④ 수입품과 국내 상품 간의 실효적인 동등성을 보장하지 못하므로 불리한 대우를 부여하는 것으로서 GATT 제3조 제4항 위반이라고 주장하였다. 이에 대해 EC는 TDM규정이 GATT 제3조 제8항(b)[3]규정의 국내 생산자에 대한 보조금 지급일뿐이며 내국민대우 원칙이라 하여 외국 생산자에게까지 보조금을 지급해야 하는 것은 아니므로 GATT 제3조 제4항이 적용되지 않는다고 주장하였다.

---

1) DS301, 2005.6.20. 패널. 제소국: 한국, 피제소국: EC.
2) 체약국 영역의 상품으로서 다른 체약국의 영역에 수입된 상품은 동 국내에서의 판매, 판매를 위한 제공, 구입, 수송, 분배 또는 사용에 관한 모든 법률, 규칙 및 요건에 관하여 국내 원산의 동종 상품에 부여하고 있는 대우보다 불리하지 아니한 대우를 부여하여야 한다. 본 항의 규정은 교통수단의 경제적 운영에 전적으로 입각하였으며 상품의 원산국을 기초로 하지 아니한 차별적 국내 운송요금의 적용을 방해하지 아니한다.
3) 본 조의 규정은 본 조의 규정에 합치하여 부과하는 내국세 또는 내국과징금에 의한 수입과 국내 상품의 정부구매에 의하여 생기는 보조를 포함하여 국내 생산업자에 한하여 보조금을 지불함을 방해하지 아니한다.

2. 최혜국대우 위반 여부(GATT Ⅰ : 1[1])

한국은 TDM규정이 ① GATT 제1조 제1항상의 '제3조 제2항과 제4항에 언급된 모든 사항'에 해당하고, ② 특정 입찰 계약에서 '한국과 경쟁하게 된 EC 조선사'로 지급 요건이 제한되어 있어 한국을 제외한 WTO 회원국에게 제1조 제1항상의 편의, 호의, 특권, 면제를 부여하는 것이고, ③ 이러한 특권 등이 한국에게는 즉시 그리고 무조건적으로 부여되지 않았으므로 최혜국대우 위반이라고 주장하였다. EC는 제3조 제8항(b)에 따라 TDM 규정은 제3조 제4항의 적용대상에서 면제되므로 '제3조 제2항과 제4항에 언급된 모든 사항'에 포함되지 않는다고 반박하였다.

3. '보조금에 대한 구체적인 조치' 여부(보조금협정 제32조 제1항[2])

한국은 TDM규정이 한국의 보조금에 '대하여' 취해진 '구체적인 조치'이므로 보조금협정 제32조 제1항에 위반된다고 주장하였다. 즉, 한국은 TDM규정이 보조금 구성요소와 불가분하게 연결되어 있고 강한 상관관계를 가지고 있으므로 '구체적인 조치'라고 주장하였다. 또한, 한국은 TDM규정의 구조나 고안이 한국의 보조금 지급 관행에 대항하고(opposed to) 그러한 관행을 중단시키려는 유인을 창출하기 위한 것이므로 보조금에 '대응하는(against)' 조치라고 주장하였다.

4. DSU 제23조 제1항[3] 위반 여부

한국은 DSU 제23조 제1항이 회원국의 자력구제(일방주의)를 포괄적으로 금지하는 조항이라고 언급하면서, TDM 규정과 국내이행규정이 한국의 보조금협정 의무 위반을 시정하기 위한 것이나 DSU 절차에 호소하고 이를 준수한 것이 아니므로 동 조항 위반이라고 주장하였다. EC는 동 조항은 DSU 절차를 준수하라는 절차 규정이고 제23조 제2항에 나열된 문제에 대해 적용될 뿐이며 따라서 WTO협정과 양허의 중단 문제에 대해서는 WTO가 배타적인 관할권을 보유한다는 것을 선언한 것에 불과하다고 반박하였다.

---

1) 수입 또는 수출에 대하여 그리고 수입 또는 수출과 관련하여 부과되거나 또는 수입 또는 수출에 대한 지불의 국제적 이전에 대하여 부과되는 관세 및 모든 종류의 과징금에 관하여, 그리고 이러한 관세 및 과징금의 부과방법에 관하여 그리고 수입과 수출에 관련한 모든 규칙 및 절차에 관하여, 그리고 제3조 제2항과 제4항에 기재된 모든 사항에 관하여, 체약국이 타국의 원산품 또는 타국에 적송되는 상품에 대하여 허여하는 이익, 특전, 특권 또는 면제는 모든 다른 체약국 영역의 동종 원산품 또는 이러한 영역에 적송되는 동종상품에 대하여 즉시 그리고 무조건 부여되어야 한다.
2) 이 협정에 의하여 해석된 바에 따라 1994년도 GATT의 규정에 따르지 아니하고는 다른 회원국의 보조금에 대하여 구체적인 조치를 취할 수 없다. (각주56) 이 항은 적절한 경우, 1994년도 GATT의 다른 관련 규정에 따른 조치를 배제하려고 하는 것이 아니다.
3) 회원국은 대상 협정상의 의무 위반, 이익의 무효화 또는 침해, 또는 대상협정의 목적 달성에 대한 장애의 시정을 추구하는 경우 이 양해의 규칙 및 절차에 호소하고 또한 이를 준수한다.

3 패널 평결

1. 내국민대우 위반 여부(GATT Ⅲ : 4)

패널은 'GATT 제3조가 제3조 제8항(b)의 조건을 충족한 보조금의 지급을 금지히어서는 안 된다'는 것은 제3조 제8항(b)에 부합하는 조치는 제3조의 모든 조항에도 불합치되지 않는다는 의미라고 설명하였다. 그리고 제3조 제8항에 의해 금지되지 않는 보조금은 특정 상품의 국내 생산자에게 배타적으로 제공되는 보조금이라는 점을 주목하였다. TDM 규정은 EC 회원국이 자국 조선업자에게 보조금을 제공하는 것을 승인하는 법적인 근거가 되고 회원국의 보조금은 국내 조선업자에게만 제공되는 것이 명백하므로 제3조 제8항(b)의 요건을 충족하는 것이며, 제3조 제4항과도 합치된다고 판정하였다. 패널은 TDM 보조금이 EC 선박과 한국 선박 간의 경쟁 조건을 한국 선박에게 부정적으로 영향을 미친다는 점을 인정하였으나 그 문제는 제3조 제8항(b)의 요건 충족 여부와는 무관한 것이라고 언급하였다.

2. 최혜국대우 위반 여부(GATT Ⅰ : 1)

패널은 EC의 주장을 받아들였다. 제3조 제8항(b)에 합치되는 보조금은 제3조 제4항의 적용대상이 아니며 따라서 '제3조 제2항과 제4항에 언급된 사항'도 아니라고 결론내리고 TDM규정과 회원국의 이행규정은 GATT 제1조 제1항에 불합치되지 않는다고 판정하였다.

3. '보조금에 대한 구체적인 조치' 여부(보조금협정 32.1)

(1) 구체적인 조치(specific action) 여부

어떤 조치가 반덤핑 / 보조금에 대한 '구체적인 조치'인지 여부는 반덤핑 / 보조금의 구성요소와 불가분하게 연결되어 있고 강한 상관관계를 갖고 있는지를 판단해야 한다는 점이 이미 US-1916 Act 사건과 US-Byrd Amendment 사건 상소기구 판정에서 확인되었으므로 패널은 TDM 규정이 보조금의 구성 요소와 이러한 관계에 있는지 여부를 판정하는 것이 관건이라고 보았다. 패널은 TDM규정이 채택된 상황을 볼 때 한국이 제공하고 있다는 보조금에 대응하기 위하여 채택된 것임이 명백하다고 전제하고 한국 조선사가 EC 조선사보다 낮은 가격으로 응찰했을 경우에 보조금이 지급되는 점, 보조금 지급 대상 선종이 한국이 경쟁력 있는 선종으로 제한된 점, TDM 규정 종료 또는 중단시점이 한국 보조금에 대한 WTO 분쟁 종결 또는 한국과 EC 간 체결된 조선합의의사록이 제대로 이행될 경우로 연계되어 있다는 점을 볼 때 TDM규정과 보조금(보조금 구성요소) 간의 관계가 불가분하게 연결되어 있고 강한 상관관계를 가진다고 판단, '구체적인 조치'에 해당한다고 판단하였다.

(2) 보조금에 대한(against subsidy) 여부

패널은 어떤 조치가 다른 회원국의 보조금에 "대응하는(against)" 조치인지 여부를 평가하기 위해서는 두 가지 분석이 필요하다고 보았다.
① 당해 조치의 디자인 및 구조가 보조금 지급 관행을 자제토록 하거나 또는 당해 관행을 종료토록 하는 인센티브를 창출하는지 여부를 분석해야 한다.

② 당해 조치의 "디자인 및 구조"가 주로 외국생산업자 또는 수출업자와 이들과 경쟁관계에 있는 국내 경쟁자들 간에 "재정적 재원의 이전"(transfer of financial resources)을 가져오는지 여부를 조사해야 한다. 다른 회원국의 보조금에 대응하는 보조금 즉, '대응보조금'(counter-subsidy)은 단순히 이것이 경쟁조건에 영향을 미친다고 해서 보조금에 "대응하는"특정행위를 구성하지는 않는다. 오히려 당해 조치의 디자인과 구조에 내재하는(inherent) 보조금 지급관행을 자제토록 하거나 종료토록 권장하는 다른 추가적 요인이 존재해야 한다. 이러한 추가적 요인의 하나로 대응보조금이 외국생산업자 또는 수출업자와 국내 경쟁업자간에 재정적 재원의 이전을 통해 조달되는 것으로 예로 들 수 있다.

이러한 전제에서 패널은 한국의 주장이 양 조선소 간의 경쟁관계에 관한 것이고 counter-subsidy가 경쟁관계에 어느 정도 영향을 미치거나, 나아가 겨냥하는 보조금 지급 행위를 일정부분 단념 또는 중단하게 할 수도 있겠으나, 이것만으로는 '대항성' 요건을 충족한다고 단정할 수 없고 한국은 입증에 필요한 추가적인 요소를 적출(identify)하지 못했다고 판단하였다. 이상을 토대로 패널은 TDM 규정과 회원국들의 이행규정은 '보조금에 대한 구체적인 조치'에 해당되지 않는다고 판정하였다.

4. DSU 제23조 제1항 위반 여부

패널은 회원국이 추구하는 위반시정행위는 제23조 제2항에 열거된 양허나 의무정지 외에 여러 가지가 있을 수 있으므로 제23조 제1항은 제2항에 적시된 문제에 국한하여 적용되는 것은 아니며 DSU상의 구제조치를 통해 얻을 수 있는 결과를 DSU 외의 다른 수단을 통해 일방적으로 추구하는 회원국의 모든 행위에 대해 적용되는 것이고, WTO 문제를 다른 국제법정에 회부할 경우에만 제23조 제1항 위반이 성립하는 것이 아니라고 해석하였다. 단, 한 회원국이 다른 회원국의 WTO에 불합치되는 행위로 인해 자국 내에 초래된 피해를 보충하거나 완화하기 위해 취한 조치가 부당 행위를 한 회원국의 행위에 영향을 미치려고 고안된 것이 아니라면 그러한 조치까지 포함하는 것은 아니라고 부연하였다. 타국의 부당한 조치로 영향 받은 국내산업 구조조정 지원조치가 그 예가 된다. 패널은 TDM 규정이 한국을 겨냥하고 있는 점이 명백하며 EC 조선소가 TDM 보조금을 수령할 수 있는 기간은 한국의 보조금에 대한 WTO 분쟁절차기간과 동일하므로 TDM이 한국의 보조금협정 위반행위를 시정하기 위한 것이라는 점도 분명하다고 보았다. 패널은 TDM규정이 한국의 보조금협정 위반행위에 대응하여 EC가 취한 조치이며 한국으로 하여금 WTO협정에 합치되지 않는 보조금을 제거하도록 유인하려는 것이 확실하며, WTO협정에 합치되지 않는 보조금을 제거하여 이전의 권리의무관계의 균형을 회복하려면 반드시 DSU 절차를 이용해야 하는 것이므로 EC는 제23조 제1항에 합치되지 않게 행동한 것이라고 판정하였다. 제23조 제1항 위반이라고 판정하였으므로 제2항 위반 여부는 사법경제를 적용, 심리하지 않았다.

case 175 | Korea vs. US - DRAMs CVD 사건[1]

1 사실관계

2000년 ~ 2001년에 걸쳐 Hynix 채권 은행단은 회사를 회생시켜 채권 확보를 극대화하려는 구조조정 조치의 일환으로 수차례에 걸쳐 각종 금융지원을 제공하였다. 구조조정지원조치에는 6개 국책은행을 포함하여 총 10개 국내은행이 참가하였다. 구체적인 조치로는 산업은행에 의한 회사채 신속인수제도, 부채에 대한 상환 기일 연장, 전환사채의 매입, 신규융자, 출자전환, 대출금리 인하 등이 시행되었다. 미국과 EC는 채권단의 조치가 한국 정부의 지시와 위임에 의해 행해진 것이라고 주장하고 Hynix반도체에 고율의 상계관세를 부과하였다. 한국 정부는 미국의 상계조치가 보조금협정에 위반된다고 주장하며 2003년 11월 19일 WTO에 패널 설치를 요청하였다.

2 법적쟁점

1. 간접보조금 해당성

미국은 10개 은행을 공공기관(Group A), 한국 정부가 단일 주주이거나 최대 주주인 금융기관(Group B), 한국 정부의 지분율이 미미한 금융기관(Group C)으로 분류하고 Group B, C의 경우 한국 정부의 지시와 위임에 의해 금융지원조치를 단행하였다고 주장하였다.

2. 혜택

혜택 측정을 위한 시장기준(market benchmark) 설정에 있어서 Group B, C에 속하는 은행의 금융조건을 시장기준으로 설정할 수 있는지가 문제되었다. 미국은 이들 은행이 한국 정부의 지시와 위임에 의해 구조조정에 참가하였으므로 이들 은행의 금융조건을 시장기준으로 사용할 수 없다고 보고 Hynix사를 신용가치, 자산가치가 없는 회사로 취급하여 보조금 혜택을 산정하였다.

3. 특정성

Hynix에 대해서 특정적으로 보조금이 지급되었는지가 문제되었다.

4. 피해

피해판정에 있어서 수입량의 증가, 가격효과, 다른 피해요소의 적정한 검토 여부, 인과관계 판단의 적정성, 비귀속의무 준수여부, 국내산업 정의의 적정성 여부 등이 다투어졌다.

---

1) DS296, 2005.7.20. 상소기구.

3 패널 및 상소기구 판정

1. 간접보조금 해당성

(1) 명시적이고 단정적인 정부의 행위 여부

① 패널: 패널은 정부의 지시와 위임은 통상적 의미에서 볼 때 US-Exports Restraints 사건 패널 견해대로 '위양(委讓, delegation)'의 의미와 '명령(command)'의 의미를 포함하는 것이라고 밝혔다. 또한 지시나 위임은 반드시 명시적이거나 공식적이어야 하는 것은 아니고 암묵적이거나 비공식적일 수도 있다고 하였다. 패널은 결론적으로 보조금협정 제1조 제1항 제가호(1)(라)가 조사당국으로 하여금 특정 기관에 대해 특정 과제나 의무(task or duty)를 지시하거나 위임하는 당해 정부의 명시적인 행동이 있었음을 증명할 것을 요구하지는 않는다고 보았다.

② 상소기구: 상소기구는 패널의 법률해석을 수정하였다. 지시는 정부가 민간 기관에 대해 권한을 행사할 수 있는 상황에서, 위임이란 정부가 민간 기관에 책임을 부여할 때 발생할 수 있는 것이므로 지시와 위임을 각각 명령과 위양의 의미로 해석하는 것은 의미를 지나치게 협소하게 해석하는 것이라고 지적하였다.

(2) 증거의 충분성

① 패널 - 소극: 패널은 미국이 제시한 다양한 증거들을 검토한 결과 미국은 한국 정부의 채권은행단에 대한 지시나 위임이 있었음을 충분하게 입증하지 못했다고 판단하였다. 패널은 미국이 검토한 증거 대부분이 정황증거이기는 하나 정황증거라고 하여 지시나 위임의 증거가 될 수 없는 것은 아니며 단지 그 증거가 지시나 위임에 의해 민간 기관이 Hynix의 구조조정에 참가하였음을 입증하기에 충분한 정도로 증거력이 있고 강력한 것(probative and compelling)인지를 살펴야 한다고 보았다. 이러한 전제에서 패널은 미국이 제시한 증거들[1]을 검토하였으나 패널은 한국 정부가 Group B, C 은행으로 하여금 Hynix사 구조조정에 참가하도록 단정적인 행위를 통해 명령 또는 위양했다는 점을 충분한 증거로 입증하지 못했으며 따라서 이들 은행에 대해 한국 정부가 지시나 위임을 행사하였다는 미 상무부의 판정은 보조금협정 제1조 제1항 제가호(1)(라)와 합치되지 않는다고 판정하였다.

② 상소기구 - 패널 판정 파기: 상소기구는 패널의 판정을 파기하였다. 우선, 상소기구는 패널이 총론에서는 미 상무부의 증거 검토방식인 'evidence in its totality'가 타당하다고 인정하였음에도 각론에서는 증거 하나 하나를 개별적으로 검토하였다고 보았다. 미 당국은 증거검토를 통해 3개의 단계를 추론해내고 이를 토대로 정부의 지시와 위임에 대해 긍정적 판정을 한 것인데 패널은 증거가 그것도 증거 모두를 함께 보았을 때가 아니라 하나 하나를 독립적으로 지시와 위임을 입증할 정도로 충분한지를 살핀 것이라고 지적하였다. 상소기구는 패널의 이 같은 분석은 개개 증거를 새로이(de novo) 조사한 것으로 제출된 사실에 의해 판단해야 한다는 DSU 제11조 패널의 심리기준을 벗어나는 것이라고 보았다.

---

1) 미국은 다양한 증거들을 제시하였다. 예컨대, 한국 정부가 Group B 은행의 지분 전체 또는 태반을 소유하고 있는 점, 국무총리 훈령 제408호, 공적자금관리특별법 제17조, 기업구조조정촉진법, 수출보험공사로 하여금 Hynix에 대한 수출보험을 재개하라는 정부기관의 지시, 채권 은행간 회합에 정부 관리를 참가시킨 사실 등을 제시하였다.

상소기구는 정부의 지시와 위임에 관한 증거는 속성상 대부분 정황 증거인 경우가 많은데 정황 증거 전체에서 합리적으로 추론할 수 있는 결론을 인정하지 않고 증거 개개에 대해 지시와 위임에 내한 증거력을 요구할 경우 사실상 지시 및 위임을 입증하기가 어렵다는 점도 강조하였다. 상소기구는 패널이 범한 이상의 오류에 비추어 볼 때 지시와 위임에 대한 미 상무부의 긍정 판정을 뒷받침하는 증거가 충분하지 않다는 패널의 결론은 성립할 수 없으며 패널의 이러한 결론이 Group B, C 은행에 대한 한국 정부의 지시와 위임이 있었다는 미 상무부의 판정은 보조금협정 제1조 제1항 제가호(1)(라)에 합치되지 않는다는 패널 판정의 유일한 근거이므로 동 판정을 파기한다고 판시하였다. 그러나 이러한 패널 판정 파기가 곧 미 상무부의 보조금 판정이 보조금협정에 합치되는 것을 의미하는 것은 아니고 새로운 심리를 해야 할 것이나 사실관계가 부족하여 심리를 계속할 수 없다고 밝혔다.

2. 혜택 - 패널 소극, 상소기구 - 패널 판정 파기

패널은 Group B, C 은행이 정부의 지시와 위임에 따라 행동했다는 미국의 주장을 기각하였으므로 미국이 이들 은행을 시장 기준으로 이용하지 않고 보조금혜택을 산정한 것은 보조금협정 제1조 제1항 나호에 합치되지 않는다고 판시하였다. 그러나 상소기구는 이들 은행의 조치가 정부의 지시와 위임에 따른 것이 아니라는 패널 판정을 파기하였으므로 혜택이 존재하지 않는다는 판정 역시 파기하였다.

3. 특정성

패널은 공공기관으로 간주된 4개 금융기관의 하이닉스 반도체 구조조정 지원조치는 특정성이 있다고 보았으나 나머지 금융기관의 경우 정부의 지시나 위임이 부정되었으므로 정부의 지시나 위임에 기초해서 특정성이 있다고 판정한 미 상무부의 결정은 보조금협정 제2조에 합치되지 않는다고 판정하였다. 그러나 이러한 판정은 상소기구에서 파기되었다.

4. 피해

(1) 수입량

한국은 미국 내 소비 대비 증가 판정에 대해 조사 기간 말미에 하이닉스반도체 수입량이 감소한 점, 보조금 수혜를 받지 않는 상품의 수입량이 증가한 점, 하이닉스반도체의 시장 점유율 증가는 보조금 수혜 이전에 일어난 점을 들어 미국이 명확한 증거에 기초한 객관적인 검토를 통해 피해 판정을 하지 않았다고 주장했다. 그러나 패널은 한국의 주장을 기각했다.

(2) 가격

한국은 보조금을 수혜받지 않는 상품이 가격 인하 또는 가격 인상 억제에 미친 영향도 있으나 이를 제대로 검토하지 않았다고 항변하였으나 패널은 이를 기각했다. 한국도 인정했듯이 피해 요소는 여러 가지가 있을 수 있으므로 보조금을 수혜받지 않은 상품 수입도 부정적 가격효과를 초래할 수 있다고 해서 보조금 수혜 상품이 부정적 가격효과를 초래하지 못하는 것은 아니라고 하였다.

(3) 다른 피해요소

한국은 다른 피해요소, 특히 DRAM 산업의 경기 순환 주기, 자본투자, 연구개발, 시장 점유율 등에 있어서 미 업계의 긍정적인 상황을 고려하지 않았다고 항변하였으나 패널은 미국이 이러한 요소들을 적절하게 고려하였다고 보고 한국 주장을 기각했다.

(4) 인과관계

한국은 하이닉스 반도체의 미국 내 시장점유율이 1998년 이후 감소 추세에 있고 경쟁사의 시장 점유율은 증가하고 있는 점을 근거로 미국이 보조금 수입과 국내 산업 피해 간에 인과관계가 있다고 판정한 것은 부당하다고 항변했다. 그러나 패널은 한국이 수입량 증가와 국내 산업 피해간의 인과관계가 존재하지 않는다는 점을 입증하지 못했다고 보고 한국의 주장을 받아들이지 않았다.

(5) 비귀속의무

한국은 미국이 비조사 대상 상품이 초래한 피해, 하이닉스외 여타 공급자의 생산 능력 증가가 초래한 피해, 미국 내 반도체 수요 감소로 인한 피해, 마이크론사의 경영상 잘못된 판단에 의한 피해 등을 제대로 고려하지 않았다고 주장하였다. 패널은 미국이 다른 요소는 적절하게 고려하였으나 반도체 수요 감소가 미친 효과에 대해서는 적절하게 고려하지 못했다고 보고 한국의 주장을 받아들여 미국이 보조금협정 제15조 제5항을 위반하였다고 판정하였다.

case 176 | Canada vs. US - Lumber CVDs Prelim 사건[1]

1 사실관계

1. 미 상무부는 미국 목재 업계의 제소에 따라 2001년 4월 30일 캐나다산 침엽 목재에 대한 보조금 조사를 개시하여 2001년 5월 미국 무역위원회는 캐나다산 침엽 목재 수입으로 미국 산업이 실질적 피해 위협에 직면하고 있다고 볼 합리적인 이유가 있다는 잠정 판정을 내렸다. 이에 기초하여 미국은 캐나다산 침엽목재에 대해 19.31%의 상계 관세를 부과하였다.

2. 캐나다는 stumpage 프로그램(벌채권제도)을 운영하고 있었다. 캐나다의 대부분의 수림은 국유지로서 원목(standing timber)을 벌채하고자 하는 경우 해당 지방정부와 계약을 맺어야 하는데 일반적으로 벌채의 대가로 계약자는 도로 건설 및 유지 화재 예방 등 해당 토지에 대한 서비스 및 유지 보수 의무를 지며 재수목 등 수목 보호 및 유지를 해야 하고 '벌채세'(Stumpage Charge)를 부담해야 한다.

---

1) 캐나다와 미국 간 캐나다산 목재 수입과 관련된 분쟁은 크게 미국이 취한 잠정조치에 관한 분쟁(DS236, 2002.11.1.)과 미국의 최종조치에 관한 분쟁(DS257, 2004.2.17.) 및 최종조치관련 이행분쟁(DS257, 2005.12.20.) 등이 있다.

3. 미국의 잠정상계조치에 대해 캐나다는 미국의 관련 조치 및 상계관세법 자체가 보조금협정에 위반된다고 주장하며 2001년 10월 WTO에 패널 설치를 요청하였다.

2 법적쟁점

1. 캐나다의 벌채권 제도가 보조금협정상 보조금에 해당하는가?

재정적 기여, 혜택의 존부, 혜택의 이전여부 등이 문제되었다. 재정적 기여에 관해서는 벌채권 제도가 보조금협정 제1조 제1항 제가호(1)(다)에 규정된 '사회간접 자본 이외의 상품이나 서비스'의 제공에 해당하는지가 문제되었다. 혜택의 존부판단에 있어서는 비교대상 선정이 쟁점이 되었으며, 입목 벌채자에게 제공된 혜택이 침엽 목재에 이전되는지도 문제되었다.

2. 잠정조치의 적용의 문제

잠정조치와 관련해서는 미 상무부의 잠정조치 소급적용의 적법성, 잠정조치 발효 시점 및 기간의 합법성 여부가 다투어졌다.

3. 미국의 상계관세 관련 법규 자체의 위법성

캐나다는 미국의 1930년 관세법 상계 관세 관련 조항 자체가 보조금협정 제19조 제3항과 합치되지 않는다고 주장하였다. 미국 국내법은 '수출국 기업 전체에 단일 보조금 비율(country-wide single subsidy rate)'을 산출할 수 있도록 규정하고 있으나 개별회사의 신속한 검토권에 대한 규정을 두지 않았기 때문이다.

3 패널 평결

1. 캐나다의 벌채권 제도가 보조금협정상 보조금에 해당하는가?

(1) 재정적 기여의 존부 - 적극

패널은 캐나다 정부의 벌채권 부여는 보조금협정 제1조 제1항 제가호(1)(다)에서 규정한 '사회간접 자본 이외의 상품이나 서비스의 제공'에 해당하는 재정적 기여라고 판정하였다. 패널은 정부가 벌목회사와 협정을 체결하여 벌목을 허용하는 것은 사실상 해당 업자에게 '입목'을 공급하는 것이라고 보았다.

캐나다는 벌목권의 부여는 상품의 '제공'이 아니라고 항변하였으나 패널은 벌목권의 제공이 입목회사들에게 입목을 제공하는 유일한 방법이므로 벌목권제도는 점유권자들에게 입목을 '제공'하는 것이라고 판단하였다. 또한 캐나다는 '입목'(standing timber) 자체는 상품(good)이 아니라고 항변하였으나 패널은 동 조항의 해석상 상품이란 일반적으로 '화폐를 제외한 유형 자산 또는 동산(tangible or movable personal property, other than money)'으로 넓게 보아야 한다고 판단하고 캐나다의 주장을 받아들이지 않았다.

(2) 혜택의 존부 - 소극

패널은 미국이 혜택(benefit)의 수준을 산정함에 있어서 캐나다 국내가격을 사용하지 않고 동종상품의 미국 내 가격을 사용한 것은 보조금협정 제14조에 위반된다고 판정하였다. 미국은 캐나다 입목가격이 정부에 의해 왜곡되어 있어 이를 기준으로 혜택을 산정할 수 없다고 항변하였으나 패널은 보조금협정 제14조 제(라)호의 해석상 반드시 왜곡되지 아니한 시장여건을 요구하는 것이 아니라 '있는 그대로'(as they exist)의 시장여건을 의미한다고 반박하였다. 요컨대, 패널은 미국이 공여국인 '캐나다'의 시장여건에 따라 혜택의 규모를 산정하지 않았으므로 보조금협정에 위반된다고 판정한 것이다.

(3) 보조금 혜택의 이전 여부 - 소극

이 사건에서 문제가 되는 상품은 입목을 가공하여 만든 침엽목재인 반면 벌목권제도는 입목 벌채자에게 부여되는 것이었으므로 벌채자에 대한 혜택이 목재업자에게 이전(pass through)되었음이 증명되어야 했으나 미국이 이를 실시하지 않아 문제가 되었다. 패널은 원자재업자와 파생 상품 생산업자가 동일인이 아닌 이상 원자재업자에 대한 보조금의 혜택이 파생상품 생산자에게 이전된다고 간주할 수 없다고 판정하였다. 패널은 원목과 목재가 정상 가격으로 거래되는 경우도 있으므로 벌목업자에 대한 보조금의 효과가 어느 정도로 목재업자에게 이전되었는지를 분석했어야 한다고 판단하였다. 패널은 이상을 토대로 미 상무부가 미국 stumpage 가격을 사용한 것은 보조금협정 제14조에 합치되지 않는다고 판단하였다.

2. 잠정조치의 적용의 문제

(1) 잠정조치의 소급적용의 위법성 - 적극

미국은 위기 상황(critical circumstances)에 대한 잠정 판정에 기초하여 잠정조치를 소급적용하였다. 보조금협정 제20조 제6항에 의하면 위기상황에서는 잠정조치 적용일전 90일 이내에 소비용으로 반입된 수입상품에 대해 소급적으로 확정 상계관세를 부과할 수 있다. 미국은 '잠정조치' 결정 및 적용 이전 90일에 반입된 상품에 대해서도 '잠정조치'를 취한 것이 문제가 된 것이다. 패널은 제20조 제6항의 예외는 '확정조치'를 취하는 경우에만 적용되는 것으로 보고 미국의 조치가 협정 제20조 제6항에 합치되지 아니한다고 판정하였다.

(2) 잠정조치의 발효 시점과 기간의 위법성 - 적극

보조금협정 제17조는 잠정조치는 조사 개시일로부터 60일 이내에는 적용되지 아니할 것(제3항)과 기한은 4개월을 초과하지 아니할 것(제4항)을 규정하고 있다. 그러나 미국은 2001년 4월 23일 조사 시작, 2001년 5월 19일 잠정조치 소급적용, 2001년 8월 17일 잠정 판정, 2001년 12월 14일까지 잠정조치 부과 등의 조치를 취했다. 패널은 이에 대해 미국의 조치는 제17조 제3항 및 제4항에 반한다고 판단하였다.

3. 미국의 상계관세 관련 법규 자체의 위법성 - 소극

캐나다는 미국이 수출국 기업 전체에 단일 보조금 비율(country-wide single subsidy rate)을 산정하면서 각 기업이 자사의 상계관세율을 따로 산정해 줄 것을 요청할 수 있는지에 대해서는 언급하지 않은 것은 개별회사의 신속한 검토권을 인정하지 않은 것이므로 보조금협정 제19조 제3항을 위반한 것이라고 주장하였다. 이에 대해 패널은 미국의 관련 법 자체가 협정에 위반되지 아니한다고 판정하였다. 패널은 관련 규정이 존재하지 않는다고 해서 관련 행위를 금지한다고 해석할 수 없다고 보았다. 또한 법규 자체의 WTO협정 위반여부 판정에 있어서 도입하는 강행법규 및 재량법규 기준에 비추어 볼 때 관련 법규 자체가 존재하지 않아 강행법규 여부를 판단할 수 없다고 판단하였다. 나아가 미국이 신속한 검토에 대한 요청이 있을 경우 이를 받아들이겠다고 언급한 점도 확인하였다.

case 177 | EC vs. Korea - Dairy Safeguard 사건[1]

1 사실관계

우리나라 무역위원회(KTC)는 1993년 3200톤이었던 혼합 분유 수입량이 1995년 2만 8천 톤으로 급증함에 따라 산업 피해 여부를 조사했다. KTC의 조사에 의거, 농림부는 1997년 3월 7일부터 혼합 분유에 대한 긴급수입제한조치를 시행, 2001년 2월 28일까지 수량 규제를 통한 국내 시장 안정을 꾀하기로 했다. EC는 이 조치가 WTO협정상의 긴급 수입 제한 조치 발동 요건에 충족되지 못한다고 주장, WTO에 제소했다.

2 법적쟁점

1. 예측하지 못한 사태 발전의 기준 해당 여부[GATT 제19조 제1항(a)[2]]

EC는 한국이 혼합 분유의 수입 급증이 예측하지 못한 사태의 결과인지 여부에 대해 검토했어야 하나 이를 실시하지 않았다고 주장하고 이는 GATT 제19조 제1항(a) 위반이라고 주장했다.

---

1) DS98, 2000.1.12. 상소기구
2) 체약국은, 예측하지 못한 현상과 관세양허를 포함하여 이 협정에 따라 체약국이 부담하는 의무의 효과의 결과로서, 어떤 상품이 동종상품 또는 직접경쟁상품의 국내생산자에 대하여 심각한 손해를 주거나 심각한 손해를 위협할 정도로 증가된 수량 및 조건으로 자국 영역내로 수입되고 있는 경우에, 체약국은, 그 상품에 대해, 그러한 손해를 방지 또는 구제하는데 필요한 한도 및 기간 동안 그 의무의 전부 또는 일부를 정지하거나 또는 양허를 철회 또는 수정할 수 있다.

2. 피해 요소의 적정 평가 여부(긴급수입제한조치협정 제4조 제2항[1])

긴급수입제한조치협정 제4조 제2항은 수입급증으로 인한 피해 판정 시 관련된 산업의 상황에 영향을 미치는 객관적이고 계량가능한 성격의 모든 관련 요소를 평가할 것을 요구하고 있으며 수입증가율, 점유율, 생산성 등 고려요소를 제시하고 있는바, EC는 한국이 동 피해 요소를 적절히 평가하지 못했다고 주장하였다.

3 패널 및 상소기구 평결

1. 예측하지 못한 사태 발전의 기준 해당 여부

(1) 패널

패널은 GATT 제19조 제1항(a)의 '예측하지 못한 사태의 발전'은 긴급수입제한조치 발동 조건을 추가한 것이라기보다는 긴급수입제한조치가 필요한 이유를 설명한 것이며 회원국에 대해 추가적인 부담을 지우는 것이 아니라고 보았다. 패널은 긴급수입제한조치협정 제2조 제1항은 GATT 제19조의 원칙을 보다 구체화한 것임에도 '예측하지 못한 사태의 발전'에 대해서는 언급하고 있지 않음을 지적하고 EC의 주장을 기각하였다.

(2) 상소기구

상소기구는 패널의 판정을 수용하지 않았다. 상소기구는 'unforeseen development'란 반드시 의미를 가져야 하며 unforeseen의 통상적 의미에 비추어 볼 때 as a result of unforeseen development란 당해 상품의 수입 급증으로 귀결된 상황의 발전과 심각한 피해(우려)를 초래한 조건은 반드시 예측할 수 없었던(unexpected) 것임을 요구하는 것이라고 판단하였다. 상소기구는 이 구절이 그 자체로 긴급 수입제한 조치 적용 조건을 구성하지는 않는다 하여도 긴급수입제한조치가 적용되기 위해서는 하나의 사실로서 증명되어야 하는 특정의 상황(circumstances)을 나타내는 것이라고 결론지었다. 이러한 판단으로 상소기구는 패널의 판정을 기각하였으나 사실 관계가 충분치 않다는 이유로 한국이 GATT 제19조 제1항(a) 요건을 충족하였는지 여부에 대해서는 검토하지 않았다.

2. 피해 요소의 적정 평가 여부(긴급수입제한조치협정 제4조 제2항)

패널은 한국 무역위의 조사 결과 보고서에 제4조 제2항상의 피해 요소 중 일부가 검토되지 않았음을 확인하였다. 패널은 일부 피해 요소에 대한 한국의 논증이 충분하지 못하고 심각한 피해를 초래하였음을 설명하지 못하는바, 한국의 심각한 피해 판정은 긴급수입제한협정 제4조 제2항의 요건을 충족하지 못한다고 판정하였다.

---

[1] 증가된 수입품이 이 협정의 조건에 따라 국내 산업에 심각한 피해를 초래하였거나 심각한 피해를 초래할 우려가 있는지의 여부를 판정하기 위한 조사에 있어서 주무당국은 동 산업의 상황에 영향을 미치는 객관적이고 계량가능한 성격의 모든 관련 요소를 평가하며, 특히 관련상품의 절대적 및 상대적인 수입 증가율 및 증가량, 증가된 수입품이 국내에서 차지하는 점유율, 판매, 생산, 생산성, 가동율, 이윤 및 손실, 그리고 고용의 수준에 있어서의 변화를 평가한다(제a호).

03 | SPS협정 및 TBT협정

case 178 | EC - Hormones 사건[1]

1 사실관계

1. EC는 일련의 이사회 지침(Council Directives)을 통해 성장 호르몬을 투여하여 육성한 육류 및 육류 제품의 판매와 수입을 금지하여 왔다. EC의 이러한 지침은 1981년부터 시행되기 시작하였으며 1988년과 1996년에 이를 보완하여 금지 범위를 확장하였다.

2. 미국과 캐나다는 EC의 이러한 조치는 SPS협정, TBT협정, GATT 등에 위반된다고 주장하며 패널 설치를 요청하였다.

2 법적쟁점

1. 국제표준에 기초할 의무 위반 여부(SPS협정 제3조 제1항[2])

2. 국제표준을 상회하나 이를 허용하는 과학적 정당성이 있는지 여부(SPS협정 제3조 제3항[3])

3. EC의 조치가 위험평가에 기초했는지 여부(SPS협정 제5조)

4. 자의적이거나 부당한 차별 여부(SPS협정 제5조 제5항)

5. 국제 표준이 존재하지 않는 MGA의 문제

6. 사전주의원칙의 문제

7. GATT 및 TBT협정 위반 여부

---

1) DS26, 48, 1998.2.13. 상소기구
2) 위생 및 식물 위생조치를 가능한 한 광범위하게 조화시키기 위하여, 이 협정에 달리 규정된 경우, 특히 제3항에 규정된 경우를 제외하고, 회원국은 자기나라의 위생 또는 식물 위생 조치를 국제표준, 지침 또는 권고가 있는 경우 이에 기초하도록 한다.
3) 회원국은 과학적 정당성이 있거나, 회원국이 특정 보호의 수준의 결과 제5조 제1항부터 제8항까지의 관련 규정에 따라 적절하다고 결정하는 경우 회원국은 관련 국제표준, 지침 또는 권고에 기초한 조치에 의하여 달성되는 위생 또는 식물 위생 보호 수준보다 높은 보호를 초래하는 위생 또는 식물 위생 조치를 도입 또는 유지할 수 있다. 상기에 불구하고, 국제표준, 지침 또는 권고에 기초한 조치에 의하여 달성되는 위생 또는 식물 위생 보호 수준과 상이한 보호수준을 초래하는 모든 조치는 이 협정의 그 밖의 규정과 불일치하지 아니한다.

3 패널 및 상소기구 평결

1. 국제표준에 기초할 의무 위반 여부(SPS협정 제3조 제1항)

(1) 패널

패널은 국제표준에 기초할 의무 위반을 판정하기 위해서는 첫째, 국제표준이 있어야 하고, 둘째, SPS조치가 이러한 기준 등에 기초해야 한다는 요건을 포함하고 있다고 보았다. 패널은 SPS협정 부속서상 식품 안전의 경우 국제표준은 국제식품규격위원회(Codex)에 의해 수립된 표준이라고 보았다. 패널은 문제가 된 6개 호르몬 중 멜렌게스트롤 아세테이트(Melengestrol acetate, MGA)를 제외한 5개 호르몬에 대해서는 Codex가 정한 표준이 존재하고 있음을 확인하였다. 패널은 국제표준에 기초(based on)한다는 것은 국제 표준에 부합(conform to)하는 것이라고 해석하였다. 그런데 EC의 조치는 Codex 표준과 상이한 보호 수준을 부과하는 것으로서 국제표준에 기초하지 않고 있다고 판시하였다.

(2) 상소기구

상소기구는 패널이 국제 표준에 '기초'한 것과 '부합'되는 것을 동일시 한 것은 잘못이라며 패널의 판정을 번복하였다. 국제표준에 기초한 조치와 부합되는 조치가 반드시 같은 것은 아니며 국제표준의 요소를 부분적으로 채택하는 경우에도 국제표준에 기초한 것이라고 할 수 있다고 설명하였다.

2. 국제표준을 상회하나 이를 허용하는 과학적 정당성이 있는지 여부(SPS협정 제3조 제3항)

패널은 Codex 표준과 합치되지 않는 5개 호르몬에 관한 EC 조치가 협정 요건에 합치되면 설사 국제표준에 기초하지 않았다고 하더라도, 과학적 정당성이 있으면 인정될 수 있다고 하였다. 패널은 EC의 조치가 위험평가를 규정한 SPS협정 제5조에 합치되지 않으면 제3조 제3항에 의해 정당화 될 수 없고 설사 제5조에 합치된다 하더라도 제3조와 제5조 외의 다른 SPS협정 조항과도 합치되어야 제3조 제3항에 의한 정당성이 인정된다고 하였다.

3. EC의 조치가 위험평가에 기초했는지 여부(SPS협정 제5조)

패널은 위험평가에 기초할 의무를 이행하기 위해서는 우선 위험평가를 해야 하고, 그 위험평가에 기초해야 한다고 하였다. 패널은 EC가 위험평가를 시행했으나, 위험평가에 기초한 것은 아니라고 판정하였다. 상소기구는 패널의 결론은 지지하였다.

4. 자의적이거나 부당한 차별 여부(SPS협정 제5조 제5항)

패널은 제5조 제5항 위반을 구성하기 위해서는 상이한 상황(비교 가능한 상황)에서 적절한 것으로 판단되는 보호 수준에 대해 구별해야 하고, 이러한 구별이 자의적이거나 부당해야 하며, 이러한 구별이 국제무역에 대한 차별적 또는 위장된 제한을 초래해야 한다는 3가지 요소를 충족해야 한다고 보았다. 패널은 미국이 사용한 성장호르몬을 규제함에 있어서 과학적 근거를 제시하지 못했으므로 자의적이거나 부당한 차별이라고 판정하였다. 또한, 미국이 사용한 호르몬과 다른 호르몬 간 보호 수준의 차이가 심각하나 EC가 이러한 차이에 대한 정당한 타당성을 제시하지 못했으며 이러한 보호수준의 차이가 수입 금지로 귀결되었으므로 국제무역에 위장된 제한 및 차별이 존재한다고 판단하였다. 상소기구는 EC의 조치가 자의적이거나 부당한 조치는 아니라고 보고 패널 판정을 파기하였다.

5. 국제 표준이 존재하지 않는 MGA의 문제

MGA에 대해서는 국제표준이 정해진 것이 없었으므로 SPS협정 제3조 제1항은 해당이 없었으나 제소국들은 EC의 조치가 위험평가에 기초하지 않았으며, 자의적이거나 부당한 차별에 해당한다고 주장했다. 패널은 제소국의 주장대로 EC의 조치가 자의적이거나 부당한 차별이며, 또한 국제무역에 대한 위장된 제한을 초래한다고 판시하였다.

6. 사전주의원칙의 문제

패널 심리에서 EC는 문제가 된 조치는 사전주의원칙(precautionary principle)으로 시행된 것이므로 정당성이 인정된다는 주장을 제기하기도 하였으나 패널과 상소기구는 모두 이를 인정하지 않았다. 사전주의 원칙이란 과학적 불확실성이 존재하는 경우 사전에 규제조치를 마련하는 것을 정당화하는 원칙이다. 이 원칙은 심각하거나 회복할 수 없는 피해의 우려가 있는 경우 과학적인 확실성이 없다고 하여 환경 피해 방지 조치를 취하지 못하게 하는 것은 안 된다는 것을 의미한다. 이러한 사전주의 원칙이 국제 관습법상 확립된 원칙인지 여부에 대해서는 학자들 간에 논란이 있다. EC는 이 원칙을 원용하여 설사 EC의 위생조치가 과학적 근거에 입각하지 않았다하더라도 사전주의 원칙상 성장 호르몬 사용을 금지할 수 있다고 주장하였다. 그러나 패널과 상소기구는 모두 사전주의 원칙은 SPS협정의 명문상의 규정에 우선적으로 적용될 수 없다고 판단하였다. SPS협정은 이미 제5조 제7항에 관련 과학적 증거가 불충분할 경우 회원국은 입수 가능한 적절한 정보에 입각하여 SPS조치를 잠정적으로 취할 수 있다는 것을 규정하고 있어 사전주의 원칙을 이미 반영하고 있으나 EC가 이 조항을 사용하지도 않았다고 지적하고 EC의 주장을 기각하였다.

7. GATT 및 TBT협정 위반 여부

패널은 EC의 조치가 GATT 제Ⅰ조(최혜국대우), 제Ⅲ조(내국민대우), 제ⅩⅠ조(수량제한금지) 위반이라는 제소국들의 주장에 대해 이미 SPS협정 위반이 확인된 만큼 제ⅩⅩ조 제(b)호(일반적 예외)에 근거한 정당화 주장은 성립될 수 없으므로 굳이 GATT 위반 여부를 검토할 실익이 없다고 판단하였다. 또 TBT협정 제2조 위반 주장에 대해 패널은 TBT협정 제1조 제5항 규정상 양 협정이 동시 적용 가능한 경우 SPS협정만 적용하므로 TBT협정은 이 사건에 적용되지 않는다고 하였다.

case 179 | EC - Biotech Products(GMO) 사건

1 사실관계

EC는 GMO 상품의 판매 승인 절차 등을 규율하는 지침 또는 규정을 운영하였다. EC는 GMO 상품 판매 승인을 일정 기간 사실상 중단시켰으며 또한 판매 승인이 된 상품에 대해서도 판매를 금지시켰다. 이에 대해 미국·캐나다·아르헨티나가 SPS협정에 위반된다고 주장하였다.

2 법적쟁점

1. 판매 승인된 제품의 판매를 중단시킨 조치의 위법성
2. 잠정조치로서 정당화 가능성

3 패널 평결

1. SPS협정 제5조 제1항 위반 여부(위험평가에 기초할 의무 위반 여부)

동 조항은 회원국이 위험평가에 기초할 것을 의무화 한 조항이며, 동 조항은 제소국에 의해 입증되어야 한다. 동 조항에 합치되기 위해서는 위험평가가 존재하고, 그 위험평가에 기초해야 한다. 패널은 위험평가가 존재하지 않았으며, 위험평가에 기초하지도 않았다고 판단하고 EC의 조치는 동 조항에 위반된다고 판정하였다. 패널은 위험평가를 반드시 조치를 취하는 국가가 해야 하는 것은 아니라고 하였다. 위험평가 존부와 관련하여 패널은 EC 회원국이 EC 집행위에 제출한 문서를 검토하였으나 동 문서는 '위험평가 절차'에 관한 내용만 있고 '위험여부'에 대해서는 언급되어 있지 아니하므로 위험평가가 존재한다고 볼 수 없다고 판단하였다. 또한 위험평가에 기초하지도 않았다고 판정하였다. '기초'의 의미에 대해 패널은 위험평가와 문제가 된 조치 간에 합리적인 관계가 존재한다는 것이며 위험 평가가 당해 SPS 조치를 충분히 보장하거나 논리적으로 지지한다는 것을 의미한다고 하였다. 패널은 EC 회원국의 조치가 위험평가에 의해 보장되거나 지지되지 않았다고 판정하였다.

2. SPS협정 제5조 제7항 위반 여부(잠정조치로서 인정 여부)

EC는 동 조항에 대해 '권리'로 주장하고 제소국은 제5조 제1항의 '예외'로 주장하였다. 패널은 '조건부 권리'(qualified right)로 판단하고 '제소국'에 의해 입증되어야 한다고 판단하였다. 따라서 제5조 제7항의 요건을 모두 충족해야만 잠정조치로서 정당화될 수 있다고 하였다. 패널은 EC가 잠정조치의 요건을 충족하지 못했다고 판정하였다. 잠정조치의 요건 중 '과학적 증거의 불충분성'이 문제되었다. 패널은 과학적 증거가 불충분하지 아니하였다고 판단하였다. 패널은 EC가 판매중단조치를 채택하면서 대상 GMO 상품의 위험평가를 실시하였다고 주장한 점에 주목하여 만일 과학적 증거가 충분하지 않다면 위험 평가 자체를 실시할 수 없었을 것이라고 판단하고 과학적 증거가 불충분하지 않았다고 최종 결론을 내렸다.

case 180 | 한국 - 일본 농수산물 수입규제 사건[1][2]

1 사건 배경 및 한국의 조치

1. 사건 배경

2011년 3월 11일, 일본 지진 관측사상 최대 규모인 진도 9.0의 강진이 동일본 지역을 강타했다. 최대 20m에 달하는 쓰나미가 후쿠시마현을 휩쓸었고, 이 사고로 후쿠시마 원자력발전소 1~4기가 폭발, 방사능이 유출되는 참사가 발생했다. 한국은 우리 국민의 안전을 보호하기 위한 일련의 수입규제조치를 채택했다. 일본 정부가 출하를 제한한 후쿠시마 인근 13개 현 농산물 등 일반식품 26개 품목, 8개 현 수산물 50여 종을 수입금지하고, 기타 지역의 일본산 농산물 및 가공식품에서 세슘이 미량이라도 검출될 경우 추가핵종에 대한 검사증명서를 요구하였다. 한국 외에도 전 세계 51개 국가들이 일본산 식품의 방사능으로부터 식품안전을 담보하기 위한 조치를 속속 채택했다. 2013년 8월, 도쿄전력은 후쿠시마 원전에서 방사능 오염수가 유출되고 있다는 사실을 발표했다. 이에 따라 한국은 한층 강화된 임시특별조치를 채택했다. 일본은 임시특별조치 시행 직후부터 한국의 수입규제조치가 SPS협정에 위배된다며 조치 철폐를 강력히 요구했다. 평행선을 달리던 2년여의 협상 끝에 2015년 5월, 일본은 한국을 WTO에 제소하게 된다.

2. 한국의 임시 특별 조치

(1) 국내 외 모든 식품에 대한 세슘 기준을 강화(370Bq/kg → 100Bq/kg)하는 것이다.

(2) 후쿠시마 인근 8개 현의 수산물 수입을 전면 금지(기존 50개 품목에서 확대)하는 것이다.

(3) 일본산 모든 식품에서 세슘이 미량이라도 검출될 경우 17개의 추가 핵종에 대한 검사증명서를 요구하는 것(이하 '추가핵종검사')이다.

(4) 일본은 이 중 (2)와 (3)의 조치가 SPS협정에 위배된다는 이유로 WTO에 제소하였다. 그 중에서도 특히 문제가 된 것은 추가핵종검사였다. 세슘을 제외한 다른 핵종의 경우 검사에 시간과 비용이 많이 소요되어, 세슘 검출로 인해 추가핵종검사 대상이 된 식품은 수출성이 떨어지는 문제가 있었다. 때문에 일본은 추가핵종검사가 사실상의 완전금수조치라는 입장이었다.

2 SPS협정 제2조 제3항 위반 여부

1. 일본

일본은 한국의 조치가 유사한 조건하에 있는 회원국들을 자의적이고 부당하게 차별하지 않도록 해야 한다는 SPS협정 제2조 제3항1에 위반된다고 주장하였다.

---

1) Korea-Import Bans, and Testing and Certification Requirements for Radionuclides. WTO 상소기구, 2019년 7월.
2) 산업통상자원부 홈페이지(https://disputecase.kr) 게재 내용 요약 정리.

2. 패널

패널은 일본과 여타 국가가 SPS협정 제2조 제3항상 '유사한 조건'에 있는지 여부를 판단하면서, '조건'의 범위는 제소대상 조치의 목적에 따라 결정된다는 입장을 취했다. 그러면서 동 조항상 '조건'이 수입제한조치의 목적에 따라 각국의 생태적 또는 환경적 상황을 포함할 수 있지만, 이에 한정되지는 않는다고 보았다. 특히, 전염병이나 질병의 확산을 막기 위한 조치에 관련 분쟁에서는 '유사한 조건'인지 여부를 해석할 때 해당 영역의 환경적 상황에 초점을 맞출 것이지만, 식품 첨가제, 독소, 오염원 또는 식품 내 질병유발 유기물 등에서 비롯된 위험성을 규제하는 조치에 관한 분쟁에서는 환경적 상황이 덜 부각된다고 보았다. 패널은 이번 사건에서 한국의 수입제한조치의 목적은 결국 식품의 위해성으로부터 국민의 건강을 보호하려는 것이라고 보고, SPS 제2조 제3항의 문언과 그 맥락에 비추어 볼 때 식품에 현존하는 위해성만을 관련 조건으로 해석하는 것이 배제되지 않는다는 결론을 내렸다.

따라서 동 분쟁에서 '유사한 조건'인지 여부는 ① 일본과 다른 나라의 식품이 방사능 물질에 오염되었을 가능성이 유사한지 여부와 ② 그 오염수치가 한국의 허용치(세슘 100Bq/kg) 이하인지 여부로 판단되어야 한다고 보았다. 그런데 식품에 현존하는 위해성을 보기 위해 일본산 식품에 대한 샘플링 검사를 실시하고 과학 전문가들의 자문을 받은 결과, 패널은 일본산 식품의 방사능 오염도가 다른 나라 식품과 유사하게 세슘 100Bq/kg 이하일 가능성이 높다고 보았다. 이에 따라 일본과 다른 나라가 유사한 조건하에 있음에도 일본 식품에 대해서만 강화된 규제를 적용한 한국의 조치는 부당한 차별에 해당한다고 판시하였다.

3. 상소기구

상소기구는 일본과 다른 나라가 유사한 조건하에 있으며, 이에 따라 한국의 조치는 부당한 차별에 해당한다는 패널의 판정을 번복하였다. 상소기구는 패널이 제2조 제3항상 '유사한 조건'인지 여부를 판단하면서 모든 관련 요소를 검토하겠다고 하였으나, 실제로는 잠재적으로 오염에 영향을 미칠 수 있는 다양한 요소를 제대로 분석하지 않았다고 지적하였다. 특히 상소기구는 패널이 방사능 오염수준이 특정 정량적 기준(세슘 100 bq/kg) 이내일 경우 오염잠재성도 유사하다고 볼 수 있는지 여부에 대해서 설명하거나, 식품의 현존 오염도 측정이 오염환경의 차이로 인한 오염잠재성까지 완전히 포착(fully capture)할 수 있는지 여부에 대해서도 설명하지 않았다고 보았다. 즉, 상소기구는 패널이 SPS 제2조 제3항을 해석하고 적용하면서 실제 식품에 현존하는 오염 수치에만 의존하고, 식품의 잠재적 위해성에 영향을 미치는 여타 환경적인 요인을 검토하지 않았다고 보았다. 이와 관련하여, 상소기구는 SPS 제2조 제3항에 따른 분석에는 식품에 현존하는 조건에 대한 분석이 포함될 수 있지만 영토적 조건과 같은 다른 조건들도 식품에 영향을 미칠 잠재성이 있는 이상(to the extent they have the potential to affect the products at issue) 분석에 포함되어야 한다고 판시하였다. 상소기구는 패널이 판정의 여러 부분에서 방사능 오염환경이 식품에 미칠 수 있는 잠재적 위해성을 인정하고 있음을 지적한 뒤, 그럼에도 불구하고 오염환경으로 인한 잠재적 위해성에 대한 분석을 배제하고 식품에 현존하는 위해성만 검토함으로써 SPS 제2조 제3항을 잘못 적용하였다고 판단하였다. 이에 상소기구는 패널의 잘못된 제2조 제3항 해석 및 적용에 근거한 판정을 파기하였다.

3 SPS협정 제5조 제6항 위반 여부

1. 일본

일본은 세슘 검사만으로 우리나라의 적정보호수준(ALOP; Appropriate Level of Protection)을 달성할 수 있는데도 한국이 일본 8개 현 수산물에 대해 수입을 전면금지하고, 여타 식품에 대해 미량의 세슘 검출 시 추가핵종검사 증명서를 요구한 것은 필요한 정도 이상의 무역제한적인 조치로, SPS협정 제5조 제6조2에 위반된다고 주장하였다.

2. 패널

(1) 패널은 일본이 제안한 대안조치(세슘 검사)로 우리나라의 적정보호수준을 달성할 수 있는지 검토하기 위해 우선 우리나라의 적정보호수준을 확인하고, 일본의 대안조치로 달성될 수 있는 보호수준을 확인한 후, 우리나라의 적정보호수준과 일본의 대안조치로 달성되는 보호수준을 비교하였다. 패널은 한국의 보호수준이 연간 1mSv(밀리시버트)를 노출 제한량으로 설정하되, '(원전) 사고 이전 수준'과 '가능한 낮은 방사능 노출(ALARA; As Low as Reasonably Achievable)'이라는 목표를 추구함을 인정하였다.

(2) 그러면서 '사고 이전 수준'의 의미는 불명확하지만, 전문가 의견에 따라 '자연 상태에서의 방사능 노출량'이 이에 해당한다고 볼 때, 자연 상태에서의 방사능 노출량(전 세계 평균 연간 3mSv)에 연간 1mSv만큼 추가로 노출되는 것은 미미한 정도의 추가 노출(minor addition)이라고 보았다. 아울러 자신의 보호수준이 정량적 수치로 고정되지 않는다는 한국과 달리 국제방사선방호위원회(ICRP), 국제식품규격위원회(Codex) 등 국제기구는 '가능한 낮은 방사능 노출'이라는 원칙을 통해 연간 1mSv 이하라는 방사능 노출 한도를 정하였다고 언급하며, SPS협정이 반드시 정량적 보호수준을 채택할 것을 요구하지는 않지만 그럼에도 보호수준이 결코 모호하거나 불명확해서는 안 된다고 지적하였다.

(3) 결국 패널은 회원국이 명시적으로 오염수준의 정량적 한계를 설정하였다면, 그 수치 이하의 오염수준을 포함하는 상품은 그 보호수준을 충족하는 것으로 볼 수 있다고 보면서, 일본의 대안조치로 연간 1mSv 이하의 방사능 노출이라는 보호수준을 달성할 수 있다면 한국의 조치가 필요한 정도 이상의 무역제한적인 조치라는 것이 입증된다고 결론 내렸다. 그리고 과학적 검토 결과 일본의 대안조치로 한국 소비자들이 연간 1mSv보다 현저히 낮은 수준의 방사능에 노출되는 것이 보장되므로, 한국의 수입제한조치는 필요 이상의 무역제한적인 조치라고 판시하였다.

3. 상소기구

상소기구는 패널이 한국의 보호수준이 정성 및 정량의 동등한 3개 기준으로 구성되어 있다고 인정하면서도 실제로는 연간 1mSv 이하의 방사능 노출이라는 정량적 기준만을 근거로 판정을 내렸다고 지적하면서, 한국의 조치가 제5조 제6항에 위반된다는 패널의 판정을 번복하였다. 상소기구는 패널이 한국의 보호수준의 정성적 기준과 관련하여 일부 검토를 수행하였지만, 그 결과 일본의 대안조치가 한국의 정성적 보호수준을 어떻게 달성할 수 있는지에 대한 해답을 제시하지 못하였다고 지적하였다.

4 SPS협정 제5조 제7항 위반 여부(잠정조치로서 정당화 여부)

1. 패널

패널은 한국이 자신의 조치가 SPS협정 제5조 제7항에 근거하여 취해진 잠정조치라고 주장하는데, 이는 일본이 제기한 여타 조항상의 위반 여부를 검토하는 데 영향을 주기 때문에 일본이 한국의 조치가 제5조 제7항에 위반된다고 주장하지 않았더라도 우선적으로 한국의 조치가 제5조 제7항의 범위에 속하는지 검토되어야 한다고 보았다. 아울러 Japan-Agricultural Products II, Japan-Apples 사건에서 제5조 제7항을 원용한 피소국이 입증책임을 부담하였다는 점을 언급하며, 동 사건에서는 한국이 제5조 제7항을 원용하는 국가로서 입증책임을 진다고 판시하였다. 잠정조치로 인정되기 위한 조건은 총 네 개인데 패널은 한국의 조치가 대부분 이 조건을 충족하지 못한다고 판시하였다.

(1) 패널은 2013년 한국이 조치를 취할 당시 위해성 평가를 실시하기 위한 관련된 과학적 정보가 불충분하지 않았다고 판단하였다.

(2) 한국의 조치는 입수 가능한 적절한 정보에 근거하지 않았다고 하였다.

(3) 한국의 추가적인 정보 수집 노력이 있었는지에 대해 패널은 한국이 수입제한조치를 채택한 이후 일본측에 여러 차례 추가적인 정보를 요청한바, 동 요건은 충족한다고 보았다.

(4) 패널은 한국이 합리적인 기간 내 수입제한조치를 재검토를 하지 않았다고 판단하였다. 결론적으로, 패널은 한국의 8개 현 수입금지조치와 추가핵종검사 요구가 상기 4가지 요건을 모두 충족시키지 못하므로, 한국의 조치가 제5조 제7항에 합치하지 않는다고 하였다.

2. 상소기구

상소기구는 동 사건에서 제소국인 일본이 패널 설치요청서에서 한국의 조치의 제5조 제7항 위반 여부를 제기하지 않았다는 점을 언급하면서, 패널이 제5조 제7항 위반 여부를 판단하는 것이 적법하였는지 검토하였다. 상소기구는 분쟁해결 규칙 및 절차에 관한 양해(이하 'DSU') 제7조 제1항·제2항 및 제11조4에 따라 패널이 자신에 회부된 사안과 분쟁당사자가 인용하는 모든 대상협정의 관련 규정을 검토할 의무가 있지만, 어떤 조항이 단순히 해석적인 맥락에서 언급된 경우 패널이 동 조항의 위반 여부까지 판단할 수 있는 것은 아니라고 보았다. 그리고 동 사건에서 한국은 제5조 제7항을 근거로 일본이 제기한 SPS협정 제2조 제3항, 제5조 제6항, 제7조 및 제8조상 의무 위반을 정당화하거나, 이러한 의무에서 면제된다고 주장하지 않았고, 단지 제5조 제7항을 여타 규정을 해석하기 위한 관련된 문맥으로 제시한 것으로 판단하였다. 이에 따라 상소기구는 패널이 한국의 조치가 제5조 제7항을 위반하였는지에 대해 판정한 것은 패널에 부여된 위임사항을 벗어난 것으로 DSU 제7조 제1항 및 제11조 위반이며, 이에 따라 제5조 제7항과 관련된 패널 판정이 무효이며 법적 효과가 없다고 판정하였다.

5 SPS협정 제7조 위반 여부

1. 일본의 주장

일본은 한국의 수입금지조치와 추가핵종검사 요구조치가 이해당사국이 인지할 수 있도록 공표되지 않았고, 한국의 문의처가 일본의 합리적인 질문에 대해 적절한 문서와 답변을 제공하지 않아 한국이 SPS협정 제7조 및 부속서2 제1항·제3항(가)·제3항(나)5를 위반하였다고 주장하였다.

2. 패널 및 상소기구

이에 대해 패널은 일본의 입장을 지지하였다. 그러나, 상소기구는 공표 의무(제7조 및 부속서2 제1항) 위반과 관련된 패널 판정은 인용하였으나, 문의처와 관련된 패널 판정은 파기하였다. 상소기구는 부속서2 제3항 위반을 검토하기 위해서는 해당 문의처에 접수된 총 문의 건수, 문의 건수에 대한 답변 비율, 요청된 정보의 성질 및 범위, 해당 문의처가 지속적으로 답변하지 않았는지 여부 등 관련 요소를 모두 검토하여야 한다고 판시하였다. 따라 패널이 해당 문의처가 단지 1회 답변하지 않은 사실로 동 조항 위반을 판단한 것은 잘못이라고 판정하였다.

---

case 181 | Peru vs. EC - Sardines 사건[1]

1 사실관계

1989년 6월 EC는 Council Regulation 2135/89호(이하 'CR 2135/89')를 채택하여 EC시장에서 통조림 정어리로 상표가 부착되어 판매되기 위해서는 반드시 Sardina pilchardus 정어리만 사용해야 한다고 규제하였다. 이에 따라 페루가 주로 어획하는 Sardinops sagax는 통조림 정어리로 EC시장에서 판매할 수가 없게 되었다.[2] 페루는 EC의 조치에 대해 2001년 6월 WTO에 패널설치를 요청했다.

2 법적쟁점

1. TBT협정 부속서 1의 제1조 기술 규정 해당 여부

EC는 CR 2135/89는 기술규정에 해당하지 아니한다고 항변하였다. 그 논거로는

(1) CR 2135/89는 sardina pilchardus만이 통조림 정어리라는 이름으로 판매될 수 있다는 것이므로 상품의 naming에 관한 것이지 labelling에 관한 것은 아니며 따라서 기술규정이 아니라는 것이다.

(2) CR 2135/89는 sardina pilchardus라는 상품에 대해서만 상표부착 요건을 규정한 것이지 sardinops sagax에 대해서는 동 요건을 부과한 것이 아니다고 주장하였다.

---

1) DS231, 2002.10.23. 상소기구.
2) 정어리에는 sardina pilchardus라 불리는 유럽산과 sardinops sagax라 불리는 남미산이 있다.

2. TBT협정 제2조 제4항 위반 여부(국제표준에 기초하였는지 여부)

페루는 정어리와 관련된 국제 표준으로는 Codex Stan 94가 있으며 EC는 동 표준이 존재함에도 불구하고 이를 CR 2135/89의 기초로 사용하지 않았으므로 TBT협정 제2조 제4항 위반이라고 주장하였고 EC는 Codex Stan 94는 EC가 추구하는 정당한 목적을 달성하는데 비효과적이고 부적절하다고 반박하였다.

3 패널 및 상소기구 판정

1. TBT협정 부속서 1의 제1조 기술 규정 해당 여부

패널은 CR 2135/89는 기술규정에 해당하여 TBT협정이 적용된다고 판정하였다. 패널은 특정조치가 기술규정에 해당하기 위해서는 상품특성을 규정하여야 하고 그 준수가 강제적이어야 한다고 하였다. CR 2135/89는 통조림 정어리의 상품특성을 sardina pilchardus 종(種)으로 만든 것이라고 규정하고 있고 크기, 색상, 향취 등 통조림 정어리의 외양과 품질을 객관적으로 정의하고 있으므로 상품 특성에 해당하며, CR 2135/89는 EC 모든 회원국에 적용된다고 규정하고 있어 그 준수 역시 강제적이므로 기술규정에 해당한다고 판정하였다. 패널은 CR 2135/89가 설사 상표부착 요건(labelling requirement)을 포함하고 있지 않다 하더라도 여러 가지 상품특성을 규정하고 있으므로 기술규정인 점은 분명하며 기명(naming) 요건이나 상표부착 요건이나 모두 상품을 '식별(identify)'하는 수단이므로 양자의 요건을 구별할 필요가 없다고 하였다. 또한 협정 부속서 제1조 1의 기술규정은 상품특성을 긍정적 또는 부정적 방식으로 규정(lay down)할 수 있다고 하였다. 즉, EC가 통조림 정어리 상품특성을 sardina pilchardus를 사용한 것이라고 적시함으로써 sardinops sagax는 통조림 정어리의 상품특성이 될 수 없다고 규정한 것, 즉 sardinops sagax의 상품특성을 부정적인 방식으로 규정한 것이라고 본 것이다.

2. TBT협정 제2조 제4항 위반 여부

패널은 EC의 CR 2135/89는 관련있는 국제표준인 Codex Stan 94가 존재함에도 불구하고 이에 기초하지 않았으며 Codex Stan 94를 사용하는 것이 정당한 목적을 달성하는데 비효과적이거나 부적절하지 않다고 판정하였다.

(1) 패널은 Codex Stan 94는 CR 2135/89와 관련이 있는(relevant) 국제표준이라고 보았다. 양자는 모두 통조림 정어리라는 동일 상품에 관한 것이기 때문이다.

(2) Codex Stan 94는 sardina pilchardus이외의 정어리에 대해서도 국명, 지역명, 어종명 등의 수식어와 함께 사용하여 정어리라는 상품명을 사용할 수 있도록 규정하고 있으나 CR 2135/89는 이러한 '정어리'라는 명칭을 이러한 수식어귀와 결합하여 사용하는 것도 금지하고 있으므로 Codex Stan 94를 기초로 사용한 것이라고 볼 수 없다고 판단하였다.

(3) EC는 EC 회원국 소비자는 대부분 정어리를 sardina pilchardus를 지칭하는 것으로 인식해 왔으므로 Codex Stan 94는 소비자 보호, 시장 투명성 제고, 공정 경쟁 함양이라는 정당한 목적을 달성하는 데에 비효과적이고 부적절하다고 주장하였으나 패널은 이를 인정하지 않았다. 페루와 EC가 제출한 자료를 검토한 결과 소비자가 정어리를 배타적으로 sardina pilchardus로 인식하고 있다는 점을 수긍할 수 없다고 판단했기 때문이다.

case 182 | Antigua and Barbuda vs. US - Gambling 사건[1]

1 사실관계

1. 미국은 인터넷을 매개로 한 도박에 대하여 사이트접속 자체를 차단함으로써 규제조치를 단행하였다.

2. 미국의 관련 양허표는 다음과 같다.

sector or sub - sector	limitations on market access	limitations on national treatment
D. other recreational services (except sporting)	1) none 2) none 3) the number of concessions available for commercial operations in federal, state and local facilities is limited 4) unbounded, except as indicated in the horizontal section	1) none 2) none 3) none 4) none

3. 이에 대해 안티구아바부다가 WTO에 제소하였다.

2 법적쟁점

1. '도박 서비스'에 대해 미국이 양허하였는가?

2. 미국은 시장접근에 대해 위법적 제한조치를 취했는가?

3. 미국의 제한조치는 GATS 제14조(일반적 예외)에 의해 정당화되는가?

---

1) DS285(2005.4.20), 상소기구

3 패널 및 상소기구 평결

1. '도박 서비스'에 대해 미국이 양허하였는가? - 적극

패널은 'UN 국제생산물분류(Central Product Classificastion: CPC)'를 원용하여 CPC 분류체계에서 'other recreational service'에 도박 및 내기 서비스가 포함되므로 미국이 양허한 범위에 도박 및 내기 서비스가 포함된다고 판단하였다. 패널은 미국이 도박 서비스에 대한 약속을 의도하지 않았다는 점에 대해 동의하면서도 특정 약속의 범위는 협상의 시점에서 회원국이 의도하였는지 의도하지 않았는지는 상관이 없다고 하였다.

2. 미국은 시장접근에 대해 위법적 제한조치를 취했는가? - 적극

패널은 미국의 연방법 및 주법이 서비스 공급자수를 'O'으로 제한함으로써 GATS 제16조 제2항을 위반하였다고 판단하였다. 우선 패널은 3개 연방법(전신법, 여행법, 불법도박영업법)이 국경 간 공급을 포함한 하나 또는 그 이상의 공급수단을 금지하였으며, 이는 하나 이상의 공급 수단에 대해 'O 쿼터'를 형성하고 있다고 평결하였다. 또한 패널은 루이지애나, 매사추세츠 주 등의 법률이 국경 간 공급에서 공급 수단을 금지하고 있으므로 이는 'O 쿼터'를 형성하고 있어서 GATS 제16조를 위반한다고 판단하였다.

3. 미국의 제한조치는 GATS 제14조(일반적 예외)에 의해 정당화되는가?

(1) 공중도덕의 보호 또는 공공질서의 유지를 위해 필요한 조치인가? - 소극

패널은 미국의 조치가 공중도덕을 보호하거나 공공질서를 유지하기 위한 조치라는 점은 인정하였으나 그것이 '필요한 조치'라는 미국의 주장은 기각하였다. 즉, 패널은 미국의 관련법규의 입법의도는 돈세탁, 조직범죄, 사기, 미성년자 도박 및 병적인 도박에 포함되는 문제들에 대하여 채택된 것이라는 점은 인정하였다. 그러나 패널은 미국의 관련 법규 및 조치는 '필요성' 요건을 충족하지 못한다고 판단하였다. 패널은 필요성 테스트에서 중요한 점은 미국이 WTO와 합치하는 합리적으로 가능한 대체적인 조치를 조사하고 열거하였는지 여부라고 보았다. 이와 관련하여 패널은 미국이 안티구아바부다가 미국의 도박과 내기 서비스의 원격 공급과 제한에 대해 양자협의할 것을 제안하였으나 이를 거절한 것은 미국이 WTO와 합치하는 대체적인 조치를 찾을 가능성을 성실하게 추구하지 않은 것이라고 하였다.

(2) 법률의 준수를 확보하기 위해 필요한 조치인가? - 소극

패널은 GATS 제14조 다호를 통한 정당화를 위해서는 당해 조치가 다른 법 또는 규정의 준수를 확보할 것, 그러한 다른 법이 WTO협정과 합치할 것, 당해 조치가 법 또는 규정의 준수를 확보하기 위해 '필요한' 조치일 것을 요한다고 보고 이에 기초하여 판단하였다. 패널은 미국의 조직범죄 관련법은 'RICO법[1]'(Racketeer Influenced and Corrupt Organization Statute)의 준수를 확보하기 위한 조치라고 보았다. 그러나 '필요한 조치'라는 점은 인정하지 않았다. 패널은 필요성 요건과 관련하여 'weighing and balancing' 테스트가 요구된다고 보고 법이 보호하고자 하는 이익이나 가치의 중요성, 시행 조치가 법의 준수를 확보하는 데 공헌하는 정도, 시행조치의

---

[1] 조직 범죄 단속을 위해 1970년 제정된 미 연방법으로서 도박, 살인, 방화 등 특정 범죄에 대한 가중 처벌을 골자로 하고 있다.

무역효과를 평가해야 한다고 보았다. 패널은 RICO법에 의해 보호되는 이익이 매우 중대하고 중요한 사회적 이익이라는 점, 분쟁 대상 조치는 RICO법의 준수 확보에 '중대한 공헌'을 한다는 점은 인정하였다. 그러나 분쟁 대상 조치에 비해 무역에 부정적 효과를 덜 초래하는 합리적인 대체조치에 대해 미국이 충분하고 성실하게 조사하지 않았다고 판단하였다. GATS 제14조 가호 검토에서와 마찬가지로 안티구아바부다의 양자협상 제안을 거부한 것을 주요 논거로 삼았다. 요컨대, 패널은 분쟁대상이 된 미국의 조치는 WTO에 합치되는 법률의 준수를 확보하기 위한 조치에 해당하나 필요한 조치는 아니라고 판단하였다.

(3) GATS 제14조 전문의 요건 충족 여부 - 소극

패널은 미국의 조치가 본문의 요건을 충족하지 못하였다고 판시하였음에도 불구하고 전문의 요건을 검토하였다. 패널은 전문의 합치성 검토에 있어서 '일관성'의 관점에서 접근하였다. 즉, 미국이 도박 및 내기 서비스의 원격공급에 관한 조치에 있어서 일관성이 부재하다면 전문의 요건을 위반한 것이라고 본 것이다. 이러한 해석에 기초하여 패널은 미국의 관련 조치들을 검토한 결과 일관성이 없다고 판단하였다. 즉, 미국은 자국 내에서 인터넷을 통한 내기 서비스 제공에 대해 별다른 제한 조치를 취하지 아니하였으므로 자의적이거나 정당화될 수 없는 차별 또는 국제무역에 대한 위장된 제한에 해당한다고 평결하였다.

case 183 | 일본 - 필름 사건

1 사실관계

본 건은 미국이 일본 시장에서 일본 기업들의 반경쟁행위를 문제삼아 WTO에 제소한 사건이다. 일본 기업들은 'keiretsu[계열(系列)]'라는 관행을 유지하고 있었다. keiretsu에는 '수평적 keiretsu'와 '수직적 keiretsu'가 있다. 전자는 은행 등을 통해 직접적인 경쟁자(direct competitor)간에 특수한 관계를 맺고 있는 것을 말하며 후자는 제조업자와 부품의 공급자 또는 유통업자간의 특수한 연대관계를 의미한다. 미국은 일본 내 최대필름제조업체인 후지사의 유통시장에 대한 특수한 결합관계를 문제삼았다. 미국은 후지사가 이러한 특수한 결합관계를 통하여 1차 도매업자로 하여금 자사의 제품만을 취급하게 만들어 결국 필름 및 인화지 유통시장을 단일 브랜드 시장구조로 만들었다고 주장하였다. 미국은 이러한 폐쇄적인 시장구조의 형성에 일본정부가 상당히 깊숙이 관여해 왔다고 주장하였다. 즉, 미국은 유통활동저해조치(distribution countermeasure)를 통해 코닥사가 도매시장에 접근할 수 없도록 하고 대규모점포법(Large Stores Law)을 통해 대체적인 시장접근방법의 모색도 거의 불가능하게 만들었으며 자유로운 판매촉진활동을 어렵게 하는 다양한 조치(promotion countermeasure)를 남발함으로써 후지사의 반경쟁활동을 조장하였다고 주장하였다. 미국은 이러한 정부조치가 각의(Cabinet), 통산성(MITI), 일본공정취인위원회(공취위) 및 사적기구(private entities)인 공정거래촉진위원회 등에 의해 취해졌다고 주장하였다.

2 법적쟁점

1. 비위반제소

미국은 유통활동저해조치, 대규모점포법관련조치 및 판매촉진저해활동 등의 일본 정부 조치로 인하여 개별적(individually) 또는 집합적으로(collectively) 케네디라운드, 도쿄 라운드 및 우루과이라운드 시 일본이 제공한 양허에서 발생하는 미국의 정당한 이익이 무효화 또는 침해되었다고 주장하였다. 사안에서는 정부조치의 범위, 양허시점 이후에 도입된 정부조치의 문제, 무효화 또는 침해에 대한 인과관계 판정시 해당정부 조치의 기여 정도, 무효화 또는 인과관계 판정 시 정부조치를 집합적으로 고려할 수 있는지 여부 등이 구체적인 쟁점으로 등장하였다.

2. 위반제소

미국은 유통활동저해조치(distribution countermeasure)가 비위반제소대상이 되는 정 부조치일 뿐만 아니라 정부규제에 있어서 내국민대우를 요구하고 있는 GATT 1994 제3조 제4항에도 위반된다고 주장하였다.

3 패널 평결

1. 비위반제소 - 소극

패널은 미국이 자신의 비위반제소를 정당화하기 위해서는 정부조치의 적용, 양허상의 이익의 무효화 또는 침해, 조치 및 무효화 또는 침해 간의 인과관계를 입증해야 한다고 판단하였다. 패널은 일본의 몇몇 조치들은 첫 번째 요건을 충족시키는 정부조치에 해당한 다고 판단하였다. 그러나 그러한 정부조치라 하더라도 양허시점에서 미국에게 발생한 합리적인 이익을 무효화 또는 침해하였는지 여부에 대해서 미국이 입증하지 못하였다고 판시하였다. 따라서 미국이 제소대상으로 삼은 어떠한 조치도 비위반제소의 요건을 충족하지 못하였다고 평결하였다.

2. GATT 1994 제3조 제4항 위반 여부 - 소극

패널은 제소국인 미국이 제3조 제4항을 원용하기 위해서는 두 가지 요건을 입증해야 한다고 판단하였다. 즉, 대상조치가 수입필름 또는 인화지의 수입국 내에서의 판매, 판매를 위한 제의, 구입 또는 분배에 영향을 미치는 법·규칙·요건에 해당하는지 여부 및 동종 상품에 대한 불리한 대우를 부여하는지 여부이다.

(1) 패널은 미국이 원용한 8개의 유통활동저해조치 중에서 1967년 각의 결정 등 3개 조치는 제3조 제4항상의 법·규칙 또는 요건의 정의를 충족시킨다고 판단하였다.

(2) 패널은 '불리하지 아니한 대우'라는 용어는 국내판매, 판매를 위한 제공, 구매, 운송, 분배 또는 상품의 사용에 영향을 미치는 법률, 규칙 및 요건의 적용과 관련하여 수입상품에 대해 기회를 효과적으로 균등하게(effective equality of opportunities) 제공할 것을 요구하는 것이라고 해석하였다. 패널은 미국이 본 사건 유통활동저해조치가 일본산 필름 및 인화지보다 수입필름 및 인화지에 대해 불리한 대우를 부여하고 있다는 점을 입증하지 못하였다고 판시하였다.

MEMO

해커스공무원

패권

국제법 판례집

개정 4판 1쇄 발행 2023년 9월 6일

지은이	이상구 편저
펴낸곳	해커스패스
펴낸이	해커스공무원 출판팀

주소	서울특별시 강남구 강남대로 428 해커스공무원
고객센터	1588-4055
교재 관련 문의	gosi@hackerspass.com
	해커스공무원 사이트(gosi.Hackers.com) 교재 Q&A 게시판
	카카오톡 플러스 친구 [해커스공무원 노량진캠퍼스]
학원 강의 및 동영상강의	gosi.Hackers.com

ISBN	979-11-6999-460-6 (13360)
Serial Number	04-01-01

공무원 교육 1위,
해커스공무원 **gosi.Hackers.com**

해커스공무원

· **해커스공무원 학원 및 인강**(교재 내 인강 할인쿠폰 수록)

· **해커스 스타강사의 공무원 국제법 무료 동영상강의**

· 정확한 성적 분석으로 약점 극복이 가능한 **합격예측 모의고사**(교재 내 응시권 및 해설강의 수강권 수록)